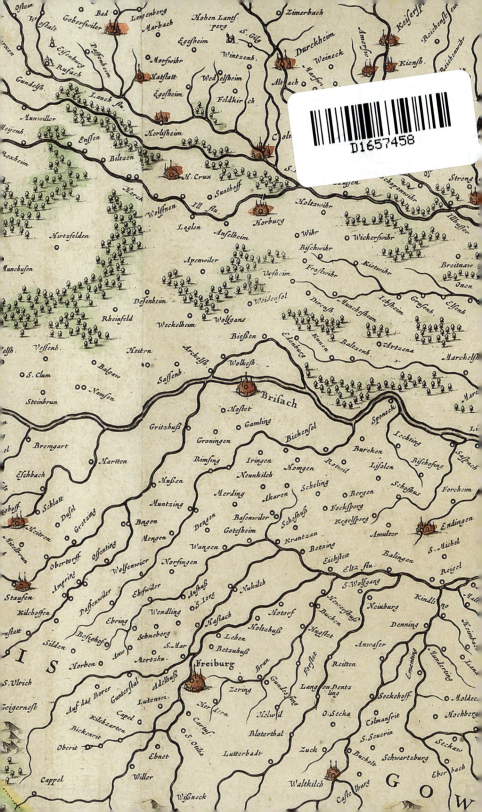

BÜRGERLICH!
Ein Familienalbum

Henric L. Wuermeling

BÜRGERLICH!

Ein Familienalbum

KLÖPFER&MEYER

Inhalt

1. **Kapitel – Der Morgenstern** 11
   Hebels Welt ◊ Hebels Leser ◊ Hebels »Anne-Meili«

2. **Kapitel – Das Fabriktal** 20
   Die Statthalter von Schopfheim – die Grethers ◊ Der Bürgermeister und Fabrikant von Schopfheim – Ernst Friedrich Gottschalk ◊ Gottschalk & Grether ◊ Das Tal der Wiese und das Fabrikgeschäft

3. **Kapitel – Revolutionäre Morgenröte im Wiesental** 33
   Der »citoyen« Johann Peter Hebel ◊ Die Aufbruchsstimmung der Bürger ◊ Lörrach ◊ Frankfurt ◊ Paris ◊ Südbaden

4. **Kapitel – Markus Pflüger gerät ins Zentrum der Revolution** 52
   21. September 1848 in Lörrach: »Aufruf an das deutsche Volk« ◊ In Müllheim wird die rote Fahne gehißt ◊ Der Marsch der Aufständischen endet in Staufen ◊ Markus Pflüger rettet sich in die Schweiz ◊ Brief aus dem Exil ◊ 13. Mai 1849 in Karlsruhe: Die Badische Revolution siegt!? ◊ Das bittere Ende

5. **Kapitel – Ein Frauenschicksal** 73
   Die Pflügers in Schopfheim ◊ Hebels »Anne-Meili« schreibt ihrer Enkelin nach Lausanne ◊ Der »Hirschen« im Sommer 1858 ◊ Jetzt die echte Liebe?

6. **Kapitel – Schicksale im Lörracher »Hirschen« und im Schopfheimer »Pflug«** 95
   Johanna Magdalena Müllers Vater ◊ Johanna Magdalena Müllers Bruder ◊ Johanna Magdalena Pflügers, geborene Müller, Cousin ◊ Johanna Magdalenas Mann Markus Pflüger ◊ Die Zukunft des »Pflugs«? ◊ Stationen auf einem Kreuzweg

7. **Kapitel – Katharsis** 121
   Wer ist »Liesels« Fritz? ◊ Die »neue M.« ◊ Mit dem Großherzog auf

Schmalspur unter Volldampf durch das hintere Wiesental ◊ Spinnerei Atzenbach

8. Kapitel – »Marx« und der Professor aus Basel 134
   Einer der Stammgäste in der »Hirschen«-Wirtschaft – Jakob Burckhardt ◊ Mit 50 Jahren in den Badischen Landtag … ◊ … und dann in den Deutschen Reichstag ◊ Das Dilemma der Liberalen ◊ Umbau im »Hirschen«

9. Kapitel – Die Zeit von außen besehen 149
   »Marx« & Wilhelm ◊ Warum also »Marx« und Wilhelm? ◊ Marx & Engels ◊ Vom »Pflug« in die Welt ◊ Ganz persönliche Impressionen auf einer Hochzeitsreise ◊ Das Hochzeitsgeschenk des Markus Pflüger ◊ »Fritz« & Fritz in Manchester oder: Die Gleichzeitigkeit des Ungleichzeitigen

10. Kapitel – »Old Trafford« von innen besehen 169
    Die Heidenreichs vom »Haus Wiesental« erleben Queen Victoria ◊ s'Mütterli im Expresszug von Freiburg Richtung Manchester ◊ Ein Blick zurück

11. Kapitel – Jahrhundertwende in Manchester 189
    Ein Brief aus dem Wiesental nach Manchester ◊ Post aus Lausanne auch nach Manchester ◊ Die Lage der bürgerlichen Schicht im »badischen Haus« und in Übersee ◊ Abschied von Manchester für »Fritz« (Engels) und Fritz (Heidenreich) ◊ Der Abschied von Manchester rückt näher

12. Kapitel – Vom »Roten Schloß« am Zürichsee hinauf zum Dolder 213
    Weihnacht 1902 und neuer Alltag in Zürich ◊ »Haus Baden« auf dem Dolder ◊ Ein Ausflug nach Bürgeln ◊ Nachwuchs in Zürich ◊ Tod von Hermann Fentzling und Markus Pflüger ◊ Umzug in die Dolderstraße 107

13. Kapitel – Dada, Elis, Lenin und Fritz in Zürich 234
    Neue Heimat Schweiz ◊ Der »Staatsschreiber« von Zürich und der Schweizer Seele – Gottfried Keller ◊ Ganz oben an der Dolderstraße ◊ Ganz unten an der Bahnhofstraße ◊ Zürich, Spiegelgasse 1 – die Analyse des Zeitgeistes ◊ Zürich, Spiegelgasse 14 – Lenin in Untermiete ◊

Vom Zürcher Hauptbahnhof in die Revolution ◊ Die Albträume des Carl Gustav Jung

14. **Kapitel – Die Kommunikationslinie des Posthalters Heidenreich** 255

Die Frick-Mühle in Müllheim ◊ Drei Brüder prägen Müllheims Geschichte mit: Der Bürgermeister von Müllheim Johann Jakob Heidenreich ◊ Der Medicus Carl Friedrich Heidenreich und seine geistige Welt ◊ Der Reichsposthalter Georg Adolf Heidenreich ◊ Der »junge« Postmeister Georg Friedrich Heidenreich ◊ Johann Peter Hebel als Gast in Heidenreichs »Post« zu Müllheim

15. **Kapitel – »La femme et les études universitaires«** 275

Die Heidenreichs und die Herrschaft Rötteln ◊ Die Familie Heidenreich zieht von Müllheim nach Lörrach in die Herrenstraße ◊ 175 Jahre KBC ◊ Heidelberg, Mai 1929 ◊ Tübingen, Oktober 1929 ◊ Bazar Vaudois ◊ Lausanne, Oktober 1930

16. **Kapitel – Zwischen Westfalen und Westpreußen** 299

Wie kommt eine elsässische Familie nach Westfalen? ◊ Schwetz ist von Berlin gleich weit entfernt wie von Münster (zirka 500 Kilometer) ◊ Rückkehr nach Westfalen

17. **Kapitel – Zwischen Kanzler und Kardinal** 317

Der Kugelblitz – ein Omen? ◊ Assessor Bernhard Wuermeling heiratet Maria Melchers ◊ Marias Onkel Paul war als Erzbischof von Köln gegen die »Unfehlbarkeit« des Papstes ◊ Onkel Paul war von Bismarck amtsenthoben worden ◊ Das geheime Treffen Bernhards und Marias mit Onkel Paul in dessen Exilort ◊ Der Aufstieg des Zentrums ◊ Bernhard Wuermeling zieht im Preußischen Abgeordnetenhaus in Berlin ein ◊ Der jüngste soll dem wichtigsten Zentrumsabgeordneten behilflich sein ◊ Das Zentrum zwischen Bismarck und dem Vatikan ◊ Hofbälle im Berliner Schloß ◊ Schicksalsjahr 1888 ◊ Besuch beim Kurienkardinal in Rom ◊ Der Tod des Zentrumspolitikers und des Kardinals

18. **Kapitel – Im »Zentrum« des Kaiserreichs** 353

Der zweite Bürgermeister von Münster umwirbt die Tochter einer Kaufmannsfamilie ◊ Bernhard verläßt Münster und strebt bald wieder Richtung Berlin ◊ Der lange, steinige Weg eines »Hilfsarbeiters« ◊

7

Zurück im Preußischen Abgeordnetenhaus ◊ Hardenbergstraße, Uhlandstraße, Fasanenstraße und ein Neubau in Steglitz ◊ Die guten Jahre im Haus »Rote Erde« ◊ Alarmglocken ◊ Die Not rückt näher ◊ Ende Oktober 1918 beim Kaiser im Schloß Bellevue ◊ Revolution

19. Kapitel – Das fürstliche Schloß in Münster und Deutschland im Ausnahmezustand   388
Dramatische Monate in Berlin vor dem Wegzug nach Münster ◊ Der Oberpräsident zieht ins Schloß ◊ Das letzte Barockschloß des Baumeisters Schlaun ◊ Oberpräsident in schwierigster Zeit ◊ Die Folgen des Berliner Kapp-Putsches für Westfalen ◊ Wie verhält sich der General? ◊ Stürmt die »rote Armee« Münster und das Schloß? ◊ Die Bielefelder Konferenz ◊ Räterepublik Westfalen?

20. Kapitel – Der andere Lebensplan   415
Der Oberpräsident öffnet den Bürgern das Schloß ◊ Mit dem »Regierungsdampfer« unterwegs ◊ Neue Unruhe im Ruhrgebiet ◊ Termine in Berlin ◊ Die Architektur der Treppen im Reichstag ◊ Mit der Abiturfahne zum Schloß ◊ Abschied vom Amt, doch nicht vom Schloß ◊ Auch Therese Deixelberger aus Straubing hatte im Schloß gewohnt ◊ Das Ruhrgebiet wird besetzt ◊ In der Stunde der Not wird Wilhelm Cuno Reichskanzler ◊ Therese Deixelberger blättert in ihrem Tagebuch zurück zur Zeit im Hause Cuno ◊ Das schöne Reichskanzlerpaar ◊ Karls Welt ◊ Karls Reiseplan

21. Kapitel – Vom Titicaca-See ...   445
Ankunft in Valparaíso ◊ Der Standort aus anderer Sicht ◊ Oficina Wirtz ◊ Erkundungsreise ◊ Puerto Grether ◊ Tafelsilber oder eine andere beschwerliche Reise zu den Nachfahren der südamerikanischen Staatengründer ◊ Koinzidenz der Zeitreisen ◊ Valparaísos Gesellschaft ◊ Der Weltmarkt ◊ Abschied und auf Wiedersehen

22. Kapitel – ... zum Titisee   472
Besuch bei Cunos in Aumühle ◊ Der große Crash ◊ Auf verlorenem Posten ◊ Ein Neustart ◊ Statt im »Club Viña del Mar« in der »Textilia« ◊ Die Eltern bitten in den Fürstensaal des Schlosses in Münster ◊ An Bord der Firma Gherzi in Zürich ◊ »Lohnprobleme« ◊ Bestandsaufnahme in den Monaten Januar bis März 1933 ◊ Ein Treffen in Titisee?

23. Kapitel – Das vermessene Scharnier   513

Der Reigen rückwärts ◊ Die frühbürgerliche Revolution ◊ Eine unglaubliche Umwälzung ◊ Große Politik und kleine Politik ◊ Zeitgemälde I (linksrheinisch) ◊ Spiegelverkehrte Welt ◊ Der »Meister von Todtnauberg« liest »Vom Wesen der Wahrheit« und Margrit Heidenreich hört Heidegger zu ◊ Zeitgemälde II (rechtsrheinisch) ◊ Prüfungen ◊ Statt Heidegger ein Kochbuch und Anleitungen zum Putzen ◊ Noch eine »unglaubliche Umwälzung« ◊ Wiedertäufer

24. Kapitel – Die Gegenwart der Vergangenheit   544

Ostermontag 1934 – Hochzeit ◊ Carl bei den Heidenreichs ◊ Die neue Lebensqualität ◊ Der neue Maßstab für industriellen Fortschritt im Wiesental ◊ Hundert Jahre »Spinnerei Atzenbach« – die größte in Baden ◊ Verzwickt wie ein Börsenbericht ◊ Die Liegenschaften der Basen ◊ Im Garten des »Schlößli« ◊ Last Exit New York ◊ Man schreibt das Jahr 1939

25. Kapitel – Von der Wacht am Rhein zum stillen Don   574

Betriebsnachrichten ◊ Dienst in der Kaserne ◊ Zur »Sicherheitszone« Oberrhein ◊ Zum Fronteinsatz quer durch Frankreich ◊ Der Betriebsführer als Osterhase ◊ Auf der »Kriegsstraße« nach Osten ◊ Vom Vater Rhein zum Väterchen Don – und zurück

26. Kapitel – »Rheingold«   603

»der Nibelungen nôt« – der Weg und das Schicksal der »Rheingold«-Division

Post Scriptum   643

1. Kapitel
Der Morgenstern

Es ist Nacht. Auf der holprigen Straße nach Basel ist ein Fuhrwerk unterwegs, entlang der Wiese – ein Fluß, der dem Tal seinen Namen gibt. Auf dem Wagen sitzen Vater und Sohn. Das Dorf Steinen haben sie passiert. Sie nähern sich dem Ort Brombach. Im Mondlicht zeichnen sich die Mauern der Röttler Schloßruine ab – »so schudrig wie der Tod im Basler Totetanz. Es gruset eim« ... In die Stille fragt der Sohn seinen Vater, ob es denn ihrem Haus auch mal so ergehe wie dem Schloß?

Der Vater antwortet: Das könne freilich schon sein. Ob er nicht das Wasser rauschen höre? So komme und ginge alles. Egal woher man komme und wohin man gehe, ob fort oder heim, man nähere sich immer mehr dem Kirchhof. »Und wenn du mal so alt bist wie ich, da weiden Schafe und Geißen auf meinem Grab. So wird es mit dir und deinen Kindeskindern sein, auch mit ihrem Haus, ihrer Kirche und ihrem Dorf. Und wenn man einst das Jahr ›zweitusig zehlt, isch alles z'semme g'keit‹.«

Dem Bub wird es immer unheimlicher. Als sie die Brücke hinter sich haben, sagt der Vater, um Mitternacht werde ein Wächter umgehen – ein fremder Mann, man wisse nicht, wer er sei. Er rufe: »Wacht auf! Wacht auf, es kommt der Tag!« Dann würde sich der Himmel röten, es blitze und donnere, der Boden schwanke und alles brenne ...
Der Sohn fragt ängstlich, was mit den Menschen passiere, wenn alles um sie brennen würde? Da gäbe es keine Menschen mehr, antwortet der Vater und ermahnt seinen Sohn, sich im Leben wohl zu verhalten und auf sein Gewissen zu hören. Dann könne er einst zu dem Stern gelangen, wo er sein Dorf, ihn, den Vater und die Mutter wie-

derfinde. Auf diesem Sternenweg – der Milchstraße –, käme er dann zu einer verborgenen Stadt, ins himmlische Basel. Von dort aus könne er, wenn er seitlich hinunterschaue, das Röttler Schloß sehen, den Belchen – verkohlt, und die Wiese – ohne Wasser, sagen: »Lueg, dört isch d'Erde gsi ... dort han i au scho glebt ...«
Ein biographischer Rückblick mit spiegelverkehrter Perspektive von oben herunter erzählt, zur »Vergänglichkeit« verdichtet und von Johann Peter Hebel in die Zukunft des Jahres 2000 vordatiert.

Hebels Welt

Johann Peter Hebel kam am 10. Mai 1760 in Basel, in der St. Johanns-Vorstadt im Haus Totentanz Nr. 2 zur Welt. Die Friedhofsmauer des alten Predigerklosters des Dominikanerordens machte den Weg entlang der Häuserzeile noch enger. Ein Bilderzyklus des Totentanzes auf der Innenseite der Mauer gab der Gasse ihren Namen. Er erinnert an die Jahre des großen Sterbens, die Pestzeit zwischen 1347 und 1349. Sieben Jahre nach dem Schwarzen Tod versetzte am 18. Oktober 1356 ein großes Erdbeben die Stadt am Rheinknie in Angst und Schrecken. Der Boden wankte, der Chor und die Türme des Münsters stürzten ein, ein Großbrand begrub die himmlische Stadt unter Asche. Das Wort »Tod von Basel« geisterte durch Europa. Jahrhundertelang blieb das Schicksal Basels ein Synonym für Angst und Schrecken, ja wurde zum Symbol fürs Weltende.

Hebels Eltern hatten das Haus Totentanz 2 gemietet. Der Vater, Johann Jakob Hebel, stammte aus Simmern im Hunsrück. Er verließ seine kurpfälzische Heimat und trat 1747 in den Dienst des Basler Ratsherrn Iselin. Als Major kommandierte er französische Söldnerheere. Dragoner Hebel begleitete seinen Dienstherrn durch die europäischen Kriegsschauplätze von den Niederlanden bis Korsika. Im Haus der Patrizierfamilie Iselin hatte Johann Jakob Hebel die Magd Ursula Oertlin schätzen gelernt. Sie kam aus dem Dorf Hausen aus dem Wiesental. Die Herrschaft richtete am 30. Juni 1759 die Hochzeit der Dienstboten aus. Ursulas Dorfpfarrer aus Hausen, Jakob Christoph Friesenegger, hat sie getraut. Das Jahr darauf kam ein Sohn zur Welt. Auf den Namen Johann Peter wurde er drei Tage nach der Geburt in der St. Peterskirche getauft. Wieder ein Jahr darauf rafft eine Typhusepidemie den erst 41jährigen Vater dahin. Den Sommer über arbeitet die Witwe Ursula im Iselinschen Patrizierhaus, den Winter über wohnt sie im ererbten Anwesen in Hausen.

Bei Lehrer Andreas Grether besucht Johann Peter in den dunklen Wintermonaten die Dorfschule; sonst im sonnigen Basel die Gemeindeschule; später wechselt er von der Lateinschule in Schopfheim in das Gymnasium am Münsterplatz in Basel.

Was prägte vor allem Johann Peters Jugend? Er sagt es selbst: »Ich bin von armen, aber frommen Eltern geboren, habe die Hälfte der Zeit in meiner Kindheit bald in einem einsamen Dorf, bald in den vornehmen Häusern einer berühmten Stadt zugebracht. Da habe ich frühe gelernt arm sein und reich sein. Wiewohl, ich bin nie reich gewesen; ich habe gelernt nichts haben und alles haben, mit den Fröhlichen froh sein und mit den Weinenden traurig ...«

An einem Herbsttag 1773 wird Johann Peter aus der Lateinschule in Schopfheim gerufen: seine Mutter sei schwer erkrankt, er solle zu ihr nach Basel kommen, und sie wünschte nach Hausen heimzukehren. Am 16. Oktober passiert ein Ochsenkarren, diesmal von Basel kommend, den Ort Brombach Richtung Steinen. In Sichtweite der Röttler Schloßruine stirbt die Mutter in den Armen ihres zwölfjährigen Sohnes. Der Tod ereilte sie auf dem Heimweg. Für Johann Peter brach eine »ganze Welt« zusammen. Pfarrer Gottlieb August Preuschen, früher Dorfpfarrer in Hausen, war seit 1769 Hofprediger in Karlsruhe. Er kümmerte sich »wie ein Vater« um den Vollwaisen und brachte ihn im April 1774 im Karlsruher »Gymnasium illustre« unter. Dort unterzieht er sich einem dreijährigen Schul-Cursus für angehende Theologen. 1778 macht er das Schlußexamen und immatrikuliert sich in Erlangen an der Theologischen Fakultät. Das Examen bestand er wohl nicht gerade glanzvoll, denn der »Candidatus ministerii ecclesiastici«, der Pfarramtskandidat, erhielt keine Anstellung. 1780 wirkt er als Hauslehrer im Pfarrhaus in Hertingen und hilft dort auch in der Seelsorge der Pfarrei aus.

Mit der auf das Jahr 1783 datierten Anstellungsurkunde des Markgrafen Carl Friedrich von Baden wird Johann Peter Hebel Präzeptoratsvikar am Pädagogium in Lörrach. Er unterrichtete in der Secunda Latein, Griechisch, Geschichte, Geometrie, Deutsch, Erdkunde und Religion. Das Schulhaus an der Straße nach Basel war ursprünglich für eine Tabakmanufaktur errichtet und 1761, als sich das alte Kapitelhaus in der Herrengasse 10 als zu klein erwies, für die Nutzung eines Pädagogiums umgebaut worden. Hebel war jetzt 23 Jahre alt. Im 2. Stock des Schulgebäudes an der Basler Straße bewohnte er das Zimmer am südlichen Ende des Flurs.

»Alle meine Jugendgenossen waren versorgt, nur ich nicht«, klagt der Hilfslehrer. Ganze acht Jahre unterrichtete der Präzeptoratsvikar Hebel am Lörracher Kollegium mit mäßiger Besoldung, bis er 1791 als Subdiakon an das Karlsruher Gymnasium berufen wurde, wo er selbst zur Schule gegangen war. Bald wird er zum Hofdiakon und zum außerordentlichen Professor befördert. 1808 wird er Direktor des Gymnasiums (bis 1814) und 1819 zum Prälaten der Evangelischen Landesbehörde ernannt; in dieser höchsten Kirchenfunktion gehört Hebel auch der Ersten Kammer des Badischen Landtags an. 1821 verleiht ihm die Universität Heidelberg die Ehrendoktorwürde der Theologischen Fakultät. Hebel empfand die Häuser und Mauern des wie eine Zukunftsstadt angelegten Karlsruhe als Vorteil, da »sie meinem Auge die unfreundliche langweilige Sandfläche, das leere tote Wesen der ganzen Gegend verbergen«. In Briefen aus dem Unterland ins Wiesental beschrieb er seine Sehnsucht: »Ich muß ins Oberland reisen, ich muß aus der Wiese trinken und die Geister im Röttler Schloß besuchen, wenn ich nicht in kurzer Zeit zu dem gemeinsten geistlosesten Hardtbewohner ermatten soll ... Es ist für mich wahr und bleibt für mich wahr, der Himmel ist nirgends so blau und die Luft nirgends so rein und alles so lieblich und so heimlich als zwischen den Bergen von Hausen.«

Drei Jahre vor seinem Tod schreibt er: »Wenn nur das große Los einmal käme, daß ich mir in Hausen ein Häuslein bauen ... könnte.« Im Winter würde er in Basel wohnen, in der St. Johanns-Vorstadt, wo er das Licht der Welt erblickte.

Hebels Leser

Im Herbst 1796, dann wieder im Frühjahr 1799, reist Johann Peter Hebel in seine Heimat. Er liebt die alemannische Mundart: »Der Dialekt ist der aus der badischen Landgrafschaft Sausenberg zwischen der Schweiz und dem Breisgau und mit dem Schweizerischen, Breisgauischen und Oberelsassischen bis auf unwesentliche Variationen der nämliche.« Der Ton dieses Sprachraums wirkt auf ihn wie Musik. »Schon als Knabe machte ich Verse. [Meine Muster waren das Gesangbuch und ein Manuskript, später Gellert, Hagedorn und sogar Klopstock ...] Im 28. Jahr, als ich Minnesänger las, versuchte ich den alemannischen Dialekt. Aber es wollte gar nicht gehen. Fast unwillkürlich, doch nicht ohne Veranlassung, fing ich im 41. Jahr wieder an.« Hebel entdeckt in der alemannischen Mundart Spuren der mittelhochdeutschen Sprache, faßt sie in Dichtersprache und führt sie der Weltliteratur zu. »Meine Liebhaberei in den Nebenstunden zur Schadloshaltung für den Langemut mancher Geschäftsstunde, hat sich in ein eigenes Fach geworfen. Ich studiere unsere oberländische Sprache grammatikalisch, ich versifiziere sie, herculeum opus!, in allen Arten von metris, ich suche in dieser zerfallenden Ruine der altdeutschen Ursprache noch die Spuren ihres Umrisses und Gefüges auf und ge-

Porträt Johann Peter Hebel

denke bald eine kleine Sammlung solcher Gedichte mit einer kleinen Grammatik und einem auf die Derivation weisenden Register der Idiotismen in die Welt fliegen zu lassen.«
Wozu Hebel das tat? »Meine erste Absicht ist die, auf meine Landsleute zu wirken, ihre moralischen Gefühle anzuregen und ihren Sinn für die schöne Natur um sie her teils zu nähren und zu veredeln, teils auch zu wecken.« Um 1800 schreibt er die ersten alemannischen Gedichte, die 1802 in Karlsruhe erscheinen. Die Erstausgabe widmet er »meinen guten Verwandten, Freunden und Landsleuten zu Hausen im Wiesenthal zum Andenken«. Es ist der Ort seiner Kindheit. 1807 übernimmt Hebel die Redaktion des badischen Landkalenders »Der Rheinländische Hausfreund«: »Der Kalender als Lesebuch für das Volk muß dem Herkommen und den Forderungen seines Publikums gemäß für den gemeinen Mann, der in seiner Art ebenso neugierig als der Gebildete ist, ein Stellvertreter der Zeitungen und Zeitschriften für das vorhergehende Jahr sein, das heißt, er muß die Haupt-Staatsbegebenheiten, wenn solche vorfielen, und etwas von respektabeln Waldbränden, Mordtaten, Hinrichtungen, Naturerscheinungen etc. wenigstens als Lockspeise aus den Zeitungen, und schöne Handlungen, zweckmäßige kleine Erzählungen, neue Entdeckungen, Anekdoten etc. aus andern Zeitschriften vor sein Publikum bringen.« Als Publizist faßt Hebel sein Programm in einem Satz zusammen: »Ein wohlgezogener Kalender soll sein ein Spiegel der Welt.« 1811 erscheint auf Anregung des Verlegers Cotta in Tübingen das » Schatzkästlein des rheinischen Hausfreundes«, eine Sammlung seiner besten Geschichten, ebenda, und 1824, in dem Jahr, in dem er den Lehrberuf am Karlsruher Gymnasium beendet, die »Biblischen Geschichten«.
Am 22. September 1826 stirbt Johann Peter Hebel auf einer Besuchsreise in Schwetzingen. Nun hat er seinen Heimweg angetreten in ein kosmisches Oberland, über die Dorfstraße, die zur Milchstraße wird, zu seinem Stern – das Dorf Hausen, Richtung Basel, auf dem Weg zum himmlischen Jerusalem.

Die »Alemannischen Gedichte« fanden eine große Resonanz, sowohl im alemannischen als auch im ganzen deutschen Sprachraum, quer durch alle Bevölkerungsschichten. Die ersten Rezensionen, wie die von Johann Georg Jacobi oder von Jean Paul, waren voll des Lobes. Am 13. Februar 1805 schrieb Johann Wolfgang von Goethe in der »Jenaischen Allgemeinen Literaturzeitung«: »Der Verfasser dieser Gedichte, die in einem Oberdeutschen Dialekt geschrieben sind, ist im Begriff sich einen eigenen Platz auf dem Deutschen Parnaß zu erwerben. Sein Talent neigt sich gegen zwey entgegengesetzte Seiten. An der einen beobachtet er mit frischem frohem Blick die Gegenstände der Natur, die in einem festen Daseyn, Wachstum und Bewegung ihr Leben aussprechen und die wir gewöhnlich leblos zu nennen pflegen und nähert sich der beschreibenden Poesie; doch weiß er durch glückliche Personificationen seine Darstellung auf eine höhere Stufe der Kunst heraufzuholen. An der anderen Seite neigt er sich zum Sittlich-Didaktischen und zum Allegorischen; aber auch hier kommt ihm seine Personification zur Hülfe, und wie er dort seine Körper für einen Geist fand, so findet er hier für seine Geister einen Körper ...
Wenden wir von der Erde unser Auge an den Himmel, so finden wir die großen leuchtenden Körper auch als gute, wohlmeinende, ehrliche Landleute. Die Sonne ruht hinter ihren Fensterläden; der Mond, ihr Mann, kommt forschend herauf, ob sie wohl schon zur Ruhe sey, daß er noch eins trinken könne; ihr Sohn, der Morgenstern, steht früher auf als die Mutter, um sein Liebchen aufzusuchen ...«

Hebels »Anne-Meili«

In den acht Jahren, die Hebel in Lörrach zubrachte, saß der Präzeptoratsvikar oft am Familientisch des Prorectors Günttert; am späteren Nachmittag besuchte er gerne die Wirtschaft »Zum Ochsen« am Marktplatz. Der Junggeselle wußte Speis und Trank in der Wirtsstube zu schätzen, vor allem den guten Geist, den die Wirtin Maria

Anna Maria Krafft, geb. Flury, Hebels »Anne-Meili«

Rebecca Flury ausstrahlte, auch mochte er's Anne-Meili, ihre Tochter, die er zu einer bildhübschen jungen Frau heranwachsen sah. Sie wurde zum literarischen Modell einer Markgräflerin: Früh glitzert »Herr Morgenstern« in seiner Lockenpracht, sauber gewaschen im Morgentau. Die Vögel stimmen ihr Pfeifen an und wünschen einander »guten Tag«. Er möchte seinem Sternchen noch schnell ein Küsschen geben, sagen: »Ich bin dir hold!«, bevor des Morgensterns Mutter, die Sonne, erwacht und hinter den Bergen rausschaut, ihre Strahlen den Kirchturm wärmen, auf Berg und Tal fallen und überall sich Leben rührt. In den zwei letzten (von insgesamt 13) Strophen entdeckt der Morgenstern gerade noch rechtzeitig sein »Anne-Meili«. Jetzt darf er sich von seiner Mutter nicht erwischen lassen:

> Was wandlet dört im Morgestrahl
> mit Tuch und Chorb dur's Mattetal?
> 's sind d'Meidli, jung und flink und froh;
> se bringe weger d'Suppe scho,
> und 's Anne-Meili vornen a,
> es lacht mi scho vo witem a.

> Wenn ich der Sunn ihr Büebli wär,
> und 's Anne-Meili chäm ung'fähr
> im Morgerot, ihm giengi no
> i müeßt vom Himmel abe cho,
> und wenn au d'Muetter balge wott,
> i chönnt's nit lo, verzeih mer's Gott!

Die Tochter des »Ochsen«-Wirts Wilhelm Flury in Lörrach zieht es dorthin, wo die Flurys herstammen, nach Fahrnau – zwischen Schopfheim und Hausen gelegen, wo Hebel ja aufgewachsen war. Anna Maria Flury heiratet im Jahre 1797, 20 Jahre alt, nicht den Morgenstern, auch nicht dessen Dichter, Hofdiakon und Gymnasialprofessor Johann Peter Hebel, der auf seiner ersten Reise von Karlsruhe in seine Heimat ein Jahr zuvor bei Riehen mitten in die »wilden, wütenden Horden« der napoleonischen Truppen unter General Moreau geraten war und am Rheinknie europäisches Kriegstheater hautnah mitbekam.

In Lörrach heiratet 's Anne-Meili den Johann Ulrich Krafft, der aus Auggen, südlich von Müllheim gelegen, stammt. Bald zogen die beiden nach Fahrnau. Bereits 1717 war dort ein Tobias Flury Stabhalter, 1762 ebenso ein Nachkomme gleichen Namens und wiederum von 1786 bis 1793 Johann Nikolaus Flury. Seit seinem Amtsabschied betrieb dieser eine Rotgerberei in Fahrnau. Zehn Jahre später veräußerte er die Gerberei sowie einen Großteil seines Vermögens an »seinen geliebten Vetter Johann Ulrich Krafft und dessen Ehefrau Anna Marie geborene Flury als geliebte Baas- und Gevattersleute«. Jetzt wird Johann Ulrich Krafft Gemeindebürger und Begründer großer industrieller Unternehmungen im Wiesental. Als aus dem Markgrafenland Baden 1809 ein Großherzogtum wurde, änderte die Gemeindeordnung das höchste Gemeindeamt eines Stabhalters in den Vogttitel um. Johann Ulrich Krafft war von 1812 bis 1816 Vogt von Fahrnau. Es mag wohl 1812 bei Hebels letztem Besuch im Oberland gewesen sein, als der Verfasser des »Morgensterns« dem Anne-Meili persönlich einen Band seiner »Alemannischen Gedichte« mit den Worten übergeben haben soll: »Anne-Meili, i haa der öbbis.« Und diese soll geantwortet haben: »Das wird öbbis Rechts sii!« Damals war sie 35 Jahre alt.

Anna Maria, die »geliebte Baas« stirbt am 13. August 1842, Johann Ulrich am 6. Mai 1853 in Fahrnau. Ihr Grabstein ist in die Mauer der Friedhofskapelle eingelassen.

2. Kapitel
Das Fabriktal

Vier Jahre nach Hebels Ernennung zum Präzeptoratsvikar am Pädagogium in Lörrach kommt ein junger Vikar, der eben mit Auszeichnung sein Theologiestudium an der Universität Jena abgeschlossen hat, an die vom Vater verwaltete Pfarrei Rötteln – Friedrich Wilhelm Hitzig. Der sieben Jahre jüngere wird Hebels bester Freund. Nach dessen Berufung nach Karlsruhe übernimmt Hitzig dessen Lörracher Stelle, wird bald Prorector des Pädagogiums, kann die Pfarrei seines Vaters in Rötteln übernehmen und bringt es zum Dekan in Lörrach – all das, was sich Hebel als Wirkungsstätte und Lebensweg erträumt hatte.

Diesem vertrautesten Freund schickt Hebel eine Leseprobe eines Gedichts in alemannischer Dichtung – es ist sein zweites: »Der Statthalter von Schopfheim«. Er schreibt an Hitzig: »Es ist die Geschichte I. Sam. 25, V. 2–42 im Oberländer Dialekt, in Hexametern, die Szene ist im Schopfemer Kirchspiel. Hab' Spaß daran, wenn du kannst, und teil's nicht mit und nenn meinen Namen nicht. Ich leugne wie ein Dieb.« (Erst der zweiten Auflage wird Hebel seinen Namen voranstellen.) Am Ende des »Statthalter von Schopfheim« heißt es: »… 's stammt von ihnen im Schopfemer Chilchspiel mengi Famili her, und blüeiht in Richtum und Ehre … Menge Famili, se sagi – die wenigste wüsse's meh selber. Wer sie sin, und wie sie heiße, das willi jez sage.«

Die Statthalter von Schopfheim – die Grethers

Im Schopfheimer Stadtbuch ist im Jahr 1585 ein »Grether, Jakob, Statthalter« eingetragen worden. Er besitzt ein Gerberhaus auf der Au und war Mitglied des »gemeinen Ausschusses der Landschaft«. Er wurde am 11. April 1611, zwei Tage nach seiner Tochter, durch die Pest dahingerafft. Den Gerberberuf und das Amt eines Statthalters von Schopfheim übt auch der 1629 geborene Tobias Grether aus. Nach seinem Tod 1695 wird ihm und seiner dahingeschiedenen Frau Katharina, geborene Blum, ein Epitaph errichtet. Einer seiner Söhne, Jakob Grether, geboren 1669, führte das »Gasthaus zur Sonne«. Er gehörte dem Rat der Gemeinde an und war 30 Jahre lang Waisenrichter. Als 1733 der Markgraf von Baden Schopfheim besuchte, logierten er und die markgräfliche Familie drei Tage lang in seinem Gasthaus. Sein jüngerer Bruder Tobias wurde wieder – wie sein Vater – Statthalter von Schopfheim. Er hatte dieses Amt von 1708 bis 1734 inne. Aus dieser Zeit stammt noch der Brunnen vor dem »Gasthaus zur Krone«, des vormals Statthalter Gretherschen Hauses, wo dieser mit seiner Frau Verena, eine geborene Sturm, wohnte. An Tobias (I) Grether, wie auch an seine Söhne Jakob und Tobias (II) erinnern mannshohe Epitaphe. Die Grabtafeln aus heimischem roten Sandstein zeigen oben einen Löwen mit dem Zunftzeichen der Gerber – ein Schabmesser.

Grether-Epitaph mit Löwe und Zunftzeichen – ein Schabmesser

Ein Johann Jakob Grether heiratete Anna Katharina Flury. Sie war die Schwester des aus Fahrnau stammenden Wilhelm Flury, des »Ochsen«-Wirts in Lörrach. Dorthin zog auch das Ehepaar. Von 1807 bis 1811 war er Lörracher Bürgermeister. Auch sein Bruder Johann Georg Grether fühlte sich von Lörrach und der Familie Flury angezogen. Er heiratete 1802 Maria Katharina, die Tochter des »Ochsen«-Wirts Wilhelm Flury und dessen Frau Maria Rebecca, geborene Chiebiger. Maria Katharina war die Schwester von Anna Maria Flury, Hebels »Anne-Meili«. Johann Georg Grether war Lörrachs »Stadtmajor« und folgte seinem Bruder von 1814 bis 1818 im Amt des Bürgermeisters. Dieses höchste Stadtamt, das dann in einen Oberbürgermeister-Titel umgewidmet wurde, behielt er noch zwei weitere Jahre. Johann Georg Grether wurde als Abgeordneter auch Mitglied des Badischen Landtags. Von 1832 bis 1835 übernahm er erneut das Amt des Oberbürgermeisters.

In der Ehe des Johann Georg Grether und seiner Frau Maria Katharina, geborene Flury, gibt es 1803 Nachwuchs – Carl Wilhelm. Er besuchte das Lörracher Pädagogium in der Basler Straße, sah sich – wie in bürgerlichen Kreisen damals üblich – in der französischen Schweiz um und machte eine kaufmännische Lehre in der bereits 1753 gegründeten »Cotton- und Indiennefabrique«. Nach deren Zusammenbruch 1804 war sie von dem aus dem elsässischen Mühlhausen stammenden Peter Koechlin mit erworben und geführt worden. Mit Schweizer Kapital, befreit von jeder Vermögens- und Einkommensteuer, da dieses »Etablissement von vielem Wert für die hiesige Gegend und insbesondere für die im sonstigen Nahrungszustand sehr zurückgenommene Stadt Lörrach sei«, modernisierte Peter Koechlin diesen alten Stoffdruck-Manufakturbetrieb: 1809 erwirbt er die erste Rouleaux-Druckmaschine. In kurzer Zeit ist »Koechlin und Söhne« das bedeutendste Industrieunternehmen im Großherzogtum. Carl Wilhelm Grether diente sich in dem Betrieb hoch und brachte es zu verantwortlichen Positionen. Er war der Mann, der beim Übergang von der »frühen industriellen« zur »kapitalistischen« Generation die unternehmerischen Weichen stellen konnte.

Zu Schopfheim gab es seit 1759 eine Drahtzugfabrik. Als Mitbegründer Johann Friedrich Gottschalk bereits 1761 starb und seine Witwe 1764 Onophnion Grether heiratete, wurde dieser Schopfheimer Chirurg Mitinhaber einer Fabrik zur Herstellung von Draht, Drahtgeflecht und Drahtstiften. 1823 übernahm der Enkel des Gründers, Ernst Friedrich Gottschalk, die Drahtfabrik. Zu Beginn der dreißiger Jahre ging es mit dem Umsatz der Produktion bergab.

Der Bürgermeister und Fabrikant von Schopfheim – Ernst Friedrich Gottschalk

Gottschalks Fähigkeiten oder Neigungen waren eher politischer Natur, er wurde Bürgermeister von Schopfheim und auch Abgeordneter des Badischen Landtags. Er vertraute dem Rat des industrieerfahrenen Carl Wilhelm Grether, den Drahtzugbetrieb einzustellen und statt dessen eine mechanische Baumwollspinnerei und Weberei zu errichten. Seit 1828 war Grether mit Gottschalks Schwester Maria Elisabeth verheiratet. Im Juni 1834 stellten die Unternehmer an die Großherzogliche Regierung des Oberrheinkreises in Freiburg ein Gesuch, ein neues Unternehmen gründen zu wollen. Hierzu war die Genehmigung des Staates erforderlich, vor allem schon des Begehrens wegen, das über zwei Jahrzehnte zuvor zu Koechlins Aufschwung beitrug. Diese Gründungsinitiative trägt Grethers Handschrift, der Wortlaut des Gesuchs zeigt jedoch Gottschalks Kenntnis des politischen Überbaus: »Durch verschiedene Verhältnisse veranlaßt habe ich mich entschlossen, mein bis anhier betriebe-

Ernst Friedrich Gottschalk

nes Drahtfabrikgeschäft eingehen zu lassen, und an die mir zu Gebot stehende Wasserkraft, welch letztere ich durch liniengerade Rectification des Kanals so weit dieser durch meine eigenen Güter fließt und durch eine Aufdammung desselben noch vermehren werde, eine mechanische Baumwollspinnerei verbunden mit einer mechanischen Weberei in demjenigen Umfange zu gründen wie es mir fragliche Wasserkraft erlaubt. (…) So weit, gründet sich mein Vorsatz für einen neuen und bedeutend mehr ausgedehnten Zweig der in unserem Lande noch zurückstehenden Industrie und freue ich mich, die Wahrnehmung machen zu können, daß in unserer Gegend und namentlich dahier die Gesamtheit meiner Mitbürger die Ausführung meines Projectes, von der sich viele Leute Arbeit versprechen und wirklich versprechen dürfen, so sehnlichst wünschen und niemand meinem Unternehmen und der Ausführung meiner Ideen entgegentritt (…) und bitte daher Dieselbe gehorsamst um höchste Staatsgenehmigung zu gedachtem Unternehmen, welches des sicheren Schutzes unserer Hohen Landesregierung um so mehr bedarf, da ich in diesem Zweige noch Neuling bin, und als solcher mit der auswärtigen Konkurrenz um so schwerer zu kämpfen haben werde. Besonders dürfte mir der Anfang zu diesem neuen Fabrikgeschäft bis die Leute dieser Gegend durch die fremden Arbeiter, die ich in jedem Fall zuerst zuziehen muß, gehörig instruiert sind, sehr schwirig werden; ich würde es daher als eine besondere Unterstützung und Mitwirkung zum guten Werke (…) ansehen, wenn Höchste und Weiseste Regierung mit der gewißsicheren Sanktion die Einleitung und Anordnung verbinden würde, daß fraglich neues Etablissement eine Reihe von Jahren (…) in gänzlicher ›Steuer- und Abgab' frei‹ … belassen würde!«

Gottschalk & Grether

Bezüglich der geplanten Baumaßnahmen am Gewerbekanal verfügte die Regierung einige Auflagen, jedoch wurde dem Gesuch mit Beschluß vom 16. Dezember 1834 stattgegeben. Am 1. April 1835 wurde

Alt-Schopfheim (mit Drahtzug und Spinnerei)

der Grundstein für den Bau der neuen Textilfabrik hinter der alten Drahtfabrik gelegt. Durch ihren Giebel betont die Fabrik ihre architektonische Verwandtschaft zum Rathaus in Schopfheim. Im Januar 1837 nahm der neue Betrieb seine Arbeit auf. Die Firma hieß »Gottschalk & Grether«. Beflügelt durch den Erfolg ihres Unternehmens denken die Schwäger bereits an Expansion. Sie prüfen im Wiesental geeignete Plätze für eine Industrieansiedlung. In Atzenbach hoffen sie die richtigen Voraussetzungen für den Bau einer Spinnereifabrik vorzufinden. Die Unternehmer setzen sich mit dem Bürgermeister und den Gemeinderäten in Atzenbach zu einer Besprechung zusammen. Über den Verlauf dieser Begegnung am 23. März 1845 existiert ein Protokoll:

> »Nachdem die Herren Gottschalk, Grether und Consorten von Schopfheim schon vor einiger Zeit den Bürgern von Atzenbach Bezirksamt Schönau bei versammelter Gemeinde ihre Absicht zu erkennen gaben, in der Gemarkung Atzenbach ein Fabrik-Geschäft errichten zu wollen, und die Bürgerschaft auf die Vorteile aufmerksam gemacht haben, die aus einer größeren Fabrikanlage für die große Mehrzahl der Gemeindebürger entsprechen würden, und dieses auch von denselben, insbesondere aber von den tätigen Ge-

meindevorständen eingesehen und anberaumt und von ihrer Seite der Wunsch ausgesprochen wurde, es möchte vorgedachtes Project Folge gegeben werden, so haben sich eingangs genannte Herren Gottschalk, Grether und Consorten am heutigen Tage nach Atzenbach begeben und den Beteiligten folgende Eröffnung gemacht: Es seien dieselben willig und bereit in der Gemarkung Atzenbach eine Wollen-Spinnerei zu errichten, und falls dieselbe, wie sie zuversichtlich hoffen, gedeihen und einen guten Fortgang haben werde, später nicht nur zu vergrößern, sondern nach Umständen noch andere in das Fach einschlagende Industriezweige damit zu verbinden. Behufs der Erzielung einer angemessenen Wasserkraft zur Betreibung der Spinnerei, wollen dieselben einen Gewerbekanal anlegen. Unter der Grundlage dieser Bedingungen haben sich die unterzeichneten Güterbesitzer entboten und verbindlich gemacht von ihren an der projectierten Kanallinie gelegenen Gütern an die Herren Gottschalk, Grether und Consorten das zum Kanal und Fabrikanlage erforderliche Land käuflich abzutreten.

Die Herren Gottschalk, Grether und Consorten erklärten hierauf, daß sie auf diese von Seiten der Landeigentümer mit Verbindlichkeiten von ihrer Seite gemachten Forderungen in Betracht zögen,

Alt Atzenbach (mit Spinnerei)

darauf ihre Berechnungen gründen, sobald ihnen darüber eine Entschließung zugehen werde. Vorderhand könnten sie von ihrer Seite noch keine Verbindlichkeit eingehen, da sie zur Fabrikanlage die obrigkeitliche Konzession noch nicht erlangt, und alle Landeigentümer ihre Erklärung noch nicht abgegeben hätten.

Die unterzeichneten Bürger von Atzenbach verpflichten sich, die Herren Gottschalk, Grether und Consorten in ihrem Gesuch um Erlangen ihrer Gewerbeconzession soviel an ihnen liegt zu unterstützen und der Ausführung des Unternehmens in keiner Weise entgegenzutreten.«

Bereits knapp drei Monate später kann der Kauf- und Abfindungsvertrag für das zu erwerbende Baugelände sowie für den zu errichtenden Gewerbekanal als Antriebskraft der Turbinen zwischen den Unternehmern und dem Amt Atzenbach unterzeichnet werden. Nach dreijähriger Bauzeit wird der lange, sechsgeschossige Fabrikbau mit dazugehörigen Nebengebäuden errichtet. Am 2. Januar 1849 kann der Spinnereibetrieb anlaufen. Ein halbes Jahrhundert zuvor wäre eine solche geographische Standortentscheidung aus strukturpolitischen und staatswirtschaftlichen Gründen undenkbar gewesen.

Hebels Welt der Kindheit im Wiesental, seiner Heimat, waren vor allem das mütterliche Hausen und Schopfheim, wo er nach dem Tod seiner Mutter im Heim seines Lateinlehrers Karl Friedrich Obermüller aufgenommen wird. Sein Blick war eher der Wiese entlang, flußabwärts, dorthin, wo sie in den Rhein mündet, als ins hintere Wiesental, dort, wo sie entspringt, gerichtet. Auch noch als Hebel seine Gedichte schreibt, hört die Welt hinter Hausen auf, nicht etwa weil sich dahinter das Wiesental verengt und selbst Ortsnamen wie »Todtnau« alles noch mehr verdunkeln. Nein, hinter Hausen war die Welt wirklich zu Ende, mit der jenseits hatte man nichts zu tun. Hier endete die baden-durlachische Markgrafschaft, jenseits von Hausen, mit Zell und Atzenbach begann seit fast einem halben Jahrtausend (450 Jahren) Vorderösterreich. Der Grenzverlauf war den Höhenrücken der Täler entlang durch massive Grenzsteine mit stolzen Wappen markiert, wie über dem Kleinen Wiesental, über dem Wolfsacker und den Schanzen dem Belchen zu. Hier bestimmten verschiedene Glaubenswelten den Alltag – hier das protestantische Territorium des Markgrafen Karl Friedrich (1728–1811) in Karlsruhe und dort die katholische kaiserliche Macht der Maria Theresia (1717–1780) in Wien.

Das hintere Wiesental war verarmt – die Landwirtschaft im Tal und auf den Berghöhen brachte nicht viel ein, auch der Abbau der Silberadern, das Schürfen von Flußspat und Quarz war kaum noch rentabel. Edelmetalle aus Südamerika waren billiger. Dann entdeckte man den Rohstoff Holz; der Hochschwarzwald wurde abgeholzt – im Raubbau für die Papiermühlen in Basel und für Festungsbauten in Breisach, bis schließlich im südlichen Schwarzwald Holzmangel herrschte. Erst nach Beschwerden am Wiener Kaiserhof über das Ausmaß dieses Kahlschlages wurden Pacht- und Lieferverträge reduziert.

Schon vor Gottschalk & Grether stellte manch ein Unternehmer in der Eisenfabrikation auf das Textilgewerbe um. So wurde der »Fabrikant« einer Hammerschmiede in Zell zum »Verleger« – ein Unternehmer, der einen ganzen Stamm von Heimarbeitern im Textiliengewerbe organisierte. Das Rohmaterial aus Westindien und Südamerika wurde angeliefert, die Technik durch eine Weberkolonne angelernt und die fertige Ware abgeholt. In Heimarbeit wurde jetzt gesponnen und gewoben, allein in Zell arbeiteten 1785 alle Haushalte für den einen »Verleger«. Diese sogenannte kaufmännisch gesteuerte Hausindustrie, die durch eine überteuerte Rohwarenlieferung an die Heimarbeiter und durch Niedriglöhne zusätzlichen Gewinn machte, sah in den ins Wiesental ziehenden Fabrikgründungen ihr Ende kommen. Schon vor dem Anrücken der mechanischen Spinn- und Webmaschinen war das Wiesental längst zum Webland geworden. So hatte auch schon der gelernte Leinenwebergeselle und Ex-Dragoner Johann Jakob Hebel den Winter über in Hausen hinter seinem hölzernen Webstuhl gesessen.

Das Tal der Wiese und das Fabrikgeschäft

Die Wiese – so erzählt Johann Peter Hebel – entspringt »am waldigen Feldberg«, dem höchsten Berg des Schwarzwalds, in einem »Stübli«, verborgen in einer silbernen Wiege. Kein menschliches Auge hat das kleine »Meiddeli« je gesehen. Nur stille Geister hören sein Stimmlein und dürfen sein heimliches Lächeln sehen. Sie lehren es, sich auf eigenen Füßen zu bewegen und freuen sich, wie es barfuß aus dem »christalene Stübli« heraustritt und mit stillem Lächeln, dankbar, wie schön da draußen alles ist, zum Himmel aufschaut: »Gell, so hesch der's nit vorgstellt?« und wie das »Meiddeli« hüpft, da kann es einem auf dem Weg nach Todtnau herunter bange werden. Bei Schönenbuchen hält es bei der alten Kapelle inne, verweilt, weil es einer heiligen Messe lauschen will. »Jez willi mi schicke, aß ich witers chumm.«

Und wie es so weitergeht, wird es größer und schöner. Es freut sich, was es sieht: »Alles lebt und webt und tönt in freudige Wiise.« Jetzt ist es vor Zell kein »Meiddeli« mehr, sondern ein »Meidli«. Doch dann, beim steinernen Kreuz, setzt sich das Mädchen an die Straße »mit vertieftem Blick«. Was hat sie denn nur für Launen im Kopf? Ob ihm was fehlt?

Mit schwankendem Schritt schreitet sie weiter das Wiesental runter. Dort, dem Bergwerk von Hausen zu, da »changiert« der Glauben, das Mädchen aus dem katholischen Wiesental wird »e lutherische Chetzer!« Es kleidet sich auch luthrisch, mit Schürze und Brusttuch; mit jungfräulichem Schritt geht es erhobenen Hauptes, überzeugt davon, sie sei die Frau des Vogts persönlich, schielt zurück, um zu sehen, ob man auch ordentlich ihr »nachgeguckt« hat, ganz Markgräfler Meidli eben.

Am Bergwerk hört es den Blasebalg schnaufen, daß die Feuer nicht ausgehen. Dann geht es vorbei an Sägewerken, Getreidemühlen und Schmieden zum »Drahtzug«, der Drahtzugfabrik, wo das Eisen aus Hausen »gesponnen« wird »wie Hanf in gschmeidigi Fäde«. Es läuft

auf der staubigen Landstraße mit großen Schritten nach Fahrnau durch das Schopfheimer Kirchspiel. »Jetz goht's … witer in d'Lörecher Matte … s'währt nit lang, se stöhn mer frei uf schwitzrischem Bode.«
Jetzt wo es Riehen und dem Rebland entgegengeht, wird »Feldbergs liebligi Tochter« zur Braut, die sich »'s Gotthards große Bueb«, dem Rhein, versprochen hat. Er geht wie ein Basler Ratsherr. So wie es ihm im verborgenen Stüblein die Geister gesungen haben, wird es wahr. »… und gell, so hesch der's nit vorgstellt.«
Das Wiesental war seit Jahrhunderten zweigeteilt, gehörte verschiedenen politischen Territorien an. Das Grenzland ist also auch unterschiedlichen Wirtschaftsräumen zugeteilt, ein Randgebiet in doppelter Hinsicht. Was so lange währte, änderte sich plötzlich. Jetzt wird das Wiesental vereinigt: Im Frieden zu Preßburg 1805 muß die habsburgische Kaisermacht Vorderösterreich an den Markgrafen von Baden abgeben, der durch Napoleons Gnaden Großherzog wird. Jetzt wird die abgelegene Grenzlage zur Schweiz und zu Frankreich zu einem Standortvorteil – am Rheinknie an einem großen Wassertransportweg mitten in Europa gelegen.
Bislang hatten Schweizer Unternehmer, vor allem Basler Bürger wie Sarasin, Geigy oder Iselin, im Wiesental Standortvorteile genutzt: brachliegende Arbeitskräfte, die sich seit Generationen in der Heimarbeit Fertigkeiten im Umgang mit Hanf- und Flachsspinnen angeeignet hatten und die reiche Wasserkraft der Wiese als Energiequelle. Durch die Gründung des Deutschen Zollvereins am 1. Januar 1834 und durch den Beitritt des Großherzogtums Baden am 12. Mai 1835 veränderte sich die wirtschaftliche Lage der badischen Grenzregion. Die Schweiz sah sich jetzt aus traditionellen Märkten herausgedrängt. Es spricht für den Unternehmergeist und den Spürsinn von Gottschalk & Grether, daß sie die Zeichen der Zeit erkannt hatten; denn die Gründung ihres »Fabrikgeschäfts« erfolgte zeitgleich mit der Gründung des Deutschen Zollvereins.
Und das ist das Besondere: Diese Unternehmer sind Persönlichkeiten, die aus dem Wiesental stammen. Sie sind durch Familienbande

meist verwandt, befinden sich in einer Übereinstimmung ihrer finanziellen und wirtschaftlichen Interessen sowie ihrer politischen und geistigen Überzeugungen, einer Art von Wesensverwandtschaft. Eine homogene bürgerliche Herkunft schuf eine Verflechtung besonderer Art: Es ist das erste Mal, daß sich dieses Unternehmen von Leuten aus dem Wiesental aus eigener Kraft und mit eigenem Kapital finanziert. Es ist eine Verbindung zwischen bürgerlichen Familien zum Zwecke einer Kapitalhäufung für eine Firmengründung. Ihre Spinnereien zählen bald zu den bedeutendsten Unternehmen des Wiesentals. Ihre Werke tragen dazu bei, daß die Wiesentäler Baumwollindustrie in der gesamtbadischen Textilindustrie den ersten Rang einnimmt. Das rührt allein schon daher, daß die Textilindustrie im Wiesental eine auffallend große Dichte von Unternehmen aufweist. Durch die Wasserkraft der Wiese konnte einst der Rohstoff Holz das Wiesental abwärts auf Flößen zum Rhein transportiert werden. Hierzu waren Flußbegradigungen nötig. Jetzt nutzte man die Wasserkraft als Energiequelle zum Antreiben der Turbinen. So durchschnitt man in Atzenbach einen Bergrücken, trieb einen Stollen für einen Industriekanal zum Standort der Fabrik. Jetzt mußten die Rohstoffe en gros talaufwärts zu den abgelegenen Fabrikstandorten transportiert werden. Baumwollballen aus Indien und Ägypten wurden auf Pferdewagen und Ochsengespannen mühsam herangekarrt.

Bereits am 29. März 1838 beschließt das Großherzogtum Baden das Gesetz über den Bau einer Eisenbahn dem Rhein entlang, von Mannheim über Heidelberg – Karlsruhe – Rastatt – Offenburg – Freiburg Richtung Basel. Am 12. September 1840 wird der erste Streckenabschnitt der badischen Staatseisenbahn Mannheim – Heidelberg fertiggestellt. Der ursprüngliche Plan aus dem Jahre 1842, eine Bahnstrecke von Efringen – bis hierher war die Eisenbahnstrecke 1847 bereits durchgeführt worden – bis nach Lörrach weiterzuführen, wurde zu den Akten gelegt. So wurde nicht Lörrach, sondern ein deutscher Bahnhof mitten im schweizerischen Basel – der Badische Bahnhof – 1855 zur Drehscheibe des europaweiten Schienenverkehrs.

Drei Jahre später gründeten Investoren aus Basel und aus dem Wiesental eine Gesellschaft zum Bau einer ersten Privatbahn in Baden – von Basel ins Wiesental. Auch die Firma Gottschalk & Grether beteiligte sich an dieser Wiesental-Eisenbahn AG mit 40.000, bald erhöht auf 56.000 Gulden, »da man der Ansicht ist, daß das Unternehmen ganz besonders den hinten im Thal gelegenen Fabriken zu Statten kommt, und für sie von Nutzen ist«. Exakt am 10. Mai 1862 – es ist Hebels Geburtstag – dampft die erste Lokomotive aus dem Badischen Bahnhof von Basel ins Wiesental. Die Lok war auf den Namen »Rötteln« getauft worden.

3. Kapitel
Revolutionäre Morgenröte im Wiesental

Als Johann Peter Hebel das Licht dieser Welt erblickte, war der Markgraf von Baden Karl Friedrich 32 Jahre alt und schon seit 14 Jahren in seinem Amt (seit 1746). Seine Herrschaft konnte er bereits 1771 durch die Wiedervereinigung der beiden Markgrafschaften Baden-Baden und Baden-Durlach mehren. Die lange Regierungszeit war geprägt vom Ancien régime und verharrte in einem aufgeklärten Absolutismus kleinstaatlichen Zuschnitts. Seine Landessprengel im Westen des alten Reichs, dem Rhein entlang, grenzten direkt an das Territorium der europäischen Großmacht Frankreich. Es war weniger die das Land verunsichernde Französische Revolution, sondern der daraus resultierende Machtanspruch Napoleons, der dem Anrainer zur Existenzfrage wurde. Der Markgraf von Baden mußte sich entscheiden: Er brach mit dem alten Reich, schlug sich auf Napoleons Seite und paßte sich den neuen, einer Revolution entsprungenen Machtverhältnissen an.

Dieses Bündnis vom 22. August 1796 führte schließlich am 26. Dezember 1805 zum Frieden von Preßburg: Die Markgrafschaft wuchs durch Annektierungen bayerischer und österreichischer Gebiete sowie kleiner Fürstentümer und Grafschaften um das Vierfache, bezüglich der Bevölkerungszahl um fast das Sechsfache auf etwa 1 Million. Die Markgrafschaft wurde zum Großherzogtum gekürt und war jetzt von Mannheim dem Rhein entlang bis Konstanz ein durchgängiges stattliches Staatsgebiet geworden.

1806 trat Baden dem Rheinbund bei und führte bald den Code civil als Badisches Landrecht ein. Karl Friedrich hatte Unglaubliches geleistet: Er balancierte einen auf einer Kodifikation revolutionären

Ursprungs basierenden Obrigkeitsstaat und teilte sein neues Baden – ungeachtet regionaler Bindungen – in zehn, später neun Kreise ein, angesichts der Vervierfachung der Fläche wahrlich eine Quadratur von Kreisen ... Daß das Land Napoleons Niedergang überlebte, ist einem Bündniswechsel in letzter Minute zu verdanken – am 20. November 1813 trat Baden dem Bündnis der Alliierten gegen Napoleon bei. Durch den Beitritt Badens zum Deutschen Bund am 26. Juli 1815 überstand es manche während des Wiener Kongresses da und dort gestellte Begehrlichkeit, die leicht wieder zu einer Existenzfrage hätte werden können. Karl Friedrichs Erben krönten dieses neue Staatsgebilde 1818 mit einer Verfassung, die in Deutschland als die liberalste galt. So schuf man eine Erste Kammer – eine für die traditionellen Führungsschichten repräsentative Körperschaft – und eine Zweite Kammer – die Volksvertretung.

Der »citoyen« Johann Peter Hebel

Wie aber dieses Konstrukt zusammenfügen oder ihm gar eine Seele einhauchen? Der Mehrheit der Bürger war das neue Staatsgebilde fremd – die meisten waren ja Neubürger. Die Landesteile taten sich schwer, innerlich zusammenzuwachsen. Dieser Zentralstaat wirkte auf viele volksfremd: Ein »Code Napoléon« ohne revolutionäres Unterfutter war wie eine Kodifikation starrer Zivilgesetze und angesichts der Karlsbader Beschlüsse und des scharf gehandhabten Legitimitätsprinzips galt das Verfassungsrecht als eine restaurative bis repressive Verfassungswirklichkeit.

Johann Peter Hebel, der Verfasser der »Alemannischen Gedichte« und des »Rheinländischen Hausfreunds« war öfter Gast an der großherzoglichen Tafel in der Karlsruher Residenz. Der Theologe, Pädagoge und Dichter fühlte sich als »citoyen« weniger eines Staatsgebildes, sondern eher eines Weltgebäudes, obgleich er 1819 Mitglied der Ersten Kammer des Badischen Landtags wurde. »Ich bin, wie Ihr wißt, als Sohn einer armen Hintersassen-Witwe zu Hausen aufgewachsen, und wenn ich mit meiner Mutter nach Schopfheim, Lörrach oder Basel ging, und es kam ein Schreiber an uns vorüber, so mahnte sie: ›Peter, zieh 's Chäppli ra, 's chunnt a Herr‹ … Nun könnt Ihr Euch vorstellen, wie mir zu Mute ist, wenn ich hieran denke – und ich denke oft daran – und in der Kammer sitze mitten unter Freiherren, Staatsräten, Ministern und Generalen, vor mir Standesherren, Grafen und Fürsten und die Prinzen des Hauses und unter ihnen der Markgraf Leopold – fast mein Herr!« Hebel hatte wesentlichen Anteil am Zusammenschluß der beiden evangelischen Konfessionen, der lutherischen und der reformierten Kirche in Baden, der 1821 geschaffenen unierten evangelisch-protestantischen Landeskirche. Um schon der Jugend ein religiöses, konfessionelles Zusammengehörigkeitsgefühl zu vermitteln, erhält Johann Peter Hebel 1814 den Auftrag, eine Bibel für die Jugend zu schreiben. Es dauerte Jahre, die ganzen biblischen Stationen zu durchwandern: »Ich lebe am Berg Tabor, unter den Palmen von Jericho, am Brunnen Jakobs, am heiligen Grab …« So wie der »Kalender als Lesebuch für das Volk« gedacht war, sind seine »Biblischen Geschichten« für die Jugend. 1824 erschienen sie im Cotta-Verlag. Was Hebel als Einheitsgefühl der protestantischen Konfession den Mitgliedern einer badischen Landeskirche vermittelt und wie es ihm gelingt, die alemannische Lebensart, die Volksseele, in eine Sprachform zu fassen und diese der Weltliteratur vorzustellen, genau das ist es, was der groß gewordenen Markgrafschaft politisch fehlt. Die Staatskonstruktion Großherzogtum Baden benötigt ein natürlich gewachsenes, einigendes Staatsbewußtsein.

Es gab »von oben« bis in abgelegene Täler hinauf wirtschaftliche Modernisierungsschübe mit sozialen Auswirkungen. Ebenso wurden nach der Julirevolution 1830 vielbeachtete Reformen zugestanden, so daß das Land Baden schließlich als das »Musterland« galt. Mit dem wachen Liberalismus seiner Bürger schien man hierzulande politisches Bewußtsein geradezu erfunden zu haben. Daß dann ausgerechnet auf badischem Boden eine zugegebenermaßen liberalreformierte Staatsform erschüttert wird, ist doch erstaunlich. Fehlte etwa dem politisch aufgeweckten Bürger im »Musterländle« das vor der Haustüre liegende Lebensmuster? Das revolutionäre Frankreich hatte ja die Konstitution des Landes Baden in seiner jetzigen Gestalt geschaffen. Jetzt aber gehörte es dem restaurativen Deutschen Bund an und war zu einer Randerscheinung geworden. Der Glaube an die Unveränderbarkeit sozio-ökonomischer Verhältnisse war durch viele Generationen gelebte Überzeugung. Die Französische Revolution brachte es fertig, die bisherige Ordnung mehr als nur in Frage zu stellen. In den Jahren der napoleonischen Hegemonialmacht über Europa änderte sich innerhalb von 15 Jahren durch Eroberungskriege und durch Verwaltungsakte der Rahmen gewohnter Lebensverhältnisse. Der Geist der neuen Gesetze blickte nach vorne, schuf Erwartungen, daß unverrückbare Ordnungswelten plötzlich veränderbar wären. Vor allem in einem Land wie Baden – ein Produkt der Folgen der Französischen Revolution – stiegen die Hoffnungen auf Reformen: Gleich dem Gesetz der kommunizierenden Röhren produzierte dieser Reformdruck einen restaurativen Gegendruck, und dieser erzeugte revolutionäres Potential. Der demokratisch gesinnte Abgeordnete der Zweiten Kammer des Badischen Landtags, Gustav Struve, umriß die politische und gesellschaftliche Situation 1847, am Vorabend der Revolution: »Wir leben im 19. Jahrhundert; die Burgen der Raubritter sind gefallen, allein die Lasten, welche sie ihren Grundholden aufgelegt, bestehen noch immer fort. Feudal-Lasten und Zunftzwang passen nicht zu Eisenbahnen, Dampfschiffen, Gasbeleuchtung, Spinn-Maschinen usw.«

Da war 1844 der Aufstand der Weber in Schlesien; aus Protest gegen den Verlust von Arbeitsplätzen zerstörten Arbeiter in Mannheim Maschinen; Handwerksgesellen, Lehrlinge gingen in Berlin auf die Barrikaden; wegen drohender Entlassungen streikten Textil- und Metallarbeiter; Bauernaufstände im östlichen Schwarzwald und im Württembergischen mit Plünderung mancher Feudalsitze, obendrein dann katastrophale Mißernten durch die Kartoffelfäule,

Hungersnöte in den Jahren 1845 bis 1847, Protestaktionen gegen die Teuerung – das Protestpotential der »Unterschichten« in Stadt und Land war auf dem Siedepunkt. Diese Notsituation bedurfte nur noch eines Funkens.

Es war wiederum der Ausbruch einer Revolution in Frankreich, die im Februar 1848 von Paris aus wie ein Lauffeuer die Staaten des Deutschen Bundes erreichte und Unruhen in Stadt und Land auslöste. Die sogenannte Februarrevolution in Paris, der Sturz des französischen Königs Louis Philippe sowie die Ausrufung der Republik sind Auslöser für die Revolution in Baden, für den »Kampf für die Freiheit aller« und für eine »demokratische Republik«. Im Dreiländereck war der junge Markus Pflüger Zeuge dieser Aufbruchsstimmung: »Ende Februar drang zuerst leise, dann immer stärker das Gerücht zu uns, daß am 24. Februar in Paris eine Revolution ausgebrochen und daß die Orléans-Dynastie gestürzt und die Republik erklärt worden sei. Die Nachricht machte überall den größten Eindruck, insbesondere bei uns an der badischen Grenze. Am 1. März trafen sich in Karlsruhe, wo gerade die Kammern beisammen waren, eine große Zahl von Deputationen aus dem ganzen Lande, welche der Zweiten Kammer eine gleichlautende Petition übergaben und die Regierung aufforderten, baldigst Pressefreiheit, Schwurgerichte, Volksbewaffnung und eine Volksvertretung beim deutschen Bundestag einzuführen. Die eingeschüchterte Regierung versprach alles zu tun, worauf sich die Deputationen nachhause begaben.«

Die Aufbruchsstimmung der Bürger

Unruhe auch in der Schweiz: Die politische Auseinandersetzung zwischen den im »Sonderbund« vereinigten konservativen Kantonen und den in der »Tagsatzung« zusammengeschlossenen liberaldemokratischen Kantonen spitzte sich zu; sie führte zum Sieg der Liberalen und zur Schweizerischen Bundesverfassung von 1848. Am 3. März 1848 fand in Lörrach eine Versammlung statt, die einen so großen Zulauf hatte, daß sie nicht im Saal, sondern unter freiem Himmel stattfinden mußte. Der Politisierungsschub hatte jetzt Stadt und Land erfaßt. Am 4. März 1848 beschließt der Gemeinderat in Lörrach, eine Bürgerwehr zur Sicherung der Bürger einzurichten. Die Beschlüsse der hiesigen Volksversammlung werden mit 2.000 Unterschriften durch eine Delegation von 190 Lörrachern am 5. März nach Karlsruhe gebracht und dort der Zweiten Kammer des Badischen Landtags überreicht. Ob Karlsruhe oder Berlin – die »Märzforderungen« sind unüberhörbar. Am selben 5. März treffen sich in Heidelberg Delegierte aus dem liberalen und demokratischen Lager. Markus Pflüger beobachtet die Ereignisse: »Wenige Tage darauf versammelten sich in Heidelberg eine große Zahl hervorragender Männer; Abgeordnete deutscher Volksvertretungen, und beschlossen ein sog. Vorparlament nach Frankfurt zu berufen, zu welchem die hervorragendsten Patrioten eingeladen werden sollten. Dieses Vorparlament beschloß auch die Berufung einer nationalen Volksvertretung nach Frankfurt und setzte zur Verwirklichung dieses Beschlusses den sogenannten ›Fünfziger Ausschuß‹ ein, der die Sache beim Bundestag zu betreiben hatte. Unterdessen war aber das Volk nicht müßig; überall wurden Vereine gebildet, Waffen angekauft und die feldtüchtige Mannschaft in Compagnien eingeteilt und gedrillt.«

Jetzt geht es Schlag auf Schlag: Am 13. März erfaßt die Aufbruchstimmung das österreichische Kaiserreich: Metternich – der Garant der alten Ordnung – wird gestürzt. Barrikadenkämpfe in Berlin erschüttern die öffentliche Ordnung in Preußen. Im Südwesten des Deutschen Bundes, an der schweizerisch-französischen Grenze, wendet sich am 18. März in Lörrach/Südbaden ein »Zentralkomitee für Volksbewegung« an alle Wehrmänner des Bezirks, die Waffen nicht nur zur Sicherung von Ruhe und Ordnung, sondern zur Durchsetzung der versprochenen Reformen und Rechte einzusetzen. Am 23. März versammeln sich im »Hirschen« wiederum Lörracher Bürger, um durch eine Petition auf die Durchführung ihrer Beschlüsse zu drängen. Unter den Anwesenden sind Bürgermeister Carl Georg Wenner (seit 1844 im Amt) und Vikar Reinhard Schellenberg, Lehrer am Pädagogium.

Am 31. März 1848 tritt in Frankfurt das Vorparlament in der Paulskirche zusammen. Dieses Vorparlament, das die Konstitutierung einer Nationalversammlung vorbereiten soll, wird bis zum 3. April tagen. Unter den 574 Delegierten sind auch Mitglieder der Zweiten Badischen Kammer – Friedrich Hecker und Gustav Struve aus Mannheim. Bei der Wahl zur Bestellung von Wahlmännern für die Delegierten der Frankfurter Nationalversammlung erzielt im Lörracher Stimmkreis Vikar Schellenberg 360 Stimmen, Bürgermeister Wenner 324, Posthalter Pflüger 214, Fabrikant Koechlin 208 und Stadtrat Grether 205 Stimmen.

Lörrach

Inzwischen wurde in Lörrach wie auch anderswo eine Bürgerwehr aufgebaut. Sie umfaßte 400 Mann und gliederte sich in drei »Compagnien«. Hauptmann der Bürgerwehr wurde der »Hirschen«-Wirt Markus Pflüger, der gleichzeitig das erste Fähnlein kommandierte, die beiden anderen der Buchbinder Gutermann und Stadtrat Grether. Die Lörracher Schützengesellschaft stellte über 20 Scharfschützen bei; hinzu kam eine kleine Reiterabteilung. Markus Pflüger hatte im Frühjahr 1848 die Wirtschaft »Zum Hirschen« übernommen. Es war das erste Haus am Platze. Früher hatte das Gasthaus »Zum Ochsen«, Lörrachs älteste Wirtschaft, diesen Rang eingenommen. In der bodenständig gediegenen Atmosphäre, die die Eheleute Wilhelm und Maria Rebecca Flury geschaffen hatten, saß auch gern Johann Peter Hebel am Stammtisch mit den Honoratioren des Ortes. (Aus dem Gasthaus »Zum Ochsen« am Marktplatz wurde später das Gasthaus »Zum Storchen«.) In den markgräflichen Akten wird 1728 zum ersten Mal das Gasthaus »Zum Hirschen« erwähnt. Bevor das Anwesen in den Besitz der Familie Pflüger kam, gehörte es Fritz Senn.

Am 23. April 1823 erwarb der Weißgerber und »Pflug«-Wirt Bartlin Pflüger aus Schopfheim den »Hirschen« in Lörrach für 12.000 Gulden – als Existenzgrundlage für seinen Sohn Markus. Glücklicherweise bahnte sich eine Hochzeit zwischen dem 25jährigen Sohn und Elisabeth Senn, der 21jährigen Tochter des bisherigen »Hirschen«-Wirts Fritz Senn, an. Bartlin Pflüger legte über die Kaufsumme hinaus noch 1.000 Gulden Trinkgeld in bar auf den Tisch. Das junge Ehepaar Markus und Elise Pflüger verstand zu wirtschaften und machten den »Gasthof zum Hirschen« bald zum ersten Haus am Platze. Sie ließen das Anwesen 1828 völlig umbauen und erweiterten es im Baustil des Architekten Friedrich Weinbrenner (1766–1826), der als Baudirektor von Karlsruhe nicht nur dessen klassizistisches Stadtbild, sondern das des ganzen Landes geprägt hatte. Auf dem Vorplatz errichteten sie einen großen Brunnen aus weißem Jurakalkstein – als Pferdetränke und zur Forellenhaltung für die Küche.

Zwölf Jahre später, 1840, erhielten die Eheleute die Lizenz zur Führung einer »Posthalterei« auf der Postlinie, die von Karlsruhe kommend die Stationen »Kalte Herberge« und Lörrach verband. Ein Gasthof mit Zimmern, Gaststätte, Küche, eigener Metzgerei, Landwirtschaft, Weingütern und Stallungen war ein mittelständisches Unternehmen, das die ganze Kraft und den vollen Einsatz, auch der Wirtin, verlangte. Ihre freundliche und »liebliche« Art fiel auf und wurde gelobt: »Obschon seit einiger Zeit verheiratet, hatte sie das Ansehen eines jungen Mädchens, und die kleidsame Markgräflertracht stand ihr allerliebst.« Es galt, die Abendgesellschaften auszurichten, im »Hirschen« wurden nicht nur Gedanken ausgetauscht, hier wurde auch Meinung gemacht.

Bereits im Jahr nach der Übernahme des »Hirschen« war am 7. Mai 1824 ein Sohn zur Welt gekommen. Wie der Vater sollte er auch Markus heißen. Er besuchte in Lörrach die Volksschule, dann das Pädagogium. Die Eltern schickten ihn nach seiner Konfirmation zu Verwandten nach Lausanne, um dort Französisch zu lernen. In Frankfurt erlernte der junge Markus Pflüger das Hotelgewerbe. Er war 22 Jahre alt, als sein Vater, der »Hirschen«-Wirt, im Alter von 48 Jahren starb. Obgleich durch den frühen Tod die Existenz des Unternehmens in Frage gestellt war, hielt Mutter Elise ihren Sohn für zu jung, die Verantwortung für das ganze Haus zu übernehmen. Sie schickte ihn für eine Ausbildung zu den ersten Adressen nach Frankreich und England. Beherzt übernahm die Witwe die Geschäftsführung, bis sie diese in den ersten Monaten des Jahres 1848 eben ihrem Sohn Markus übertrug. Seine Auslandserfahrung vermittelte ihm ein waches politisches Interesse. Kaum war er in seiner Heimatstadt zurück, engagierte er sich im »Patriotischen Verein« und im »Comité für Volksbewaffnung«, leitete bereits Versammlungen und formulierte an Bezirksbeschlüssen zur Demokratisierung Badens mit.

Frankfurt

Friedrich Hecker, Abgeordneter in Badens Zweiter Kammer, war jetzt Mitglied des Vorparlaments in Frankfurt. Auch in dessen wichtigen Vorstand – den Fünfzigerausschuß – wollte er gewählt werden. Obgleich in den Führungskreisen Einvernehmen darüber herrschte, daß in diesem paritätischen Ausschuß auch seine Stimme vertreten sein solle, verhinderte die Mehrheit des Vorparlaments seine Berufung. Hecker hatte gehofft, seine demokratischen Forderungen und sein Aktionsprogramm im Frankfurter Vorparlament durchsetzen zu können. Er fiel durch, erschien zu radikal. Das trieb Hecker zur Aktion: »Hier in Frankfurt ist nichts zu machen, es gilt in Baden loszuschlagen.« Wenn keine Reformen, dann eben Revolution! Vom Süden, vom Seekreis beginnend, wollte er in einem Sternmarsch die Revolution nach Norden – bis Karlsruhe – tragen.

Paris

Es war die Stunde der Revolution, die die Republik brachte. Am 24. Februar 1848 hatte sich im »Hôtel de Ville«, dem Pariser Rathaus, eine provisorische Regierung gebildet. Von der revolutionären Hochstimmung wurden auch die vielen in Paris lebenden deutschen Emigranten erfaßt. Sie waren Arbeiter und Handwerker, meist Möbelschreiner. Sie gründeten einen »Club deutscher Arbeiter« und wählten zu ihrem Präsidenten den als Emigrant in Paris lebenden Dichter Georg Herwegh – die seit der Veröffentlichung seiner »Gedichte eines Lebendigen« tonangebende Stimme in der freiheitlichen Bewegung des Vormärz. Für Herwegh war die Revolution »die Religion unserer Zeit«.

Georg Herwegh wurde am 31. Mai 1817 in Stuttgart geboren. Um sich dem Militärdienst zu entziehen, geht er in die Schweiz. Er heiratet 1843 die aus Berlin stammende Emma Siegmund. Beide wohnen in Paris in der Rue Vaneau. In derselben Straße, etwas weiter, Hausnummer 38, wohnt auch Karl Marx mit seiner ebenfalls frischvermählten Jenny von Westphalen. Herwegh trifft sich mit Karl Marx, dessen Freund Friedrich Engels oder auch mit dem ebenso in Paris lebenden deutschen Dichter Heinrich Heine im Café de la Régence. Sie alle schreiben Aufsätze für die »Deutsch-Französischen Jahrbücher«.

Die deutschen Arbeiter und Handwerker veranstalten einen Demonstrationszug über die Boulevards, wo Freiheitsbäume gepflanzt waren und die Marseillaise gesungen wurde. Sie überreichen der provisorischen Regierung eine Adresse an das französische Volk, sie gründen gar eine deutsche-demokratische Legion, warben um Unterstützung und Ausrüstung – sie wollten das revolutionäre Feuer nach Deutschland tragen. An der Spitze dieser Legion steht der deutsche Dichter Georg Herwegh. Die provisorische Regierung läßt die deutsche Legion auf dem Marsfeld exerzieren. Als diese Legion von Heckers Sternmarsch vom Bodensee nach Karlsruhe hört, will sie diesen Aufstand in Baden brüderlich unterstützen. Die französische Regierung stellt der deutschen Legion sogar Marschquartiere zur Verfügung und jedem Legionär pro Tag ein Kopfgeld von 50 Centimes bis zur Grenze bei Straßburg. Schlecht bewaffnet zieht die Herweghsche Legion mit über 800 Mann los. Sie formiert sich als Regiment von drei Bataillonen und zwölf Kompanien und zieht mit schwarz-rot-goldenen Fahnen durch Frankreichs Departements zum Rhein. Mitte April erreichen sie Straßburg. Jetzt sollte der Sturm losbrechen. Die deutsche Legion aus Paris wollte dabei sein. Sie bewegte sich auf französischem Terrain rheinaufwärts, ungeduldig der Dinge auf der anderen Seite harrend, und brannte darauf, sich als Bote der Französischen Revolution im Markgräflerland mit den badischen Aufständischen zu verbrüdern. Mit dabei – Herweghs Frau Emma. Die Herweghsche Legion, das deutsche demokratische Hilfskorps aus Paris, in Wartestellung.

Südbaden

Der »Hirschen«-Wirt, Posthalter und Hauptmann der Lörracher Bürgerwehr wird bald persönlich in Karlsruhe erfahren, was auf dem Spiele steht: »Württembergische, Hessische und Bayerische Truppen marschierten gegen unsre Grenzen, als in Offenburg am 19. März eine große Volksversammlung, aus dem ganzen Lande beschickt, sich über die weiteren Schritte beriet. Dort wurde die radikale Richtung unter dem Konstanzer Fickler von der Erklärung der Republik noch zurückgehalten. Als aber sein Gegner Hecker im Vorparlament zu Frankfurt mit seinen Anträgen unterlag, Fickler in Karlsruhe verhaftet und die fremden Truppen im Begriff waren, unsre Grenzen zu überschreiten, reiste Hecker mit seinem Freund Struve in aller Eile, ohne jemanden von seinen badischen Kollegen in Kenntnis zu setzen, nach Konstanz und erklärte dort am 12. April die Republik. Er setzte unter dem Regierungsdirektor Peter eine provisorische Regierung ein und forderte alle wehrhaften Männer zum Beitritt und Zuzug auf. Auch an uns nach Lörrach kam ein derartiges Schreiben. In einer schleunigst berufenen Versammlung wurde beschloßen, mich und F. Müller von Grenzach am 15. April nach Karlsruhe zu senden, um dort von unseren Abgeordneten zu erfahren, was in der Sache zu tun sei: wir berieten dort mit Scheffelt, v. Itzstein, Soiron und hörten zu unserm Staunen, daß Hecker vereinzelt, ohne jede Beratung mit Kollegen vorgegangen und wir am besten täten, uns zurückzuhalten und der Aufforderung keine Folge zu geben, was auch geschah.«

Dr. Friedrich Hecker, Mitglied des Vorparlaments, Abgeordneter der Zweiten Kammer des Badischen Landtags, von Beruf Rechtsanwalt in Mannheim, will jetzt die Revolution. Zusammen mit Gustav (von) Struve, Deutschbalte von Geburt, Schriftsteller sowie Abgeordneten- und Mannheimer Anwaltskollege, mobilisiert er den Seekreis am Bodensee.

Der Marsch in die Revolution beginnt am 13. April 1848 in Konstanz. Friedrich Hecker, der sich »Oberster Befehlshaber der Bürgerwehren von Baden« nannte, erwartete beim Aufbruch, daß es keines Schwertstreichs und keines Schusses bedürfe, daß der Zug ein wahrer Festzug sei und ganz Deutschland dem Beispiel Badens folge. Er glaubte, daß die Regierungstruppen zur »republikanischen Sache« überlaufen würden. Trotz Beifallskundgebungen am Vortag hatten sich aber nur 53 Mann eingefunden. Unterwegs schlossen sich dann doch von Dorf zu Dorf des Seekreises einige Hundert dem »Heckerzug« an. Über Stockach zogen die Freischärler, deren Haufen statt erwarteter 40.000 jetzt auf 1.000 Mann angewachsen war, nach Donaueschingen. Von hier aus wollte man dann in Kolonnen über das Höllental nach Freiburg und über das Kinzigtal Richtung Offenburg und Karlsruhe gelangen.

Die großherzogliche Regierung in Karlsruhe war alarmiert. Sie ersuchte den Deutschen Bund um die Entsendung von Truppen. Hessische, württembergische und badische Soldaten wurden in Marsch gesetzt oder auch am Mannheimer Bahnhof in den Zug. Über die

neuerbaute Rheintallinie wurden Truppen bis zur vorläufigen Endstation Schliengen antransportiert. Ziel der Truppenbewegung war Donaueschingen – dort sollte den Aufständischen der Weg über die Schwarzwaldpässe ins Rheintal abgeschnitten werden. Statt nordwestlich weiterzumarschieren, mußten die Aufständischen jetzt südwestlich Richtung Hochrhein abschwenken. Dann trennen sich deren Wege: Struves Freischärler nehmen die südlichste Route. Ihre Zahl verstärken die unter dem Befehl des »Obersten« Joseph Weißhaar, Landwirt und Wirt des Gasthauses »Engel« in Lottstetten nahe der Schweizer Grenze, stehenden Mannen. Der ehemalige badische Oberleutnant Franz Sigel stößt mit seinem Haufen dann von Waldshut nördlich in den Hochschwarzwald vor und versucht den Kontakt zu Heckers Kolonne zu halten, die sich über den Hochschwarzwald Richtung Wiesental bewegen will. Noch in der Nacht vom 17. auf den 18. April hatten zwei Abgesandte des Fünfzigerausschusses aus Frankfurt Hecker in seinem Quartier in Bernau aufgesucht und ihn bedrängt, den Marsch zu stoppen: Er gefährde die »so herrlich begonnene neue friedliche Entwicklung unseres Vaterlandes zur Einheit und Freiheit« und damit auch die Wahlen zur Nationalversammlung. Die beiden versprachen Hecker Amnestie. Doch der Freischarenführer mit Schlapphut und Hahnenfeder lehnt ab. Der »Oberste Befehlshaber der Bürgerwehren von Baden« ließ als Treffpunkt für die Kolonnen Todtnau, dann Lörrach angeben, um sich dann nach Freiburg zu wenden.
Die Heckersche Schar erreicht am 18. April das Wiesental, macht in der Nacht zum 19. April Quartier in Schopfheim. An diesem 19. April erreicht Weißhaars Kolonne Nollingen bei Rheinfelden. Den bei ihr weilenden Struve erreicht Heckers Nachricht, sich ihm bei Lörrach anzuschließen. Tags darauf marschieren Weißhaars 800 Freischärler schnurstracks über den Waidhof kommend in Lörrach ein. Noch in der Nacht zum 20. April hatte Struve vergeblich das Terrain erkundet. Hecker hatte den Weg vom Wiesental ins Rheintal über Steinen Richtung Kandern abgekürzt.

In Kandern erreichen Hecker drei Nachrichten: Sigels Kolonne steht noch in Todtnau. Dann wird Emma Herwegh vorgeschickt. Sie bietet Hecker die Unterstützung der am Rhein gegenüber stehenden Legion aus Paris an. Hecker lehnt dieses Hilfsangebot ab. Und dann die Hiobsbotschaft: Von Freiburg mit der Bahn bis Schliengen kommend, sind drei Bataillone badischer und hessischer Infanterie auf dem Weg nach Kandern. Auf einen solchen Augenblick hatten die Regierungstruppen gewartet, daß die Heckerschen Scharen aus dem schützenden Schwarzwald ins offene Rheintal rennen. An diesem frühen Morgen des Gründonnerstag, dem 20. April 1849, schlägt die Stunde der Wahrheit – die erste Konfrontation der Aufständischen mit den Regierungstruppen bei Kandern.
So sah Markus Pflüger aus Lörracher Distanz die Lage von Heckers Freischärlern: »An diesem Tage stießen Letztere unweit Kandern auf der Scheideck mit den ihnen entgegenziehenden Truppen unter Führung des hessischen Generals von Gagern zusammen. Gleich bei Beginn des Gefechtes fiel dieser General, der unbegreiflicherweise eigenhändig den ihm gegenüberstehenden Gegnern die Gewehre entreißen wollte und sie durch heftige Ansprachen reizte. Nach kurzem Kugelwechsel zog sich Hecker mit seinen Leuten gegen das Wiesental zurück, da ihm jetzt tatsächlich klar geworden, daß seine Hoffnung auf einen Übergang der Soldaten zum Freiheitsheer nicht in Erfüllung gehen würde.«
Als Weißhaars Kolonne um 10 Uhr durch Lörrach paradiert und die Bevölkerung aufgerufen wird, sich den Aufständischen anzuschließen, war das Schicksal des »Heckerzugs« bereits entschieden. Markus Pflüger ließ seine Bürgerwehr nicht ausrücken. Weißhaar schimpfte die Lörracher deshalb als »Hundsfötter«. Bald erfährt Markus Pflüger das ganze Desaster: »Auf die Nachricht der Niederlage zerstreute sich auch die Weißhaarsche Abteilung. Ein Teil der Heckerschen Abteilung schloß sich der Truppe an, welche unter Sigel direkt nach Freiburg marschierte, um die dortige Stadt zu besetzen. Am Ostertage 23./24. April kam es auch dort zu Ge-

fechten, welche ebenfalls zu Ungunsten der Aufständischen ausfielen.«

Die Herweghsche Legion aus Paris blickte voller Anspannung von der linken Rheinseite auf die revolutionären Ereignisse ins Badische hinüber. Da Hecker eine Intervention von französischem Boden aus ablehnte, entschloß sich Herwegh angesichts der ungewissen Lage zum Handeln, agitatorisch unterstützt von seiner Frau Emma, die als Amazone geschildert wird: »In Männertracht und zwar in spanischem Kostüm von blauem Samt, mit weiten Beinkleidern, hohen Stulpstiefeln und weißem Schlapphut, natürlich fehlten hierbei nicht die Pistolen im ledernen Gürtel.«

Um 1 Uhr nachts, am 24. April, Ostermontag, setzt die Legion mit 800 Mann bei Kembs über den Rhein und stößt auf badischer Seite von Kleinkems über Blansingen und Tannenkirch nach Kandern vor, in der Hoffnung, dort die Heckerschen Freischaren unterstützen zu können. Doch zu diesem Zeitpunkt waren Heckers und auch Sigels Leute längst über alle Berge. Auf der Suche nach ihnen schlug sich die Legion durch die Wälder über Marzell Richtung Münstertal und Freiburg.

Jetzt kehrte der Winter zurück. Die Höhenkämme am Sirnitzsattel waren tiefverschneit. Die Legionäre waren durchgefroren, erschöpft und ausgehungert. Von den Dorfbewohnern in Wieden hatten sie weder Zuspruch noch Brot zu erwarten, es sei denn deren Wunsch, diese Exilanten mögen weiterziehen. Hier am Fuß des Belchen erfuhren diese vom Debakel vor Freiburg. An diesem 25. April begannen die Legionäre zu meutern. Sie sahen keinen Sinn mehr in ihrem Unternehmen. Herwegh mußte seinen Weggefährten versprechen, sie auf schnellstem Weg Richtung rettende Schweiz zu führen. Offenes Gebiet meidend, zogen sie durch tiefen Schnee um den Belchen herum ins Wiesental hinunter. Nach einer Rast von wenigen Stunden, am Abend des 26. April in Zell, schlägt man sich kurz nach Mitternacht hinauf zur Hohen Möhr, über Schweigmatt Richtung Dossenbach durch. Es ist jetzt nicht mehr weit zur Rheingrenze.

Der Grabstein in Dossenbach erinnert an die zehn toten Freischärler von Georg Herwegs Pariser Legion

Völlig übermüdet läßt sich die noch 650 Mann zählende Pariser Legion zu einer kurzen Rast am Waldrand oberhalb von Dossenbach am Morgen des 27. April nieder, als um 7 Uhr 30 ein kleiner Spähtrupp des 6. Württembergischen Regiments auftaucht.
Es kommt zum Gefecht, zehn Freischärler müssen in Dossenbach ihr Leben lassen. Die Legionäre ergreifen die Flucht – über den Dinkelberg Richtung Basel in die Schweiz, zurück nach Frankreich oder über die Rheinbrücke nach Rheinfelden, wohin sich Georg und Emma Herwegh retten können – in Schwarzwälder Bauerntracht verkleidet. Sie quartieren sich im »Hotel zum Schiff« ein. Tage zuvor haben Struve in Birsfelden und Hecker in Muttenz bei Basel längst eine Bleibe gefunden. Die nach Schließung der Grenze aufgegriffenen 394 Freischärler geraten in Gefangenschaft. In den Aufzeichnungen des badischen Regierungskommissars Johann Nepomuk Fromherz heißt es unter dem 28. April 1848: »Vier Uhr früh wurde von dem Bürgerwehrkorps in Schopfheim unter Leitung des Bürgermeisters

Gottschalk eine Streife in den Wald von Dossenbach vorgenommen, um allenfalls verwundete, im Wald liegende Freischärler aufzusuchen; es wurden auch wirklich drei Verwundete aufgefunden und zur Verpflegung ins Spital verbracht.«
Regierungskommissar Fromherz hat die Aufgabe, die toten Legionäre zu identifizieren. »So endete der so großartig angekündigte Zug des Deutschen Demokratischen Vereins in Paris und die mit großen Hoffnungen über den Rhein aus Frankreich gekommene und so ruhmselig begonnene Legion des Dichters Herwegh mit dem unbedeutenden Gefecht von Dossenbach«, notierte Fromherz, bevor sich der Kommissar aufmachte, im Auftrag der badischen Regierung, die Stimmung der Bevölkerung im Grenzgebiet zu erkunden.

*

Was hier so endet, hatte aus Schopfheimer Sicht so begonnen: Ernst Friedrich Gottschalk, Fabrikant, kannte als Abgeordneter der Zweiten Badischen Kammer sowie der deutschen Nationalversammlung in Frankfurt die Kollegen Friedrich Hecker und Gustav Struve. Seine 1835 gegründete mechanische Spinnerei in Schopfheim sah er im Aufschwung. Das ermutigte ihn – zusammen mit seinem Schwager Carl Wilhelm Grether – zum Bau der Spinnerei in Atzenbach. Mitten in deren Fertigstellung waren Heckers Freischaren von Bernau kommend durchs Wiesental über Schönau, Atzenbach, Zell nach Schopfheim gezogen, wo sie am 18. April, von Regen und Schnee durchnässt, angekommen waren. In diesen revolutionären Zeiten litten Handel und Gewerbe. Der Schopfheimer Gemeinderat nahm eine neutrale Haltung den Freischärlern gegenüber ein. Die Stimmung der Schopfheimer Bürger war skeptisch bis negativ. Hecker hört seine Freischärler Schopfheim ein ›Aristokratennest‹ schimpfen: »Überall hatten die Landbewohner ihrem Unwillen gegen die Schopfheimer und die Geldsäcke und Aristokraten, wie sie dieselben hundertmal nannten, Luft gemacht, und uns einen unfreundlichen Empfang und feindselige Stimmung der Bevölkerung vorausgesagt.«

Eine Abordnung Schopfheimer Bürger reitet Hecker entgegen und überreicht ihm eine Botschaft Gottschalks, Hecker könne bei ihm übernachten: »Ich war durch dieses Anerbieten etwas überrascht, da man mir mehrfach gesagt, daß derselbe gegen mich feindselig sich geäußert und von der Beteiligung an unserem Zuge abgeraten und demselben entgegen gearbeitet habe. Wir zogen nun unter Trommelschall durch den illuminierten Ort vor Schopfheim in diese Stadt ein und schon vor derselben kam mir Gottschalk entgegen, der mich mit Herzlichkeit begrüßte und umarmte.«

Wilhelm Müller, ein junger Augenzeuge: »Ehe die Freischärler ihre Quartiere aufsuchen durften, hielt Hecker von der Rathausaltane herab eine Rede, in welcher er die Wohltaten einer republikanischen Staatsverfassung anpries, deren Erlangung als leichte Sache hinstellte und zur Unterstützung seines Unternehmens aufforderte. Er selbst wohnte bei dem ihm von der Kammer her bekannten Fabrikanten Gottschalk.« Dort wurde bis in die Nacht diskutiert, erinnert sich Hecker: »Mit tiefer Bewegung und während Tränen über das Antlitz des starken großen Mannes (Gottschalk) rollten, sagte er unter anderem zu uns: Unsere Wege und Mittel zum Ziele sind verschieden, aber in einem kommen wir überein, wir wollen beide das Glück und Beste unseres Vaterlandes begründen. Wessen Weg der richtige ist, vermag nur der Allmächtige zu entscheiden. Seine Rede aus einem bewegten Herzen verbreitete eine tiefe Rührung über uns alle. Wir alle keine sentimentalen Knaben, sagten uns, daß er ein achtbarer Mensch sei.«

Augenzeuge Müller: »Dem Unternehmen ganz unsympathisch gegenüber stand Fabrikant Johann Sutter, der andertags den abziehenden Hecker zur Aufgabe seines Vorhabens zu bewegen suchte.« Müller charakterisiert den Einfluß von Schopfheims früherem Bürgermeister, dem beliebten Organisator des Oberländer Gesangsfests von 1843 und Fabrikanten Ernst Friedrich Gottschalk, als »eines höchst gemeinnützigen, fürs Allgemeine viel wirkenden und hierzu anspornenden Mannes, der wohl infolge der unglücklichen Wendung, welche die Sache der Volksentwicklung in und nach 1849 nahm, den Keim zu seinem frühen Tod sich geholt hat. Der Widerspruch zwischen dem Wunsch nach einer deutschen Republik und dem Einstehen für dieselbe auch durch die Mittel der Gewalt zog bald einen tiefen Riß durch die ganze Bürgerschaft, der nicht gerade offene Feindseligkeit, aber doch wachsend mit der Dauer des Zwiespalts, viel Erbitterung mit sich brachte ... Die Spitznamen der beiden Parteien waren ›Freischärler‹ und ›Aristokraten‹ ...«

Gottschalk behielt recht: Heckers Zug nach Karlsruhe war am 20. April 1848 an der Scheideck gescheitert, auch der Vorstoß der Herweghschen Legion stieß ins Leere. Durch den Zwischenfall in Dossenbach am 27. April kam Schopfheim – die »Hochburg der Konstitutionellen« – nochmals in den Sog des Geschehens. Und: Heckers und Herweghs Fluchtweg in die Schweiz führte über Schopfheimer Gebiet. Im »Pflug« überlegte man sich, wie man Aufständische das nächste Mal »empfangen« solle ...

Grabstein von Ernst Friedrich Gottschalk
in Schopfheim

4. Kapitel
Markus Pflüger gerät ins Zentrum der Revolution

Am 18. Mai 1848 ziehen die 585 gewählten Abgeordneten zu ihrer konstituierenden Sitzung in die Frankfurter Paulskirche ein. Diese Nationalversammlung soll eine freiheitliche Verfassung erarbeiten. Der Zeitplan sieht vor, zunächst die Grundrechte von Ende Mai bis Anfang Juli zu strukturieren, und diesen Grundrechtskatalog dann vom 3. Juli bis zum 12. Oktober in den Sitzungen der Nationalversammlung (es werden in dieser Arbeitsphase insgesamt 99) zu diskutieren. Obgleich der »Heckerzug« – die erste der drei revolutionären Bewegungen in Baden – gescheitert war, begann ausgerechnet zu einer Zeit, in der Hecker sich anschickte, in die USA zu emigrieren, dessen Glorifizierung: Heckerbilder waren begehrt, man sang Heckerlieder, kleidete sich wie »Dr. Hecker, Guerilla-Chef der republikanischen Propaganda im südlichen Deutschland«, wie es auf einer zeitgenössischen Lithographie heißt, und trug breitrandige Schlapphüte, mit einer Hahnenfeder geschmückt. Der junge »Hirschen«-Wirt Markus Pflüger beobachtet die Stimmung im Land: »Es trat nun für kurze Zeit Ruhe in Baden ein. Die wiedergefestigte Regierung erklärte das Land im ›Kriegszustand‹, löste die Vereine und Versammlungen auf und leitete umfassende gerichtliche Untersuchungen ein. Das Volk hielt jedoch fest an seinen Idealen, welche durch die vielen an der Grenze in der Schweiz wohnenden Flüchtlinge bestärkt wurden. Das Parlament trat in Frankfurt in der Paulskirche zusammen unter dem Vorsitz des Heinrich von Gagern, dem Bruder des auf der Scheideck gefallenen Generals Friedrich von Gagern. Aber statt sich sofort ein tüchtiges Heer zum Schutz des Parlaments zu schaffen, vertrödelte es die schönste Zeit mit langatmigen Debatten über die Grundrechte des deutschen Volkes. Auch die Wahl des österreichischen Erzherzogs Johann zum Reichsverweser änderte an der trostlosen Lage nicht das Geringste. Der Einfluß der Nationalversammlung sowie der Reichsregierung wurde immer geringer. Die Einzelregierungen erstarkten wieder mit der abnehmenden Gefahr. Im Laufe des Sommers erhoben sich die mannhaften Schleswig-Holsteiner gegen ihren Bedränger, den Dänenkönig Friedrich, fanden jedoch eine nur lahme Unterstützung von seiten ihrer deutschen Bundesgenossen. Die Diplomatie mischte sich in den Streit und schloß mit den Dänen den berüchtigten Waffenstillstand von Malmö ab, der in ganz Deutschland entschiedenste Mißbilligung fand. Sofort nach Bekanntwerden desselben entstand in Frankfurt ein heftiger Aufstand, in welchem die Abgeordneten Fürst Lichnowsky und der preußische General v. Auerswald, als sie auf dem Weg waren, hessische und österreichische Regimenter von Darmstadt und Mainz herbeizuholen, erschlagen wurden. Dies war das Zeichen, daß an vielen Orten in Süddeutschland gleichzeitige Erhebungen stattfanden.«

Es rumorte vielerorts. In Zell im Wiesental wurde ein, in der südwestlichen Ecke Deutschlands vielbeachteter, »demokratischer Volksverein« gegründet. In ihm schlossen sich demokratisch und republikanisch gesinnte Gruppen von der bürgerlichen Mitte bis zur radikalen Linken zusammen. Ihr Präsident, Max Fiala, kam aus Lörrach. Unterstützung kam aus Birsfelden. Von seinem Schweizer Exilort verschickte Gustav Struve Drucksachen, die zur Errichtung einer deutschen Republik aufrufen. In Basler Zunfthäusern und Wirtschaften trafen sich die republikanischen Gesinnungsgenossen des Markgräflerlandes mit Schweizer Demokraten sowie deutschen Aufständischen, die wie Gustav Struve nach der ersten badischen Revolution Zuflucht in der Schweiz gefunden hatten. In diesen Septembertagen 1848 häuften sich die Besuche aus Lörrach. Was im April gescheitert war, sollte diesmal gelingen. Gustav Struve kannte sich in der Geschichte der Französischen Revolution aus und glaubte zu

Blick auf Klein-Basel mit dem Gasthof »Weißes Kreuz«

wissen, wie Revolutionen ablaufen. Er vertraute auf den Aussagewert von historischen Daten. Da gab es den 21. September 1792. Es war der Tag, an dem der Nationalkonvent das Königtum abschaffte und Frankreich Republik wurde. Am Tag darauf brach eine neue Zeitrechnung an – das Jahr Eins der Revolution. Nach Struves Berechnung mußte der Schritt in ein neues Deutschland am 21. September 1848 glücken. Am Vortag kamen sie im konspirativen Versammlungslokal der deutschen Emigranten, im Gasthof »Weißes Kreuz« in der Rheingasse in Klein-Basel zusammen, wo sie letzte Absprachen trafen. Eine Delegation aus Lörrach versicherte Struve die Unterstützung der Bürgerwehr. An dieser Besprechung nahm auch der 22jährige, aus Gießen stammende und derzeit als Junglehrer an der Zürcher Musterschule des Reformpädagogen Karl Friedrich Fröbel tätige Wilhelm Liebknecht teil.

21. September 1848 in Lörrach: »Aufruf an das deutsche Volk«

Der Aufbruch zur Revolution sollte am Tag X, am 21. September 1848, in Basel beginnen – mit einem Spaziergang eines Dutzends Demokraten mit Struve an der Spitze, neben ihm sein Sekretär Karl Blind, und auch Max Fiala aus Lörrach. Um 17.00 Uhr passieren sie die Grenze auf ihrem Weg zum Lörracher Rathaus. Da an diesem Donnerstag Markttag ist, waren dort viele Menschen. Um 17.30 Uhr erreicht Struve mit seiner Gruppe, die inzwischen auf 50 angewachsen ist, den Marktplatz. Angetreten ist verabredungsgemäß die Lörracher Bürgerwehr unter Führung ihres 24jährigen Hauptmanns Markus Pflüger. Am Brunnen des Marktes wird eine rote Fahne angebracht. Vom Fenster des ersten Stocks des Rathauses ruft Gustav Struve die »Deutsche Republik« aus. Sein »Aufruf an das deutsche Volk« stellt das Regierungsprogramm der provisorischen Regierung vor. Wappenschilder des Großherzogtums werden mit roten Schildern ausgetauscht, auf denen »Deutsche Republik« zu lesen ist. Beamte werden abgesetzt, öffentliche Kassen beschlagnahmt, alle Männer zwischen 18 und 40 Jahren werden unter Androhung hoher Strafen verpflichtet, an Struves Zug teilzunehmen – er soll von Lörrach über Freiburg bis nach Karlsruhe führen. Pflügers Bürgerwehr sichert den gewaltlosen Ablauf des Tages X in Lörrach. Jetzt werden Waffen und Munition für den langen Marsch beschafft. Und Lörrach erklärt Struve zum vorläufigen deutschen Regierungssitz. Im »republikanischen Hauptquartier« Lörrach unterzeichnet er Verfügungen »im Namen der provisorischen Regierung Deutschlands«.

Am Tag X plus 1 ist Aufbruch. Man teilt sich in zwei Kolonnen; die eine zieht unter Mögling durch das Wiesental, um – wie beim Aufstand im Frühjahr – über den Schauinsland Freiburg zu erreichen. Dort sollte sich Möglings Kolonne mit Struves Zug vereinigen. Das war für Sonntag, den 24. September vorgesehen. Im Auftrag der »pro-

Markus Pflüger

visorischen Regierung« hatte Markus Pflügers Bürgerwehr die Schopfheimer unter Androhung des Standrechts auf Kurs zu bringen versucht. Auf dem Marsch der Wiese entlang, zwischen Schopfheim und Zell, ist Möglings Kolonne auf 1.000 Mann angewachsen, in Todtnau sind es bereits 2.000 »Republikaner«. Von Lörrach war schon in der Nacht vom 21. auf den 22. September eine Abteilung von 150 Bewaffneten unter dem Militärkommando von Markus Pflüger nach Kandern vorausgeschickt worden, wie es später (am 3. Januar 1849) im Protokoll der Anklagekammer des Großherzoglichen Hofgerichts des Oberrheinkreises heißt: »Den anderen Morgen nach 6 Uhr rückte daselbst ein Trupp von 300 Mann unter Anführung Pflügers von Lörrach an. Etwa nach einer Stunde folgte die Hauptschar, 3.000–4.000 Mann zählend. Blind, der mit dem Mantel eines Grenzaufsehers bekleidet war, las vor dem Rathaus das republikanische Regierungsprogramm vor und erklärte dabei, ›daß nunmehr Freiheit, Bildung und Wohlfahrt eintreten‹.«

In Müllheim wird die rote Fahne gehißt

Markus Pflüger hat den Aufbruch so erlebt: »Nachts wurden die beiden ersten Kompagnien der Bürgerwehr aus den Betten geholt und früh 2 Uhr nach Kandern dirigiert, wo die sogenannten Patrioten, Anhänger der Regierung, von den die Wehrmänner begleitenden Civilkommissairen gefangen genommen wurden. In gleicher Weise wurde im ganzen Oberland verfahren und die Mannschaften in Fähnlein und Banner eingeteilt. Am 22. übernachteten die Lörracher in Kandern, am 23. in Buggingen und Seefelden. (Randbem. Einzug in Müllheim, rote Fahne). Die Lörracher Wehrgemeinschaft als die bestorganisierte bildete überall die Vorhut.«
In Müllheim wurde die rote Fahne gehißt, der Abgeordnete Blankenhorn verhaftet, gegen Zahlung einer Kaution belegte man ihn nicht mit Gefängnisstrafe, sondern mit Hausarrest. Bürgermeister Heidenreich stellte sich einem Transport beschlagnahmter Gelder

aus öffentlichen Kassen entgegen, um das Geld zu retten. Er spannte die Pferde von dem Wagen. Einer der Bewaffneten führt einen Stich gegen seine Brust, ein anderer, es war Friedrich Neff, der »Zivilkommissär der provisorischen Revolutionsregierung«, setzt ihm die Pistole an die Brust. Leute von Müllheim wollten ihrem Bürgermeister helfen. Nun drohte man Heidenreich zu erschießen, wenn er die Kassen nicht freigebe. Heidenreich ergab sich der Gewalt. Das so erbeutete Geld wurde in zwei Säcken nach Lörrach gebracht.

Der Tag X plus 3, an dem man bereits in Freiburg sein wollte, lief aus Pflügers Sicht so an: »Am 24. Sept. früh 6 Uhr wurde gegen Freiburg abmarschiert. In Heitersheim erhielten wir von uns nachgesandten Gemeinderäten Kunde, daß in Lörrach die öffentlichen Kassen beschlagnahmt und Geld nach der Schweiz abgesandt worden sei und daß (was mit dem uns von den Führern mitgeteilten kontrastierte) nirgends in Deutschland eine ähnliche Bewegung vorhanden, wir somit ganz vereinzelt ständen. Diese Nachrichten wirkten auf uns sehr niederdrückend, und es wurde erwogen, ob es nicht angebracht sei, von dem Vorhaben abzustehen und die Waffen niederzulegen. Bald aber kam das Gros der Aufständischen, circa zweitausend Mann, uns nach, und an eine Änderung unseres Handelns war ohne Blutvergießen nicht mehr zu denken. (Randbemerkg. meine Empfindungen!) Auf die Nachricht, daß von Freiburg eine Heeresabteilung unter Führung des General Hoffmann uns entgegenrücke, wurde unsre Zugrichtung dahin abgeändert, daß wir statt nach Freiburg nach Staufen rückten.«

Die »Leipziger Illustrierte« vom 4. November 1848 ließ sich von einem Augenzeugen darüber berichten, welchen zweifelhaften Eindruck die auf diese Weise zusammengebrachten Freischaren bei dem Einzug in Staufen am Sonntag, 24. September 1848 gegen $^1/_2$11 Uhr, auf die überraschten Zuschauer machten: voraus die Musikanten von Weil, dann die Fahnenträger mit roter Fahne, drei Offiziere zu Pferd mit roten Schärpen und Binden, gefolgt von etwa 300 sehr gut bewaffneten Scharfschützen (Bürgerwehr von Lörrach). Nach diesen wieder rote Fahnen, Offiziere zu Pferd und ungefähr 1.500 soldatisch aussehende Männer, meist mit Bärten, mit neuen, glänzenden Gewehren, sämtliche mit roten Binden. Hinterher ungeordnetes Fußvolk ohne Waffen. Struve, von seinem »Generalstab« begleitet, in schwarzem Anzug mit roter Schärpe, zu Pferd, die hübsche Frau Amalie Struve in der von vier Pferden gezogenen, tags zuvor requirierten Kalesche des Müllheimer Bürgermeisters Blankenhorn, in schwarzem Atlaskleid, einen Strohhut mit weißem Band und langem weißen Schleier. In der mit weißen Glacéhandschuhen gezierten Hand hielt sie eine goldene Lorgnette. Ihr zur Seite saß als Kammerjungfer ein hübsches Mädchen aus Lörrach. Es war die 21jährige Gürtlerstochter Luise Rupp.

Der Marsch der Aufständischen endet in Staufen

Zuerst hielt Karl Blind die Anwesenden zum Mitziehen an. Struve fragte dann die Menge: »Wollt ihr Konstitution oder Republik?« Auf die Antwort: »Republik«, erklärte Struve, man müsse nicht allein dafür reden, sondern auch dafür sterben. Blind übernahm die Steuerkasse Staufens und organisierte auf Struves Anordnung zwei Sabotagetrupps, die den Schienenstrang der neuen Eisenbahnstrecke, so zum Beispiel bei Schliengen, zerstören sollten. Markus Pflüger wurde in Staufen mitten in die Ereignisse hineingezogen: »Dort erhielten die Lörracher Befehl, eine Erfrischung einzunehmen und sodann über St. Trudpert weiterzumarschieren. Kurz vor dem Abmarsch erhielt ich von dem Kommandanten der Vorposten, E. Herbster, die Meldung, daß das Militär auf Staufen vorrücke und schon in nächster Nähe sei. Statt nun nach St. Trudpert weiterzumarschieren, dirigierte ich meine schon bereit stehende Mannschaft nach dem südlichen Vorlande der Stadt, um wenigstens zu verhindern, daß wir von dem Oberland abgeschnitten wurden. Um dies auszuführen, mußten wir durch den dort tief eingeschnittenen Neumagenbach waten, da die Brücke von den Unsrigen abgebrochen und verbarrikadiert war. Kaum auf der Höhe der Straße jenseits angelangt, erhielten wir auf wenige Schritte Entfernung Feuer von den hinter Gartenmauern postierten Gardeschützen. Zwei Mann, Burkhard und Winzer von Stetten, fielen an meiner Seite. Die übrige Mannschaft erreichte, Gewehr im Arm, in Sektionskolonne bald gesicherte Stellung, wo wir uns Front gegen die Stadt und das Militär aufstellten. Nach circa 20 minutenlangem Feuern trat Totenstille ein; ein Angriff nach unsrer Seite hin fand nicht statt, so daß ich meine Leute nochmals den Neumagen passieren ließ und vorsichtig circa 50 Schritte vorausreitend wieder von der Bergseite die Stadt Staufen betrat. Kaum hatte ich die ersten Häuser hinter mir, als ich wieder Feuer erhielt und zwar in einer Weise, daß ich von Mauerschutt vollständig bedeckt wurde. Daraus ersah ich, daß das Militär im Besitz der Stadt und an Widerstand nicht mehr zu denken war. Ich ritt zu meinen Leuten zurück und warf sie in den angrenzenden Rebberg, wo wir das Feuer erwiderten, bis unsere Munition verschossen war. Langsam, von den über die Stadt hinweg uns nachgesandten Kartätschen verfolgt, uns berghinan zurückziehend, traten wir den Heimmarsch über Neumühle, Neuenweg, Wiesleth an, wo die Lörracher und Kanderner sich nach Hause wandten und ich den Weg über Gündenhausen, Nordschwaben nach Riedmatt einschlug, wo ich über den Rhein setzte. Die ebenfalls in Lörrach gebildete Kavallerie-Abteilung unter Führung Weslers erreichte uns nicht mehr; in der Nähe Sulzburgs vernahm sie den Ausgang des Gefechtes und zog sich zurück. Eine zweite Kolonne, welche sich unter Führung Dolls im Wiesental bewegte, löste sich in Schönau auf, als die Nachricht vom Ausgang des Staufener Gefechtes eintraf.«

Ein Teilnehmer am Struve-Zug, der Freischärler Friedrich Rottra, »Anker«-Wirt aus Kirchen, schreibt in seinem Erlebnisbericht: »Auf einmal gewahrten wir die Schützen von Lörrach in ihren grünen Federhüten, springend und von Zeit zu Zeit schießend im Bett des Neumagens. Gleich darauf ritt Pflüger an der Spitze seiner drei Fähnlein ebenfalls im Bett des Neumagens aufwärts. Wir nahmen

an, daß sie den Feind angriffen, doch wie ich später erfuhr, marschierten sie ins Münstertal.«
Zwei Stunden lang hatten sich die Aufständischen zwischen zerstörter Neumagenbrücke, Barrikaden und engen Gassen verteidigen können, bis sie sich zunächst in die Berge des Südschwarzwalds retten konnten. Sie mußten elf Tote zurücklassen. Jetzt wurde es eng – auch für Markus Pflüger: »Schlimmer erging es 5 braven Bürgersöhnen von Weil, welche dem zweiten Banner als Musiker zugeteilt waren. Dieselben versteckten sich nach dem Gefecht in Staufen in einem Hause. Am folgenden Tage fiel aus diesem oder einem benachbarten Hause ein Schuß, der jedoch niemand verletzte. Das Haus, in dem sich die jungen Leute befanden, wurde durchsucht, diese im Keller aufgefunden, auf die Straße geschleppt und dort auf die grausamste Weise zusammengehauen. Ihre Namen Ludin, Röschard, Scherer, Welterlin, Hütter werden wir stets in Ehren gedenken. Mit ihnen zugleich erlitt das gleiche Los Roser von Binzen.«
Sein Überleben verdankt Markus Pflüger seinem Pferd. Beim Eindringen des Militärs in das Städtchen Staufen hatten viele gleichzeitig auf ihn geschossen. Die Kugeln seien ihm nur so um die Ohren geflogen. Nur »Moreau«, der brave Postschimmel vom »Hirschen«, sei kerzengerade in die Höhe gestiegen, und sei dann pfeilschnell mit ihm durchgebrannt. Der Name des Postschimmels erinnerte an den französischen General, dessen Truppen 1796 die Ideen der Großen Revolution über den Rhein auch ins Wiesental brachten, damals, als man hier Freiheitsbäume pflanzte und die Jakobiner aus Hüningen mit den Lörracher Bürgerstöchtern auf einem »Freiheitsball« im »Hirschen« tanzten. Markus Pflüger dankte es seinem Schimmel. Als »Moreau« alt geworden war, erhielt er das Gnadenbrot, Pflüger ließ seinen Sohn auf »Moreaus« Rücken Ehrenrunden reiten und erzählte die Geschichte vom tapferen Postgaul auch noch seinem Enkel.
Gustav Struve, seine Frau Amalie sowie Karl Blind schlugen sich in die Berge. Im Obermünstertal ließen sie sich bäuerliche Kleidung geben. Es hatte starker Regen eingesetzt. Durchnäßt erreichen sie das

Wiesental. Die Flüchtenden meiden Schopfheim, »diesen« – so Struve – »von Fabrikherren beherrschten Ort«. Die Schopfheimer Bürgerwehr patrouilliert in den Gassen und auf Landstraßen. Dennoch: Über Schönau, Atzenbach, Zell und Hausen gelangen die Gesuchten nach Wehr, von wo sie sich am nächsten Morgen über die Rheinbrücke in Säckingen auf Schweizer Boden retten wollen. Sie finden Unterkunft im Gasthaus »Krone«. Am 25. September in der Früh um 7 Uhr fallen zwei Bürgern aus Schopfheim diese ›bäuerlichen Passanten‹ auf. Sie erkennen die Flüchtigen und halten sie bis zu ihrer Verhaftung fest. Kommandant der Schopfheimer Bürgerwehr ist Bartlin Pflüger. Er läßt die Festgenommenen in einem geschlossenen Wagen, bewacht durch 40 Mann seiner Bürgerwehr, nach Schopfheim bringen, wo der »Präsident der deutschen Republik« im Rathaus arretiert wird. Von hier wird Struve über Müllheim ins Gefängnis nach Freiburg abtransportiert.

Markus Pflüger aus Lörrach hatte Struves Unternehmen mit unterstützt. Der Halbbruder seines Vaters in Schopfheim, Bartlin Pflüger, hat zur Verhaftung Struves beigetragen. Dafür erhielt er später vom Großherzog die »Goldene Zivildienstmedaille«. Konservative Kreise aus Schopfheim luden für den 5. November 1848 Gleichgesinnte im ganzen Oberland zur Gründung eines »Oberländer Schutzvereins« ein. Ort der Gründungsversammlung war der »Pflug« in Schopfheim. Die staatsanwaltlichen Akten waren am 24. Januar 1849 zusammengestellt und der Prozeß gegen Struve in Freiburg war für den 20. März 1849 anberaumt.

Markus Pflüger rettet sich in die Schweiz

Damit war auch der zweite Aufstand des Jahres 1848 niedergeschlagen. Markus Pflüger konnte sich über den Rhein in die Schweiz absetzen: »Die Folgen des Aufstandes machten sich in allen Familien des Oberlandes geltend; die schweren Verluste wurden jedoch mit Standhaftigkeit getragen. Untersuchungen und Confiscationen,

sowie Verhaftungen häuften sich: das hiesige Gefängnis konnte kaum die Masse der Gefangenen aufnehmen.
Die Bewegung war niedergeschlagen. Ruhe im Lande jedoch nicht wieder hergestellt, dafür sorgten die unbefriedigenden Zustände im Reiche und im engeren Vaterland.«
Vor allem im Dreiländereck blieb die politische Stimmung unruhig. Selbst die starke Präsenz von Besatzungstruppen im Wiesental und in der Grenzstadt Lörrach, die damals 3.000 Einwohner zählte, wirkte nicht stabilisierend, sondern erdrückend. Die Lage blieb von Nervosität gezeichnet. Irgendwie machte sich nach dem zweiten mißlungenen Aufstand in Baden Katzenjammer breit – kein Aufbruch in eine neue Zeit. Mitten in diesem demokratischen Frühling waren auch viele geschockt von den Geldpressungen und Aushebungspraktiken mancher Freischarenführer. Rote Fahnen und »terroristischer Sozialismus« schreckten viele ab, auch Worte des Freiheitskämpfers Friedrich Neff aus Rummingen, Landwirt und Studiosus der Rechte und Philosophie: »Nur durch Schrecken und Ströme Bluts kann nach diesen Vorgängen die Republik noch gegründet werden. Wer aber diesen Weg des Schreckens betreten will, der darf sein Leben nicht höher achten als ein Pfifferling und das Leben der Feinde nicht höher als Gras. Er muß sich als eine Kraft betrachten, die ohne Herz und Gefühl und ohne eigenes Leben nur zum Wohl von Tausenden Einzelne zermalmt, wie ein Mühlstein die Weizenkörner.« So hatte es in einer Schrift des »roten Republikaners« Friedrich Neff geheißen, der mit Markus Pflüger nach Staufen gezogen war.
Die Sache mit der deutschen Republik war jetzt in eine arge Schieflage geraten. Am 27. März 1849 hatte die in der Frankfurter Paulskirche tagende Nationalversammlung die Reichsverfassung verabschiedet. Tags darauf beschließt diese, den preußischen König zum deutschen Kaiser zu küren. Der will aber »lieber König von Gottes Gnaden als Kaiser von Volkes Gnaden« sein und lehnt eine Krone »mit dem Ludergeruch der Revolution behaftet« ab. Nun hatte man weder einen deutschen Kaiser, noch eine deutsche Republik. Österreich und

Preußen hatten schon im April ihre Abgeordneten aus der Nationalversammlung heimberufen.

Man spürte es bereits seit der für den 20. März 1849 anberaumten öffentlichen Verhandlung vor dem Schwurgericht Freiburg gegen Gustav Struve und Karl Blind, wie die Stimmung im Volk war. Der Abgeordnete im Parlament der Paulskirche und Rechtsanwalt Lorenz Brentano hatte sich als Strafverteidiger der Angeklagten angenommen. Er versuchte, die Anklage Punkt für Punkt zu widerlegen. Mit seinem Schlagwort: »Die Angeklagten sind nicht schuldig«, erntete er beim Publikum Beifallsstürme im Gerichtssaal. Struve und Blind wurden schließlich wegen Versuchs des Hochverrats zu jeweils fünf Jahren und zwei Monaten Haft verurteilt. Die öffentliche Meinung war auf der Seite der Verurteilten. Der Prozeß erwies sich für die badische Regierung als psychologische Niederlage.

Brief aus dem Exil

Markus Pflüger hatte indes in der Schweiz den Ort aufgesucht, wo er vor Jahren »gelernt« hatte – Lausanne. Dann zog er nach Bern um. Vor einem Jahr erst hatte er den Gasthof »Hirschen« übernommen. Im April 1848 kam der erste Aufstand, dem er eher zusah, und im September darauf der zweite, an dem er entscheidenden Anteil hatte. Als er in die Schweiz fliehen mußte, stand seine Mutter Elisabeth Pflüger vor der Entscheidung, den »Hirschen« zu schließen. Sie raffte sich jedoch dazu auf, den Gasthof durch diese schwere Zeit weiterzuführen, immer in der Hoffnung auf eine baldige Rückkehr ihres Sohnes. Am 18. April 1849 schrieb dieser aus Bern an seine Mutter:

»Liebe Mutter!

Ich war eben im Begriff Euch zu schreiben, da ich fürchtete, der Grund Eures ungewöhnlich langen Stillschweigens liege in irgendwelchen unangenehmen Vorkommnissen. Ich ... beklage sehr, Euch und besonders Dir liebe Mutter, nicht etwas von Deiner Mühe und

Sorge abnehmen zu können ... mein Herz dachte nicht daran, daß es so bald wieder in Lörrach zu vergnügten Tagen kommen werde ... Du hast in Deinem letzten lieben Brief recht wahr gesagt, daß man eigenes Unglück mit mehr Resignation und Ergebung tragen lerne, wenn man beim Umschauen andere befreundete Familien ebenfalls heimgesucht sähe. Ich bin wie Du weit entfernt, einen derartigen Trost herbeizuwünschen; aber jeder Mensch meint immer, er sei am schlimmsten daran ... So gerne ich wohl jetzt schon in Lörrach wäre, ist mir Bern doch sehr lieb geworden. Ich bin hier in deutschen Landen der Heimat wieder um so viel näher gerückt und empfinde jeden Pulsschlag, der unser großes Vaterland durchzuckt, auf das Lebhafteste. Ich habe hier liebe Freunde und Landsleute, bei denen ich mein Herz, wenn es voll ist, ausschütte und bei denen ich sicher bin, Sympathie und Mitgefühl zu finden, was alles in Lausanne, wo sich schon alle Blicke nach Frankreich richten, nicht der Fall war. Dann habe ich alle Nachrichten, die mich interessieren, beinahe so schnell wie Ihr selbst. – Wenn Du nach Lausanne schreiben solltest, so bemerke beiläufig, daß Ihr mein Heimkommen von Tag zu Tag erwartet ... Wenn mich schon jedesmal die Nachricht freut, daß meine früheren Untergebenen und Kampfgefährten mein Andenken in Ehren halten und mit Liebe an mir hängen, so bin ich doch zu sehr durch Erfahrung gewitzigt, als daß ich allzu viel auf meine Popularität oder auf die Volksgunst überhaupt hielte ›wie gewonnen, so zerronnen‹. Ich werde die Bahn schreiten, die ich mir für mein ferneres Leben vorgezeichnet habe und wegen des Beifall oder Hohn der Menge keinen Zoll davon abweichen. Ich werde, so viel in meinen Kräften steht, dazu beitragen, unser Volk auf die Stufe von Bildung und Wohlsein zu heben, die ihm, dem brävsten und tüchtigsten Volke des Erdenrundes, von Rechts wegen gebührt. Ich werde alles aufbieten seine Rechte gegen die Großen und Mächtigen zu verteidigen, sowie aber auch Übergriffen entgegentreten, welche dasselbe zu seiner späteren Schande in dem Siegesrausche zu Schulden lassen kommen könnte.
Ich bin fest davon überzeugt, daß Du als intelligente Frau, die etwas weiter sieht ..., mich in diesem meinem Vorhaben aufrecht halten

und unterstützen wirst. Du brauchst aber einstweilen unbesorgt sein für mein Verhalten hier. Ich werde mir keinen unüberlegten Schritt zu Schulden kommen lassen, der Dich in Angst versetzen könnte. Mein Wirken ist nicht hier, sondern daheim unter den Augen meiner Landsleute. Die Freischärlereien waren gut, ja notwendig zu Demonstrationen, wie Struve ganz richtig in seiner Verteidigungsrede gesagt hat, um Deutschland zu bilden, jetzt aber muß man sie zu dem alten Kram in die Rumpelkammer werfen, wie ein verrostetes, unbrauchbares Werkzeug – alles zu seiner Zeit … Seit einigen Tagen bin ich von hiesigen und durchreisenden Flüchtlingen, denen mein Wohnort bekannt wurde, stark in Anspruch genommen worden. Die armen Teufel haben mich zu sehr gedauert und ich konnte nicht anders als ihnen mit Geld unter die Arme zu greifen. Die meisten wollen nach Sizilien und waren auch schon angeworben, 150.000 Francs lagen für sie in Genf bereit, aber Frankreich läßt sie nicht durch und hat sogar ihren Führer Willich auf das Schmählichste behandelt. Der ›Volksfreund‹ kommt jetzt in Lörrach bei Reuss heraus, schickt mir denselben … Laßt mich nicht mehr so lange auf Nachrichten warten … Schickt mir Zeitungen. Herzliche Grüße an Liesele und Christian. Dein treuer Sohn

M. Pflüger

PS. Sind neue Briefe an Becker Karl, Feldkirchner und Vogelbach angelangt?«

13. Mai 1849 in Karlsruhe: Die Badische Revolution siegt!?

Elisabeth Pflüger war wohl oder übel nicht ganz unglücklich darüber, daß ihr Sohn Markus im Schweizer Exil fernab der Wirren der Ereignisse geschützt war, die das badische Land erschütterten. Der dramatische Verlauf der dritten Revolutionsphase stellte die monarchische Existenz des Großherzogtums in Frage und verhalf der Republik beinahe zum Sieg. Wenige Wochen nach dem Brief an seine Mutter spitzt sich die politische Lage in seiner badischen Heimat zu.

Die Nachrichten überschlagen sich. Die Schlagzeilen verursachen jene Atemlosigkeit, die noch später, wenn Markus Pflüger davon erzählt, spürbar wird: »Im deutschen Parlament überwog die Reaktion, und die Linke wanderte nach Stuttgart aus. Es lichteten sich die Reihen der Abgeordneten, welche von ihren Regierungen abgerufen wurden und bildeten das sog. Rumpfparlament, welches von Soldaten auseinandergesprengt wurde. Diese Zustände erregten in allen Kreisen den höchsten Unmut, welcher in einer Landesversammlung zu Offenburg am 12. Mai 1849 seinen Ausdruck fand. Gleichzeitig fanden in Rastatt und Lörrach Soldatenmeutereien statt, bei uns wegen der Gefangennahme einiger aufsässiger Soldaten, bei welchem Anlaß ein Obrist von Rotberg angeschossen wurde. Gleichzeitig erhob sich Rheinhessen und die bayrische Pfalz und setzte eine Regentschaft ein. Am 13. Mai 1849 wurde eine provisorische Regierung eingesetzt, worauf die Großherzogliche Familie aus der Residenz nach Lauterburg im Elsaß und die Minister nach Frankfurt entflohen.

Eine konstituierende Versammlung wurde nach Karlsruhe berufen, die herrschende Dynastie entsetzt und die Republik unter der Präsidentschaft Brentanos proklamiert. Das Militär, von den Führern verlassen, schloß sich der neuen Regierung an. Von allen Seiten aber rückten nun die Landeskontingente gegen unsre Grenzen, Preußen, Mecklenburger, Hessen und Bayern (78.000 Mann), denen die badischen Soldaten bei Waghäusel tüchtigen Widerstand leisteten. Auf einer Seite der vollste Wagemut, aber ohne gute Führung, mußten sie schließlich der Übermacht weichen. Auch der lange Widerstand Rastatts konnte die schließliche Niederlage nicht aufhalten. Manches kostbare Menschenleben hat für seine Ideale bluten müssen. Auf den Wällen von Rastatt und in der Wiehre zu Freiburg fielen unter den mörderischen Kugeln jene tapferen Jünglinge, welche für die Freiheit mutig in den Tod gingen und welchen die Nachwelt zu ewigem Dank verpflichtet ist.« Im Ort Wiehre bei Freiburg wurde der 28jährige Friedrich Neff aus Rümmingen am 9. August 1849 wegen »hochverräterischer Aufruhr im Großherzogtum Baden« (so das Urteil des Kriegsgerichts) standrechtlich erschossen. Noch befinden wir uns in der Mitte des Monats Mai, dem Höhepunkt der politischen Ereignisse, als der Großherzog aus Karlsruhe geflohen, eine provisorische Regierung die Republik proklamiert und badisches Militär zu den Revolutionstruppen übergelaufen war. Auch Gustav Struve, der aus dem Gefängnis in Bruchsal befreit worden war, gehörte zeitweilig der provisorischen Regierung an. Ihr »Kriegsminister« ist Franz Sigel, der bereits beim »Heckerzug« den ersten badischen Aufstand im Südwesten mit anführte. Jetzt sollte sich das Ringen um eine demokratische Republik im Norden Badens und in der Pfalz entscheiden. Dort hatte der neue Oberbefehlshaber Sigel seine Truppen konzentriert. Er wurde unterstützt durch Freischaren aus der Schweiz, einer deutsch-polnischen Legion, vor allem aber durch das Willichsche Freikorps. Seit den Tagen der ersten badischen Revolution ging ihm ein legendärer Ruf voraus. Auf der Schuster-Insel im Rhein bei Basel, genauer zwischen Hüningen und Weil, hatte Willich mit Resten der Herweghschen Legion die letzte Bastion der deutschen Republik verteidigt. Am 27. April 1848 hatten Willich und seine »Schuster-Helden« schließlich aufgeben müssen. Jetzt führte August Willich als Kommandeur 800 Mann an. Mit ihm verbindet sich eine andere historische Figur: Willichs Adjutant wurde Friedrich Engels. Nach der Ausreise-Erlaubnis der Herweghschen Legion durfte auch Friedrich Engels zusammen mit Karl Marx Paris verlassen. Sie reisten nach Köln und gründeten dort die »Neue Rheinische Zeitung«. Um sich in diesen revolutionären Zeiten und angesichts des militärischen Aufmarschs der Reichstruppen einen persönlichen Überblick zu verschaffen, kamen Engels und Marx nach Mannheim und Karlsruhe. Vergeblich versuchten sie die provisorische Regierung zu einem Marsch nach Frankfurt zu bewegen. In Speyer waren beide auf August Willich gestoßen, den Organisator der Kölner Gemeinde des Bundes der Kommunisten. Während Marx im Auftrag des Zentralausschusses der Demokraten Anfang

Juni nach Paris zurückkehren wird, schließt sich Friedrich Engels August Willich an: »Da hiermit die Sache eine interessante Wendung bekam, da ich die Gelegenheit, ein Stück Kriegsschule durchzumachen, nicht versäumen wollte und da endlich die ›Neue Rheinische Zeitung‹ honoris causa auch in der pfälzisch-badischen Armee vertreten sein mußte, so schnallte ich mir auch ein Schlachtschwert um und ging zu Willich.« Als Willichs Adjutant sieht sich Engels in vier Gefechten in vorderster Kampflinie. »Die Partei des Proletariats war ziemlich stark in der badisch-pfälzischen Armee vertreten, besonders in den Freikorps wie im unsrigen ...«

Ebenfalls in Willichs Freikorps kämpft Wilhelm Liebknecht. Er begleitete bereits Gustav Struve bei seinem »Spaziergang« von Basel nach Lörrach, als am 21. September 1848 von der Schweiz aus die Revolution nach Deutschland getragen wurde. Liebknecht war auch einer der Freischärler, die Markus Pflüger ins Gefecht von Staufen führte. Nach der Niederschlagung des zweiten badischen Aufstands war Liebknecht verhaftet und in Freiburg eingekerkert worden.

Jetzt war der Großherzog im Exil. In seiner Not rief er wieder Bundeshilfe an. Und diese kam, 60.000 Mann stark unter dem Oberbefehl von Prinz Wilhelm von Preußen. Das Willichsche Freikorps stößt bei Offenbach über den Rhein und marschiert Richtung Karlsruhe bis vor Rastatt. Dort stehen 15.000 Mann der pfälzisch-badischen »Volksarmee« einer Übermacht der Reichstruppen gegenüber. Der Kampf konzentriert sich auf die von den Aufständischen gehaltene Bundesfestung Rastatt. In dem zähen Stellungskrieg um Rastatt bildet das Willichsche Freikorps die Vorhut der Revolution. Die Reichsarmee versucht mit Erfolg die dort gebundenen Kräfte der Revolutionsarmee einzukreisen. Bald sind 5.000 Mann, das ist ein Drittel der Volksarmee, in Rastatt eingeschlossen. Als letzte Einheit mußte das Willichsche Freikorps aufgeben. Die Übergabe Rastatts am 23. Juli 1849 bedeutete das Ende der Revolution in Baden. Zusammen mit dem Rest der Sigelschen Revolutionsarmee schlägt sich das Willichsche Freikorps durch den Schwarzwald südwärts Richtung Schweizer Grenze durch. Sigel betrat bei Tiengen am Hochrhein, Willich und Engels bei Lottstetten Schweizer Boden – dort, wo alles begonnen hatte.

Das Grenzgebiet war in diesen Wochen Durchgangsstation für Flüchtlinge, die wie der Großherzog den Unruhen entkommen wollten. Als die Revolution niedergeschlagen war, stießen die Rückkehrer auf die nach der Schweiz strebenden versprengten Überreste der Revolutionsarmee und Freischärler. Hinzu kamen Truppendurchzüge der siegreichen Interventionstruppen aus dem Reich. Sie hatten Order, die Grenze zu sichern. Die Angst vor Denunzianten ging um. Insgesamt 11.000 Aufständischen gelang die Flucht in die Schweiz. An die 80.000 Bewohner Badens sahen in dieser Zeit für sich keine Zukunft mehr, teils aus wirtschaftlichen, teils aus politischen Gründen. Sie wanderten nach Amerika aus, in eine Neue Welt – ein Exodus der Demokraten.

Das bittere Ende

Franz Sigel (1824–1902) fand zunächst Asyl in der Schweiz. Nach einem Aufenthalt in London emigrierte er in die USA. Dort brachte er es im amerikanischen Bürgerkrieg zum General der Union. Sigels Regiment trug als Uniform ein Blouson wie früher seine Freischar.

Friedrich Hecker (1811–1881) war bereits im September 1848 in die USA emigriert. Im amerikanischen Bürgerkrieg kämpfte er auf der Seite der Nordstaaten als Oberst einer Brigade. Wie Franz Sigel starb Friedrich Hecker in St. Louis.

August Willich (1810–1878) suchte seine Zuflucht ebenso in den USA und nahm als General der Unionsarmee am amerikanischen Bürgerkrieg teil.

Friedrich Engels (1820–1895), einst Willichs Adjutant, war zunächst nach Genf geflüchtet. Nach Aufenthalten in Lausanne und Bern reiste er nach London.

Wilhelm Liebknecht (1826–1900), bereits bei den Planspielen im »Weißen Kreuz« in Kleinbasel und mit Markus Pflüger in Staufen dabei, fand nach einer Untersuchungshaft in Freiburg bald in Genf Aufnahme, emigrierte dann nach England und stand im engen Kontakt mit Engels und Marx. 1862 kehrte er nach Deutschland zurück. Er saß später wie Markus Pflüger im Berliner Reichstag.
Gustav Struve (1805–1870) und seine Frau Amalie fanden ihre Zuflucht in New York.
Karl Blind (1826–1907) fand als Emigrant in London eine Bleibe.
Georg Herwegh (1817–1875) verbrachte Jahre an verschiedensten Exilorten: Paris, Genf, Nizza und Zürich. 1866 kehrte er mit seiner Frau Emma nach einer Amnestie für die 48er nach Baden zurück.

Und so ging es im südbadischen Dreiländereck weiter: Die preußischen Truppen, angeführt von ihrem Oberbefehlshaber Prinz Wilhelm, veranstalteten zwischen Lörrach und dem Grenzort Stetten eine große Siegesparade. (Es war übrigens jener Prinz, der durch sein grausames Vorgehen gegen die Berliner Aufständischen im März 1848 seitdem »Kartätschenprinz« genannt wurde. Später wird man ihn Kaiser Wilhelm I. nennen.) Vorher hatte Prinz Wilhelm, jetzt Oberbefehlshaber der preußischen Besatzungstruppen, in Schopfheim im Festsaal des Gasthofs »Zum Pflug« vor Honoratioren eine Siegesansprache gehalten. Der Basler Grenzkommandant Gottlieb Bischoff schreibt am 9. August 1849 an den Bürgermeister in Basel: »Dienstags sah ich die Parade, welche der Prinz in Preußen abhielt; wäre nicht der Umstand, daß diese Truppe uns noch einmal zu nahe kommen könnte, so müßte man sagen, es war eine Freude, diese Vollkommenheit des Militärs bewundern zu können.« Er berichtet auch seiner Behörde: »Das Wiesental befindet sich in ruhiger Anarchie.«
Zwangseinquartierungen und der »kleine Grenzverkehr« der Flüchtlinge hatten die Wirtschaft, auch die Gastwirtschaften, gelähmt. Markus Pflüger spricht von einer »Agonie«. Bis zu seiner Rückkehr vom Asylort Bern nach Lörrach hatte seine Mutter den »Hirschen«

durch die Wirren der Zeit durchzubringen. Sie wird dafür gesorgt haben, daß ihr Sohn bereits Ende 1849 zurückkehren und den Betrieb übernehmen konnte. Markus Pflüger holt seine Beteiligung am zweiten badischen Aufstand ein: »Ähnlich wie die gerichtlichen Untersuchungen über den Septemberaufstand jene Urteile vom Mai in den Schatten stellten, so erging es diesen Teilnehmern vom September durch den darauf folgenden Maiaufstand 1849; um so mehr als die sich zurückziehenden Aufständischen sämtliche Untersuchungsakten der beiden Aufstände im Hofe des Landgerichts Freiburg verbrannt hatten. Im Laufe des Jahres 1850 erfolgte eine Amnestie, welche den meisten Flüchtlingen die Heimat wieder öffnete. Den letzten Denkzettel für unsre Beteiligung am Septemberaufstand erhielt ich im Juni 1850 dadurch, daß ich mit noch einigen anderen Offizieren der Lörracher Wehrmänner vor Gericht zur Verantwortung geladen wurde, da die Staufener gegen uns eine Schadenersatzklage eingereicht hatten, weil infolge des Gefechtes in Staufen einige Häuser von den Soldaten angezündet und verbrannt worden wären. Da wir aber nachweisen konnten, daß wir jenen Stadtteil gar nicht betreten hatten und die Häuser erst in Brand gerieten, nachdem wir die Stadt schon verlassen hatten, wurde die Klage abgewiesen.«
Noch am 12. November 1850 macht sich ein Gast, der während seines Aufenthalts im »Hirschen« die Herzlichkeit der Wirtin kennenlernen durfte, Sorgen um Frau Pflüger und ihren zurückgekehrten Sohn und gibt ihr eine wohlgemeinte Warnung: »Bewahren Sie Ihren Sohn vor allen geheimen und offenen politischen Verbindungen, er ist wieder im Verdacht (ich will hoffen und wünschen mit Unrecht), mit seinem in der Schweiz befindlichen Schwager Müller in dieser Beziehung sehr tätig und wirksam zu seyn. Glauben Sie mir, liebste Frau Pfl., ein solches Geschäft bringt nichts ein als Schaden und Reue; die Freiheit und Wohlfahrt Deutschlands muß uns auf anderen Wegen kommen, wenn sie Segen und Bestand haben soll…
(gez. B. Weber)«

Am 22. Januar 1850 hatte Markus Pflüger Johanna Magdalena Müller aus der »Ziel«-Wirtschaft in Grenzach geheiratet. Sie war die Tochter des Johann Georg Müller, des Wirts aus dem Gasthof »Zum Ziel« in Grenzach, dem Mitstreiter des Markus Pflüger, Wirt auf dem Gasthof »Zum Hirsch« in Lörrach. Auch Johann Georg Müller hatte in der Schweiz Asyl gefunden, wo er immer noch weilte.

*

Der französische Staatsphilosoph Alexis de Tocqueville, ein scharfsinniger Analytiker der Zeitumstände, hatte um 1850 einige Fragezeichen zum Lauf der Welt formuliert: »Es geht nicht mehr bloß um eine Modifizierung, sondern um eine Transformation des Gesellschaftskörpers schlechthin. Um wohin zu gelangen? Ehrlich gesagt, ich weiß es nicht, und ich meine, das geht über jeden menschlichen Verstand. Man kann spüren, daß die Alte Welt am Ende ist: Wie aber wird das Neue aussehen?«

5. Kapitel
Ein Frauenschicksal

Schopfheim

Schopfheim ist die älteste Stadt im Markgräflerland. Das Stadtrecht wurde dem Ort um 1250 verliehen. Als Vögte, Statthalter und Bürgermeister kehren die Namen Grether und Pflüger durch die Jahrhunderte wieder. Das Anwesen »Gasthof zum Pflug« gibt es seit dem Jahr 1700. Das dreistöckige Gebäude mit der Hausnummer 68 stand im Ortszentrum in der rechtwinkligen Kurve der Hauptstraße mit der Gaststätte und Küche im Parterre, im zweiten Stock die Gastzimmer. Diesem Kopfgebäude schlossen sich nach hinten ein Zwischengebäude mit Billardraum und Treppenhaus, dann als Anbau eine Remise, unter deren Dach im 1. Stock ein Speisesaal und ein Tanzsaal gebaut wurden, eine Kegelbahn sowie ein Hof mit Garten an. Der »Pflug« war die »Zunftwirtschaft« der Zunft der Müller. Diese Bruderschaft hatte dem »Pflug« ihre Zunftlade anvertraut und hielt hier auch ihre Tagungen ab, bei denen Lehrlinge aufgenommen

»Im Pflug [...] hen sie tanzt bis tief in d'Nacht, und gessen und trunke«
(J.P. Hebel in »Der Statthalter von Schopfheim«)

und freigesprochen oder Gesellen der Meistertitel zugesprochen wurde, gekrönt von einem Mahl im Festsaal. Schopfheim allein hatte sechs Mühlen. Auf einer von diesen, der »Mühle in der Vorstadt«, saß die Familie Pflüger über 150 Jahre, auch Markus und Bartlin Pflügers Vater; deshalb nannte man diese Mühle in der Vorstadt auch »Pflügermühle«. Der »Pflug« war seit 1844 auch Versammlungsort der 1798 gegründeten Schopfheimer »Lesegesellschaft«. Sie hatte eine Bibliothek von einigen tausend Bänden und ein Lesezimmer, in dem Tageszeitungen und Zeitschriften für das räsonierende Bürgertum auflagen. Auf Anregungen von Mitgliedern dieser Lese-

Wirtshausszene im »Pflug« (um 1840). Rechts im Bild Bartlin Pflüger mit Ehefrau Christine Rebecca mit dem vierten Kind Emma

gesellschaft entstand hier 1851 die Hebelstiftung mit dem Zweck des Erwerbs von Hebels Geburtshaus in Hausen, um dieses vor einer Versteigerung zu retten und es erhalten zu können. Der Lesegesellschaft gehörte auch der Fabrikant Ernst Friedrich Gottschalk an. Der »Pflug« – ein Fokus der bürgerlichen Gesellschaft in Schopfheim mit seinen 2.000 Einwohnern.

Zum »Pflug«-Unternehmen gehörte auch eine Posthalterei. So fuhr als tägliche »Carriolpost« eine Postkutsche für Personenverkehr und den Brief- und Gepäcktransport bis nach Lörrach zur Posthalterei im »Hirschen«, der Endstation der Poststrecke Frankfurt – Südbaden, und auch ins hintere Wiesental. 1840 ging das Postwesen in staatliche Hand über. Großherzog Friedrich hatte die Zuständigkeit für die Posthalterei im Wiesental den Halbbrüdern Bartlin Pflüger für Schopfheim und Markus Pflüger für Lörrach übertragen.

Zwei Jahre nach Gründung der KBC-Manufaktur in Lörrach erteilte 1755 Markgraf Karl Friedrich fünf Schopfheimer Bürgern die Genehmigung zur Anlage einer Leinwand- und Fadenbleiche. Sie verpflichteten sich, innerhalb eines Jahres ein Bleichhaus, eine Walke und eine von Wasserkraft angetriebene Mangel zu erstellen. Die Gebäude wurden in der Au auf stadteigenem Boden gebaut, als Bleichmatten stand Allmendbesitz zur Verfügung. Für beides war ein Bodenzins zu entrichten. Die Leute aus dem Markgräflerland hatten bisher Hunderte von Stucktuch in Basel bleichen lassen, also mußten sich die Schopfheimer Bleichgenossen anstrengen, um mit der Basler Bleiche konkurrieren zu können. Bald hieß es landauf landab, die Schopfheimer Manufaktur bleiche besser. Das hing mit dem kalkfreien Wasser der Wiese zusammen. Allmählich kamen Aufträge aus dem Elsaß und aus der Schweiz herein. Stolz ließ sich die Bleichgesellschaft unter Angabe des Gründungsjahres mit den Namen der Gründungspioniere, in einen Sandstein gemeißelt, ver-

Die Bleiche, gegründet 1755

ewigen. Mit schmuckvollem Rahmen wurde die Platte ins Mauerwerk des Bleichhauses eingelassen.

Das Bleichen ist ein Vorgang, um Einfärbungen wie Vergilbungen, pflanzliche Verunreinigungen wie Blattreste oder färbende Fette in Fasern aus der Rohware zu entfernen. Die Stoffe werden durch einen Durchlaufdampfer gezogen, der bis an eine 100-Grad-Marke hochgefahren wird, und dem chemische Bleichmittel beigegeben werden, um den Weißgrad zu verbessern, ohne die Faser anzugreifen. Um den reinigenden, weißmachenden, also bleichenden Vorgang zu verstärken, werden die Wäschestücke an den Flußwiesen in der Nähe der Waschstellen ausgelegt. Den Rest des Ausbleichens erledigt die Sonne. Die zum Beispiel 1775 in Ellen gemessene Zahl an gebleichtem Leinen- und Baumwolltuch betrug einen Rekord von 379.586 Jahresleistung. Die Bleichmatten mußten Tag und Nacht bewacht werden, damit sich nicht Unbefugte dieser Auslegware bedienten.

Dann fügte diese Bleichgesellschaft ihrer Bleiche eine Baumwollmanufaktur hinzu; 1858 stellte eine mechanische Baumwollspinnerei und -weberei nun auch das zum Bleichen geeignete Tuch her. Bald hieß es, die Schopfheimer Manufaktur bleiche nicht nur besser, sondern webe noch feiner als Schweizer Fabrikation. Ein ungewöhnliches Bild – fast ein Kunstwerk: Entlang dem Bett des Wiesenflusses überdecken Tausende Quadratmeter sauberer, gebleichter Leinenbahnen die grünen Wiesen einer Landschaft, noch bevor ein breites Band von Fabrikbauten das Wiesental zudeckte. Nach den

Napoleonischen Kriegen darbte die Bleiche. Das Konsortium von 1755 hatte sich aufgelöst. Sebastian Pflüger, dessen Name auf der Tafel als erster angeführt wird, hatte bereits drei Fünftel des Unternehmens aufgekauft. Dann entschloß sich der damalige Statthalter von Schopfheim, mit seiner Familie in die Schweiz, nach Morges am Genfer See, zu ziehen. Als Dank dafür, daß Bartlin Pflüger für diese Anteilsmehrheit mit 1.320 Gulden gebürgt hatte, setzte Sebastian Pflüger Bartlin zum Erben der Bleiche ein. Das war 1810. Bartlin Pflüger war jetzt auch Fabrikant – ein vielseitig tätiger Unternehmer.

Die Pflügers in Schopfheim

Die Geschichte der Pflügers spielt an zwei Schauplätzen im Wiesental – in Lörrach und in Schopfheim. Ganze zwei Jahrhunderte ausschließlich in Schopfheim. So lange schon war dieses Geschlecht – fast namensidentisch – mit dem »Gasthof zum Pflug« verbunden. So eins waren die Pflügers mit dem Haus, das sie betrieben. Es war ein ungeschriebenes Gesetz, daß derjenige, der das Haus einst übernehmen soll, auf den Vornamen »Bartholomäus« getauft wird. Dieser »Bartlin« erbt dann den angesehenen »Gasthof zum Pflug«, übernimmt auch den elterlichen Bleiche-Betrieb sowie die zum Gasthof gehörende Posthalterei. So war es auch in der Vita des Bartholomäus Pflüger, der im Jahr 1765 geboren wurde und 1827 gestorben war. 1795 hatte er Euphrosina Raup geheiratet. Sein erster Sohn Bartlin wurde nur ein Jahr alt. Zwei Jahre später folgten Zwillinge – Markus kam am 23. August 1798. Bei der Geburt des zweiten Sohnes, der »Bartlin« heißen sollte, starb die Mutter. Nur Markus überlebte. Der »Pflug«-Wirt heiratet zwei Jahre später Anna Magdalena Scherer, die ebenso wie seine erste Frau aus Weil am Rhein stammte. Wiederum zwei Jahre später kommt am 7. August 1802 ein Sohn auf die Welt. Sie taufen ihn auf den Namen »Bartholomäus«. Markus (geboren 1798) und Bartlin (geboren 1802) sind also Halbbrüder, beide haben in Schopfheim das Licht der Welt und des Wiesentals erblickt. Vier

Jahre bevor ihr Vater Bartlin 1827 im Alter von 61 Jahren starb, hatte dieser für seinen ersten Sohn Markus das »Gasthaus zum Hirsch« in Lörrach erworben – den »Hirschen« eben – im Herzen der Stadt. In jenen Zeiten und in jenen Schichten der Gesellschaft des Markgräflerlands gehörte es sich, die Kinder zur Ausbildung in die franzö-

Schulheft von Bartlin Pflüger in Morges 1816

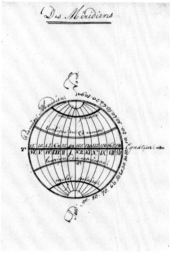

Zeichnung Bartlins

sische Schweiz zu schicken. So hatte Markus ein Lyzeum in Lausanne besucht und Bartlin kam nach Morges, unweit Lausanne. Der Fünfzehnjährige beschriftet schmuckreich seine Übungshefte mit »Bartlin Pflüger de Schopfheim« und setzt schwungvolle Linien-Volten zwischen die Kapitel. Eine akribische Schrift kommentiert die farbigen Zeichnungen wie der der »Rose des vents«, der Windrose, und des Gangs der Gestirne. Morgenstern und Abendstern werden von Bartlin auf ihre Bahn geschickt (»Cours de cosmographie 7.ᵉ cahier, contenant la description de la Lune, des Eclipses et de l'Eclipse de Lune«). Bartlin kam als gewandter junger Mann vom Genfer See nach Schopfheim zurück. Im Nachbarort Fahrnau beeindruckte er ein junges Mädchen, sie hieß Christine Rebecca Krafft. Sie war am

13. April 1812 geboren als Tochter des Johann Ulrich Krafft und der Anna Maria, geborene Flury.

In seinem alemannischen Gedicht »Der Morgenstern« hatte Johann Peter Hebel dem »Anne-Meili« ein literarisches Denkmal gesetzt. Ihre Tochter Christine Rebecca Krafft war dem zehn Jahre älteren Bartlin Pflüger zugeneigt. Ermutigt durch ihre Freundlichkeit gratuliert er der »lieben Rebecca« in geschliffener Sprache zu ihrem Namenstag:

> »Wenn es auch mir, theure Rebecca, unter den vielen und herzlichen Gratulationen, die Dir heute mit Liebe dargebracht werden, vergönnt ist, meinen aufrichtigen Glückwunsch Dir zum Angebinde Deines Namensfestes zu überreichen, so vermag ich es nicht, Dir meine innigsten Gefühle, die mit aufrichtiger Redlichkeit für Dein mir so theures Lebensglück sprechen, mit Worten an den Tag zu legen, ich wünsche Dir daher, daß Dein Namensfest so oft als vergnügt und mit starker Gesundheit wiederkehren möge! Nun sollte mich vielleicht das Schicksal dazu bestimmen, dieses schöne Erdenleben vereint mit dir zu durchwallen und dann wird es gewiß immer mein einziges seliges Bestreben sein, Dir jeden Deiner Lebenstage und den heutigen mit Liebe auszufüllen und zu verschönern.
>
> Lebe froh, heiter wie der Frühlingsmorgen und wenn Du in seligen Gefühlen Dich glücklich fühlst so erinnere Dich Deines Bartlin«

Hebels »Anne-Meili« schreibt ihrer Enkelin nach Lausanne

Am 16. Mai 1830 heiraten die beiden in Schopfheim. Die Hochzeit wird im »Pflug« gefeiert. Die Siebzehnjährige ist jetzt mitten in Schopfheim »Pflug«-Wirtin. Aus ihrer Ehe stammen vier Kinder: Ernst Bartlin (geb. 1834), er wird die Tochter eines Mühlenbesitzers von Rötteln heiraten, Wilhelm, er stirbt im Alter von 17 Jahren auf der Kadettenschule im schweizerischen Aarau an Typhus, Maria Rebecca kommt am 21. April 1837 zur Welt und zwei Jahre später ihr Schwesterchen Emma.

Maria Rebecca, Ernst Bartlin und Wilhelm Pflüger

Maria Rebecca wurde nach Anne-Meilis Mutter, also nach ihrer 1758 geborenen und 1822 verstorbenen Urgroßmutter benannt. In der mütterlichen Ahnenlinie erhalten jeweils die ältesten Töchter bereits in der zehnten Generation den Namen »Anna Maria« oder »Rebecca«. Johann Peter Hebels »Anne-Meili« schreibt ihrer Enkelin acht Zeilen ins Stammbuch:

Vom »Anne-Meili« für das Poesiealbum

Gedenke Gott und seiner Liebe
Beherrsche stets die bösen Triebe
und wandle auf der Tugend Bahn
Gedenke was Großmutter dich belehrt

> Und handle nicht oft so verkehrt
> In Eigendünkel vollem Wahn
> Gedenke stets der lieben Eltern Lehre
> und bewahre immer die eigene Ehre.
>
> Zur Erinnerung an
> Dein Dich liebendes Großmutterli

Maria Rebecca ist fünf Jahre alt, als ihre Großmutter Anna Maria Krafft-Flury im Alter von 65 Jahren 1842 stirbt. So wie ihr Vater eine Schule in der französischen Schweiz besucht hatte, soll auch Maria Rebecca eine Ausbildung »im Welschland« genießen können. Sie ist zwölf Jahre alt, als sie nach Lausanne reisen darf – zu »Herrn und Mme Cousin Schleicher«. Maria Rebecca kann also bei Onkel und Tante wohnen, um die Töchterschule zu besuchen. Nach dem Tod seiner Frau, dem »Anne-Meili«, nimmt sich Großvater Johann Ulrich Krafft die Zeit, seiner Enkelin zu schreiben. Er hatte sich über Post aus Lausanne gefreut: »Ich ersehe aus Deinem Brief, daß du lustig und fröhlich bist und über Deinem vielen Lernen und Vergnügen Du ganz natürlich das Heimweh nicht bekommen kannst ... Über meine Gesundheit kann ich nicht klagen, es ist erträglich; von einem 76jährigen Mann kann man nicht viel sagen«, schreibt er ihr am 9. Oktober 1849 aus Fahrnau.
Und am 27. Januar 1850: »Mit vieler Freude habe ich Deinen Französisch-Brief gelesen, welcher gut und schön ist, dafür ich Dich lobe. Ich sehe, daß Du Dir viel Mühe gibst im Lesen und Schreiben. Wenn ich es noch erlebe bis in Deiner retour zu uns, so habe ich nicht le courage de parlez avec vous, toi ...«
Am 21. Dezember 1850 macht er der Enkelin ein Kompliment: Er habe »schon andererseits vernommen, daß Du im Französisch so stark seist als eine geborene Französin«. Am selben Tag, nur ein Jahr später, schreibt ihr Großvater: »Wie ich von Deinen lieben Eltern erfahren habe, so wirst Du jetzt konfirmiert, ich wünsche von Herzen, daß Dir der liebe Gott in allem gut beisteht und Dir Segen gibt ... Ich küsse dich herzlich und bin Dein redlicher Großvater Krafft.«

Christine Rebecca und Bartlin Pflüger

Bartlin Pflüger, Maria Rebeccas Vater, bereitet sie auf die Dinge vor, auf die sie höflicherweise bei der Konfirmation achten sollte. So entwirft er ihr am 20. Februar 1852 einen Brief, »ein Concept zu einem Abdankbrief«, den sie an ihre Paten senden möge. Darin heißt es auch: »Liebe Marie, Du fragst auch immer, wie es in unserem neuen Haus aussieht. Ich kann Dir davon wenig Interessantes mitteilen. Es ist bewohnt, aber nicht ganz fertig. Wir haben seit der Revolution wenig daran machen können ... Das Neueste, was ich Dir aus unserer Familie mitteilen kann, ist, daß Markus in Lörrach durch seine Frau mit einem gesunden Söhnchen beschenkt und erfreut worden ist ... Wir haben neuerdings wieder Winter und Schnee bekommen, doch glaube ich, daß es bald wieder marchiert ... Dein getreuer Vater, Bartlin Pflüger.«

Ganze drei Jahre lang verbrachte Maria Rebecca in Lausanne. Dort war sie auch konfirmiert worden. Als sie ins Wiesental zurückkehrt, liegt ihr Großvater Johann Ulrich Krafft im Sterben. Am 6. Mai 1853 stirbt er in Fahrnau.

*

Geschichten zweier Wirtschaften im Wiesental – »Zum Pflug« in Schopfheim und »Zum Hirsch« in Lörrach: Die Halbbrüder Pflüger, Bartlin und Markus, machten ihre Häuser zu lokalen Mittelpunkten. Während in der Revolutionszeit Schopfheim als »Hochburg der Konstitutionellen« galt, war Lörrach, vor allem der »Hirschen« geradezu eine revolutionäre Keimzelle. Markus Pflüger junior war in der zweiten Phase der badischen Revolution in einer mitverantwortlichen Position. Kaum hatte er den Gasthof übernommen, hielt er das schwarz-rot-goldene Banner der Demokratie hoch. Nach der Niederschlagung der Aufstände hatte er ja aus seinem Schweizer Asylort mit ansehen müssen, wie seine Mutter allein versuchte, den Gasthof durch die schwere Zeit zu bringen. Zwangseinquartierungen erhöhten nicht die Rendite des Unternehmens, das Markus Pflüger senior, noch Jahre vor seinem Tod 1846 erweiterte: Als die Posthalterei 1840 noch dazukam, wurden im großen Hofareal Pferdeställe errichtet, durch Aufstockung des Gasthofes kamen zusätzliche Gästezimmer hinzu, der Speisesaal wurde erweitert und ein Festsaal geschaffen, in dem jetzt Soldaten kampierten.

Als dann Ende des Jahres 1849 Markus junior aus seinem Schweizer Exil heimkehrte und am 22. Januar 1850 Johanna Magdalena Müller heiratete, kam neues Leben in das Unternehmen. Es gab viel zu tun.

Der »Hirschen« im Sommer 1858

Wie damals üblich, half man sich bei Familienbetrieben gegenseitig aus, vor allem wenn es sich um die engere Verwandtschaft handelte. Aus Schopfheim war, auch zum Erlernen der Hauswirtschaft, die jetzt 21jährige Maria Rebecca, die Tochter des Schopfheimer »Pflug«-Wirts Bartlin Pflüger, gekommen. Sie sollte sich im Lörracher »Hirschen« umsehen und ihre Erfahrungen sammeln, was ihrer Zukunft und der des »Pflugs« dienlich sein sollte. Maria Rebecca kam unter die Fittiche ihrer Tante, des ver-

Maria Rebecca Pflüger

witweten »Lieseli«. Die »alte« »Hirschen«-Wirtin war jetzt 56 Jahre alt. Der »junge« »Hirschen«-Wirt Markus Pflüger junior – der Cousin also, war 34 und seine Frau Johanna Magdalena, Wirtstochter vom »Gasthaus zum Ziel« aus Grenzach, war 33 Jahre alt. Maria Rebecca konnte sich um die drei Pflügersöhne kümmern; der Jüngste, Emil, war ein halbes Jahr alt. Cousin und Cousine tauschten sich gerne über ihre Erlebnisse in der französischen Schweiz aus; auch Markus junior hatte ja in Lausanne gelernt.

Aus Grenzachs »Ziel«-Wirtschaft war auch immer öfter Ernst Müller im »Hirschen«. Er war 31 Jahre alt und ein Cousin der »Hirschen«-Wirtin. Ernst machte Maria Rebecca den Hof – für ihn war sie eine gute Partie; er nicht so sehr aus ihrer Sicht. Nicht im Traum dachte sie an eine solche Zukunft. Doch der zehn Jahre ältere Ernst wollte sie besitzen. Es geschah in den letzten Tagen des August 1858 im »Gasthaus zum Hirsch«. Ernst Müller nahm sich, was er wollte – Maria Rebecca Pflüger. Wochen später klagte sie ihrer Mutter Christine Rebecca gegenüber, ihr sei es des öfteren »singulier«. Fräulein Pflüger war schwanger. Den Winter über verbrachte Maria Rebecca zu Hause in Schopfheim. Die Eltern verstießen ihre Tochter nicht, nahmen sie auf, schimpften auf den »Sauchaib« aus Grenzach und hüteten das Familiengeheimnis. Im Monat Mai, am 29., kam im Schopfheimer »Pflug« der ledig geborene Hermann auf die Welt. Im Sonntagsstaat präsentierte Maria Rebecca, um Erfahrungen reifer, ihr »Hermännle« im Atelier

Maria Rebecca mit »Hermännle«

des Photographen Karl Tschira dem Auge der Kamera. Ganz gemäß den letzten der acht Zeilen, die ihr einst das Anne-Meili, ihre Großmutter, ins Poesie-Album geschrieben hatte: »… und bewahre immer die eigene Ehre«.

Jetzt die echte Liebe?

Ein »Neuer«, selbst im Nachbarort, das sprach sich schnell herum: In Fahrnau logierte ein Veterinärpraktikant namens Georg Fentzling in Untermiete bei Familie Kießling. Er stammte aus Willstätt, einem Ort südöstlich von Kehl am Rhein. Sein Großvater hatte dort schon eine Hufschmiede. Der Umgang mit Pferden und deren »Verarztung« war ihm seit seiner Kindheit vertraut. Maria Rebecca gefiel ihm gut. Georg hatte bald erfahren, daß sie ein lediges Kind hatte. Er, so dachte sie, war irgendwie anders als die anderen. Mit seinen 26 Jahren wirkte dieser Untermieter einsam, irgendwie »verwahrlost«, so als habe er keine Freude am Umgang mit Freunden. Es lag wohl daran, daß in einem Ort, wo jeder jeden kennt, ein Neuer noch keine neuen Freunde haben konnte; er schien also etwas mißvergnügt. Wenn sie ihn so vereinsamt umherwandeln sah, stimmte sie das traurig. Sonderling hin oder her, Maria Rebecca geht dieser Fentzling nicht aus dem Kopf. Sie nimmt Anteil an ihm, hat Mitleid, spürt bald, es ist Liebe. Das Fräulein Pflüger hat mit diesem Georg etwas Besonderes vor: Sie hat sich ihn in ihren Kopf gesetzt und einen besonderen Platz in ihrem Herzen freigemacht. »Frau Kießling braucht nicht zu wissen, daß wir per Du sind«, schreibt sie an Kießlings Logiergast.
»Ich tröste mich mit dem Gedanken, daß ich Dein Herzen besitze und Dein Bild ansehen kann, wann ich will. Wo hast Du mein Bild, ist es gut aufbewahrt? Das Deinige habe ich am Tage immer bei mir und des Nachts unter dem Kissen.
Mein guter Georg, wenn nur die Zeit schon da wäre, wo wir ungeniert miteinander sprechen könnten. Hast Du vorgestern gut geschlafen? Ich wurde fast erwischt, konnt' nur mit List entgehen.

Diese Woche komme ich nicht mehr zu Dir, es wäre zu viel gewagt und ich fürchte mich vor dem Sprichwort: Der Krug …
Zürne nicht, daß ich nicht mehr geschrieben habe. Denke, ich sei immer in Gedanken bei Dir. Habe Dich lieb und küsse Dich herzlich, aber ganz stille, stille …, sonst könnte es ja jemand hören. Bleibe gut Deiner M.«

M. machte mit ihrem Sohn Hermann einen Besuch in Lörrach und dann in Basel. In diesem Frühling 1862 wird er drei Jahre alt. Von dem Ausflug berichtet sie: »Ich hätte so schön den ganzen Tag in Basel mit Dir zubringen können, wenn Du nur dagewesen wärst. Daß Du Hermännle nicht gesehen, war Zufall. Er ist ganz wohl und bös. Ich wäre froh, Du könntest bald Vaterstelle an ihm ausüben. Ich denke, er würde Dir eher folgen als mir. Warum hast Du nicht gesagt, daß Dich der Gruß von Hermännli gefreut hat?«
Maria Rebecca schlägt Georg vor, an ihren Vater zu schreiben und nach einer Gelegenheit zu suchen, mit ihm zu sprechen. »Was mein Vater für Fragen an Dich richten wird? Sage nur nicht, daß ich bei Dir gewesen bin!«
Ihr Vater sagt ihr, daß er jetzt wirklich nicht im Stande sei, sie aussteuern zu können. Ihre Mutter bestätigt ihr ganz traurig, der Vater bleibe bei seiner Meinung. Er sei sehr erbittert. Maria Rebecca schreibt Georg: »Die gute Mutter mußte viele Vorwürfe hören und an allem bin ich schuld; ich war ganz trostlos, dachte, was ich nun beginnen solle! Mein Entschluß war bald gefaßt: Ich halte es für meine Pflicht, meine Mutter in allen Arbeiten zu unterstützen, damit ich so viel wie möglich die Schuld wiedergutmachen kann, welche auf mir lastet.«
Maria Rebecca schaut auf und denkt: Wenn es nur Gottes Wille wäre, daß uns mein Vater seinen Segen bald geben würde, damit wir uns alle Tage sehen und sprechen könnten und den Leuten ein wenig aus den Mäulern kämen. Da es aber, wie mir scheint, nicht so gleich geschehen wird, dürfen wir dennoch froh sein, daß mein Vater nichts gegen Deine Persönlichkeit hat, und daß wir uns von Zeit zu Zeit

schreiben können, das Übrige wird sich mit Gottes Hilfe auch machen … Dann schreibt sie Georg: »Links beim Weihersteg lege ich heute abend einen Blumenkranz; lege ihn auf einen Suppenteller. Gib ihm frisches Wasser, dann wird er lange halten. Ich will kein Rendez-vous mit Dir, nur sollst Du hie und da ein kleines Zeichen meiner Liebe haben, die wie die Blumen frisch bleibt. Ach,« seufzt Maria Rebecca, »am meisten muß ich mich über Leute und besonders über Verwandte ärgern, die uns mit Geschwätz und spitzigen Redensarten wieder auseinander bringen wollen, was mit Mühe vereint war. Vielleicht kann etwas, was Vater von meiner Tante »Hirschen«-Wirtin in Lörrach gehört hat, ihn wieder auf andere Gedanken bringen. In meinen Augen ist kein Beruf zu verachten, wenn er recht betrieben wird … Meine Mutter bittet Dich, ihr nicht zu zürnen, weil sie Dir Hoffnungen machte, Du könntest uns diese Woche wahrscheinlich noch besuchen. Die Sache ist nämlich so: Mein Vater sagte letzten Montag zur Mutter, er wolle Dich kommen lassen und mit uns beiden reden, ob wir die Wirtschaft übernehmen wollten. Meine Mutter wollte nie, daß ich Wirtin würde, doch glaubte sie, den Vater damit zufrieden zu stellen und unser Wunsch, einander zu besitzen, könnte so in Erfüllung gehen.
Gestern nun stellte mein Vater die Frage an mich, ob ich Lust hätte, die Wirtschaft zu übernehmen; ob ich glaubte, ich wäre Persona genug dazu. Er verwende nicht gerne für Fremde neue Kosten, und meinte, ich könne den Profit auch brauchen. Ich erwiderte, mein Wunsch sei es nicht, Wirtin zu werden, weil ich die Schmeichelworte nicht leiden könne. Ich zöge es vor, in stiller Eintracht für meine Familie zu leben. Er möge Dir erlauben, zu uns zu kommen, damit wir uns besprechen könnten. Er gab mir keine Antwort, sondern sagte zur Mutter, ich hätte ihm auch keine genügende Antwort gegeben. Sollen doch die Leute sagen, was sie wollen! Ich werde keinen Geschwätzereien Gehör schenken. Ich betrachte mich als Deine Braut und sollte uns mein Vater seinen Segen nie geben, so bleibe ich Deine Braut und werde als Deine Braut sterben …

Übrigens hat ja Vater das ganze Postwesen übernommen. Ob er es zur Wirtschaft übergeben möchte, weiß ich nicht; doch möchte ich lieber nicht wirten und (eher) das Postwesen übernehmen und mit Dir und Hermännle leben, als anderen Leuten den gehorsamen Diener zu machen. Sei herzlich geküsst von Deiner Dich innig liebenden Marie. PS. Ich will alles tun, wenn es Dein Wunsch ist und meinem Vater recht, damit ich Dich bekomme. Wir dürfen leider niemandem trauen, weil wir beide Feinde besitzen.«

Am 9. April 1862 schreibt Maria Rebecca an ihren »lieben Georg«: »Noch nie fiel mir ein, Dir zu sagen, daß Du nur Deine lieben Angehörigen herzlich von mir grüßen sollst, es ist recht unartig von mir. Ich hoffe, Du wirst mich entschuldigen und Ihnen sagen, wie sehr ich mich freue, sie alle kennenzulernen. Meine Mutter will uns begleiten, wenn wir einmal das Reislein machen dürfen. Indem ich Dir herzlich Gute Nacht wünsche, sage ich Dir die besten Grüße von meiner Mutter und danke Dir für die Liebe zu Hermännli.«
Der 21. April 1862 ist Maria Rebeccas 25. Geburtstag. Von Georg erhielt sie ein Bouquet. Müde vom Tag schreibt sie ihm noch spät abends: »Meine liebe Mutter hat wieder mit dem Vater gesprochen; es wird sich jetzt bald zeigen, wie es mit uns geht. Die liebe Mutter glaubte, es in Stand zu bringen, daß Du bis morgen freien Eintritt ins Haus hast. Da aber der Vater wieder mit neuen Geschäften den Kopf voll hat, so wird wieder nichts draus. Herzlichen Dank für Deine lieben Zeilen, sie hatten mich so glücklich gestimmt, doch da ich Dich heute so traurig fand, fühlte ich mich ebenfalls unglücklich. Warum bist Du es, guter Georg? Zweifelst Du an meiner Liebe? Schütte Dein Herz vor mir aus, damit ich Dich trösten, dich wiedererfreuen möge. Oh! wie schmerzlich ist es für uns, hinter dem Rücken der Eltern, eine geheime Liebe zu pflegen.«
Am Karfreitag desselben Jahres schreibt sie: »Das Bild Deiner lieben Eltern, welches ich meiner lieben Mutter zeigte, macht einen guten Eindruck auf uns. Es war uns, als hätten wir Deine Eltern schon

längst gekannt und als wollten sie zu uns sprechen. Ich freue mich jetzt schon in der Seele, Deine mir so lieb gewordene Mutter so recht von Herzen küssen und meine Mutter nennen zu können ... Gestern fragtest Du mich, ob meine liebe Mutter wieder mit dem Vater gesprochen habe. So viel ich weiß, ist er milder in seinen Äußerungen gewesen. Wie er sagte, will er Schritte tun und sich über Dich und Deine Familie erkundigen. Bedenke aber wohl, liebe Seele, was für Pflichten Du auf Dich nimmst in Bezug meines Kindes; bedenke, was ich gewesen, was ich schon erlebt, daß ich viele Sünden begangen habe, daß alles Äußere verschwindet und Du Dich immer einer Sünderin annehmen willst. Bedenke alles wohl, nicht daß es Dich später gereut und Du gerne ändern möchtest, was nicht mehr zu ändern ist, und denke, was Vorwürfe in einer Ehe Unfrieden, Unglück und Zwietracht bereiten. Ich sage Dir zwar nochmals, daß ich alles Vertrauen in Dich setze, daß ich nur Deine Person, Deinen Charakter im Auge habe, Dich im Herzen liebe und achte ...
Schon öfters wollte ich Dir sagen, Du sollst ja entschuldigen, daß ich so schlecht und mit so viel Fehlern schreibe, da ich aber in meiner Jugendzeit drei Jahre im Welschland war und bereits nichts mehr von der deutschen Sprache wußte, so geht es mir heute im Sprechen und im Schreiben noch nach. Oft finde ich ein anderes Wort nicht, welches ich aber auf französisch sagen könnte. Hermännli geht's gut, er läßt dich küssen. In herzlicher Liebe bleibe ich Deine aufrichtige M.«
Es war eine schwere Woche. Es ist jetzt Sonntag abends. Maria Rebecca muß es sich von der Seele schreiben: »Mein guter Georg, mein Vater hat mir letzten Freitag morgens seine Meinung mitgeteilt, worüber ich den ganzen Tag bittere Tränen vergoß. Wir bügelten gerade an diesem Tag und da haben die beiden Mädchen, welche mir halfen, so Mitleid mit mir gehabt und mit mir geweint, ohne jedoch zu wissen, wem meine Tränen gelten. Du wirst mich gewiß bedauern, wenn ich Dir die grausamen Worte sagen, welche ich hören mußte: ›Heirate ihn, ich gebe Dir so und soviel, dann haben wir aber keine Verbindung mehr miteinander, wir sind geschieden.‹

Glaubst Du, daß mir das Herz blutet, wenn ich denke, meine Eltern würden mich, ihr Kind, verstoßen. Ich will ja gar nicht gegen ihren Willen handeln und mir ewig Vorwürfe machen, nein, ich habe heilige Pflichten meinen Eltern zu erfüllen, und die Du als Sohn und Geliebter wirst zu schätzen wissen, aber daß man mir mein Glück, meine Freude, meine schönste Hoffnung, mein alles rauben will, das ist fürchterlich. Oh, ich armes, unglückliches Geschöpf, warum hat mich doch der liebe Gott nur zum Unheil und Unglück geboren! …

… Das sage ich Dir wiederholt, daß ich, wie ich Dir beim ersten Male, als ich Dich sprach, sagte, nicht gegen den Willen meiner Eltern handle, denn ich bin ihnen zu vielem Dank schuldig, als daß ich mich ohne der Eltern Segen binden möchte.

… Oh, ich fühle wohl, daß ich Schuld an Deinem Unglück trage. Ich mache mir auch Vorwürfe, daß ich Dein Glück gestört, Dich Deiner Ruhe beraubt und Deinen Frieden genommen habe. Warum habe ich Dir meine Liebe gestanden? Warum machte ich Dir Hoffnung …«

Es sind Stunden, die so lang wie Tage sein können – endlos. Ein Leben ohne Georg ist für Maria Rebecca eine Einöde.

»Guter, lieber Georg, … sollte mein Vater seine Einwilligung jetzt nicht geben, so hoffe ich auf die Zukunft. Dann sehe ich, daß Du mich aus reiner, treuer Liebe willst, was man mir gerne widerlegen möchte, so gehört auch mein ganzes Leben nur Dir. Du darfst meinem Vater nicht zürnen, denn er will ja nur das Wohl seines Kindes und da er ja weder Dich noch Deine Eltern kennt, so ist es seine Pflicht, Überlegungen und Bedenken zu tragen, das heißt, sich erkundigen, ob sein Kind versorgt wird.

Ich zweifle nicht an Deiner Liebe, ich hab Dich kennengelernt, weil ich Interesse für Dich hatte, doch die Meinigen dachten wahrscheinlich nie oder wenig an Dich. Nur Dein Beruf ist, was meinem Vater nicht gefällt. Oh, wenn ich doch nur wüßte, was wir machen sollten. Alles, alles würde ich für Dich tun, wenn es uns nur hülfe.

P. S. Dem Vater wäre es eben lieber, ich könnte mit meinem Bruder

im Geschäft bleiben, wenn Du doch nur etwas davon verstündest. Ich hab schon gedacht, Du könntest dich noch einige Jahre Deinem Beruf widmen und zugleich das Geschäft auf der Bleiche kennenlernen. Ein fleißiger, williger Mensch kann ja aus Liebe vieles lernen und ohne Mühen, weil er ja alles aus Liebe tut.
… Oh, ich habe so oft Angst, wenn ich denke, ein Pferd könnte Dich schlagen oder es könnte Dir sonst was begegnen, doch tröste ich mich immer wieder, denn im Himmel wacht ein scharfes Auge, welches die Seinen beschützt …«

Das Mißtrauen des Vaters gegenüber Georg Fentzling vertieft das Ausmaß der Verletztheiten.
»Guter Georg, wie kannst Du nur glauben, ich suche Anlaß frei von Dir zu werden, meinst Du, wenn ich meinen freien Willen hätte, ich würde nicht schon längst meinem Wunsche nach gehandelt haben? Oh, Georg, nicht nur Du hast die Zeit über allein gelitten, ich habe viel Hartes gehört und mancher Stich ging mir durchs Herz, denn Vaters Äußerungen waren oft zu streng. Wohl sind Mutter, Bruder und Schwester auf meiner Seite, aber was vermag einer bekümmerten Mutter Wort, wenn der Vater von seinen Ideen nicht absehen will.
Mein Vater findet, ein Tierarzt in unserer Familie sei verletzend für unsere Verwandten, weshalb ich gestern einer unserer nächsten Verwandten alles anvertraute und sie gefragt, ob dies denn der Fall wäre, was sie verneinte. Ihr Mann sagte mir: ›Marie, ich würde auch Bedenken hegen, denn von so viel Tierärzten, die ich gekannt, war noch keiner solide und der in Riehen, welcher eine so gute Praxis hat, ist ebenfalls ein Lump, es gibt zwar immer Ausnahmen, ich will den jungen Mann nicht verdammen, doch lernt Euch zuerst besser kennen.‹ Er weiß eben auch nicht, wie wir uns kennen.
Warum zürnst Du mir, wenn ich sage, ich handle nicht ohne Einwilligung meines Vaters. Guter Georg, bedenke, was ich meinen Eltern schulde, daß sie mich aus dem Elende, aus meiner Sünde gerissen,

mich mit Liebe aufgenommen und mich nicht verstoßen haben. Mein armes Kind war bloß und nackt, und mein jetzt so strenger Vater hat es dennoch mit Liebe erzogen und sich seiner angenommen. Ja es heißt: ›Du sollst Vater und Mutter verlassen und dem Mann angehören‹, doch ohne des Vaters Segen werde ich nicht von ihnen scheiden, denn es heißt: ›Des Vaters Segen bauet den Kindern Häuser, und wer den Vater ehrt, des Sünde wird Gott nicht strafen.‹
Oh, ich bin ein armes, unglückliches Geschöpf. Du fängst an, an meiner Liebe zu zweifeln, bin ich aufrichtig gegen Dich, so zürnst Du mir, denn was ich Dir gesagt, ist lautere Wahrheit und deshalb brauchtest Du nicht anfangen zu glauben, ich suche Anlaß, das Verhältnis mit Dir aufzulösen. Könnte ich Dich wieder einmal sprechen, so würde ich Dir alles auseinandersetzen und Dir beweisen, daß ich nicht mit ungerechten Gedanken zu Werke gehe.
Mein höchster Wunsch ist, zufrieden mit den Meinigen, in treuer Liebe und wahrer Achtung bei einem bescheidenen Los, mit einer geliebten Seele mein Dasein zuzubringen und für das Wohl der Kinder, die Gott mir beschert zu sorgen, daraus kannst Du sehen, daß ich nicht nach Reichtum trachte, denn das allein macht den Menschen nicht glücklich.
Was hat Dir mein Vater geschrieben? Wie er mir sagte, habe er dir weder ab- noch zugesagt, also ist noch immer Hoffnung vorhanden. Doch das leugne ich dir nicht, daß er alles aufbietet, um mich auf andere Gedanken zu bringen. Doch so lange ich keinen Grund habe, mein Wort zu brechen, so bleibe ich Dir treu. Nur ein triftiger Grund wird unser Verhältnis lösen. Wiederholt sage ich Dir also, daß ich Dich innig liebe, Dir treu zu bleiben wohl versprechen kann, doch ist mein fester Vorsatz nicht zu heiraten ohne des Vaters Segen.«
In ihrem Brief vom 29. April auf einem Briefbogen mit dem Aufdruck »B. Pflüger zum Pflug, Schopfheim« gibt sie Georg Ratschläge im Umgang mit ihrem Vater: »… so sage nicht zu viel von Dir, sondern sei demütig, erkläre Dich zu allem bereit, das er von Dir verlangen soll, was er will, denn Du wolltest nur noch seinen Segen. … Er ist

halt wunderlich, doch habe ich keine Angst, daß Du mit ihm auskommen wirst.
Hermännli habe ich heute gefragt, ob Du ihm lieb wärst, er sagte, warum soll er mir nicht lieb sein, er ist ja brav. Wollte Gott, er könnte Dich bald anders nennen und kennen lernen. Du würdest gewiß viel Freude an ihm haben, wenn er schon zuweilen bös und eigensinnig ist, denn er ist für sein Alter (mir zur Angst) nur zu weit voran im Geist. En attendant de tes nouvelles, je t'embrasse comme je t'aime ta bien aimée Marie«

Zwei Zitate als Stimmungsbilder aus entscheidenden Wochen:
»Sei nicht verzagt, ich bleibe Dir ja gut. Immer bin ich in größter Eile, Aufregungen, Angst, wirklich habe ich 96 Pulsschlag in der Minute, wird aber bald wieder gut. ... das beste und einzige Mittel wäre, wir könnten am nächsten Sonntag die Verlobung feiern. Nicht wahr, teurer Georg, Du bist auch meiner Meinung.«
7. August 1862, aus der Sommerfrische in Bad Antogast, dem Luftkurort im Renchtal/Ortenaukreis: »... mit dem Hochzeitmachen ist es mir wie Dir, in einer Beziehung je eher je lieber und auf der anderen Seite muß ich doch vorher noch helfen Bohnen dörren, ernten und dies und jenes ... Wir wollen sehen, kommt Zeit, kommt Rat. So lange wie es gegangen, wird es in keinem Fall mehr gehen und wenn der Schneider den Frack nicht fertig bringt, so gehst Du im Schlafrock und ich in der Nachthaube.«

Maria Rebecca und Georg Fentzling – das Hochzeitsfoto

Am 2. Oktober 1862 wird im »Pflug« Hochzeit gefeiert – eine Woche, bevor Georg Fentzling 26 Jahre alt wird. Maria Rebecca, geb. Pflüger, ist jetzt 25 und ihr Sohn Hermann drei.

6. Kapitel
Schicksale im Lörracher »Hirschen« und im Schopfheimer »Pflug«

Johanna Magdalena Müllers Vater

Johanna Magdalenas Vater stammte aus Kandern. Johann Georg Müller hatte reich nach Grenzach geheiratet – die Alleinerbin zweier Häuser an der Grenze, des Gasthofs »Zum Bären« und des Gasthauses »Zum Ziel«, ein Hausname der aus dem Mittelhochdeutschen stammt und Grenze bedeutet. Die Eltern starben beide im Jahr 1844. Sie hinterließen ihren vier Kindern neben Hausbesitz und Land in Kandern, Hauingen und Grenzach diese beiden Wirtschaften: Den »Bären« erbte der einzige Sohn Georg Friedrich, das »Ziel« teilten sich die drei Schwestern – das waren Wohn- und Wirtschaftsgebäude mit Kellergewölben, Speisesaal, Tanzsaal, Backstube und Stallungen.

Johanna Magdalena Müllers Bruder

Der »Bären«-Wirt Georg Friedrich Müller machte von sich reden, als es im Südwesten Badens gärte. Während in den Orten Bürgerwehren gebildet wurden, versuchte er »schon bey Anfang der politischen Ereignße die Bürgerwehr an sich zu ziehen …, daß er den Wein gespendet, und dadurch auf eine geferliche Weiße gewirkt hat, besonders in politischer Bezihung«, heißt es in einem Untersuchungsbericht. Georg Friedrich Müller hatte an republikanisch gesinnte, in der Schweiz, vor allem in Basel Stadt und Land, lebende Deutsche Einladungen zu einer Versammlung verschickt, die am

12. April 1848 im »Gasthaus zum Ziel« stattfinden sollte. Die Grenzacher Bürgerwehr empfing die Landsleute an der Grenze mit einer schwarz-rot-goldenen Fahne und geleitete die Gäste zum »Ziel«. Dort hieß sie Georg Friedrich Müller willkommen und erklärte, was für die Schweiz gelte, gelte auch für Deutschland – die Republik, sie sei die beste Staatsform. Ein anderer Redner schimpfte auf den »Kartätschenprinz« Wilhelm, der 20 Soldaten und 230 Zivilisten ermordet habe, ein Volksmetzger dürfe nicht Kaiser von Deutschland werden. Dann ergriff Friedrich Neff aus Rümmingen das Wort. Er forderte, eine deutsche Republik müsse Deutschland sozial reformieren. In der Gewißheit, die deutschen Brüder in der Schweiz würden bereitstehen, wenn der »erste Ruf aus Deutschland an sie käme«, begleitete die Bürgerwehr ihre Gesinnungsgenossen bis zur Grenze am »Hörnli«. Als es soweit war, kamen Georg Friedrich Müller und Friedrich Neff dem »Heckerzug« entgegen und geleiteten die Freischaren Josef Weißhaars und Gustav Struves von Rheinfelden nach Lörrach.

Bei Struves September-Putsch 1848 waren Müller und Neff wieder dabei. Sie unterstützten Markus Pflügers Lörracher Bataillon auf dem Weg nach Staufen. Nach dem dortigen Debakel hatte sich Müller mit Pflüger noch am 24. September über die rettende Grenze in die Schweiz abgesetzt. In der dritten Phase der badischen Revolution, die von Mai bis Juli 1849 im Norden Badens endgültig entschieden wurde, sah sich Georg Friedrich Müller als »Kriegskommissar« im Grenzgebiet am Rheinknie.

Über Georg Friedrich Müller verhängte am 6. Juli 1850 das Hofgericht in Freiburg wegen Teilnahme am Hochverrat eine Zuchthausstrafe von zwei Jahren. Georg Friedrich Müller ist »gegenwärtig flüchtig«, hieß es in den Gerichtsakten. Im Februar 1851 scheint er sich in Lausanne und im April in Genf aufgehalten zu haben, bis er schließlich in Baden bei Zürich gemeldet war. Bereits das Jahr zuvor hatte das Großherzogliche Untersuchungsgericht in Lörrach »wegen Aufruhrs im September« den »Beschlag auf das Vermögen des Zielwirts

Müller in Grenzach« angeordnet. Am 26. Juli 1850 erwirkte schließlich die Großherzogliche Generalstaatskasse in Karlsruhe den Eintrag von Müllers Liegenschaften in das Pfandbuch.
Was Karlsruhe aber entgangen war: Georg Friedrich Müller besaß nicht die »Ziel«-Wirtschaft, diese hatten seine drei Schwestern geerbt. Georg Friedrichs Schwester Johanna Magdalena kam durch die Pfändung der »Ziel«-Wirtschaft in Teufels Küche – damit auch ihr frischvermählter Ehemann Markus Pflüger. Jetzt mußte auf dem Rechtsweg mühsam geklärt werden, daß Georg Friedrich nicht das »Ziel«, sondern den »Bären« geerbt hatte. Das war auch deshalb schwierig, da dieser flüchtig war und sich selbst deshalb nicht erklären wollte. Markus Pflüger, kaum aus dem Schweizer Exil zurück, seinen von Besatzungstruppen requirierten »Hirschen« vor Augen, das Heiratsgut seiner jungen Frau gepfändet, mußte jetzt handeln.
Am 6. Dezember 1851 hat das Großherzogliche Ministerium der Justiz die »polizeiliche Beschlagnahme auf das Vermögen des Friedrich Müller Zielwirt für aufgehoben erklärt«, einfach aus der Einsicht in die Akten, die ergeben mußte, daß Müller nicht »Ziel«-, sondern »Bären«-Wirt war. Als »Ersatzleistung für den dem Staat durch die Revolution zugegangenen Schaden« mußte sich Müller vom »Bären« trennen und die Last der Wirtschaft dem Großherzogtum aufbürden. Er selbst zog es vor, da in Grenzach eh nichts zu holen war, in der Schweiz zu bleiben. Die drei Schwestern verpachteten bald die »Ziel«-Wirtschaft. In den Akten wird später vermerkt: »Georg Friedrich Müller, ledig, unterm 31. August 1862 ... wegen Geistesschwäche entmündigt«.
Friedrich Neff aus Rümmingen war wegen »hochverräterischer Aufruhr« durch den Vorsitzenden des Sonderkriegsgerichts, den Königlich-Preußischen Major von Gillern, zum Tod durch Erschießen verurteilt worden. Sein Abschiedsbrief endete mit den Worten: »Es lebe die Republik, es lebe die soziale Republik.«
Im »Hirschen« in Lörrach quartierte sich bald ein Major ein. Als Markus Pflüger die Logiskosten aufrechnete, um die Verpflegungs-

kosten für die drei Zimmer sowie für die Stallungen für fünf Pferde über eine Aufenthaltszeit von 4½ Monaten bei der Staatskasse einreichen zu können, hatte er Gewißheit in seiner Vermutung, daß dieser Dauergast – der mit »Major von Gillern« den Beleg unterschrieben hatte, der Vollstrecker der Hinrichtung des 28jährigen Friedrich Neff war, der mit ihm – Markus Pflüger – bis Staufen gezogen war. Die Ortskasse des Großherzoglichen Kriegsministeriums war in der »Koechlin«-Fabrik untergebracht. Die in Rechnung gestellten Verpflegungskosten konnten lange nicht ausbezahlt werden. »Auf Grund der Zeitverhältnisse« war es Bürgermeister Carl Wenner erst im Lauf des Jahres 1851 möglich, die »Kriegsausgaben« der Jahre 1848 sowie 1849 einzutreiben.

Johanna Magdalena Pflügers, geborene Müller, Cousin

In Kandern, dort wo ihr Vater herstammte, lebte dessen Bruder Karl Friedrich Müller, von Beruf Obermüller. Dieser hatte einen Sohn – er hieß Ernst Rudolf Müller. Johanna Magdalena war froh, daß sie ihren Cousin als vertrauenswürdige Unterstützung in der Haus- und Hofarbeit gefunden hatte. Und Markus Pflüger paßte es, daß seine Cousine Maria Rebecca, die am 21. April 1858 gerade 21 Jahre alt geworden war, ihre hauswirtschaftlichen Lehrjahre im »Hirschen« aufnahm. Sie war jung, sie war schön, wirkte auf andere als eine Mademoiselle, die eher aus dem Welschland als von Schopfheim zu kommen schien. Es geschah im »Hirschen«. Sie wohnten und arbeiteten unter einem Dach. Und das, man weiß es, was danach in einer Sommernacht des August 1858 im »Hirschen« passierte, konnte Maria Rebecca bald nicht mehr verbergen. Hat Ernst Müller schlicht ihr unschuldiges Wesen ausgenutzt? Warum hat sie den Vater ihres Kindes nicht geheiratet? Maria Rebecca ließ ihren Sohn auf den Namen »Hermann« taufen, wie Pflügers zweiten Sohn, der jetzt zwei Jahre alt war. Auf ihn und auf den im März 1858 geborenen dritten Sohn Emil sollte sie aufpassen.

Zweimal Hermann Pflüger in derselben Generation, der eine in Lörrach und der andere aus Schopfheim. Der Vater des am 29. Mai 1859 geborenen Hermann war Ernst Rudolf Müller. Ernst Rudolfs Mutter hieß Anna Maria, geborene Krafft. Sie war eine Schwester von Christine Rebecca Pflüger, geborene Krafft, der Mutter von Maria Rebecca. Der Vater ihres Sohnes Hermann war also ihr Cousin.

32 Jahre zuvor, noch ledig, war Christine Rebecca bei der Taufe in der Evangelischen Kirche in Kandern Zeugin. Im Taufregister der dortigen Kirchengemeinde ist eingetragen: »Am 5. März 3 Uhr, 1827, wurde zu Kandern ehelich geboren, und den 25. März nachmittags 3 Uhr getauft: Ernst Rudolph. Die Eltern sind Karl Friedrich Müller und Anna Maria, geborene Krafft.« Zeugen waren Christine Rebecca Krafft, ledige Schwester der Mutter, und Johann Georg Müller, »Ziel«-Wirt in Grenzach. Das war zehn Jahre bevor sie Maria Rebecca zur Welt brachte. Der Vater des Kindes ihrer Tochter war ihr Neffe. Im Haus des Markus Pflüger junior hat der Cousin seiner Frau seine eigene Cousine geschwängert.

Johanna Magdalenas Mann Markus Pflüger

Die In-Rechnung-Stellung für die Quartiernahme des Major von Gillern unterschrieb Markus Pflüger mit »Marx« Pflüger, so wie er genannt wurde. Im Ort war er »der Postmeister«, offiziell hieß dieser Titel »badischer Poststallmeister«. Die politische Verstrickung in die Wirren der Revolution hatte ihn nicht, wie viele andere, aus der Bahn geworfen. Er mußte nicht auswandern, wurde nicht einer der »48er« in den USA; er blieb in Lörrach und war ein wirtschaftlich unabhängiger Mann. Das Leben ging auch in Lörrach weiter. Seit 1863 war der Ort Kreishauptstadt geworden, ein Zentrum der Verwaltung und der Fabriken. Lörrach hatte jetzt an die 6.000 Einwohner. Innerlich blieb Markus Pflüger ein 48er mit einem umtriebigen, tiefsitzenden badischen linksliberalen Freisinn, ein Bürger, »citoyen«, in einer sich wandelnden Gesellschaft, der sich engagiert, Verantwortung übernimmt.

Er war 34 Jahre alt, als er Gemeinderat in Lörrach wurde. 1864 war er bereits Vorsitzender des Kreisausschusses, was der Stellung eines Landrats entspricht – eine damals ehrenamtliche, unbezahlte und zeitraubende Tätigkeit. 1859 gründete er die Freiwillige Feuerwehr in Lörrach. Er richtete hier 1868 eine Kreishypothekenbank ein (die Schalterräume wurden in einem Anbau an den »Hirschen« untergebracht). Auch im Kirchengemeinderat ist er Mitglied, lange Jahre wird er dem Kirchenältestenrat angehören. Markus Pflüger zählt 1856 zu den Mitgründern des in den Revolutionsjahren aufgelösten »Bürgerlichen Gesangsvereins«. Er bleibt der Sängerrunde jahrzehntelang als Mitglied treu. In des Bürgers Markus Pflügers »Gründerzeit« zählt auch der von ihm 1865 ins Leben gerufene Musikverein. Er gab sich den Namen »Frohsinn«.

Das Gasthaus »Zum Hirschen« war zum zentralen Ort von Lörrachs bürgerlicher Öffentlichkeit geworden. Der »Bürgerliche Bildungsverein« und die »Lesegesellschaft« trafen sich im »Billard-Zimmer«. Der Zugang war Einheimischen und Fremden gestattet. Einer der Hausgäste war Oberamtmann Friedrich von Preen. Zu seinen Aufgaben gehörte es auch, für die großherzogliche Regierung eine Übersicht über die in der Kreisstadt abonnierten politischen Zeitungen zu beschaffen. Sein Jahresbericht aus dem Jahr 1864 listet folgende Zeitungen auf: »Badische Länderzeitung« 28mal, »Basler Nachrichten« 20mal, »Karlsruher Zeitungen« 12mal, »Frankfurter Journal« 9mal, »Oberrheinischer Courir« 8mal, »Süddeutsche Zeitung« 5mal, »Schwäbischer Merkur« 4mal, »Badischer Beobachter« 4mal.

Nachdem die badische Bahn – die wichtige Nord-Süd-Schiene dem Rhein entlang – nicht in Lörrach, sondern seit 1855 eben in Basel in der Schweiz endete, hatte sich Markus Pflüger bei Kommunen, beim Kreis und bei der Regierung bemüht, durch eine Weiterführung des Schienennetzes das links liegengelassene Lörrach, das Wiesental und auch den Hochrhein zu erschließen.

Dem Posthalter Pflüger in Lörrach, der Endstation der Hauptpoststrecke Frankfurt–Südbaden, hätte es eigentlich gleichgültig sein können, hatte er doch durch die Lizenz das Monopol auf den letzten Streckenabschnitt Kalte Herberge zum »Hirschen« in Lörrach und durch das Wiesental bis zum »Pflug« in Schopfheim. Das Postgeschäft war ein Pflüger-Unternehmen. Markus Pflüger war aber weitsichtig genug, zu ermessen, was es für das Wiesental, für den Kreis und seine Hauptstadt bedeutete, zukünftig vom großen Waren- und Personenverkehr abgeschnitten zu sein. Das sei ein großer Schaden für das aufstrebende Wirtschaftsgebiet im Südwesten des Badener Landes, so lauteten die Eingaben aus Wiesentäler Fabrikantenkreisen an die Regierung in Karlsruhe. Der Staat habe kein Geld, nach dem Bau der Hochrheinbahn seien alle Ressourcen versiegt, hieß es von dort. Markus Pflüger gründete also eine private Kapitalgesellschaft, die den Bau einer Wiesentalbahn finanzieren sollte – von Basel, Badischer Bahnhof, bis nach Schopfheim. Mit Kapital auch von Basler Unternehmern wie etwa des Seidenband-Fabrikanten Rudolf Sarasin, der in Berlin, Paris und Manchester ausgebildet worden war, oder der Koechlin-Manufaktur aus Lörrach, auch der Wiesentaler Firma Gottschalk & Grether in Schopfheim und Atzenbach. Die von der Wiesental-Kapitalgesellschaft ausgegebenen Aktien wurden schnell gezeichnet. »Marx« Pflüger, der auch zum Vorstand dieser privaten Bahngesellschaft bestimmt wurde, hatte es geschafft – die erste Privatbahn in Baden, 19,9 Kilometer lang, von Basel (Schweiz) nach Schopfheim (Südbaden) konnte losdampfen … Eduard Kaiser, Landarzt und selbst Aktionär der neuen Lokalbahn, war Augenzeuge: »Die Eröffnung unserer Eisenbahn im Sommer 1862 fiel auf einen schönen, sonnigen Tag, und der Großherzog Friedrich samt seinen Ministern wurde auf unserem Bahnhof empfangen und begrüßt; er fuhr nach Schopfheim, bis wohin damals nur die Bahn ging und kam zum Nachtlager wieder hierher zurück. Das Publikum hatte ihn vortrefflich und herzlich empfangen, und er erwiderte dessen Grüße und Huldigung mit einer lebendigen und warmen Danksagung von seinem Fenster herab.«

Großherzog Friedrich I., der seit seinem Regierungsantritt 1852 die aufmüpfige Südwestecke seines Landes gemieden hatte, mußte jetzt mit einem Alt-48er unter einem Dach schlafen. Er logierte die Nacht vom 4. auf den 5. Juni 1862 beim Gründungsdirektor und »Bahnvorstand« Pflüger. Die Huldigung der Lörracher erwiderte der Großherzog daraufhin mit einer Generalamnestie aller in die Revolution verstrickten »Straftäter«. (So konnte 1862 auch Wilhelm Liebknecht nach Deutschland zurückkehren.)

Wer über Schopfheim hinaus weiterreiste, mußte auf die im selben Jahr von der Post eingerichtete Pferdeomnibuslinie umsteigen, die ans Ende des Wiesentals, nach Todtnau führte. Die neue Eisenbahnstrecke brachte den industriellen Standorten einen großen Aufschwung.

Als 1846 Markus Pflüger senior in Lörrach im frühen Alter von 48 Jahren verstorben war, traf dieser Schicksalsschlag seine 44jährige Frau, Elise, geborene Senn, und den damals 22jährigen Sohn Markus junior hart. Betroffen über den Verlust des älteren Halbbruders war auch die Familie Bartlin Pflüger in Schopfheim. Die Beziehung zum gleichaltrigen »Lieseli« blieb eng. Bartlins Tochter Maria Rebecca war damals neun Jahre alt. Der Tod ihres 17jährigen, zweitältesten Bruders Wilhelm blieb ein tiefsitzender Schmerz. Fünfzehnjährig war sie in der französischen Schweiz, während er in der Kadetten-Schule in der deutschen Schweiz, in Aarau, ausgebildet wurde. Er wurde Opfer einer Typhusepidemie. Die Rückkehr der Maria Rebecca vom Genfer See ins Wiesental hing wohl mit dem Tod des Bruders zusammen. Noch Monate zuvor, im Februar desselben Jahres 1852, hatte ihr Vater, Bartlin Pflüger, vom Nachwuchs im »Hirschen« in die französische Schweiz geschrieben. »Glück wird Unglück in den Pflüger-Familien«. Maria Rebecca hatte bei ihrem Dienst im Hause Markus Pflüger den inzwischen Sechsjährigen liebgewonnen, ebenso die Pflügersöhne, die nachkamen: Hermann und Emil. 1862 ereilte sie die Nachricht, daß Markus und Johanna

Magdalenas ältester Sohn beim Turnen tödlich verunglückt war. Er war gerade einmal zehn Jahre alt.

Die Zukunft des »Pflugs«?

Dann, Anfang Oktober 1862, war ja die Hochzeit im »Pflug« in Schopfheim – Maria Rebecca heiratete schließlich ihren »lieben Georg« Fentzling. Er adoptierte »ihr Hermännle«. Der Dreijährige hieß jetzt Hermann Fentzling.

Christine Rebecca Pflüger, geb. Krafft, und ihr Mann Bartlin Pflüger kümmern sich tagaus, tagein um ihr »Gasthaus zum Pflug« in Schopfheim. Der Postmeister, Wirt und Fabrikant der Bleiche, machte sich Sorgen um die Zukunft seiner Tochter Maria Rebecca und seines Schwiegersohns. Georg Fentzling, gelernter Veterinär, zeigte wenig Eignung und Neigung, in eines der Tätigkeitsfelder seines Schwiegervaters einzutreten – weder Post, noch »Pflug«, auch nicht Bleicherei. Ein Pferdedoktor passe nicht richtig in die Verwandtschaft, meinte Bartlin Pflüger nach wie vor ... Am 15. November 1863 kommt ihr Sohn Eugen auf die Welt, am 3. Dezember 1864 Alfred, am 26. November 1865 Karl, am 29. Mai 1867 Emil. Ein Jahr später spricht Maria Rebecca in einem Brief vom 22. Mai 1868 an ihren Mann aus, was sie bedrückt: »Du weißt, daß Du ein hitziges Blut hast (daß das Häfeli schnell überläuft), deshalb suche in der Zeit Deinen Zorn schnell zu bemeistern, gehe in Dich,

Gasthof »Zum Pflug« (außen)

Gasthof »Zum Pflug« (innen)

blicke auf gen Himmel. Es fehlt Dir hauptsächlich an festem Vertrauen zu Gott, sonst würdest Du bei jeder Gelegenheit den Kopf nicht hängen lassen.« Am 23. Juni 1869 erblickt ihre erste Tochter das Licht der Welt – Frieda, und am 19. August 1871 – Elisabeth. Maria Rebecca erfreut sich keineswegs guter Gesundheit. Seit Jahren plagen sie Kopfschmerzen, sie leidet an Zahnschmerzen, es ist ihr oft schlecht, so daß sie glaubt, sich erbrechen zu müssen. Dr. Schweikhardt, ihr Hausarzt, sagt, das hätte mit ihrer Blutarmut zu tun. Doch da ist noch etwas anderes, das sie krank macht. Sie schreibt darüber am 14. Juli 1872:

> »Mein lieber, teurer Mann, obgleich ich in meiner Dummheit nicht recht begreife, was Du mir eigentlich in Deinem letzten Schreiben sagen willst und Sachen sehen willst, und glaubst, wo mein und meiner Angehörigen Herz nicht daran denkt, so komme ich mit meinen fünf Sinnen nur immer auf das *eine* zurück, daß Du *allein* derjenige bist, der weder vergessen noch verzeihen kann und will. Ich weiß jetzt, daß ich mich nie mehr erholen werde, den Kummer und Gram stets zehren (deshalb ist die Reue hier auch unnütz) und ein verwundetes Herz, da, wo es glaubte am meisten Trost zu finden, fühlt sich

gekränkt und wendet sich also zu dem, der einem keine Bitte versagt … wie wenig Vertrauen Du mir schenkst. Ich leide jetzt wieder mehr, daß ich das von Dir weiß und begreife nicht, warum ich eigentlich da bin, oder mein Leben zu erhalten suche, wenn ich sehe, wie andere leben, von denen man auch zu sprechen weiß.«

Am 19. Juli 1872 schreibt sie beunruhigt ihrem Mann: »… denke Dir, daß bis heute die Regel ausgeblieben ist. Ich habe den ganzen Morgen das Kalenderchen in der Hand, um mich besser auf die Zeit besinnen zu können, aber bis jetzt habe ich keinen Trost finden können … Ich kann mirs nicht erklären, muß es aber in Gottes Namen annehmen, wie es kommt. Habe ich einen Becher geleert, so kommt ein viel bitterer. In Vertrauen zu Gott und in Liebe zu Dir werde ich, was über mich verhängt ist, in Geduld ertragen … Einen Arzt habe ich konsultiert, er sagt, daß mir bis jetzt noch kein Arzt etwas Bestimmtes sagen könne, daß das Zahnausziehen schuld an dem Ausbleiben sein könne, aber auch nicht. Das Gesicht zeige wenigstens keine Spuren von Schwangerschaft.«

Maria Rebecca sitzt in Schopfheim mit den Kindern. Sie schreibt an ihren Mann, der von Berufs wegen viel unterwegs ist, zumal er als Veterinärarzt in Freiburg und Umgebung praktiziert. Georg wohnt nicht zu Hause, nicht in Schopfheim, nicht in Freiburg. Er wohnt nicht im Markgräflerland, er herbergt irgendwo im Breisgau – in einem Wirtshaus. Seine Antwort macht sie ratlos. Am 23. Juli 1872 schreibt sie ihm: »Auf Deinen letzten Brief weiß ich Dir nicht viel zu antworten, denn es ist besser, wir besprechen uns mündlich wegen dem Schopfheim-Bleiben oder Wegziehen, da gar viele Punkte besprochen sein müßten und ein genaues Nachdenken darüber von Nöten ist.«

Maria Rebecca hat jetzt bereits sieben Kinder, die sie ohne tägliche Hilfe des Vaters allein in Schopfheim zu erziehen hat, das zehrt an ihren Kräften. Sie weiß, was es bedeutet, ihre Heimat aufzugeben, ihre Angehörigen zu verlassen, die ihr Halt geben. »Und wegen wem?«, schreibt sie am 4. Dezember 1872. »Doch nicht wegen mir.

Mir kann es eines sein, wo ich schaffe. Nein, wegen Dir allein, weil mir der Verstand sagt, Georg hat es in Freiburg besser. Du findest dort alles und ich verliere alles. Du bist nicht wegen mir, sondern wegen Dir und Deinen Kindern fort.«

Sie will keine Weihnachtsgeschenke. Sie will besorgen, was gebraucht wird – für Georg einen Überrock und für sich eine Nähmaschine – aus Basel. Am 8. Dezember 1872 drängt sie: »... daß es für unsere Kinder nicht gut ist, daß sie ohne väterliche Aufsicht sind, besonders Eugen. Ich lasse mir viel von ihm gefallen, aber das Kind weiß ich nicht zu behandeln. Will ich ihn strafen, was ich aber nur im äußersten Notfall tue, so rennt er mir fort. Arrest, schlechte Zeugnisse bekommt er, daß ich nur wünschen kann, wir könnten bald zu Dir gehen.« Und da die Buben so bös seien, wolle Frieda zum Vater nach Freiburg gehen. Und bei Elisabeth befürchtet die Mutter, die überwunden geglaubte Lungenkrankheit werde sich erneut einstellen. »... das muß ich Dir aber noch bemerken: Ich finde es nicht gut, wenn Du jedem sagst, was Du verdienst. Denn die Leute sprechen hier davon und bedenken nicht, daß wir eine doppelte Haushaltsführung und enorme Kosten haben. Du mußt vorsichtig sein. Zürne mir nicht!«

Was Eigenes zu erwerben und nicht mehr getrennt wohnen müssen, wurde immer mehr zum Thema, vor allem in den Wintermonaten 1872 auf 1873. »Vater meint, Du solltest nahe der Stadt einen halben Morgen Land kaufen oder gegen Herdern oder außerhalb vom Schwabentor«, schreibt sie ihm im Dezember; doch Georg sucht neue Ausflüchte. Und sie spricht diese an:

> »... Heimweh nach Schopfheim haben finde ich, wenn ich es sagen darf, einfältig; denn schon seit 12 Jahren sehntest Du Dich fort und alle Menschen waren Dir zuwider ... Ich sage Dir nochmals: Was ich für Dich tun kann, das tue ich von Herzen gern, obschon ich statt Erkenntlichkeit nur Schmerzliches empfunden habe ...
> Ich sage Dir das ganz im Ernst, denn ich habe gesehen, daß Ruhe, Zufriedenheit mit mir selbst und mit meiner Umgebung großen

Einfluß auf mich haben. Deshalb bitte ich Dich herzlich, mir keine unangenehmen Briefe mehr zu schreiben, die mich so alterieren. Du kommst immer mit den alten Geschichten wegen dem Hauszins, wegen den hohen Vetternschaften, den reichen Geldherren und daß Du Dich zu all dem gehorsamst fügen und schweigen mußt. Laß diese Redensarten gut sein, lieber Georg, bitte den lieben Gott um Zufriedenheit mit Dir selbst und mit dem was Du von unserem Herrgott empfangen hast, denke an die, welche noch viel unglücklicher sind als Du, und danke Gott, daß er Dir die Gesundheit und die Kraft gegeben, Dein tägliches Brot im Schweiße Deines Angesichts zu verdienen, denn heutzutage fliegen einem die gebratenen Tauben nicht in den Mund. Ich bin hier zur Erholung meiner Gesundheit, und wenn Du christlich denken würdest oder mich aus purer Liebe genommen hättest, so würdest Du meine Gesundheit eher wünschen, als mich dem Grabe näher zu sehen. Aber es scheint mir Du scheuest die Kosten und wer bringt die größten? Sind es nicht meine lieben Eltern? Geht nicht die liebe Mutter bei Wind und Wetter zu unseren lieben Kindern, vielleicht oft mit einem verschwitzten Hemd, wo sie leicht bei der nassen, kalten Witterung sich erkälten und sich den Tod zuziehen könnte? Die liebe Mutter, die alles für *mich* tut, höre ich Dich sagen, denn Du siehst nicht, daß sie *Deine* Kinder füttert und kleidet, daß sie Deine Hemden und Socken flickt und täglich für Deine Haushaltung sorgt. Du glaubst vielleicht, ich sei müßig, ich suche mir das Vergnügen, mein lieber Georg, der liebe Gott bewahre mich davon, denn Müßiggang ist aller Laster Anfang. Ich schaue, wo ich was lernen kann, suche immer das Beste aus dem zu ziehen, was ich sehe und höre, um es für mich und meine Haushaltung nutzen zu können. Es ist zwar nicht der Brauch, daß die Frau den Mann erhält, nein der liebe Gott schickt den Mann hinaus in die weite Welt, um zu lernen, begabt ihn mit diesem und jenem und gibt ihm die Kraft zu erwerben, zu schaffen und zu handeln, um nach vollbrachter, wirksamer Arbeit für das wenige, was er gewonnen, dem lieben Gott zu danken, dann ist er mit sich selbst glücklich und fühlt sich im Kreise seiner Familie wohl, braucht dann nicht bei Ohrenbläsern sein Glück zu suchen.

Ich würde mich glücklich schätzen, könnte ich einen Nahrungszweig erfinden, um Dir und den lieben Kindern das Leben angenehm zu machen, vielleicht gelingt es mir, natürlich hätte ich es nicht besser dann, ich müßte angestrengt schaffen, aber würde ich sehen, daß mein lieber Mann besser leben könnte nach seinen Wünschen und Gelüsten, so würde es mich freuen.

Vor der Hand ist es das Beste mit dem, was wir von Gott als Geliehen erhalten haben, zufrieden zu sein, sich nach der Decke zu strecken, den Kindern keine Flöhe hinter die Ohren zu setzen, sie in der Zucht und Sittsamkeit zu erziehen und sie an keine Leckerbissen und Mümpfeli zu gewöhnen, sondern eher an das Entbehren. Du erkennst wohl, daß wir von meinen Eltern unterstützt werden, sagst aber bei einer so zahlreichen Familie sei es nicht hinreichend und dennoch machst Du Dich immer groß und sagst jedem beliebigen Personage, Deine Kinder seien nur Müsterchen, Du wolltest deren 12. Wie willst Du denn 12 ernähren, wenn Du sie nicht erhalten kannst. Lieber Georg, für heute genug, diese Zeilen machen Dich vielleicht schon rebellisch anstatt daß ich nur Gutes damit stiften wollte.

Blicke auf zum Himmel, ein jeder Mensch hat seine Plage, so auch wir, suche Trost beim lieben Vater im Himmel, bitte, daß er Dich segne, Dir Frieden gebe und Dein Tun und Schaffen gedeihen lasse und segne und gedenke in Liebe Deiner Dich treu und aufrichtig liebenden Marie«

*

Gedanken am 28. Dezember 1872: »Soeben habe ich bemerkt, daß Elieseli das erste Zähnli bekommt, wenn die ersten geschlossen sind, so wird es auch bald allein laufen können. Von den Buben kann ich nur sagen, daß sie immer bös sind, denn während ich diese Zeilen schreiben, schreit Eugen immer: ›Ich will Zuckerbrot, ich kann nicht warten‹ und wegen einem Stampfer habe ich die Türe geschlossen, ihn hinausgejagt, damit ich in Ruhe weiterschreiben kann. Karl sitzt neben mir und zeichnet, dann hilft er wieder dies und jenes schaffen, er ist der ordentlichste.

Gestern abend habe ich über zwei Stunden unaufhörlich Herzklopfen gehabt, auch war es mir wieder über den Mittag bang und eng. Ich weiß nicht, was dies zu bedeuten hat, hoffentlich nur Vorübergehendes.«

Stationen auf einem Kreuzweg

Dezember 1872

»Mein lieber Georg,
und wenn ich Dir 10 Tage nicht schreiben würde, so ist das noch kein Beweis, daß ich nicht an Dich denke. Denn daß Du mir mehr schreiben kannst, liegt ja klar auf der Hand, ich stehle die Zeit zum Schreiben, bei Dir aber fragt niemand danach, ob Du dies oder jenes ebenfalls gemacht hast. Zudem verlange ich nicht, daß Du Deine Briefe mit Sachen ausfüllst, die meinem Herzen weh tun, denn ein gefühlvoller Mensch verwundet nicht gern.
Ich wünsche mir, daß wir bald zu Dir ziehen können, denn Deine wichtigste Aufgabe ist die, Deine Kinder recht zu erziehen und andere Flausen aus dem Kopf lassen, denn wir müssen um unsere Sach einstens verantworten und nicht anderer Leute ihre.
Festsein im Charakter, festsein im Glauben, treu in der Liebe, tüchtig im Wirken und Schaffen und den Segen Gottes erbitten, dann kann es nicht fehlen.
Jetzt muß ich schließen, denn ich halte es vor Bubenlärm nicht mehr aus. Wenn ich könnte, würde ich sie alle zusammenschlagen, denn nur schreien, zanken und puffen können sie, daß mir alle Lust zum Leben vergeht.
In Liebe Deine treue Marie«

4. Januar 73

»Mein lieber Georg,
Bevor ich an die Arbeit gehe, derer ich viel gefunden habe, muß ich Dir in Kürze mitteilen, daß ich Deinen lieben Brief erhalten, und

daß wir Gottlob gut hier angelangt sind und die Unsrigen alle wohl angetroffen haben.

Es freut mich zu hören, daß Du anfängst einzusehen, daß es Dir in Freiburg eher besser geht als hier und daß meine Eltern ihr möglichstes für Dich tun. Wir sind mit Herrn Kaiser heimgefahren und der Platz an der Bahn hat ihm auch gut gefallen, und mir ist eingefallen (zwar nur eine Idee, von welcher ich zuerst mehr Sachkenntnisse haben müßte), daß der Platz sich gut eigenen würde, wollte man einen Weinhandel treiben. Vorerst die Bahn, gute Keller, Wasser zum Reinigen in der Nähe und dann einen Knaben die Kuferei erlernen lassen, wäre vielleicht keine üble Idee und auch ein Broterwerb. Was meinst Du? Wenn wir nur den Platz bekommen, es ist ganz Vaters Wunsch, wie er sich zu Herrn Kaiser geäußert hat … Er wäre insofern dort famos, daß uns niemand vor die Nase oder Fenster verbauen könnte … und gemeinschaftlich ist dann unser Spaziergang zum Neubau oder auf unseren Bauplatz, da wir dort am meisten Interesse finden werden.«

5. Januar 73

»… mir ist es immer, wir bekommen den Platz nicht und je mehr ich darüber nachdenke, je besser gefällt er mir, durch das liebe Bächlein, welches uns in der Waschküche, im Stall, im Hühnerhof, im Garten und zum Fegen und Putzen so gute Dienste erweisen könnte. Schreibe mir ja, wenn Du etwas Näheres erfährst, denn es ist mein Gedanke bei Tag und bei Nacht.«

10. Januar 73

»… Ich bin krank und weiß nicht wo, alles liegt wie eine Zentnerlast auf mir, stehe ich morgens auf, so bin ich so müde als am Abend und denke ich an die Zukunft, daß ich, anstatt kräftiger zu werden, wieder mehr geschwächt werde, so finde ich nirgends Trost. Ich weiß zwar, daß ein Gott lebt, und mein Inneres sagt mir auch, daß ich auf Ihn hoffen und vertrauen soll, und weiß auch, daß Kindersegen

Gottessegen genannt wird, aber wie ist der Mensch gleich heruntergestimmt, verzagt und undankbar. Ich habe die beste Hoffnung, wenn wir wieder beisammen leben können, es besser mit mir sein wird, denn Du hast mir ja wieder versprochen, Du wolltest mir vergeben und vergessen und ich denke, Du wirst endlich einsehen, was leben heißt.

… Dein letztes Schreiben hat mich insofern befremdet, daß Du Dich wieder über Vater, Bruder, Schwager und Schwägerin mißbilligend aussprachst. Bedenke doch, mein lieber Mann, daß ich ihr Kind bin und noch nie gefragt habe, wieviel bekomme ich und stets mit dem zufrieden war, was ich durch meine lieben Eltern mit Sorgen und Mühen Errungenes bekommen habe. Zudem finde ich, kann man wohl zufrieden sein, wenn man ohne Anstrengung, ohne daß man das mindeste dazu beigetragen 40–50 tausend fl. Vermögen bekommt. Es ist doch gewiß nicht meiner Eltern Pflicht, auch noch für unsere Kinder zu sorgen und das Blut wollen wir Ihnen auch nicht aus den Nägeln hervorkratzen. Sie haben so viel sie konnten uns zwei gegeben und es ist dann unsere Sache zu sehen wie wir damit wirtschaften.

Hätten wir nur eins oder zwei Kinder, würde es uns gut reichen, nun haben wir aber *durch unsere eigene Schuld bald* 8, deshalb ist es auch unsere Pflicht für dieselben zu sorgen und zu schaffen und dürfen nicht anderen zumuten, unsere Kinder helfen zu erziehen.

Mein Vater, wenn er sich etwas besser befindet, wird zum dritten Male nach Freiburg gehen, um zu sehen, ob er uns nicht ein Nestchen findet, und wenn er es nur für mich, wie Du immer glaubst, tut, so genießt Du dennoch mit mir das Angenehme wie ich, so lange eins oder das andere lebt und nachher werden wir zufrieden sein.

Wenn Du Deinen gesunden Menschenverstand brauchen würdest, so könntest Du mir nicht vorhalten, ich schreibe Dir nicht wegen dem ›Pflug‹. Erstens hast Du noch nie etwas auf Wirtsleute gehalten, zweitens willst Du, daß Herrmann und Eugen Kaufleute werden sollen, Alfred studieren soll, nun in Gottes Namen frage ich mich, für wen Du den ›Pflug‹ willst. Drittens sollten wir in Freiburg bald ein

Unterseite des Stuhls mit
Aufdruck »B. Pflüger«
(Siehe S. 74 »Wirtshausszene«)

Stuhl vom »Pflug«

Haus kaufen oder bauen, so würden wir doch nicht das Geld auf dem »Pflug« stehen lassen oder ein anderes Kapital aufnehmen, das wäre ja Schwindel getrieben, wie Du es von jeher nanntest.
Paßt einer zu einem Wirte, hat er dazu die Anlagen und Lust, so wird in Gottes Namen da oder dort etwas zu finden sein. Es ist ja nicht gesagt, daß der »Pflug« das unrentabelste Geschäft der Welt ist.
Ich schätze uns glücklich, wenn wir eine eigene Wohnung oder Haus haben und trachte nicht schon nach zweien.
Heute heißt es bei Dir, ich kann mich glücklich fühlen und mit meiner Lage zufrieden sein, aber morgen schreibst Du das Gegenteil. Daran ist kein Mensch schuld, als Dein unglückliches, eintöniges unzufriedenes Gemüth.«

Schopfheim, 19. Januar 73, Sonntag

»Mein lieber Georg,
gerade war ich im Begriff Herrn Werner zu telegraphieren, als ich gestern Abend Deinen Brief bekam, denn wenn man 5 Tage ohne Nachricht ist, so kommt man auf allerhand Gedanken, zumal oft

Worte ausgestoßen werden, die einem anderen Bedenken verursachen können. Ich sehe wiederum aus Deinem Schreiben, daß Du mir nicht vergeben kannst, denn da Du mir im vorigen Brief schriebst ›übrigens soll dieses das letzte Mal sein, daß ich mich mit dieser Angelegenheit beschäftige‹, so fängst Du gestern wieder davon an (und logst noch Böseres aus Johannas Mund).
Ich kann Dir aufrichtig gestehen, lb. Georg, daß es mein Ernst ist, hier zu bleiben, wo ich trotz meines Vergehens Liebe und Achtung genieße. Würde ich nicht selbst von meinem Unglück sprechen, kein Mensch würde davon anfangen, denn ich glaube, daß man mir davon nicht mehr zürnt. Ich kann zwar Herrn Dekan auffordern, daß er es in der Kirche an die Gemeinde verkündet, um diejenigen aufzurufen, die mir noch gram sind. Wenn Du glaubst, daß Du Dich in Freiburg wegen meiner schämen mußt, und daß man Dich darum anschaut, dann ist es ja umso mehr Pflicht von mir, zurückzubleiben, damit ich Deinem Glück nicht im Wege stehe.
Indem Dich Deine Kinder herzlich grüßen und küssen lassen bleibe ich Deine dankbare, tief darnieder gebeugte und betrübte
Marie«

30. Januar 1873

»... Mit meinen Angehörigen, Bruder und Schwager will ich in Frieden leben, ich gönne ihnen gerne, was sie mehr haben als wir, denn hätten wir heute gleich viel, so würde es morgen wieder ungleich bei allen diesen aussehen; mein einziger Wunsch ist der, daß unsere Kinder rechtschaffen, ehrlich und brav werden, dann werden wir hundertfältigen Segen ernten, aber dies ist mein größter Kummer, – das mutwillig, lustig und ausgelassen zuweilen sein, ist Nebensache, wenn sie nur folgen würden. Ich habe die beste Hoffnung, daß wenn wir zwei an einem Strang ziehen und nicht das eine hü und das andere hott will, wir die Kinder zum Gehorsam bringen

werden. Ich behalte Eugen bis zu unserer Abreise, die ja bald vor sich gehen wird.
Herzlich grüßen und küssen Dich Deine Kinder sowie
Deine Marie«

25. Februar 1873, Schopfheim

»Mein lieber Georg,
aus Deinen beiden Briefen muß ich leider sehen, daß Du Dich wieder sehr unglücklich fühlst, was mir sehr leid tut, da es natürlich auf mich einen schlechten Einfluß hat, denn wenn ich hören und fühlen muß, daß Du nie zufrieden bist, wie kann ich da getrosten Mutes leben, besonders jetzt, da ich einer so traurigen Zukunft entgegen sehe.
Deinen Brief bekam ich gerade in dem Augenblick, da ich mich brechen und das Wasser nicht mehr halten konnte. Da kannst Du denken, daß ich doppelt litt. Es ist aber so immer gewesen und wird auch diesmal so sein, mein Zustand wird mir immer von meinen Nächsten erschwert, ich denke aber, der liebe Gott wird sich endlich auch meiner erbarmen und mich zu Deinem vielleicht größten Herzeleid zu sich nehmen, damit Du meiner los bist.
Wenn Du schon meinst, Geld und Vermögen seien Dir gleichgültig, so sage ich, daß Du Dich gerade am unglücklichsten fühlst, wenn Du keines hast, ich habe Dir ja mehr geben wollen, warum hast Du es nicht genommen?
Ich bin ja zufrieden, wenn ich nur Suppe, Brot und Milch habe und was kann ich dafür, daß wir so viele Kinder haben? Ist es denn meine Schuld auch ganz allein, daß die Haushaltung und Kinder so viel Geld kosten? Willst Du Ihnen nicht auch Stunden geben lassen, die Geld kosten? Was habe ich für alle Mühe und Sorgen, welche ich seit ihrem Dasein für sie ausgestanden. Wie oft bin ich des Nachts aufgestanden und habe sie gepflegt, trocken gelegt und ihnen Nahrung gegeben? Und was habe ich für Lohn dafür? Nichts als Undank, Ungehorsam und noch Vorwürfe von Dir. Aber der liebe Gott gibt mir

Kraft, dies alles geduldig zu ertragen und ich muß sagen, ich bin doch mit mir zufrieden, würdest Du mich mit den Knaben mit den Füßen treten, denn ich sehe, daß Ihr Euren Verstand nicht braucht, sondern weiß ich wie Ihr seid.

Ich sage ganz offen, daß Du mich recht erzürnt hast mit Deinem Schreiben, denn wenn ich immer nur sehen muß, daß Du, trotzdem man alles tut, mit der größten Bereitwilligkeit dasteht, um zu helfen, man nach Leibeskräften schafft, dennoch alles umsonst ist. Ich habe noch nie mich über Deine Vermögensverhältnisse unartig ausgesprochen, Dir nichts vorgeworfen, alles, was wir haben für ein Hab und Gut angesehen, aber Du willst immer geteilt haben, in Unzufriedenheit leben, was mich ungemein schmerzt.

Wir haben uns beide nach einer Heimat gesehnt, jetzt wo wir eine bekommen sollen, machst Du wieder Opposition. Anstatt daß Du Dich mit mir freuen solltest und bemüht sein solltest, Deinen Angehörigen die neue Heimat durch friedliches Entgegenkommen heimisch und gemütlich zu machen. Ich sage aufrichtig, ich freue mich nur halb, weil ich weiß, daß Du Dich nicht mit mir freust.

Unser Vater wird morgen mit Zimmermann Kiefer kommen, wenn sie nicht wieder wie heute abgehalten werden. Vater wird alles so angenehm wie möglich einrichten, den Platz vor dem Hause, sagt er, müsse man der Stadt abtreten, aber nicht anbieten, sondern im Gegenteil dergleichen tun, als wolle man ihn verbauen, damit die Stadt mehr bietet. Überlege noch heute, ob Du das Haus als Dein Eigentum betrachten willst, im anderen Fall kannst Du Vater sagen, daß er es wieder verkaufen soll, denn ich brauche keines und für die Kinder wirst Du schon sorgen.

Wie kannst Du der Kinder Photographie verlangen, wo Du weißt, daß wir sie nicht haben, Unmögliches muß man nicht von mir fordern, denn ich kann nur geben, was ich habe, damit Du Dich aber zufrieden gibst, schicke Dir nochmals die von Eugen und Alfred, Dich kannst Du auch betrachten und schauen was für ein Molli Du machst.

In der Hoffnung, lebend von Vater zu hören, daß er Dich nicht schlechter Laune angetroffen hat, grüßt und küßt Dich herzlich Deine vielgeprüfte
treue Marie
P. S. Was willst Du von den Kindern wissen, daß sie Arrest haben, bös sind, naß heimkommen, sich immer zanken, wie Hund und Katze. Du wirst am besten sehen wie sie sind, wenn sie bei Dir sind. Und wie eher dies geschieht wie lieber ist es mir.«

2. März 1873

»... wenn Du recht dran wärst, lieber Georg, so würdest Du nicht immer vom Pflug sprechen und Dich unnötigerweise quälen. Überlege alles wohl und denke, ob es so nicht besser ist, als wenn wir dort wären. Muß man denn immer des Geldes willen oder wegen des lieben Mammons böse Tage sich verschaffen wollen. Glaubst Du denn in Wahrheit nicht, daß wir so glücklich leben können und uns mehr unseren Kindern widmen können.
Denkst Du denn nicht, daß es besser ist, Du bist nicht immer am Wein, mit Deiner Wunde am Kopfe. Hast Du denn nicht so viel Einsicht, daß Du sicher glauben kannst, ich wäre viel kränker und könnte vielleicht nicht mehr laufen, wenn ich noch mehr leisten müßte. Du mußt denken, daß jedes Jahr ein Kind, nimmt mir Kräfte, Gesundheit etc. lieber Georg, gib Dich doch zufrieden, danke Gott, daß Du gesunde Kinder hast und Gelegenheit Dir geboten ist, sie recht erziehen zu lassen. Sei zufrieden mit Deinem Los, Gott meint es gut mit Dir und wird dir in der Not immer nahe sein und habe lieb deine ewig treue Marie«

5. April 1873

»Mein lieber Georg,
bedeutend besser geht es heute mit Hermann als gestern, so daß Herr Doktor ihm erlaubt, morgen ein wenig aufzustehen. Hermann wird bis Herbst hierbleiben, denn Herr Geiler hält es nicht für recht

und wie er sagt, würde es Hermann um ein Jahr zurückbringen, sollte er jetzt aus dem Schuljahr treten. Soll Eugen ein Kaufmann werden, so haltet Herr Geiler die Höhere Bürger Schule für viel besser als das Lyzeum, weil er fremde Sprachen eher lernen soll als Latein.
Du hältst mir immer vor, ich sage Dir nicht, wie hoch der Vater die Bauveränderungen anschlage. Da es uns der Vater mit Bestimmtheit nicht sagen kann, die Bauveränderungen können auf 5.000 fl. zu stehen kommen … im übrigen brauchst Du nicht immer zu grübeln, denn wenn das Haus und die Veränderungen nur von meinem Vermögen bezahlt werden, und das Deinige stehen bleibt, und ich dennoch alles als wäre es von Dir betrachte, was willst Du dann mehr, und müßtest Du nicht auch zufrieden sein, wenn ich diese 30.000 fl. weniger gehabt hätte.
Somit haben wir miteinander eine Heimat und noch ein Vermögen von 20.000 fl. mit welchem wir nach Kräften und gutem Gewissen mitschaffen wollen. Das sage ich Dir rundweg, daß ich Dir keine Zeile mehr schreibe, kommst Du mir immer mit verrückt sein, saufen etc. Ich halte Dir nichts vor von dem, somit kannst Du zufrieden sein, und ich bin auch nicht verrückt, aber *ein Seelenleiden habe ich*, welches Du täglich mit Deinen Äußerungen frisch aufwühlst.
… während ich diese Zeilen schreibe, bin ich gewiß schon 20 Mal davongejagt worden. Wegen *Hermann* brauchst nicht in Angst zu sein, es wäre ja meiner Ansicht nach besser, der liebe Gott würde ihn zu sich nehmen. Es ist aber besser als gestern.
Herzlich grüßen wir dich, besonders Deine
treue Marie«

Es ist Ostersonntag, 13. April 1873

»Mein lieber Georg,
daß ich keine vergnügten Ostern habe, ist ganz begreiflich, denn wenn man immer und immer nur klagen und schimpfen hört, so stimmt mich das nicht fröhlich.

Ich halte es deshalb für das Beste, meinen Vater dazu zu bestimmen, daß er von jetzt an sich nicht mehr um unsere Sache bekümmern soll, da er ja doch keine Erkenntlichkeit von Dir für alle seine Bemühungen findet, denn es scheint, daß in Deinen Augen kein schlechterer Mensch existiert, als mein Vater ist. Zudem, wenn Du glaubst, billiger und mehr zu unserem Nutzen bauen zu können als unser Vater, welcher doch *bekannt ist als tüchtiger Baumeister*, so nimm Du Dich um alles an, ich glaube, daß Du Vater nur einen Gefallen damit tust, denn er ist jetzt 71 Jahre alt und reist nicht mehr so gern. Ich zweifle nicht, daß Dir Herr Eschbacher an die Hand gehen würde. Jedenfalls wirst Du auch überlegen, wie Du baust, daß es zum Nutzen für deine Kinder ist.

Ich wäre ganz zufrieden gewesen mit Vaters Bauplan, denn ich kaufe keinen Palast, eine verständige Hausfrau schaut auf das Bequeme, Nützliche und Wohnliche und hängt nicht an Prunkrollen.

Ich sage Dir offen, *daß ich den lieben Gott jeden Tag bitte, daß er mich so bald als möglich zu sich ruft*, damit ich erlöst werde und Du nicht mehr genötigt bist, mit meiner Familie Umgang pflegen zu müssen. Denn durch mich hört alles auf. Schwager Albert bringt morgen die Pläne. Du kannst meinethalber wieder die halbe Welt ausschimpfen, erkläre Dich bei ihm, daß Du Vater nicht mehr brauchst und handle nach Deinem Belieben.

Sowohl Du Alberts und Ernsts Freund bist, wirst Du auch die Deinigen finden. Wenn Du uns auch alle verdammst, so wird sich unser Herrgott um uns annehmen.

Bei allen Schmerzen, dennoch Deine treue
Marie

P. S. Es ist auch schon vielen aufgefallen, daß Du Deine Briefe an mich immer adressierst an: Marie Fentzling, anstatt Frau Fentzling, gerade wie man an Mägde schreibt, und ich habe mich bis heute nicht darüber beklagt.«

17. April 1873

»Mein lieber Georg,
... die Kinder sind gottlob alle wohlauf. Wie Du also schreibst, so wird die Wohnung Samstag geleert, somit werde ich am Samstag kommen können, wenn nicht, so erwarte ich von Dir wieder Bericht. Ich schicke Dir die Pläne zum Haus wieder mit der Bitte, sie so bald als möglich vorlegen zu wollen. Vater will vor hand abstehen einen Nebenbau zu machen, bis er wieder drunten war und mit den Herren gesprochen hat, damit er nicht immer unnötige Pläne macht und uns unnütze Kosten verursacht. Er ist ganz erbost daß man uns so viel Schwierigkeiten macht und uns immer größere Kosten bringt.
Wenn jetzt diese Woche Herr Walterspiel auszieht, so werde ich nächsten Sonntag mit Eugen kommen und dann wollen wir sehen, daß wir miteinander in Stand bringen, damit wir so bald wie möglich unsere Habseligkeiten hinunter schaffen können.«

Maria Rebecca ist am Ende. Sie kann und will nicht mehr. Der liebe Gott soll sich ihres Sohnes Hermann und ihrer erbarmen, sie heimholen.
Eine »Heimholung« ganz anderer Art geschieht im April 1873. Am Karfreitag vor elf Jahren hatte sie sich als »Sünderin« bezeichnet und sich im darauffolgenden Herbst, am 2. Oktober 1862, mit Georg Fentzling vermählt. Maria Rebecca Fentzling, geborene Pflüger, war auf dem »Pflug« in Schopfheim geblieben. Die Frischvermählten teilten sich kein eigenes Heim, der »Viehdoktor« war häufig unterwegs und fand in Freiburg Unterschlupf. Christine Rebecca und Bartlin Pflüger kümmerten sich um ihre Tochter und nahmen sich der immer größer werdenden Enkelschar an. Nach elf Jahren getrennter Haushalte zog Maria Rebecca mit ihren Kindern in der zweiten Aprilhälfte 1873 in ein gemeinsames Heim – ein neues Haus, das ihr die Eltern erbauten – in Freiburg, in der Adelhauser Straße,

Hausnummer 10, zwischen Schwabentor und Martinstor, großzügig hineingebaut in den Altstadtrand beim Gerbersteg, über den Gewerbekanal unweit der Gerberau und der Fischerau, gegenüber der Adelhauser Kirche, dem aus dunkelrotem Sandstein 1687 errichteten Neukloster und der Adelhauser Klosterschule. Maria Rebecca war hochschwanger. Sie erwartete ihr achtes Kind. Am 15. August 1873 kam Marie auf die Welt. Die Mutter war jetzt 36 Jahre alt – und Maries Geschwister?
Elisabeth war zwei Jahre alt, Frieda war vier, Emil sechs, Karl wird acht, Alfred neun und Eugen zehn. Hermann ist jetzt 14 Jahre alt.
Und dann kam am 7. Juni 1877 noch Otto – ihr neuntes Kind. Aus den neun Fenstern des ersten Stocks sahen sie auf den Kirchplatz mit dem langgestreckten Brunnen und dem Bächlein entlang der Adelhauser Straße. Der Name klang ihr vertraut, erinnerte sie an einen Ort selben Namens, auf dem Kamm des Dinkelbergs, im Süden der Hochrhein und nach Norden der weite Blick auf das vordere Wiesental zwischen Schopfheim und Lörrach, dort wo die Halbbrüder Bartlin und Markus Pflüger wirkten.

Freiburg, Adelhauser Straße 10

7. Kapitel
Katharsis

Man schreibt das Jahr 1879. Es ist Sommer. Maria Rebecca hatte sich entschlossen, in die französische Schweiz zu fahren, wo sie im Alter von 12 bis 15 eine unbeschwerte, glückliche Zeit erlebt hatte. Jetzt reist sie mit ihrem 15jährigen Sohn Eugen nach Lausanne, wo dieser Französisch-Unterricht nehmen soll. Kaum angekommen, sorgt sie sich um ihren Garten in Freiburg.

Lausanne, August 1879
»Mein lieber Georg und Kinder,
gestern Abend nach 6 sind wir glücklich nach einer ziemlich langweiligen Fahrt hier angekommen, denn es war so heiß und drückend in der Eisenbahn, daß es mir beinahe zum Umfallen war und den ganzen Tag war es uns nicht möglich, etwas Warmes in den Mund zu bekommen, da die Züge sich nirgends aufhielten. In Basel mußten wir uns gegen unseren Willen länger aufhalten, da Hermann etwas später ankam als wir und der erste Zug ins Welschland schon fort war.« Dann trägt sie auf, was im Haus und Garten zu machen ist: »Gib nur recht Sorg, daß Emil keine Haselnüß und Birnen vor der Zeit abreißt, damit wir bei unserer Heimkunft auch noch etwas finden, und besonders verbiete Emil fremde Buben in den Garten zu nehmen. Cousine Marie hat einen wunderschönen Garten, nichts als Blumen, aber sorgfältig gepflegt und niemand darf ihr etwas abreißen. Indem ich Euch alle herzlich grüße, bleibe ich Eure Euch von Herzen liebende
Marie«

Eugen fügt kurz und knapp hinzu: »Lieber Vater! Wir sind gesund und gefräß, denn wir bekommen nur dreimal des Tags etwas zu essen und das Arbeiten macht mir auch Appetit. Es grüßt Dich Dein bengelhafter Flegel
Eugen«

Maria Rebecca empfindet die Sommertage in Lausanne wie das Leben in einer anderen Zeit.

Lausanne, 25. August 1879

»Mein lieber Georg,
… Eugen und mir geht es auch gut. Jedenfalls machen wir tüchtige Fortschritte im Französischen. Eugen nimmt jeden Tag 1 und eine halbe Stunde Französisch bei einem Fräulein Brue, wohin ich ihn immer, auf sein Verlangen hin begleite, es schadet mir keineswegs an diesem Unterricht teilzunehmen …
Wenn du mir wieder schreibst, so sage mir, wann die Schulen wieder ihren Anfang nehmen, die von den Mädchen und die von Emil und von den übrigen Knaben im Lyzeum. Hoffentlich wird Anton wieder zurücksein und den Garten und Hof recht im Stande halten. Soeben kommen wir von einem Landgut, Eugen und ich waren von einem Herrn Lannets, den Leuten, wo Emma Krafft in Pension geht, zum goûter eingeladen und gestern waren wir auch auf einem Landgut, um meine frühere Lehrerin zu besuchen. Es sind lauter schöne Landhäuser um Lausanne und viele neue Straßen. Hättest Du Deinen Beruf hier und wir ein ordentliches Auskommen, würde ich mich keinen Augenblick besinnen, hier zu bleiben, denn für mich gibt es auf der Welt nicht Schöneres als den Genfersee, die schönen Gebirge und der schöne gestirnte Himmel über dem See. Auch Eugen gefällt es, aber er möchte jeden Tag Schiffle fahren, was ich jedoch nicht erlaube. Einmal bin ich mit ihm gefahren, auch hat Herr Vetter Eugen mit in den Circus genommen, welcher z. Zt. hier ist.
Emil soll nur brav Wörter lernen und Übersetzungen machen, denn sonst kann er seine Patin niemals besuchen. Auch soll er recht Sorg

zu den Kleidern haben und die alten mehr tragen. Elieseli und Marieli sollen auch fortfahren, recht hübsch zu lernen und alle drei Mina gehorchen, dann bringe ich ihnen etwas mit, was ihnen Freude machen wird, sonst nicht.
Wie geht es mit dem Reden beim kleinen Fritz? Gibt die Kuh noch Milch für euren Bedarf?
Indem ich alle Hausgenossen freundlich grüßen lasse, sagen Eugen und ich Dir und den Kindern die herzlichsten Grüße und bleiben Eure dankbaren
Marie et Eugène

… übrigens begreife ich nicht, was wir Dir jeden Tag zu schreiben hätten, da Du für alles, was Dich nichts angeht, gleichgültig zeigst. Ich, wo ich doch so gerne von den lieben Meinigen zu hören wünsche, erfahre nichts von Dir als eine Strafpredigt und bist Du wie immer der Ansicht, daß niemand anderes als Du seine Pflichten zu erfüllen im Stande sei. Doch Gott sei Dank, bei allem bleibt mir der gesunde Menschenverstand, das Vertrauen zu Gott, das Bewußtsein recht zu handeln und hauptsächlich die innere Überzeugung, daß mir unser lieber himmlischer Vater das Vergangene längst verziehen hat und mich sowohl als jeder andere Mensch, welcher sich besser dünkt als alle anderen, in sein Reich, wenn es Zeit ist, eingehen lassen wird. Zudem freut es mich zu sehen, wie mich Jedermann liebt, nicht wie Du, und sich freut, mich wieder zu sehen, so z. B. sagt mir eben Herr Pfarrer, sei hier ein alter, blinder Mann, der mich gerne wieder sehen möchte, da es jedoch nicht sein könne, er mich doch nur möchte sprechen können.«

Das Jahr darauf fährt Maria Rebecca, diesmal mit ihren Kindern Karl, Emil und Elies (Elisabeth), im August wieder nach Lausanne. Damit in der Zwischenzeit die Dinge bei ihrer Abwesenheit in Freiburg nicht liegen bleiben, gibt sie noch von dem Zwischenaufenthalt Schopfheim per Post detaillierte Anweisungen: »Eugen könnte etliche Karren voller Mist in den Garten fahren …, Frieda soll das Bohnen-

kraut ausziehen, den Grund von den Wurzeln abklopfen und zum Dörren aufhängen.« Und: »Hat Hermann das Hemd und die Socken geschickt?«
Man müsse sich auch um die Nußbäume auf der Bannmatt in Schopfheim kümmern. Ganz wie ihre Mutter, die überlegt, in Colmar Rebverkäufe zu tätigen, da der dortige Ertrag sich nicht rechne, oder die Kartoffeln in Weidenkörben, oben zugenäht mit einem Strohsack, an den Freiburger Haushalt verschickt.

Es ist die Rede »von guten wie von schlechten Tagen«, aber auch von Melonen, Gurken, Oleander und Hühnern im Freiburger Garten. Ganz bitter für Maria Rebecca war der Tod ihres zehnten Kindes: Louise starb bei der Geburt.
Tochter Marie steht vor ihrer Konfirmation. So schreibt ihr Großvater Bartlin Pflüger am 18. März 1888 zu diesem großen Tag: »Liebes Mariele und Tauf Gotte Kind, Dein Abdankbrief hat mir viel Freude gemacht, und ich hoffe, daß Du Deine Schuljahr nützlich zugebracht und tüchtig gelernt hast, welches Dir durchs ganze Leben zugut kommen wird. Ebenso hoffe ich, daß Du am nächsten Palmsonntag Dein Glaubensbekenntnis in wahrhaft christlichem, religiösen und duldsamen Sinn vor Gott und der christlichen Gemeinde ablegen wirst ... Mit diesem großen Tage trittst Du nun in einen anderen Lebensabschnitt, aus dem Kinde in das Jungfrau-Alter und darin werden auch neue Pflichten und andere Lebensansprüche an Dich herantreten, deren Erfüllung Dir leichter werden, wenn Du bei allen Handlungen immer die Heiligkeit dieses Tages und Deines Gelöbnisses sowie den Rat und die Ermahnung Deiner lieben Eltern im Aug behältst und befolgst.
Nun wäre ich gerne selbst zu Deiner Confirmation gekommen, allein die Krankheit der lieben Großmutter erlaubt es nicht und ohne diese würde es für meine 86 Jahre beschwerlich sein. Deswegen freue ich mich auf Deine Hierherkunft mit Deiner lieben Mutter nach der

Confirmation und dann wollen wir aber recht fröhlich sein. Herzliche Grüße an alle
Dein getreuer Großvater B. Pflüger«

Knapp drei Monate später, am 5. Juni 1888, stirbt Christine Rebecca geb. Krafft, Frau des Bartlin Pflüger und Mutter Maria Rebeccas. Tags darauf schreibt deren Tochter Liesel aus Freiburg nach Schopfheim: »Liebe Mutter, nun weilt unser liebes und gutes Großmutterle nicht mehr unter uns. Ich kann es fast gar nicht glauben, daß es uns schon verlassen hat. Bitte, liebes Mutterlie, gräme Dich nicht so sehr, es mußte eben sein. Der liebe Gott hat es ja zu sich genommen, um es von seinem Leiden zu erlösen. Wir hatten es ja alle sehr gern, wie Du weißt. Wir alle müssen uns trösten, es steht in unserem Herzen als ein liebes und braves Großmutterlie. Hätte ich nur noch einmal kommen dürfen, aber wer wußte es ... Bitte gib Großmutterchen noch einen Kuß von mir, Liesel.«
Mutter, Liesel und Marie lösen sich ab, um in Schopfheim den Großvater nicht allein zu lassen. So berichtet Liesel am 3. April 1889 nach Freiburg: »Unserem lieben Großvater geht es ein wenig besser, wenigstens gestern war es so, heute kann er sich nicht gerade loben. Wie geht's bei Euch? Wohl noch im alten Schlendrian? Brüllen und Kommandieren haben noch nicht aufgehört? Komm nur bald, hier ist's ruhig, liebes Mütterlie. Der liebe Großvater schickt Euch noch einige Froschschenkel und Laib Brot.«
Und dann ist plötzlich vom »Fritz« die Rede – Fritz Heidenreich. Elisabeth (»Liesel«) möchte es nicht, »daß noch jemand mehr von unserem Geheimnis weiß und er würde es auch nicht lieb haben« – außer ihre Mutter, die in den Postverkehr eingeweiht wird.

Wer ist »Liesels« Fritz?

Als Sohn des Jakob Friedrich Heidenreich und der Anna Maria Grether erblickte er am 3. Januar 1868 in Müllheim, im Markgräflerland, das Licht der Welt. Seine Mutter stammt aus dem Wiesental, ihr Bruder Carl Grether ist seit geraumer Zeit Bürgermeister in Schopfheim. Ernst Friedrich hatte von Ostern 1874 bis Herbst 1877 die Volksschule in Müllheim besucht, anschließend bis Herbst 1881 die dortige Höhere Bürgerschule und wechselte dann auf die Höhere

Ernst Friedrich Heidenreich   Ernest Grether

Bürgerschule in Schopfheim (1881 bis Ostern 1883). Dann folgte die Ausbildung auf der Gewerbeschule im elsässischen Mühlhausen (Ostern 1883 bis Herbst 1884), die er mit dem Einjährigen-Examen absolvierte. Der eine Bruder seiner Mutter war also Carl, der Schopfheimer Bürgermeister, der andere, Ernst, war nach England gegangen und hatte in Manchester eine Fabrikation für Textilmaschinen aufgebaut – »Ernest Grether & Co.«. Dorthin holte Onkel Ernst

sein Patenkind Ernst Friedrich, der gerade 16 Jahre alt war. Ernst Friedrich arbeitete dort von 1884 bis Anfang 1887, um dann als Einjähriger-Freiwilliger in Freiburg den Militärdienst abzuleisten. Danach ließ er sich in Hausen im Wiesental Ende 1887 bei der Kammgarn-Spinnerei anstellen. In dieser Zeit lernte er Fräulein Elisabeth Fentzling kennen. Der Einundzwanzigjährige mit England-Erfahrung machte Eindruck auf das »Liesel«. Bald zog es ihn wieder nach England, um seinem Onkel auszuhelfen. »Heute Mittag kam Herr Heidenreich zu uns, um uns Adieu zu sagen«, schreibt Liesels Mutter, Maria Rebecca Fentzling, an ihre Tochter Marie.
Die beiden Frischverliebten (Fritz und Liesel) schreiben sich oft. So weiß am 18. November 1889 Liesel ihrer Mutter zu berichten: »Nun wirst Du wohl wieder denken, nun muß sie wieder vom Schatz schreiben, aber mir ist es auch ein Bedürfnis, mit Dir über dieses zu sprechen. Warum soll denn ein Kind nicht zu seinem lieben Mutterlie über das, was demselben so lieb und teuer zum Herzen steht, nicht plaudern dürfen. Schon lange ist es ja her, daß ich etwas zu Dir vom lieben Fritz sagte und seither ist schon viel anders geworden. Mein herzlieber Schatz ist jetzt nicht mehr in Fairfield, sondern in Manchester selbst. Dort geht er in eine Maschinenfabrik, arbeitet mit wie ein Mechaniker. Am Abend besucht er Vorlesungen über Weberei und Spinnerei und muß auch Muster über verschiedene Art von Tüchern zeichnen. Er ist so fleißig, er möchte eben viel lernen. Auch im Briefschreiben kann er noch so lieb tun wie immer; s'ist eben halt mein lieber Fritzli. Heute schickte er mir ein hübsches Büchlein zum Namenstag. Oh, ich wüßte Dir noch so viel zu schreiben; nur das eine kann ich Dir sagen, daß wir uns immer noch so lieb haben wie früher. Sage es nur dem zukünftigen Tante Bäbele, unsere Liebe bewähre sich und wir hätten uns gar zu lieb ... Für heute will ich endigen, sei herzlich gegrüßt und geküßt und behalte lieb Deine dankbare Liesel«

Die »neue M.«

Maria Rebecca schmerzt der Tod ihrer Mutter, nun hat sie ihren Vater zu pflegen. Sie tut das gerne, Elternliebe erwidern. Sie freut sich, im Schopfheimer Elternhaus zu sein, frei von ihrem Georg. Die Kinder sind alle erwachsen, streben einer nach dem anderen aus dem Haus. Noch gibt ihr kranker Vater ihr die Kraft, um ihr gekränktes Selbstbewußtsein aufzufüllen, gibt ihr verlorengegangenen Stolz zurück, jemand zu sein – eine geborene Pflüger, Tochter des Bartlin Pflüger und seiner Frau Christine Rebecca, geborene Krafft ... Nach Jahren des Undanks, den sie erfahren mußte, schreibt sie am 8. Dezember 1889 von Schopfheim aus an ihren Mann nach Freiburg, was sie denkt, was sie bedrückt, was sie jahrelang gedemütigt und heruntergeschluckt hat. Jetzt sagt sie es, kann es sagen. Es waren Jahre einer Erniedrigung. Nach Wochen, in denen sie durch eine Katharsis ging, die Vergänglichkeit vor Augen, erlebt sie die Befreiung von diesen Zwängen, erlebt sie sich als »neu«. 30 Jahre nach der Geburt ihres unehelichen Kindes entschloß sie sich, nicht mehr in tiefer Schuld zu stehen und ewig als »Sünderin« zu büßen.

Georg Fentzling

Maria Rebecca

Schopfheim, 8. Dezember 1889

»Lieber Georg!
Da ich mit meinen Handarbeiten vollauf zu schaffen habe, so darf ich womöglich an den Werktagen nicht an das Schreiben denken, deshalb wartete ich mit dem Antworten auf Deinen Brief bis auf heute. Alfred ist nun zu Hause und ich hoffe, daß er neben der Reinigung seines Kopfes Deine schriftlichen Arbeiten ausführen kann.

Es ist nun, den Hausbewohnern, sowie den Nachbarn, nicht unangenehm nach ihm, Frau Räuber hatte das »Bhüt Dich Gott« gar zu gern noch einmal spielen von ihm gehört, auch Großvater hat ihm mit Freuden zugehört und bei seinen argen Schmerzen hat ihn die Musik erheitert. So fragt er mich zuweilen auch: spielt Marie auf dem Klavier? Wenn ich nun auch einmal könnte spielen hören. Der alte Mann hat doch auch noch Sinn für das Schöne und nicht nur, daß er gerne Musik hört, er bringt auch noch ein Opfer, ohne aber davon zu erwähnen, denn er hat mit 30 Mk. Maries Klavierstunden bezahlt. Auch Alfred und Eugen hat er beschenkt, Alfred hat sein Geld in die Sparkasse gelegt, und Eugen wird beim Militär schon Verwendung dafür gefunden haben.

Ich habe meiner Ansicht nach noch mehr für Karl und alle getan, als nur Geld hergeben, ich habe sie alle unter dem Herzen getragen, und Schmerzen, Entbehrung, schlaflose Nächte, Kummer, Krankheit, bis zum höchsten Grade, Blutarmut, Magen und Nervenschwächen gehabt. Das ist, was ich meine, das ist eben alles Nichts. Doch der liebe Gott hat mich wieder gestärkt, und kann ich mit erneuten Kräften meinen Pflichten nachkommen und habe das große Glück, in dem der liebe Gott gesunde, kräftige, vernünftige Kinder geschenkt hat, welche mich in den häuslichen Geschäften unterstützen, daß ich voll Vertrauen auf sie im Stande bin, meinen alten kranken Vater und Mutter zu pflegen; dadurch vergelte ich ihnen all ihre Liebe und Mühe für mich und die Meinigen.

Emil weiß nicht viel zu schreiben, denn er schuldet uns Antwort. Sei so gut und sage den Kindern, was der Fasan gekostet hat, Großvater ißt kein Geflügel nicht gerne; auch danke für Cognac, wir haben Cognac genug.

Maria Rebecca am Fenster

Mit herzlichen Grüßen von Hermann, seiner Frau und Deiner neuen M.«

Ihr »Hermännle« hatte nämlich die vier Jahre jüngere Marie Kießling geheiratet. Am letzten Tag des Jahres 1889 stirbt Bartlin Pflüger zum Pflug, der Vater der Maria Rebecca Fentzling, geb. Pflüger. Spätestens jetzt war Maria Rebecca kein Kind mehr. Fast ein ganzes Jahrhundert hatte der Vater durchlebt (von 1802 bis 1889).

Mit dem Großherzog auf Schmalspur unter Volldampf durch das hintere Wiesental

Im Sommer 1872 war Maria Rebecca wieder zur Erholung in Bad Antogast. Von dort hat sie ihrem Mann Georg geschrieben, dessen Frage »in Schopfheim Bleiben oder Wegziehen« sollten sie besser mündlich miteinander bereden. Im selben Brief fügt sie an: »Was hört man von der Zeller Bahn sprechen?«

Bislang endete die 1862 fertiggestellte Wiesentalbahn in Schopfheim. Die Waren für Gewerbe und Fabriken im hinteren Wiesental mußten auf Pferdefuhrwerken weitertransportiert werden. Die Regierung wurde bereits seit langem bedrängt, eine Konzession für den Weiterbau der 7,2 Kilometer langen Strecke von Schopfheim bis Zell zu erteilen. Dies geschah am 13. November 1872. Fast vier Jahre dauerte es noch, bis am 5. Februar 1876 der Bahnbetrieb durchgehend von Basel bis Zell aufgenommen werden konnte. Auch diese Strecke ging auf die Initiative der 1858 begründeten Interessengemeinschaft aus Banken, Wirtschaft und Politik zurück, deren Gründungskomitee Markus Pflüger angehörte. Er blieb Vorstand dieser ersten privaten Bahngesellschaft in Baden, bis dann 1889 die 27,2 Kilometer lange Wiesentalbahn von Basel bis Zell in Staatseigentum überging. Nun ging es um die weitere Erschließung des Wiesentals durch eine Bahnstrecke – »die Erbauung einer Lokalbahn von Zell i. W. nach Todtnau«.

Im Februar 1884 bittet das »Komitee der Dampfstraßenbahn Zell-Todtnau« die Großherzogliche Regierung um »Ertheilung der Conzession zur Erbauung einer Straßenbahn mit Dampfbetrieb von Zell nach Todtnau, und um eine Subvention derselben«. Darin heißt es:

> »Über die Nothwendigkeit des beabsichtigten Unternehmens wollen wir uns nicht weiter verbreiten, da wir wohl mit Bestimmtheit annehmen dürfen, daß Jeder, der die Verhältnisse des hinteren Wiesenthals nur halbwegs kennt, sich der Einsicht nicht verschließen kann, daß unsere abgeschlossene Gegend, welche die meisten Lebensbedürfnisse von auswärts zu beziehen genöthigt ist, mit der Welt in nähere Verbindung gebracht werden muß.
>
> Auch ist es für unsere regsame, die Hauptnahrungsquelle der Bevölkerung bildende Industrie geradezu eine Lebensfrage, eine bessere und billigere Verkehrsgelegenheit zu erhalten, da sie auf die Dauer die erdrückende Konkurrenz seitens günstiger situierter Gegenden nicht auszuhalten vermag.«

Der Schienenstrang soll als 75 Zentimeter Spurweite, also als Schmalspurbahn, entlang der Wiese gebaut werden und 18,27 Kilometer Streckenlänge messen.

Am 12. Mai 1886 wird das »Gesetz, die Erbauung einer Lokalbahn von Zell i. W. nach Todtnau betreffend« im »Gesetzesblatt für das Großherzogtum Baden« verkündet. Nach 18 Monaten Bauzeit wird am 6. Juli 1889 die neue Bahnlinie in Anwesenheit des Großherzogs Friedrich I. feierlich eingeweiht – Volksfeststimmung im hinteren Wiesental für die Klein- und Nebenbahn Zell – Todtnau. Hier an der Endstation erwarteten den hohen Gast Festjungfrauen sowie paradierende Feuerwehr und der Veteranenverein vor Ort. Die Fahrt auf der Schmalspurbahn durch das immer enger werdende Tal der

Wiese, hinter der feuerspeienden, den Himmel verfinsternden Dampflok und durch Tunnels mußte für Hoheit beklemmend gewesen sein. Eine Erinnerung an ganz andere Züge, wie damals der »Heckerzug« mit seinen Freischaren – eine Fahrt wie durch ein Höllental ... Für eine der 34 Fabriken im Wiesental bedeutete dieser Tag besonders viel.

Spinnerei Atzenbach

Für den seit Mitte des Jahrhunderts arbeitenden Spinnereibetrieb wurde in Atzenbach, der ersten Bahnstation, am Ortseingang (von Zell kommend) eine separate Gleisanlage abgezweigt. Dieses Anschlußgleis bedeutete wirtschaftlich den Anschluß an die Welt: Die Kohle konnte jetzt mit den aufgebockten Waggons der Normalspur auf Schmalspurgleisen über eine Werkskanalbrücke und über eine Schienen-Drehscheibe direkt beim Kesselhaus der Fabrik abgeladen – oder die angelieferte Rohware über ein weiteres Gleis, am Spinnereihochbau vorbei, zur Rohwarenhalle transportiert werden. Bis jetzt mußten Fuhrwerke die großen Baumwollballen aus Amerika oder Ostindien laden und hierher verfrachten, auch die neuen Teile der Spinnmaschinen aus dem englischen Manchester, Dampfmaschinenteile aus dem schweizerischen Winterthur oder Baumaterial für die Fabrikerweiterung und für Häuserbauten von Arbeiterwohnungen. Um 1882 weist die Berufsstatistik des Betriebes 223 männliche und 232 weibliche Arbeiter auf, dazu 24 in Heimarbeit tätige Frauen.
Die »Spinnerei Atzenbach«, wie sie seit 1855 benannt wird, war weit über ein halbes Jahrhundert ein Familienunternehmen geblieben – seit jener Gründung durch Ernst Friedrich Gottschalk, Fabrikant und Politiker, und dessen Schwager Carl Wilhelm Grether, dem 1803 geborenen, ältesten Sohn des Bürgermeisters von Lörrach und Landtagsabgeordneten Johann Georg Grether. Nach dem frühen Tod Ernst Friedrich Gottschalks im Jahr 1851 teilten sich seine beiden Töchter Ernestine und Maria als Gesellschafterinnen das väterliche

Industrie-Erbe. Da Ernestine ehelos blieb und Maria 1857 den Schopfheimer Bürgersohn Carl Majer geheiratet hatte, trat dieser in die Geschäftsführung ein. Nach dem Tod seiner Frau Maria und nach dem Ausscheiden des Mitbegründers Carl Wilhelm Grether 1875 firmierte das Familienunternehmen »Gottschalk & Grether« jetzt mit »Gottschalk & Majer«. Als dann dieser Carl Majer-Gottschalk im Jahr 1885 zurücktrat, wurde bald sein Sohn Ernst alleiniger Geschäftsführer. Seit 1889 war er mit Alice Kym verheiratet.

Am 14. November 1890 war Firmengründer Carl Wilhelm Grether in Schopfheim gestorben. Bis zu seinem Tod hatte er prozentual die meisten Anteile. Da Carl Wilhelm Grethers Frau die Schwester von Ernst Friedrich Gottschalk war, stand noch immer dessen Kapital. Grethers einzige Tochter Elisabeth war mit Ernst Friedrich Krafft verheiratet. Über sie gingen Grethers Anteile an ihre Kinder Alfred und Carl Krafft sowie an Anna Kym, geborene Krafft.

Mit der Reichsgründung 1871 waren sowohl die Wahlkreise für die Wahlen für den Badischen Landtag wie für den Reichstag neu bestimmt worden. Bei den Wahlen für den Badischen Landtag war Markus Pflüger Kandidat der Liberalen für den Wahlkreis Lörrach-Land. Er schaffte auf Anhieb den Sprung in das Abgeordnetenhaus in Karlsruhe. Jetzt war er doch über Staufen hinausgekommen.

8. Kapitel
»Marx« und der Professor aus Basel

Die Einheit Deutschlands kam ganz anders als es sich die 48er vorgestellt hatten. Sie kam nicht von Herzen, sondern mit Macht und Gewalt, mit »Eisen und Blut«. Statt einer Freiheit, die wichtiger war als eine Einheit, erzwang Bismarck unter Preußens Führung eine Einheit, die wichtiger war als Freiheit – das deutsche Reich. Statt schwarz-rot-gold sah man schwarz-weiß und rot. Bismarcks Reich war nicht Pflügers Welt. So wie er dachten viele im liberal denkenden Baden. Wie aber hier gelebten Liberalismus in dem neuen Nationalstaat begründen? An Bismarck schieden sich die Geister. Das war beim Sonntagsschopen in den Dorfwirtschaften landauf, landab zu spüren. Markus Pflüger jedenfalls schien ganz der Alte geblieben zu sein. Als 1870 der Deutsch-Französische Krieg drohte, der Rhein zur Front wurde, und die elsässisch-badische Nachbarschaft bedroht war, kommt der Kommunalpolitiker aus Lörrach auf eine ungewöhnliche Idee: Er lädt Bürgermeister aus dem Elsaß und aus Baden nach Basel ein, um auf neutralem Boden zu beraten, wie man angesichts der gereizten Kriegsstimmung miteinander umgeht; man solle in unsicher werdenden Zeiten diesseits und jenseits des Rheins alles tun, um Überfälle und Ausfälle zu vermeiden.

Mit seinem alten Freund aus der 48er-Zeit, Friedrich Rottra (1821–1903), »Anker«-Wirt in Kirchen und inzwischen Abgeordneter im Badischen Landtag, organisierte Markus Pflüger im selben Jahr eine Bürgerwehr aus 2.000 Freiwilligen, um entlang des Rheins die Grenze vor unkalkulierbaren Überfällen zu sichern – eine Wacht am Oberrhein. Die beiden aufständischen Bürgerwehr-Kameraden von Staufen sichern jetzt die badische und die deutsche Grenze. Aus eigenem Erleben hatte Rottra schon damals die Grundstimmung beim Gefecht in Staufen am 24. September 1848 geschildert; bis 1871 hielt diese an: »Es hieß damals immer: ›Wir stehen mit Gut und Blut für unsere Sache, die republikanische, ein! Doch um eine Republik zu gründen, muß man auch Republikaner haben‹. Wie wenig republikanisch die ganze Struvesche Freiheits-Armee war, hat der erste Zusammenstoß bei Staufen bewiesen, wo beim ersten Kanonenschuß die Hälfte davongelaufen ist. Ich hatte ihnen oft gesagt: ›Laßt mir doch die Republik aus dem Spiele, Kaiser und Reich soll unsere Devise sein, die Republik kann später kommen.‹«

Die erzwungene Einheit wurde freudig von den meisten begrüßt. Wichtiger aber als die Fassade des neuen Reiches war manchem Altliberalen dessen Inneneinrichtung – die Verfassungsmäßigkeit und ein freiheitlicher Aufbau.

Einer der Stammgäste in der »Hirschen«-Wirtschaft – Jakob Burckhardt

Der »Hirschen« war das erste Haus am Platz und seine Gaststube der gesellschaftliche, kulturelle und politische Mittelpunkt des Orts. Am Stammtisch in der Wirtsstube im Erdgeschoß, mit hölzerner

»Hirschen« von außen

Markus Pflüger und Johanna Pflüger, geb. Müller

Säule in der Mitte, beim Ofen mit der Ofenbank, der »Chunscht« und dem Schanktisch trafen sich Ärzte, Fabrikanten, Beamte – die Honoratioren der Kreisstadt im Dreiländereck. Sie riefen ihren »Hirschen«-Wirt nicht »Herr Pflüger« oder gar »Markus«, sondern freundschaftlich »Marx«. Einer der Stammgäste war Friedrich von Preen (1823–1894), der von der großherzoglichen Regierung nach Lörrach bestellte Oberamtmann. Seit etwa 1860 kommt aus Basel ein Gast, den seine Wanderungen oft durch das Markgräflerland führen. Er sei, scherzte dieser einmal, eigentlich ein schlechter Schweizer Bürger, weil er das in der Schweiz verdiente Geld für Speis und Trank so liebend gern im benachbarten Großherzogtum Baden ausgebe. Dieser Gast ist der große Schweizer Kultur- und Kunsthistoriker Jakob Burckhardt (1818–1897). Sein Werk »Die Kultur der Renaissance in Italien«, 1860 erschienen, machte ihn weltberühmt, ebenso seine »Griechische Kulturgeschichte« oder die »Weltgeschichtlichen Betrachtungen«. Dieser Universalprofessor an der Universität Basel betrachtet sich gern als »badischen Hauptbummler«. Ob Grenzach, Rötteln, Ötlingen, Kirchen oder der Blick vom Tüllinger-Berg ins Wiesental und ins Rheintal, Burckhardt sehnt sich nach diesen Plätzen, ob er sich zu kunstgeschichtlichen Studien in München, Mailand, Florenz, London oder eben in Basel aufhält. Er schwärmt gerade an klassischen Plätzen der europäischen Kunstgeschichte von diesem für ihn einzigartigen Markgräflerland, von seinen Wirtschaften, wo er die Mehlsuppe schätzt und das »Hockenbleiben bei einem vernünftigen Glase Wein« – besonders im »Hirschen«, wenn er neben Friedrich von Preen »auf einem langen und gemütlichen Diskurs« auch den »Hirschen«-Wirt Markus Pflüger antrifft.

Am Stammtisch sitzt auch oft der in Lörrach praktizierende Arzt Dr. Eduard Kaiser (1813-1903), der einen häufig noch so mühsamen weiten Weg zu seinen Patienten in umliegende Dörfer nicht scheut. Er kennt seine Lörracher aus alten Tagen, beobachtet eher aus ablehnender Distanz die Männer, die 1848 die Revolution ins Wiesental brachten und im Markgräflerland scheiterten. Er selbst sah sich in jenen Septembertagen 1848 auf dem Lörracher Marktplatz vom Pöbel verspottet. Seine Zeitungsartikel (vor allem sein »Wiesental-Artikel« in der »Karlsruher Zeitung«) und seine Reden waren beachtliche Analysen gesellschaftlicher und politischer Vorgänge.

Im Herbst 1849 war er, wenn auch mit knapper Mehrheit, im zweiten Wahlgang zum Abgeordneten in den Badischen Landtag gewählt worden. Die erste Sitzungsperiode, die im März 1850 eröffnet worden war und bis in den November dauerte, blieb seine einzige.

Dr. Kaiser war am 8. September 1851 nach Riehen geritten, als man nach dem Arzt schickte. »Posthalter Pflüger warf sich auf seinen Rappen, mir die Botschaft zu bringen; vor Riehen traf er mich«, schreibt Kaiser in seinen Lebenserinnerungen. Es war die Nachricht vom Tod seiner Frau. »Das Wehklagen vor meinem Haus verkündete mir, was über mich hereingebrochen, noch ehe ich das Sterbezimmer betrat.« Mit 38 Jahren war Dr. Kaiser Witwer geworden. Noch zwei Jahre zuvor hatte sie ihre Hochzeitsreise nach Frankfurt geführt, in die Paulskirche, wo sie der Wiesentaler Abgeordnete Ernst Friedrich Gottschalk hatte beglückwünschen können.

Jacob Burckhardt läßt sich von Pflüger und Kaiser darüber aufklären, was alles zusammenpassen muß, damit ein guter Weinjahrgang zustande kommt, damit die »Qualität kein Rachenputzer wird«, so der

Gast aus Basel. »Das ist für mich als badischen Hauptbummler, der ja allen Weindörfern entlang patrouilliert, eine Lebensfrage«, versichert er. »Denn wenn nichts gewachsen ist, fangen die Leute an zu mischeln, wie wir es in den bösen Weinjahren nach 1850 schon einmal mit Schrecken erlebt haben.« In diesen fünfziger Jahren genießt die Stammtischrunde die Qualität des Markgräfler Weins, von dem Burckhardt überzeugt ist, daß »noch nichts Besseres erfunden« worden sei. Da kann ihm Pflüger nur beipflichten und verweist auf seinen eigenen Weinberg in Grenzach am Hang unter dem Hornfelsen, dem Grenzacher »Hörnli«, aber auch auf die Mühen, die das Ausbessern der Stützmauern der Terrassen immer wieder erfordert. »Hirzenberg« heißt diese erlesene Gemarkung, zum Grund des »Hirschen« gehörend. So kann er seinen Gästen eigenen reinen Wein aus eigenem Anbau einschenken.

Aus dem hinteren Teil des Gastraumes schaut »s'Lieseli« mit Genugtuung auf die vertraute Runde am Stammtisch. So erfährt sie manches, worum ihr Sohn sonst kein Aufhebens macht, von neuen Kreisstraßen, vom Bau einer Kreispflegeanstalt in Wiechs über Schopfheim, von der Gründung einer Kreishypothekenbank (1868) in Lörrach und eines Salzwerks in Wyhlen. Natürlich reden sie auch über Politik, die in Berlin, in Wien, in Karlsruhe und in Lörrach gemacht wird – der Amtmann mit dem Landarzt, der Landarzt mit dem Professor, der Professor mit dem »Hirschen«-Wirt und der »Hirschen«-Wirt mit dem Amtmann. Manchmal, im Winter, fahren ganze Equipagen vor, Pferdeschlitten mit »Basler Herren«, die hier absteigen, um einen geselligen Abend in der Markgräfler Wirtsstube zu verbringen. Einer dieser Basler am Stammtisch war auch der an der Universität lehrende Philosoph Friedrich Nietzsche (1844–1900). Er schätzte die Gespräche mit dem Posthalter.

Mitte der 1860er Jahre wurde der Lörracher Oberamtmann Friedrich von Preen nach Karlsruhe versetzt. In der badischen Regierungshauptstadt war er zum Geheimen Oberregierungsrat befördert worden. Dieser Weggang war allgemein bedauert worden, besonders auch von Jacob Burckhardt. Fortan korrespondierte der Schweizer Professor mit der badischen Amtsperson. Jacob Burckhardt äußert sein »herzliches Mitleid, daß der Adressat in der reizlosen Umgebung Bruchsals« leben muß, wo es doch hierzulande »in den letzten Tagen himmlisch schön war«. Da man im Alemannischen für »Hirsch« Hirz sagt, griff der Professor auf das lateinische »Cervus« zurück. »Nun lassen Sie sich Ihre gute Stimmung nicht rauben und bleiben Sie gesund. Ändern im Großen können wir nichts; tätig verfahren ist besser als zu leiden, und zwischenhinein gibt es hie und da einen guten Spaß. Wenn ich heute nach Lörrach hinauspilgern sollte, so will ich ad cervum Ihrer fromm gedenken und mich auf Ihr Hierherkommen im Herbst freuen.«

Was sich aus der Sicht des Schweizer Historikers »im Deutschen« drüben Monströses aufbauschte, betrübt diesen demokratisch-weltoffen gesinnten Mann, wenn er an Silvester 1870 in die Zukunft blickt: »Bestelle Dein Haus«, rät er von Preen, »das ist das Weiseste, was wir alle tun können, in ganz Mitteleuropa. Es wird anders, als es gewesen ist.«

18 Tage später wird mitten im besetzten Frankreich, in Versailles, in der Residenz der französischen Könige, das deutsche Kaiserreich proklamiert. Es oblag dem Großherzog von Baden, den preußischen König im Spiegelsaal zum deutschen Kaiser auszurufen. Dessen Tochter war bereits badische Landesmutter.

Mit 50 Jahren in den Badischen Landtag ...

Auch im »Hirschen« wird es anders, als es gewesen ist. Am 19. Februar 1871 starb im Alter von 69 Jahren Elisabeth Pflüger, geb. Senn, die Mutter von Markus Pflüger – das »Lieseli«, seit fast einem halben Jahrhundert der gute Geist des »Hirschen«, war nicht mehr. Gedrängt von vielen und aus eigener Prüfung war Markus Pflüger entschlossen, mit seinen 50 Jahren in die Politik zu gehen. Zunächst hatte er sich ja 1871 als Kandidat der Nationalliberalen Partei im

Wahlkreis Lörrach-Land für den Badischen Landtag aufstellen lassen. Mit großer Mehrheit siegte er über seinen Konkurrenten von der Zentrumspartei. Mit diesem Wählerauftrag, ausgestattet mit einem Vertrauensbonus auch in weiteren Landtagswahlen, nahm er seine Tätigkeit als Volksvertreter in Karlsruhe wahr – bis 1884. Diese Aufgabe scheint Markus Pflüger sehr vereinnahmt zu haben, denn der ebenso in der badischen Metropole tätige Geheime Oberregierungsrat Friedrich von Preen vom »Hirschen«-Stammtisch bekommt den Abgeordneten aus Lörrach kaum zu Gesicht, weil dieser ständig zwischen Karlsruhe und Basel pendeln mußte. So munkelte man in Pflügers »Wahlheimat«, er würde den »Hirschen« aufgeben. Jakob Burckhardt informiert von Preen über derlei Gerüchte:
»Hoffentlich kommen Sie wieder einmal ins Oberland, und bald müßten Sie kommen, wenn Marcus noch den ›Hirschen‹ haben soll. Ich fürchte, er schlägt doch einmal los.«
Im März 1872 hat Pflüger den »Hirschen« jedenfalls noch nicht los, berichtet Burckhardt in gekonntem »Lokal«-Patriotismus: »Nun kommen Sie bald in unsere Gaue! solange Marcus den ›Hirschen‹ hat, denn ich fürchte, unsere dortigen guten Tage nur noch so lange dauern, bis man einen Käufer hat.«
Markus Pflüger verkauft seinen »Hirschen« nicht, im Oktober 1872 verpachtet er ihn an Gustav Jockerst. Noch im selben Monat informiert Burckhardt den Geheimen Oberregierungsrat von Preen von den Veränderungen in Lörrach: »Vorgestern war ich ad cervum, wo Kaiser viel von einem Brief von Ihnen sprach. Die Frau Posthalterin verjüngt sich jetzt förmlich, da in vierzehn Tagen ihre Mühe und Arbeit aufhören soll.« Und er fügt nachdenklich hinzu: »Freilich mit den Jahren werden am Ende auch wir ausbleiben, und: ›isch's Gottswill, so sterbe mer alli!‹ sagte Hebel.«
Pflüger hat wohl eine gute Wahl getroffen, weiß Burckhardt am Silvestertag 1872 an Preen zu berichten: »Der ›Cervus‹ machte mir neulich einen elegischen Eindruck. Der neue Beständer und seine Frau sind charmante Leute, die Bewirtung wie unter Pflüger …«, er merkt an-

gesichts einer Entrümpelungsaktion aber doch an: »Wie schön es wäre, wenn der untere Saal wieder zum Futtergang, aber zu einem vollgepfropften Futtergang einschrumpfte, wissen Sie, wie in jenen Zeiten, da man an besuchten Abenden den Tabakdampf mit dem Messer schneiden konnte.« Im Frühjahr 1873 zieht es Burckhardt wieder über die Grenze. Von seinem Osterspaziergang schreibt er Preen: »Ostermontag auf Tüllingen war von sublimer Schönheit! Natürlich machte ›Cervus‹ in Lörrach und ein heiterer Diskurs mit Dr. Kaiser den Beschluß; an Frische und Mutwillen ist er noch ganz der Alte.«

... und dann in den Deutschen Reichstag

Neben seinem Abgeordnetensitz im Badischen Landtag in Karlsruhe strebte Markus Pflüger jetzt auch einen Abgeordnetensitz im Deutschen Reichstag in Berlin an. Wieder tritt er für die Nationalliberale Partei an – im Wahlkreis, der Lörrach und Müllheim umfaßt. Und wieder gewinnt er die Wahl. Markus Pflüger ist jetzt MdR und vertritt im Hohen Haus in Berlin das Markgräflerland. Sowohl in Karlsruhe als auch in Berlin erhält er einen Sitz im wichtigen Haushaltsausschuß – in der Budget-Kommission. Über seine Eindrücke im ersten parlamentarischen Jahr in Berlin schreibt er seiner Frau am 9. Dezember 1874: »Ich freue mich unendlich, wieder heimkommen zu können. Ich glaube, ich hielte es nicht mehr lange hier aus. Die Zustände hier sind nicht derart, daß sie einem Manne von meiner politischen Haltung große Befriedigung schaffen könnten. Überall stößt man auf die niedrigste Servilität. Eine große Menge erfaßt jede Gelegenheit, sich der Regierung dienstbar zu machen, und zwar auf die unterwürfigste Weise. Alles Ankämpfen ist umsonst. Gott schaffe hier Wandel, meine Kräfte sind zu schwach.«
Es gab im Reichstag viel zu tun. Die inneren Strukturen des neuen Reiches mußten erst definiert, die Reichseinheit im Innern erst verfaßt und die Rechtseinheit erst geschaffen werden, etwa durch das Bürgerliche Gesetzbuch, dann mußte die Wirtschaftseinheit gere-

gelt werden: Wie soll eine Währungspolitik aussehen, freier Warenverkehr oder Schutzzollpolitik? Welche Rechte nehmen sich die Länder? Alles Fragen, die einen Liberalen herausfordern mußten – angesichts einer durch Bismarck personalisierten Dominanz Preußens. Das, was Bismarck sich und den anderen vorstellte, war alles andere als die Durchführung der Forderungen von 1848 und 1849. Trotz aller geschaffener Rechtssicherheit wies die Politik des Kanzlers Bismarck antidemokratische Züge auf, was Jahr für Jahr deutlicher wurde – der Kulturkampf, der Kampf gegen die katholische Kirche, die Sozialistengesetze.

Markus Pflüger war kein Sozialist und kein Katholik, aber auch kein Bismarck-Verehrer. Immer mehr sah er sich als dessen Gegner. Bei der nächsten Reichstagswahl 1878 würdigten die Wähler des Wahlkreises Lörrach-Müllheim sein Auftreten in Berlin. Er konnte seinen Stimmenvorsprung noch weiter ausbauen. Als Jacob Burckhardt den Abgeordneten Markus Pflüger einmal wieder trifft – es war im Jahr 1876 – fällt ihm auf, »daß Pflüger sich in seinem Wesen merkwürdig gleich bleibe, nur sich um etliche Grade verfeinert habe«.

Das, was Markus Pflüger umtreibt, vertraut er seiner Frau an. Am 10. März 1881 schreibt er ihr: »Wo werden wir noch hintreiben, wenn das Volk bei den nächsten Wahlen nicht ein ›Bis hierher und nicht weiter‹ ausspricht. Beharrt es bei seiner bisherigen Bismarck-Anbetung, so sind die Würfel über die Zukunft des deutschen Volkes für die nächsten 50 Jahre geworfen und nur große Erschütterungen, vor welchen uns der liebe Gott bewahren möge, könnten hier Wandel schaffen.«

Das Dilemma der Liberalen

Dieses »Bis hierher und nicht weiter« empfahl Markus Pflüger ganz besonders seiner Partei der »Nationalliberalen«. Er forderte von seiner Partei, in der er als Linksaußen galt, eine klare und harte Oppositionsrolle gegenüber Bismarck. Deren Lavieren und Jonglieren nötigte

Pflüger 1879 auf 1880, mit dem linken Flügel aus der Partei auszutreten. Aus dieser »Sezession« bildete sich die »liberale Vereinigung«. Unermüdlich versuchte Pflüger in den folgenden Jahren, besonnene Liberale zu einer einheitlichen Partei zusammenzubringen. 1884 fusionierte die »liberale Vereinigung« mit der linksliberalen »Fortschrittspartei« zur »Deutschen Freisinnigen-Partei«, von der sich dann die »Nationalliberale Partei« in ihrem Heidelberger Programm (1884) abschottete und ihren konservativen Kurs verstärkte. Der Spaltpilz innerhalb der liberalen Bewegung führte zur Ohnmacht des Liberalismus. Darunter litt Markus Pflüger. 1881 schreibt er Johanna Magdalena: »Der Tag, an welchem auch offiziell ein Zusammenschluß der liberalen Fraktion stattfinden wird, soll zu meinen schönsten Erinnerungen im politischen Leben gehören.«
Die Nationalliberale Parteiführung zahlte es den Abtrünnigen bei der nächsten Wahl heim, Hetzkampagnen auf diese »Sezessionisten« sollten deren Wahlchancen zunichte machen. Die populäre politische Figur im Markgräflerland sollte demontiert werden. Der Kulturhistoriker Jacob Burckhardt konnte aus nächster Nähe beobachten, wie man mit Markus verfahren wollte. Burckhardt berichtet am 17. April 1881, daß für die nächste Reichstagswahl für den Wahlkreis Lörrach-Müllheim nicht Pflüger, sondern ein Parteimann aus Efringen »postiert« werde. Am 10. Oktober 1881 verdeutlicht Burckhardt das Dilemma der Liberalen im Südbadischen: »Wegen der Reichstagswahl sind die Liberalen allmählig im badischen Land in Sorgen, weil bei den Landtagswahlen Alles so hinterfür gegangen und sogar an vielen Orten der Ultramontanismus wieder Meister geworden ist. Doch kann wenigstens in unserm nächsten Wahlbezirk nur von einem Liberalen, sei es Daible von Efringen oder unser Freund Pflüger, die Rede sein.«
Dann, am 19. November 1881, kann Jacob Burckhardt berichten: »Im Badischen ist Marcus Pflüger für den Reichstag gewählt mit enormer Majorität über den nationalliberalen Daible zu Efringen und dann noch mit einer Majorität wie 3 zu 2 über einen Ultramontanen. Somit hat

nun die Aufregung ein Ende und das Oberland weiß anjetzo woran es ist, soweit überhaupt heut zu Tage Leute wissen, woran sie sind.«
Die Nationalliberalen hatten nicht nur den aus ihrer Sicht »Linksaußen« aus ihren Reihen verloren, sondern auch ihren sicheren Wahlkreis im Markgräflerland. Die Wähler honorierten seine klare Position. Markus Pflüger konnte trotz des Parteiaustritts und Wechsels zur »liberalen Vereinigung« noch zulegen. Der Abgeordnete des badischen Oberlands in Karlsruhe und in Berlin war nicht ein Mann großer Reden und gespreizter Auftritte. Er kümmerte sich um die im Land und im Reich zu lösenden Probleme, die den Tagesordnungen der Hohen Häuser zu entnehmen und in den Zeitungen zu lesen waren. Er war im Plenum präsent, weniger am Rednerpult. Pflügers Stärke war seine Arbeit in den Ausschüssen, vor allem im Haushaltsausschuß, wo er seinen ganzen Einsatz, auch für seinen Wahlkreis, sowohl in Berlin als auch in Karlsruhe einbringen konnte.
Es kam dann doch vor, daß seine Frau ihm schrieb, wann er denn gedächte, mal wieder nach Hause zu kommen. Er versuchte, ihr darauf eine Antwort zu geben, warum er in Berlin gebraucht werde: »Denn so alle Tage sitzen und mit größter Aufmerksamkeit zuhören, ist keine Kleinigkeit. Hier wird gegenüber dem Landtag in Karlsruhe mit Dampf gearbeitet.«
Johanna Magdalena hörte aus seinen Briefen und Worten Namen von Reichstagskollegen wie von Bennigsen, Lasker oder Richter. Er erzählte von Theaterbesuchen, erst kürzlich hätte er die große Darstellerin Klara Ziegler bewundern können, in der Oper sei er gewesen – Lohengrin, dann die Walküre, Richards Wagners Werke habe er genossen, auch der Zirkus Renz sei schön gewesen oder der Ausflug zur Hasenheide … Johanna Magdalena kannte Berlin nur aus seinen Schilderungen. Liebend gern hätte sie ihren Mann dort mal besucht, sich für die Großstadt herausgeputzt, sich fein gemacht mit dem »Letsch«, der Markgräflertracht.
Das aber war das Problem, das Jakob Burckhardt erkannte: »Der Posthalter hat seine Frau noch immer nicht nach Berlin mitgenommen,

auch zwar unter ausdrücklicher Angabe des Grundes: Sie mag nicht für die Zeit auf den Letsch (Anmerkung: die Flügelhaube der Markgräfler-Tracht) verzichten, zu Berlin aber auf der Straße damit zu erscheinen, wäre beim Frevelmut der dortigen sogenannten Menschen bedenklich.« So beschäftigt MdR Pflüger seine Frau in Lörrach damit, für einen anderen MdR ein 60-Liter-Faß Markgräfler-Wein spedizieren zu lassen, äußert noch angesichts der Mühe, die diese Besorgung macht, ob sich diese überhaupt lohne, denn dieser Kollege sei aus Norddeutschland und dort seien »diese Herren an süßere schwerere Weine gewöhnt«.

Auch bei der Reichstagswahl 1884 ging es im Wahlkreis Lörrach-Müllheim wieder hoch her, weiß Jacob Burckhardt am 19. Dezember rückblickend an Preen zu berichten: »Über die Zeit der Pflügerschen Wahl hätten Sie im Oberland sein sollen!« Es muß eine Propagandaschlacht gewesen sein: »Die Wirtstische lagen voll von Zetteln, zum Teil in Versen ...« Dann kamen die Wahlen zum Badischen Landtag. Wieder kandidierte Markus Pflüger im Wahlkreis Lörrach-Land. Hier im engen Wiesental waren die Liberalen im Gegensatz zum weltoffenen Markgräflerland konservativ geblieben, die politische Parteiarbeit der »Nationalliberalen« in Karlsruhe war den Badenern näher als eine Berliner Parteizentrale, man »schwätzte« dieselbe Sprache und schwärzte die abtrünnigen »Freisinnigen« an. Manch ein nationalliberaler Freund sagte sich von ihm los und argumentierte im Wahlkampf gegen ihn. Das eben in Baden verabschiedete »Heidelberger Programm« tat seine Wirkung: Markus Pflüger verlor die Wahl, seinen Wahlkreis Lörrach-Land und sein Abgeordneten-Mandat. Dem 1885 zusammengetretenen Badischen Landtag in Karlsruhe gehörte er nicht mehr an. Dann, zwei Jahre später – bei der Reichstagswahl 1887 –, verlor Markus Pflüger auch seinen Sitz im Deutschen Reichstag, das Mandat ging an den nationalliberalen Kandidaten.

Die Familie Pflüger hatte gut daran getan, ihren »Hirschen« während der Abgeordnetenzeit zu verpachten. Und dieser Pachtvertrag auf

10 Jahre (1872–1882) war jetzt abgelaufen. Markus und Johanna Magdalena übten wieder die Schlüsselgewalt aus. Jetzt konnten sie auch wieder unmittelbar Gewinn aus ihrem Unternehmen ziehen – das war auch sinnvoll, denn es gab ja keine Diäten, weder vom Landtag noch vom Reichstag. Ein Abgeordneter mußte seinen politischen Einsatz aus der eigenen Tasche zahlen. Und jetzt – bar jeden Mandats – war es gut, den »Hirschen« zu haben. Eigenartig dabei war nur: Zu der Zeit, zu der sein »Hannele«, wie Markus Pflüger seine Frau nannte, während der Verpachtung des »Hirschen« Zeit gehabt hätte, Berlin kennenzulernen, hatte er, der Abgeordnete, keine Zeit. Und jetzt, wo er Zeit gehabt hätte, konnte sie nicht, weil sie sich um die Wirtschaft kümmern mußte. Markus Pflüger sah sich erst mal gründlich im eigenen Haus und Hof um, dort wo gekocht, gebacken, geschlachtet, geputzt wurde, in den Ställen, in den Gastzimmern und in der Gaststube, und kam zu dem Entschluß, daß die Zeit reif sei für einen Umbau und Ausbau des »Hirschen«.

1884 war Markus Pflüger 60 Jahre alt. Sein Vater hatte zuletzt 1826 auf 1827 das Anwesen, so wie es jetzt dastand, im damaligen Weinbrenner-Stil umgebaut und erweitert. Davon kündet noch bis heute die Jahreszahl 1827 auf dem Brunnen davor. Jetzt, so fand er, war es sinnvoll, nachdem nicht mehr der Posthalter, sondern die Wiesentalbahn Frachtgut und Personen transportierte, sein eigenes Wirtschaftsunternehmen der Zeit anzupassen.

Umbau im »Hirschen«

Zusammen mit seinem Architekten ließ er dort, wo bisher der »kleine Saal« zur Turmstraße war, einen dreistöckigen Erweiterungsbau für zusätzliche Gästezimmer, dem Weinbrenner-Stil angeglichen, hochziehen, mit großen Mansardenfenstern im Dachgeschoß. Da Markus Pflüger für seinen Weinanbau in Grenzach zur Lagerung der Weinfässer einen geräumigen Keller brauchte, baute er darüber in den Hof hinein einen großen zweistöckigen Anbau. So entstand der »Große Hirschensaal« und wo dieser Große sich bisher befand – zur Tumringer Straße hin, kam jetzt der »Kleine Hirschensaal« hin. Nun war das Haus bestellt – es sollte auch für die nächste Generation Bestand haben. Man würde aber Markus Pflüger schlecht kennen, wenn man glaubt, er würde sich jetzt aufs Altenteil zurückziehen und an seine Söhne Hermann oder Emil übergeben. Nein, Markus Pflüger hatte die mandatslose Zeit genutzt, um die »Freisinnigen« parteipolitisch zu positionieren. Nachdem sie vor allem in Norddeutschland eine große Anhängerschaft gefunden hatten, gründete Markus Pflüger mit Gleichgesinnten die Partei der »Freisinnigen« in Baden. Er, der sich stets als linker Liberaler sah, hatte seine parteipolitische Heimat gefunden – im Kampf gegen Bismarcks rigorose Politik. Markus Pflüger sah sich stets als Bismarcks Gegner. »Sozialistengesetze« und »Kulturkampf« konnte er nicht einfach hinnehmen. Dafür war Pflüger bereit, auch mit seinen Gegnern von früher, dem Zentrum, zusammenzuarbeiten. Enttäuscht über die Abwahl zuerst im Wahlkreis Lörrach-Land aus dem Badischen Landtag und im Wahlkreis Lörrach-Müllheim aus dem Deutschen Reichstag kandidierte Markus Pflüger in der badischen Metropole, im Wahlkreis Karlsruhe-Durlach, für die »Freisinnigen« und besiegte in einer Stichwahl seinen Gegenkandidaten, den Parteivorsitzenden der »Nationalliberalen« in Baden.

Markus Pflüger, MdL und MdR

Welch ein Triumph! Pflüger wurde auch von Wählern des Zentrums unterstützt, nachdem die Zentrumspartei die Aufstellung ihres Kandidaten zurückgezogen hatte. Diese politische Sensation wurde in Lörrach verschämt aufgenommen. Der Beobachter der politischen Biographie des Markus Pflüger, der

Basler Professor Jacob Burckhardt, hatte seinem Freund schon früh attestiert, daß »dessen geistiges Streben über den Horizont seiner Durchschnittskollegen hinausging«.

Der »badische Hauptbummler« aus Basel mußte kürzer treten. Seine Wanderungen über die Grenze ins Badische waren seltener geworden. Seit drei Jahren (seit 1887) war er nicht mehr im »Hirschen« gewesen. Am 25. März 1890 kommentiert er in einem Brief an den alten Adressaten Preen die Rückkehr Pflügers auf Berlins politische Bühne und prophezeit ihm »ein kurzes letztes Aufflammen in Reichstagsausschüssen, und bald hernach wird es alle sein«.

Und so schreibt das alte und neue Mitglied des Reichstags wieder Briefe aus Berlin nach Lörrach und fragt besorgt seine Frau, wie sie ohne ihn zurechtkäme und wie es um Haus und Hof stünde ... Jacob Burckhardt hatte schon vor Jahren vermerkt, »daß Pflüger sich merkwürdig gleich bleibe« ... Der Kulturhistoriker behielt recht: 1897 kandidierte dieses alemannische Schlitzohr zusätzlich zu seinem Mandat in Berlin erneut für den Badischen Landtag, diesmal nicht mehr in Lörrach-Land, sondern im Wahlkreis Lörrach-Stadt, und wurde gewählt. Die neue Sitzungsperiode durfte er als Alterspräsident eröffnen. Markus Pflüger war bereits klar, daß er 1898 bei der nächsten Reichstagswahl, nach erneuten acht Jahren Abgeordnetentätigkeit in Berlin, nicht wieder antreten würde. So blieb er nach insgesamt 21 Jahren Zugehörigkeit zum Deutschen Reichstag eben Mitglied des Badischen Landtags und das war er ja 1897 auch schon 13 Jahre lang.

Knapp 5 Monate nachdem Jacob Burckhardt Pflügers »kurzes letztes Aufflammen« in Berliner Ausschüssen diagnostizierte, starb der Basler Gelehrte nach seinen vielen Spaziergängen durch die badische Nachbarschaft und nach anstrengenden Wanderungen durch die großen Epochen europäischer Geschichte am 8. August 1897 im Alter von fast 80 Jahren.

9. Kapitel
Die Zeit von außen besehen

Vor der Budget-Kommission des Preußischen Abgeordnetenhauses hatte sich der 1862 zum preußischen Ministerpräsidenten ernannte Otto von Bismarck unmißverständlich ausgedrückt: »Nicht durch Reden und Majoritätsbeschlüsse werden die großen Fragen der Zeit entschieden, das ist der Fehler von 1848 und 1849, sondern durch Eisen und Blut.« Die Einigung Deutschlands war nicht – wie 1848 und 1849 erstrebt – von unten, sondern von oben gelöst worden – durch Bismarck und durch die Macht des preußischen Staates. In diesem deutschen Nationalstaat sahen auch die Liberalen, besonders die Nationalliberalen, die Voraussetzung, daß ihre Verfassungsziele, wie Freiheit und Recht, Verfassungswirklichkeit werden konnten. In Kreisen des Bürgertums hieß es damals: »Lieber Ordnung als Freiheit«, als ob Freiheit unordentlich sei. So also nahm man Zuflucht beim ersten, der die Einheit schuf, und damit den ersten Reichskanzler mehr als in Kauf.

Der Milliarden-Geldsegen aus den Kriegsentschädigungen, die Frankreich an das Deutsche Reich zu zahlen hatte, führte zu einem spürbaren Wirtschaftsaufschwung in Deutschland. In dieser Zeit schnellte die Zahl der Firmengründungen – meist Aktiengesellschaften – nach oben. Mit den Aktieneinlagen ging man an die Börse, spekulierte, und erhoffte sich wahre Wunder von der boomenden deutschen Wirtschaft. Am Ende dieser kurzen »Gründerzeit« stand 1873 der Börsenkrach. Fabriken machten bankrott, ihre Arbeiter standen auf der Straße und streikten. Der Export der Waren mit dem Aufdruck »Made in Germany« ging zurück, der ausländische Markt konnte seine Ware, vor allem die Produkte der englischen Stahl- und

Baumwollindustrie, auf dem deutschen Markt erfolgreich absetzen. Die aus einer solchen Wirtschaftskrise sich möglicherweise ergebenden ökonomischen und innenpolitischen Probleme des Bismarckreiches waren jedoch hauptsächlich hausgemacht.

»Marx« & Wilhelm

Die Nationalliberalen, die stärkste Fraktion im Reichstag, hatten nicht nur Bismarcks Einigungswerk unterstützt, sondern auch dessen 1873 begonnenen »Kulturkampf« gegen den Einfluß der katholischen Kirche in Staat und Gesellschaft. Daß der Staat seine Zuschüsse an die Kirche strich und ihr öffentliche Bildungskompetenz entzog, entsprang auch liberalem Denken, weniger jedoch die wachsende Verfolgung katholischer Priester, die sich staatlichen Maßnahmen widersetzt hatten. Anschläge auf die Glaubensfreiheit, auf die Freiheit des Denkens und Freiheitsentzug verletzten letztendlich aber auch Prinzipien der Liberalen. Dies jedoch war nicht der alleinige Grund, weshalb Bismarck schließlich den »Kulturkampf« einstellte und weshalb die Nationalliberalen auf Distanz zum Reichsgründer gegangen waren.

Dennoch stimmten sie nach einigem Zögern auch Bismarcks »Sozialistengesetzen«, die 1878 den »Kulturkampf«-Schauplatz ablösten, zu – diesem »Gesetz gegen die gemeingefährlichen Bestrebungen der Sozialdemokratie.« Es blieb bis 1890 in Kraft. Diese restriktive, weite Teile der Gesellschaft ausgrenzende Bismarcksche Politik rieb die bislang staatstragenden Liberalen innerlich auf, auch wenn sie sich weder als Streiter für die Sache der katholischen Kirche noch der Industriearbeiter verstanden. Die Nationalliberalen waren bis 1878 Regierungspartei geblieben. Jetzt, 1878, konnte Bismarck es sich leisten, auf diese nationalliberale Majorisierung zu verzichten, vor allem auf deren linken Flügel unter Eduard Lasker. Bismarck mußte zur Kenntnis nehmen, daß auch für die Nationalliberalen die nationale Einheit nicht gänzlich die Erfüllung deutschen Seins mit sich gebracht hatte. Dem Reichskanzler ging es darum, das entscheidende Grundsatzprogramm liberaler Wirtschaftsordnung in Frage zu stellen.

Die damals gängige liberale Wirtschaftstheorie entsprach der Lehre des britischen Nationalökonomen Adam Smith (1723–1790). Er gilt als Begründer der klassischen Nationalökonomie, betrachtete menschliche Arbeit und Arbeitsteilung als Quelle des Wohlstands und trat für einen freien Welthandel ein. Das 19. Jahrhundert prägte für diesen wirtschaftlichen Liberalismus den Begriff »Manchestertum«; dieser stand für schrankenlosen Freihandel und gegen wirtschafts- und sozialpolitische Eingriffe des Staates.

Für diese Freihandelspolitik waren die Nationalliberalen stets eingetreten; auch Bismarck war dieser Wirtschaftspolitik zugeneigt, bis er sich von ihr abwandte: Statt europäischem Freihandel gegenüber offen zu sein, grenzte er das Deutsche Reich vom freien Warenmarkt ab und griff zu dem Mittel der Schutzzölle: Ausländische Produkte wurden mit Zöllen belegt, um die eigene Wirtschaft zu schützen, mit dem Ziel, diese zu beleben. Dieser Kurswechsel hatte die Partei der »Nationalliberalen« in eine schwere Krise und schließlich zu einer Spaltung geführt. 1880 hatte der linke Flügel, die »Sezessionisten«, geführt von Eduard Lasker, die nationalliberale Partei verlassen und die »liberale Vereinigung« gegründet, die sich schließlich 1884 mit der »Deutschen Fortschrittspartei« zusammengeschlossen hatte und dann »Deutsche Freisinnige Partei« hieß. Sie wurde bald eine der stärksten Parteien im Bismarck-Reich. 1894 folgte dann die Spaltung der »Deutschen Freisinnigen Partei« in die »Freisinnige Vereinigung«, in der sich hauptsächlich ehemalige 1880er »Sezessionisten« wiederfanden, und in die »Freisinnige Volkspartei«, die von Eugen Richter angeführt wurde.

Der Ruf nach Schutzzöllen hatte den politischen Alltag bestimmt und zu einer neuen politischen Konstellation geführt, auf die sich von nun an Bismarck im Reichstag stützen konnte. Es war das Bündnis der Großindustriellen und der Großagrarier. In diesem wirtschaftlichen Interessenbündnis sammelten sich die verbliebenen, eher rechtsorientierten »Nationalliberalen«. Bismarck nutzte diese neue Parteiengruppierung, um sich konservativer Mehrheiten im Reichstag zu vergewissern. Diese Einschmelzung aber läutete das Ende der politischen Gestaltungskraft des liberalen Bürgertums ein.

Der Zusammenschluß der liberalen Fraktionen wäre das schönste Ereignis in seinem politischen Leben, hatte Markus Pflüger 1881 seiner Frau von Berlin nach Lörrach geschrieben. Wie Bismarck die liberalen Parteien und diese sich selbst aufrieben, darunter hatte er sehr gelitten. Bismarcks Taktik suchte seine politischen Opfer in der ihm fremden bürgerlichen liberalen Mitte und in der ihm noch fremderen Linken. Der preußische Junker zeigte schon 1848/49 seinen Haß auf die Sozialisten. Jetzt schimpfte er sie »vaterlandslose Gesellen«. Parteien zu spalten und Parteien zu verbieten, das befriedigte des Reichskanzlers Machtgefühl.

Warum also »Marx« und Wilhelm?

Es handelt sich um zwei Mitglieder des Deutschen Reichstags, deren politische Persönlichkeitsprofile zwar auseinanderliegen, aber doch nicht ganz untypisch für die Verlaufsmuster parlamentarischer Lebensläufe im Bismarckreich und in der deutschen Parteiengeschichte sind: Markus Pflüger, Jahrgang 1824, der Abgeordnete aus den Wahlkreisen Lörrach-Müllheim und später Karlsruhe-Bruchsal, und Wilhelm Liebknecht, Jahrgang 1826, Abgeordneter aus den Wahlkreisen Stollberg und später aus Berlins 6. Wahlkreis.

Wilhelm Liebknecht, der in Gießen Geborene, stammt aus einer Gelehrten- und Beamtenfamilie. Nach dem Studium der Theologie und Philosophie ging er 1847 als Lehrer in die Schweiz, beteiligte sich an der Vorbereitung der Revolution in Baden, nahm teil an der entscheidenden Zusammenkunft im »Weißen Kreuz« in Basel am Vorabend des Beginns der zweiten Revolution, als Struve am 21. September 1848 in Lörrach die deutsche Republik ausgerufen hatte. Nach dem Gefecht in Staufen, als dieser zweite revolutionäre Anlauf gescheitert war, entkommt Liebknecht nach einer Gefangenschaft in Freiburg in die Schweiz. Während Pflüger bald in seine badische Heimat zurückgehen kann, geht Liebknecht nach England, wo er sich mit Marx und Engels befreundet. Liebknecht kam es darauf an, die marxistische Internationale Arbeiter-Assoziation und den sich organisierenden »Allgemeinen Deutschen Arbeiterverein« zu einer Einigung zu führen. Doch angesichts der ständigen Diskussionen zwischen »Marxisten« und sogenannten »Revisionisten« äußerte Liebknecht seine Zweifel: »Es wäre das größte Unglück für die Bewegung, wenn einmal die Theoretiker ihre Politik bestimmen sollten.« Im August 1862 kehrte er nach Deutschland zurück und wurde Redakteur des politischen Organs »Der Sozialdemokrat«. 1869 gründet er in Eisenach mit August Bebel die »Sozialdemokratische Arbeiterpartei«. Wegen Hochverrats wurde er 1872 zusammen mit seinem Parteigenossen Bebel zu zweijähriger Festungshaft verurteilt. Noch während er den Rest seiner Haftzeit verbüßte, wurde Liebknecht im Januar 1874 im Wahlkreis Stollberg in den Deutschen Reichstag gewählt. Seit der Parteigründung in Eisenach leitete Liebknecht das Parteiorgan »Der Volksstaat«, das bald in »Vorwärts« umbenannt wurde. Diese Parteizeitung leitete und redigierte er bis zu deren Unterdrückung 1878 und seiner eigenen Ausweisung 1881 auf Grund der Sozialistengesetze. Erst gegen Ende deren Handhabung kehrte er 1888, im 6. Berliner Wahlkreis gewählt, in den Reichstag zurück.

Es waren verschiedene verschlungene Wege, um ausgehend von den revolutionären Vorgängen 1848/49 in Baden politisches Terrain zu betreten und in Berlin anzukommen. Der deutsche Lehrer in der Schweiz und der »Hirschen«-Wirt aus Lörrach – seit 1874 saßen Liebknecht und Pflüger gemeinsam im Deutschen Reichstag bis zum Ende des Jahrhunderts.
Wilhelm Liebknecht starb im Jahr 1900. In seinen Lebenserinnerungen eines Markgräflers notiert der Lörracher Arzt Dr. Eduard Kaiser:

»Die Sozialistenversammlungen und Streiks in unserer Stadt, die große Verbreitung des ›Volksstaates‹ von Liebknecht in unserem Tale, das Hervortreten der Sozialisten bei den Reichstagswahlen und die Empfindlichkeit der Fabrikherren für dieses neue elektrische Fluidum in der Gesellschaft gestatten kein Verschweigen dieser Erscheinung.«
Und diese Erscheinung rückte immer näher, denn nach Gründung der Internationalen 1865 in London schaut die Weltöffentlichkeit in die Schweiz – nach Genf, wo 1866 der erste Kongreß der Internationalen stattfand, das Jahr darauf in Lausanne und 1869 in Basel. Das »neue Fluidum« elektrisiert damals auch die Grenzbevölkerung, stellt der Mann von Pflügers »Hirschen«-Stammtisch fest: »Größere Arbeiterversammlungen wurden gleichfalls nur zwei durch die Internationale in Szene gesetzt, verliefen übrigens ohne Störung oder Beunruhigung der übrigen Bevölkerung. Im Gegenteil war zu bemerken, daß die tausende von Versammelten des vierten Standes auch nicht einen einzigen Betrunkenen unter sich hatten und keinerlei Rohheit an den Tag trat. Die Teilnahme der Arbeiterinnen und ihr Eifer für die Sache der Internationale erinnerte an die ganz gleiche Frauenbegeisterung für die politische Bewegung der Jahre 1848 und 1849. Außerhalb Lörrach wurde keine öffentliche Sozialistenversammlung auf badischem Boden in unserem Fabriktal weiter abgehalten, wohl aber in Basel und in Riehen!«
Pflügers »Hirschen« war und blieb über Jahrzehnte ein Ort für bürgerliche Parteiversammlungen und Wahlveranstaltungen. In Berlin machte Bismarck Politik, in Lörrach die demokratische Basis.

Marx & Engels

Nach dem Fall von Rastatt, nach dem 23. Juli 1849, hatten sich kleine Gruppen des ehemals 12.000 zählenden Aufständischenkorps über die Berge des Schwarzwalds durchgeschlagen, um sich in die Schweiz zu retten. So auch August Willich und sein Adjutant Friedrich Engels. Im Seekreis, bei Lottstetten, hatten sie Schweizer Boden betreten.

Von dort waren sie weiter in die französische Schweiz gezogen. Engels fand in Vevey, dann in Morges Quartier, später, im August, eine Wohnung in Lausanne. In Genf traf er Wilhelm Liebknecht. Ende des Monats erreichte Engels ein Brief aus London: Karl Marx forderte ihn auf, nach England zu kommen. Mitte September 1849 machte sich Engels auf den Weg und erreichte über Turin die ligurische Küste. In Genua bestieg er ein Schiff, das ihn nach einer langwierigen Seereise nach England brachte. Am 10. November traf er in London ein und fand dort neben Karl Marx auch August Willich wieder.

Der am 28. November 1820 in Barmen geborene Fabrikantensohn Friedrich Engels wurde zu Hause »Fritz« genannt. Nach dem Besuch des Gymnasiums Elberfeld machte er dann in einem Bremer Handelshaus eine kaufmännische Lehre. Sein Vater führte das Barmener Textilunternehmen »Engels & Co.«. Da er spürte, daß die Gesetze des Marktes in England diktiert wurden, nahm er zu dem in Manchester ansässigen Textilunternehmen »Ermen & Co.« Kontakt auf. Diese Verbindung könnte eine Tür zum englischen Markt öffnen. Der Unternehmer wollte sich deshalb vor Ort erkunden und nahm im Jahr 1838 Fritz auf seiner Reise nach Manchester mit. Aus dem Geschäftskontakt wurde eine Geschäftspartnerschaft – die Firma in Manchester hieß jetzt »Ermen & Engels« und eine im Bergischen Land 1841 gegründete Baumwollspinnerei nannte sich ebenso. Friedrich Engels reiste 1842 ein zweites Mal nach Manchester, er soll dort Assistent der Geschäftsleitung werden. (Auf der Reise dorthin hatte er am 16. Oktober 1842 in Köln den Chefredakteur der »Rheinischen Zeitung«, Karl Marx, kennengelernt.) Seit dem 1. Dezember 1842 arbeitet sich Friedrich Engels im Kontor der Firma Ermen & Engels in den Newmarket Buildings in seine Aufgaben ein – als Mann vor Ort und als Sohn des Unternehmers aus Barmen. Knapp zwei Jahre lang ging Friedrich Engels in der Baumwollspinnerei aus und ein – bis es ihn nach Paris zog, wo er am 23. August 1844 eintraf, Kontakt zu Karl Marx aufnahm und auch Georg Herwegh traf. Für sie begannen jetzt die vorrevolutionären Zeiten. Als Engels aus dem Exil in der Schweiz nach London gerufen wurde und im November 1849 eingetroffen war, begannen Marx und Engels den »Bund der Kommunisten« zu organisieren und europaweit auszudehnen.

Da Friedrichs Vater derlei Umtriebe ungern sah, schickte er seinen Sohn wieder nach Manchester, wo er im Juni 1851 fest in die Firma Ermen & Engels als Corresponding Clerk eintritt und bald zum General Assistant mit Jahreseinkommen und Gewinnbeteiligung von 5, dann von $7^1/_2$ Prozent avanciert. Bis 1859 kann Friedrich Engels sein Jahreseinkommen von zunächst 100 auf 1.078 Pfund aufbessern. Um 10 Uhr morgens betritt er sein Comptoir und »schanzt« täglich bis etwa 8 Uhr abends. Seine Stadtwohnung, 6, Thorncliff Grove, nutzt er von 1858 bis 1864 auch als Geschäftsadresse.

Karl Marx weiß die finanzielle Unterstützung eines Freundes zu schätzen, meist im Frühjahr kommt er obendrein für mehrere Wochen regelmäßig nach Manchester und wohnt bei Engels. Wie sein Geschäftspartner Ermen besucht auch Engels den Albert Club unter der Schirmherrschaft Alberts, des Prinzgemahls der Queen Victoria. Engels verkehrt 1851 auch im musischen Club Athenäum und nutzt gerne die Bibliothek der 1860 gegründeten Schilleranstalt, in deren Direktorium er 1864 aufgenommen und 1870 wiedergewählt wird. Im Juni 1864 wird Engels Teilhaber der Firma Ermen & Engels. Das Geschäftskapital weist 1864 50.000 Pfund auf. Er verpflichtet sich vertraglich bis zum 30. Juni 1870, diese Geschäftsverantwortung wahrzunehmen. (Ermen & Engels wird in dieser Partnerschaft als Firmenname 1875 gelöscht, der Name Ermen bleibt in einer neuen Partnerschaft noch bis 1912 bestehen.)

*

»Ermen & Engels, Baumwollspinner und Hersteller von Zwirn- und Nähgarn in Manchester« ist 1841 eine von 185 Baumwollspinnereien und Webereien in Manchester. Wichtige Erfindungen hatten den Weg in das Industriezeitalter gewiesen: 1767 konstruierte J. Hargreaves eine mechanische Spinnmaschine, (»the spinning jenny«), Richard Arkwright entwickelte 1769 die maschinell angetriebene Flügelspinnmaschine, Samuel Crompton 1779 die »Mule«, Edmund Cartwright baute 1785 den ersten mechanischen Webstuhl und J.-M. Jacquard erfand 1805 eine Webmaschine, deren Webtechnik durch ein Lochkartensystem gesteuert wurde. In den Fabriksälen herrschten hohe Temperaturen (für die Herstellung des Fadens erforderlich), und großer Lärm, der die dort arbeitenden Menschen fast taub machte.

Friedrich Engels hatte durch den elterlichen Betrieb in Barmen von Haus aus einen geschärften Blick für die Arbeitswelt. In Manchester saß er seine Zeit nicht im Kontor ab, er sah sich um in dieser Stadt, die für ihn mehr war als ein Labortest des Fortschritts. Was er beobachtet und an Eindrücken gesammelt hatte, schrieb er auf. Im Mai 1845 erschien das Ergebnis seiner Analyse im Verlag Wigand in Leipzig: »Die Lage der arbeitenden Klasse in England«: »In Lancashire, und namentlich in Manchester, findet die Industrie des britischen Reichs wie ihren Ausgangspunkt, so ihr Zentrum; die Börse von Manchester ist das Thermometer für alle Schwankungen des industriellen Verkehrs, die moderne Kunst der Fabrikation hat in Manchester ihre Vollendung erreicht. In der Baumwollenindustrie von Süd-Lancashire erscheint die Benutzung der Elementarkräfte, die Verdrängung der Handarbeit durch Maschinerie (besonders im mechanischen Webstuhl und der Self-Actor-Mule) und die Teilung der Arbeit auf ihrer höchsten Spitze, und wenn wir in diesen drei Elementen das Charakteristische der modernen Industrie erkannten, so müssen wir gestehen, daß auch in ihnen die Baumwollenverarbeitung allen übrigen Industriezweigen von Anfang an bis jetzt vorausgeblieben ist. Zu gleicher Zeit indes mußten hier auch die Folgen der modernen Industrie für die arbeitende Klasse sich am vollständigsten und reinsten entwickeln und das industrielle Proletariat in seiner vollsten Klassizität zur Erscheinung kommen; die Erniedrigung, in welche der Arbeiter durch die Anwendung von Dampfkraft, Maschinerie und Arbeitsteilung versetzt wird, und die Versuche des Proletariats, sich aus dieser entwürdigenden Lage zu erheben, mußten hier ebenfalls auf die höchste Spitze getrieben werden und am klarsten zum Bewußtsein kommen. Deshalb also, weil Manchester der klassische Typus der modernen Industriestadt ist, und dann auch, weil ich es so genau wie meine eigne Vaterstadt – genauer als die meisten Einwohner – kenne, werden wir uns hier etwas länger aufzuhalten haben ...«

Friedrich Engels lieferte seinem Freund Karl Marx das sozio-ökonomische Material der Wirklichkeit. Im Juli und August 1845 reisten beide von Paris über Brüssel und London nach Manchester. Jetzt konnte Engels dem Freund »sein« Manchester zeigen. Marx konnte sich ein Bild davon machen, wo »das Kapital« der Engels-Familie in Manchester angelegt war – in Fabriken in Manchester, Eccles, Weaste Lane und in Little Bolton.

»Der ganze Häuserkomplex wird im gewöhnlichen Leben Manchester genannt und faßt eher über als unter viermalhunderttausend Menschen. Die Stadt selbst ist eigentümlich gebaut, so daß man jahrelang in ihr wohnen und täglich hinein- und herausgehen kann, ohne je in ein Arbeiterviertel oder nur mit Arbeitern in Berührung zu kommen – so lange man nämlich eben nur seinen Geschäften nach- oder spazierengeht. Das kommt aber hauptsächlich daher, daß durch unbewußte, stillschweigende Übereinkunft, wie durch bewußte, ausgesprochene Absicht, die Arbeiterbezirke von den der Mittelklasse überlassenen Stadtteilen aufs schärfste getrennt oder, wo dies nicht geht, mit dem Mantel der Liebe verhüllt werden. Manchester enthält in seinem Zentrum einen ziemlich ausgedehnten kommerziellen Bezirk, etwa eine halbe Meile lang und ebenso breit, der fast nur aus Comptoiren und Warenlagern (ware-houses) besteht ... So Market-Street, von der Börse südöstlich laufend; anfangs brillante Läden ersten Ranges und in den höheren Stockwerken Comptoire und Warenlager; weiterhin in der Fortsetzung (Piccadilly) kolossale Hotels und Warenlager; in der weiteren Fortsetzung (London Road)

in der Gegend des Medlock Fabriken, Schenken, Läden für niedere Bourgeoisie und Arbeiter, dann an Ardwick Green Wohnungen für höhere und mittlere Bourgeoisie, und von da an große Gärten und Landhäuser für die reicheren Fabrikanten und Kaufleute.
Die Hauptstraßen nämlich, die von der Börse nach allen Richtungen aus der Stadt hinausführen, sind an beiden Seiten mit einer fast ununterbrochenen Reihe von Läden besetzt und so in den Händen der mittleren und kleineren Bourgeoisie, die schon um ihres Vorteils willen auf anständigeres und reinliches Aussehen hält und halten kann.
Ich erwähne noch eben, daß die Fabrikanlagen sich fast alle dem Lauf der drei Flüsse oder der verschiedenen Kanäle, die sich durch die Stadt verzweigen, anschließen, und gehe dann zur Schilderung der Arbeiterbezirke selbst über.
Mit Ausnahme dieses kommerziellen Distrikts ist das ganze eigentliche Manchester, ganz Salford und Hulme, ein bedeutender Teil von Pendleton und Chorlton, zwei Drittel von Ardwick und einzelne Striche von Cheetham Hill und Broughton – alles lauter Arbeiterbezirk, der sich wie ein durchschnittlich anderthalb Meilen breiter Gürtel um das kommerzielle Viertel zieht.«
Dann führt Engels seinen Gast zur Ducie Bridge, die über den Irk-Fluß führt: »Unten am Flusse stehen mehrere Gerbereien, die die ganze Umgebung mit animalischem Verwesungsgeruch erfüllen. Von Ducie Bridge herab sieht man wenigstens noch mehrere Mauerruinen und hohe Schutthaufen neben einigen Häusern neueren Baues. Die Aussicht von dieser Brücke ist überhaupt charakteristisch für den ganzen Bezirk. In der Tiefe fließt oder vielmehr stagniert der Irk, ein schmaler, pechschwarzer, stinkender Fluß, voll Unrat und Abfall, den er ans rechte, flachere Ufer anspült; bei trocknem Wetter bleibt an diesem Ufer eine lange Reihe der ekelhaftesten schwarzgrünen Schlammpfützen stehen, aus deren Tiefe fortwährend Blasen miasmatischer Gase aufsteigen und einen Geruch entwickeln, der selbst oben auf der Brücke, vierzig oder fünfzig Fuß über dem Wasserspiegel, noch unerträglich ist.

Der Fluß selbst wird dazu noch alle fingerlang durch hohe Wehre aufgehalten, hinter denen sich der Schlamm und Abfall in dicken Massen absetzt und verfault. Oberhalb der Brücke stehen hohe Gerbereien, weiter hinauf Färbereien, Knochenmühlen und Gaswerke, deren Abflüsse und Abfälle samt und sonders in den Irk wandern, der außerdem noch den Inhalt der anschließenden Kloaken und Abtritte aufnimmt. Man kann sich also denken, welcher Beschaffenheit die Residuen sind, die der Fluß hinterläßt. Unterhalb der Brücke sieht man in die Schutthaufen, den Unrat, Schmutz und Verfall der Höfe auf dem linken, steilen Ufer; ein Haus steht immer dicht hinter dem andern ... alle schwarzgeraucht, bröckelig, alt, mit zerbrochnen Fensterscheiben und Fensterrahmen. Den Hintergrund bilden kasernenartige, alte Fabrikgebäude.«

Nach diesem Spaziergang durch die Stadt und die Klassen ihrer Gesellschaft hebt Engels nochmals die hygienische Lage der Arbeiter hervor: »Fassen wir das Resultat unserer Wanderung durch diese Gegenden zusammen, so müssen wir sagen, daß dreihundertfünfzigtausend Arbeiter von Manchester und seinen Vorstädten fast alle in schlechten, feuchten und schmutzigen Cottages wohnen, daß die Straßen, die sie einnehmen, meist in dem schlechtesten und unreinsten Zustande sich befinden und ohne alle Rücksicht auf Ventilation, bloß mit Rücksicht auf den dem Erbauer zufließenden Gewinn angelegt worden sind – mit einem Wort, daß in den Arbeiterwohnungen von Manchester keine Reinlichkeit, keine Bequemlichkeit, also auch keine Häuslichkeit möglich ist; daß in diesen Wohnungen nur eine entmenschte, degradierte, intellektuell und moralisch zur Bestialität herabgewürdigte, körperlich kränkliche Rasse sich behaglich und heimisch fühlen kann.«

In Manchester sieht Engels das Muster der sozialen, ökonomischen und politischen Entwicklung und deren Zuspitzung: »Ich war in Manchester mit der Nase darauf gestoßen worden, daß die ökonomischen Tatsachen, die in der bisherigen Geschichtsschreibung gar keine oder nur eine verachtende Rolle spielen, wenigstens in der modernen

Welt eine entscheidende geschichtliche Macht sind; daß sie die Grundlage bilden für die Entstehung der heutigen Klassengegensätze; daß diese Klassengegensätze in den Ländern, wo sie vermöge der großen Industrie sich voll entwickelt haben, also namentlich in England, wieder die Grundlage der politischen Parteibildung, der Parteikämpfe und damit der gesamten politischen Geschichte sind.«
Nicht nur der Begriff »Manchestertum« stammt aus dieser Stadt, sondern auch der Begriff »industrielle Revolution« hat hier seine Wurzeln: Friedrich Engels hat ihn formuliert und in Deutschland eingebürgert und er erklärt ihn auch: »Die Geschichte der arbeitenden Klasse in England beginnt mit der letzten Hälfte des vorigen Jahrhunderts, mit der Erfindung der Dampfmaschinen und der Maschinen zur Verarbeitung der Baumwolle. Diese Erfindungen gaben bekanntlich den Anstoß zu einer industriellen Revolution, die zugleich die ganze bürgerliche Gesellschaft umwandelte und deren weltgeschichtliche Bedeutung erst jetzt anfängt erkannt zu werden. England ist der klassische Boden dieser Umwälzung, die um so gewaltiger war, je geräuschloser sie vor sich ging, und England ist darum auch das klassische Land für die Entwicklung ihres hauptsächlichen Resultates, des Proletariats. Das Proletariat kann nur in England in allen seinen Verhältnissen und nach allen Seiten studiert werden. Die Lage der arbeitenden Klasse ist der tatsächliche Boden und Ausgangspunkt aller sozialen Bewegungen der Gegenwart, weil sie die höchste, unverhüllteste Spitze unserer bestehenden sozialen Misere ist.«
Manchester war die Geburtsstätte des industriellen Zeitalters. Von Manchester breitete sich die industrielle Revolution über Europa und die Welt aus. Manchester war die Metropole des Handels, der Industrie, der Arbeit, der Finanzen, des Maschinenbaus und der Baumwollverarbeitung – »Cottonopolis« wurde es auch genannt.
Eine Weltstadt, die dem Freihandel ihren Namen gab, auch dem »Manchestertum«, das für das freie Spiel wirtschaftlicher Kräfte ohne staatliche Eingriffe stand und in einer besonderen Form des Kapitalis-

mus gipfelte – dem Manchesterkapitalismus, ein Synonym für Profitgier und soziale Kälte. Auch eine Laborstätte des Erfindergeists. Es hieß damals: »Was Manchester heute denkt, denkt morgen die Welt.«

Vom »Pflug« in die Welt

Zwischenzeitlich war nicht nur der Gasthof »Zum Hirschen« in Lörrach verpachtet worden, sondern auch, nach dem Umzug nach Freiburg, der Gasthof »Zum Pflug« in Schopfheim – an Herrn Geitlinger. Eigentlich hätte ja das Anwesen auf Maria Rebeccas Sohn Hermann zuwachsen können. Aber das sah ihr Mann, Georg Fentzling, ganz anders: Hermann war unehelich, da gingen erst mal die eigenen Söhne vor, und für ihn nicht einer, der außerhalb seiner legitimen Ordnung stand. Hermann sollte froh sein, daß er eine Lehre als Handelskaufmann genießen und im Geschäft von Herrn Kießling arbeiten dürfe.

Was aus den Kindern wurde:

Hermann und Marie Kießling: Durch seine Heirat mit der Tochter des Hauses, Marie Kießling, war er ja versorgt. Bedauerlich das Schicksal, das sie bald schultern mußten, als von ihren beiden Töchtern, den Zwillingsschwestern Johanna und Marie, Marie schwer erkrankte und starb.

Eugen und Luise Dürfeld: Dann war da Maria Rebeccas und Georg Fentzlings erster und ältester gemeinsamer Sohn Eugen. Er heiratete mit 29 Jahren die 24jährige Luise Dürfeld aus Dresden. Eugens Mutter reiste im März 1892 dorthin, als im feinen Dürfeldschen Haus Hochzeit gefeiert wurde. Er wählte den Forstberuf und durfte sich schon bald Oberförster nennen.

Alfred und Emilie Burggraf: Alfred war einige Wochen vor dem Tod seines Vaters nach Amerika ausgewandert. Es hatte diesem Kummer bereitet, seinen 25jährigen Sohn in die Fremde, ins Ungewisse, fortgehen zu sehen. Er suchte sein Glück in Kalifornien und heiratete später Emilie Burggraf.

Karl: Karl Fentzling entschied sich, Apotheker zu werden und unverheiratet zu bleiben.

Emil und Lizzie Morton: Nach Alfred zog es auch Emil nach Amerika. Er fand nur mühsam Arbeit in Portland/Oregon und heiratete Lizzie Morton. Im Frühjahr 1891 bringt sie Flora zur Welt.

Frieda und Josef Bauer: Nach fünf Söhnen gebar Maria Rebecca ihre erste Tochter – Frieda hieß sie. Sie heiratete einen evangelischen Pfarrer – Josef Bauer.

Elisabeth und Ernst Friedrich Heidenreich: Dann folgte eine zweite Tochter – Elisabeth. Sie ist verliebt in Friedrich Heidenreich, besucht am 7. Februar 1893 in Müllheim ihre zukünftigen Schwiegereltern. Am 27. Mai 1893 war die Hochzeit in Freiburg.

Marie: Mitte 1873 war Marie als dritte Tochter gefolgt, sie blieb unverheiratet – in Mutters Nähe.

Otto: Das nächste Kind war wieder ein Sohn – Otto, es war ihr sechster. Bei der Geburt war die Kindsmutter 40 Jahre alt. Dem Jüngsten, ihrem neunten Kind, wollte sie eine gute kaufmännische Lehre zukommen lassen. Er tritt diese zum 1. Oktober 1894 an.

Ganz persönliche Impressionen auf einer Hochzeitsreise

Das frischvermählte Paar Ernst Friedrich Heidenreich und Maria Emma Elisabeth Heidenreich, geborene Fentzling, traten im Juni 1893 ihre Hochzeitsreise nach England an. Ihre erste Station war Heidelberg. Vom Schloß aus genossen sie die Aussicht auf die Stadt am Neckar. Nächster Halt war Mainz. Vom Hotel aus blick-

Ernst Friedrich Heidenreich und Elisabeth Heidenreich, geb. Fentzling

ten sie auf die vorbeiziehenden Rheinschiffe. Abends besuchten sie das Konzerthaus. Weiter ging es nach Wiesbaden, sie tranken bei einem Kurkonzert Kaffee. Ein Dampfboot brachte sie nach zwei- bis dreistündiger Fahrt nach Rüdesheim und eine Zahnradbahn zum Niederwalddenkmal, sie waren überwältigt vom Blick in das Rheintal. Sie spazierten durch einen verwunschenen Wald zum Jagdschloß Niederwald. Weiter ging die romantische Rheinreise zu Wasser nach Köln, wo sie drei Tage blieben und den Zirkus Renz besuchten. Per Bahn ging es weiter nach Brüssel. Das Leben, die Mode, das Wesen der Stadt erschien ihnen ganz französisch. Vor einem heftigen Platzregen retteten sie sich in eine Gemäldegalerie. Nächstes Ziel war Ostende. Elisabeth sah zum ersten Mal das Meer. »Gleich tanzte unser Schifflein auf des Meeres Wellen, das uns beide dem künftigen Heimatlande entgegen trug … Unter unserem Liebesgeflüster, beim Betrachten der Segelschiffe, verging die Fahrt sehr schnell«, schreibt sie nach Hause.

Der Überseekoffer von Ernst Friedrich Heidenreich

Dann kamen sie auf »Old Englands Boden« an. »Wie der Blitz«, so Elisabeth, flog der Zug London zu. Dort bestiegen sie einen Wagen, ein zweirädriges hohes Gefährt, hinten saß der Kutscher, und vorne waren, wie in einer Sänfte, die Fahrgäste plaziert. Was ihr auffiel, war die Ruhe der Menschen in dem ganzen Getümmel. Und dann diese dunklen Häuser, sie erschienen ihr schwarz. Anfangs tat Elisabeth der Kopf ganz weh vor lauter Sehen und Eindrücken. Im Hotel fühlen sie sich gut aufgehoben. Ein Theaterabend wird für die Braut ein besonderes Erlebnis. Sie sieht »etwas ganz Neues: Ein Fräulein steht im Dunkeln ganz allein in einem großen weiten Gewande, und macht, während die Musik spielt, allerhand

Bewegungen mit ihrem Kleid, das dann dabei in verschiedene flügelartige Schwingungen gerät. Von oben herab wird diese Fee beleuchtet, einmal in rot oder blau, oder auch mit einem Lichte, das in mancherlei Farben strahlt. Später reihen sich solcher tanzenden Mädchen mehr hinzu und am Ende der Aufführung stellen sie ein schönes Bild dar.« Vom Ausdruckstanz in den Underground: Manchmal fahren sie mit Dampfzügen »unter der Erde«. Der Dampf ist so schwefelhaltig, daß es ihr fast schlecht wird. Sie besuchen den Zoologischen Garten, am dritten Tag den Kristallpalast – »ein herrliches Gebäude aus Glas und Eisen«. Es sieht so aus »wie eine große Messe mit einem Glasdach darüber. Was den Palast anbetrifft, habe ich noch nie Schöneres gesehen: weiße Figuren, Gemälde, Galerien, Palmen, Springbrunnen, Orgeln, chinesisches Porzellan, Restaurant – mit einem Wort, es ist zauberhaft, fabelhaft schön und herrlich.«
Ein Tag übertraf den anderen an Sehenswürdigkeiten. Eine besondere Ehre war für sie, daß sie sich, geführt von einem Parlamentsmitglied, die Räumlichkeiten des Unterhauses ansehen durfte. Sie konnte einen Blick auf die besetzten Bänke des eben tagenden Parlaments werfen. Am Ende waren sie beide ermüdet von den vielen Eindrücken Londons und wollten ihrem zukünftigen Heim entgegenfahren, das für sie bereitet war – in Manchester.
Es war eine Wohnung in einem kleinen Häuschen, etwas abseits der Straße. Die Vermieterin war hilfsbereit. Die Koffer und Kasten, die in Withington, 8, Egerton Crescent, hinauftransportiert wurden, empfand Elisabeth als letzten Gruß aus ihrer Mädchenzeit. Der Stadtteil Withington liegt südlich von Manchesters Zentrum. Egerton Crescent ist eine kleine Seitenstraße und liegt versteckt an der langen Palatine Road. Die Infrastruktur stimmt: Polizei, Post, Feuerwehr und Kirche sind in der Nachbarschaft, sogar eine Lausanne Road. Als sie einander noch Briefe schreiben mußten, wohnte Elisabeths Fritz in Fairfield, etwas nordöstlich von Manchester bei Bury. Der Weg zu seinem Arbeitsplatz in der Blackfriars Street, ganz in der Nähe der Victoria Station, Manchesters Hauptbahnhof, war jetzt erheblich kürzer.

Blackfriars Street

Und in der Nummer 5 dieser Blackfriars Street befand sich der Sitz der Ernest Grether & Co., die Firma seines Patenonkels.

Am 8. Oktober 1890 war sein Patenonkel Ernst Grether unerwartet an den Folgen einer Lungenentzündung im frühen Alter von 60 Jahren gestorben. (Seine Frau Margrit war bereits 1883 im Alter von 36 Jahren verstorben, ein Jahr, bevor Fritz zum ersten Mal nach Manchester gekommen war.) Nach Onkel Ernsts Tod war Fritz wieder auf Heimatbesuch. Am zweiten Weihnachtstag 1890 brachte ihn sein Vater zum Zug in Basel. Nach seiner Überfahrt bei ruhiger See erreicht er Dover und schreibt tags darauf aus dem verschneiten London dem »Fräulein Elise Fentzling« in der Adelhauser Straße 10 nach Freiburg im Breisgau von ewiger Treue und Liebe. Sie blieb jetzt stets seine »Elis«, wie er sie nannte. Nun waren sie frischverheiratet und bezogen in Manchester ein Heim, ganz für sich allein, weit weg vom vertrauten Markgräflerland.

Das Hochzeitsgeschenk des Markus Pflüger

Fritz und Liesel verstehen sich gut, sind recht innig glücklich miteinander, und so fügt er in ihrem ersten gemeinsamen Brief vom neuen Zuhause nach der Hochzeitsreise an seine Schwiegermutter

hinzu: »Mein Leben und Dasein ist nun eintausendmal schöner, heiterer und glücklicher und ich denke, dieses Gefühl ist bei uns ein gegenseitiges. Im Geschäft fand ich gestern ziemlich viel Arbeit vor, so daß mir anfangs ganz bange wurde, aber jetzt habe ich mich schon ein wenig hindurch gearbeitet – ich freue mich jetzt so sehr, bis es 6 h wird und ich heim zur lieben Liesel gehen darf; das heißt, sie kommt mir ein Stück des Weges entgegen, dann ist es so schön, zusammen nach Hause zu wandern.«
Fritz sieht Liesel entgegenkommen. Als sie ihn entdeckt, hält sie einen Brief in die Höhe. Fritz nimmt und öffnet ihn. Es ist Post aus Lörrach – von Markus Pflüger. Damit das junge Paar in der Fremde erfährt, was in der Heimat los ist, schenkt er zur Hochzeit ein Jahresabonnement des »Oberbadischen Volksblatts«. Es war auch Markus Pflüger, der als Mitglied des Deutschen Reichstags in London offiziell darum nachgesucht hatte, ob nicht Frau Elisabeth Heidenreich eine persönliche Führung durch das englische Unterhaus erhalten könne.

»Fritz« & Fritz in Manchester oder: Die Gleichzeitigkeit des Ungleichzeitigen

Als Friedrich Engels (zu Hause ja »Fritz« genannt) zusammen mit seinem Vater zum ersten Mal nach Manchester kam, war er 18 Jahre alt.
Als Ernst Friedrich Heidenreich (zu Hause ebenfalls Fritz genannt) zum ersten Mal zu seinem Patenonkel nach Manchester reiste, war er 16 Jahre alt. In der Firma »Ernest Grether & Co.« machte er eine fast dreijährige kaufmännische Lehre, während Fritz Engels in der Firma »Ermen & Engels« ein fast dreijähriges Volontariat absolvierte.
Beide verließen Manchester und beide kehrten nach fast fünf Jahren nach Manchester zurück. Fritz H. war insgesamt 17 Jahre in Manchester und »Fritz« E. um die 20 Jahre.

Während im Juni 1893 Fritz und Liesel Heidenreich über Mainz, Köln und London ihre Hochzeitsreise nach Manchester unternahmen, fährt »Fritz« E. Anfang August 1893 von London über Köln und Mainz in die Schweiz, um in Zürich den dritten Internationalen Sozialistischen Arbeiterkongreß zu besuchen. Dort wird er auf einem Commers im Saal »zu den 3 Engeln« in der Großen Neugasse 4 – in der Nähe des Hauptbahnhofs – geehrt. (Das Wappen der Familie Engels zeigt *einen* Engel).

Als »Fritz« E. im August 1895 in London stirbt, arbeitet Fritz H. noch sieben Jahre in Manchester, bevor er nach Zürich übersiedelt – in ein rotes Haus.

10. Kapitel
»Old Trafford« von innen besehen

Der Geschäftsführer der Firma Grether & Co., Herr Geiler, hatte sich ein wertvolles Hochzeitsgeschenk ausgedacht – einen großen Besteckkasten aus edlem Holz gearbeitet, mit je zwei Dutzend Messern und Gabeln, einem Tranchierbesteck und einem Wetzstein, alles mit einem handfesten Griff aus Elfenbein. Der schwere große Kasten besteht innen aus zwei mit feinem dunkelblauem Samt ausgeschlagenen Lagen; die obere konnte man herausnehmen. Den Besteckkasten aus wunderschön gearbeitetem Wurzelholz zieren an den Kanten eingelassene Messingleisten und obendrauf in der Mitte auf einem Messingschild eine Heraldik mit zwei eingravierten Initialen – F für Friedrich und E für Elisabeth. Da sich beide Buchstaben aneinanderlehnen, entsteht ein neuer – ein H für Heidenreich. Ein anderer Mitarbeiter der Firma, Herr Schaub, schenkte ein Teeservice aus Silber mit Monogramm. Nach englischem Gesetz erbt die Frau nur in einem geringen Maß aus dem Nachlaß des Mannes. Um nun Liesel sicherer zu stellen, läßt Fritz einen Heiratsvertrag aufsetzen. Die Rechtswirksamkeit der Vorlage eines solchen Ehevertrags vor einem englischen Gericht könnte bald schon in Frage gestellt sein; denn am 5. Juli 1893 schreibt Liesel nach Freiburg an ihr »liebes Mutterlie, … uns beiden, Fritz und mir, geht es Gott sei Dank stets gut, sind auch nicht weniger glücklich als zuvor, aber Du wirst wohl bald erfahren, daß wir nicht mehr vorhanden sind, da das eine das andere aus lauter Liebe aufgegessen hat!!!«
Dennoch denken sie, sich häuslich zu vergrößern. Frau Wehmeyer, die Vermieterin, mit der sie manchmal abends Karten spielen, konnte sich selbst davon überzeugen, daß es bei Heidenreichs eng werden

könnte. Sie halten Ausschau nach einem Häuschen. Einen freien Samstag nutzen sie für einen Ausflug in die Stadt. Sie besteigen eine Trambahn, setzen sich oben auf die Plattform und gehen dann in einem »deutschen« Hotel essen; denn »da gab es Bier«. An einem Juli-Sonntag fahren Fritz und Liesel nach Urmston, wo Fritzens Onkel gewohnt hatte. Liesel und Fritz schreiben nach Hause: »Aber auch hier ist die gleiche Geschichte wie bei Großvaters Haus. Vorher, zu Lebzeiten der Verstorbenen, war alles so schön und jetzt sieht alles vernachlässigt aus. Aus der Villa sind zwei Häuser gemacht worden und oben ganz anders hergerichtet. Es ist traurig, aber was will man machen?« Und Fritz fügt noch hinzu: »Herr Geiler hat vor seiner Abreise in die Ferien unsern Gehalt noch um 1.000 M. erhöht und mir Procura erteilt, worüber wir beiden sehr erfreut sind aus mehr wie einem Grunde. Und welchen Stolz die liebe Liesel jetzt hat, seitdem sie Frau Prokurist ist! Sie schaut die Leute kaum noch an!!?«

Und dann am 19. August kam Liesels 22. Geburtstag. Ihr Mann fuhr zu ihrer Überraschung mit einer einspännigen, zweirädrigen Kutsche in Egerton Crescent vor. Ein Fotograf war auch bestellt. Im »Old Swan« wurde zu Mittag gegessen. Danach ging die Fahrt hinaus nach Alderley Edge, einem beliebten Ausflugsort südlich von Man-

Liesels Geburtstag – eine Kutschenfahrt

chester. Fritz läßt auch Liesel kutschieren, und hatte das Nachsehen: »Bei einem Efeugesträuch stieg mein Schatzel ab, um unser Symbol zu pflücken und schwups, war das Gefährt seinen Augen entschwunden. Oh, herjemine, das Geburtstagskind brauste davon.« Erst ihr »gewaltiges Sehnen«, das sie ergriff, habe dazu geführt, daß Fritz bald wieder neben ihr sitzen konnte.

Anfang September 1893 scheinen sie ein passendes Heim gefunden zu haben; denn sie machen Pläne, wie sie es möblieren. Auch in Freiburg macht man sich dazu seine Gedanken. Fritz schreibt zurück: »Du fragst, liebes Mutterlie, ob wir deutsche oder französische Betten nehmen; wir haben uns zu letzteren entschlossen, wie allgemein hier üblich. Die liebe Liesel ist ganz gerne damit einverstanden und sie ist nicht mehr so spröde wie früher. Wir verstehen uns wie in allem sehr gut.« Und sie fügt hinzu: »Der böse Kerl, dafür bekommt er nun 10 Küsse weniger – Liesel.«

Bald werden Teppiche bestellt und Linoleum verlegt. Sie freuen sich auf wärmendes Kaminfeuer im bevorstehenden Winter. An Nachmittagen der zweiten Oktoberwoche nehmen sie die angelieferten Möbel in Empfang. Sie richten sich, so weit es geht, ganz allein hier ein, nur am zweiten Nachmittag hilft ein Packer aus Grethers & Co. Firma. Und stolz schreibt Fritz oben auf dem Briefbogen die neue Adresse: *Mossfield*
Old Trafford
Birch Avenue
Talbot Road

15. Oktober 93

»Von gestern auf heute haben wir zum ersten Mal hier geschlafen.«

Das Haus wird auf drei Jahre gemietet, 1.000 M kostet die Miete pro Jahr. Und Fritz ermuntert die »Lieben«: »Die Sachen, die Ihr uns schicken werdet, kosten keinen Zoll; England hat ja Freihandel.«

So kommt auch bald über die Spedition Euler aus Basel ein verspätetes Hochzeitsgeschenk von Fritz' Schwester Anna aus Müllheim – eine schöne Standuhr für den Flur. Das Haus mit intakten Wasserleitungen und hellbrennender Gasbeleuchtung hat eine gute Lage: der Bahnhof Old Trafford ist nahe, von dort kommt man schnell zur Victoria-Station, Manchesters Hauptbahnhof, oder mit der Tram über die Hauptstraße mitten ins Stadtzentrum. Vom Bahnhof Old Trafford aus fuhr diese in die Talbot Road, auf deren linker Seite sich kleine Nebenstraßen anschließen. Eine von diesen ist die Birch Avenue. Die kleine Straße liegt also zwischen dem »Manchester United Football Ground« und dem Botanischen Garten, unweit der Hafendocks. Ihrem Haus in Old Trafford wollen sie auch einen Namen geben – »Wiesental«. Liesel schreibt ihrer Mutter:

»Liebes Mutterlie, mein lieber Fritz ist so arg, arg lieb, noch mehr als früher. Ich habe schon oft nach Hause gedacht, wie es auch schön sein könnte, wenn Vater und Du auch so glücklich sein könntet. Man sollte doch nur denken, wenn das eine gestorben ist, wie wird sich das Überlebende Vorwürfe machen, nicht lieb und glücklich zueinander gewesen zu sein. Man lebt ja nur einmal und warum macht man sich das Leben so bitter und das seiner Kinder, für diese ist es ja kein gutes Beispiel und auch kein freudiges Dasein.« Vieles ist anders hier, stellt Liesel fest: »Man geht hier nicht einkaufen, sondern jeden Tag kommt ein Mann von einem Geschäft, am nächsten Tag von einem anderen Händler und nimmt die Bestellungen entgegen. So wird auch die Ware jeweils ins Haus gebracht. Die Häuser haben keine Fensterladen, und die Fenster öffnet man durch Schieben. In den Zügen gibt es keine Schaffner, die kontrollieren, Türen öffnen oder Auskunft geben.«

Die großen Rasenflächen beeindrucken sie. Sie werden gepflegt und gerollt wie ein Teppich und schauen aus wie »eine geschorene Maus«. Man geht auch hier sonntags in die Kirche, doch es ist alles sehr streng, auch etwas übertrieben, findet Liesel. Es hat hier massenhaft Sekten, auch »Heilsarmee«.

Sie besuchen eine große politische Versammlung der Liberalen. Bis zum Auftritt des Hauptredners werden patriotische Lieder gesungen. Dann um $^1/_2 8$ Uhr kam John Morley, der Staatssekretär für Irland. Mit Gladstone waren er und seine Partei der eifrigste Befürworter einer Autonomie Irlands. Jubel, Klatschen, ein Menschengetümmel, als Morley ans Rednerpult trat: »Ich habe noch nie einen solchen Empfang gesehen. Ein Irländer saß vor uns und vor lauter Glück und Seligkeit hopste das Männchen mit Tränen in den Augen hin und her. Es war zum Todlachen ob diesem Kerl, ich hatte meine größte Freude an diesem Schauspiel.
Ein anderes Mal waren wir in einer Frauenversammlung, da sprachen die Frauen ganz frei und gaben ihre Meinungen kund, als wäre Redenhalten für sie etwas Alltägliches. Später, wenn ich immer mehr Erfahrung habe, trete ich auch öffentlich auf, was sagt Ihr dazu?«
Fritz fügte an: »Nein, nein.«
Es war jetzt wenige Tage vor Weihnachten. Zum ersten Mal werden sie im eigenen Heim unter dem Christbaum zusammen sein. Es war eher ein Bäumchen, in einem Topf mit Wurzeln, den sie später in den Garten stellen. Am zweiten Weihnachtstag unternahmen sie einen $2^1/_2$-stündigen Spaziergang zu Onkel Ernest Grethers Grab. Durch ihre Haushaltshilfe Maggie, die früher in dessen Villa gearbeitet hatte, erfährt sie viel von Fritz' Onkel. Sie erzählt oft und gerne von ihm. Er muß ein guter Mann gewesen sein, worauf Liesel sagt: »Ich hätte Herrn Grether gerne mal gesehen.« Sie besuchen häufig seine Grabstätte, die ganz mit Efeu bewachsen ist.

Die Heidenreichs vom »Haus Wiesental« erleben Queen Victoria

Im Frühjahr kaufen Fritz und Liesel eine Abonnement-Karte für den nahegelegenen Botanischen Garten, Liesel ist beeindruckt von dem Blumenreichtum dieser Gartenkunst, von dem See mit Schwänen, von den Treibhäusern mit den verschiedensten Pflanzen von der Insel und fernen Kontinenten. Sie verbringt manch stillen Nachmit-

tag in dieser freien Natur, sie fühlt sich hier wie in einer ganz anderen Welt.
In ihr neues Heim gehört der Klang von Musik. Sie bestellen ein Piano. Aus Zürich wird es durch die Spedition bald angeliefert. »Da hat unser Geldsack ein großes Loch bekommen, die Schlußfolgerung davon ist, daß wir ziemlich Ebbe sind.« Und die Folge davon? Daß 1894 an eine Reise nach Hause nicht zu denken ist, »denn Reisen kostet halt viel, viel Geld ...« Auch das französische Bett ist inzwischen angekommen. Alles ist stilvoller geworden, gepflegter. Auch Fritz' Bart. Er ist jetzt kurz und spitz zugeschnitten, elegant zurechtgestriegelt. »Mein lieber Fritz sieht jetzt französisch aus.« Liesel stutzt seinen Bart, ist seine Friseuse. Auch den Schlips schlingt sie jeden Morgen um seinen Hals. »Trinkgeld gibt's natürlich keines, aber sonst einen Lohn, den diese Blätter dem andächtigen Leser lieber verschweigen wollen.«
Mit Bedauern vernimmt Liesel die Nachricht vom Tod von Herrn Kießling aus Schopfheim, dem Schwiegervater von ihrem Halbbruder Hermann. »Wer übernimmt nun den Laden, Hermann vielleicht? Natürlich muß er Lust dazu haben, denn so dumm wäre es nicht, kann er dabei einmal Bürgermeister werden!«
Kießling war in Gemeindedingen sehr engagiert und dem derzeitigen Bürgermeister Karl Grether sehr verbunden. Karl Grether war der Bruder von Fritz' Mutter Marie und ein Bruder des hier in Manchester vor vier Jahren verstorbenen Ernest Grether.
Die Heidenreichs aus dem »Haus Wiesental« in Old Trafford benutzen für ihre Korrespondenz Ernest Grethers Geschäftspapier mit dem Briefkopf:

Adress for Telegrams: *5, Blackfriars Street*
»Grether« Manchester   *Manchester*
Ernest Grether & Co.

Zum Geburtstag schicken sie dem »Mutterlie« in einem eingeschriebenen Brief ein Geschenk: praktisch, klein und kompakt – ein

Messerchen mit Schere: »Wir dachten, Dir damit Freude zu bereiten, da Schere und Messer an einem Stück sind, besonders, da Du stets beide mit Dir herumträgst.« In demselben Brief äußern sie einen weiteren Glückwunsch: Vater war »abermals« mit einem Orden geschmückt worden. »Von ganzem Herzen senden wir Dir, lieber Vater, unsere besten Glückwünsche; wahrlich, es ist eine schöne Anerkennung, wenn man auch Deiner steten unermüdlichen und pflichttreuen Tätigkeit gedenkt.« Und sie fügt neckisch an: »Warst Du schon in Karlsruhe beim Großherzog, lieber Vater?«

Dann kam Glanz nach Manchester – Queen Victoria besuchte die Stadt, die geschmückt und beflaggt war. Hunderttausende Menschen strömten hierher, um die Landesmutter zu sehen. Die Heidenreichs waren von Geschäftsleuten eingeladen und hatten einen guten Platz direkt am Rathaus, so daß sie die Zeremonien aus der Nähe miterleben konnten. Die Königin war im Mai 1894 zur feierlichen Einweihung des Ship Canal gekommen – ein großartiges Projekt für Manchester und England war jetzt fertiggestellt. »Von Liverpool aus geht nun ein Kanal, wo Schiffe aller Gattungen direkt vom Meer nach Manchester segeln können. Wir haben nun Gelegenheit, Schiffe zu sehen und brauchen nicht an des Meeres Gestade wandern, hier kann man schon Seeluft einatmen, aber eine – ein wenig übelriechende!!!« 57,1 Kilometer ist er lang, 7,9 Meter tief, am Grund ist er 36 Meter breit, die Wasserbreite oben mißt 52 Meter. Die Baukosten betrugen 15 Millionen Pfund, das war das $2^1/_2$fache des Voranschlags. Die Waren für die Baumwollfabriken konnten jetzt im Zentrum von Manchester, dessen Baumwollbörse den Weltmarkt beherrschte, gelöscht werden.

Bald konnten Fritz und Liesel ihren ersten Hochzeitstag feiern. Nach einem Jahr England-Erfahrung schreibt sie: »Man wird ganz und gar einheimisch, die Gebräuche macht man sich zu eigen; man lebt mit den Andern und wird auch englisch; doch tief im Innern bleibt noch das deutsche Gemüt und die Gesinnung. Man muß mit dem Land leben, wo man sich niedergelassen und seine Gebräuche annehmen, sonst macht man sich unglücklich und andere mit.«

Manchester – Rathausplatz

Diese beiden Heidenreichs waren zwei von über 4.000 Deutschen in der Stadt. Am 22. Juli 1894 schreibt Fritz an das »Liebe Mutterlie« aus Barmouth, südwestlich von Manchester: »Ihr werdet Euch fragen, wie es kommt, daß Ihr denn auf einmal von obiger Adresse aus Nachrichten bekommt. Die Sache ist nämlich so, wir haben unsere Ferien und sind an des Meeres Gestaden, wie es eben in Geschichten geht, man muß sich rasch entschließen … die Entfernung von Manchester ist gerade nicht so arg groß, doch da es hierher keine schnellen Züge gibt, brauchten wir $6^{1}/_{2}$ Stunden. Es ist ein kleiner Sommeraufenthaltsort an der Westküste von Wales in der Grafschaft Merionetshire. Die Häuserreihe steht direkt am Meere und ist von letzterem nur durch eine Straßenbreite getrennt … Selbst beim Einschlafen hören wir das Rauschen des Meeres noch. Daß man hier baden, rudern und Dampfschiff fahren kann, brauche ich nicht erst zu sagen, auch kann man mit hohen altertümlichen Postkutschen Touren in die sehenswerte Umgegend machen. Also an Unterhaltung wird es während unseres zweiwöchentlichen Aufenthalts nicht fehlen. Wir hätten sicher bei Manchester auch Seebäder finden können, aber jene waren uns zu fashionable.«

Nach diesen Ferien, findet Liesel, ist ihr »Schatzel« ziemlich »überschafft. Denn die freie Zeit mußte er im Geschäft wieder abarbeiten.« Das Geschäft ist ihm nicht nur Pflicht, sondern Freude. Er muß alles pünktlich besorgen, sonst kommt er mit seinem Gewissen in Konflikt. Gewissenhaft – nennt man das eben.

Sommerfrische am Meer an der Küste von Wales. Das war nun schon über ein Vierteljahr her, statt glitzerndem Meer, Wellen und Strand, jetzt Herbst, Nebel und Regen in Manchester. An diesem 29. Oktober 1894 will Liesel mit ihrer Mutter plaudern, möchte, muß ihr was sagen, was ganz Wichtiges, die Sommerfrische in Barmouth hatte ihre Herzenswünsche erfüllt: »Mit freudigem Bangen und froher Zuversicht sehen wir dem kommenden Frühling entgegen, der uns dann durch den Papa Storch ein unsagbar köstliches und erfreuendes Geschenk mitbringen wird ... In solchen Tagen wünscht man sich gerne etwas näher zusammen, du könntest mir so gute Ratschläge geben. Du könntest mir eine Liste aufsetzen, was so ein kleiner Liebling braucht. Nach unserer Berechnung sollte sich das schöne Ereignis Ende Februar oder Anfang März einstellen und es würde uns von Herzen freuen, wenn Du in jener Zeit bei uns sein könntest ...«

s'Mütterli im Expresszug von Freiburg Richtung Manchester

Und dann kommt der Tag der Abreise. Maria Rebecca Fentzling, geborene Pflüger, im 58. Lebensjahr stehend, Mutter von neun Kindern, macht sich auf den Weg nach England, um ihrer Tochter bei der ersten Geburt beizustehen. Es sind kalte Februartage im Jahr 1895. Von Freiburg fährt ihr Zug über Offenburg, Karlsruhe, Mannheim durch verschneite Landschaften. Der Rhein war ganz zugefroren. Massen von Menschen gingen von dem einen zum anderen Rheinufer spazieren. Nach einer Nacht in einem Kölner Hotel besteigt sie den Wien-Ostende-Expreßzug. Ankunft Ostende 10.00 h,

Abfahrt des Schiffes 11.00 h. Wind kam auf und mit ihm der Regen, die Wellen wurden heftiger. Maria Rebecca wurde seekrank. Über diese Schiffsreise schreibt sie »Ich mußte vier- bis fünfmal brechen und mir war liederlich. Das Wetter wurde wieder klar, die Sonne kam wieder. Ich war froh, als wir die englische Küste zu sehen bekamen, denn mit ihr wurde es mir auch wieder besser.«
In dem Zug, der sie von Dover nach der Victoria Station in London bringen sollte, mußte sie $1\frac{1}{2}$ Stunden sitzen bleiben, da der Zug das nächste Dampfschiff aus Calais abwartete. In ungeheizten Waggons ging es dann nach London. In der Victoria Station mußte sie in einen Zug umsteigen, der sie zur Euston Station brachte. Dort wartete ihr Schwiegersohn Fritz auf sie. »Fritz ließ mir Tee und Roastbeef vorsetzen, damit ich meinem leeren Magen wieder etwas zugute kommen ließ. Um 8 Uhr fuhren wir in London weg und kamen gegen 2 Uhr hier an. Elis war wieder aufgestanden, hatte Fleisch und Tee aufgestellt, natürlich wurde zuerst umarmt, begrüßt und wieder umarmt, dann ging es zu Tisch und nachher ins Bett. Feuer brannte im Kamin, die Wärmflasche war im Bett und Elis wurde nicht fertig mit Fragen und sich nach Euch allen zu erkundigen. Herzlich lassen Euch beide grüßten, sie wohnen sehr nett, sind sehr gut eingerichtet und leben, was das schönste ist, eines für das andere.«

Dann schreibt Maria Rebecca am 18. Februar 1895 nach Freiburg:

»Meine Lieben!
Ihr werdet im Besitze meines Briefes sein und daraus ersehen haben, wie meine Reise abgelaufen ist. Das habe ich Euch vergessen zu sagen, daß in England bereits kein Schnee liegt; es kam mir sonderbar vor, da wir von Freiburg bis Ostende viel Schnee hatten und dann in Dover angekommen, gar keinen mehr sahen, wo doch England viel nördlicher liegt als Freiburg. Fritz sagte, es käme vom Meer. Wenn es auch hier nicht kälter ist als bei uns, so hat es mich die ersten Tage doch immer gefroren, da Elis nicht genug heizen konnte. Jetzt geht es viel besser, die ersten Tage hatte ich eben noch die Reise zu verkraften.

Gestern Sonntag, nach Tisch, haben wir mit Fritz einen kleinen Spaziergang zum Schiffskanal gemacht. Es war bis gestern immer so windig draußen, daß man gerne zu Hause blieb. Auch der gestrige Spaziergang war nicht schön, denn erstens stinkt es in einigen Straßen nach Teer, Kohlen, Fisch und rußig. Die Fenster haben wir immer zu, denn draußen ist es eine feuchte, kalte Luft, die ich sofort auf meinem Kopf fühle.
Hier müßte ich unbedingt ein Häubchen tragen. Es ist eben das Beste, wenn man ein gemütliches Heim hat und das hat Gottlob Elis und dazu einen braven gewissenhaften Mann. Ich will zuerst anfangen, wie wir den Tag zubringen, am Morgen stehen Fritz und Elis um halb 8 Uhr auf, dann frühstücken sie gebratenen Speck mit einem Ochsenauge, Tee, Fleisch, Butter und Eingemachtes nebst Brot, nachher geht Fritz aufs Büro und kommt um halb 2 Uhr (bei Euch $^1/_2 3$) nach Hause. Elis geht seinen häuslichen Geschäften nach, darf sich nicht zu sehr anstrengen, doch findet es immer Arbeit.
Um halb 2 Uhr wird Mittag gegessen: Suppe oder Braten mit Gemüse und jedes mal zum Schluß etwas Süßes.
Gleich nach dem Essen geht Fritz wieder aufs Büro und kommt um halb sieben Uhr heim, wo dann wieder Tee und das übrige vom Mittag verspeist wird. Hernach setzt man sich ins Wohnzimmer, liest, spielt, schreibt, und spricht zusammen und dann gehts ins Bett. Am Samstag Nachmittag u. am Sonntag hat Fritz frei, da bätschelt er allerhand, was eben zu flicken und zu machen ist im Hause. Ins Büro hat er 20 Minuten zu fahren mit der Bahn.
Von da bis zur Bahn hat er sechs Minuten zu gehen und in der Stadt auch wieder so und so viel bis zum Büro, was ihm sehr gut ist, da er sonst doch nie ausgeht.
Seine ganze Welt ist Elis, er ist besorgt für sie, wenn es nur Gottes Wille ist, daß sie gesund bleiben und alles gut vorüber geht. Wenn ihr die Zeichnung des Hauses vor Euch habt, so denkt, daß das Fenster rechts und die Haustür ihr Haus ausmachen. Vorne ist es schmäler als hinten, das andere daneben ist vorne breiter und hinten schmäler; so

sind eine ganze Reihe Häuser auf diese Art gebaut. Die Fensterbreite, wo Ihr seht, ist das Besuchszimmer und an das stößt gegen hinten das Eßzimmer; die beiden Zimmer machen die Tiefe des Hauses aus. Wenn man zur Türe hinein geht, so läuft man an dem Besucher- und Eßzimmer vorbei und würde man, wenn nicht durch die Mauer zurückfallen würde, in den Aufwaschraum kommen, also muß man kehrt links machen und so steht man vor der Küchentüre. Die Küche ist geräumig, groß und hell und hat keinen Herd, sondern ein cheminée, in welchem den ganzen Tag Kohlefeuer brennt, auf diesem Feuer wird gekocht, von diesem Feuer wird der Bratofen erhitzt und durch dieses Feuer ist im Keller, heißt Waschküche sowie Aufwaschraum und im Badezimmer, welches im zweiten Stock liegt, den ganzen Tag warmes Wasser. Der Zentner Steinkohle kostet 56 Pfennig für die Küche, 64 Pfennig für die, welche im Zimmer verbrannt wird. Erkundigt Euch, was sie bei Euch kostet und schreibt es mir. Vom Aufwaschraum können sie in den Hof, Garten und Keller gehen. Neben der Küche ist auch ein kleines Vorratskämmerli. Alles nah beisammen. Geht man die Treppe hinauf, so ist das Wohnzimmer direkt neben dem Besucherzimmer nach vorne.

Das Schlafzimmer neben dem Eßzimmer, mein Zimmer (das Besuchsgästezimmer) über der Küche und zwischen dem und dem Schlafzimmer ist das Badezimmer und das WC. Das ist aber ein Zimmerchen, das ich in jedem Haus angebracht möchte wissen, so bequem, so praktisch, so für die Gesundheit erforderlich.

Ich kann euch nicht genug sagen, wie mir das gefällt, im dritten Stock sind nochmals zwei Zimmer, das Magdzimmer und über dem Badezimmer eine Art Kammer. Bühne ist keine da. Sie brauchen auch keine, da sie sonst genug Räumlichkeiten haben. Ist es schönes Wetter, können sie hinterm Haus trocknen, ist es schlechtes, an dem Kohlefeuer im Keller.

Der Hausgang hat schöne Plättli Boden, die Stiege und der obere Hausgang sind mit Teppich belegt, das Hausgang-Fenster hat braune Scheiben und die Zimmer sind alle mit Linoleum ringsum und großen Teppichen belegt. Das Mägdezimmer, das Fremdenzimmer im dritten Stock und die Küche mit Aufwaschraum sind ganz mit Linoleum belegt. Im Salon haben sie ein seidenes gestepptes Sofa und kleine Zierstühle, hübsches Kästchen etc. Das Eßzimmer: Buffet, großer Tisch, zwei große Fauteuils, sechs Stühle aus Mahagoni-Holz, die Stühle und Kanapee sind mit Marokko-Leder bezogen. Piano, Tisch, Schlafsofa, Glaskasten und Bücherschaft, Truhe, Schreibpültchen, Schaukelstuhl und Stühle bilden die Möbel des Wohnzimmers.

Das Schlafzimmer hat ein zweischläfriges eisernes Bett, welches ganz vergoldet ist, einen schönen großen doppeltürigen Kasten, mitten mit einem Spiegel versehen.

Eine Kommode, ein Ankleidetisch und ein Waschtisch nebst Stühlen und ein sogenannter Ölofen, der mitten ins Zimmer gestellt wird, und damit das Zimmer etwas vorwärmt.

Das Gastschlafzimmer hat ein zweischläfriges eisernes Bett mit weniger Gold, eine Ankleidekommode, einen Waschtisch und einen doppeltürigen Kasten mit Spiegel nebst Stühlen und Elises Nähmaschine. Die Möbel sind aus Walnußholz, zierlich einfach und doch stellen sie etwas vor. Die Stühle sind nicht wie bei uns schwer und hoch, sondern leicht und man sitzt ganz vorteilhaft drauf. Nun bin ich so ziemlich mit der Beschreibung zu Ende, wenn ihr noch etwas wissen möchtet, so teilt es mir mit.

Nun möchte ich auch wissen, wie es bei Euch geht. Wie geht es dem lieben Vater? Besorgt ihn gut und sehet immer nach seinem Ofen nach. Geht Otto immer zur rechten Zeit ins Geschäft und gibt er acht auf das Licht?

… Hat der Schlosser die Haustürfalle gemacht? Wenn es der Fall ist, so seid Ihr beide ja darauf aus, daß, wenn es dunkel wird, die Haustür zugemacht wird, denn man liest ja von so vielen Diebstählen.

Meinen letzter Brief hatte Fritz schon mit in die Stadt genommen, als er einen Brief von Alfred bekam, in welchem dieser schrieb, daß er erst in 14 Tagen seinen Platz verlassen könne.

Also dürfen wir ihn erst Anfangs März erwarten. Wenn er nur glücklich und gesund bei uns und Euch ankommt. Elis ist noch immer munter, das wollte ich noch schreiben: Elis hat im Schlafzimmer und Gastbettzimmer Vorhänge von geblümtem Cretonne, die mir sehr gut gefallen. Sie sind auf beiden Seiten gleich, haben also keine rechte und linke Seite. Das Meter kommt auf 1 MK 90 Pf. Erkundige Dich nach dem Preis bei uns, ich könnte, wenn sie hier billiger kämen, für Frieda in ein Zimmer mitbringen …
Mit herzlichem Gruß von uns und Gott sei mit Euch bin ich Eure treue Mutter«

6 Uhr abends, 26. Februar 1895
»Meine Lieben!
Uns geht es ordentlich, Elis ist noch immer munter, wir sind froh, wenn der Storch nimmer zu lange auf sich warten läßt. Vater würde jedenfalls die Zeit lange werden und könnte er es trotz dem netten Heim, das die beiden haben, in den Mauern nicht so lange aushalten wie ich.
Wäre er auf dem Meere gewesen und ein paar Tage hier, er ginge gewiß gerne wieder in die Adelhauser Straße 10 nach Freiburg; denn in England, wenigstens hier in Manchester, sieht man jeden Tag bereits Nebel, oft so dick, daß man keine der Schritte vor sich sieht. Fenster kann man nicht offen haben wegen der feuchten Luft und Ruß.
Ich habe heute in den gegenüberliegenden Häusern gesehen wie die Mägde die Zimmer putzen, ohne die Fenster zu öffnen. Die Fensterscheiben werden von außen durch einen Mann geputzt, welcher natürlich auf einer Leiter steht. Elis sagt, komme ein Polizist und sehe, daß Mädchen die Fenster putzen, so werde man für fünf Mk. bestraft. Die Privatleute wohnen meistens um Manchester herum, jede Familie hat ihr eigenes Haus, gewöhnlich zweistöckig mit Mansardenzimmer, welche aber nicht ganz so schiefe Wände haben wie die unsrigen.

Man kann sie Kniestockwohnungen nennen, aber Bühnen gibt es nicht. Bei jedem Haus ist ein Garten. Gestern z. B. wurde bei uns und dem Nachbarhaus gewaschen, einige hingen ihre Wäsche ins Freie und andere trockneten dieselbe am Kohleofen, in der Waschküche und in der Küche, selbst heute wird überall gebügelt, schon gestern bügelte die Magd im anderen Hause.
Jeden Montag wird gewaschen, so kommt natürlich nicht sehr viel Plunder zusammen, doch ist sie am Dienstag wieder im Kasten. Die Mädchen putzen viel und alles auf den Knien, mit dem Strupfer hantieren sie nicht. Ich war letzten Samstag mit Fritz und Elise zu Fuß ein Stück Wegs in die Stadt gegangen. Weder das Fleisch in den Fleischläden, noch das Brot und Kuchen hat mich angesprochen. Würste und Schwartenmagen bekommt man nicht hier, die Schweinsknöchel sehen unappetitlich aus, die feinen Engländer essen eben Roastbeef und für die arbeitende Classe ist es wahrscheinlich gut genug. Neben uns wohnt ein Hauptmann, die haben 16 Hühner.
Wenn Ihr uns schreibt, so schickt das genaue Rezept der Gelberübentorte, von der Zwieback- und Kleientorte gebt nur das Maß an, Ihr braucht es nicht ausführlich zu schreiben, von der gewürzten Mandeltorte, von den Zwiebäckli wie sie Elis Krafft macht.
Alfred können wir nicht schreiben, da wir nicht wissen, wo er grad ist. Gruß und Kuß dem großen Freiburger und er soll nur nicht zu stark ins Schnapsglas schauen.
Daß ich bald wieder einen Brief von euch erhalte ... und mir sagt, was Ihr treibt, wie es steht mit Vögel, Pflanzen und Hühner, legen sie brav?
Vater, Otto und Marie seid herzlich gegrüßt
von Eurer Euch treu liebenden
Mutter«

Am 10. März 1895 kann Maria Emma Elisabeth Heidenreich, geborene Fentzling, ihr Kind in die Arme nehmen. Ihr Sohn wird Ernst Fritz Alfred (Grether) Heidenreich heißen, im Andenken an Ernest Grether. »Ernie« nennen sie ihn. Seine Großmutter Maria Rebecca schreibt am 19. März 1895: »Elis ist mit seinem Bubeli so wohl, daß ich froh bin, wenn es so bleibt, damit ich eher der Heimat zu gehen kann.« Frau Fentzling war jetzt schon einen ganzen Monat in Old Trafford, Manchester.

Mein Gott, sagt Liesel zu ihrer Mutter: »Gelt, das hast du auch nie gedacht, einmal nach England zu reisen; was würden die lieben Großeltern dazu sagen!«

Die Kinder waren in Manchester, Dresden, Überlingen, Meßkirch, Lausanne, und zwei ihrer Söhne in den USA, in Oregon und in Kalifornien.

Ein Blick zurück

Auf einem Familienausflug auf die Schweigmatt über Schopfheim und Fahrnau war man im Kurhaus eingekehrt und hatte mit Datum vom 5. Juli 1892 eine Postkarte nach Sacramento geschrieben.

Von drüben hören sie wenig zu Hause. Im Oktober 1893 notierte Maria Rebecca über ihre Söhne: »Von Alfred und Emil haben wir seit langer Zeit keine Nachricht mehr erhalten; aber wie man allgemein hört, soll es in Amerika sehr schlecht sein, kein Verdienst und was weiß ich alles noch.« Erst im Dezember hört sie wieder etwas – von Emil aus Oregon. Er arbeitet dort als Koch. Er und seine Frau Lizzie seien zwar gesund, aber gut ginge es ihnen nicht. Es sei schwer, Arbeit zu finden. Die Zustände in Amerika seien noch viel schlechter als bei uns. Auch Alfred hatte im November 1893 geschrieben. Es ginge ihm ordentlich, er sehne sich aber nach Hause …

Das Jahr darauf geht es Alfred schlechter. Liesel hatte auch damals ihrer Mutter geschrieben, am besten wäre doch, Alfred solle wieder heimkommen, wenn er nach fünf Jahren immer noch keinen Boden unter die Füße bekommen hätte.

Das Schicksal der beiden Söhne in Amerika beschäftigt die Mutter auch in den Wochen des England-Aufenthalts. »Eine dumme Geschichte«, sagte Liesel, als sie in Manchester ihrer Mutter gegenübersaß und auf das leidige Thema zu sprechen kam. Vielleicht könne er Tierarzt werden, Vater könne ihm dann behilflich sein. Maria Rebecca hatte eine ähnliche, aber doch andere Idee: Alfred solle zurückkommen und in Schopfheim den verpachteten »Pflug« übernehmen. Herr Geitlinger, der Pächter, muß dann eben abgehen. Und tatsächlich, Alfred Fentzling verläßt die USA, im März 1895 schifft er sich Richtung Europa ein, fast gleichzeitig mit der Rückkehr seiner Mutter von Manchester nach Freiburg.

Nachdem der »Pflug« vorübergehend geschlossen war, geht ab Mittag des 11. Juni 1895 der Gasthof auf Alfreds Rechnung. Er ist wiedereröffnet unter neuer Führung: Auch seine Mutter ist seit diesem Tag im »Pflug« – sie ist für diesen Zweck von Freiburg nach Schopfheim gezogen. Zwei Heimkehrer – Mutter und Sohn – wieder unter einem Dach – vorläufig wenigstens, »bis alles in Ordnung ist«, notiert »Mutterlie«. Die Kellnerin paßt Alfred nicht, Maria Rebecca sucht händeringend eine Haushälterin und Mädchen für die Küche. Dann sollen zwei Zimmer nach vorne hergerichtet werden, 12 Betten sind fast wie neu, Roßhaar wird in die Matratzen nachgestopft, darunter sind auch die Betten, die sie zur Aussteuer bekommen hatte. In dem unteren Stock, wo bisher der Tanzsaal war, werden Gästezimmer eingerichtet, der Tanzboden kommt rauf unter den Dachstuhl, Maurer reißen den Boden auf, es wird abgerissen und aufgebaut im »Pflug«. Am 18. August werden 80 Offiziere speisen, und bald kommt der Großherzog, für den ein wertvolles Service in Auftrag gegeben wurde, und dann folgen Hochzeiten. Der »Pflug« wird zum Aktionszentrum der Maria Rebecca, geborene Pflüger. »Das Geschäft geht immer«, sagt sie; »wir haben ordentlich zu tun und nachts bleibt kein Bett leer«. Wenn nur das Personalproblem nicht wäre; eben hatte Alfred den Hausburschen wechseln müssen, weil er nicht ehrlich war und mit dem Vieh nicht umgehen konnte.

Aus Old Trafford berichtet Liesel über Ernies schönes Tauffest im Mai 1895, von den Parlamentswahlen in England im Juli und fügt hinzu: »… nun bin ich froh, daß der ›Pflug‹ eröffnet ist; es ist traurig, daß die Arbeiten nicht so schnell vor sich gehen … so Gott will hat Alfred einen guten Verdienst und eine Lebensstellung, vorausgesetzt, daß ihm dieses Unternehmen gefällt und zusagt. Ich weiß, er hat den Mut allem zu widerstehen, was ihm Kummer und Sorgen machen könnte, in Amerika hat er ja auch seinem Ziel vorwärts gestrebt, obwohl sein Leben mit allerhand traurigen und verzagenden Stunden gewürzt war, er kennt ja die Gefahren, die mit der Zeit an einen herankommen und er weiß sich denselben als ›Mann‹ zu stellen. Wer weiß, nach ein paar Jahren sieht man einmal den Ökonom als behäbigen Gastwirt unter dem ›Pflug‹ stehen und von weitem seinen Gästen zulächeln, daß sie ihm nicht widerstehen können, einen Schoppen zu trinken …«

Im Frühherbst 1896 hat Schopfheim einen neuen Tanzsaal: Im »Pflug« ist der nach oben verlegte Saal fertig geworden. Alfred meint, daß der ihn aber jedenfalls schönes Geld kosten werde, vor allem da er nach jeder Tanzerei oder Ausstellung vollkommen verdorben sei. Kaum war die Mutter bei Tochter Frieda in Überlingen oder anschließend in Freiburg, wird sie alarmiert, in Schopfheim wieder nach dem Rechten zu sehen … Das Problem war die Köchin. Sie hat das Sagen im »Pflug«. Alfred kann sich ihr gegenüber nicht durchsetzen. Man solle sie jagen, sagen die Verwandten, und es, das Mutterlie, soll das selbst in die Hand nehmen. Doch sie meint, man müsse vorsichtig sein: Wenn man die Köchin aus dem Haus jage, ließe sie sich in einem anderen Gasthof anstellen, und könne ihnen schaden. Am besten, sie ginge von selbst; denn hatte die Köchin nicht selbst gesagt: »Wenn der Herr heiratet, so bleibe ich keine zwei Tage da, denn ich bin schon zu lange eigenmächtig!« Alfred bräuchte eine richtige Stütze, eine Haushälterin, die alles überwacht. Er dürfe sich einfach nichts von der Köchin befehlen lassen …

Dann, Anfang Oktober 1896 fährt Maria Rebecca wieder nach Schopfheim. Das Ganze bringt sie in Aufregung: »Bin gestern hierher gekommen und habe kurzen Prozeß mit der Köchin gemacht.

Ich habe ihr gesagt, was sie ist, dann hat sie die Schlüssel genommen und ist in ihr Zimmer, um ihre Sachen zusammenzupacken. Sie hat dreimal so viel fortgenommen als sie gebracht hat ... ich war die ganze Nacht auf dem Kanapee, denn ich hatte immer Angst, Alfred brenne mir durch. Unser Alfred ist ganz verblendet und vernarrt in die falsche Köchin, über die jetzt alle Leute ihren Mund auftun und sie verschnupfen.«

Am 30. Oktober 1896 schreibt Mutter Maria Rebecca, zurück in Freiburg: »Wollte Gott, unser Alfred würde sich eines Besseren besinnen, doch wie es scheint, kann er seine Auserkorene nicht vergessen. Das ist derjenige, der immer sagte, er heirate nicht und läßt sich von einer solchen charakterlosen Person fangen.«

Vor acht Tagen sei er morgens in Schopfheim fortgegangen, sagte, Vater hätte ihm geschrieben, er möge nach Freiburg kommen. »Nur anstatt daß er mit dem 9-Uhr-Zug in Freiburg ankommt, geht er erst mal zu seiner Heißgeliebten und kommt abends in die Adelhauser Straße 10.«

Jetzt tauchen erste Gedanken auf, ob man den »Pflug« nicht verkaufen, diese ganze Last also losschlagen solle. Zum Beispiel könnte Karl Nutzen davon haben, wenn er eine Apotheke übernähme, könnte die Mutter das Nötigste, was er brauchen könne, aus dem »Pflug« nehmen und für ihn verwerten.

Doch das Leben im »Pflug« geht seinen Weg. Die drei Zimmer nach vorne (aus dem früheren Saal) sind im Oktober 1899 gemacht – schöne, geräumige Schlafzimmer, berichtet Maria Rebecca in ihrem Brief von Schopfheim nach Freiburg. »Es hat mich ganz geblendet, als ich es sah und dachte, wie schön es Alfred hätte haben können und was wir alles geholfen und geschafft haben.« Daß der Mensch sich so ändern kann, das schmerzte die Mutter.

Fritz Heidenreich erhielt im April 1897 einen schwarz umrandeten Brief aus Müllheim. Es war eine unerwartete Nachricht. Der Bruder seiner Mutter, Carl Grether, Bürgermeister von Schopfheim von 1879 bis

1897, war plötzlich verstorben. Fritz und Liesel schreiben am 18. April 1897 an ihr »Mutterlie«: »... vorgestern erhalten wir auch die traurige Botschaft vom Hinscheiden des Onkels Bürgermeister, es war für uns ein harter Schlag, zumal wir gar keine Ahnung hatten, daß er so krank war ... Die alten Schopfheimer sterben nun alle hinweg, bald sind die alten Bekannten nicht mehr und eine ganz andere Welt wird in Schopfheim herrschen, das ist eben der Welten Lauf.« Carl Grether war an den Folgen einer Lungenentzündung gestorben, genau wie sein Bruder Ernest Grether vor jetzt sieben Jahren in Manchester.
So ganz anders wird die Welt nicht, zumindest nicht in Schopfheim, denn Maria Rebeccas unehelicher Sohn, Hermann, also Liesels Halbbruder, wurde zu Grethers Nachfolger gewählt. Auf diese Mitteilung aus Freiburg schrieb Fritz im Namen auch von Liesel zurück: »... gewiß freuen wir uns sehr mit Dir über diese Ehre, die Hermann zuteil wurde. Als mein lieber Onkel selig vor sieben Jahren vom Amt zurücktreten wollte, sagte er damals schon zu mir hier in England, daß er keinen passenderen Nachfolger als Hermann wisse, daß es sein Wunsch wäre, wenn er gewählt würde, so ist also jetzt nach Jahren der Wunsch des lieben Verstorbenen erfüllt worden.«
Auch Hermanns Adoptivvater Georg Fentzling freute sich über die gesellschaftliche Anerkennung für den inzwischen 38jährigen Hermann. Doch dann war Georg Fentzling doch wieder erzürnt, daß ihm Hermann für seine Gratulation anläßlich der Wahl zum Bürgermeister noch nicht gedankt hatte. Georg Fentzling war in diesen Tagen in einer schlechten Verfassung. Eigentlich wollte sich Maria Rebecca auch ihres Lebens freuen, liebte es, mit »Fröhlichen« zusammen zu sein, »doch wenn der Brummbär kommt, dann ist es aus mit der Herzlichkeit«. Seine Redensarten kannte sie in- und auswendig.
Im August 1900 ist Maria Rebecca wieder einmal in Schopfheim. Sie besucht ihren Sohn im Rathaus. Er begleitete seine Mutter in den Garten, wo sie einige Astern abschnitt. Zusammen gingen sie den Weg zum Friedhof. Sie standen lang vor dem mit Efeu umsponnenen Familiengrab.

11. Kapitel
Jahrhundertwende in Manchester

Der kleine Ernie in der Birch Avenue in Old Trafford bekommt am 2. März 1897, eine Woche bevor er zwei Jahre wird, ein Schwesterchen ins Haus – Dorothea Elfriede Marie Anne. Da die Muttermilch nach drei Wochen ausblieb, konnte Liesel die Kleine nicht fortstillen, doch die sterilisierte Milch, die das Töchterchen dann bekam, ernährte sie gut. Sie scheint etwas ruhiger zu sein als ihr Bruder es war. Der »wilde Junge«, wie sie ihn nannten, hatte einen starken Willen. Wenn er etwas haben wollte oder heruntergerissen hatte, sagte er: »Don't say ›aber‹ mother!«, weil seine Mutter stets mahnend sagte: »Aber Ernie!«

Da der deutsche Pastor Anfang Mai Manchester verlassen wird, findet Dorotheas Taufe in der deutschen protestantischen Kirche bald statt. Der Pastor, der auch Ernie getauft hatte, nahm eine Stelle in Bremen an. Ernie muß sich in seine neue Rolle erst finden: Hie und da ist er etwas derb mit seiner kleinen Schwester und möchte sie gerne kneifen – Dorli, so findet Liesel, erinnert sie »an das liebe Großmutterlie«. »Oh, how sweet he is«, sagen die Leute entzückt von Ernie auf der Straße. Als er im Botanischen Garten ein kleines Kind im Babyalter sieht, sagt er ›Baby‹ zu ihm und will mit ihm spielen. Kinder auf der Straße küßt er, nicht seine Eltern. Sie sprechen nur englisch mit ihm. Etwa viermal mußte die Nurse mit dem kleinen Dorli zum Arzt und jedesmal bekam es Chloroform – beide Tränenkanäle waren von Geburt zugewachsen und mußten geschnitten werden. Als Hauptgeschenk bekam Ernie zu Weihnachten ein großes Schaukelpferd. Er konnte sich kaum trennen davon und keiner durfte es anrühren. Es ist ein Apfelschimmel, fast so groß wie ein Pony,

Schaukelpferd

immerhin mit beträchtlichen Ausmaßen: 1,10 Meter lang, Kopfhöhe 1 Meter, Sattelhöhe 75 Zentimeter, gefertigt in Manchester.
Im Gegensatz zu Deutschland feiern die Engländer am 2. Weihnachtstag, dem »Boxing Day«. Es ist ein wilder Tag: alles rennt dem Vergnügen nach, in der Stadt ist ein großes Gedränge. Zwei kleine Kinder und ein großes Schaukelpferd – das Haus in Old Trafford erweist sich jetzt als zu klein; es hat auch wenig Sonne. Die Heidenreichs erwägen, das dunkle Haus gegen ein Haus an der Sonne zu wechseln.

Die Geschichte mit Alfred gibt den Heidenreichs viel zu denken. Es war eben fatal, daß alles so kam und besonders, da es nicht danach aussah, daß es besser werden würde. Auch Emil ist ja nicht dumm, argumentiert man. Wenn es alle so machen würden, dann könnte Mutter eine Kinderanstalt gründen. Emil ist für Fritz ein Sozialdemokrat und steht dazu noch unter dem pietistischen Einfluß seiner Frau. »Mein Gott, hätte er sich nicht so früh gebunden. Hätte er sich die Sache mehr überlegt, so könnte er ein anderes Leben führen! Fritz sagt, die haben in Amerika auch keine guten und gescheiten Gedanken bekommen, beide seien dort eher etwas verrückt geworden. Man könnte sich richtig über Alfred und Emil ärgern, solche ›Simpel‹ gäbe es nicht gleich wieder, doch Schwamm darüber …«
Und jetzt hat Emil im November 1897 auch noch einen Stammhalter, Philip taufen sie ihn, bekommen, wo er nicht mal für sein erstes Kind, Flora, sorgen konnte. Dann kommen sie doch wieder auf die leidige »Pflug«-Thema« zu sprechen: Sie können und wollen nicht begreifen, daß in so kurzer Zeit so viel Geld verlorenging, daß er auch nichts davon sagte, daß nichts verdient wurde! Darüber müsse

Alfred, vor allem seiner Mutter gegenüber, doch Rechenschaft abgelegt haben. »Das ist er uns doch allen schuldig ...« In ihrem Brief nach Freiburg vom 9. Januar 1898 war der entscheidende Satz: »Wann geht Alfred fort und wo geht er zunächst hin?« Was Fritz sagt und denkt, das kann auch Liesel unterschreiben.

Wochen später erfahren sie es; sie reagieren prompt: »... Wir waren nicht wenig überrascht, daß Alfred schon fort ist, wir hatten keine Ahnung davon. Hoffentlich ist er gut gereist und findet drüben sein Glück und bald ein Heim. Wir sind begierig zu erfahren, wie es ihm drüben wieder zusagt und ob er nicht auch wieder die vergangenen Tage, die er in der Heimat verbrachte, herbeisehnt. Uns beiden ist Heimat stets ein Sehnsuchtsziel. Wir freuen uns jetzt schon auf die Zeit, die wir wieder in der Heimat zubringen können, wenn es auch noch Jahre dauert, bis dieser Wunsch in Erfüllung geht ...«
Noch sind sie in Manchester und suchen ein größeres, ein sonniges Haus. Sie haben sich eines angeschaut, das gerade gebaut wird. Es liegt in einer schönen Gegend, in Didsbury, also weiter draußen. Die Miete ist natürlich dementsprechend höher. Sie sind fest entschlossen, es zu nehmen. Den Sommer über sind sie noch in Old Trafford, besuchen mit den Kindern Ernie und Dorli den Botanischen Garten. Die Kinder zieht es dorthin, wo die Musik spielt. Ernie liebt es, Dirigent im Kurorchester zu »spielen«.

Was in England auffällt, ist, daß im Deutschen Reich der Tod Bismarcks so teilnahmslos registriert wurde. Man findet dieses Verhalten sonderbar. Dann, im Herbst 1898, ziehen die Heidenreichs um – nach Didsbury, Manchester, in die Ballbrook Avenue. Das Haus ist heller und geräumiger und hat, so schreibt Liesel, den ganzen Tag Sonne. Sie taufen dieses ihr neues Heim »Haus Baden«. Am 24. Oktober 1898 berichtet Liesel: »Wenn nächstes Jahr der Frühling beginnt, da werden im ›Haus Baden‹ drei kleine ›Heidenreichlie‹ sich des Lebens freuen und Ernie und Dorli ein schönes und liebes Geburtstags-

geschenk erhalten ... Hoffentlich geht es gut vorbei und es ist ein
›Bue‹.«

Erste Weihnacht im »Haus Baden«, Didsbury: Das kleine Dorli war
so entzückt vom Lichterglanz, daß es gar nicht wußte, was es tun
sollte. Es nahm schließlich Ernie bei der Hand und hielt sich an ihm
fest; eine solche Pracht war Dorli zu neu und überwältigend. Fünf
Puppen bekam es und eine Korbwiege. Und gleich begann sie damit
zu spielen. Auch Ernie war überglücklich über das Bilderbuch, über
den Helm, den Säbel und die Epauletten. Das Weihnachtsessen –
Truthahn mit Kastanien gefüllt, Erbsen mit Kartoffeln und danach
Plumpudding mit weißer Sauce und zum Schluß Obst. Es war eine
schöne Weihnacht im badischen Haus in Manchester.

Die »März-Kinder«

Es wurden alle »Märzkinder«, die in dieser Stadt geborenen Heidenreichs: Ernie also am 10. März, Dorli am 2. März und das dritte am
1. März im Jahr 1899. Der neue Pastor der deutschen Kirche taufte
die zweite Tochter im »Haus Baden« auf den Namen Elisabeth Frieda
Maria Heidenreich. »Elsie« ist wohlauf, doch Liesel muß wieder zu
Kräften kommen. Fritz schreibt ins Badener Land. »Es ist mit unseren Kindern ein großes Glück beschieden, wir beide sind glücklich
miteinander und an unseren Kindern erleben wir alles Glück und alle
Freude, die wir suchen.« Klein-Elsie sehe wie Ernie aus, sagen die

Ernie, Dorli und Elsie

Leute. Sie hat die gleichen Augen und Haare. Die Mutter kann diesmal ihr Baby durchstillen.

Einen Monat nach diesen freudigen Nachrichten aus Manchester erhielt »Großmutterlie« eine Postkarte aus Blackpool vom Imperial Hydro Hotel Company Blackpool Limited, mit Pfeil auf Elises Zimmer, einem renommierten Strandhotel: »... wie Du siehst, so sind die Vögel ausgeflogen und zwar nach Blackpool am Meer. Am Montag mittag kam nämlich der Arzt und fand, daß Elis, um sich schneller zu erholen, fort sollte, so entschloß man sich schnell und am Mittwoch mittag dampften Elis mit Elsie und Nurse ab nach Blackpool. Man ist in 1 Std. und 10 Min. hier von Manchester aus.«

Im Dezember 1899 ist in England große Aufregung wegen der Transvaal-Frage (es ging um das Überleben des Freistaats der Buren in Südafrika). Fritz hofft, daß es nicht zum Krieg kommt: »Ich würde es als eine Schmach empfinden, wenn die Engländer es zum Ausbruch eines Krieges kommen ließen.« Dann stand Weihnachten vor der Tür, es war das letzte Weihnachtsfest des Jahrhunderts: »Es überkommt mich ein eigen Gefühl, wenn ich letzteres bedenke. Es ist mir, als ob ich ein ganz anderes Leben beginnen muß und alles Glück hinter mir habe. Dieser Jahreswechsel hat etwas Eigenes, es wird einem seltsam zumute ...«

Ernie, Dorli und Elsie wurden alle vom Christkind reichlich bedacht. Ernie bekam diesmal einen Wagen mit zwei Holzpferdchen – diese Pferdchen waren für den Handgebrauch besser geeignet als das große, hohe Schaukelpferd, auf das er mit seinen vier Jahren doch selbständig steigen konnte, mit seiner Erlaubnis und Hilfe durfte auch Dorli aufsitzen. Es war wieder ganz stumm angesichts des Weihnachtsglanzes. Mäuschenstill stand es da, als sei es in einem Feenland und Elsie spielte mit dem neuen Püppchen und drei Stoffkatzen.

Ernie und Dorli besuchen den Kindergarten in Didsbury. Vor Weihnachten gab es sogar Zeugnisse. Ernie bekam einen Preis für gutes Betragen und ein Geschenk dazu – ein Bilderbuch zu Weihnachten.

Es war ein kalter Winter in England. Die Kohlen wurden knapp und Liesel berichtet: »Das Gas ist gegenwärtig miserabel, bin froh, daß wir eine Lampe haben, sonst könnten wir kaum schreiben!« Im neuen Jahr des neuen Jahrhunderts schildert Fritz am 15. Februar 1900, was die Menschen in England und ihn bewegt: »… der Krieg hat leider noch kein Ende genommen; die Engländer wollen eben nicht nachgeben, dazu sind sie zu selbstherrig. Es gibt sehr viele Staatsmänner, die gegen den Krieg sind, aber das Volk ist blind, es sieht das Unrecht nicht ein. Mich dauern die Soldaten, die gehen müssen, viele kommen ja nicht mehr zurück. Die Buren sind ein tüchtiges Völklein, allen Respekt davor! Was wird noch kommen, das fragt sich jeder. Wir wollen hoffen, daß der Krieg bald vorüber sein wird.«

Im selben Brief schreibt seine Frau: »… von unserem Tun und Treiben kann ich Euch nicht viel Neues berichten. Es geht alles im gleichen Tempo dahin; hinaus geht man nicht viel, das Wetter ist zu schlecht. Wir haben vor, einmal in die Pantomime zu gehen. Da käme Mutterlie wohl gerne mit, nicht wahr? Bekannte fragen uns, ob wir nicht auch Ernie dahin nehmen wollten, wir sind aber grundsätzlich dagegen, denn für das Kind ist es mehr ein Schaden als Vergnügen. Sein Gemüt könnte das Schauspiel gar nicht fassen und würde nur seine Nerven aufregen und uns mit seinen Fragen und was alles daraus folgt, belästigen und ermüden.«

Im Lauf des Juli nimmt Frau Heidenreich jeden Abend eine Radfahrstunde. Sie übt das Auf- und Absteigen, dann das Fahren im Kreis. Natürlich fällt sie öfters vom Rad, hat auch inzwischen einige Schürfwunden. Das geliehene Fahrrad ist ihr etwas klein, da behindert sie in der Kurve die Lenkstange. »Mit meiner eigenen Maschine wird das schon besser gehen … Es ist recht nett, so schnell durch die Welt zu segeln.« Und bald hat sie auch ihr eigenes Rad. Fritz und Liesel fahren jeden Abend zusammen aufs Land hinaus und reden davon, »einmal zusammen das Wiesental zu durchfahren, doch damit hat es noch Zeit …« Im Mittelpunkt der öffentlichen Meinung stehen im Herbst die Neuwahlen für das Unterhaus. Fritz schätzt am Wahltag, daß die Konservativen die Mehrheit haben, »denn das Volk ist noch so vom Kriegsfieber behaftet und das ist gerade das, was den Torries paßt; sie waren ja teils mehr oder weniger für den Krieg.«

Ein für die Kinder wichtiges und aufregendes Ereignis ist das Einstudieren eines Reigens und Gesangs für eine Weihnachtsaufführung in der Schule. Ernie und Dorli probten tüchtig, damit sie sich gut präsentieren. Doch statt Jubel und Beifall wurden sie von der Schule nach Hause geschickt: »chickenpox« – die ansteckende Krankheit Windpocken hatten sie von dort mitgebracht. Ihre Körper waren voll davon, Carbolöl linderte das Brennen. Erst am Festtag durften sie wieder aufstehen. Mit Malen und Zeichnen verbrachten Ernie, Dorli und

Die Vier am Fenster

Die Fünf vor dem Haus

Elsie die nächsten Tage. Mit einem Bleistift in der Hand und einem Blatt Papier vor sich können sich alle drei stundenlang beschäftigen. Wenn Elsie allein im Zimmer ist, malt sie auch mal neue Muster auf die Tapete. Im Frühjahr 1901 fängt Ernie an zu lesen und zu schreiben. Rechnen mag er nicht, »das hat er von mir«, gesteht Liesel.

Wieder waren schlechte Nachrichten aus den USA gekommen. Maria Rebecca Fentzling war erneut beunruhigt, sie fühlte sich mit ihrer Sorge von ihrer Liesel und von ihrem Schwiegersohn verstanden; es war wie ein Schlag – Emil war bankrott. Auch Liesel regte sich auf: »... nur zu gut weiß ich, daß Emils Geschick wieder Unfrieden und Kummer daheim gebracht hat und dies ärgert mich so sehr; am liebsten möchte ich ihm einige Zeilen schreiben, was ich auch bald tun werde, die er gewiß nicht sogleich vergessen wird. Das hätte ich von Emil nie gedacht, daß er sich zu einem solchen Schritt verleiten ließe, zumal er noch Familie hat; er hätte gescheiter sein dürfen. Ich kann kein Bedauern mit ihm haben ... Hoffentlich sieht Emil seinen Irrtum ein und ist geheilt vom Spekulieren und sorgt mehr für Frau und Kinder.«

Ein Brief aus dem Wiesental nach Manchester

Selbst wenn Markus Pflüger Freunden oder Verwandten schreibt, spürt man den engagierten liberalen Politiker. Er spricht von den Machtverhältnissen bei der Militärvorlage im Parlament – von den Zentrumsmännern, von seinen Freisinnigen, nennt Namen, so auch

in seinem Brief vom 26. Juni 1893, den er aus Lörrach an Ernst Friedrich Heidenreich nach Manchester geschrieben hatte. Seit 1874 saß er im Berliner Reichstag, und blieb das, was bereits damals ein Abgeordnetenkollege über ihn sagte: unter den Nationalliberalen, denen er damals noch angehört hatte, sei er ein »äußerst Linker«, außerdem »etwas von Schweizer Ideen angehaucht«. Die nahe Schweizer Grenze, die nicht nur politische Seelenverwandtschaft, auch familiäre Bande und seine Emigrationszeit prägten ein Demokratieverständnis nach Schweizer Rezept. Von daher hatte er einen völlig anderen Blick auf einen Mann wie Bismarck gerichtet als seine liberalen Kollegen etwa aus Norddeutschland. Trotz seiner politischen Karriere in Berlin blieb er der Markgräfler, der – kaum war er in Lörrach angekommen – nach Grenzach weiterfuhr, um nach seinem Weinberg am Grenzacher Horn zu schauen. Hemdsärmelig und verschwitzt pfiff er bei seiner konzentrierten Arbeit vor sich hin. Eine Gewohnheit, der er manchmal selbstvergessen auch bei Beerdigungen frönte …
Hochgeehrt, 1881 mit dem Ritterkreuz 1. Klasse des Ordens vom Zähringer Löwen, und später als Alterspräsident des Badischen Landtags, Markus Pflüger war ein überzeugter 48er geblieben – aufrecht und ohne Verbiegungen. Er sprach kaum über die damaligen Ereignisse, auch nicht im »Hirschen« am Stammtisch – am oberen Ende der langen Tafel in der geräumigen Wirtsstube.
Anton Fendrich hatte dies in seinem Aufsatz über die 48er festgehalten: »Wenn im badischen Landtag vor und nach der Jahrhundertwende die sogenannten Sozialistendebatten aufflammten und die Redeglut zurückschlug in die Zeit der badischen Erhebung von 1848, dann war die zweite Kammer jedesmal Zeuge des gleichen Schauspiels, das auf der Bank der Regierung wie auf denen der Abgeordneten ein seltsames Verstummen hervorrief. Es war, als ob Tote auferstünden und mahnten. In dieser Stille packte der ehrwürdige Alterspräsident Markus Pflüger mit dem weißen Knebelbart immer seine Akten zusammen und verschwand still von seinem Platz: Er, der anno 48 ernstlich mit dabeigewesen, konnte nicht ertragen, daß die badische

Revolution von den Sozialdemokraten in den Himmel gehoben und von den protestantischen Konservativen und dem Zentrum als Verbrechen gebrandmarkt wurde.«

Als sich 1898 der 50. Jahrestag der Revolution von 1848 jährte, war Markus Pflüger 74 Jahre alt. Wenn äußerlich gesehen Politik nicht von »Eisen und Blut« geprägt war, die Zeit war bleiern, die Erinnerung an die Revolution und ihre Protagonisten war nicht erwünscht. Wie großherzogliche Behörden dachten und handelten, geht aus dem Schreiben des badischen Bezirksamts Lörrach an das Bürgermeisteramt Rümmingen, den Ort, aus dem Friedrich Neff stammte, hervor. Am 20. März 1898 heißt es da: »Nach Mitteilungen in öffentlichen Blättern soll heute Nachmittag oder an einem späteren Tag am Grab des im Jahr 1848 (!) standrechtlich erschossenen Näf (!) von Rümmingen auf der dortigen Begräbnisstätte ein Kranz niedergelegt und damit voraussichtlich eine Feierlichkeit verbunden werden. Die Sache soll von Lörracher ehemaligen Parteifreunden des Näf ausgehen. Es wird aber jede öffentliche Feierlichkeit an diesem Grabe hiermit polizeilich untersagt und der Ortspolizeibeamte von Rümmingen mit dem Vollzug beauftragt mit dem Bemerken, daß polizeilicher Zwang anzuwenden ist, wenn Teilnehmer dem politischen Verbot sich nicht fügen sollten. Über den Vollzug ist zu berichten.«

Und dann war das großherzoglich badische Bezirksamt Lörrach doch fündig geworden – Kränze mit Schleifen waren an Friedrich Neffs Grab niedergelegt worden. Am 14. April 1898 heißt es: »Das Bürgermeisteramt Rümmingen wird beauftragt, die beiden Schleifen, welche von den Kränzen abgenommen wurden, die auf dem Grabe des standrechtlich erschossenen Neff von Rümmingen niedergelegt waren, alsbald hier einzusenden.« Die großherzoglichen Behörden hatten auch die Inschrift an der Grabstelle herausgemeißelt.

Auch in Lörrach erinnerte man sich der Vorgänge vor 50 Jahren. Auf einer Veranstaltung erzählte dann doch ein würdiger alter Herr, was er als 24jähriger erlebte, damals, als er als Hauptmann die Lörracher Bürgerwehr angeführt hatte – Markus Pflüger: »Wir feiern heute ein

Erinnerungsfest, welches uns die bedeutsamen und folgenreichen Ereignisse des Jahres 1848 wieder vor Augen führen soll.« Nachdem er weit ausgeholt hatte, schloß er mit den Worten: »Deshalb gedenken wir heute mit Dankbarkeit aller jener Männer, welche damals für unsre große Sache: Einheit, Freiheit und Recht bluteten und in den Tod gingen.«
Nach dem Vortrag folgten ihm manche in die große Stube des »Hirschen« und tranken Pflügers hauseigenen »Grenzacher«.

Post aus Lausanne auch nach Manchester

Anna Maria Krafft (1777–1842), Hebels »Anne-Meili«, hatte einst ihrem Enkelkind Maria Rebecca nach Lausanne Zeilen »zur Erinnerung an Dein Dich liebendes Großmutterli« geschrieben. Im Jahr vor der Jahrhundertwende ist Mutter Maria Rebecca wieder in Lausanne. Am 9. September 1899 schreibt sie von dort: »Meine Lieben! Mit was soll ich zuerst anfangen? Ich sitze in einem sehr gemütlichen Zimmer, wo ich schlafe und eine wunderschöne Aussicht habe auf die Berge, Seen und Stadt, und ich bei der lieben Cousine Marie ausgezeichnet aufgehoben bin. Gott sei Dank bin ich wohl und hoffe, daß ich meinen Reiseplan zu Euch ausführen kann, denn mit dem Generalabonnement kann ich ja durch die ganze Schweiz. Otto und ich sind Sonntag den 3ten früh 2 Uhr 20 in Freiburg abgereist, da Vater sich abends gleich zu Bette machte, mit uns keine Silbe mehr sprach und morgens $\frac{1}{2}$ 6 Uhr schon fortging, hofften wir, ihn an der Bahn noch zu sehen, doch vergebens schauten wir nach allen Richtungen, er kam eben nicht was er doch sonst immer tut.«
Ihr Sohn Karl hielt sich in Neuville auf, da er dort als Apotheker eine Anstellung sucht und in der Apothekerzeitung nachsehen möchte, wo eine Stelle frei wird. Maria Rebecca ist jetzt 62, ihr Sohn Karl 34 Jahre alt. Zusammen mit ihrem jüngsten Sohn Otto, der 22 Jahre alt war, fuhr sie über Basel nach Neuchâtel. Karl sollte nach Biel kommen, um gemeinsam weiter die Reise fortzusetzen. Sie schreibt:

»Nach 2 Uhr kamen wir in Biel an, wo Karl wartete. Karl hätte gewünscht, wir wären einige Tage zu Hause geblieben, da er hoffte, noch mehr Offerten auf seine Anzeige im Blatt zu erhalten. Wir reisten zusammen nach Neuchâtel, kehrten im Gasthaus zur Sonne ein, wo wir sehr gut logierten. Wir sahen uns die Stadt, die Alpen und den See an und gingen sehr früh zu Bette. Karl natürlich nicht, denn das Pilsner Bier schmeckte ihm zu gut. Somit war Karl wieder eine Nacht bei uns, trank abermals Bier und Wein und was weiß ich, so daß er Leibschmerzen bekam, in der Nacht brechen mußte und als ihn Otto zum Direktor der Handelsschule abholen wollte, war es ihm zu schlecht, um zu gehen. Nun mußte ich mich auf den Weg machen. Der Direktor ist ein sehr netter Mensch; doch, da er nur Französisch spricht, konnte ich nicht alles so verstehen wie ich gewollt. So viel weiß ich, daß Otto beim Eintritt 80 Frk zu zahlen hat und nach dem Neujahr noch einmal 100 Frk, daß er in der Woche 6 Franz. Stunden und 8 in der Handelsschule hat, daß er austreten könne, wann er will, doch für das ganze Jahr zahlen muß.
In Neuchâtel ist die erste Handelsschule und von da werden den Zöglingen Empfehlungen mitgegeben. Da uns von dem Direktor ein Haus, in welchem nun Otto untergebracht ist, sehr empfohlen wurde, so ist Karl, nachdem es ihm besser wurde, mit uns hingegangen. Es hat einen sehr günstigen Eindruck gemacht. Herr und Frau sind sehr conciliant, sprechen gut französisch, ist alles schön, fein, sauber, haben einen Sohn und eine Tochter, und 4 Pensionäre: eine Holländerin, ein Engländer und ein Zürcher. Otto teile das Zimmer mit dem Zürcher Herrn. Hoffen wir, daß Otto in diesem Hause recht profitiert und in der Schule etwas lernt. Karl ist um 11 fort und ich blieb bei Tag noch bei Otto.
Am Mittwoch um 10 Uhr kam ich hier in Lausanne an. Nach dem Essen fuhren Cousine und ich auf den Gottesacker. Am Donnerstag ging ich nach Genf.
Gestern besuchte ich Mme Louise, nachmittags fuhren wir auf den Signal, wo Vetter Karl einige Schweizer Häuschen zum Aufenthalt

von Freunden gebaut hat. Er nennt es ›village Louise‹. Beiliegendes Bildchen hat mir Jeanne gegeben, sei so gut und gib Jeanne gleich Nachricht, vielleicht weiß Fritz, wo der Ort ist, woher sie die Offerte erhalten hat.«

Die Lage der bürgerlichen Schicht im »badischen Haus« und in Übersee

Von Lausanne reist Maria Rebecca nach Brunnen, weiter über Schwyz und Winterthur nach St. Gallen. Von dort geht die Reise durch die Schweiz zum Bodensee – nach Überlingen, wo ihre Tochter Frieda, inzwischen 30 Jahre alt, mit Josef Bauer (»Sepp«) verheiratet ist, deren Sohn »Hanseli« sie munter antrifft. Dort erfährt sie, daß Eugen – nach Hermann ihr zweiter Sohn (inzwischen 36 Jahre alt), Aussicht auf eine Försterstelle mit schönem Forsthaus in Meßkirch hat. Im Oktober 1899 reist Maria Rebecca ins Wiesental, besucht in Schopfheim ihren Sohn Hermann, den Bürgermeister, und schaut im »Pflug« nach dem Rechten ...

Alltag bei Maria Rebecca – »Päckli machen, Commissionen besorgen« oder bei Herbstbeginn bis nachts um 10 Uhr Zwetschgen »einschwäfeln, 16 Gläser voll, ohne Stein!« Am 16. Februar 1901 schreibt sie an Marie: »... meine größte Beschäftigung ist das Strümpfe flicken, Socken stricken und was mich am meisten in Anspruch nimmt, ist das Ordnen, Eintragen, Zusammenheften der Quittungen aus den letzten 6 Jahren. Ich habe meinen Arbeitstisch aufgemacht und da liegt das ganze Gerümpel, zwar so geordnet als möglich, daran sitze ich und schreibe Zahlen ins Unglaubliche auf. Hätte ich nur das Geld beisammen, das wir schon verausgabt nur in den paar Jahren ...«

Dann am 18. Juni 1901 ein Hoffnungsschimmer für ihren Sohn Karl, dessen Suche nach einer Anstellung in der Schweiz erfolglos war: Karl bekommt eine Konzession in Mannheim. »Nun heißt es vorwärts schaffen, damit das Geschäft baldigst eröffnet werden kann«, schreibt sie.

Am 21. April 1902 war Maria Rebeccas 65. Geburtstag. Um ihre Gesundheit ist es nicht gut bestellt. Maria Rebecca hat eine Geschwulst an ihrer Brust. In diesem April 1902 weiß sie, daß sie sich einer Operation unterziehen muß. Sie schreibt an »meine liebe Marie«: »… was weiß doch Vater, wie es mit meiner Brust steht, er hat sie ja noch nie gesehen und wenn es wie er heute wieder auf einer Karte schreibt nach Eschbachers Aussage nicht bedeutend ist, so möchte ich sehen, welches Gesicht er bei Entfernung der Geschwulste machen würde, nachdem er schon beim Tranchieren des Fleisches, wo ihn das Messer geritzt, schon fast in Verzweiflung geriet. Ich bin ja froh und werde dem lieben Gott danken, wenn es gut und ohne große Schmerzen vorüber geht.«

Noch vor der Brustoperation setzt Maria Rebecca Fentzling, geborene Pflüger, ein Testament auf:

> »Meine lieben Kinder.
> Nach meinem Tod wünsche ich, daß das Weißzeug von meinen Töchtern Frieda, Elis und Marie verteilt wird.
> Daß sie den Vorzug haben im Wählen der Möbel, es wird für die Söhne schon jedem ein Andenken geben. Dann wünsche ich, daß mein Sparkassengeld in Schopfheim unter die Töchter Frieda, Elis und Marie verteilt wird, damit die auch mit dem Geld einen Anfang zu einem Sparkassenbuch sich anschaffen können.
> Ich hoffe und wünsche, daß die Geschwister untereinander in Frieden das Wenige teilen und nachher jedes Ding in Ehren halten, den Großeltern zulieb, von denen ja das Meiste uns geschenkt wurde. Das Übrige werdet ihr hoffentlich in Frieden teilen, dem Vater so viel lassen, daß er leben kann, das Übrige teilet in Frieden, damit Ihr den Segen Gottes erntet.
> Ihr seid alle herangewachsen und wißt, was ich für Euch getan, wenigstens kann ich ruhig mit gutem Gewissen sagen, ich habe für meine Familie gelebt und meine Kinder zu allem Guten angehalten.

Wenn ich auch gefehlt, so habe ich in meinem Innern das Bewußtsein, daß nach meinen lieben Eltern und Verwandten sowie Bekannten der liebe Gott alles verziehen hat, denn ich habe Mutterpflichten an jedem Kind gleich ausgeübt. Nur einer konnte mir im Leben nicht verzeihen und das war Euer Vater. Er war meine Rute, die mich jeden Tag peitschte.
Ich verzeihe ihm, und Ihr meine lieben, treuen Kinder bedenkt, daß das Leben kurz ist, darum lebt in Frieden miteinander und auch in Eurer Familie. Wenn eines dem anderen helfen kann, so tuts mit Freude und denkt, was Ihr eins dem anderen tut mit Liebe, das tut Ihr Eurem Mutterlie zu lieb.
Behaltet mich stets in guten Andenken, dies wünscht Euer treues Mutterlie
        Freiburg, den 28. Mai 1902
        bei gesundem Menschenverstand geschrieben.
Vollmachten von Alfred und Emil sind da, so daß Sepp und Karl beide vertreten können.
Alfred hat vorempfangen, ich glaube 5.000 MK.«

Die Operation überstand sie, doch seit diesem Einschnitt war sie deutlich geschwächt. Ihre Tochter Marie, die schon früher stets bei ihr bleiben wollte, pflegte die Mutter, die der Gedanke an das Danach plagte (»wer versorgt denn Marie?«). Aus Portland/Oregon schreibt Emil an seine Schwester Marie: »Ich möchte meinen innigen Dank ausdrücken für Deine Liebe und gute Pflege unserer so lieben treuen Mutter. Denn sie hat viel an uns Kindern gehangen und wäre uns ein unersetzlicher Verlust gewesen, wäre sie, bevor wir erwachsen gewesen wären, weggenommen worden.« Und was war mit Alfred? Er schrieb erst lange nicht, dann faßte er sich ein Herz:

»Liebe Mutter!
Ich hoffe, daß Du es mir nicht zürnen wirst, daß ich mich hier verheiratet habe. Das Mädchen ist ein liebes gutes, braves Wesen und ich hätte keine bessere finden können. Es kennt alle meine Verhält-

nisse und schafft so hart für mich, damit wir unsere Schuld bald abbezahlen können. Ich hätte Euch noch nicht die Hälfte senden können, wenn ich nicht die liebe Frau hätte.
Ich weiß auch gar nicht, was seit meiner Abreise passiert ist. Daß ich oft möchte, daß die vergangenen letzten Jahre könnte ich auswischen, darfst Du glauben, da ich jetzt ein so liebes Wesen bei mir habe.
Anbei sende ich Euch einen Scheck für Mk 125, welchen Ihr bei Gebr. Kapferer, wie auf der Rückseite bemerkt, einzahlen könnt. Ich hätte schon früher etwas geschickt, war mir aber leider nicht möglich, da ich nicht arbeiten kann. Es sind diese 125 Mk mein erster Verdienst und zunächst zur Abzahlung der Reisekosten des Geldes bestimmt, welches ich von Euch zur Beschreitung der Reise erhalten. Aus Eurem Schweigen glaube ich entnehmen zu können, daß Ihr mit mir nicht zufrieden seid oder jedenfalls daran gezweifelt habt, daß ich Euch je wieder etwas zurücksenden werde.«

Am 6. Oktober 1902 kommt wieder Post aus Sacramento:
»Liebe Mutter,
herzlichen Dank für Deine freundlichen Zeilen. Ich bin so froh, daß Du die Operation glücklich überstanden hast, hoffentlich ist sie Dir von großem Nutzen und hilft Dir, Deine Constitution wieder zu stärken. Ich war in letzter Zeit durch ziemlich starke Arbeit auch etwas heruntergekommen und habe deshalb für kurze Zeit mich von der Arbeit losgemacht, um mich auch wieder zu stärken. Sonst kann ich nicht klagen und auch die Familie ist Gottlob gesund. Die Namen meiner Kinder sind 1. Eleonora Mina, das Mädchen, und 2. Alfred Ernst will ich den Bub taufen lassen …«
Dann, weil er einsieht, daß er nie das Geld wird zurückzahlen können, macht er den Vorschlag, ihm seine Schulden zu erlassen, dafür verzichte er auf seinen Anteil am Erbe. Das sei doch ein großzügiges Angebot angesichts der Immobilien wie dem »Pflug« in Schopfheim und dortiger Grundstücke wie die Bannmatte am Schopfheimer Bahnhof. Dort könne doch Hermann »ein nettes Häuschen darauf

bauen und einen schönen Gemüse- und Obstgarten mit Johannis- und anderen Beeren anlegen ...«

Am 18. April 1903 schreibt Alfred Fentzling:
Sacramento Cal. 18. April 1903
429 N. Str.

»Liebe Mutter,
heute Vormittag habe ich Deine liebe Karte erhalten. Ich danke Dir vielmals für die freundlichen Worte. Ich kann Dir gar nicht sagen, wie froh es mich macht, nur liebe Worte von Dir zu hören. Ich bin ja hier mit meinem Schicksal, meiner Arbeit Verdienst, Familie und allem so weit zufrieden und kann nicht groß klagen und erfreue mich auch leidlicher Gesundheit. Dennoch war immer etwas, was mich nie richtig froh werden ließ, und das war der Gedanke, daß meine Mutter mir immer zürnte. Ich weiß ja, ich habe gefehlt und Dir arg weh getan, aber ich konnte mich dennoch nicht mit dem Gedanken fassen, daß das ein andauernder Grund für Ausgeschlossenheit meinerseits sein sollte.

Als ich das erste Mal im Land war, habe ich mich so auf die Heimreise gefreut, hatte so viele Pläne geschmiedet, wie ich meiner Mutter Freude und Vergnügen bereiten wolle, daß es mich, wenn ich daran zurückdenke, ganz wehmütig stimmt. Wenn es nur nicht so weit hier weg wäre, oder wenn Du die Seereise vertragen könntest, so wollte ich, Du kämst einmal hierher, damit ich wenigstens teilweise gut machen könnte, was ich Dir schulde, und Du Dich in diesem schönen Klima kräftigen und erholen könntest. So ist mir auch leider nichts vergönnt und ich kann Dir eben nur mit Worten vergelten und meinen Dank ausdrücken.

Ich dachte immer, ich könnte meine Schuld schneller tilgen, aber es sind eben immer Auslagen an allen Enden und wenn man meint, man ist fertig, so kommt halt eben wieder etwas, das dafür sorgt, daß die Bäume nicht in den Himmel wachsen. Was fehlt denn Marie, daß sie immer krank ist?

Vielleicht täte Luftveränderung gut. Schicke sie auf 1 Jahr hierher. Du schreibst, daß Du Dich seit der Operation nicht recht wohl fühlst. Ich hoffe und wünsche, daß sich Dein Befinden mit dem kommenden wärmeren Wetter bessert. Denkst Du nicht, daß es gut für Dich wäre, wenn Du viel frische Luft schöpfen würdest, entweder durch Ausgehen fahren oder Öffnen der Fenster? Wann ausgezogen, tief Atem holen. Hätte ich doch die Mittel, wie wollte ich es Euch schön machen. Es faßt mich oft eine Wehmut, wenn ich denke wie ich, anstatt Geld zusammenzubringen, solches durch mein Handeln vergeudet habe, das Dir jetzt zu Gute kommen könnte.

Wenn es Gottes Wille ist, so komme ich doch noch einmal vorwärts und dann will ich aber gut machen, was ich versäumt und hoffe und wünsche ich mir, daß es dann nicht zu spät sein wird.

Herzlichen Gruß! Liebe Mutter

Alfred

Gruß an Mariele«

Abschied von Manchester für »Fritz« (Engels) und Fritz (Heidenreich)

»Fritz« war in Manchester ein echter »cottonlord« geworden. Seine Ausbildungszeit vom Winter 1842 bis Herbst 1844 und die Arbeit seit November 1859 hatten sich rentiert. Mit seinen Aktieneinlagen, seinem Firmenguthaben, der Auszahlung und der Abfindung hatte er ein Kapitalvermögen von flüssigen 20.000 Pfund. Bei einer Festgeldeinzahlung brachte das bei einer Verzinsung von 6 Prozent etwa 1.200 Pfund jährlich. »Fritz« triumphierte an jenem Morgen, als er sich auf den Weg in die Firma machte: »Zum letzten Male!« rief er gutgelaunt. Und als er nach getaner Arbeit nach Hause kam, strahlte er über das ganze Gesicht. In der Mornington-Street wurde mit Champagner das Arbeitsende nach 20 Jahren in der Compagnie »Ermen & Engels« gefeiert.

»Hurra! Heute ist's mit dem doux commerce am Ende, und ich bin ein freier Mann«, schrieb er seinem Freund Karl Marx nach London. An diesem 30. Juni 1869 war Friedrich Engels 58 Jahre alt. Im September 1870 zog er nach London um, in Regent's Park Road 122. Fast täglich konnte er sich mit Marx treffen und an der Fortsetzung des Grundsatzwerks »Das Kapital« arbeiten. Marx hatte keinen Grund, für seine eigene Person an eine »Verelendungstheorie« glauben zu müssen. Über Engels sagte er einmal: »Er war mir immer einen Schritt voraus.« Zumindest, was das Kapital betrifft. Jetzt in London ansässig, stellte »Fritz« ihm eine feste Jahresmindestrente in Höhe von 7.000 Mark aus, insgesamt betrugen die Zahlungen des cotton lord an seinen Compagnon über die Jahre an die 150.000 Mark, bis zum Tod von Karl Marx am 14. März 1883. Friedrich Engels hält die Grabrede. Zeit seines Lebens vermehrt er »Das Kapital« mit der Herausgabe zweier weiterer Bände, der dritte Band erschien 1894. Das Jahr zuvor war Engels zur Dritten Tagung des Internationalen Arbeiterkongresses (1893) nach Zürich eingeladen. Über Köln, Mainz und Straßburg reiste er in die Schweiz und verbringt einige Tage in Graubünden. Am 12. August 1893 wird er als Alterspräsident begeistert auf dem Kongreß willkommen geheißen. Er genießt die Tage am Zürichsee und reist dann ins Berner Oberland, das er ja von früher kennt. Über München, Salzburg, Wien und Prag erreicht er Berlin, überall war er gefeiert worden. In der Reichshauptstadt wird er am Bahnhof von Wilhelm Liebknecht und dessen Sohn Karl begrüßt.

Ende September 1893 ist Friedrich Engels wieder in London zurück. Er leidet unter Kopf- und Halsschmerzen. Seeluft sei gut für die Atemwege, sagt sein Arzt. So verbringt er Wochen am Meer – in Eastbourne an der englischen Südküste. Am 5. August 1895 stirbt Friedrich Engels. Dort werfen Freunde seine eingeäscherten Überreste von der hohen Steilküste ins Meer, unweit des Beachy Head und des Leuchtturms.

Die Erinnerung an 1848/49 verblaßt. Die Kombattanten der badischen Revolution wie Friedrich Engels und Wilhelm Liebknecht sind nicht mehr. Am 15. Dezember 1901 erlitt der Mitstreiter von damals, Markus Pflüger, in Berlin einen Schlaganfall.

*

Anfang Juni 1901 fuhren die Heidenreichs mit der Bahn von Manchester nach Derbyshire aufs Land, also Richtung Chesterfield. Sie suchen eine Ferienwohnung in einem Farmhaus. Ans Meer wollen sie diesen Sommer nicht gehen, da es überall so voll ist. Und sie werden fündig – in »Siderswall, near Miller's Dale … wir sind 1.007 feet hoch über dem Meeresspiegel, in Derbyshire hills, es ist sehr heimelig hier, die Leute so freundlich, die Luft so herrlich und gut. Die Umgebung mahnt mich viel an daheim, nur haben die Hügel keine Bäume, sondern sind kahl. Wir haben einige Zimmer in einem Farm-

Die Familie auf dem oberen Balkon in Didsbury,
Ballbrook Avenue (Haus Baden)

haus, es ist ein altes Gebäude. Die Leute haben einen großen Garten mit vielen Blumen, Stachelbeeren und Himbeeren, 23 Bienenstöcke und dazu noch einen großen Gemüsegarten. Dabei liegt noch etwas Feld; darinnen sind vier Kälber, ein Pfau, zwei Perlhühner und Hühner, drei Pferde, ein Füllen, fünf Kühe und Schweine, genug um den Kindern Freude zu bereiten. Die Woche hindurch sind wir alleine, freitags abend kommt Fritz zu uns und bleibt bis Sonntag abend. Gegenwärtig haben wir es ziemlich heiß, aber hier oben weht immer ein kühles Lüftchen.« Ferientage im Juli in Derbyshire – unvergeßlich für Ernie, Dorli und Elsie.

Der Abschied von Manchester rückt näher

Es war ein harter Schlag für Heidenreichs Bekanntenkreis, schreibt Liesel nach Hause. »Alles ist überrascht durch unseren Wegzug, es wird wohl Tränen kosten, wenn es an das Abschiednehmen geht. Gegenwärtig suchen wir, unser Haus zu vermieten, es nimmt mich Wunder, wer unser Nachfolger wird.« Fritz hatte beschlossen, seine Tätigkeit in der Firma seines verstorbenen Onkels zu beenden, er hatte erfolgreiche Geschäfte abgeschlossen und war zu Geld gekommen. Beide, Fritz und Liesel, hatten ihr Leben in Manchester immer auf Zeit gesehen. Irgendwann wollten sie ja zurückkehren in die Heimat, oder zumindest ihrer Heimat näher sein. Und es sollte Zürich sein – die Drehscheibe der Handelsgeschäfte und des Finanzmarktes. Dieses ›Irgendwann‹ kommt dann doch plötzlich. »Leid tut uns, das Haus hier verlassen zu müssen, doch in Zürich wird sich auch wieder ein gemütliches Heim gründen lassen.« Ende Oktober 1901 fährt Fritz in die Schweiz, um sich in Zürich nach einer Wohnung umzuschauen. »Die Zeit unserer Abreise rückt immer näher heran, bald müssen wir an das Packen denken. Schon ziemlich viel von unseren Sachen haben wir verkauft. Unser Schlaf- und Gastschlafzimmer gehen natürlich mit, ich bin sehr froh darüber … Wegen eines englischen Fräuleins für die Kinder haben wir schon Vereinbarungen

Haus Baden heute

getroffen, eine Schullehrerin von Ernie will mit uns gehen, Miss Watson, ein freundliches Mädchen.«
Fritz kommt Anfang November aus Zürich zurück. Er hat etwas gefunden – kein Haus, sondern eine Wohnung. »Leider gibt es keinen Garten, doch wir werden schon zufrieden sein mit dem, was Fritz gefunden hat. Unser Haus ist bereits vermietet, die nächsten Bewohner sind auch wieder Fremde, Griechen oder dergleichen. Mir wird wohl hie und da traurig zu Mute, von hier wegzugehen …«
In diesen Novembertagen besucht Elis mit einer Bekannten etwas, was sie neugierig macht – Edison's Lichtbilder, »das sind bewegliche Figuren, d. h. es ist eine Art ›Laterna magica‹, die Figuren bewegen sich aber; es ist ganz wunderbar, daß so etwas erfunden wurde«.
Weihnachtliche Vorbereitungen in Manchester am 21. Dezember 1901:
»Am vergangenen Mittwoch war ich in der Stadt, um Einkäufe zu machen. Die Läden sind wunderschön ausgelegt, das Geld kann man gut loswerden, wenn man will. Auch hier draußen ist alles geschmückt, am gelungensten sind die Geflügelläden. Da hängen die Truthähne mit den Hasen in Reih und Glied an Stangen hoch am Haus, alles verziert mit holly und mistle. In unseren Zimmer sind alle Wände damit geschmückt. Dem lieben Großmutterlie und Großvater selig haben wir einen Zweig um ihr Bild geflochten; wie schon so vielmals wünschte ich, sie wären noch unter uns!«
Fritz und Liesel waren jetzt bald schon neun Jahre verheiratet. Ihre Hochzeitsreise hatte sie nach Manchester geführt – an Fritz' Arbeitsplatz. Sie hatten hier ein Heim gegründet, hatten drei Kinder. So

lange dauerte diese »Hochzeitsreise« der »Liesel« aus dem Markgräflerland nach Manchester, wo sie für Fritz stets die Elis war.
»Es sind jetzt nur noch einige Wochen, dann werden wir unser Heim auflösen müssen, um drüben wieder ein anderes zu gründen. Diese Tage haben wir mehr denn je an die Zukunft denken müssen, es war ja unsere letzte Weihnacht hier.
Der Christbaum stand wiederum in der Mitte und hatte einen hübschen Schmuck an. Schnee und Frost lag darauf, unten stand eine Krippe mit Kerzchen geschmückt. Auf einem Tischchen lagen unsere Geschenke: vom Schatzel bekam ich einen showerproof und silberne Dessertlöffel und ich gab ihm 12 Paar Socken, Taschentücher, tie und Parfum. Die Kinder gaben uns zusammen von Ernie und Dorli unseren Hochzeitsspruch gestickt, ich ließ ihn dann noch einrahmen, Ernie hat für uns einen Brotkorb gemacht, Dorli und Elsie kleine Stickereien. Ernie bekam Bücher und sein Schaukelpferd wurde frisch gesattelt.
Vor Weihnachten hatten wir prachtvolles Schneewetter, alles lag voller Schnee, es sah so weihnachtlich aus und dann schlug das Wetter um und Tauwetter trat ein, es frierte etwas auf den Christtag, aber am Tage selbst regnete es in Güssen, es war schrecklich draußen; nachts gab es immer Eis und am Tag Regen, so ging es jeden Tag bis heute, es war schlimm zum Laufen. Es gab viele purzelnde Leute, es sah zu drollig aus, wie alles sich halten mußte, um nicht zu fallen …
Was wird uns wohl das neue Jahr bringen. Für uns eine große Veränderung, hoffentlich ist es zum Guten und ist es für Fritz, was er sich wünschte, nicht so eine Jagerei wie hier.
Herzlichen Glückwunsch allerseits und Prosit Neujahr!« schreibt Liesel nach Freiburg an ihre Mutter zum Jahr 1902. Mitte Januar ist von ihr zu lesen: »Die Zeit unserer Abreise rückt immer näher heran, es sind nur noch wenige Wochen bis dahin. Wir haben schon teilweise Vorbereitungen getroffen, was wir mit den Möbeln tun wollen; was wir mitnehmen, ist ganz wenig. Der Transport ist sehr teuer und durch das Hin- und Herschütteln auf der Reise wird viel beschädigt.

Wir kamen zu dem Entschlusse, daß wir nur die ganze Eßzimmer-Einrichtung, teilweise etwas vom Wohnzimmer und Besuchsschlafzimmer-Möbel wieder drüben sehen; es hat mir wehegetan, mich davon zu trennen, aber Fritz hat mir versprochen, daß ich, wenn es irgend geht, Ähnliches wieder bekäme. Demnach werden wir in Zürich Möbel anschaffen und uns wieder neu einrichten. Sonst an Vorhängen und an Teppichen, Bildern etc. wird nichts hier gelassen.
Wir haben unser Fräulein fest engagiert; sie kommt bisweilen ins Haus, um Ernie zu unterrichten. Wir haben ihr alles vorgelegt, was wir von ihr erwarten, haben ihr auch Zeit gelassen, dies zu überlegen. Sie hat zugestimmt und kommt mit uns nach Zürich ... Da wir den Garten und das Haus doch bald verlassen müssen, so tat es mir leid, diese Pflanzen hier zu lassen. Da wir keinen Garten haben werden, schicke ich Dir welche, bei Euch kann ich dann immer von Zeit zu Zeit einen Erinnerungsgruß durch die Blümchen bekommen.«
Am 27. März 1902 heißt es dann: »Meine Lieben, dies wird mein letzter Brief sein, den Ihr von hier zugesandt bekommt, bald ist unsere Abreisezeit da, dann heißt es ›Lebewohl‹ für immer. Wir werden nächsten Mittwoch von hier abreisen, in London übernachten und am Donnerstag morgen 11 Uhr London verlassen und Freitag Morgen gegen 6 Uhr in Basel eintreffen. Alsdann haben wir Aufenthalt für zwei Stunden und dann geht es Zürich zu.«
Fritz ist jetzt 34, Elis 30 Jahre alt. Die »Märzkinder« hatten alle ihre Geburtstage in Manchester gefeiert: Ernie ist 7, Dorli 5 und Elsie 3 geworden. Sie stehen vor ihrem »Haus Baden« in der Ballbrook Avenue in Didsbury, Manchester und sagen »Farewell«. Ernie will immer wieder bestätigt wissen, ob sein Schaukelpferd mit dem neuen Sattel bei den Transportsachen auch ja gut aufgehoben ist ...

12. Kapitel
Vom »Roten Schloß« am Zürichsee hinauf zum Dolder

Ernst Friedrich Heidenreich hatte in Zürich ein bemerkenswertes Objekt gefunden: Es war kein Haus mit Garten, sondern eine geräumige Etagenwohnung, die jedem »Arrivierten«, der in Zürich eine Bleibe suchte, in die Augen stach – das »Rote Schloß« am Alpenquai, eine architektonische Ergänzung zur Tonhalle mit den vielen Türmen rechterhand – direkt am See. Dieses »Rote Schloß« war ein städtebauliches Symbol für die Öffnung der Stadt, die sich, aus der alten Stadtbefestigung herausgetreten, als Groß-Zürich zu einer Weltstadt des Finanzmarkts öffnete – die Ware auf dem Markt wurde ersetzt durch Banknoten, in den Tresoren verschlossen. Für diese neue »Weltoffenheit« stand als Portal das »Rote Schloß«.

In gewisser Weise machten es die Jungen ihrem Lehrmeister nach: Gottfried Semper, zusammen mit dem Anarchisten Michael Bakunin mitten in der Revolutionszeit von 1848 auf den Barrikaden von Dresden kämpfend, hatte jenem Dresden ein Opernhaus erbaut, das an den Renaissancestil erinnerte. Sein Schüler, Heinrich Ernst, erstellte zwischen 1891 und 1893 hufeisenförmig neun Miethäuser mit 38 Wohnungen mit jeweils drei bis acht Zimmern in historisierender Baukunst, deren feudale Muster in England und in Schottland standen. Nicht Schlösser für den Adel, sondern Wohnungsbau für wohlhabende Bürger – zum Beispiel Bankdirektoren. In eine solche großbürgerliche Wohnetage mit internationalem Flair zogen die fünf Heidenreichs aus Manchester – Fritz und Elis und Ernie, Dorli und Elsie. Schiebetüren öffneten Zimmerfluchten zu hohen Räumen mit Stukkaturen, Boiserien, Cheminée aus Marmor, wertvollen

Armaturen an Fenstern, Türen, Waschbecken, Sideboards und eingebauten Küchenschränken, Balkonen – Wohnen wie im Märchenschloß, so beschrieb einst die »Neue Zürcher Zeitung« dieses »Gesamtkunstwerk Schloßwohnform« aus der späten Gründerzeit mit einer Infrastruktur der Moderne: Es gab eine Telefonanlage, Zentralheizung, Warmwasserversorgung, Aufzüge für Kohle, Waschräume, Trockenräume in den über die ganze Anlage sich erstreckenden Kellerräumen. Zum neuen Komfort gehörten auch die Kammern neben der Küche: Durch eine schmale, hohe Tür gelangte man zu einem Rohrsystem, dessen Klappe die Hausabfälle schluckte und diese im Keller in Behälter entsorgte. Eine Wohnfabrik aus rotem Backstein – Hochbau mit begrüntem Hof über einem riesigen Keller-Tiefbau.
Nicht der Umzug stand bei den Heidenreichs im Vordergrund, sondern die Sorge um die Gesundheit des »Mutterlie«. Schwiegersohn Fritz schrieb ihr am 4. Juni 1902 von Zürich nach Freiburg. Den Vornamen seiner Frau variierte Fritz vom englisch anmutenden »Elis« zum deutschen »Elise« oder zur heimatlichen und familiären »Liesel«. »Ich war so froh, von der lieben Liesel zu hören, daß die Operation gut verlaufen ist und daß Du auf dem Weg der Besserung bist. Doppelt froh bin ich aber, daß Liesel bei Dir sein kann, und wenn mein Entschluß, näher der Heimat zu sein, durch nichts anderes begründet

»Rotes Schloß« – Seefront

»Rotes Schloß« – Seitenansicht

wäre, so wäre er gerechtfertigt durch das mir wohltuende Bewußtsein, daß Liesel nicht nur in Deiner Nähe sein kann, sondern auch Dich pflegen darf und daß es ihr vergönnt ist, in dieser schweren Zeit um Dich zu sein. Liesel darf ganz beruhigt sein; die Kinder werden in ihrer Abwesenheit gut versorgt. Ich habe ja jetzt Zeit, nach dem Hauptsächlichen für die Kinder mich regelmäßig umzusehen.«
Für das »Nebensächliche« sorgt demzufolge Miss Watson, die aus Manchester mitgekommen war. Die Mühen des Alltags umschreibt der umsichtige Vater seiner Schwiegermutter so: »Elsie ist wirklich arg lieb. Auch Dorli ist in seiner Art lieb, aber man muß es verstehen und richtig anzufassen wissen. Ernie schwätzt jetzt ganz nett deutsch; es ist nicht Hochdeutsch, sondern das Deutsch, das er von den Schulbuben hörte; in der Schule scheint er ganz nett mitzukommen. Er schnappt scheint's schon viel auf, was die Kinder in der zweiten Klasse lernen.«
Dann will Liesel nach der Pflege der Mutter in Freiburg endlich das neue Wohngefühl im Zürcher »Roten Schloß« genießen: »… die vorhergehenden Tage war es zum Davonlaufen: Seit wir im Haus sind, hatten wir beständig 4–6 Arbeiter, Tapezierer, Schreiner, Telefon, Glockenmann, Elektriker usw. Seit vier Sonntagen sind wir immer beschäftigt und will ich mich einmal glücklich preisen, wenn ich einen Sonntag in Frieden genießen kann. Diese Woche kommen die

neuen Gästebetten an; wir haben auch wieder messingene Betten bestellt. Froh war ich, daß Dorli über den Umzug bei den Großeltern war; mit den beiden anderen Kindern ging es noch so, sie konnten sich doch im Hof aufhalten.« Hier, so empfindet Elis bald, hat man viel unter dem Staub zu leiden, nicht wie in England unter dem Ruß. So genießt sie den gemeinsamen Ausflug auf den Zürichberg: »… es ist herrlich im Wald da oben, die Luft tut einem so gut.«
Zurück im »Roten Schloß« stellt Elis auch die Kehrseite des »Wohnens wie im Märchen« fest: »… mit den Schiebetüren hier ist es ein besonderes Vergnügen! Mein Grundsatz ist, nur keine Schiebetüren mehr!« Jeder denkt, die Tür läßt sich auf gewohnte Weise öffnen, vor allem die Kinder fühlen sich oft vor den Kopf gestoßen. Und man bedenke: »Für 1 kg Wäsche muß man 10 Centime zahlen und es werden 61 kg gewiß nicht billig! … Überhaupt habe ich unsere Wohnung satt, lüften kann man gar nicht recht, es sollen englische Fenster sein, sind es aber nicht … wie viele Male habe ich unsere Fenster von daheim herbeigewünscht, und noch viel mehr mein liebes ›Haus Baden‹, ade Herrlichkeit! Was mich besonders noch stört, ist, daß das ›house of Lords‹ gerade vor unserem Schlafzimmer liegt und dabei noch in einem Lichthof das Fenster hat, von unten sind schon vier solcher Lokalitäten, und zu unseren noch der unteren ihre Düfte, ist ganz hochfein und lieblich. Und das gibt es im ›Roten Schloß‹! Ich verzichte gerne auf solche Erhabenheit, lieber will ich einfach und recht wohnen; ist es nicht wahr, liebes ›Mutterlie‹?«

Weihnacht 1902 und neuer Alltag in Zürich

In Zürich kennt sie sich bald gut aus: Sie fährt auf allen Trambahnlinien, hin und zurück. So weiß sie bald, wo die Tram hinfährt: »Es ist zu dumm, nicht herausfinden zu können, mit welchem Tram man fahren muß …« Elis erzählt ihrer Mutter, was die Zürcher kulturell unternehmen. »Freitag Abend gingen wir ins Theater, es wurde ›Samson und Dahlia‹ gegeben. So gerne ich in das Theater gehe, so muß ich nachher auch warten, bis ich es verdaut habe. Ich habe den nächsten Tag Kopfweh und allgemeinen Katzenjammer, das verdirbt einem die Freude, wieder hinzugehen. Am liebsten bin ich zu Hause oder draußen im Wald; will man so irgendwohin, muß man Toilette machen und das kostet eben Geld.«

Miss Watson zog es nach Manchester zurück, sie blieb nicht, wie geplant, ein ganzes Jahr, sondern wollte Zürich bereits vor Weihnachten verlassen. Bald finden die Heidenreichs Ersatz – ein »Mädchen« aus der französischen Schweiz.

Im Herbst darf Dorli mit ihrem Vater nach Müllheim. Elis fragt ihre Mutter, ob Fritz ihr etwas mitbringen solle; dem »Mutterlie« ging es nicht gut, das Zürcher Heim hat sie noch nicht besuchen können. »Es tut mir leid, daß Du wieder im Bett liegen mußt, hoffentlich kannst Du bald wieder aufstehen. Ich habe mich schon auf das fortwährende Wohlbefinden gefreut, nun kommt leider wieder eine solche Botschaft.«

Weihnacht 1902 im »Roten Schloß«: der Christbaum stand neben dem Klavier und reichte vom Boden bis zur Decke. Als Liesel »Stille Nacht« spielte, stürmten die Kinder ins Weihnachtszimmer. Ernie bekam Schlittschuhe und Elsie einen heiß ersehnten Esel. Doch das Schönste auf dem Gabentisch der Eltern – »mitten darauf stand ›Mutterlies‹ liebes Bild, von zwei Schlüsselblumenstöckchen bekränzt. Immer wieder muß ich das Bild betrachten, es ist wirklich so naturgetreu, ich glaube, es ist das Beste, das je gemacht worden ist«. Die Großeltern aus Müllheim feierten am Christsonntag die Zürcher Weihnacht mit.

Mit dem neuen Mädchen ist Elis zufrieden. »Ich profitiere von dieser Gelegenheit und spreche so gut ich kann französisch. Gegenwärtig vermisse ich Miss Watson wieder mehr, sie brachte auch etwas Abwechslung mit sich. Wenn man den ganzen Tag im Nebel hoch oben sitzt, so wird es einem trotz vieler Arbeit etwas traurig zu Mute.«

Nebeltage im Januar 1903 in Zürich, dann gegen Ende Januar hat es heftig geschneit. Fritz ist mit Ernie und Dorli Schlittschuhlaufen.

Elis betrachtet aus dem 5. Stock das Schneetreiben: »Hier oben hört und sieht man nicht viel … Man merkt unseren Kindern so gut an, daß sie nicht gewöhnt sind, mit anderen zu spielen, sie wollen immer zuerst drankommen oder mehr wissen. Klein Elsie hat anfangs einen bösen Charakter: es stampft mit seinen Füßen, wenn's nicht nach seinem Kopf geht. Miss Dorothy ist so befehlerisch, sie meint, es wäre gar eine Prinzessin. Man hat schon seine Müh' und Not mit drei Kindern, wie ist es Dir erst mit neun gegangen?« schreibt Elis an ihre Mutter.

An Ostern dürfen die Kinder nach Müllheim zu ihren Großeltern. Sie können es kaum erwarten. »Da haben sie Platz genug zum Herumspringen. Das tut ihnen auch gut, denn hier oben sind sie wie in einem Käfig.« Elis wünscht sich und ihren Kindern nichts sehnlicher in Zürich als ein Haus mit Garten – wie in Manchester. Fritz schaut sich am Zürichberg nach einem Haus um. Er scheint bald fündig geworden zu sein, denn eines Tages macht er sich zusammen mit einem Architekten auf den Weg, um ein Objekt zu prüfen und zu schätzen. »Freuen würde mich dieses Besitztum, aber ich lasse Fritz ganz seine Meinung, überreden mag ich ihn nicht«, versichert Elis ihrer Mutter.

Genau dieses Haus erwirbt Fritz Heidenreich im Frühjahr 1903. Im März notiert sie: »Wir waren im Garten unseres Hauses, die Kinder wollten ihn so gerne sehen, sie waren ganz glücklich, all die Pflanzen und Bäume später einmal selbst pflegen zu dürfen. Es hat zwei Reihen von Ahornbäumen, eine kleine Allee, darin haben die Leute gegessen; die Gartenmöbel haben wir gleich mitgekauft. Am Haus ist Spalierobst, wir wollen auch zwei oder drei Stöcke Reben anpflanzen. Rosen sind auch vorhanden und sonst noch allerlei Gesträuch.« Jetzt kommen bereits fortwährend Leute, die sich für die Wohnung im »Roten Schloß« interessieren, »aber anpacken will keiner«.

Alltag bei Heidenreichs: Elis bringt morgens um 9 Uhr »Dorothy« in Begleitung von Elsie zur Schule, dann geht sie mit Elsie den Weg zurück, bis 11 Uhr macht sie den Haushalt und dann holen beide wieder Dorli ab. Nach dem Essen gehen dann Dorli und Ernie zur Schule. »Die Kinder sind anfangs ganz unbändig. Was mich am meisten kränkt, daß sie so abscheuliche Wörter mit heimbringen. Früher kannten sie solche gar nicht und nun ist all ander Wort ›ein Schwein‹ etc. Besonders Dorli, die kann sie am besten. Sie schnappen sie auf dem Schulweg auf. Das Beste ist, sie daheim recht zu strafen …

… Am Donnerstag Morgen um 3 h gingen wir zu Fuß auf den Ütliberg. Es war eine Strapaze für mich, ich kam fast nicht den Berg hinauf, ich mußte so schnappen. Die Spitze war so voller gemeiner Wolken, daß wir ganz entsetzt waren. Wir wollten die Sonne aufgehen sehen, besonders schön war es nicht. Wir waren alle enttäuscht. Gegen 9 h kamen wir wieder daheim an. Ich war recht müde, dagegen Ernie, der auch mit war, hat tüchtig standgehalten; er marschiert gerne und wird nie müde.«

Der Geschäftsmann aus Manchester ist ein gefragter Mann. Die Banken in Zürich reagieren auf die Entwicklung des Weltmarkts. Vor allem in der Textilindustrie und im Maschinenbau sehen die Zeiten alles andere als rosig aus. Fritz Heidenreich kennt die Gesetze des Markts, wann ein Betrieb unwirtschaftlich arbeitet. Die Kreditgeber schicken ihn in Betriebe, um vor Ort zu erkunden, was an weiterem Schaden noch abzuwenden ist.
Elis notiert am 27. Juni 1903: »Fritz ist heute nach Brugg, Inventar aufzunehmen. Er ging morgens 4 h schon, hoffentlich steht die Sache nicht so schlimm wie man annimmt. Die Lage ist arg flau, alles beklagt sich. Man hofft immer bessere Zeiten kommen, aber es heißt Geduld haben. Schwarzenbach hat 1.000 Arbeiter in Thalwil entlassen müssen.« Selbst Traditionsunternehmen sind von der Baisse nicht verschont.

»Haus Baden« auf dem Dolder

Die Kinder konnten es kaum erwarten, sie freuten sich auf den Garten, das neue Haus und den Tag des Umzugs. »Das Haus ist im Großen und Ganzen praktisch eingerichtet, nur daß die Küche unten ist, paßte mir nicht recht. Im Sommer ist es ja schon angenehm, man kann von derselben gerade in den Garten, will man draußen essen, braucht man nicht treppauf noch treppab gehen. Auch für die Wäscherei dasselbe, ein guter Trockenplatz und auch praktischer Trockenraum im Winter. Neben der Küche ist ein Bügelzimmer, oben hat es dann 4 Zimmer, drei große und ein kleines, und im 2. Stockwerk wieder 3 große und 2 kleine, um im 3. Stock drei große Zimmer und ein Gerümpelzimmer. Im Juli ziehen wir ein und wollen unser eigen Heim auch wieder ›Haus Baden‹ nennen.«

Beunruhigende Nachrichten in den ersten Septembertagen 1903 aus Freiburg. Elis schreibt an ihre Schwester Marie: »Wie werdet Ihr diesen Morgen in Sorge um ›Mutterlies‹ Leben gewesen sein. Es war gewiß für Euch alle eine Stunde traurigen Harrens und war es Euch eine große Erlösung, als die Operation geschehen war. War Karl wieder bei Dir, wohl auch Sepp?« Die zweite Operation verlief gut, Maria Rebecca war im Diakonissenheim in guter Pflege aufgehoben. Elis reist nach Freiburg, um ihrer Schwester Marie bei der Pflege ihrer Mutter beizustehen. Es geht nur langsam aufwärts. Im Dezember kann sie schon wieder »auf sein, schon dieser Gedanke ist die größte Freude für das bevorstehende Weihnachtsfest. Heute Nachmittag war ich mit Dorli und Elsie zur Stadt, sie haben sich gegenseitig Geschenke gekauft. Die Schaufenster haben eine Anziehungskraft, man bringt sie kaum weg. Ernie ging zum Schreiner, um zu sehen, wie sie schaffen, er hat große Freude daran.«

Warm scheint die Sonne im Januar auf dem Dolder. Die Familie Heidenreich zieht es jetzt vom neuen Haus aus hinaus auf den Berg. Am 29. Januar 1904 schreibt Elis: »... heute war für uns ein wichtiger Tag. Denkt einmal, wir haben vier Besuche gemacht: bei Roths,

Sterns und Kaisers, bei den Häusern nebenan und vis-à-vis und zuallerletzt noch bei Prof. Martin.« Und vierzehn Tage später: »Von unsern Nachbarn haben zwei, rechts und links, Besuch gemacht. Somit ist nun ein Verkehr hergestellt, der wohl auf steifem Fuß gehalten wird ...
Jeden Nachmittag gehen wir mit Elsie auf den Sonnenberg (die Sonne scheint so warm). Da oben herrscht eine Bauwut, ein Haus neben dem andern entsteht, ob wüst oder schön, das ist eine Frage. Auch in allernächster Nähe wird wohl auch gebaut werden: eine katholische Kirche.«
Wenn Fritz »daheim« ist, übernimmt er oft die Einkäufe (»hier oben kann man alle Lebensmittel haben«), gibt den Kindern Englisch-Unterricht (»sie wollten anfangs nicht mehr englisch reden«). Sie sind stets draußen und helfen ihrem Vater im Garten. »Den ganzen Tag schafft er in demselben, setzt und sucht Steine heraus. – Wir sagen es fast jeden Tag, wie froh wir sind, einen Garten zu haben. Wären wir noch im ›Wanzenschloß‹, ich glaube, wir könnten es dorten nicht mehr aushalten.«
Die Eltern sind zufrieden mit ihren Schulkindern: »Ernie und Dorli haben sehr gute Zeugnisse nach Hause gebracht.« Im Herbst geht Ernie zum Violinunterricht. Und während er zu Hause das Violinspiel übt, spielen Dorli und Elsie mit ihren Puppen, »besonders Elsie ist immer halb im Traumland«. Elis tut es besonders gut, im Garten die wärmende Sonne auf ihrem Körper zu spüren; sie fühlt sich seit dem Sitzen im »Wanzenschloß« steif, die Glieder schmerzen. Der Arzt sagt, sie müsse den Rheumatismus kurieren lassen, ihre Glieder im Wasser bewegen, sei jetzt dringend erforderlich. Er verschreibt ihr eine Kur in Baden, unweit Zürich. Am 3. Juni 1904 berichtet sie nach Freiburg: »... seit Mittwoch bin ich nun hier. Es tut mir leid zu hören, daß auch Du, Marie und Vater Schmerzen habt ... Das habe ich gar nicht gewußt, daß meine Vorfahren auch hierher kamen wegen des Rheumatismus, da habe ich es wohl als Erbstück erhalten. Hier hat es viele Kranke, ich glaube, an Rheumatismus leidet die

ganze Welt ... Der Arzt hat mir wiederholt versichert, daß das Herz fehlerfrei sei. Die Blutarmut ist wie bei uns allen das Hauptübel ... Durch mein Fortsein hat sich Fritz ganz der Haushaltung gewidmet, nun ist er bald Hausfrau und ich nur Gast.«

Elis genießt nach ihrem Kuraufenthalt die Bewegung im Freien, auch entsprechende Ernährung soll heilend wirken. Fritz kauft ihr das »Heinrichsbader Kochbuch«. »Ich studiere jetzt viel darin ... ich schaffe ja gerne mit, wenn ich nur nicht so ein halbes Wrack wäre!«

Weihnacht 1904 im »Haus Baden«: »Im Besuchszimmer stand ein herrlicher Tannenbaum mit Äpfeln, Bretzeln und allerhand Zuckerbackwerk und Kugeln behangen. Da lagen und saßen Puppen in Bettchen und Stühlchen, als hätten sie gerade eine Versammlung. Die größte von ihnen war für Dorli. Die andere große Puppe war von Großmutterlie für Elsie, natürlich mußte sie am meisten bei Elsie sein, weil sie halt gar so lieb war. Ernie führte gleich Krieg mit seinen Soldaten und hat all die Kanonen in Reih und Glied gebracht und tüchtig drauflos geschossen. Vielleicht habt Ihr den Kanonendonner auch vernommen! Ernie bekam noch einen Wecker, damit er im Sommer um 7 h auch sicher zur Schule kommt, und Elsie erhielt auch eine Schultasche und Federschachtel, denn bald muß die kleine Maus auch dahin wandern ...

Aber nun zum allerliebsten Geschenkle und das sind die Bilder – wie haben mich diese erfreut, nein, diese Überraschung! Du, liebes Mutterlie, bist gut getroffen, das Bildchen, wo Du zum Fenster hinaussiehst, ist ganz herzig. Das auf dem Stuhl, da siehst Du so kummervoll aus und das Bild mit Marie ist auch nett. Wie hat Marie aber große, schwarze Ringe um die Augen, man sieht, daß es auch recht viel zu tragen hat, und Du, liebes Mutterlie, machst auch so sorgenvolle Augen.«

Das Schneewetter zog sich lange hin; daß Elis nicht wie sonst zweimal am Tag aus dem Haus gehen konnte, drückte ihre Stimmung. Obendrein machte ihr des öfteren Schwindelgefühl zu schaffen. Fritz bemühte sich, Aufregungen von Elis fern zu halten. Elis ist jetzt meistens oben im Wohnzimmer und ißt alleine, damit sie sich nicht aufregt. Sie ist Anfang März im dritten Monat schwanger.

Ein Ausflug nach Bürgeln

In den Juliwochen 1905 weilt Elis wieder zur Kur; denn Umgang mit anderen tut ihrem Gemüt gut, sie macht »nette Bekanntschaften«. Von Tag zu Tag fühlt sie sich besser. Fritz ist mit den drei Kindern in Müllheim und Freiburg; dorthin schreibt sie: »Nun hast du wieder einmal unsere drei Plaggeister erlebt. Hoffentlich haben sie Dir und auch Marie nicht zu viel Mühe gemacht; denn wenn eine solche Truppe zusammen ist, gibt es schon zu tun.«
Was Fritz aus seiner Kindheit schon liebte – von Müllheim aus ein Ausflug nach Schloß Bürgeln. Das Kleinod, hoch über dem Weg von Badenweiler nach Kandern, war bis 1803 eine Probstei des Fürstabts des Klosters St. Blasien, eine katholische Enklave mitten im protestantischen Baden-Durlachschen Gebiet. Seit der Säkularisation wechselte der Eigentümer dieses repräsentativen Rokokoschlosses; zwischen Wäldern und Wiesen, über den Weinbergen des Markgräflerlands, war es in einen tiefen Dornröschenschlaf gesunken. Und dort quartierten sich Fritz und seine »Plaggeister« ein. Noch zwei andere Familien hatten sich diesen Ort für die Sommerfrische ausgesucht. Welche Pracht für die Kinder – das Grüne Kabinett, die Bibliothek, der Bildersaal, die Schloßkapelle, die Terrasse, der Rosengarten, die Ökonomiegebäude, der Haupttorbogen – ein wirkliches Märchenschloß. In dieser luftigen Höh' erholten sich Ernie, Dorli und Elsie, auch die Verpflegung schmeckte ihnen. An der Mauer der Terrasse standen sie, genossen still den weiten Blick über das Markgräflerland ins Rheintal und freuten sich auf das Geschwisterchen. Dann stimmte Fritz leise das Lied nach Johann Peter Hebels Gedicht: »Der Schwarzwälder im Breisgau« an. Die zweite Strophe sangen die drei Kinder aus Zürich aus vollen Kehlen mit:

> Z'Bürglen uf der Höh,
> nei, was cha me seh!
> O, wie wechsle Berg und Tal,
> Land und Wasser überal,
> z'Bürglen uf der Höh!«

Nur Rotkehlchen und Spatzen beherrschten den alemannischen Dialekt noch besser als dieser englische Kinderchor zwitschert. Weiter unten auf dem Weg Richtung Kandern waren vor über einem halben Jahrhundert die Truppen des Freiherrn von Gagern gegen Heckers Freischaren vorgerückt und Monate später in der Gegenrichtung nach Müllheim Pflügers Bürgerwehr.

Nachwuchs in Zürich

Am 16. September 1905 war es soweit. Im Zürcher Frauenspital erblickte Erika Ivy Alice Ingeborg das Licht der Welt.
Fritz schreibt vier Tage später, am 20. September 1905, nach Freiburg: »Bis jetzt geht alles ganz gut, gestern war die liebe Mutter recht müde und schwach, aber jetzt ist die kritische Zeit vorüber und die liebe Liesel hat die letzte Nacht gut geschlafen. Fieber hat Liesel keines, sie ist in der Pflegerinnenschule sehr gut aufgehoben; wir können sie zwei bis dreimal täglich besuchen. Die liebe Kleine ist recht brav und schreit weniger als die anderen, bis jetzt kann Liesel die kleine Erika gut stillen.« Je mehr das Jüngste gedeiht, um so mehr lernt es schreien: »Wenn Erikas Stimme erschallt, tönt es im ganzen Haus, demnach hat die kleine Maus gute Lungen. Sie ist zierlich, mißt jetzt 55 Zentimeter, ist 8 Pfund schwer, hat stahlgraue Augen, blondes Haar, aber ganz kurze; im Großen und Ganzen – das zweite Dorli. Wir mußten für das Kleine allerhand Neues anschaffen: ein Badewännchen, Wagen, wir haben halt gar vieles in England gelassen, was wir jetzt wieder brauchen könnten.«
Alltag in der Dolderstraße 111 im Herbst 1905 bei den sechs Zürchern:

Fritz ist inzwischen 37 Jahre alt, Elis 34, Ernie 10, Dorli 8, Elsie 6 und Erika ist drei Monate alt.

»Und so geht es jeden Tag«, schreibt Elis: »Am Morgen sehe ich etwas nach dem Haushalt, dann eine halbe Stunde auf dem Bauch liegen, dann gehe ich aus, die Kleine wird gefüttert, Essenszeit, dann muß ich abliegen, alsdann ist Teezeit, entweder arbeite ich im Haushalt oder gehe wieder raus, oder es kommt Besuch, dann muß ich zur Erika und nachher ist Nachtessen 6$^{1}/_{2}$ h und wieder $^{1}/_{2}$ St. auf dem Bauch und zum Schluß zu Bett gehen. Erikas Bettchen ist so groß, daß man fast eine Angel brauchte, um das kleine Persönchen zu finden.«

In diesem Winter 1905 auf 1906 fällt viel Schnee, es wird viel geschlittelt. Die Kinder singen:

> Es schneielet, es beielet,
> es goht a chuehle Wind,
> d'Maidli ziehe d'Händschueh a,
> und d'Buebe laufe g'schwind ...

Bei kaltem Winterwetter feiern die Heidenreichs aus Zürich mit den Heidenreich-Eltern aus Müllheim Ende Februar deren 40. Hochzeitstag im »Blauen Kreuz« in Basel. Der Tag der Taufe steht fest: Es ist der 23. April 1906, es ist auch der Tag des »Sechseläutens« in Zürich. Erst die Taufe, dann das Taufessen und schließlich den Dolder herunter zur Sechseläutenwiese, wo sich trotz unfreundlichen Wetters eine riesige Menschenmasse um das hohe Holzgerüst, auf dem der überlebensgroße »Böögg« steht, schart. Als die Glocke vom Turm St. Peter sechs mal schlug, wurde der Holzstoß angezündet, bis das Feuer nach dem »Böögg« greift. Den Tod des Winters erlebte die Taufgesellschaft mit und jetzt zieht der Frühling in die Limmatstadt ein. Es bedarf dieses Feuersturms, um den Zürchern die Wandlung vom Winter zum Frühling anzuzeigen.

Auch der Reigen der Hausbesuche wird wieder aufgenommen: Die Heidenreichs sind beim Hausnachbarn eingeladen – bei der Familie des Herrn Bircher, dem Wegbereiter gesunder Ernährung, welche die vor allem für das Kindesalter wesentlichen Aufbaustoffe enthält; er hatte sein »Birchermuesli« patentieren lassen.

Am 16. Juni 1906 schreibt Elis: »Eben sitze ich im Garten, neben mir Erika im Wagen; sie möchte gerne Tintenfaß und alles, was auf dem Tisch steht, haben. Heute ist endlich einmal warmes Wetter. Man meinte wirklich, es sollte Sommer werden. Diesen Morgen war ich im Luftbad, es war herrlich dorten. Das ist eben etwas, was Du, liebe Mutter, noch nie genossen: Denke Dir, ein paar Frauen mit grauen Haaren wandeln da in wallenden leichten Kattunkleidchen und lassen sich von der Luft umwehen …«

Tod von Hermann Fentzling und Markus Pflüger

Daß ihrem Hermann in den vergangenen Jahren das Herz zu schaffen machte, wußte Maria Rebecca, nicht aber, wie ernst es um ihn stand, daß weitere Erkrankungen innerer Organe dazukamen. Die Ausübung öffentlicher Pflichten fiel ihm immer schwerer. Vor zehn Jahren war er zum Schopfheimer Bürgermeister gewählt worden. Als er damals die Huldigung seiner Bürgerschaft entgegengenommen hatte, rief er seinen Schopfheimern zu: »Ich bin der eure und will der eure bleiben!« Im Sommer 1906 war er mit großer Mehrheit auf weitere neun Jahre wiedergewählt worden. Am 10. März 1907, gegen 14 Uhr verbreitete sich in der Stadt die Nachricht vom Tod des Bürgermeisters Hermann Fentzling. Das »Markgräfler Tagblatt« schildert den Lebenslauf des Verstorbenen: »Hermann Fentzling wurde 1859 in Schopfheim als Sohn des Bezirkstierarztes Fentzling von Freiburg geboren, besuchte hier die Volks- und Realschule. Nachdem er die kaufmännische Lehre durchgemacht hatte, genügte er 1881 als Einjährig-Freiwilliger seiner Militärpflicht beim Freiburger Infanterieregiment. 1886 verheiratete er sich mit der Tochter Marie des verstorbenen J. Kießling; von den der Ehe entsprossenen Zwillingen starb das eine im zarten Alter. Seinen allzu frühen Heimgang beklagen heute eine Witwe und eine erwachsene Tochter.«

Hermann Fentzling war erst 48 Jahre alt. Vom leiblichen Vater Ernst Rudolf Müller, dem Cousin der Johanna Magdalena Müller und Frau des Hirschenwirts Markus Pflüger, ist nicht die Rede; Georg Fentzling hatte ja die Vaterrolle übernommen. Aus dem ganzen Bezirk hatte sich eine große Trauergemeinde zum Begräbnis am 12. März auf dem Schopfheimer Friedhof eingefunden. Im Markgräfler Tagblatt vom 14. März 1887 liest man: »Gegen $^1/_2$3 Uhr nahmen die zahlreichen Vereine unserer Stadt teilweise mit umflorten Fahnen in der Scheffelstraße vor dem Trauerkranze Aufstellung, die hiesige Feuerwehr und zahlreiche Feuerwehr-Abordnungen aus der Nachbarschaft im Paradeanzug. Sarg und Leichenwagen verschwanden fast unter der Fülle von Kränzen. Unter den Klängen eines Trauermarsches und dem Glockengeläut der evangelischen Kirche setzte sich der imposante Zug in Bewegung.«

Am Grabe wandte sich Stadtpfarrer Faisst an die Hinterbliebenen: »Passionszeit ist's geworden für Euch, Gattin und Kind, und der Passionszeit Dunkel hat sich verdichtet zu dunkler Nacht an dem Lebenshimmel des greisen Vaters, der kranken Mutter des Entschlafenen, denn mitten in der Blüte des Lebens, in der Vollkraft des Schaffens brach seine Lebenskraft, in der Hälfte der Jahre.« Die kranke Mutter konnte nicht am Grab von ihrem »Hermännle« Abschied nehmen. In dieser Stunde schmerzte sie die Trennung für immer besonders.

Pfarrer Faisst war dem Bürgermeister nahegestanden: »Ihr alle, die Ihr ihn kanntet in seiner Eigenart, Ihr wißt es, wie er seine Pflicht zu erfüllen versuchte, wir alle, die wir mit ihm arbeiten durften zum Wohle der Gemeinde und des Bezirks, wir wissen, wie ernst er's nahm mit der ihm aufgetragenen Aufgabe, wie ernst er nach dem Rechten strebte, und wie schwer er sein Amt trug, das Amt voll Schönheit: arbeiten zu dürfen im Dienst der Allgemeinheit, das Amt der Bürde: arbeiten zu müssen in der alles beurteilenden, so oft ungerecht verurteilenden Öffentlichkeit. Wir alle wissen, wie schwer er daran trug, wie dankbar er war für jede Anerkennung, die ihm zuteil ward, wie tief ihn Undankbarkeit schmerzte. Nicht leicht ist ihm die Arbeit geworden, als er vor 10 Jahren das Steuer der Stadt ergriff, das seinem unvergeßlichen Vorgänger kraftlos entsunken war, aber sicher und stark hat er es geleitet, in seiner Art, zum Wohle der Gemeinde.«

Es folgten Reden des Vorsitzenden des Kreisausschusses, des Altbürgermeisters Grether von Lörrach, des Vorsitzenden der Badischen Feuerwehren, Kränze vom Arbeiter-Fortbildungsverein, des Lese- und Gewerbeverein, der Harmoniemusik Schopfheim, dem Landwehr- und Reservistenverein, und wieder Abschiedsworte, gesprochen durch den Bürgermeister Dr. Nikolaus aus Müllheim im Auftrag des Vorstandes der mittleren Städte Badens, und ein Blumengruß der Kreispflegeanstalt in Wiechs, die einst Markus Pflüger geschaffen hatte. Die Kreisversammlung hatte ihr Mitglied Hermann Fentzling in den Kreisausschuß bestimmt und ihm die Zuständigkeit für diese Kreispflegeanstalt anvertraut. An der Zahl der Reden und Kränze konnte man das Ausmaß der Bürde eines solchen Amtes ablesen. Die letzten Worte des Schopfheimer Stadtpfarrers an die Trauergemeinde machten manchen auf dem Nachhauseweg nachdenklich: »Einsam ist's geworden um Euch her, einsam in Euch und um Euch her ... Was predigt doch die Zeit, in der wir leben: Leiden und wieder leiden ...«

Ein halbes Jahr später ging erneut eine traurige Nachricht durch das Wiesental, durch das Markgräflerland und durch ganz Baden: Im Alter von 83 Jahren war Markus Pflüger, der Kommunalpolitiker und Abgeordnete im Badischen Landtag sowie im Deutschen Reichstag, am 5. September 1907 gestorben. Von seinem Schlaganfall im Dezember 1901 hatte er sich nicht erholen können. Er war rechtsseitig gelähmt, seine Sehkraft schwand dahin; er mußte von allem lassen, was er in 60 Jahren gestaltet hatte. Zeit seines Lebens stand er für

Liberalismus und Demokratie in Baden und in Deutschland. Die Anteilnahme der Bevölkerung war beeindruckend. Der Tod von Schopfheim war von manch einem, der dabei war, wie eine Generalprobe für den Tod in Lörrach.
Unbeachtet von großem öffentlichen Interesse, beachtet aber von Maria Rebeccas stiller Anteilnahme, war vier Jahre zuvor Ernst Rudolf Müller verstorben. Der leibliche Vater ihres Hermann hatte den familiären Beziehungen zwischen zwei Häusern im Wiesental – dem »Pflug« und dem »Hirschen« – einen schicksalprägenden Akzent versetzt.

Umzug in die Dolderstraße 107

Am 4. Mai 1907 erwarb Ernst Friedrich Heidenreich von Herrn Schulthess das Anwesen Dolderstraße 107 für 135.000 Schweizer Franken. Der bisherige Eigentümer zog Ende März 1908 aus. Einen Monat zuvor notiert Elis: »… heute waren wir im zukünftigen Haus, vor lauter Wandschränken hat man keinen Platz, seinen eigenen zu stellen. Wir werden wohl zwei oder drei verkaufen müssen. Das Haus hat eben ein zu großes Treppenhaus, wie bei Großvater, und die Zimmer sind dadurch klein geworden …«
Elis studiert den Charakter ihrer Kinder und entdeckt bemerkenswerte Eigenschaften: »Unsere Trabanten sind wohl, die kleine Erika

Haus Dolderstraße 107

ist ein Schlaupeter: Dieser Tage ist Fritz mit ihr im Spielzimmer, da kommt die kleine ›Krott‹, setzt sich auf den Boden und bittet ihren Vater, auf etwas zu treten; Fritz meinte, sie habe den Finger darunter und tritt sachte auf; das genügt ihr nicht, Vater muß fest darauf drücken, es knarrt – und was war es? – die Kreide! Nun wurde das Persönchen wegen solcher Unart acht Tage zuvor gestraft und nun dachte sie ›wenn's Vater tut, macht es eben nichts‹, der Schlaupeter!«
Nachdem das Haus innen eingerichtet ist, geht es draußen an den Garten. Elis betrachtet vom Wintergarten den Garten im Sommer: »… in unserem Garten sieht jetzt alles hübsch aus, nur muß man viel darinnen säubern und Fritz arbeitet gar tüchtig darinnen im Schweiße seines Angesichtes, die vorherigen Bewohner haben nicht viel für den Garten getan. Der Boden ist schlecht und meistens Lehmerde.«
Ende Juni 1908 kommt Großvater Jakob Friedrich Heidenreich aus Müllheim zu Besuch und Ende August reist »Großmutterlie« Fentzling aus Freiburg an – sie sitzt inzwischen im Rollstuhl – um sich das neue Heim anzusehen. Es kommen die Herbstferien. Alle drei Kinder brachten gute Zeugnisse heim. Fast alle Fächer mit gut bis sehr gut. Dorli hat sich sehr verbessert … Elsie hat Klavierstunden, Ernie hat nun Privat-Violinstunden. Am 28. Dezember 1908 schreibt Elis von Zürich nach Freiburg: »Schnee fällt vom Himmel und bedeckt die Erde und schon hört man das Jauchzen der Kinder, die schlitteln den Berg hinunter und freuen sich des langersehnten Wintersports … Nun hat man die Feiertage genossen und es waren schöne Tage, wir haben eine so friedliche Weihnachten genossen. Dem lieben Mutterlie wünschen wir, daß es gute und gesunde Tage noch deren viele hat, Du hast schon so viel leiden müssen, körperlich und seelisch, möge es Dir doch auch einmal vergönnt sein, freudig in die Zukunft zu blicken. Zum letzten Mal im alten Jahr grüßen wir Euch herzlich und verbleiben stets Eure dankbaren
Elise und Fritz«

Acht Wochen später fiel den Lesern der »Freiburger Zeitung« eine Großanzeige auf:

> *Statt jeder besonderen Anzeige*
>
> Meine liebe Frau, unsere treubesorgte gute Mutter, Grossmutter, Schwiegermutter, Schwägerin und Tante
>
> ## Marie Rebecca Fentzling
> ### geb. Pflüger
>
> ist heute nach langem, in Geduld ertragenen Leiden durch einen sanften Tod nach nahezu vollendetem 72. Lebensjahr in die ewige Heimat abgerufen worden.
>
> Freiburg, den 6. März 1909
>
> G. Fentzling, Veterinärrat
> Eugen Fentzling u. Familie, Oberförster in Triberg
> Alfred Fentzling u. Familie in Sacramento
> Dr. Karl Fentzling, Apotheker in Mannheim
> Emil Fentzling u. Familie in Portland
> Frieda Bauer, geb. Fentzling in Pforzheim
> Elise Heidenreich geb. Fentzling in Zürich
> Marie Fentzling
> Otto Fentzling, Kaufmann in Hamburg
> Marie Fentzling, geb. Kießling und Tochter Hanna in Schopfheim
> Josef Bauer, Professor in Pforzheim
> Fritz Heidenreich, Privat in Zürich
>
> Die Einäscherung erfolgt in Basel, die Beisetzung in Schopfheim. Beileidsbesuche werden dankend abgelehnt.

Die Todesanzeige war 14$^1/_2$ Zentimeter breit und 24$^1/_2$ Zentimeter hoch.
Elis war am Grab ihrer Mutter im sechsten Monat schwanger. Am 10. Juni 1909 erblickte Friedrich Wilhelm Markus in Zürich das

Licht der Welt. Das Jahr darauf, am 16. Dezember 1910, gebar Elise ihr sechstes Kind Margrit Maria Emma Helena. Drei Kinder waren in England geboren und drei in der Schweiz. Jener 16. Dezember 1910 war ein Freitag, es war um 10 Uhr 30 vormittags in der Pflegerinnenschule in Zürich, Margrit wog bei der Geburt 3,47 Kilogramm. 14 Tage später starb am Neujahrstag 1911 in Freiburg ihr Großvater Georg Fentzling – Veterinärrat, Großherzoglicher Bezirkstierarzt a. D. und Ritter hoher Orden, wie es in der Todesanzeige der »tieftrauernden Hinterbliebenen« hieß.

Das »Markgräfler Tagblatt« würdigt den Verstorbenen am 3. Januar 1911: »In Freiburg starb am Neujahrstag der 74 Jahre alte Veterinärrat Georg Fentzling, der vor etwa 4 Jahrzehnten Bezirkstierarzt in Schopfheim gewesen war und sich hier mit der Tochter des Bartlin Pflüger verheiratet hatte. Die letztere ist dem jetzt Verstorbenen am 6. März 1909 im Tode vorausgegangen; ihre Überreste wurden nach der Einäscherung im Basler Krematorium auf dem hiesigen Friedhof beigesetzt. Einer der Söhne des Ehepaares war der 1907 verstorbene Bürgermeister Hermann Fentzling von hier. – Nach der heute nachmittag stattgefundenen Einsegnung wird morgen in Willstätt die Beerdigung erfolgen.«

Mutter Elise kehrte mit ihrer neugeborenen Tochter am 5. Januar 1911 in ihr Haus Dolderstraße 107 heim. Am 29. Januar wurde Margrit getauft. Ihr Taufpate war Onkel Karl – Dr. Karl Nikolaus, Medizinalrat und Bürgermeister in Müllheim. Er war mit Anna Heidenreich verheiratet, der Schwester von Margrits Vater Fritz.

13. Kapitel
Dada, Elis, Lenin und Fritz in Zürich

Für jemanden, der an die 17 Jahre in Manchester gelebt hatte, war es nicht schwer, sich in Zürich zurechtzufinden. Beide Städte waren geprägt von der Baumwollindustrie, die weitere Industriezweige schuf: mechanische Spinnereien und Maschinenfabriken setzten sich im Umland fest und die volkwirtschaftlichen Theorien der englischen Nationalökonomie in den Köpfen der Schweizer Unternehmer – das Manchestertum – bestimmten Denken und Handeln, waren geradezu Ausdruck eines hausgemachten »Systems« geworden, das Industrie, Wissenschaft, Politik, Banken und Kunst eng miteinander verwob. War Manchester jedoch Hauptstadt des Weltkapitalismus, so war es Zürich in der zweiten Hälfte des 19. Jahrhunderts gelungen, Wirtschaftszentrum und Hauptstadt des Schweizer Kapitals zu werden. Und – Zürich, am See, an Bergen, Wäldern und Tälern gelegen, war keine verschmutzte, sondern eine saubere Stadt. Bereits in den Jahren bis 1848 war in der Geschichte Europas einzig die Schweiz das Labor für Liberalismus. Der Stadt sowie dem Kanton Zürich kam in diesem politisch bedeutsamen Prozeß eine Schlüsselrolle zu.
Friedrich Engels und Karl Marx schrieben am 30. Dezember 1847 in der »Deutschen Brüsseler Zeitung«: »Die Despoten und die Völker haben die Bedeutung des Kampfes in der Schweiz, des Kampfes der Neuzeit mit der feudalen Vergangenheit, der Demokratie mit der aristokratischen und jesuitischen Niederträchtigkeit sehr wohl begriffen ... Der Sieg kommt der Volkspartei in allen Ländern zugute; es war ein europäischer Sieg.«
Statt einer mustergültigen Queen Victoria strahlte von den Schweizer Bergen der Sieg der Freiheit in die europäischen Niederungen:

Die Schweiz war der einzige demokratische Staat in Europa. Das Verfassungswerk von 1848 erwies sich sowohl als standhaft als auch als regenerationsfähig durch die Revisionen der Bundesverfassung in den Jahren 1874 und vor allem 1891, als das fakultative Referendum für Bundesgesetze und das Initiativrecht des Volkes der repräsentativen Staatsstruktur die direkte Demokratie hinzufügte. Das vitale Wirtschaftswachstum der Schweiz läßt sich am Beispiel der Stadt Zürich gut darstellen. Zwischen 1850 und 1860 wuchs ihre Einwohnerzahl um ein Mehrfaches.

Neue Heimat Schweiz

Der 1848 neu geschaffene schweizerische Bundesstaat hatte seine Strahlkraft nach Europa hinein, vor allem in die benachbarten Regionen jenseits des Rheins. Was haben diese Eidgenossen, was wir nicht haben sollten, räsonierten damals Südbadens Bürger über die Vorgänge in den nicht nur sprachlich verbundenen Kantonen von Basel, über Aargau, Zürich bis nach St. Gallen. Unvergessen auch das für die neue staatliche Ordnung der Schweiz mitten im alten restriktiven europäischen Staatensystem nicht ungefährliche Verhalten, geradezu korpsweise die Flüchtlinge der 1848- und 1849-Revolution im eigenen Land aufzunehmen: Es waren Tausende Flüchtlinge von Herweghs Deutscher Legion, Heckers, Willichs und Sigels Kombattanten – 9.000 Deutsche, dazu Franzosen und Polen, sie wurden auf verschiedene Kantone verteilt – allein 4.000 auf den Kanton Zürich. Hohe Offiziere der Revolutionsarmee wurden im neu erbauten Hotel »Baur au Lac« untergebracht. Hilfskomitees wurden gegründet, um dem Ansturm dieser verzweifelten Menschen Herr zu werden, den Aufenthalt zu organisieren, bis sie in ihre Heimat zurückkehren oder auswandern konnten. 1850 war in Zürich die Zahl der Flüchtlinge bereits auf 600 gesunken. Diese Hilfsbereitschaft erwies sich als echtes Problem für die Schweizer – denn das Großherzogtum Baden forderte in Demarchen die Abschiebung dieser

»subversiven Kräfte«. Diese Anarchisten und Sozialisten hätten schon vor 1848 in der Schweiz Schutz gefunden und waren jetzt vor allem in Zürich vermutet worden. Diese Asylaufnahme war weit mehr als eine Hilfsaktion unter dem Zeichen des Schweizer Kreuzes, sie war ein demonstrativer Akt des Selbstbewußtseins einer liberal verfaßten Republik. Es war dieser liberale Geist, der Gelehrte, Literaten und Künstler in das wirtschaftliche Zentrum der Schweiz gezogen und zum Bleiben bewogen hatte; so wurde Zürich auch zum kulturellen Mittelpunkt der Eidgenossenschaft: Der an den Unruhen im Frühjahr 1848 beteiligte Historiker Theodor Mommsen (1817–1903) erhielt an der Zürcher Universität einen Lehrstuhl für Römisches Recht (1851–1856). Hier schloß er sein Hauptwerk »Römische Geschichte« ab. Danach wurde er an die Berliner Universität berufen und übernahm ein Abgeordnetenmandat zunächst im Preußischen Landtag und dann im Deutschen Reichstag. Wie sein Kollege Markus Pflüger erlebte er den Transformationsprozeß der liberalen Parteien in Deutschland.

1852 kehrte Georg Herwegh nach Zürich zurück, wo er bereits 1840 einmal seinen Wohnsitz hatte und 1843 in Baden bei Zürich die Tochter Emma des Berliner Seidenhändlers Siegmund geheiratet hatte. (Zu der Hochzeit war auch Michael Bakunin eingeladen.) Die emanzipierte Emma Herwegh fiel des öfteren aus dem Rahmen der bürgerlichen Zürcher Gesellschaft. 1866 verließen sie die Stadt. Ähnlich exzentrisch (deshalb mochte Emma ihn nicht) war der mit Georg Herwegh befreundete Richard Wagner. Der Königliche Hofkapellmeister und Komponist hatte sich im Mai 1848 zusammen mit Michael Bakunin am Dresdner Aufstand beteiligt. Die Straßenschlachten forderten dort 300 Tote. Als politischer Flüchtling fand er Aufnahme in Zürich. Hier setzt er sein Bühnenfestspiel »Der Ring des Nibelungen« mit ersten Prosaskizzen des »Rheingold« bis zur Partiturreinschrift fort – der Mythos von den Rheintöchtern, die in der Tiefe des Stromes den Goldschatz hüten ... Während seines Aufenthalts (bis 1858) verfaßt er, inmitten eines bürgerlichen Milieus, neben seinen Kompositionsentwürfen die Schrift: »Kunst und Revolution«. Auf den Barrikaden von Dresden hatte Richard Wagner zusammen auch mit Gottfried Semper gekämpft. Der Erbauer des Dresdner Opernhauses (1838–1841) war 1855 nach Zürich gekommen, übernahm die Leitung des architektonischen Seminars am Polytechnikum, dessen Hauptgebäude nach seinen Plänen errichtet wurde (1858–1864). Semper verfaßte hier seine Schrift, die noch – ohne dies zu beabsichtigen – Jahrzehnte das Erfolgsprogramm der Stadt Zürich als Capitale auf den Punkt brachte: »Wissenschaft, Industrie und Kunst« (1859). Darin führt er an: »Alles ist auf den Markt berechnet und zugeschnitten.« Erst 1871 verabschiedet sich Semper aus der Stadt. Da lehrte schon der seit 1866 in Zürich lebende Gottfried Kinkel, der einst 1848 in August Willichs Revolutionsarmee gekämpft hatte. Am Polytechnikum hatte er den Lehrstuhl für Kunst inne. Ja, so lebten sie – die alten 48er in Zürich.

Den Lehrstuhl für Kunstgeschichte an diesem Polytechnikum hatte von 1855 bis 1858 Jacob Burckhardt besetzt. Nachdem er als Student in Berlin Leopold von Ranke gehört hatte, besuchte er Kinkels Vorlesungen in Bonn. Nach seiner Zürcher Lehrtätigkeit kehrte der Vierzigjährige in seine Vaterstadt Basel zurück und blieb dort 35 Jahre lang Professor für Geschichte und von 1874 an obendrein noch Professor für Kunstgeschichte.

Der »Staatsschreiber« von Zürich und der Schweizer Seele – Gottfried Keller

Ein anderer Schweizer, der deutsche Zeitgeschichte aus eigenem Erleben mitverfolgt hatte, war Gottfried Keller. Als Student in Heidelberg hatte er aus nächster Nähe die Niederschlagung der pfälzisch-badischen Revolution miterlebt. Nach den Stationen Berlin und

München war der in Glattfelden Geborene in seinen Heimatkanton zurückgekehrt, schrieb (1854–1855) »Der Grüne Heinrich« und den Novellenzyklus »Die Leute von Seldwyla«, die er 1874 abschloß. Seine »Züricher Novellen« waren 1878 erschienen. Für einen Schriftsteller hatte er einen seltenen Brotberuf auserkoren: vom Sekretär des Regierungsrats brachte er es zum Vorsteher der Staatskanzlei im Kanton Zürich – ganze 15 Jahre hatte er das Amt des »Staatsschreibers« inne. Gottfried Keller hatte aus dieser amtlichen Sicht nicht nur den bundesstaatlichen Entwicklungsprozeß der gesamten Schweiz im Blick, sondern als Schriftsteller die Menschen des Landes. Indem er von ihnen erzählte, hauchte er dem neuen staatlichen Konstrukt die Seele ein. Durch sein Schaffen wirkte er weit über die Leute von Zürich hinaus identifikationsstiftend und wurde zum Schweizer Nationaldichter. Er war nicht nur erster Staatsschreiber von Zürich, sondern durch seine Romane und Novellen ein erster Schweizermacher.

Wie in England und in Deutschland zeichnete sich der Transformationsprozeß des Liberalismus auch in der Schweiz ab. 1894 wurde die Freisinnig-demokratische Partei gegründet, im selben Jahr die Katholische Volkspartei, die später Schweizerische konservative Volkspartei hieß. Neben dem Gewerkschaftsbund wurde 1904 auch die Sozialdemokratische Partei der Schweiz statuiert. Schon im Herbst 1893 hatte ja der Internationale Sozialistische Arbeiterkongress in Zürich stattgefunden – mit dem beeindruckenden Auftritt seines Alterspräsidenten Friedrich Engels. Aus dem traditionell liberalen System in Zürich drohte ein »rotes Zürich« zu werden.

Ganz oben an der Dolderstraße

»Ein romantisch verspielter Bau erhebt sich stolz über Zürichs Sonnenseite und ist zu einer Art Wahrzeichen der Stadt geworden«. Seit der Eröffnung im Jahre 1899 beherbergt das ›Dolder Grand Hotel‹ Gäste aus aller Welt. Persönlichkeiten aus Politik, Wirtschaft und Kunst

Mutter, Schlitten mit Kind ziehend

residieren hier, schätzen die Eleganz, Ruhe und die Diskretion« – heißt es hundert Jahre später im Hausprospekt, der die Räume, beispielsweise ein Alkoven-Doppelzimmer mit Boudoir und Balkon oder ein Turm-Appartement vorstellt sowie in das elegante Restaurant La Rotonde einlädt. Eine Zahnradbahn, die Dolderbahn, verbindet den Gast mit dem Stadtzentrum, das »geradezu« ihm zu Füßen liegt. – Als die Heidenreichs von Manchester nach Zürich gezogen sind, war das Grand Hotel drei Jahre zuvor eröffnet worden.

Nun hatten sie sich den »Dolder« hochgearbeitet und wohnten in der Hausnummer 107 fast am Gipfel der Dolderstraße bei der Herberge der Reichen und Berühmten. Die 107 und das »Dolder« paßten mit den Terrassen und Giebeltürmchen auch architektonisch zusammen. Die Querstraße zur steilen Dolderstraße stößt auf den heute nach Maximilian Bircher-Benner, dem Muesli-Erfinder, benannten Platz. Auf dieser dorthin führenden ebenen Straße konnten die Kinder spielen, man landete also nicht mit fortschreitender Geschwindigkeit unten in der City; das war jedoch im Winter vorteilhaft – mit dem Schlitten runter und mit dem »Dolderbähnli« wieder rauf. Ein kleines Mädchen war den jungen Heidenreichs – Elsie, Fritz und Margrit – aufgefallen. Sie wunderten sich, welch undankbare Aufgabe dieses verrichten mußte. Mit Schaufel und Handrechen mußte es dampfende Pferdeäpfel wegkehren und im Eimer nach Hause schleppen. Irgendwie hatten sie Mitleid mit diesem erbarmenswerten Kind, das man »Friederike« rief. Später stellte sich heraus, daß es eine Prinzessin einer fremden Adelsfamilie im Schweizer Exil war und griechische Königin wurde. Die Pferdeäpfel waren Dünger für die Rosen.

Ganz unten an der Bahnhofstraße

Vater Ernst Friedrich Heidenreich war amtlich unter der Berufsbezeichnung »Privatier« geführt. In der Zürcher Geschäftswelt war seine Manchester-Erfahrung hochgeschätzt, er kannte sich in dem Wirtschaftssektor der Baumwoll- und Maschinenbauindustrie, die ja die Markenzeichen des Kantons Zürich waren, gut aus, überblickte den Markt des Exports und des Imports der Industrieprodukte und ihre Bedeutung auf dem Weltmarkt; er war ein gefragter Analyst bei der Einschätzung von Insolvenzen oder Kapitalaufstockungen. Heidenreich brauchte keine Büroadresse, sein Kontor war der lange Korridor der Bahnhofstraße. »Unser Finanzplatz ist die ganze Welt«, heißt es aus dem Hauptsitz der in der zweiten Hälfte des 19. Jahrhunderts hier gegründeten »Schweizerischen Kreditanstalt«, inmitten dieser Straße, die vom Bahnhof zum Zürichsee führt, deren jeder ihrer Quadratmeter aus Gold sein könnte und jeder Pflasterstein ein Goldbarren. Heidenreich inklinierte eher zur kleinsten der fünf Schweizer Großbanken – zum Bankhaus Leu an der Bahnhofstraße Nr. 32, in ihrem zwischen 1913 und 1915 im neugotischen Stil erbauten, eben erst fertiggestellten Hauptsitz. Leu & Comp. war die älteste, das Jahr ihrer Gründung 1755. Am Erfolg des Traditionsunternehmens ließ die Großbank ihre Aktionäre teilhaben. Aus der Erhöhung der ausgewiesenen Gewinne wurden in manchen Jahren 16 Prozent Dividende plus 2 Prozent Bonus gezahlt.
Hier bei Leu & Comp. las Heidenreich fast täglich die Börsenberichte sowie Aktienwerte und wickelte für das Bankhaus manchen Erwerb durch Beteiligungen oder manche Trennung durch Abstöße mit ab. Da er vor allem im Auslandsgeschäft und auf dem internationalen Markt kaufmännisch beraten konnte, war der Privatier auch beim

deutschen Konsulat gefragt. Für seine Tätigkeit in Handels- und Wirtschaftsfragen wuchs er in die ehrenamtliche Stellung eines Vizekonsuls hinein. Das mußte dem Auswärtigen Amt in der Berliner Wilhelmstraße ins Konzept passen – ein aus der Badischen Nachbarschaft Gebürtiger, mit stahlerprobter kaufmännischer Erfahrung in England und vertrauenswürdig als ein auf dem Dolder wohnhafter Privatier.

Seine Frau Elis konnte das alles gar nicht richtig genießen. 16 Jahre lang Schwangerschaften und Kindsgeburten hatten sie geschwächt. Sie brauchte dringend Kuraufenthalte. 1912 war die Familie in St. Blasien, im Südschwarzwald, 1913 im graubündischen Arosa. Die Kinder freuten sich auf die nächsten Sommerferien. Neben dem »Sechseläuten« in Zürich zum Frühlingsbeginn gab es im Sommer seit 1891 am 1. August einen eigenen Nationalfeiertag, der an den »incipiente mense Augusto« geschlossenen Bund von 1291 erinnern sollte. In diesem Jahr 1914 verbrachten sie ihre Sommerfrische in Davos. Ernie war jetzt 19, Dorli 17, Elsie 15 – die »Märzgeborenen« aus Manchester, und die »Zürichgeborenen« – Erika wird jetzt 9, Fritz ist 5, und Margrit wird 4. In diesen 1. August 1914 platzt die Nachricht vom Kriegsausbruch. Keiner konnte ahnen, was dieser Tag noch mit sich bringen sollte.
Wie sollte man das begreifen: Weil am 28. Juni 1914 der österreichische Thronfolger Franz Ferdinand und seine Gemahlin bei einem Besuch in der bosnischen Hauptstadt Sarajewo ermordet wurden, mobilisiert am 25. Juli die Donaumonarchie acht Armeekorps und erklärt am 28. Juli Serbien den Krieg. Rußland und Frankreich stellen sich schützend vor den Balkanstaat Serbien. Noch bevor Österreich es tut, erklärt am 1. August der deutsche Kaiser Wilhelm II. Rußland den Krieg und zwei Tage später Frankreich!!!
Die Direktoren der Bank von England rieten dem britischen Schatzkanzler, sich aus der Krise herauszuhalten, da eine Beteiligung Englands am Krieg die führende Rolle im Bankwesen der Welt sowie die

Vormachtstellung in Handel und Industrie auf dem Weltmarkt gefährde. Die Deutschen marschierten jedoch nicht auf den Balkan, sondern nach Frankreich – durch das neutrale Belgien. Deshalb erklärte England am 4. August Deutschland den Krieg. Im Deutschen Reich war man begeistert: Jeder wollte in den Krieg ziehen, um das Vaterland in Frankreich zu verteidigen ... So erklären später Geschichtsbücher den Kindern den Krieg.

Und was machen die Schweizer, die im Westen, Norden und Osten an die kriegsführenden Mächte stoßen? Die Schweiz, die überrascht vom Kriegsausbruch war, handelt: Sie ernennt den um die Stärkung des Heerwesens verdienten Oberstkorpskommandanten Ulrich Wille, Jahrgang 1848, zum General. Er ist der Sohn der in den Salons der Schweizer Gesellschaft gern gesehenen Eheleute François und Eliza Wille. Diesem auch mit Richard Wagner und Georg Herwegh befreundeten Paar hatte der Schweizer Schriftsteller Conrad Ferdinand Meyer sein Versepos »Huttens letzte Tage« gewidmet. Der nach Hutten benannte Sohn Ulrich hatte nicht vor, literarische Salons zu erobern, er wurde Berufssoldat und war jetzt Oberkommandierender der Schweizer Armee, die sich aus dem Krieg herauszuhalten versuchte.

Die Mobilmachung wurde angeordnet, die Kriegführenden gemahnt, die Neutralität der Schweiz zu respektieren. Die schweizerische Regierung, der Bundesrat, erhielt die nötigen Vollmachten und erhob eine Kriegssteuer. Angesichts der »Massierung finanzieller und wirtschaftlicher Leistungskraft auf engstem Raum«, wie nicht etwa die Schweiz, sondern die Bahnhofstraße in Zürich einmal umschrieben wurde, erfuhr dieser Finanzplatz in dieser Weltlage eine besondere Herausforderung. Wehrhafte Schweiz – die Uferstraße am »Roten Schloß« hieß bald nicht mehr »Alpenquai«, sondern »General-Wille-Straße« und »General-Guisan-Quai«.

Zürich, Spiegelgasse 1 – die Analyse des Zeitgeistes

Am 3. Februar 1916 war in der »Neuen Zürcher Zeitung« zu lesen:

> »Künstlerkneipe Voltaire. Unter diesem Namen hat sich im Saal der ›Meierei‹ an der Spiegelgasse 1 eine Gesellschaft junger Künstler und Literaten etabliert, deren Ziel es ist, einen Mittelpunkt für die künstlerische Unterhaltung und den geistigen Austausch zu schaffen. Das Prinzip der Künstlerkneipe soll sein, daß bei den täglichen Zusammenkünften musikalische und rezitatorische Vorträge der als Gäste verkehrenden Künstler stattfinden und es ergeht an die junge Künstlerschaft Zürichs die Einladung, sich ohne Rücksicht auf eine besondere Kunstrichtung mit Vorschlägen und Beiträgen einzufinden. Die artistische Leitung liegt in Händen des früheren Dramaturgen der Münchner Kammerspiele Hugo Ball. Die Eröffnung findet kommenden Samstag, 5. Februar, statt.«

Die »Meierei« war eine Weinstube, durch die man zu einem Saal gelangte, in dem um die 50 Personen Platz hatten. Er wurde zur »Künstlerkneipe Voltaire« deklariert und dafür hergerichtet: Decke blau, Wände schwarz. Seine Adresse: Spiegelgasse 1, in der Altstadt hinter dem Rathaus und im Schatten des Groß-Münsters. Er wurde der Kristallisationspunkt einer neuen Kunstrichtung, die Nr. 1 spiegelte eine völlig neue Geisteshaltung – DADA, den Dadaismus.
»Das Lokal war überfüllt«, berichtet Hugo Ball. Monate später gibt Hugo Ball unter dem Titel »Cabaret Voltaire« eine Sammlung künstlerischer und literarischer Beiträge heraus: »Es soll die Aktivitäten und die Interessen des Cabarets bezeichnen, dessen ganze Absicht darauf gerichtet ist, über den Krieg und die Vaterländer hinweg an die wenigen Unabhängigen zu erinnern, die anderen Idealen leben.« Auf dem Titel sind Namen wie Wassily Kandinsky, Amadeo Modigliani oder Pablo Picasso angeführt.
Der Erste Weltkrieg war ein Fanal, er führte zum Zusammenbruch der internationalen Zusammenarbeit, die Solidarität der Sozialisten war im August 1914 zusammengebrochen. Dadaismus reagiert auf den

Bankrott der Zeit. Nach dem Kriegsausbruch zog es viele nach Zürich, wo schon früher pazifistische und sozialistische Strömungen einen Resonanzboden gefunden hatten; man traf sich hier, um die eigene Isolation zu überwinden, Gleichgesinnte konnten gegen den Zustand der Zeit und der Welt agitieren. Was die Dadaisten vereinte, war ihre radikale Haltung gegen den Krieg. In diesem Heft, ediert in einer Druckerei auch für Publikationen der Kommunistischen Partei, tauchte zum ersten Mal die Bezeichnung DADA auf und manifestierte die Absichten ihrer Begründer: »Wir suchten eine elementare Kunst, die den Menschen vom Wahnsinn der Zeit heilen, und eine neue Ordnung, die das Gleichgewicht zwischen Himmel und Hölle herstellen sollte.« Kurz: Von hier aus wollte man die Welt auf den Kopf stellen. Am 19. Februar 1916 stehen u. a. Lesungen von Texten von Georg Herwegh auf dem Programm, am 4. März treten russische Emigranten im Dada-Kreis auf.

Der wilde Aufschrei aus Zürich wurde von vielen gehört. Die Zahl der Dada-Anhänger wuchs ständig. »Dada Zürich« war mehr als eine Aktion, es war die Vielfalt der modernen Kunst, der Literatur, der Grammatik, der Alchemie der Sprache, der Typographie des Theaters, der Choreographie des Tanzes – Dada war kein Programm, sondern inszenierte äußerst produktiv moderne Kunst, deren Avantgarde die Dadaisten waren. Die »Meierei« erwies sich bald als zu klein für die Vielfalt dieses künstlerischen Großprojekts. Dada kroch aus der Spiegelgasse über die Limmat hinweg. Im Frühjahr 1917 eröffnet im »Sprüngli-Haus« auf der Bahnhofstraße Nr. 19 die »Galerie Dada« und lud zur Dada-Soirée, in die 1.000 Gäste drängten. »Mouvement Dada« war in aller Munde. Eine Schule des freien Tanzes eröffnete bereits 1916, in der Mary Wigman die »Abteilung für Bewegung« anleitete. Im November 1917 werden im Saal »Zur Kaufleuten« Pantominen, im Dezember »Ein Weihnachtstraum« für Kinder aufgeführt. Eurythmie als Erziehungsmittel. Über 30 Tanzstudios werden eröffnet. Ein Tanzabend Mary Wigmans im Stadttheater wird zum Stadtgespräch. Ihre Auftritte begleiten Zitate von Hans Arp, von Anfang an beim »Club Voltaire« dabei. Hugo Ball schwärmt: »Die Gesamtkunst: Bilder, Musik, Tänze, Verse – hier hatten wir sie nun.« Dada eroberte Galerien und Cafés der Bahnhofstraße.

Jetzt hatte Elis in Zürich das vor der Haustüre, was sie schon im Juni 1893 in London, unterwegs auf ihrer Hochzeitsreise in die neue Heimat, so begeistert hat – den Ausdruckstanz. Doch das war lange her, so lange wie sie damals jung war – 22 Jahre. Als nun der Weltkrieg begann, war sie 43 Jahre alt und hatte sich um ihre sechs Kinder zu kümmern. Ihr Jüngstes, Margrit, plagten die üblichen Kinderkrankheiten: März 1916 Mumps, März 1917 Keuchhusten und, stets ein spürbarer Einschnitt für die Familie, Margrits Eintritt in die Zürcher Primarschule am 23. April 1917 und den Monat darauf – die Masern. Ihr 46jähriger Mann Fritz wurde angesichts des Massenandrangs auf den Anmeldestellen nicht eingezogen, auch in Anbetracht seines Alters; außerdem lebte der mehrfache Familienvater in der neutralen Schweiz. Dies kam auch Ernie zugute; der war jetzt 19 und hatte ja die englische Staatsangehörigkeit, wie seine in Manchester geborenen Schwestern Dorli und Elsie. Die beiden Männer hatten Glück, der Kriegseinsatz blieb ihnen erspart.
Wenn Fritz auf seinen Geschäftsgängen vom Dolder herunterkam und auf die Bahnhofstraße zusteuerte, da sah er da und dort Plakate, Broschüren oder Ankündigungen der Dadaisten-Aktivitäten am »Sprüngli-Haus« mit dem Café und der Konditorei am Eck, wo sich die feinen Zürcher Damen trafen. Nein, Fritz Heidenreich interessierte nicht, was in den Zeitungen über dadaistische Darbietungen zu lesen stand, er hatte andere Bilder im Kopf. Fritz interessierte sich eher für den Krieg. Das waren seine Gedanken, wenn er am Café »Sprüngli« vorbei schräg auf das Bankhaus Leu zuging. Der Finanzplatz Zürich reagierte sensibel auf das Kriegsgeschehen. Die Märkte der westlichen Länder und Übersee waren für das Gesamtbild und

die Bewertung der aktuellen Lage wesentlich. Die Aktien standen ja nicht schlecht für Deutschland. Doch Kriegssteuer und Kriegsgewinnsteuer drückte auf die Stimmung der Schweizer Bevölkerung. Die Unternehmer und die Landwirte waren davon weniger betroffen. Je länger der Krieg dauerte, wuchsen die Spannungen innerhalb der Schweiz, die scheinbar durch ihre Neutralität geschützt war. Ein »Graben« zwischen deutscher und welscher Schweiz war nicht mehr zu übersehen – in der »deutschen« Schweiz war man eher mit den Landsleuten jenseits des Rheins verbunden. Und so war es auch in der französischen Schweiz, wo man sich Frankreich näher fühlte. Nicht unumstritten war auch General Ulrich Wille und mancher im Schweizer Generalstab; ihnen unterstellte man in den welschen Kantonen sogar Sympathie für die deutsche Seite.

Fritz Heidenreich hegte in diesem Krieg weder Begeisterung noch Abneigung gegenüber den Kriegführenden, er dachte englisch und deutsch und handelte wie ein echter Schweizer. Der Krieg war ein Geschäft, auch da konnte man gewinnen oder verlieren. So dachte Fritz Heidenreich; denn schließlich wollte er ja sein Geld vermehren. Fritz Heidenreich nahm auf der Bahnhofstraße in Zürich Anleihen auf, Kriegsanleihen in großen Mengen, die Reichsbank hatte hohe Zinsen angeboten.

Zürich, Spiegelgasse 14 – Lenin in Untermiete

Als der Krieg ausbrach, war die Schweiz abermals zum Fluchtpunkt für viele Emigranten geworden, unter ihnen auch Sozialisten und Revolutionäre aus dem Zarenreich. Dadaisten und Anarchisten saßen u. a. im »Café des Banques« mitten im internationalen Finanzplatz an der Bahnhofstraße, die der Volksmund jetzt »Balkanstraße« nannte. Einer von ihnen hatte zunächst in Bern Unterschlupf gefunden, zog dann nach über einem Jahr nach Zürich um. Just zu dem Zeitpunkt, als die Künstlerkneipe Voltaire in der Spiegelgasse 1 aufmachte, zog er ein paar verwinkelte Häuser weiter in die Spiegelgasse 14 ein. Zusammen mit seiner Frau bewohnte er ein Zimmer als Untermieter des Schuhmachers Kammerer im Haus »Zum Jakobsbrunnen«. Sie lebten bescheiden in dem möblierten Raum, penibel pünktlich besuchte er fast jeden Morgen einige Gassen weiter zum Zähringerplatz hin die Bibliothek, in der ehemaligen Predigerkirche des einstigen Dominikanerklosters. Dort konnte er internationale Literatur und Zeitschriften studieren, Zeitungen las er meist im Café »Adler« in der Rosengasse beim Zähringerplatz, dort traf er sich mit Gleichgesinnten.

Das ist kein russisches Kaffeekränzlein, das sind keine Kuriere des Zaren, auch keine Dada-Revolution, da hockt die Avantgarde der bolschewistischen Revolution in Zürich zusammen, angeführt von Wladimir Jljitsch Uljanow, geboren 1870 in Simbirsk – der Untermieter aus der Spiegelasse 14 – genannt Lenin.

Alexander Solschenizyn folgte den Spuren dieses »Lenin in Zürich« auf den Dolder: »Vom Kantonsspital ging es bergauf durch gewundene, steile Straßen, wo die reichen Schweizer Bürger hoch über der Stadt, näher zum Wald und zum Himmel, mit der Aussicht auf den See, sich Villen gebaut hatten, kleine Schlösser der Bourgeoisie … Was für ein Vergnügen wäre es, mit einer Volksmenge hier angestürmt zu kommen und diese Portale, Fenster, Türen, Blumenbeete

Stich: Dolder 107 mit Ehepaar

Ernst Friedrich Heidenreich blickt auf Zürich

mit Steinen, Stöcken, Stiefelabsätzen, Gewehrkolben zu bearbeiten! … Hier gingen die Leute immer nur spazieren. Sie gingen nicht zur Arbeit, und sie kamen nicht von der Arbeit. Ein würdevoll langsam schreitendes Bourgeois-Ehepaar ging an Lenin vorbei, dann ein zweites, mit einem Hündchen an der Leine. Alle trugen zusammengerollte Schirme. Jetzt kamen zwei alte Damen, die sich nach Schweizer Art laut und selbstzufrieden unterhielten. Dann noch jemand …« War es Fritz? Nein, Lenin kannte Herrn Heidenreich nicht. Und Herr Heidenreich konnte nicht wissen, daß dieser Mann eine bolschewistische Revolution in Rußland anzettelte …

Vom Zürcher Hauptbahnhof in die Revolution

Da kommt auch bald ein kleiner Mann ins Spiel, sein Bart ebenso dunkel wie seine Kleidung: Israel Lasarewitsch Helphand, geboren 1867 bei Minsk. Er hatte in Basel Nationalökonomie studiert und dort auch bei Jakob Burckhardt und Friedrich Nietzsche Vorlesungen besucht. Krisen und Krieg machte er sich in Untergrund- und Handelsgeschäften von Konstantinopel bis Kopenhagen zunutze. Das Organisationstalent baute in kurzer Zeit ein Handelsimperium auf. Er hatte ein Ziel: den Sturz des Zaren Nikolaus und ein sozialistisches Rußland. Dafür hatte er einen Plan – ein Programm auf 20 Seiten –, den er im März 1915 der deutschen Reichsregierung zuspielte. Da für das Deutsche Reich der Krieg im Osten bereits doppelt so lang als geplant andauerte, zeigte man sich in Berlin interessiert; dem deutschen Generalstab war jedes Mittel recht, um den Kriegsgegner an der östlichen Front zu destabilisieren und um dort einen Separatfrieden zu erreichen. Für dieses Ziel war aber ein Umsturz, eine Revolution in Rußland also, notwendig. Jetzt mußte diese Revolution nur noch erkauft werden – und Leute gefunden werden, die eine Umsetzung dieses Geheimplans garantierten. Der kleine Mann aus Minsk – auch Alexander Parvus also »der kleine Alexander« genannt – dachte an die 500 in der Schweiz lebenden revolutionären Emigranten aus Rußland. Ein Führungskader sollte vorab hinter die Frontlinie in ihre Heimat zurückgeführt werden. Und dieser »Sammeltransport« sollte auf höchster deutscher Reichsebene organisiert werden.

Alexander Parvus reiste nach Zürich, stieg im mondänen Hotel »Baur au Lac« ab, um die bolschewistische Avantgarde in der Schweiz für diesen revolutionären Plan zu gewinnen. Und er traf Lenin. Der Anführer dieses kleinen revolutionären Parteikaders machte mit. Parvus signalisiert den Erfolg seiner Zürich-Mission nach Berlin, wo unter größter Geheimhaltung ein »Büro für die russische Revolution« eingerichtet wird, dem Vertreter des Auswärtigen Amts, der Reichsregierung, des militärischen Oberkommandos, der Politischen Abteilung des Generalstabs, des Schatzamts und der Reichsbank angehören. Das Auswärtige Amt informiert seine Botschaften in den neutralen Staaten, weist vor allem seinen Botschafter in Bern an, den Sammeltransport mit allen konsularischen Hilfestellungen zu unterstützen, während die Reichsbank die Deutsche Bank und ihre Partnerbanken instruiert, die Finanzierung des Projekts über Konten in Kopenhagen, Bukarest und vor allem in Zürich zu leiten. Denn jetzt fließen Geldmittel des Reichsschatzamts »für Ausgaben des außerordentlichen Etats« an das Auswärtige Amt, von dort über die Botschaft in Bern an die Bankkonten revolutionärer Zellen in der Schweiz. Die Kosten der in der Schweiz gedruckten Blätter und des Propagandamaterials müssen unbürokratisch abgewickelt werden, auch die Organisation der Zusammenstellung des Personentransfers ins feindliche Rußland. Zuerst sind es 1 Million, dann 4 Millionen, bald werden es 10 und 50 Millionen Goldmark … und am Schluß noch viel mehr.

Am 9. April 1917 ist es soweit. Aus Genf und aus Bern kommen die Remigranten nach Zürich, und treffen im »Zähringer Hof« auf die Genossen mit Wohnsitz Zürich. Insgesamt sind es 32 Personen. Vom »Zähringer Hof« geht es zum Zürcher Hauptbahnhof. Auf dem Bahnsteig für die Züge nach Schaffhausen haben sich über hundert Russen eingefunden, einige wohl um die Reisegruppe zu verabschieden, andere um die Einsteigenden zu beschimpfen: Pfiffe werden laut, manche trommeln mit ihren Fäusten gegen den reservierten Wagen und rufen: »Verräter« oder »Der Kaiser Wilhelm bezahlt euch die Reise!« Der Zug, der seine Fahrgäste im reservierten Wagen der Revolution in Rußland näher bringen soll, setzt sich in Zürich pünktlich um 15 Uhr 10 in Bewegung.

Er fährt über Schaffhausen und Thayngen Richtung Grenze. Auf der deutschen Bahnstation Gottmadingen besteigen zwei Offiziere, entsandt vom Generalstabschef der 8. Armee an der Ostfront, Erich Ludendorff, den grünen Sonderwagen mit acht Abteilen (drei davon zweiter Klasse und fünf dritter Klasse). Waggon und Gepäckwagen werden plombiert und dem Zug nach Stuttgart angehängt. So geht es fahrplangemäß quer durch das kriegführende deutsche Reich, über Singen, Rottweil, Stuttgart, Vaihingen, Karlsruhe, Mannheim, Frankfurt über Halle nach Berlin und vom dortigen Stettiner Bahnhof über die Saßnitzer Fähre nach Trelleborg, dann weiter über Stockholm nach Haparanda, über die schwedisch-finnische Grenze Richtung Petrograd, wo der Transport aus Zürich am 14. April 1917 eintrifft. Am 21. April 1917 meldet die Oberste Heeresleitung nach Berlin: »Lenins Eintritt in Rußland geglückt. Er arbeitet völlig nach Wunsch.« Innerhalb von sieben Monaten hatte sich der Untermieter aus der Spiegelgasse 14 in Rußland an die Macht geputscht.

Der Deal von Zürich ging auf. Lenin bekam seine Revolution im November 1917. Und Kaiser Wilhelm in Brest-Litowsk im März 1918 seinen Separatfrieden im Osten. Diese »Minierarbeit« war dem deutschen Kaiserreich insgesamt 1 Milliarde Mark wert. Weltgeschichte made in Zürich. Ein Jahr nach der Revolution in Rußland ist das Kaiserreich am Ende und es herrscht »Revolution« in Deutschland. Der Zusammenbruch Deutschlands war vollständig. In den totalen Staatsbankrott wurden Millionen Menschen in Deutschland hineingezogen. Ein Fiasko für die Anleger von Kriegsanleihen, auch in der neutralen Schweiz und auch für den Kaufmann Ernst Friedrich Heidenreich. Es gab keinen Handel mehr, ganz

Europa war auf dem Weltmarkt weggebrochen – keine Lieferanten, keine Abnehmer.

Zunächst hatte ja der Ausbruch des Krieges die wirtschaftliche Lage in der Industrie und im Bankwesen verbessert. Im Bankhaus Leu erhöhten sich die Debitoren- und Wechselbestände. Noch Ende 1918 überstieg die Bilanzsumme 340 Millionen Franken. Doch dann setzte ein massiver Preisverfall ein, Wertschriften verloren ihren Wert. Es kam zu Firmenschließungen, das Währungssystem war zerstört, Hypotheken mußten abgeschrieben werden. Die Leu-Bank hatte alle Reserven verloren. Sie drohte, vom Finanzplatz zu verschwinden. Die Krise hielt lange an. Noch am 21. Dezember 1920 war in der »Neuen Zürcher Zeitung« zu lesen: »Bedauerlich wäre vom stadtzürcherischen Standpunkt aus, wenn der Name Leu & Co., der die höchst ehrenvolle Tradition der ältesten Bank der Schweiz verkörpert, unterginge.« Was unterging, war das angelegte Vermögen des Ernst Friedrich Heidenreich. Er mußte sein Haus Dolderstraße 107 verkaufen – am 29. März 1919 an Herrn Alfred Rutschi. 175.000 Schweizer Franken hatte der Käufer dafür bezahlt. Am 19. Juni 1919 wird dem Verkäufer von der »Kommission für die außerordentlichen Steuern der Stadt Zürich« mitgeteilt, daß für diese Veräußerung der Steuerbetrag aus der Grundstücksgewinnsteuer SFr 3.800.– beträgt. Eine weitere folgenschwere Unterschrift: Am 28. Juni 1919 erfolgte die Unterzeichnung des Versailler Friedensvertrages, im selben Spiegelsaal, in dem 1871 das deutsche Kaiserreich proklamiert worden war. Dieser 28. Juni war der 5. Jahrestag des Mordes von Sarajewo.

Heidenreich beschloß, wieder dorthin zu gehen, wo er herkam – nach Müllheim, nach Deutschland. Sein Geld verlor zusehends an Wert, Anfang 1919 mußte man für 1 Goldmark 1,90 Papiergeld zahlen. Die Inflation fraß alles auf: 1920 waren das 10 Papiermark, 1923 war eine Goldmark 2.827 Papiermark und bald war es eine Million. In Deutschland brach die Währung zusammen. Das Geld des Hausverkaufs und Ersparnisse waren nichts mehr wert. In Deutschland hungerte man.

Die Albträume des Carl Gustav Jung

In den Monaten vor Ausbruch des Ersten Weltkriegs hatten den in Zürich arbeitenden Psychotherapeuten Carl Gustav Jung bemerkenswerte Albträume geplagt. Immer wieder dieselben Bilder: Wasserfluten erfassen ganz Europa bis zu den Alpen, auf den Wellen Treibgut ertrunkener Leiber – das Meerwasser verwandelt sich in Blut: »Ich stand hilflos in einer fremdartigen Welt ... Ich lebte ständig in einer intensiven Spannung, und es kam mir oft vor, als ob riesige Blöcke auf mich herunterstürzten. Ein Donnerwetter löste das andere ab. Daß ich es aushielt, war eine Frage der brutalen Kraft. Andere sind daran zerbrochen. Nietzsche und auch Hölderlin und viele andere.«

Jung wurde zu einem der bedeutendsten Zürcher Bürger. Er hatte die Bühne der europäischen Geschichte zu einer Zeit des geistigen, kulturellen und politischen Umbruchs betreten. Er forschte über Verborgenes, Verstecktes, definierte Grundmuster des kollektiven Unbewußten. Als er einmal mit Sigmund Freud über okkulte Phänomene diskutierte, löste dies einen explosionsartigen Knall im Bücherschrank in Freuds Arbeitszimmer aus. Jung schwieg lange Jahre, bis er auch davon reden konnte: Er war überzeugt, daß das Haus, in das er nach dem Ersten Weltkrieg einzog, verhext war. Es war nicht das Haus an der Dolderstraße 107. Das erwarben C. G. Jung und seine Gesellschaft erst später. Der Schriftsteller Morris L. West hat das Zürcher Leben des Carl Gustav Jung in dem Roman »In einer Welt von Glas« durchleuchtet. Auf der Suche nach dem Unbewußten wurde er im Haus Dolderstraße 107 fündig: »Das Unbewußte ist wie ein Dachboden, auf dem alles ungenutzte oder unbenutzbare Material unserer persönlichen und stammesbedingten Erfahrung kunterbunt durcheinander verstaut wird: alte Hochzeitsfotos, der Schal der Großmutter, die Tagebücher des Urgroßvaters. Ganz zufällig purzelt etwas aus dem Durcheinander heraus, als spielten dort Kinder oder stöbere ein neugieriges Hausmädchen in den verstaubten Beständen. Die Natur legt es nicht darauf an, uns zu täuschen. Wir können einfach nicht auf einmal mit all den Informationen und Emotionen fertig werden, die auf uns einstürzen. Deshalb verdrängen wir das Gerümpel auf den Dachboden des Unbewußten.«

Da spielen Kräfte des Unbewußten mit dem Bewußtsein Versteckspiel, kommen eigenartige Koinzidenzen ins Spiel, webt eine geradezu mechanische Dialektik auf bisweilen beängstigende Weise synchrone Muster ... Darüber wird in der »Klinik am Zürichberg« geforscht. Diese Klinik für Psychiatrie und Psychotherapie widmet sich in ihrer Arbeit dem Psychodrama lebensgeschichtlicher Situationen ... Carl Gustav Jung machte sich diesen Neuerwerb erst einmal bewußt.

14. Kapitel
Die Kommunikationslinie des Posthalters Heidenreich

Ernst Friedrich Heidenreich stand vor dem Nichts. Genauer – er stand mitten im Nichts. Der Zug brachte ihn und seine Familie von Zürich über Basel, umsteigen im Badischen Bahnhof, nach Müllheim. Für Rutschis Geld vom Hausverkauf konnte er nicht viel kaufen. Die Inflation ließ es zwischen seinen Fingern zerrinnen. Es war ein Absturz, eine menschliche Katastrophe. Der Mann war jetzt 51 Jahre alt.
Es ist der 30. Juni 1919, zwei Tage nach Versailles. Ernst Friedrich kehrt heim in seine Vaterstadt, doch sein Vater Jakob Friedrich war vor vier Jahren im Alter von 82 Jahren gestorben, auch nicht in ein Elternhaus – seine Mutter Marie, geborene Grether, war vor zwei Jahren im Alter von 77 Jahren gestorben. Rückkehr in ein Land des Zusammenbruchs, in die Heimat, nach Müllheim. Auch hier gab es »Arbeiter- und Soldatenräte«, auch hier gab es Kriegstote – es waren 89 Söhne der Stadt. Auch hier waren die Lebensmittel rationiert. Margrit, die Jüngste, ist jetzt acht Jahre alt. Vor sechs Jahren war sie zum ersten Mal in Müllheim, damals als sie ihren Vater anläßlich des 80. Geburtstags ihres Großvaters am 22. August 1913 hierher begleiten durfte. Für Margrit war das natürlich eine Ewigkeit her.
An diesem Sommertag 1919 wurden die acht Personen aus Zürich am Müllheimer Bahnhof von einem großen kräftig gewachsenen Mann erwartet – von Dr. Karl Nikolaus, Margrits Taufpaten. Er brachte die Familie Heidenreich mit ihrem vielen Gepäck, bestehend aus Überseekoffern mit dem Aufdruck »EFH« und Aufklebern »Manchester«, vom Bahnhof zur etwas entfernt liegenden kleinen

Stadt – über die Hauptstraße, am Klemmbach entlang Richtung »Himmelreich«, in die Frick-Mühle, wo Onkel Karl und Tante Anna wohnten. Tante Anna war auch eine Heidenreich, sie war die Schwester von Margrits Vater. Die Heidenreichs aus Zürich fanden in dem geräumigen Haus eine Bleibe.

Für die Zuzügler beginnt ein völlig neuer Lebensabschnitt. Noch im Juli, vor den großen Ferien, tritt Margrit in die hiesige Volksschule ein: Statt Fräulein Häberli von der Zürcher Primarschule jetzt Herr Neininger in der neuen Umgebung. Welch andere Welt! Margrit reagierte zuerst mit einem langwierigen Lungenkatarrh, dann plagten sie bald darauf Windpocken. Aber da war sie im Haus von Dr. Nikolaus gut aufgehoben, denn er war Arzt, sogar Medizinalrat. Gleich zu Kriegsbeginn war er zum Lazarettdienst einberufen worden. Trotz aller Kriegs- und Nachkriegswirren war Dr. Karl Nikolaus fast zwei Jahrzehnte Bürgermeister von Müllheim. Auch für ihn begann jetzt ein neuer Lebensabschnitt; er meinte, er habe zum Wohle der Gemeinde lange genug gedient, es soll ein anderer das Amt übernehmen. Und dieser neu gewählte Bürgermeister trat jetzt zu diesem 1. August 1919 sein neues Amt an.

Dr. Nikolaus hatte das Bürgermeisteramt am 2. Oktober 1900 übernommen und war im Juni 1906 wiedergewählt worden. Viele Müllheimer erinnerten sich gerne an die alte Zeit, als Großherzog Friedrich I., begleitet von Großherzogin Luise, am Vorabend seines 80. Geburtstags, den er in Badenweiler im Haus Baden verbrachte, am 8. September 1906 nachmittags 17 Uhr von Bürgermeister Dr. Karl Nikolaus und dem Gemeinderat am Rathaus in Müllheim begrüßt wurde. Ein Jahr später, im September 1907, verstarb Großherzog Friedrich I. auf der Bodenseeinsel Mainau. Das gehörte auch zu den Amtspflichten: Am 12. März 1907 hatte der Müllheimer Bürgermeister im Auftrag des Vorstandes der mittleren Städte Badens am Grab seines Amtskollegen Hermann Fentzling auf dem Schopfheimer Friedhof einen Kranz niedergelegt.

Jetzt war Hermanns Halbschwester Elis in seine Frick-Mühle eingezogen. Anna, ihre Schwägerin, die um ein Jahr jüngere Schwester ihres Fritz, hatte keine Kinder. So war in der großen Frick-Mühle viel Platz, drinnen und draußen auf dem Hof des stattlichen Anwesens. Onkel Karl erzählte den Heidenreich-Kindern gern die Geschichte der Frick-Mühle, die auch zu seiner Geschichte geworden war.

Die Frick-Mühle, von Margrit Heidenreich gezeichnet

Die Frick-Mühle in Müllheim

Diese Frick-Mühle ist eine der sieben, schon seit Jahrhunderten arbeitenden Mühlen im Ort. Möglicherweise hat die Häufung der wirtschaftlichen Nutzung der Wasserkraft des Klemmbachs dieser Ansiedlung ihren Namen gegeben, zumindest ziert ein halbes Mühlrad das Wappen von Müllheim.

Im »Tälchen unterm Himmelreich«, wie jener Ortsteil von Obermüllheim genannt wurde, stand eine dieser Mühlen an einem idyllischen Weiher – die Sprengen-Mühle. 1817 hatte sie Johann Kallmann erworben. Vielleicht seiner Tochter Minna wegen hatte er ein Herz für Kinder. Jedenfalls brachte er das Kleinholz, was sie gesammelt hatten, und die großen Stämme, Äste und Balken mit seinem Fuhrwerk zum »Himmelreich«, dem Platz, wo alljährlich das Fasnachtsfeuer abgebrannt wurde, und von wo die lichterlohen Scheiben in den Ort geschlagen wurden. Einmal fiel einer solchen Scheibe eine Scheune am Weiher zum Opfer. 1877 brannte die Sprengen-Mühle an der Himmelreichstraße nieder.

Tochter Wilhelmine, genannt »Minna« Kallmann heiratete in die Frick-Mühle, die sich seit 1690 im Besitz der Familie Frick befand. Herr und Frau Frick hatten zwei Kinder. Ihr Sohn war von klein an kränklich, ebenfalls bald ihr Töchterchen. Beide starben früh. Daraufhin nahmen sich Fricks eines Jungen aus Freiburg an, dessen Vater – ein Postschaffner – verstorben war. Seine Mutter lebte unter schwierigen Lebensbedingungen und konnte ihrem aufgeschlossenen und begabten Sohn Karl Nikolaus keine Schulausbildung sichern, wohl aber die Fricks. Sie ermöglichten Karl den Besuch einer Höheren Schule und nahmen ihn bei sich auf.

Nach dem Tod ihres Mannes kümmerte sich Minna um das Anwesen und den landwirtschaftlichen Besitz, um die Rebflächen, die auf um die 58 Orte verstreut lagen, um das Vieh, die Pferde, und um die 60 Schafe. Minna Frick liebte ihre Tiere. Sie wäre gern Tierärztin geworden. War zum Beispiel eine Ente verletzt, »flickte« sie das Tier wieder zusammen. Sie pflegte den Vorgarten der Mühle – »'s Rosegärtli« mit den alten Stammrosen. Witwe Frick finanzierte Karl ein Studium der Medizin; als junger Mann war er ihr eine große Stütze, zumal er nach seinem Medizinstudium in Mühllheim seinen Arztberuf aufnahm. Minna Frick war die letzte Besitzerin, die noch den Namen Frick trug. Sie genoß hohes Ansehen, nicht zuletzt wegen ihrer Wohltätigkeit den Armen gegenüber. Noch bis ins erste Jahrzehnt des 20. Jahrhunderts arbeiteten die zwei großen Wasserräder der Mühle. Der letzte Müller und Fuhrknecht (Fritz Lais) verdingte sich an einer anderen Mühle und arbeitete dort noch bis in die dreißiger Jahre. Minna Frick erlebte, wie beliebt ihr Dr. Karl Nikolaus als Arzt in Müllheim war, wie er die Tochter Anna der hiesigen Jakob Friedrich und Marie Heidenreich heiratete und wie er im Jahre 1900 sogar Bürgermeister der Stadt Müllheim wurde, aber auch daß Karls und Annas Wunsch nach Kindern sich nicht erfüllte. Am 13. April 1912 starb die letzte der Fricks auf der Frick-Mühle, die Dr. Karl Nikolaus erbte. Bald nannten die Müllheimer die kleine Brücke über den Klemmbach zur Frick-Mühle die »Nikolai-Bruck«. Tante Anna war intelligent, geistreich und an Kultur, besonders an Literatur, interessiert. Mit den Verwandten aus Zürich war das Haus wieder voller Leben. Ihr Bruder Fritz war froh, für sich und seine Familie ein Dach über dem Kopf zu haben.

Drei Brüder prägen Müllheims Geschichte mit:
Der Bürgermeister von Müllheim Johann Jakob Heidenreich

Bis zum Tag der Stadtentstehung 1810 standen jeweils Vogte an der Spitze des Ortes. Durch die Jahrhunderte tauchen immer wieder die Namen angesehener Familien auf – Frick, Zöllin, Engler, Blankenhorn, häufig Willin und einmal ein Heidenreich – Johann Jakob Heidenreich amtierte länger als alle anderen – nämlich 30 Jahre – von 1752 bis 1782. Zuvor saß er schon im Dorfgericht, dessen drei Richter aus demselben Beruf stammten – sie waren allesamt Wirte, die ihren Standpunkt sicher zu vertreten wußten. Johann Jakob Heidenreich war Besitzer des »Gasthauses zum Hirsch mit dem Bade«. Es war das Bad neben der Sprengen-Mühle. Mühle und Bad hatten dem Müller Andreas Wohlleb gehört. Der Wasserqualität sagte man heilende Wirkung nach. Das Baden in den Wannenbädern war sehr beliebt. Um angesichts der nur dreimonatigen Badesaison die Einnahmen zu heben und den Aufenthalt für die Badegäste angenehmer zu machen, reicht der Mühlen- und Badbesitzer 1718 eine Eingabe um den Erwerb einer Tavernengerechtigkeit ein. Die Konzession für den Betrieb einer Gastwirtschaft wurde unter der Namensgebung »Zum Hirzen«, also »Zum Hirschen« erteilt.
Mit dem Badebetrieb und der Gastwirtschaft geht es aufwärts, als Johann Jakob Heidenreich ins Wohllebsche Haus kommt. Er heira-

tete dessen Tochter Katharina, erneuert die Schildgerechtigkeit »Zum Hirschen«, und errichtet 1737 einen Neubau. Um gegen die schon zur Römerzeit genutzten Thermen von Badenweiler bestehen zu können, ließ Heidenreich bei dem Markgräflichen Landphysikus Jäger ein Gutachten zur Qualität des Müllheimer Badewassers erstellen, »damit das Bad auch bei der benachbarten Stadt Basel in desto mehreren Credit kommen möge.« Im Frühjahr 1741 liegt die Analyse vor und wird als Denkschrift veröffentlicht: »Gründliche Untersuchung und deutlicher Bericht von des Müllheimer Badewassers mineralischem Gehalt, Wirkung und Kraft, auch wie die Cur anzufangen, fortzusetzen und glücklich zu vollenden seye.« Die Analyse kann das Wasser nur empfehlen »das für alle Krankheiten gut ist« und gibt den Badegästen Anleitungen, wie sie »den Leib zur Cur der Gebühr nach zu präparieren haben« und damit pfleglich umzugehen sei: »Schädlich ist auch das Sauffen und Schwelgen«, man möge maßvoll das Quellwasser genießen.

Heidenreich ging das Unternehmen wissenschaftlich fundiert und ökonomisch an. Doch die Konkurrenz Badenweilers, durch die Kürze der Saison, die abgelegene Lage und notwendig gewordenen Investitionen in Höhe von 1.000 Gulden trübten das Geschäft, so daß er 1763 und 1769 (mit Erfolg) um die Reduzierung der Abgaben ersucht. Dabei führte er sogar an, schließlich werde seine Familie immer größer: Weib, Kinder, Gesind und auch der Schwiegersohn säßen mit am Tisch … So schlecht konnte es Johann Jakob Heidenreich gar nicht ergangen sein, denn er erwirbt ein Grundstück nach dem anderen, 1739, 1742, 1743 und arrondiert seinen Besitzstand in Müllheim. Und schließlich wurde im »Hirsch mit dem Bad« noch bis 1913 gebadet und im »Bad«, dem Gasthof zum Bad, früher »Hirsch«, noch länger eingekehrt.

Daß Heidenreich bei seiner Eingabe auch seinen Schwiegersohn Jeremias Gmelin anführt, war nicht ganz ungeschickt; denn gemäß dem Landrecht war es die Regel, daß Ortsvogte während der Zeit der Ausübung ihres Amtes nicht den Wirtsberuf ausüben dürfen. Die

Wahrnehmung der Verantwortung der Gemeindewirtschaft könnte ja mit der Wahrnehmung der Interessen der eigenen Wirtschaft kollidieren. Schließlich läßt sich die Schildgerechtigkeit auch auf den Schwiegersohn übertragen.

Bald nach der Übernahme der Vogtverantwortung hatte Johann Jakob Heidenreich 1754 ein für die Folgezeit der Gemeinde wichtiges Gesuch eingereicht: Man wollte nicht weiter auf den Jahrmarkt vom in vorderösterreichischem Gebiet gelegenen Neuenburg gehen müssen, also eigenes Geld woanders hintragen – zuzüglich der Zahlung von Landzoll; Heidenreich wollte für Müllheim eigene Jahrmärkte und Krämer- sowie Viehmarkt und das mindestens zwei Mal pro Jahr. Tatsächlich: im Oktober 1756 findet der erste Müllheimer Jahrmarkt statt, dem im April 1757 der zweite folgt. Im Herbst 1771 werden schon 148 Stände aufgestellt, die Krämer kommen aus Basel, aus dem Schweizer Hinterland, aus dem Elsaß, aus Freiburg und einer aus Tirol. Vor allem die Müllheimer Handwerker konnten mit dieser Warenschau ihre Produkte dem Umland präsentieren.

Der Medicus Carl Friedrich Heidenreich und seine geistige Welt

Vogt Johann Jakob Heidenreich hatte einen Bruder – es war der in Müllheim ansässige, niedergelassene und praktizierende Dr. med. Carl Friedrich Heidenreich, der für die Vogtei ernannte Landphysikus. Ihm ist im Gegensatz zu seinem Bruder kein Haus zuzuordnen, eher lassen sich bei ihm Rückschlüsse ziehen auf die innere Ausstattung dieser Persönlichkeit. Carl Friedrich Heidenreich »hinterließ« wohl keine Frau, auch keine Kinder, sondern drei Bücher. Mit schönen, stolzen Schriftzügen kennzeichnet er einen 1730 erschienenen Buchband als sein Eigentum – »Carl Friederich Heidenreich 1737 zu Müllheim«. Der 1718 Geborene war damals also 19 Jahre alt und las in seinem schweinsledergebundenen Buch über die Heldentaten Alexanders des Großen »nebst«, wie es auf der Doppel-Innenseite steht: »Deutliche und nach dem Begriff der Jugend endlich recht eingerichtete Erklärung«, also mit moderner Kommentierung: »Die Idiotismi Latini gezeigt, und sowol in reine Teutsche Redens-Arten, als in den jetzigen Mode Stylum übersetzet werden.« Ohne Anhang und Register zählt das Buch 865 Seiten.

Der zweite Buchband ist erheblich älter: Carl Friederich muß ihn wohl unterwegs im Antiquariat einer seiner von ihm aufgesuchten Universitätsstädte erworben haben. Gedruckt wurde er 1581 in Frankfurt. Der Autor Petrus Ramus (1515–1572) war ein aus verarmtem Landadel stammender Professor in Paris und hatte ein Lehrbuch über die »artes liberales« verfaßt, das damals Verbreitung fand. Da er mit althergebrachten Lehrmeinungen aufräumte, wurde Ramus von der Sorbonne relegiert, wanderte durch die mitteleuropäische Universitätslandschaft und lehrte in Basel, Straßburg, in Heidelberg und schließlich wieder in Paris. Sein von reformatorischem Bekenntnis geprägtes Werk aus einem unruhigen Jahrhundert übte auf Generationen von »studiosi« einen großen Einfluß aus. Angewandte Lebensphilosophie für fertige Mediziner, ein Vademecum – damals bereits über $1\frac{1}{2}$ Jahrhunderte alt. Dieses Buch des Petrus Ramus, der in Basel noch ein Zeitgenosse und fast noch ein Lehrstuhlkollege des Erasmus von Rotterdam hätte sein können, erinnert an das befreiende Gefühl eines Studiosus, Teil einer weltoffenen Gelehrtenrepublik zu sein.

Und etwas von der Universalität der Universitäten brachte auch Carl Friedrich Heidenreich zurück nach Müllheim, wo er sich als promovierter Arzt niederließ. Seinen Doktortitel hatte er bereits mit 24 Jahren in der Kolleg-Tasche. Dies offenbart die Jahreszahl 1742 unter den Initialen C. F. H., die er in Gold auf den ledergebundenen Band aufdrucken ließ. Die Innenseite ziert er in gestochener Handschrift »Carolus Friedericus Heidenreich Med. Dr. Müllheimic. Marchicus«. Es ist ein Freundschaftsbuch, in das sich als Zeichen der Verbundenheit Menschen eintragen durften, auf die man Wert legte und deren Bekanntschaft gemacht zu haben man damit würdigte. Am 3. August 1744 trägt sich Augustinus Grischow ein. Der Professor für Mathematik an der Universität Basel erinnert an die aus der Studienzeit verpflichtenden Tugenden der »Sapientia«, »Intelligentia«, »Scientia« und »Prudentia«. Diese Freundschaften am Oberrhein konnte er nicht lange pflegen und seinen Beruf nicht lange ausüben: Am 12. Dezember 1759 starb Dr. med. Carl Friedrich Heidenreich, der Landphysikus, im Alter von 41 Jahren in Müllheim.

Der Reichsposthalter Georg Adolf Heidenreich

Carl Friedrich und Johann Jakob hatten noch einen Bruder: Georg Adolf Heidenreich (1701–1778) war der älteste von ihnen. Ihm waren unternehmerische Fähigkeiten zu eigen, Ausgangspunkt seiner Unternehmungen war ein Pachtvertrag mit dem im Französischen liegenden Kloster Lützel über Ländereien, die von dem bei Müllheim gelegenen, in den Bauernkriegen aber zerstörten Zisterzienser-Kloster »Rheintal« bewirtschaftet wurden, jedoch seit der Gründung dieser Klosterfiliale dem Abt von Lützel unterstanden. Nachdem Georg Adolf Heidenreich – neben anderen auch – Pächter eines Teils dieser Güter war, bekam er 1734 die bislang von Neuenburg aus verwaltete Schaffnerstelle übertragen. Zunächst als Lehen auf drei Jahre, 1737 wurde der Vertrag erneuert und 1740 auf neun Jahre verlängert. Geschäftlich interessant dabei, daß Heidenreich diese Fluren unterverpachten konnte. 1745 erwarb er vom Abt von Lützel ein großes Baugrundstück auf den ehemaligen Beigärten (»Bygerten«) des Klosters »Rheintal«. Für den Neubau wurde dem Lützelschaffner gestattet, die Mauersteine der benachbarten alten Klosterruine und der zusammengefallenen Nebengebäuden zu verwenden. Auf seinen Lehr- und Wanderjahren war Georg Adolf über Wien bis nach Ungarn gekommen und hatte in Ziegeleien gearbeitet. Was er dort gelernt hatte, nutzte er: die inneren Ziegelwände zieht er mit ungebrannten, von der Sonne getrockneten Backsteinen hoch. Wozu aber das große Haus, direkt an der Landstraße von Freiburg nach Basel, außerhalb des Ortes Müllheim?

Der Betreiber des Postwesens im gesamten Heiligen Römischen Reich Deutscher Nation, das Haus Thurn und Taxis, baute sein Streckennetz aus. Alexander Ferdinand Fürst von Thurn und Taxis hatte sich gegenüber der Baden-Durlachschen Landesadministration zur Einrichtung einer Postroute verpflichtet und eine wöchentliche fahrende Ordinaripost angelegt. Das Monopolunternehmen für den Transport von Personen, Post und Gepäck band das Markgräflerland, bis zur Auflösung der Provinz Vorderösterreich im Frieden von Preßburg (1805) die »Schwanzfeder des Kaiseradlers« (wie Vorderösterreich in der Wiener Administration charakterisiert wurde), in eine neue Verkehrsplanung ein. Daß dieses europäische Dreiländereck verkehrsstrategisch im Abseits liegen mußte, kann nur ein Blick auf den Fleckerlteppich der politischen Landkarte erklären: Müllheim gehört zu Baden-Durlach, das nahe Neuenburg als Brücke ins Elsaß zu Vorderösterreich, ebenso wie Grenzach oder das hintere Wiesental. Das änderte sich erst, als sich die Baden-Durlachsche Markgrafschaft bereit erklärte, die Erhebung der Zoll- und Wegegebühren abzutreten. Thurn und Taxis baute daraufhin eine direkte Poststrecke Frankfurt–Basel auf – mit der Anbindung an Bern, Genf, Lyon ... Auch soll diese Strecke als »Geschwinder Postwagen-Kurs« betrieben werden. Jetzt wird in dem Kommunikations-Loch Müllheim eine funktionsfähige Relais-Poststation gebraucht.

Georg Adolf Heidenreich hat die Gunst der Stunde erkannt und die günstige Lage seines Baugrundstücks genutzt. Am 7. Juli 1745 richtet er formell als »untertänigster Diener« ein Schreiben an den Reichsfürsten Thurn und Taxis um die Erteilung eines Patents für die Inbetriebnahme einer neuen Posthalterei. Heidenreich hat sich unmittelbar an der zukunftsweisenden Nord-Süd-Verkehrsachse entlang des Rheins positioniert und erhält die Konzession für die Inbetriebnahme der neuen Poststation. Er darf sich jetzt »Reichsposthalter« nennen. Zu einer funktionstüchtigen Posthalterei gehört auch eine Gasthalterei, also ein Gasthof mit Wirtschaft und Übernachtungsmöglichkeit mit Kost und Logis für die Fahrgäste. Um eine »Schildgerechtigkeit zur Post« zu erlangen, reichte Heidenreich bei der Markgräflichen Regierung in Karlsruhe hierfür den Antrag ein. Am 4. Mai 1746 wird ihm die Urkunde ausgestellt: »Der Markgraf von Baden von Gottes Gnaden erteilt dem Untertan und Posthalter zu Müllheim auf sein untertänigstes Supplizieren die Konzession, auf seinen neuerbauten außerhalb dem Flecken Müllheim an der Straße gelegenen Haus die Wirtschaft mit Aushängung des Schildes ›Zur Post‹ genannt, zu führen.« Zu diesem Zeitpunkt ist die stattliche Posthalterei mit Gasthaus bereits fertiggestellt. Stallungen mußten eingerichtet, Pferde gekauft und Personal eingestellt werden. Im »Bureau« der Posthalterei sind Postrouten-Verzeichnis, Linienkarten und Preislisten ausgehängt.

Heidenreichs Poststation vor Müllheim

Im Expeditionsbureau werden Laufzettel ausgestellt, Briefe und Gepäck aufgenommen (»Jedem Passagier werden 50 Pfund Fracht mit zu führen erlaubet«), ein Beschwerdebuch liegt auf. Bei der Ankunft und Abfertigung herrschte eine fieberhafte und laute Aktivität der Fahrgäste und der Postillione in Haus und Hof. Hafersäcke werden geschleppt, Hufe ausgekratzt, Pferde ausgewechselt. Das Signal aus dem Posthorn bestimmt das Tempo der Aktivitäten. Der Postillion lebt vor allem von »Schmiergeld«. Wenn also ein Passagier wollte, daß der Wagen gut rollt, schmierte der Postillion die Räder und Achsen, denn »wer gut schmiert, der fährt auch gut!« Er mußte einen guten Leumund haben, deshalb nannte man ihn »chevalier«, was eingedeutscht zu »Schwager« wurde, und damit so richtig die Post abgeht, mußte erst das passende Gefährt erfunden werden: Zwischen Rädergestell und Kabine fängt ein Lederriemen die Stöße auf. Und weil die Aufhängung ein Handwerker im ungarischen Kocs erfunden hatte, hieß das Gefährt fortan *coach* in England, *coche* in Frankreich und Kutsche in deutschen Landen.

Auf dem Gesamtverzeichnis »wie und zu welcher Zeit die Kayserl. Reichs-Ordinaire fahrende Posten in Franckfurt am Mayn abgehen und ankommen« ist Müllheim unter dem 7. Cours, dem Straßburg- und Basler Cours, aufgeführt – bis Basel sind es von Frankfurt 23 Stationen, vor Basel ist Müllheim die zweitletzte. Müllheim ist eine der durch Raum und Zeit durchmessenen Stationen geworden. Dieser »Geschwinde Postwagen« ging jeden Montag um 9 Uhr vormittags in Frankfurt Richtung Basel weg und trat in Basel am Mittwoch den Rückweg nach Frankfurt an.

Johann Wolfgang von Goethe charakterisiert diese neue Vermessenheit: »Die Postillione fuhren, daß einem Sehen und Hören verging, und so leid es mir tat, diese herrlichen Gegenden mit der entsetzlichen Schnelle und bei Nacht wie im Fluge zu durchreisen, so freute es mich doch innerlich, daß ein günstiger Wind hinter mir herbließ und mich meinen Wünschen zujagte … Der Postillion schlief ein und die Pferde liefen schnellsten Trab bergunter, immer auf dem bekannten Wege fort …« Auf seiner zweiten Italienreise machte auch Goethe auf der Müllheimer Post Station. Was Goethe als »entsetzliche Schnelle« bezeichnet, sind ganze 6 Kilometer in der Stunde. Gustav Freytag notiert im Jahr 1750: »Man reiste auch mit der besten Fuhre sehr langsam. Fünf Meilen den Tag, zwei Stunden die Meile scheint der gewöhnliche Fortschritt gewesen zu sein.«

Georg Adolf Heidenreich hatte bisher alles erreicht, was er wollte: Er war Klosterschaffner, Posthalter, hatte eine Wirtschaftskonzession und nun wollte er auch noch einen großen Ziegelhütten-Betrieb aufbauen. Mit dem Hinweis, die Gemeinde Müllheim würde vom Zinsertrag profitieren und die Müllheimer mit Kalk, Dachziegeln und Backsteinen bei 14tägiger Bestellung bevorzugen, machte er eine Eingabe nach Karlsruhe, die von dort wohlwollend behandelt wurde, bis die Ziegeleibesitzer von Sulzburg und Ballrechten sowie die Ziegeleizunft dagegen protestierten. Der Markgraf beschied in dem langwierigen Streit fünf Jahre später, da Heidenreich eh in dreifachen Gewerben stehe, möge man nicht ohne Not die Nahrung der Mitbürger schmälern, gemeint war die wirtschaftliche Existenz der im Umkreis von Müllheim arbeitenden Ziegeleien. Den Ziegeleibesitzern ging es vor allem darum, daß Heidenreichs Holzaufkäufe (das war rares, wertvolles Naturholz aus den Wäldern der Gemeinde, das verfeuert wurde, um Ziegel zu brennen!) ihre wirtschaftliche Existenz gefährdeten, weshalb Karlsruhe den Hinweis gab, Heidenreich möge seine Ziegel doch an der Luft trocknen. Heidenreich gibt nicht auf. Jetzt mobilisiert er die Gemeinde Müllheim, ihm den Holzeinkauf zu genehmigen; auch Dorfvogt Johann Jakob Heidenreich, sein Bruder, unterschreibt das Gesuch, das 1771 abschlägig behandelt wird. Jetzt schaltet Heidenreich die Dorfvögte der umliegenden Gemeinden ein, in denen er durch Landaufkäufe Pachtverträge stehen hatte. Doch Karlsruhe bleibt hart; nach elf Jahren, 1776, schlägt man dort das Gesuchsverfahren nieder.

Dieser Vorgang ist aus verschiedenen Gründen bezeichnend. Man hat den Großgrundbesitzer und Reichsposthalter, der gewiß zu den einflußreichsten Honoratioren der Gegend gehört, in die Schranken gewiesen. Und geschickt wie er ist, beklagt der Posthalter den großen Aufwand, den seine Poststation abfordere: er sei gehalten, ständig 14 Pferde im Stall bereit zu haben, die er doch höchstens einmal zu der Zeit der Frankfurter Messe voll benötige. Gewöhnlich seien nur zwei Postwagen zu bespannen und ab und zu mal ein Reisender zu befördern, der es besonders eilig habe. Der Reichsposthalter Georg Adolf Heidenreich war sicher der mächtigste Mann des Orts und der Region, aber nicht der allmächtigste, wie ein Gesuch vom 15. November 1759 zeigt: Über das Ziegelhüttenrecht hinaus wollte er auch noch in Müllheim einen Mühlbetrieb eröffnen und diesem einen eigens dafür zu bauenden »Mühlen-Canal« zuführen, der vom Klemmbach Wasser abzweigt und weiter unten diesem wieder zuleitet. Dieser »Canal«-Plan sorgte für Ärger bei den längst ansässigen Mühlenbesitzern, die sich diesem widersetzten. Heidenreich scheute sich nicht, sie durch eine Serie von Prozessen in die Knie zu zwingen. Zwar, so heißt es in einem Gegengesuch an den Markgrafen, bringt die Heidenreichsche Offerte dem fürstlichen Fiskus einiges an Zins, ein Vorteil, der aber den Schaden der Betroffenen in keiner Weise aufwiegen würde: »Werden nun die Müllheimer Mühlen weiter übersezet, so verliehren dieselben ... am Werth, daß des Posthalters Heidenreichs Gesuch blos allein dessen Habsucht zum Grund hat und auf unseren Schaden abzwecket.« Heidenreichs Gegner legen eine Aufstellung aller Mühlen der Müllheimer Region bei – es sind derer 40 mit 82 Mahlgängen. Das überzeugte Serenissimus. Heidenreich durfte keinen Kanal bauen und keine neue Mühle in Betrieb nehmen. Das war sicher kein Denkzettel für Heidenreich, aber ein Dämpfer für dessen Tatendrang.

Georg Adolf Heidenreich hatte im Alter von 26 Jahren die 20jährige Anna Walchin geehelicht. Aus dieser Verbindung stammten des Posthalters Kinder. Drei Jahre nach Annas Tod heiratete der inzwischen 69jährige Posthalter die 36jährige Witwe Anna Magdalena Rehfuß – ihre Ehe blieb kinderlos. Drei Jahre nach seiner zweiten Heirat läßt sich Georg Adolf Heidenreich im Jahr 1773 porträtieren – im stattlichen Gewand eines Reichsposthalters mit Perücke nebst seitlich aufgerollten Locken, in guter aufrechter Haltung, einem klaren durchdringenden Blick und einem Anflug eines Bescheid wissenden Lächelns um seine Mundwinkel. Georg Adolf Heidenreich ist jetzt 72 Jahre alt. Fünf Jahre später, am 7. August 1778, stirbt er.

Dieses Porträt ist in der 200 Seiten umfassenden Auflistung seines Nachlasses enthalten. Darin werden auch »20 Hühner nebst einem Gockler (wird kommentiert mit: »id est Hahn«) aufgeführt, wie die gelb baumwollene Veste mit silbernen Borten, das eine Paar schwarzseidene Strümpfe wie auch seine schwarze Samtkappe«.

Die Familie Heidenreich hatte sich in Müllheim eingenistet: 1694 heiratet eine Maria Magdalena Heidenreich (1664–1737) den Wirt Hans Zöllin (1669–1733) vom Gasthaus »Zum Engel«, eine Anna Barbara Heidenreich heiratet den »Schwanen«-Wirt Joachim Muser († 1811) und die Elisabeth Heidenreich heiratet in das Gasthaus »Zum weißen Rößlin« (»Das Rössle«).

Georg Adolf Heidenreich – der Reichsposthalter (1773)

Der »junge« Postmeister Georg Friedrich Heidenreich

Der »alte« Postmeister Georg Adolf Heidenreich war 77 Jahre alt geworden. Als sein Sohn Georg Friedrich (1731–1811) die »Post« übernahm, war der »junge« Postmeister auch schon 47 Jahre. Natürlich hatte er längst alle Aufgaben übernommen, um den »Alten« zu entlasten, aber offiziell war sein Vater immer noch der Reichsposthalter. Seit über 13 Jahren war Georg Friedrich Heidenreich mit Maria Elisabeth verheiratet. Die Tochter des Müllers Blankenhorn galt im Ort als eine gute Partie. Er muß vom Vater gut beraten gewesen sein oder es von diesem gehört haben, denn er war genauso geschäftstüchtig und umtriebig. Er erwirbt Äcker und Weinberge, genau

noch einmal so viele, wie sein Vater schon dazuerworben hatte. Als Schaffner des Lützelschen alten Klosterbesitzes – allein in Müllheim waren es 31 zinspflichtige Gehöfte, nicht mitgerechnet die Klostergüter an elf anderen Orten – konnte er gut von den Zinsen leben, wenn die bezahlt wurden. Doch seit einigen Jahren war mancher Bodenzins ausgeblieben. Im Januar 1788 ging er deshalb vor Gericht: Die säumigen Betroffenen mußten bei 30 Kreuzer Strafe am nächsten Vormittag nach der Zustellung der Anordnung auf der Gemeindestube erscheinen. Dort wurde ihnen eingeschärft, innerhalb von 14 Tagen den Zins zu entrichten, sonst drohe Gefängnisstrafe.
Nach dem Tod seiner Frau Maria Elisabeth heiratet Georg Friedrich 1785 Maria Barbara Willin, deren Mutter auch aus der Blankenhorn-Familie stammte. Er verstand es eben trefflich, Besitz zu mehren. Georg Friedrich Heidenreich hatte es schon als Schaffner des Lützelschen Erblehens lange darauf abgesehen, das gesamte Lehen des Klosters Lützel zu erwerben. Er hatte diesbezüglich schon wiederholt vorgefühlt und sein Kaufinteresse kundgetan. Einen neuen Erblehen-Vertrag hatte er bereits Anfang 1789 auf eine jährliche Vergütung von 1.200 Livres (französische Währung) durchsetzen können. Doch Heidenreich wollte alles haben und Lützel schien gesprächsbereit. Am 25. August 1789 kam als Bevollmächtigter des Klosters Jean Baptiste Etienne, Probst zu Schlierbach, nach Müllheim, um über einen Kontrakt zu verhandeln. Es ging schließlich um Güter, Grundstücke und Immobilien in Müllheim, Rheintal, Feldberg, Bellingen, Zienken, Ober- und Niederweiler, Grißheim, Hügelheim, Zunsingen und anderen Orten in der Umgebung. Und tatsächlich – es kommt zu einem Vertragsabschluß. Man einigt sich auf eine Kaufsumme von 36.000 Livres. Tagsdrauf wurde diese Vereinbarung in das Gerichtsprotokoll eingetragen. Wie gesagt, das geschah in der sechsten Woche nach Beginn der Französischen Revolution vom 14. Juli 1789.
Georg Friedrich Heidenreich verstand die Zeichen der Zeit. Und diese Zeiten waren nicht berechenbar. Er ritt kurz darauf nach Basel

und legte dem dort amtierenden Schaffner diese ganze große Summe bar auf den Tisch – 36.000 Livres. Das sprach sich schnell im Dreiländereck herum. Georg Friedrich Heidenreich hatte es eilig. Er erkannte die unsichere Rechtslage der Klosterbesitztümer, die kurz darauf in der folgenden Phase der Französischen Revolution enteignet, also verstaatlicht wurden. Er hätte das Klosterlehen Wochen später niemals mehr von der Französischen Republik erwerben können. Über diesen schnellen Ritt von Müllheim nach Basel redete man an den Stammtischen, er wurde zur Legende.

Doch die Revolutionsjahre suchten Müllheim, die »Post« und ihren Hausherrn auf ganz besondere Weise heim. Müllheim war zum Fluchtpunkt der französischen Aristokratie geworden. Viele Adelige hatten ihre Schlösser verlassen, ihre Besitztümer wurden enteignet. Ein großer Teil der adeligen Offiziere setzt sich mit ihren Kompanien über den Rhein ab. Diese Revolutionsflüchtlinge hatten Müllheim als Ziel auserkoren, und sich um Prinz Louis Joseph von Condé gesammelt. Sein Emigrantenheer bestand aus 1.200 Stabs- und Oberoffizieren. Von Müllheim aus wollten sie das Rad der Weltgeschichte zurückdrehen, und mit ihrem Heer die Rechte der Bourbonen zurückerobern. In Müllheim und Umgebung hatten sie sich einquartiert – in Ökonomiegebäuden, in Bürgerhäusern, in Wirtschaften und auch in der geräumigen Posthalterei. Im Markgräflerland, wo man die Revolution mit Freiheitsbäumen und Festen feierte, waren diese Emigranten nicht gern gesehen. Sie galten als Vaterlandsverräter. Es gab oft Schlägereien. Man warf ihnen vor, die Preise in die Höhe zu treiben, Wildfrevel zu begehen und das gute Einvernehmen mit den Nachbarn im Elsaß zu stören. Die ganze Gegend sei unsicher geworden, Dirnen strömten durch die Wälder ... Auch Posthalter Heidenreich bangt um die Aufrechterhaltung der Ordnung. Am 12. Oktober 1795 bittet er die Regierung, seine Wirtschaft einstellen zu dürfen: »Unser Ort hat die Ehre, das Hauptquartier des Prinzen Condé zu sein; mit solchen ist uns zu höchster Last ein emigriertes Personal von mehr als Tausenden mit allen bekannten Eigenschaften unhintertreiblich aufgedrungen; täglich kommt neuer Zuwachs ...« Diese »Bagage«, die jetzt seit 20 Wochen sein Haus bewohne, sei »liderlich« und »verstohlen«. Die Eingabe für eine vorübergehende Schließung der Wirtschaft wird abgelehnt, jedoch in Aussicht gestellt, die »Post« künftighin von »Kriegsprätestionen« und Einquartierungen nach Möglichkeit zu verschonen. So mußte Heidenreich weiter über diese »Spitzbuben« schimpfen, bis die Kriegsläufe diese woandershin vertrieben.

Durch Wetterunbilden wie im selben Jahr 1795 konnte das Reisen besonders beschwerlich sein. So verwandelten sich manche Straßen in Schlammfurten. Jede Kutsche zog tiefere Gräben. So passierte es, daß auf der Frankfurt-Basel-Strecke zwischen Offenburg und Emmendingen Kutschen zu Bruch gingen oder im Schlamm versanken. Der Knecht des Posthalters von Friesenheim war sogar im Straßendreck erstickt. Die Pferde konnte man bei diesem Unfall noch aus dem Schlamm ziehen. Das fürstliche Logistikunternehmen Thurn und Taxis achtete auf das korrekte Funktionieren der Betriebsabläufe und ging Beschwerden nach. Seit vielen Jahren benutzte ein Schweizer Offizier den »Basel-Kurs« und dies sogar mehrmals pro Jahr. Er kannte daher sämtliche Posthaltereien auf dieser Strecke, auch die Heidenreichsche in Müllheim. So machte er im Mai 1803 von Krozingen kommend mit seiner leichten Halbchaise mit zwei Pferden ohne Gepäck zwischen 11 und 12 Uhr nachts hier halt. Entgegen der Postordnung drängte ihm der Postknecht drei Pferde auf; wenn der Passagier sich nicht füge, verweigere er, der Postknecht, die Weiterbeförderung. Unter Beschimpfungen durch den Dienstboten mußte der Schweizer Offizier das dritte Pferd in Kauf nehmen – eine kranke, verdorbene Mähre, die auf der ansteigenden Strecke die leichte Halbchaise öfters umzuwerfen drohte. Für die Strecke zur Kaltenherberge, für die man gewöhnlich $1^1/_2$ bis 2 Stunden benötigt, brauchte er vier Stunden. Als er das nächste Mal in Müllheim Station machte, beschwerte sich der Schweizer beim Posthalter Heidenreich persönlich. Doch auf dem Rückweg wiederholte sich dieser Vorfall zum zweiten und bald auch zum dritten Mal. Im Oktober 1804 erfolgte eine Klage dieses Schweizer Offiziers bei der Thurn und Taxis-Zentralverwaltung. Im Mai 1805 erteilt das Oberpostamt Augsburg, der Verwaltungssitz von Thurn und Taxis, dem Müllheimer Reichsposthalter Georg Friedrich Heidenreich eine eindringliche Verwarnung und ermahnt ihn zu einem höflichen postordnungsgemäßen Betragen gegenüber Reisenden.

Die einzelnen Posthaltereien mußten mit unangemeldeten Visitationen rechnen. So gibt der »10. Visitationsbericht der Route von Straßburg über Kehl – Offenburg – Friesenheim – Kenzingen – Emmendingen – Freiburg – Krozingen – Müllheim und Kaltenherberge bis Basel inclusive«, wie es auf dem Titelblatt zu lesen ist, Auskunft über die »Achte Station Müllheim«. Der Bericht stellt zunächst die Station vor, dann den Posthalter Georg Friedrich Heidenreich, daß dieser durch »Höchst fürstliche Lizenz« an seinen Vater Georg Adolf die Posthalterei betreibt. Dann folgt eine Auflistung des Personals – drei Postillione, zwölf Pferde, ein Fuhrpark, bestehend aus drei ganz bedeckten und aus zwei halbbedeckten Chaisen. Im Bericht werden für jeden Wochentag die an- und abfahrenden Bewegungen dargestellt und welche Orte von der zentralen Posthalterei Müllheim angefahren werden, zum Beispiel Bürgeln, Badenweiler, Neuenburg, Staufen oder Mühlhausen im Sundgau. In diesem Profil dieser Posthalterei wird die Zahl der expedierten Briefe, das Gepäckvolumen und die Taxen aus den Erträgen der Postwageneinsätze genau summiert, ebenso die Streckenentfernungen sowie die Streckenzeit aufgelistet. In diesem Visitationsbericht ist auch ein Verzeichnis der Behördenstruktur der beiden für die Vergabe des Postregals gültigen Konvention zwischen der kaiserlichen Post und dem »Hochfürstlichen Badischen Land« bis zu den allerhöchsten Würdenträgern aufgeführt.

Johann Peter Hebel als Gast in Heidenreichs »Post« zu Müllheim

Nach der Berufung des Präzeptoratsvikars am Pädagogium in Lörrach zum Diakon an das Gymnasium in Karlsruhe dauerte es fünf Jahre, bis Johann Peter Hebel seine erste Reise ins Oberland antrat. Für eine solche Strecke von Karlsruhe nach Lörrach mußte er mit 30 Stunden Fahrtzeit rechnen. Er freute sich auf seine Heimat und auf Gustave Fecht (1768–1828). Sie war die Schwägerin des Leiters des Lörracher Pädagogiums Tobias Günttert und wohnte in dessen Haus. Seit seiner Versetzung nach Karlsruhe schrieb Johann Peter Hebel an Gustave, seiner »teuersten Jungfer« in poetischer Zuneigung »Ihres gehorsamsten Dieners« Briefe. Zum Beispiel zu Weihnachten 1795 diese bemerkenswerten Zeilen: »Ist es wahr, daß die erste Station von der Erde zum Himmel auf dem Belchen ist und die zweite im Mond und die dritte auf dem Morgenstern, und daß dort alle acht Tage ein Komet als Postwagen ankommt und die angelangten Fremdlinge von aller Welt Ende ins himmlische Jerusalem zur ewigen Heimat fährt?«

Der Belchen, die erste »Station«, liegt weit oben hinter Müllheim im südlichen Hochschwarzwald und Müllheim ist laut Visitationsbericht der kaiserlichen Thurn und Taxis-Post die achte Station. Hier machte Hebel auf seinen Fahrten nach Lörrach oder zurück nach Karlsruhe Station. Er kehrte gern ein in der »Post«, schätzte den Posthalter Georg Friedrich Heidenreich und den Wein aus dessen Anbau. In dem Gedicht »Der Schwarzwälder im Breisgau« widmet Johann Peter Hebel Heidenreichs »Post« die erste Strophe:

> Z'Müllen an der Post,
> Tausigsappermost!
> Trinkt me nit e gute Wi!
> Goht er nit wie Baumöl i,
> z'Müllen an der Post!

Müllheim war für Hebel das Portal in das Herz des Markgräflerlands. Hinter der Pforte der »Post« erfuhr man die Geschichten, die die Welt bewegten – von Kriegslärm bis zu Schicksalen eines »unverhofften Wiedersehens«. Die Poststation war eine Nachrichtenbörse; hier gab es die »Meßrelationes«, Postzeitungen und Zeitschriften. Hebel brachte die Geschichten der kleinen Welt in die große und den Dialekt dieser Menschen in die Weltliteratur. Als das Gedicht zum ersten Mal veröffentlicht wurde, hieß die erste Zeile der ersten Strophe noch »Z'Müllen uf der Post«, man nannte sie im Volksmund auch »Hebelpost«. Mit der Errichtung der Post in Müllheim 1745 wurde die Poststation Kaltenherberge zum Ausleger eines »regulären Postritts« Kaltenherberge–Lörrach und damit der Anschluß an die Thurn und Taxis-Reichspost sichergestellt. Wenn Hebel also von Karlsruhe nach Lörrach schrieb, so adressierte er: »Lörrach bei Kaltenherberg«. Die »fahrende Post« zur Personen- und Gepäckbeförderung wurde ausgebaut und 1810 von Lörrach bis Schopfheim weitergeführt.

Als sich 1811 das Großherzogtum Baden konstituierte, erwarb dieser dem Rhein entlang gewachsene Staat aus Hoheitsgründen das Postregal von Thurn und Taxis zurück. Weil es keinen Kaiser des Heiligen Römischen Reiches Deutscher Nation mehr gab, konnte es auch keine Kaiserliche Reichspost und keinen Reichsposthalter in Müllheim mehr geben, sondern eine »Großherzoglich-Badische Posthalterey«. In dem Jahr dieses Postregalwechsels starb Georg Friedrich Heidenreich. Es blieb ihm erspart, den Bau der ersten badischen Eisenbahn von Heidelberg und Mannheim (1841) und den weiterführenden Ausbau der Rheintal-Strecke (1845–1847) bis Schliengen zu erleben. Der Bahnhof lag noch weiter vom Ort weg als es die Poststation war. Zu diesem Zeitpunkt erlischt die Posthalterei-Lizenz. Die Eisenbahn hängte ihren eigenen Postwagen an – und die traditionelle »Post« ab. Hundert Jahre war sie ein bemerkenswerter Standort gewesen. Und so steht Heidenreichs »Post« bis heute noch – nach über einem Vierteljahrtausend – als »Alte Post«, eine noble Hoteladresse an der Bundesstraße 3 – mit einem Restaurant für Feinschmecker, äußerlich kaum verändert mit dem Glockentürmchen auf dem Dach und der »Hebelstube« im Parterre.

Die »Alte Post« heute

15. Kapitel
»La femme et les études universitaires«

Des alten Reichsposthalters Vater – Georg Friedrich Heidenreich (1671–1739) – hatte einen bemerkenswerten Beruf: Er war Scharfrichter. Um diesen Dienst verrichten zu dürfen, mußte er dem Markgrafen Carl für die Ausstellung eines Erblehenbriefes 150 Gulden Reichswährung und eine »Canzley Tax« von sieben Gulden und 30 Kreuzer sowie einen 5 Gulden jährlich betragenden Wasenzins bezahlen. Ob aus Gründen der Arbeitsüberlastung oder anderen, sein Sohn – der Posthalter Georg Adolf Heidenreich (1701–1778) – wird sein Gesuch vom 27. Oktober 1747 an den Markgrafen sehr wohl überlegt haben: »Demnach auf Absterben Georg Friedrich Heydenreichs des gewesenen Scharffrichters dahier zu Müllheim der von ihme Erblehensweiße beseßene Scharffrichter und Waasenmeisterey Dienst der Herrschafft Badenweyler auf mich als den ältesten Sohn Georg Adolph Heydenreich durch das Erbrecht gefallen, ich aber solchen wegen der von mir verwaltenden Reichsposthalterey selbsten nicht versehen können und mögen, und dahero denselben bis anhero verlehnet gehabt.« Für diesen Posten empfahl der seinen Schwager Georg Michael Vollmar (1706–1785), den Scharfrichter von Haagen. Das Scharfrichteramt war bereits in der dritten Generation in der Familie der Heidenreichs.

Aus der Sicht der Enkelgeneration erfährt man Aufschlußreiches über die Herkunft des Großvaters Georg Heidenreich: »Waßgestalten mein Großvatter Seelig weyl[and] Georg Heidenreich ein gebohrner Freyherr von Wilda auß Littau gebürtig geweßen, Auß liebe zur Evangelischen Religion und andern vrsachen sein vatterland, stand vnd weßen quittirt, auch durch den Alten Teutschen Krieg und andere seltzame fata, in dießen Marggrävischen Landen den Scharffrichterdienst betretten.« Aus Wilda oder Wildau, wie man hierzulande das angeblich nicht so kultivierte Grenzland im Osten bezeichnete, wurde später das Wilna in Litauen.

Die Heidenreichs und die Herrschaft Rötteln

Georg Heidenreich war vom Namen her bestimmt weder Pole noch Litauer. Was ihn bewog, nach Westen zu gehen, hing möglicherweise mit den engen Beziehungen Polens zu Sachsen oder mit den tiefen politischen und religiösen Veränderungen jener Zeiten zusammen.

Zunächst konnte Georg Heidenreich in Ettenheim Fuß fassen. Nach zwei Jahren Dienst als Scharfrichter empfiehlt er sich als ein auch in der Chirurgie erfahrener und für die Lebenden nützlicher Mensch erfolgreich für den Posten in Straßburg. Das war am 8. Mai 1591. Die Kirchenbücher der evangelisch-lutherischen Kirche Alt St. Peter bezeugen am 14. Juni 1591 die Heirat des »Jörg« Heidenreich mit Ottilie, der Witwe seines Amtsvorgängers Michael Graff, des alten Meisters Michel. Jörg und Ottilie waren 16 Jahre verheiratet, als sie 1607 starb, genau so lange war er mit seiner zweiten Frau, Anna Maria Halter, verheiratet. Als er sie 1608 in Teningen heiratete, war sie 17 Jahre alt. Bei seinem Tod, im Spätsommer 1625, wird Anna Maria als Witwe des Arztes und Scharfrichters erwähnt. Mit 18 Jahren bekam Anna Maria ihren Sohn Georg Adolph (1609–1680). Durch den Tod seines Vaters erhielt er in Teningen das Scharfrichteramt. Hinzu kam dann der Amtsbereich für die Landgrafschaft und die Herrschaften Rötteln mit Badenweiler, wie er selbst 1671 in einem Schriftsatz anmerkt: »Zue Dähningen und in dero Herrschafft Rötteln nunmehr in die 46 Jahre und damit der Badenweyler Herrschafft in die 32 Jahr alß ein Scharffrichter gedienet.«

Georg Adolph Heidenreich war 21 Jahre alt, als er die Tochter des Scharfrichters von Rufach im Oberelsaß Melchior Günther heiratete.

Mit Anna Maria Günther (1612–1658) lebte er im Diensthaus in Haagen unterhalb der Burg Rötteln. Sie verstarb dort im Alter von 46 Jahren. Ihr Mann ehrt sie (und auch sich) mit einer Grabplatte, die an der Südwand der Kirche von Rötteln angebracht wurde: »Des Mannhafften Georg Adolph Heidenreichs Fürstl: Marg: Bad: Bestelten Scharfrichters der Herschaft Rötteln und Badenw: Gewesenes Eheweib.« Die Grabplatte trägt ein Wappen, das einen Scharfrichter mit Richtschwert zeigt. Georg Adolph ist nicht hoffärtig. Er gilt als »ein gutthätiger nützlicher man, vnd wan er sterben sollte, von den armen

Grabtafel Heidenreich an Kirche in Rötteln

höchst betrauret werden, den er denselben nicht allein gratis die medicamenta in ihren Kranckheiten reichen thut, sondern gibt Ihn noch reichlich almoßen«. Heidenreichs »Thun und Laßen Hin vnd wider im Lande absonderlich wegen viler eüßerlicher glücklicher Curen … zimblicher maßen wol vnd ohne einige Klag Bekandt«. Drei Jahre nach dem Tod seiner Frau heiratet er Anna Maria Spengler (1641–1717). Er ist jetzt 52 und sie 20. Als ihr Sohn zur Welt kommt, der auf den Namen Georg Friedrich (1671–1739) getauft wird, ist sie 30.

Nachdem schon im Dreißigjährigen Krieg die Kaiserlichen und die Schweden abwechselnd das Schloß Rötteln besetzt und dem Bau zugesetzt hatten, krallte sich das Kriegsgeschehen wieder am Rheinknie fest: Am 29. Juni 1678 wurde Schloß Rötteln durch die Armee des französischen Marschalls Grecque zerstört. Die Brandschatzung erreicht das Dorf Haagen, auch das Haus des »Meisters von Haagen« wird zur Ruine.

Weil ein Scharfrichterhaus herrschaftliches Eigentum war, setzt Georg Adolph Heidenreich (1609–1680) am 30. Oktober 1679 eine Schadensmeldung auf: »Als vor einem Jahr die Franz: Armee … das Röteler Schloß attaquirt, ist in wehrender action das Dorff Hagen, und darinnen mein Dienst Hauß zu erst inn Brand gesteckt vnd … ganzlich in Aschen gelegt worden.« In dieser an höchste Stelle gerichteten Eingabe bittet Heidenreich, »die alte hoffstatt allwo die Mauren noch stehen« wieder aufzubauen. »Weilen nun gn[ä]d[i]gster Herr, mich bißhero mit meinen vielen Kindern, in meinem eigenen Häußlin so nur ein Trotthauß (Trotte = Kelter), worinnen nur ein kleines stüblin vnd Kämmerlin begriffen, geduldet«. Heidenreich mußte lange warten; da er keine Antwort erhalten hatte, erinnert er (zwei Jahre nach dem Brand) am 22. Juni 1680 an sein Gesuch. Am 20. Oktober (1680) erhält er den Bescheid, man habe »gar keine anständige andere gelegenheit, in erfahrung Bringen können, wo Er nemblich sambt seinem gesindt und dienst, anderer orthen an statt seiner abgebrandten Behaußung« und bewilligt ihm als vorläufiges Überbrückungsgeld 20 Pfund jährlich als Hauszins. Man bat den Meister um Geduld, »biß auff andere Zeit« ein neues Haus gebaut werden könne. Dies ging über Heidenreichs Kräfte: Drei Wochen nach Erhalt dieser Vertröstung starb er am 9. November 1680. Seine Frau überlebte ihn noch 37 Jahre.

Neun Jahre vor seinem Tod – Georg Adolph Heidenreich war damals 62 – kümmerte er sich um seine Nachfolge. In seinem Gesuch vom 13. März 1671 schreibt er von sich als »von Gott dem Allerhöchsten mit vielen Kindern gesegnet, darunter der älteste Sohn 19 Jahr seines Alters erreicht, und Ich in betrachtung meines Hohen Alters nicht lange Lebenszeit mehr zuhoffen: (daher flehe ich untertänigst), meinen ältesten Sohn nach Sich eraygnenden meinen tödtlichen hintritt zue einem Scharffrichter: Jedoch daß Er meine hinterlaßene Kinder, da Sie selbiger Zeit noch nicht erzogen wären, bey Sich zue haben, selbige mit behöriger Nothdurfft zue versehen: und in unserer

allein seligmachenden waren Religion zue auferziehen schuldig seyn solle, gn[ä]d[i]gst anzunehmen, unterdeßen aber mir gn[ä]d[i]gst zuevergönnen, daß wofern Ich noch lange leben solte, Ich Ihne nacher Müllheimb allda die gantze Badenweylerer und etliche Dörffer in Rötteler Herrschafft zueversehen, setzen dörffte sonsten ich besorge, daß Er etwann hinweg und in das Papstuhmb gehen möchte.«
Und bereits am 21. April 1671 erhörte Markgraf Friedrich die zwei Bitten seines Scharfrichters: »daß sein ältester Sohn auff sein Tödtliches ableiben Ihne in seinem Dienst Succetirn … (auch solange) aber zur prob in der Herrschafft Badenweyler vndt deroselben nechstgelegenen Röttlischen Dorffschafften so lang versehen« dürfe. Und: »auff erfolgende gn[ä]d[i]gste willfahr ein Haüßlin vor obgedachten Seinen Sohn zu kauffen oder gar auß dem grund zu erbawen erpietig« sei. Doch der Traum von einem Häuschen mit Garten in Müllheim zog sich noch zwei Jahre hin, bis »im Fleckhen Müllheimb« ein Grund für ein einstöckiges Haus für den Sohn und für den Fall des Ablebens des Vaters seine Stiefmutter »Zeit lebens ihre Wohnung darinnen haben solle«. Für den Hausbau wurde die Burgvogtei Badenweiler angewiesen, 200 Gulden zu »überliefern«. So waren die Heidenreichs nach Müllheim gekommen.
Erst am 10. Dezember 1684, also vier Jahre nach des alten Scharfrichter Heidenreichs Tod und sechs Jahre nach der Zerstörung, wurde die Genehmigung erteilt, »die scharpffrichter wohnung zu Hag[en] wieder zu erbawen, doch also daß Er die geld mittel selbst dazu Herschaffen, im übrig[en] mit allen materialien und der frohne ihme von der Herrschafft an die Hand gegang« werde. Im Gedicht »Der Statthalter von Schopfheim« erwähnt Johann Peter Hebel den »Meister von Haagen« nicht in seiner Funktion als Scharfrichter, sondern als Heilkundiger, eine Funktion, die Scharfrichter oft ausübten.

*

Was waren das für Unterschiede: Der Mann, der es durch 17 Jahre Schaffen im nucleus des Kapitalismus – in Manchester – zu etwas

Ernst-Friedrich Heidenreich mit Elsie bei der Ernte
auf den »Heidenreich-Matten« in Müllheim

gebracht hat, dann der Millionär – hoch oben über Zürich – ein 17 Jahre lang privatisierender Familienvater und dann nach 34 Jahren – ›wie gewonnen, so zerronnen‹ – der Absturz.
Ernst Friedrich Heidenreich war jetzt mittellos. Das Einzige, was er besaß, war das kleine Erbe, das sein 1915 verstorbener Vater und seine 1917 verstorbene Mutter ihrem einzigen Sohn hinterlassen hatten – die Klostermatten hinter der alten Posthalterei, die »Bygerten« oder auch als Flurname die »Heidenreichmatten« genannt. So blieb er verwurzelt auf heimatlichem Boden und in der bodenständigen Nahrungskette – ein unschätzbarer Vorzug im Elend der Nachkriegszeit, die geprägt war von Hungersnot, Inflation und Arbeitslosigkeit. Mit den jüngeren Kindern ging er im heißen Müllheimer Sommer zur Ernte, stieg auf die Leiter und »günnte« Nüsse, Zwetschgen und Äpfel, die Kinder verteilten die Baumfrüchte in die »Korbzainen«.

Als die Familie 1919 nach Müllheim kam, war die Hälfte der Kinder bereits erwachsen: Ernst (Ernie) war 24, Dorli 22 und Elsie 20. Die Jüngeren prägte das neue Leben in Müllheim stärker, die 14jährige Erika, den 10jährigen Fritz und die 9jährige Margrit. Von der Primarschule in Zürich war sie noch in die Volksschule in Müllheim gewechselt. Freude und Schmerz, wenn Margrits Zürcher Schulklasse von einem Ausflug in die Schweizer Berge zu Herzen gehende Postkarten und Briefe schrieb. Dann mit dem Eintritt in die Realschule zum 15. Oktober 1920 schon wieder eine neue Schule. Es gab da nicht unwesentliche Unterschiede innerhalb der Heidenreich-Schar: Da waren die Älteren – die in Manchester geborenen Engländer – und die Jüngeren – die in Zürich geborenen Schweizer, deren Kindheit einen jähen Knick erfuhr und deren äußere Lebensqualität sich deutlich verschlechtert hatte. Das Altersgefälle war auch ein soziales Gefälle: die »Engländer« präsentierten sich (auf Fotos) victorianisch, ihre Kindheit war dekorativ eingerahmt. Bei der zweiten »Generation« dieses Nachwuchses gab es nichts mehr zu beschönigen. Die Zeit war nüchtern, man lief erheblich bescheidener herum, ganz so wie die anderen Kinder des Orts, der noch von landwirtschaftlicher Arbeit geprägt war. Da ging man eben barfuß dem Klemmbach entlang zur Schule. Eher unbewußt gab es eine Variante der Eifersucht, die von »Habenichtsen« gegenüber »Besitzenden« oder gegenüber solchen, die Vorrechte genießen, sei es auf Grund des Rechts des Erstgeborenen oder der bevorzugteren Lebensumstände. Die Älteren waren »besser dran« gewesen, und dieses »Bessergestelltsein« schuf eine ungewollte Distanz vor allem zwischen einem 24jährigen und einem erst 10jährigen kleinen Bruder. Dieser Niveauunterschied kann spürbar werden und auch Neid erzeugen, besonders bei denen, die in ihrer Kindheit nicht übermäßig verwöhnt wurden. Diese erlebten das neue, eher bäuerliche, soziale Umfeld unmittelbarer, und das hatte auch sein Gutes – ein neuer Erlebnisraum. Was für sie die neue Heimat werden sollte, war für den Vater die alte Heimat, er kannte aus den Geschichten seiner Kindheit die alten Mühlen und Wirtschaften, in denen wohl dann und wann auch ein Heidenreich häusig war. Doch dieser »Heimkehrer« war arbeitslos und damit brotlos. Er fühlte sich wie ein Enteigneter. Er mußte sich um die Zukunft sorgen, seine Familie ernähren. Vater Ernst Friedrich eröffnete in Müllheim ein Geschäft. Er handelte mit Leder, wie die Vorfahren seiner Mutter – die Grethers. Der Lederhandel lief allerdings überhaupt nicht. Er suchte weiter nach Arbeit, doch in Müllheim fand er keine.

Nach zwei Jahren, die bei weitem keinem Ruhestand, eher einem Wartestand oder Zustand der Unruhe glichen, bot sich ihm eine Arbeitsgelegenheit in einem Betrieb in Lörrach. Ernst Friedrich Heidenreich besorgte sich eine Unterkunft in der Kreisstadt des Wiesentals und trat am 10. Juni 1921 in den Dienst der KBC; da war er 53 Jahre alt. Vater mußte in die Arbeit und Frau und Kinder zurücklassen. Wenn es ihm möglich war, besuchte er die Seinen übers Wochenende in der Frick-Mühle. Erika, Fritz und Margrit freuten sich, als er zum Beispiel mit ihnen durch tiefen Schnee zum Blauen hochstieg und sie den langen Weg auf dem Schlitten hinunterbrausten.

Die Jahre und Tage in der Frick-Mühle waren gezählt. Im Frühjahr 1923 zogen die Heidenreichs aus, um ihrem Vater nach Lörrach zu folgen. Margrit besuchte am 18. April zum ersten Mal die Realschule in Lörrach. Acht Tage zuvor hatte sie zu Stift und Zeichenblock gegriffen und sich in den Hof des Frick-Mühle-Anwesens gesetzt, um die Erinnerung an ihr Müllheim festzuhalten und für immer mitzunehmen. Sie zeichnete Treppe für Treppe, Stockwerk für Stockwerk, Haupthaus, Nebenhaus und Wirtschaftsgebäude – die Frick-Mühle, wo sie vier wichtige Jahre ihrer Jugend verbracht hatte. Als sie hier ankam, war sie knapp neun, als sie wegging, war sie knapp 13. Der Hausherr, der selbst in seiner Jugend hier ein Zuhause gefunden hatte, erkrankte im darauffolgenden Winter und starb am 8. Januar 1924: Dr. med. Karl Nikolaus, der Altbürgermeister von Müllheim. Zurück blieb in der Frick-Mühle seine Frau, die Tante Anna. (Sie starb am 10. April 1933.)

Die Familie Heidenreich zieht von Müllheim nach Lörrach in die Herrenstraße

Schon in Zürich wirkte Ernst Friedrichs Frau Elisabeth matt und für ihr Alter nicht rüstig genug. Jetzt, beim Umzug von Müllheim nach Lörrach, war sie an die 53 Jahre alt. Sie hielt sich an den Bibelspruch, den sich die beiden bei der Eheschließung am 27. Mai 1893 in der Christus-Kirche in Freiburg gegeben hatten:

Ich will mit Dir sein
Ich will Dich nicht verlassen,
noch von dir weichen
Sei getrost und unverzagt!

Dieser »Hochzeitstext« aus dem Buch Josua 1.5+6 verband die beiden in guten und in schlechten Zeiten. Und die Zeiten waren schlecht. Auch für den Arbeitgeber, das 1753 gegründete Lörracher Unternehmen. Es war einst Pionier der industriellen Entwicklung im Wiesental – die KBC, mit ihren zahlreichen Zweigbetrieben. Die Bleicherei, Färberei und Handdruckerei verschaffte sich durch Innovation, neue technische Verfahren und Herstellung neuer Farbstoffe eine Spitzenstellung im Stoffdruck. Kriegsbedingte Umeignungen und Mangel an Rohstoffen störten den Betriebsablauf. Wegen Kohlemangel mußte 1919 auf 1920 der Betrieb teilweise stillgelegt werden. Es gab Massenentlassungen. Die Geldentwertung machte eine ertragreiche Produktion zunichte. Erst die Stabilisierung der Mark, die 1923 zaghaft einsetzte, brachte Hoffnung auf eine volle Inbetriebnahme der KBC.
Genau in diese sensible Zeit fiel die rare Personalentscheidung, den im Alter fortgeschrittenen Ernst Friedrich Heidenreich als Angestellten in die KBC zu übernehmen – er wurde zuständig für das Fabriklager. Die Firma erlebte einen massiven Rückschlag, als 1925 ein Großbrand das Verwaltungsgebäude und große Teile des Lagers in Ruinen verwandelte. Eine Betriebszugehörigkeit, also »Koechlianer« zu sein, war äußerst begehrt, zeichnete sich die Unternehmensführung doch durch fortschrittliche Einrichtungen aus: eine betriebliche Alterversorgung (Pensionsfonds), Gewinnbeteiligung der Arbeiter, seit 1814 Einführung einer Betriebskrankenkasse, einer Unfallversicherung für die Mitarbeiter, einer Fabriksparkasse. Die Einrichtung einer Kleinkinderschule und eines Kinderspitals markierten das vorbildliche Engagement der KBC. Besonders im Bau von Werkswohnungen durch ein Wohnungsbauprogramm sah das Unterneh-

men eine vordringliche Aufgabe. KBC baute nicht nur für die Fabrikanten Koechlinsche »Herrenhäuser«, wie das um 1780 gebaute Anwesen Herrenstraße 23 oder die nach der Mitte des 19. Jahrhunderts erbaute Villa Rosenfels, sondern auch Wohnhäuser im bürgerlich ländlichen Baustil wie die Herrenstraße 27 und Hunderte von Fabrikwohnungen. Die Familie Heidenreich durfte bald in eine Wohnung dieser Herrenstraße 27 einziehen – mit Blick auf das große Fabrikgelände, auf die Kohlenhalden und die Transportkräne mit ihren eindringlichen Signalhörnern.

Bereits um 7 Uhr in der Früh ging Ernst Friedrich Heidenreich jeden Werktag in die Arbeit. Der Weg war nicht weit, weil die Herrenstraße an das Fabrikgebäude anschloß. Er brauchte nur über den Werkhof zu gehen, um in das Lager zu gelangen. Da stand er in seinem schlichten Büro, schlug seine Kontorbücher auf und machte tagein tagaus Inventur, er wußte über jedes Detail der KBC-Bestände Bescheid, kannte den Bewegungsablauf der mobilen Werte der Aktiengesellschaft, an der er nur durch seine Lohnarbeit Anteil hatte. Diese Inventur-Arbeit ließ ihn noch mehr verstummen. Er hatte abgeschlossen, nachdem er mit sich selbst Inventur machte. Im Betrieb war er genau und gewissenhaft. Mitarbeiter nannten den Alten insgeheim »Papa Seltenfröhlich«. Obgleich am Rhein aufgewachsen, war er von Natur aus keine »rheinische Frohnatur«, das ist eben so am Oberrhein, er war ein gebürtiger Markgräfler: nach innen gekehrt und das immer mehr. Aber er haderte nicht mit seinem Schicksal, er hat nie gejammert, nie geklagt – das wäre der Kernsatz seiner Zustandsbeschreibung. Und wenn sich diese Zustandsbeschreibung in einer Tätigkeitsbeschreibung darstellen soll, so wäre das eine für ihn kennzeichnende Lieblingsbeschäftigung: Vor ihm lagen immer exakt gespitzte Bleistifte. Damit das so war, kramte er nach seinem Taschenmesser und ritzte schmale, dünne Späne und prüfte dann die Güte seiner Arbeit.

Ausflüge aus diesem Alltag waren die Wanderungen. Darauf freute sich stets die »Wanderfraktion« – die junge Heidenreich-Hälfte. Sie begleiteten ihren Vater gerne, der ihnen ihre neue Gegend zeigte. Natürlich ging es bald nach Bürgeln, das sie ja bereits in ihrer Zürcher Zeit besucht hatten – diesmal sprach Vater Heidenreich nicht mehr von einem Kauf – und weiter zum Blauen. Im Mai 1923 wanderten sie zur Scheideck und auf den Spuren der Heckerschen Freischaren zurück nach Steinen ins Wiesental. Den Maiausflug 1925 unternahmen sie auf den Belchen, und wiederum 1926. Dazwischen wanderten sie Richtung Todtmoos bis nach St. Blasien. Wenn sich eines seiner Kinder unterwegs verletzte, so lehrte er sie, solle es die Wunde mit eigenem Urin nässen, das wirke blutstillend, desinfizierend und heile am schnellsten die Schürfung.

175 Jahre KBC

Es waren die letzten beiden Schuljahre für die Jüngste. Am 31. März schreibt Margrit in ihr Tagebuch: »Schlußakt, keine Preise, große Enttäuschung. Ich hatte eine Wut, ich wollte am liebsten nicht mehr in die Schule.« Am 25. April freut sie sich auf das Tennisspiel und dann die Frühlingsgefühle im Mai 1928:

»Im großen ›Hirschen‹-Saal war eine Veranstaltung vom Frauenverein. Anschließend wurde getanzt. Darauf freuten wir uns schon lange. Herr W. König kam mit Herrn Dr. Karl Doerner, den ich bis jetzt nur dem Namen nach kannte; nun wurde er mir vorgestellt. Ich hatte einen Mordsrespekt vor ihm, weil er Amtsrichter ist. Wir waren sehr vergnügt.

KBC-Feier

Ich unterhielt mich fast nur mit W. König. Manchmal tanzte ich auch mit ›Karlchen‹. Ich war sehr stolz, daß er den letzten Tanz mit mir tanzte. Herr W. König hat mich heimbegleitet.

Vom ganzen Juni und Juli weiß ich nun leider nichts mehr. Es waren herrliche Sommertage. Wir gingen fast täglich baden. Sehr oft waren auch Promenadekonzerte. Da sahen wir immer 's Karlchen und Herrn König. Es war immer sehr lustig. Meistens haben sie uns heimbegleitet. Auch vom August und den Sommertagen habe ich keine Aufzeichnungen, es war zu schön und lustig. Erika und ich waren in Mannheim, bei Onkel Karl. Leider mußten Erika und ich schon nach einer Woche wieder heim, wegen des KBC-Jubiläums, das am 8. September stattfand.« Das war ein Festakt zum 175. Gründungstag der KBC. Auf der dekorativen, kartonierten Einladungskarte war zu lesen:

> 1753–1928
> KBC-Feier
> Samstag, den 8. September 1928, vorm. 10 1/2 Uhr

Das Deckblatt schmückte ein grazilerer Druck – eine Dame in Rokokokleid begrüßt mit gnädiger Handgeste eine moderne Frau im

Margrit und Erika Heidenreich beim Festakt

Die Festversammlung

Charleston-Look. Die Festhalle war voll besetzt in zwei schier endlosen Zehnerreihen, in deren ersten festlich gekleidete Herren saßen, zum Teil waren sie im Frack gekommen. Die Programmfolge begann mit einem »Gruß an Hans Sachs aus ›Die Meistersinger‹ von R. Wagner (Stadtmusik Lörrach)«, dann folgte die Begrüßung durch die Direktion und eine Ansprache des Aufsichtsratsvorsitzenden; dem schloß sich eine »Fantasie aus dem Ballet ›Coppelia‹ von Léo Delibes« an.

Und jetzt als »Kleines Intermezzo 1753–1928« ihr Auftritt: Margrit Heidenreich im Rokokokleid und ihre Schwester Erika im Charleston-Schritt, wie es die Einladung anpries. Die beiden Heidenreich-Töchter präsentierten vor 1.000 Betriebsangehörigen, vor den offiziellen Gästen der Stadt, Vertretern der Badischen Regierung und vor dem Präsidenten der Handelskammer – alleine auf der Bühne – die besondere Qualität des KBC-Stoffdrucks durch 175 Jahre. Auf die Modelle richteten sich alle Blicke. Von den hinteren Reihen aus erkannte der Lagerverwalter der KBC Ernst Friedrich Heidenreich seine Töchter im Lichterglanz. Mit einem Potpourri aus Hebel-Liedern schloß diese Betriebsfestgala. »Papa Seltenfröhlich« muß gestrahlt haben.

Am nächsten Morgen wandert er mit den beiden Töchtern auf den Belchen. Margrit erwähnt in ihrem Tagebuch den Rückweg: »Vater ging nach Müllheim runter und wir beiden nach Schönau, wir waren so braun wie Neger.« Ihre Wege trennten sich: Der Vater strebt dem Rheintal zu und Margrit mit Erika steigen ins Wiesental hinab. Fünf Wochen später, am 28. Oktober: »Erika und ich gingen an die Wiese zum Radeln. Kurz vor dem Zoll entdecken wir, daß 's Karlchen vor uns hergeht. Wir haben mit den Räderglocken geklingelt! Große Überraschung. Wir spazierten dann gemeinsam der Wiese entlang, machten Fotos. Dann gingen wir in Riehen ins Café Central. Da war es ganz reizend. Die Leute hatten einen Grammo und wir tanzten. Es fing schon an zu dunkeln. Da gingen wir aber heim. Der Mond hat herrlich geschienen. Karlchen erzählte so spannend. Dieser Abend war einfach einzig!« Am 31. Oktober fährt um 15 Uhr ein Zeppelin über Lörrach. »Hurrah!« Am 3. November gibt abends um 20 Uhr der Gesangsverein »Frohsinn« im »Hirschen« ein Konzert, anschließend Tanz: »Es war sehr nett«, vertraut sie ihrem Tagebuch an.

Die Ära des 1907 verstorbenen »Hirschen«-Wirts Markus Pflüger war gar nicht so lange her, sie lebte weiter durch seine Frau Johanna Magdalena, die fast 90 Jahre alt wurde und 1915 gestorben war – und durch ihren Sohn Emil Pflüger, der 1887 den »Hirschen« übernommen hatte. Die Pflügers verpachteten 1908 den Gasthof und zogen in das »Haus zum Schwanen«. Emil Pflüger (1858–1942) blieb für die Lörracher der »alte ›Hirschen‹-Wirt«, der sich jetzt Privatier nannte.

Der 2. Februar 1929 ist Margrits letzter Schultag vor dem Abitur. Am 4. Februar notiert sie: »Heute fing das Abitur mit Deutschem Aufsatz an; Gott sei Dank kam das Thema: Friedrich List. Auf das allein war ich vorbereitet. Ich war ganz verrückt und konnte kaum noch schreiben. 5.: Mathematik, 5 Aufgaben. 6.: Franz. Aufsatz über Napoleons Feldzug nach Rußland. Mittags Geologie: ›Die Geologie der Schopfheimer Bucht‹. 7.: Englisch. Aufsatz über die 7 Raben. Abends Forts. des Geologie-Vortrags.«

Am Tag nach dem mündlichen Abitur, am 17. Februar, gehen Margrit und Erika mit ihrem Vater Schlittschuh laufen. Es war ein eiskalter Februar, es hatte bis zu minus 21 Grad. Weil sie hörten, daß der Rhein zugefroren war, fährt Margrit mit Klassenkameraden nach Wyhlen zum Schlittschuhlaufen. Am 8. März muß Margrit zum letzten Mal die Schulbank drücken: »Die letzte Stunde war zum Sterben langweilig. Ich konnte das Läuten kaum abwarten.« Am 23. März 1929 war Schlußakt im Hans-Thoma-Gymnasium. Die Abiturientin ärgerte sich, daß sie keinen Preis bekam, nicht mal »belobt« wurde. »Ich habe wenigstens keine 3 im Zeugnis. Hurra, nun brauche ich nicht mehr in die Schule zu gehen. Es ist ein komisches Gefühl, etwas zu lassen, was man seit 12 Jahren zu tun gewohnt ist.«

Am Mittwoch in der Karwoche unternimmt Margrit eine Fahrradtour durch das vordere Wiesental: »Es war ganz herrlich. Ich konnte freihändig fahren.« An Ostern wanderten Vater und Tochter auf den Belchen: »Wir tranken Kaffee und hatten eine herrliche Alpensicht – bis weit in die Schweiz hinein.« Vom 22. bis 24. April hat Margrit »verrückt gepackt und genäht«. Ihren großen Koffer hat sie bereits abgeschickt, dann macht sie ihre Abschiedsbesuche. Am 29. April 1929 um 8 Uhr 30 geht ihr Zug, ihre Mutter begleitet sie bis Basel. Im Badischen Bahnhof verabschieden sie sich. Margrit fährt in ihr 1. Semester – nach Heidelberg.

Heidelberg, Mai 1929

»Mein Zimmer ist reizend. Alle Möbel sind weiß. Es gefällt mir sehr gut. Auch die beiden Fräulein Neher, meine Wirtinnen, sind sehr nett. So um 10$^{1}/_{2}$ h ging ich ins Bett. Schon um 6 h hat die Sonne in mein Zimmer geschienen«, notiert sie und weiter am 30. April: Der erste Weg zur Universität – ins Studium. »Diese vielen Menschen! Und bis man sich da zurechtfindet! Zuerst mußte ich auf's Sekretariat, dann hatte ich einige Formulare auszufüllen, dann ging's zur Kasse und dann, o Schreck! zur Mensa. Eigentlich bin ich fast gestorben!

Bis man da zurechtkommt! Dann starren die Depps einen noch so an! Ich lief hinter den andern her. Ich bekam wenigstens mein Essen. Um 5 h mußte ich wieder auf das Sekretariat, zum Einschreiben. Das war auch wieder so was!«

In ihr Tagebuch schreibt sie:

»1. Mai: Bis 8 h habe ich geschlafen. Um 11 $^1/_2$ ging ich zur Mensa. Es war wieder ein entsetzlicher Betrieb. Es gab Nudelsuppe, Rindfleisch, Meerrettichsauce, Kartoffeln und ein Stück Kuchen. Dann habe ich mir noch ein Kollegheft und Füllfedertinte gekauft.

2. Mai: Morgens habe ich das erste Kolleg bei Curtius versäumt! Ich war auch im Lesesaal und habe den ›Manchester Guardian‹ gelesen.

3. Mai: Morgens Brief von Mutter. An der Mensa war wieder ein entsetzlicher Betrieb. Nachmittags hörte ich Gundolf. Morgen ist Immatrikulation. Nimmt mich wunder, wie das wird! Zuerst ging ich zum Essen und dann in die Aula. Da war schon fast alles voll. Ich setzte mich auf einen freien Platz, dann kam der Rektor Heimheimer rein, grüßte alle Neuimmatrikulierten und verpflichtete dann durch Handschlag den Gesetzen der Universität zu folgen.

28. Mai: Um 8 h ging es gleich wieder los bei Curtius. Der liest halt einfach blendend von 9–10 war ich in der Lesehalle.«

Ernst Robert Curtius (1886–1956) war deutscher Romanist und Professor für romanische, vor allem für französische Literatur. Friedrich Gundolf (1889–1931) war deutscher Literaturhistoriker, arbeitete über Goethe, Kleist, aber auch Shakespeare. Er war die Schlüsselfigur des Verehrerkreises um Stefan George. Beide Professoren waren Koryphäen der Lehre und Wissenschaft weit über die Heidelberger Universität hinaus.

Tübingen, Oktober 1929

In ihrem Tagebuch ist vermerkt: »Nun bin ich seit Montag dem 21. X. 29 in Tübingen. Die Fahrt war wundervoll. All die herrlichen vom Herbst gemalten Wälder! Prachtvoll! Ich mußte 5mal umsteigen, aber es klappte alles. Als ich hier ankam – der Bahnhof ist großartig – mußte ich mein Zimmer suchen. Es liegt nicht weit von der Bahn, auch nicht weit von der Post, an einer sehr verkehrsreichen Straße: Hechingerstraße, Parterre; es ist groß,  ziemlich altmodisch, aber nette Möbel stehen drin. Auch Bilder sind genug da: alle erinnern mich an frohe Stunden: Zürich, Baden-Baden, Schloßeingang von Tübingen ... Tübingen ist ein rührendes altes Städtchen: besonders jetzt im Herbst sieht es ganz entzückend aus. Überall schauen durch die Blätter alte Fachwerkhäuser. Besonders gut gefallen mir die Anlagen am Neckar, der Österberg mit dem Wilhelmsturm und das prachtvolle Schloß. Das ist nun mein Spaziergang, sooft ich Zeit habe: ich gehe auf den Österberg, an den Corporationshäusern vorbei, und um den Berg herum, dann wieder zur Stadt runter, zum Marktplatz, in den Schloßhof rauf, schaue eine Zeitlang die Gegend an und gehe dann durch den Park heim.«

Bazar Vaudois

Die Stadt Lausanne spielte in der Familie schon seit langer Zeit eine Rolle, seitdem sich 1792 ein Pflüger aus Schopfheim im Kanton Vaud niederließ. Im Jahre 1831 eröffnete Louis Pflüger am

Bazar Vaudois

Chemin Neuf Nr. 4 den »Bazar Vaudois«, ein kleines Kaufhaus für allerlei Produkte aus Industrie, Wissenschaft und Kunst in der Nähe der Universität. Das Unternehmen florierte. Den Pflügers gehörte der »Bazar« bis 1924. (In anderen Händen existierte er noch bis 1983.) Was von den Pflügers im Vaud blieb, war Verwandtschaft und eine entfernte Cousine namens Lily.

Lausanne, Oktober 1930

Daß Margrit sich für Lausanne entschied, hatte über den nostalgischen Aspekt hinaus, daß es der Großmutter hier so gefallen hat und daß Pflüger-Verwandtschaft mit dem »Bazar« ansässig war, einen pragmatischen Grund: Ihre Schwester Dorothy, genannt Dorli, inzwischen diplomierte Säuglingspflegerin, hatte nach Lehrjahren in Freiburg und in London eine Anstellung bei der Familie des amerikanischen Konsuls in Lausanne gefunden. Margrit entschloß sich, bereits die Semesterferien in Lausanne zu verbringen. Das klang doch verlockend: Sie wohnte wie Dorli im »Palace«-Hotel, dem Domizil der Familie Baldwin. Im 6. Stock hatte sie ihr eigenes Zimmer mit wunderbarer Aussicht auf den See und auf die Alpen, mit kaltem und warmem Wasser und Telefon. Dafür sollte sie auf Frederic aufpassen, Dorli entlasten, d.h. waschen und bügeln sowie Spielprogramm für das Kind: »Es ist kein so kurzer Schritt von einem freien Studentenleben zu einer abhängigen untergeordneten Stelle« – für 2 Franken 50 pro Nachmittag. Margrit war froh, als sie schließlich in ihre Studentenbude ziehen konnte.

»15. Oktober: Meine Bude ist entsetzlich klein. Sie besteht aus Bett, ›Sofa‹, aus meinem Koffer hergestellt, kleiner Bücherschaft, Wandschrank, seltsames Individuum von Tisch, Stuhl, einer langen Wand und einem ganz schmalen Fenster. Zuerst kam sie mir gräßlich vor, aber mit der Zeit will ich sie mir schon noch kultivieren. Ich muß mich ja zum Glück nicht darin aufhalten, sondern kann, so oft ich will, entweder in den Salon oder ins Eßzimmer gehen. Meine Wir-

tin, Arztwitwe, redet sehr viel, was für mich ja nur von Vorteil sein kann. Ihr Sohn, Gil genannt, stud. med. ist ein mordseingebildeter Affe. Er soll 8 Sprachen können. Wollen noch sehen, wieviel von jeder!
16. Oktober: In der Nacht schlief ich ganz gut, obwohl das Bett ein wenig klein ist. Um 10 h traf ich Dorli, wir gingen zusammen zum Rathaus, um meine Aufenthaltsbewilligung zu holen. Nachmittag ging ich zum Immatrikulieren.
3. November: Von nun an habe ich alle Vorlesungen. Ich habe mordsmäßig viel zu arbeiten mit Altfranz., Neufranz., Latein und allem. Aber ich will viel arbeiten. Ich will endlich einen Erfolg sehen. Man muß arbeiten, um zu etwas zu kommen. – Es hat viele Deutsche, auch Engländer, aber ich will nur franz. sprechen.«
Von ihrem selbst verdienten Geld (25 Franken) kauft sie sich einen dunkelblauen Regenmantel.
»1. Januar 1931: Durch Briefschreiben habe ich bis zum neuen Jahr wachgehalten. Mit Glockenschlag trat ich ans Fenster. Die Stadt war

Lausanne mit Kathedrale

durch Mondschein hell erleuchtet und die Cathedrale war beleuchtet. Als die Glocken zu läuten anfingen, dachte ich an all meine Lieben, und wenn nur auch alle an mich dachten! Was dieses Jahr wohl alles bringt? Ich will mir alle Mühe geben und täglich meine Notizen machen. Es ist mein 20. Lebensjahr!

7. Lange geschlafen. Briefe geschrieben. Kleid länger gemacht. Mit Mme Jentzer, so heißt meine Wirtin, geplaudert und Tee getrunken. Sie war Erzieherin in Rußland.

Abends mit Mme Jentzer ins Kino: ›Im Westen nichts Neues‹. Es war sehr gut, aber grausig, grausig, grausig.

10. Band ›La nouvelle Héloise‹ ausgelesen. Paket von zu Hause erhalten: Wolldecke, Notizbüchle und Drehbleistift. Himmlisch! Morgens in der Biblio, den Andern geholfen, Deutsch zu übersetzen. So komme ich wenigstens den andern auch ein wenig näher. – Heute Zulassungsbewilligung zum ›Großen Latinum‹ erhalten. O, wenn ich nur durchkomme.

19. Sauwetter! Regnet und schneit und ist naß. Morgens ging ich nicht ins Kolleg. Sekretariat: ›Certificat de bonne conduite‹, Biblio. Stilistik gearbeitet und ›N. Héloise‹. Dann zu Dorli gegangen. Lily Pflüger war da. Sie will keine Stunden mehr, da sie keine Zeit hat und ihre Aussteuer noch fertig machen muß. Es tut mir sehr leid, denn ich hatte auch immer ein wenig Französisch dabei gelernt. Nun muß es halt ohne gehen.

20. 9 h Kolleg. Über Mittag nach Hause gegangen. Na, in Deutschland sind schlimme, schlimme Zustände. Das Schlimmste und das, was einen am meisten aufregt, ist, daß man kein Ende absieht. Wie soll das noch werden? Gar keine Aussicht! Doch auf alle Fälle heißt es arbeiten, um ein Mensch zu werden, der auch würdig ist zu leben. Und wenn man das ist, so wird auch Gott einen nicht umkommen lassen. – Nachm. wieder Rousseau-Vorlesung. Noch nie hat mich eine Vorlesung so sehr interessiert wie gerade diese. Es ist einfach fabelhaft und ich kann alles nun so gut verstehen, erstens weil ich mein Französisch beherrsche und zweitens, weil ich das, worüber gespro-

chen wird, schon gelesen habe. Das macht viel aus. Hoffentlich komme ich auch an ein gutes Ziel.

23. Ich bin deprimierter denn je: mein Aufsatz ›La femme et les études universitaires‹ war nichts. Wie soll ich denn arbeiten. Nur noch 6 Wochen! Ich könnte gerade verzweifeln. Und dazu noch mein Latein!

7. Februar: Mutter schrieb heute. Es muß trostlos daheim sein mit Elsie. Wenn ich doch nur auch eine Stelle finden würde. Es kommt mir oft wie Unrecht vor, daß ich studiere. Ich will viele Fleißprüfungen machen und Stunden geben, um Vater ein wenig zu entlasten. Wenn ich doch nur auch mein Lateinexamen bestehe! Das ist meine größte Sorge.

10. Den ganzen Tag Kolleg. Im Rousseau war es wieder sehr interessant: man hat über Erziehung geredet. Bei Dorli wartete ein Päckchen auf mich: ein Paar wunderschöne Handschuhe von Tante Marie. Ich bin unendlich froh darüber. Mutter hat einen Brief geschrieben: Elsie. Wie soll das noch werden. Es sind gerade untröstliche Zustände.

18. Morgens geochst, nachmittags bei Lily Pflüger eingeladen. Ich habe mordsviel geredet. Mit dem Franz geht es also besser.

3. März: Hurlewetter. Ganzen Tag Kolleg. Letzte Rousseau-Vorlesung. Es war noch sehr interessant und am Ende wurde wie toll geklatscht.

6. Mittags bei Dorli. Es ist um 2 h schon weggefahren. Ich hatte den ganzen Mittag Kolleg und damit war auch das Semesterende da. Abends mit Mme Jentzer gequasselt.

7. Den ganzen Tag gearbeitet. Morgens auf der Budensuche. Mein Gott, wie bin ich rumgesaust! Habe aber nichts Richtiges gefunden.

11. Heute herrlichstes Wetter, klarblauer Himmel und dazu noch dieser Schnee. Morgens nach Brillancourt. Das Zimmer ist entzückend, geht nach Osten, mit herrlichem Blick auf See und Alpen. Breites schönes Bett, alles ist sehr sauber. Die Vermieterin ist Lehrerin. Nachher ging ich zu Dorli; wir machten Knipsis in Monbenon –

dann Abschiedsbesuch bei Pflügers und dann nach Bethusy, wo ich viel photographierte. Nachmittags gearbeitet und mit Mme Jentzer Tee getrunken. Abends Koffer gepackt. Mein Gott, ich habe ja gar keinen Platz, das ist verheerend.

14. Morgens 8.15 h ging mein Zug. Die Fahrt war recht schön. Es hatte überall Schnee. Am SBB holte mich Mutter ab. Zu Hause mußte ich natürlich mächtig erzählen. Elsie und Erika sind verkracht. Das ärgert mich. Weshalb auch immer? Es könnte doch sonst so nett sein.

1. April: Elsie geht nun immer schon um 7 Uhr morgens nach Basel ins Kinderspital und kommt erst abends wieder zurück.«

In Lausanne war Margrit von der 14, Avenue de Florimont weiter seewärts zu 4, Chemin de Brillancourt in Ouchy umgezogen; sie fotografiert ihre Zimmeraussicht. »Rechts sind die Savoyeralpen und links ganz hinten die Berner. Auf der linken Seite fängt ein Haus an, mit so einem großen Garten, das ist mein einziges vis à vis und das erinnert mich sehr an Zürich. In der Uni hat es schon wieder mächtig angefangen. Was ich noch alles lesen muß, ist unerhört; da heißt es feste drauf los, habe auch schon ein gutes Stück hinter mich gebracht. Dieses Semester kommt mir alles viel leichter vor, die Leute

Margrits Zimmer mit Aussicht

sind auch viel umgänglicher. Im letzten Semester waren auch alles so Affen und ich selbst war ein wenig zu abgeschlossen, da ich für andere Leute schon gar keine Zeit hatte. Aber es ist nicht gut, so einsam zu leben. Man wird nur zu kritisch und hat auch nichts vom Leben ... Jetzt muß ich mich hinsetzen und einen Aufsatz verfassen: ›Der Charakter der Nouvelle Héloise‹. ...«

Dorli blieb noch lange bei den Baldwins und Margrit sprang für sie ein, wenn es Dorli zu viel wurde oder wenn sie krank war. (Nach der Versetzung des Konsuls nach Barbados in den kleinen Antillen wird sie die Familie dorthin begleiten.) Im letzten Monat des Semesters besuchte Erika ihre Schwestern in Lausanne. Die Frage nach der Ausbildung hatte sie in der Zeit der Inflation selbst beantwortet: »Ich ha's nie mit der Zahle ztue ka«; sie besuchte eine Haushaltsschule und anschließend machte sie eine Lehre bei Koechlin, Baumgartner & Co. im Zeichenatelier, wo sie ihren (späteren) Mann kennenlernte. Nach Lausanne kam sie der Mode der Zeit verpflichtet im Charleston-Kleid – wie einst auf der KBC-Gala.

Da war aber auch noch Elsie, die letzte der »Manchester-Fraktion«, im 19. Jahrhundert geboren. Sie tat sich schwer, ihren Weg zu gehen. Sie schien mit ihrem Schicksal zu hadern. Sie war 20, als die Familie in Müllheim gestrandet war. Sie besuchte die Deutsche Frauenfachschule und absolvierte mit Diplom den »Hausbeamtinnenkurs«. So war sie ein Jahr lang Hausdame in Lörrach – bei Emil Pflüger, dem Alt-»Hirschen«-Wirt, ein anderes Jahr arbeitete sie in einer Fremdenpension in England, eine dreiviertel Stunde von London entfernt, anschließend in Basel – in der Mädchenabteilung des Missionskinderhauses. Im Frühjahr 1931 nahm sie im Basler Kinderspital einen Kurs in Kinderpflege, bald führte sie den Haushalt ihrer erkrankten Tante Anna in der Frick-Mühle in Müllheim. Elsie fühlte sich hin- und hergeschubst, hatte keine eigene Familie und keine Kinder. Der Älteste von allen sechs Kindern – Ernie – hatte Medizin studiert und sich in Weil am Rhein als praktischer Arzt niedergelassen und war bereits verheiratet. Fritz, der Zweitjüngste, schickte sich an, Apotheker zu werden. Von den sechs Kindern hatten zwei Söhne und eine Tochter studiert.

Ernst Friedrich war jetzt (1931) 63 Jahre alt. Er arbeitete noch immer bei KBC und sorgte sich um seine Kinder. Als einzige Tochter durfte Margrit ja nicht nur die Höhere Schule besuchen, sondern nach dem Abitur 1929 auch noch studieren. Zuvor hatte ihr Vater mit spitzem Bleistift auf kariertem Papier einen groben Kostenplan skizziert und besprach diesen mit Elis. Das Geld war knapp. Aber Elis und ihre Schwester Marie rieten dazu, Margrit die Chance zu geben.

Das war für Elsie nicht immer leicht. Jetzt drang Margrit auch noch in Elsies Domäne ein: Anfang August reiste Margrit nach England – von Basel mit dem Zug bis Paris-Est und vom Bahnhof St. Lazare nach Le Havre. Von dort ging es mit dem Schiff nach Saltash zu Mrs. Clarke (41, Fore Str Saltash, Cornwall) – in eine kleine Fremdenpension. Sie hilft im Haushalt, macht die Betten, mangelt die Wäsche, deckt den Tisch zum Frühstück, zum Mittag und am Abend. Die Briefe, die sie nach Hause auf englisch schreibt, korrigiert dann ihr Vater. Keine aufregenden Sommermonate in England, aber sie wollte ja ihr Englisch nachbessern. Am 29. Oktober 1931 kehrt sie zurück, rechtzeitig zum Semesterbeginn – in Freiburg.

16. Kapitel
Zwischen Westfalen und Westpreußen

Wenn wir den Rhein als geographische Achse und den 15 Kilometer langen rechtsrheinischen Streckenabschnitt von Teningen bis Ettenheim, wo der »geborene Freyherr« Georg Heidenreich 1589 aus Wilna angekommen war, auf die linksrheinische Seite klappen, so befinden wir uns zwischen Colmar und Sélestat/Schlettstadt, mitten auf der elsässischen Weinstraße. Diese »route du vin« windet sich, in Colmar startend, von der Rheinebene über die Berghänge der Ausläufer der Vogesen. Das Portal, das diese Rheinperspektive freigibt, bildet in den Vogesen der Grand Ballon/Großer Belchen (1.423 Meter) mit seinem Pendant im südlichen Schwarzwald, dem Belchen (1.414 Meter). Wir sehen von Colmar kommend Turckheim mit seinen drei mittelalterlichen Toren, kommen nach Kaysersberg, von wo wir jenseits des Rheins den Kaiserstuhl erkennen, gelangen in das von einer Stadtmauer umgebene Riquewihr und weiter ins mittelalterliche Ribeauvillé – eine Perlenkette von historisch gewachsenen Weindörfern mit dem weiten Blick zum Rhein. Der Rheinstrom bildet die Nord-Süd-Achse, das Scharnier spiegelverkehrter Koordinaten derselben Bestimmungen von Längen- und Breitengraden. Auch die Vermessung der Zeit nähert sich beim genauen Betrachten dieses Streckenabschnitts diesseits und jenseits des Oberrheins. Es handelt sich um dasselbe 16. Jahrhundert. Gegen Ende dieses saeculums, um 1589, fassen die Heidenreichs hier Fuß, während andererseits zu Beginn des Jahrhunderts etwas Merkwürdiges passiert – eine Familie, die seit langen Zeiten, genau 150 Jahre lang, in Colmar und Umgebung urkundlich als seßhaft nachzuweisen ist, verschwindet plötzlich im Dunkel der Geschichte.

Colmar, Kreuzgang des Unterlinden-Museums

So erging es der Familie des Johan Würmlin, die mit ihrem Anwesen in der Colmarer Strüchelgasse 1362 zum ersten Mal in den Bürgerlisten und in den Büchern über Grundstücksgeschäfte erwähnt wird. 1408 wird Werlin Würmelin, wohnhaft in der Schedelgasse, notiert, er erwirbt in der Großen Korngasse ein Anwesen und ist als Schultheiß bekannt. An diesen Würmelin erinnert ein Grabepitaph im Kreuzgang des Unterlinden-Museums in Colmar; dies zeigt ein Familienwappen, das 1433, durch Kaiser Sigismund I. im Jahr seiner

Epitaph Werlin Würmelin, Anfang des 15. Jahrhunderts im Kreuzgang des Unterlinden-Museums in Colmar (die Zahl 1730 ist später eingeritzt worden). Wollten sich die Nachfahren vom Kaiserstuhl bei ihren Ahnen »verewigen«, bevor sie vom Oberrhein wegzogen?

Kaiserkrönung beglaubigt, der Familie Würmelin das Recht bestätigt, folgendes Wappen zu führen: »Wir Sigmund von Gottes Gnaden ... nachgeschrieben Gnad getan das wir in wappen und cleinot Die sie und ihr alt vordere vormals gehebt geführt und herbraht hant mit namen ein wyssen schilt doryme zwo schwarz schalten (= Stangen zum Staken von Booten) creuz weiss geschrekt und uff dem schilt ein helm mit einer roten und weyssen helmdecken, daruff ein schwannen hals (= Schwanenhals) mit einem roten fledermusflügel und daruff schwarz federvoschen ...«

Aus den Colmarer Akten geht auch hervor, daß Würmelin der Adelstitel verliehen worden war. Die Familie, die in Colmar im 14. und 15. Jahrhundert verschiedentlich Obristmeister- und Schultheiß-Ämter bekleidet hatte, muß angesehen sowie maßgebend und rechtschaffen bemittelt gewesen sein, und deshalb erhebliche Steuern an die Stadt bezahlt haben. Da der Adelstitel das Privileg zur Folge hatte, keine Steuern oder sonstige Abgaben an die Gemeinde abführen zu müssen, befürchtete der Ort das Ausbleiben dieser wertvollen Steuereinnahmen. Die Stadt Colmar protestierte gegen die Berufung der Familie Würmelin in den Adelsstand. Daraus war ein über Jahre sich hinziehender Rechtsstreit entstanden, in den sich einflußreiche Personen aus Kaysersberg, aus Ribeauvillé oder auch Turckheim eingeschaltet hatten. Der Streit endete schließlich in einem Kompromiß: Die Familie verzichtete auf den Titel; dafür wurde für die Würmelins der erhobene Steuersatz auf eine für die Gemeinde Colmar immer noch interessante Steuereinnahme reduziert.

Die von Kaiser Sigismund beglaubigten Angaben über das Wappenbild – die gekreuzten Stakstangen – deuten darauf hin, daß Würmelins einen Familienbetrieb führten, der an Flußrändern angesiedelt war. Vermuten könnte man einen Fährbetrieb über den naheliegenden Rhein. Da sich die Würmelins in die Akten Colmars hineingeschrieben hatten, ist es um so merkwürdiger, daß ihre letzte Erwähnung aus dem Jahr 1512 stammt und dann abbricht. Ausgestorben ist die Familie wohl nicht; das wäre angesichts der ansonsten recht vollständigen Aktenlage verzeichnet worden, eher sind die Würmelins abgewandert. Aber wohin?

Wie kommt eine elsässische Familie nach Westfalen?

Während Ende des 16. Jahrhunderts im selben oberrheinischen Streckenabschnitt ein Georg Heidenreich ankommt und durch die Jahrhunderte einen Stammbaum aufbaut, taucht linksrheinisch Anfang des 16. Jahrhunderts eine Familie ab. Die Spur der Würmelins verlor sich. Waren sie weggegangen wie Georg Heidenreich »aus Liebe zur evangelischen Religion und anderen Ursachen, auch durch den Alten Teutschen Krieg und andere seltsame fata«? Waren es Glaubensgründe, die Reformation, die Bauernkriege, die die Würmelins in die Fremde verschlagen haben, oder später der Dreißigjährige Krieg, etwa der Spanische Erbfolgekrieg, oder der Siebenjährige Krieg Preußen gegen Österreich in Schlesien? Ganze 262 lange Jahre sind die Würmelins wie vom Erdboden verschwunden, bis sie 1774 in Minden in Westfalen auftauchen. Wie kommen sie von Colmar nach Minden, vom Elsaß nach Westfalen?

Und ist es nicht merkwürdig, daß der Würmelin, der jetzt in Minden erscheint, denselben Vornamen führt wie der in Colmar Erstgenannte – Johann, also genau so heißt: Johann Wuermelin, als wäre dazwischen nichts gewesen. Nur daß dieser sich vom Umlaut zum gedehnten »ue« mutiert hatte. Man weiß es nicht.

Jedenfalls stand dieser Johann Wuermelin in königlich preußischen Diensten und war Soldat »des in Minden in Garnison stehenden Regiments«, wie es in den Akten heißt. Er hatte eine Else Büschen geheiratet. Sie stammte aus Haimar. Dieser kleine Ort liegt östlich von Hannover – zwischen Burgdorf und Lehrte. Dort brachte sie laut dort ausgestelltem Geburts- und Taufschein am 16. November 1765 einen Sohn zur Welt – tagsdrauf wird dieser vom evangelischen Gemeindepfarrer auf den Namen Johann Christian Wuermelin getauft. Sein Vater starb, als Johann Christian neun Jahre alt war. Er

hatte wohl eine schwere Jugend. Es war ein Regimentskamerad oder Vorgesetzter des Verstorbenen namens von Eckartsberg, der sich aus Mitleid des Jungen annimmt, ihn auf eigene Kosten Lesen, Schreiben und Rechnen lernen läßt und ihn mit Kleidern versorgt. Eine Beurteilung dieser Bemühungen lautet so: »Er liest mittelmäßig, schreibt ziemlich, rechnet wenig. Seine Religionskenntnis ist sehr gering, er scheint aber Fähigkeiten und guten Willen zu haben. M. E. möchte er doch wohl ins Schulmeisterseminarium mit gutem Erfolg rezipiert werden.«
Bei diesem von Eckartsbergschen Regiment dient Johann Christian Wuermelin zehn Monate lang. Am 7. Januar 1784 stellt ihm der dortige Regimentsfeldscheer ein »bestes Attestat zur Beförderung seines künftigen Wohls« aus. Daraufhin bewirbt er sich um Aufnahme in das Lehrerseminar in Minden, wo er laut »Rezeptionsurkunde« am 19. März 1784 Aufnahme findet. Lehrerstellen scheinen begehrt gewesen zu sein, denn bereits am 27. Oktober 1785 bittet er mit anderen Seminarteilnehmern um rechtmäßige Berücksichtigung bei der Vergabe von Schullehrerstellen, obgleich der Abschluß erst in drei Jahren ansteht. Am 10. Oktober 1788 wird er zum Examen zugelassen. Nach bestandener Prüfung bestätigt ihm das Konsistorium in Minden am 16. Oktober 1788 die Bestallung als Schulmeister in Döhren. In dieser Mitteilung wird er »zum Respekt und Gehorsam vor Regierung, Konsistorium, Superintendenten und den ihm vorgesetzten Prediger« gemahnt.
Als Johann Christian diese Lehrerstelle antritt, ist er 23 Jahre alt. Hier im Kreis Minden findet er die gleichaltrige Maria Elisabeth; am 8. November 1790 wird Hochzeit gefeiert. Sein Nachname »Wuermelin« wird jetzt in den Urkunden der westfälischen Schreibweise angepaßt und mit einem »g« zu Wuermeling ergänzt. Die Zahl seiner Schüler erhöhte Schulmeister Wuermeling durch eigenen Zuwachs – es waren derer acht. Die Dienstbezüge eines Dorfschullehrers waren genauso bescheiden wie die Schulverhältnisse. Er faßt den Entschluß, seinen Alltag und den seiner 80 bis 90 Schulkinder höheren

Ortes vorzustellen. In seiner Eingabe vom 7. November 1799 schildert Wuermeling die Zustände an der Dorfschule zu Döhren: »Weil nur die eine Schulstube von 14 Fuß im Quadrat vorhanden ist und in derselben ein großer Schreibtisch benebst 7 Bänken und ein kleiner Tisch für mich befindlich ist, so ist es nun leicht zu erachten, daß eine Stube nach der oben bemeldeten Anzahl der Schüler gar nicht angemessen ist.

So kommt noch hinzu, daß auch keine Nebenstube vor meiner eigenen Familie vorhanden ist. So habe ich nun mit vielem Widerwillen meine eigene Familie, worunter drei unmündige Kinder, geduldet. Wie ist es aber möglich, ein noch so fleißiger Schulmann bei der ihm anvertrauten Jugend seine Pflichten anzubringen, wenn in der Schulstube die Mutter bei einer sausenden Wiege und einem schreienden Kinde benebst einem geräuschvollen Spinnrade in schwanger geht …«

Er möchte schlicht darum bitten, neben dem Schulraum eine kleine Stube und einen Ofen einzurichten. Ein Amtmann wird zur Dorfschule nach Döhren geschickt, um die Lage vor Ort zu inspizieren. Er kommt zu dem Ergebnis: Abriß dieser Bruchbude, ein Monat später, noch im Dezember 1799, wird ein Neubau beschlossen. Ganze $38\frac{1}{2}$ Jahre unterrichtete Schulmeister Wuermeling Generationen von Kindern in Döhren, bis er im Alter von 62 Jahren an einer Lungenentzündung am 27. März 1827 verstarb. Seine Frau, zwei Töchter und zwei Söhne überlebten ihn.

Ein Vierteljahrhundert später verfaßt ein Lehrer Harms eine Schulchronik. Darin schreibt er: »Der erste Lehrer, der noch in der Erinnerung der Leute hier lebt, war Lehrer Wuermeling … Er soll neben seinem Lehramt als Arzt an Menschen und Vieh tätig gewesen sein.« Seine Ausbildung in Minden zum Regimentsfeldscheer, dem unteren Rang der Militärärzte, half manchem Dorfbewohner aus der Not.

Als die neue Schule stand, hatte der Polier als Dank der Menschen in Döhren über dem Eingang die Inschrift »J. C. Wuermeling, 26. Mai 1800« eingekerbt. Noch lange stand die von des Schulmeisters Familie Wuermeling im Hof gepflanzte Eiche im Dorf. Tatkräftig dabei mitgeholfen hat dessen Sohn Johann Friedrich Christian. Geboren wurde er am 12. Oktober 1792 in Döhren. Er wächst im Zeitalter des Kaisers Napoleon auf und in die deutschen Befreiungskriege hinein. An deren Ende erhielt er 1815 die preußische Erinnerungsmedaille und das russische Georgskreuz. Als Wachtmeister der Landwehrkavallerie (er bringt es noch bis zum Landwehrrittmeister) und Angehöriger des mittleren preußischen Justizdienstes heiratet er am 10. November 1818 als Sechsundzwanzigjähriger (im selben Alter wie sein Vater) die 23 Jahre alte Schneiderstochter Anna Maria Welter aus Münster. Getraut werden sie in der dortigen katholischen Überwasserkirche.

Da Anna Maria Welter aus gut katholischem, eben münsteranischem Haus war, wurden die Kinder des evangelisch-lutherischen Glaubens getauften Vaters Johann Friedrich Christian Wuermeling katholisch getauft und erzogen. Es wurden ihrer sieben – fünf Söhne und zwei Töchter. Die Familie bezog eine Wohnung hinter der Überwasserkirche, ihrer Pfarrkirche, in der Buddenstraße, die zum Buddenturm führt. Bald erwarben sie in derselben Straße das Anwesen Nr. 26 – ein Haus mit einer Freitreppe. Die Brüder Karl, Bernhard und Theodor besuchten das Paulinum, das altehrwürdige Gymnasium in Münster – sie wurden Juristen. Die zwei jüngsten Brüder, August und Anton, gingen zum Militär, ihr Berufsziel war die Offizierslaufbahn. Die Söhne – ganz wie der Vater – halb im Justizdienst und halb der Landwehrrittmeister.

August und Anton besuchten 1846 das Dorf Döhren im Kreis Minden. Karl, der Älteste, damals 21 Jahre alt, tat es ihnen 1850 nach. Die Söhne wollten sehen, wo ihr Vater geboren wurde und wo ihr Großvater als Dorfschulmeister wirkte. In der Diele eines Bauernhauses schnitzten sie ihre Namen und die Jahreszahl ihres Besuchs in das Eichenholz des Balkens:

»August, Anton Wuermeling 1846
Karl Wuermeling 1850«

Den Vater hat der Ausflug seiner Söhne in den Ort seiner Kindheit gefreut. Fünf Jahre später, am 27. Januar 1855, starb er im Alter von 62 Jahren, wie sein Vater – der Dorfschulmeister von Döhren.
Dem Aufstieg seiner Juristensöhne hatte Johann Friedrich Christian Wuermeling mit Genugtuung zugesehen. Karl, der das Haus in der Buddenstraße übernahm, wurde Kreisgerichtsrat und machte sich später am Amtsgericht Münster einen Namen. Da er sich in Sachen Testamente, Übertragungsverträge und Grundbuch genaue Kenntnisse erworben hatte, nannte man ihn in Juristenkreisen »das Grundbuch«. Über ein Vierteljahrhundert lang leitete er in Telgte die Gerichtstage des Bezirks.
Nach dem Besuch des Paulinums studierte auch der zweite Sohn Bernhard Jura. Nach Studentenjahren in Bonn und in Greifswald verbrachte er seine Referendarzeit in Münster, wurde dann als Assessor nach Konitz in Westpreußen bestellt und zum 10. März 1852 als Kreisrichter nach Schwetz an der Weichsel versetzt.
Der dritte Jurist unter den Söhnen, Theodor, hatte nach seinem Studium die Referendarzeit abgebrochen und war nach Amerika ausgewandert.
Anton war wie August zum Militär gegangen. Er brachte es zum Artillerieoffizier, starb jedoch früh. August hatte im 13. Infanterieregiment nach der Einverleibung Schleswigs durch Dänemark 1864 am österreichisch-preußischen Feldzug gegen Dänemark teilgenommen und soll sich beim Übergang auf die Insel Alsen besonders hervorgetan haben. Zwei Jahre später kämpft Preußen um die Vorherrschaft in Deutschland gegen Österreich, das im Bund mit Bayern stand.
August Wuermeling kämpft im Jahr 1866 wieder im 13. Infanterieregiment, jetzt als Premierleutnant und Kompagnieführer. In einem Waldgefecht bei Aschaffenburg trifft ihn eine Kugel in den Unterleib. Er erliegt seiner Verwundung. Mit anderen Offizieren des 13. Infanterieregiments ist er auf dem Friedhof zu Aschaffenburg begraben; ein Denkmal führt auch seinen Namen, allerdings als August Wuermling (ohne e vor dem l). Durch den Sieg Preußens bei

Königgrätz am 3. Juli 1866 war die deutsche Frage eh schon entschieden. Ein Stoffrest mit der Einschußstelle wurde seiner Mutter zugestellt und von Augusts ältestem Bruder Karl verwahrt. Die Mutter Anna Maria Wuermeling, geborene Welter, starb noch im selben Monat Juli 1866 vor Schmerz über den Tod ihres gefallenen Sohnes.

Schwetz ist von Berlin gleich weit entfernt wie von Münster (zirka 500 Kilometer)

Laut Eintrag des Pfarramts St. Lamberti in Münster hatte der zweite Sohn, Bernhard Wuermeling, von Beruf Obergerichtsassessor, römisch-katholisch, am 27. August 1850 die ebenso katholische Agnes Schmitz, Jahrgang 1826, geheiratet. Sie war die Tochter eines Kleidermachers und Krämers. Das gutgehende Kurzwarengeschäft »Schmitz im Drubbel« erwies sich als Goldgrube; vor allem Landbevölkerung stattete sich hier für den Sonntagsstaat aus. Dieses Geschäft war an der südwestlichen Spitze des Drubbel gelegen – ein aus etwa zehn eng aneinander geschmiegten Häuschen bestehender Block im Schatten der Lambertikirche.

Zwei Jahre nach ihrer Hochzeit verließen Bernhard und Agnes Münster und zogen an die Weichsel. Mit der Bahn fuhren sie nach vielen Umsteigebahnhöfen bis Terespol, die Bahnstation für die eine Meile entfernt liegende Kreisstadt Schwetz mit 5.000 Einwohnern, Landratsamt, Kreisgericht und der Ruine einer alten Deutschordensritterburg, weit im Süden von Danzig. Schwetz (Swiecie) war eine Stadt mit überwiegend polnischer Bevölkerung; die Deutschen, die hier in der Gegend lebten, waren meist Beamte, und da diese protestantisch getauft waren, bedeutete für die einheimischen Polen protestantisch gleich deutsch und alles, was katholisch war, bedeutete polnisch. Die Altstadt von Schwetz lag historisch gesehen am rechten Ufer des Schwarzwassers. Im gewerblichen Leben dieser Stadt spielten die Juden eine große Rolle. Am Samstag hatten die meisten Läden geschlossen.

Das Altarbild der alten Klosterkirche – eine weite Weichsellandschaft mit Schiff – machte deutlich, was hier das Leben bestimmte – dieser Strom. Genauer besehen lag Schwetz an beiden Ufern des Schwarzwassers, der unterhalb der Stadt in die Weichsel mündete. Überschwemmungen setzten die Altstadt unter Wasser, so mußten sich die Bewohner schon bald mit einem Kahn zum linken Ufer in den höher gelegenen und dadurch geschützteren Teil der Stadt retten. In den kalten Wintern trugen die Bauern vom Umland lange dicke Mäntel aus Lammfell und Pelzmützen mit Ohrenklappen. Ihre struppigen Bärte waren mit Schnee und Eiszapfen durchsetzt.
Eineinhalb Jahre nach ihrem Umzug von Münster nach Schwetz kam am 15. Oktober 1854 Sohn Bernhard zur Welt, am 27. April 1856 Theodor und am 7. Dezember 1858 schließlich Karl. Als sie größer wurden, hatte die Mutter die drei – zum Verwechseln ähnlich – gleich gekleidet: weiße Hosen, dunkle Samtkittel mit weißem Einsatz und Strohhüte unter weißer Feder. Damit sie zu unterscheiden waren, hielten sie – als sie einmal photographiert wurden – die Strohhüte in der Hand.
Tage der Kindheit in Schwetz, ein Jahresreigen von Duft- und Geschmackserinnerungen: Marzipan nach Königsberger Art, knusprig braun gebacken, von der Konditorei Lutterkordt, aus dem jüdischen Geschäft ungesäuertes Matze-Gebäck, in großen Waschkesseln selbstgemachtes Pflaumenmus als Brotaufstrich, gebratene Äpfel vom Kachelofen; wenn in Schwetz Jahrmarkt war, die »Katharinchen« – Pfefferkuchen nach Thorner Art – den Kunststücken der Seiltänzer zusehen, und Bären, einmal auch einen Elefanten bestaunen. Die Familie unternahm manchmal Schlittenpartien oder die Jungen gingen zum Schlittschuhlaufen auf den zugefrorenen Schwarzwasser.
Was Theodor nicht wahrnahm – bei der Brücke über den Fluß zwischen Altstadt und Neustadt war die Eisdecke brüchig. Theodor glitt in ein Loch, versank, drohte unter das Eis zu kommen, tauchte noch einmal wieder auf; ein Mann sieht ihn, eilt herbei, bekommt ihn zu fassen und kann ihn aus dem Wasser ziehen.

Die Familie war längst aus der Altstadt weggezogen und hatte bei einem polnischen Vermieter eine Wohnung in der Neustadt bezogen. Bald erwarben sie über Bankkredite ein einstöckiges Haus mit Garten gegenüber der Volksschule und dem Spielplatz. Zum neuen Haus gehörte standesgemäß ein Blüthner-Flügel im besten Zimmer. Bernhard Wuermeling war inzwischen aus dem Richteramt zum Rechtsanwaltsberuf übergewechselt, sein Bekanntenkreis und seine Kundschaft angewachsen. Die Söhne freuten sich über die Ausfahrten auf die alten Rittergüter, so etwa zum Herrenhaus Lipinken, das seit 1650 bestand. Im Jahre 1859 erfuhr Bernhard Wuermeling eine unerwartete Berufung. Er war bei dem indirekten Wahlverfahren zur neu anstehenden Legislaturperiode des Preußischen Abgeordnetenhauses in das Wahlmännergremium im Wahlkreis Schwetz-Tuchel-Konitz bestimmt worden. Er fuhr pflichtbewußt zum Ort, wo ein neuer Abgeordneter gewählt werden sollte. Als er nach Hause zurückkehrte, konnte er seiner Familie mitteilen, die Wahlmänner hätten ihn in das Preußische Abgeordnetenhaus gewählt. Weil er Katholik war, stimmten auch die polnischen Wahlmänner für ihn. Es war das erste Mal, daß ein deutscher Abgeordneter katholischer Konfession diesen Wahlkreis in Berlin vertrat. Die Familie durfte den Abgeordneten manchmal auf seiner Reise in die Reichshauptstadt begleiten. Sie wohnten dann jeweils in der Friedrichstraße, in einem Haus, das den Abgeordneten zur Verfügung stand.
Seine Frau Agnes hatte sich gefreut, als sie erfuhr, daß hier früher der Schriftsteller und Shakespeare-Übersetzer Ludwig Tieck gewohnt hatte, auch daß sie den berühmten Eduard Simson, den Präsidenten des Preußischen Abgeordnetenhauses, in einer der Kellerwirtschaften, in denen die Abgeordneten ihren Mittagstisch einnahmen, kennenlernen durfte. Der liberale Politiker, der 1849 als Präsident der Frankfurter Nationalversammlung die Abordnung anführte, die Friedrich Wilhelm IV. von Preußen die Kaiserkrone anzubieten hatte, soll sehr liebenswürdig zur Frau des Schwetzer Abgeordneten gewesen sein.

Und weil auch die Mitglieder des Preußischen Landtags samt Frauen mit eingeladen worden waren, durfte sie am 18. Oktober 1861 in Königsberg der Krönung dieses nunmehr Wilhelm I. zum König von Preußen beiwohnen. Am Ende dieser Legislaturperiode und seines Mandats war der geborene Münsteraner 40 Jahre alt.

Die Kinder besuchten die polnische Volksschule mit katholischem Religionsunterricht. So saßen sie in Klassen mit überwiegend polnischen Kindern, griffen manch polnischen Brocken auf, sprich »Kraftausdrücke«. Die Polen in der Schule waren die »Mehreren«, so fühlten sich die deutschen Kinder in der Minderheit; an Schulfesten empfanden sie sich als »zugelassene Gäste«. Ein Hausunterricht, der ihnen einen Rückhalt vermitteln sollte, verstärkte eher eine Absonderung vom Leben und Treiben anderer Kinder, vor allem wegen der ständig spürbaren Aufsicht, zumal der Hauslehrer auch noch zu Hause im Elternhaus lebte. Im Mai 1864 eröffnete in Schwetz eine Rektoratsschule, die wie ein Progymnasium die Schüler der ersten drei Oberschulklassen zur Untertertia führen sollte. Hinter dieser Rektoratsschule verbarg sich ein einziger Lehrer, ein früherer evangelischer Theologe, der alle Fächer unterrichtete. Minzloff hieß er, so wie seine Lehranstalt – die Minzloffsche Schule. Das war das Bildungsangebot des kleinen Landstädtchens. Im Herbst 1865 wechselte Bernhard, der Älteste, auf das katholische Gymnasium in Kulm; dort wohnte er in Pension bei einem deutschen Oberlehrer.

Kulm lag hoch über dem Weichseltal, von dort konnte man weit über das Land blicken, bis nach Schwetz, jenseits des weiten Weichselstroms. Wenn Bernhard auf der Kulmer Höhe stand, überkam ihn Heimweh nach dem Elternhaus, aus dem er in so jungen Jahren herausgerissen war, so empfand er es. Bei der geringen Entfernung durfte er manchmal am Samstag und Sonntag nach Hause kommen. Die Verbindung zwischen Kulm und Schwetz, so wenig die Orte auseinander lagen, war nicht ganz einfach: Es gab keine Brücke über die Weichsel, eine Fähre verband die Ufer miteinander, was bei Eisgang oft zur Einstellung des Fährbetriebs führte. Nach einem

Schuljahr in Kulm wechselte Bernhard schließlich auf das evangelische Friedrich-Wilhelm-Gymnasium in Posen. Hier war er jetzt der einzige Katholik unter evangelischen und jüdischen Mitschülern. Posen an der Warthe war nun schon erheblich weiter entfernt. Deshalb freute sich der Gymnasiast auf die Weihnachtsferien. Es sollte das letzte Fest sein, das er mit seinem Vater feierte. Am 10. März 1868 klopft der Vermieter an die Zimmertür seines jungen Pensionsgastes und überbringt ihm die schmerzliche Nachricht vom Tod seines Vaters. Er starb im Alter von 46 Jahren.

Der Bruder der Witwe Agnes, Bernhard Schmitz, kommt zur Beerdigung aus Münster angereist. Er berät sie, was jetzt zu tun sei. Die Frau, sie war eine Woche zuvor eben 42 Jahre alt geworden, und ihre drei unversorgten Söhne, Bernhard ist 13, Theodor 11 und Karl ist 9 Jahre alt, stehen vor dem Nichts. Außer einer kleinen Rente aus der Militärwitwenkasse hat sie nichts zu erwarten. Die Lebensversicherung reicht nicht aus zur Deckung der Hausschulden. Ihr bleibt nichts anderes übrig, als erst mal in Schwetz zu bleiben, um das Haus schuldenfrei verkaufen zu können. Zuerst wird der Blüthner-Flügel veräußert und Bruder Bernhard Schmitz erklärt sich bereit, den Ältesten ihrer Söhne in Münster bei sich aufzunehmen.

Rückkehr nach Westfalen

Nach dem Tod der Eltern hatte Bernhard Schmitz Haus und Geschäft »Schmitz im Drubbel« übernommen und so durfte der Junge aus Schwetz in der alten Wohnung seiner Großeltern mütterlicherseits wohnen. Nach einer Nachtfahrt über Berlin kommt der junge Bernhard am Sonntag nach Ostern in der Früh am 19. April 1868 in der Stadt seines Großvaters und seiner Großmutter an. Wie es sich in Münster gehört, geht Onkel Bernhard mit seinem Zögling um 10 Uhr zur Messe in den Dom. Und da dieser trotz seiner 13½ Jahre weder eine Beichte noch die Erstkommunion absolviert hatte, erhält er einen seinem Alter und seiner Situation angepassten Kommu-

nionunterricht. Am Pfingstsonntag, dem 31. Mai 1868, feiert er Erstkommunion. Wie schon sein Vater besuchte auch Bernhard das Paulinum-Gymnasium in Münster. Hier kam ihm ein zusätzlicher Heimvorteil zugute:
Bernhards Großmutter Anna Maria hatte einen Bruder – Theodor Bernhard Welter, der als Altphilologe fast 50 Jahre am Paulinum unterrichtete. Dieser hatte eine Geschichte der Römer, dann eine Geschichte Griechenlands und vor allem eine erfolgreiche Weltgeschichte geschrieben, die 30 Auflagen erreichte. Sie zählte zu den beliebtesten Büchern im Reich. Als Bernhard auf das Paulinum kam, war der Professor längst pensioniert. Er gab aber seinem Lehrerkollegen Dr. Kreuzer den Hinweis, sich um den Neuankömmling zu kümmern, vor allem in Religion und Mathematik gäbe es manches nachzuholen. So büffelte Bernhard in seiner Studierstube im Drubbelhaus, die Giebelhäuser und Bogengänge des Prinzipalmarkts vor Augen. Das Besondere an diesem Drubbelhaus war die bedrohliche Nähe des überhängenden Turms der Lambertikirche. Man fürchtete, er könne bei starkem Sturm einstürzen und auf den Drubbel fallen. Bei Sturm also mußte er alles stehen und liegen lassen und in Onkel Bernhards Wohnung Schutz suchen. Der alte baufällige Turm wurde erst Jahre später abgetragen und 1898 neu vollendet – zwar nicht im alten Stil, sondern

Münster, Lamberti-Kirche mit »Drubbel«

neogotisch, über 90 Meter hoch, angelehnt an das gotische Vorbild des Freiburger Münsters.
Der Gymnasiast aus Posen fällt im Unterricht am Paulinum auf: er überarbeitet ein Referat, das er in Posen über die »Schlacht von Tannenberg 1410 und die Niederlage der deutschen Ordensritter gegenüber den Slaven« entwickelt hatte, und bekommt Mißfallen zu spüren: es sei viel zu polenfreundlich ausgefallen. In dieses Obertertia wird auch ein Aufsatz über Münster abverlangt. Bernhard schreibt nieder, was ihm hier eben auffällt – die vielen Theologiestudenten des Collegium Borromäum, die damals noch in der Tracht der Priester – lange Soutane mit Schärpe und Priesterhut – den Domplatz bevölkern. Was ihm imponierte – daß junge Studenten sich bereits priesterlich kleiden dürfen – wurde aber als Verächtlichmachung des theologischen Standes gerügt: Er habe die Theologiestudenten als im geistlichen Rock auf dem Domplatz Herumstolzierende vorgeführt …
Ein Jahr nach Bernhard kam an Ostern 1869 auch sein Bruder Theodor von Schwetz nach Münster. Weil es jetzt in Schmitz' Drubbel zu eng wurde, bezogen die beiden in einem Handwerkerhäuschen zwei enge Zimmer. Das war bei Schuster Lanwehr in der Buddenstraße 28, nur durch ein Haus von Karl, dem Bruder ihres Vaters, getrennt; Weihnachten durften sie nebenan bei Onkel Karl feiern. Auch Theodor, ein begabter und sportlicher Junge, besuchte das Paulinum. Er fand schnell viele Freunde. Im Herbst 1870 zogen beide Pauliner um in die Pension einer Witwe, die in der Johannisstraße im Eckhaus zur Pferdegasse wohnte. Weihnachten 1870 verbringen Bernhard und Theodor bei ihrem Paulinum-Lehrer Dr. Kreuzer.
Als im Sommer 1870 der Deutsch-Französische Krieg ausbrach, da gingen die Wellen vaterländischer Begeisterung auch in Münster hoch. Die Pauliner zogen geschlossen zum Schloß, dem Sitz des Kommandierenden Generals, um dem Obersten des westfälischen Armeekorps ihre innere Teilnahme am Geschehen zu bekunden. Dann erreichte dieser Krieg bald auch Münster. Französische Kriegsgefangene wurden notdürftig in der Stadt untergebracht, manche hausten

in Baracken am Buddenturm an der Promenade. Zuerst wurden bei ihnen die schwarzen Pocken festgestellt. Bald waren auch Münsteraner Bürger angesteckt. Der ältere Bruder ging zur Impfung, der jüngere wollte sich partout nicht impfen lassen. In der zweiten Aprilhälfte zog er mit Mitschülern zur Stadt hinaus, der Warendorfer Straße lang bis Nobis Krug, einem beliebten Ausflugslokal an der Werse. Bei dem schönen Frühlingswetter nahmen sie sich Boote und kamen auf die Idee, von ihren Kähnen aus mit ihren Rudern gegeneinander Gefechte auszutragen. In diesem Kampf stieß einer der Mitschüler Theodor in den kalten Fluß. Da er gut schwimmen konnte, erreichte er das Ufer der Werse, lief triefend zur Küche im Nobis Krug und setzte sich zum Aufwärmen und zum Trocknen seiner Sachen ans Herdfeuer, anstatt sich in warme Decken zu hüllen. Theodor bekam einen Schüttelfrost, dann eine schwere Erkältung und erkrankte darauf ernstlich an den Pocken. Der am Abend herbeigerufene Arzt ordnete für den nächsten Morgen eine Überweisung in das Clemens-Hospital an. Nachts schliefen Bernhard und Theodor noch gemeinsam in ihrem Zimmer. Theodor war unruhig, ihn plagte hohes Fieber. In der Früh kamen die Sanitäter, um ihn auf einer Tragbahre abzuholen. Theodor war nicht mehr bei voller Besinnung. Man mußte ihn mit Gewalt die Haustreppe hinunterbringen. An der Außentreppe klammerte er sich im Fieberwahn verzweifelt an dem eisernen Gitter fest. Er wollte nicht ins Hospital überführt werden. Dort starb er wenige Tage darauf am 28. April 1871 – mutterseelenallein, einen Tag zuvor war er 15 Jahre alt geworden. Seine Schulklasse begleitete ihn auf seinem letzten Weg auf den Aegidii-Kirchhof. Jetzt war sein jüngerer Bruder tot und Bernhard wieder allein in Münster.

*

Im Herbst 1871 kam die inzwischen 45jährige Justizrats-Witwe Agnes Wuermeling mit ihrem jüngsten Sohn Karl, der jetzt 13 Jahre alt war, von Schwetz in ihren Geburtsort Münster zurück. Es war ihr gelun-

gen, den Verkauf ihres Hauses abzuwickeln. Die Mutter mietete eine Wohnung mit vier Zimmern samt Mobiliar im Haus der Witwe Specht in der Hörsterstraße 56, eine Treppe hoch, für 300 Mark jährlich. Dort wird sie mit ihren beiden Söhnen ganze 13 Jahre wohnen bleiben. Hier macht Bernhard 1872 mit $17^{3}/_{4}$ Jahren sein Abitur am Paulinum und beginnt ein Studium der Jurisprudenz in Leipzig. Nach dem Sommersemester 1873 in Tübingen zieht es ihn nach Heidelberg. Um die Reisekosten zu sparen, fährt er Weihnachten 1873 nicht nach Hause, sondern erst zu Ostern. Das vierte Semester studiert er in Bonn, die beiden letzten Semester in Breslau und schließt, noch nicht 21 Jahre alt, sein Studium mit dem Examen in Greifswald ab. Seine Referendarzeit verbringt er in Münster, wohnt nach wie vor bei seiner Mutter in der Hörsterstraße. Dann wird er vom Kreisgericht Münster weg nach Bielefeld versetzt, wo er zum ersten Mal eigenen Verdienst in die Hand erhält. Während der Referendarjahre arbeitet er an einer Dissertation über Pfandrecht an der Universität Göttingen. Nachdem er die schriftliche Arbeit vorgelegt hatte, fand am 5. März 1877 das mündliche Examen in Göttingen statt. Diese Prüfung wurde von fünf Professoren unter dem Vorsitz des berühmten Rechtslehrers Rudolf von Ihering als Dekan abgehalten. Sie dauerte ganze drei Stunden. Nun durfte sich nach bestandenem Examen Bernhard Wuermeling mit Dr. jur. utriusque titeln.
Ein wichtiges Startkapital seiner Studienzeit war das Testament des 1872 verstorbenen Bruders seiner Großmutter Anna Maria Welter. Professor Theodor Bernhard Welter hatte durch die vielen Auflagen seiner »Weltgeschichte« ein kleines Vermögen angesammelt und seinem Großneffen 1.500 Taler zugedacht. Dr. Kreuzer hatte die Betreuung der noch folgenden Neuauflagen übernommen.
Das Assessorexamen mußte der mit 25 Jahren angehende Volljurist am 28. April 1880 in Berlin absolvieren. Dann folgten die üblichen Durchgangsstationen, zunächst bei der Staatsanwaltschaft in Essen, beim Amtsgericht Duisburg (ab 1. Juli 1880), dann Anfang 1881 bei der Staatsanwaltschaft Münster, Wiesbaden, wieder Münster (bis

Oktober 1884). In der ganzen Referendar- und Assessorenzeit beschäftigte ihn und seine besorgte Mutter ein Dauerthema: Das war Karl.

Seit Herbst 1871 hatte er in Münster das Paulinum besucht. Kurz vor der Prima brach er die Schulausbildung ab und ging zum Militär – zum 13. Infanterieregiment. Er besuchte die Kriegsschule, wurde Secondelieutenant. So lange wohnte er bei Mutter in der Hörsterstraße. Als er nach Paderborn versetzt wurde, fehlte ihm die häusliche Sicherheit, er machte Schulden und gab den Militärdienst auf. Er ging nach New York, begann eine Buchhändlerlehre, brach sie wieder ab, kehrte zurück nach Münster. Eine Ausbildung zum Amtmann im Landratsamt Ahaus brach er ebenfalls alsbald wieder ab und kehrte in die USA zurück. Die letzte Nachricht kam aus San Antonio – eine Todesanzeige. Im Alter von 29 Jahren war er dort am 26. Oktober 1887 in Texas verstorben. Ein Füsilierdegen war für Bernhard das letzte Andenken an seinen Bruder, den Secondelieutenant. Nun hatte Witwe Agnes, geborene Schmitz, nach dem Verlust ihres Mannes und ihrer weit weg von ihr verstorbenen Söhne nur noch Bernhard.

17. Kapitel
Zwischen Kanzler und Kardinal

Seit 1788 gab es in Münster in Westfalen in der Frauenstraße eine Kolonialwaren-Großhandlung unter dem Firmenschild J. F. Melchers. Seit dieser Gründung führte Johann Franz Melchers ein Geschäftsbuch. Auf den hinteren Seiten, wo sich das alphabetische Register befindet, trug der Geschäftsmann persönliche Ereignisse ein: »1809 den 7. November wurde ich Johann Franz Melchers ... mit Marianne Holtermann verehelicht.«
Und im Jahre: »1813 den 6t. Januar auf 3 Königstag des Morgens 6 Uhr wurde meine Frau von einem Jungen Sohn entbunden, so am 7 t. do des Morgens 10 Uhr in unserer lieben Frauen Kirche getauft und den Namen Paul Ludolf beygelegt worden ...«
Dann: »1814 Aug. 7 am Sonntag Morgen, Kurz vor Eilf ist meine Frau von Einem Jungen Sohn entbunden ... das Kind erhielte den Namen Franz Arnold Anton.«

Der Kugelblitz – ein Omen?

Johann Franz Melchers hatte kurz und knapp nur die wichtigsten Familiendaten festgehalten – bis auf ein Ereignis, das derart in Mark und Bein des nüchternen Geschäftsmanns gefahren war, daß er es ausführlich schildern mußte:

> »1818 den 27t July
> seit einigen Tagen hatte man hier eine fast unerträgliche Hitze, besonders war es gestern außerordentlich Schwulich, des abends bald 10 Uhr sah man ein schweres Gewitter aufsteigen, bald nachher finge es an, fürchterlich zu blitzen und zu donnern, begleitet mit ein

starken Regen Guß gegen bald 12 Uhr Nachts ward es Ruhig und die gefahr schiene gänzlich vorüber zu seyn. Eine halbe Stunde nachher hörte man in der ferne wieder Donner und langsam näherte sich das Gewitter, indessen glaubte man, da die Luft bereits abgekühlet war, daß es nicht mehr gefährlich werden würde, bis ganz unerwartet gegen Ein Uhr die fürchterlichste Blitze und der schrecklichste Donner sich sehen und mehr fühlbar hören ließen, daß das ganze Hauß davon erschüttert wurde, mehrere Fensterscheiben schlagen ein, und oben im Hause hörte man ein so starkes Gepolter, als wenn alles zusammengestürzt wäre. Dieses und den außerordentlichen Schweveldunst, so man gleich überall verspürte, erregten die fürchterlichste Verlegenheit und den schrecklichsten Gedanken, daß oben alles in Feuer und Flamme stände. Ich Eilte nach dem Zeller voller in Angst und Schrecken, wo die stärksten Blitze sich noch beständig durcheinanderschlugen und durch den heftigen Donner das ganze Hauß schauerlich krachte. Fand aber, Dank, ewiger Dank sey Gottes schützende Hand, kein Feuer. Wie ich wieder unten kamm, war meine Frau für Schrecken sprachlos. Nachdem sich selbe wieder zum Theile erhohlet hatte, wurde nachgesehen, ob keine Merkmahle von die fürchterlichste Schene sich zeighten, und fand zum staunen, daß das Kellerfenster unter unser Schlafzimmer an der einen Seite der Stein entzwey und an der andern Seite losgeschlagen war, dann eine Lücke in der Mitte des oberen Fenster Rames an meiner Schreib Stube von außen gänzlich abgeschlagen war, ferner fanden sich auf unseres Schlafzimmers 4 verschiedene Stellen, wo der Blitz eingefahren, und 3 auf der Neben Stube, in der Küche waren 2 Fensterscheiben gesplittert. Auf die Kinderstube war der Blitz fast am Schornstein durch Blavon gekommen und von da über die schlafende Kinder 3 mal in die Wand gefahren und noch 2 Merkmahlen in die gegenüberstehende Wand hinterlassen. in das hiernächst anstoßende Zimmer war die Leisten oben am Blavon über die Ofen Pfeife ungefähr $1\frac{1}{2}$ Fuß gänzlich abgeschlagen und in die gegenüberstehende Wand 5 verschiedene Löcher, – dann auf das darauffolgende Zimmer im Blavon 3 Löcher und zwey dito an der Seiten Wand. Auf das große grüne Zimmer war die Leiste am Blavon stark beschädigt, und die Tapete zerrissen, auf dem untersten Zollen war ein Brett, das aufrecht am Schornstein befestigt war, in 6 verschiedene Spilten zerschlagen, wovon weder Geruch noch den mindesten Brand zu merken war, und auf den obersten Zoller ungefehr $^2/_3$ im Dach sahe man eine Pfanne fast am Schornstein zerschlagen, wodurch der Blitz im Hause gefahren war.«

Diesen eigenhändigen Eintragungen des Johann Franz Melchers folgt ein Eintrag mit anderem Schriftzug:

»1823 d 27. Juny
Kurz vor 5 Uhr Nachmittags entschlief sanft und gottergeben mein immer geliebter mir unvergeßlicher Mann I. Franz Melchers zu einem besseren Leben, nachdem er Tage vorher das 63 Jahr seiner irdischen Laufbahn begonnen hatte.«

Die Zeilen hatte seine Witwe hinzugefügt. Als der Blitz das Haus durchschlug, war Paul Ludolf fünf und Franz Arnold noch nicht ganz vier Jahre alt. Beim Tod ihres Vaters waren die Söhne zehn und fast neun. Bis zu ihrem Ableben 1861 hatte die 87jährige Witwe das Geschäft weitergeführt. Ihr zweiter Sohn Franz Arnold Melchers war ihr dabei eine große Stütze. Dieser Franz Arnold hatte 1847 Johanna Geissler geheiratet. Sie bekamen zwei Kinder – Arnold und Maria. Arnold sollte später das Geschäft übernehmen. Nach dem frühen Tod seiner Frau Johanna (sie starb mit 40 Jahren) und seines einzigen Sohnes Arnold (er starb mit 26 Jahren) gab Franz Arnold den Familienbetrieb auf. Drei Jahre darauf starb auch er. Die einzige Tochter Maria, geboren am 9. September 1860, war also ein Jahr alt, als sie ihre Mutter, 14, als sie ihren Bruder, und 17, als sie ihren Vater verlor.

Maria Melchers hatte zunächst die Überwasser-Volksschule und anschließend die Höhere Töchterschule in Münster besucht. Danach war sie im Ursulinen-Pensionat in Dorsten. Nach dem Tod ihres Vaters wohnte sie im Haus einer Tante im Nachbarhaus des alten Melcherschen Hauses in der Frauenstraße zur Miete. Die Tante, Dora

Felger, und Bernhards Mutter Agnes waren seit ihrer Jugend befreundet, über diese lernte er die zurückgezogen lebende junge Frau kennen. Maria Melchers machte auf Bernhard einen gewinnenden Eindruck: »Sie war mittelgroß, von stattlicher Erscheinung mit frischen Farben, blauen Augen und von echt weiblich ansprechenden Ausdruck.« Sie war von zarter Gesundheit und suchte regelmäßig einen Homöopathen auf.

Assessor Bernhard Wuermeling heiratet Maria Melchers

Da Bernhard Wuermeling ihr wohl, wie er berichtet, nicht gleichgültig war, »traten wir uns näher«. Im Frühjahr 1880, also kurz vor dem Assessor-Examen, verlobten sie sich zunächst »nicht öffentlich. Alsbald nach bestandenem Assessor-Examen folgte dann unsere öffentliche Verlobung.« Gemeinsam mit seiner Mutter und seiner Braut unternimmt Bernhard eine Reise nach Süddeutschland. In Oberammergau besuchen sie die Passionsspiele. Geheiratet wird im September 1883. Er ist 29 Jahre, sie 23 Jahre alt. Die Trauung findet in der Überwasserkirche statt. Die Hochzeitsreise führt sie über Köln, Straßburg, Basel, Luzern nach Brunnen am Vierwaldstätter See, wo sie im »Goldenen Adler« bei Franz Xaver Auf der Maur eine Woche lang logieren. Dort unternehmen sie Ausflüge, so auch nach Andermatt. Zurück fahren sie über Einsiedeln, Donaueschingen, wieder über Straßburg und Metz nach Lüttich.

Nach ihrer vierwöchigen Reise bezogen sie ihre gemeinsame Wohnung im 1. Stock des Hauses Ecke Frauenstraße – Krummer Timpen. Nachdem der Sohn aus der Hörsterstraße 56 ausgezogen war, verließ auch Mutter Agnes nach 13 Jahren die Wohnung und zog in die Magdalenenstraße. Sie war stolz auf den ihr verbliebenen Sohn, sie wußte, daß er seinen Weg machen würde – auch mit Hilfe seiner Frau.

Durch Sparsamkeit und trotz Wohltätigkeit hatte die Familie Melchers ein ausreichendes Vermögen erwirtschaftet, was den frisch bestallten Anwalt des Staates nicht in Sicherheit wog, doch zumindest

absicherte. Er wollte nicht ständig von Essen nach Wiesbaden oder gar nach Schwetz hin und her versetzt werden; er wollte sich einen festen Platz erobern, nicht irgendwo in Westpreußen, sondern in Münster in Westfalen. Er kündigte der preußischen Staatsjustiz seine Dienste auf. Zum 1. Oktober 1884 schied er aus dem Beamtenverhältnis aus, um sich in Münster als Rechtsanwalt niederzulassen. Ein Anwalt des Rechts wollte er sein, und in Münster bleiben können – angesichts der schwachen Gesundheit der werdenden Mutter. Am 20. Oktober 1884 kam Agnes auf die Welt.
Da sie jetzt eine Wohnung mit Hausgarten haben wollten, erwarben sie ein altes Patrizierhaus an der engsten Stelle des Krummer Timpen. Trotz genauen Hinsehens stellte sich heraus, daß noch erhebliche Unkosten auf sie zukamen, um die unteren Tragbalken und Fußböden im Erdgeschoß zu erneuern. Als das alles instandgesetzt war, konnte nur noch sperrige Last auf den Fuhrwerken den Engpaß am Hauseck im Krummer Timpen Nr. 6 beschädigen.

Seiner Niederschrift vom 27. Juli 1818 über den geradezu apokalyptischen Eindruck, den der Blitzeinschlag im Melcherschen Haus hinterließ, hatte der besorgte Vater Johann Franz Melchers folgende Zeilen seherisch hinzugefügt: »Dieses fürchterliche Ereignisse bemerke ich hier in der Absicht, daß meine Kinder mit mir die alles Lenkende Vorsehung stets Herzlich danken wollen, daß dieselbe die uns gezeichte schreckliche Gefahren, doch dabey so gnädiglich beschützet hat. (gez.) I. Fr. Melchers.« »… die alles lenkende Vorsehung …«, dies zu beherzigen hatte Vater Melchers seinen Söhnen Paul und Franz Arnold mit auf den Weg gegeben.
Der ältere Sohn Paul hatte einen bemerkenswerten Werdegang. Er absolvierte als Münsteraner das Paulinum, studierte dann Jura in Bonn, war bald Königlich Preußischer Gerichts Referendarius in Münster, wo er auch ein Jahr beim 13. Infanterie-Regiment diente. Dann, 1838, nimmt er das Studium wieder auf – als Studiosus der

Theologie in München und anschließend in Münster, wo er 1841 zum Priester geweiht wird. Am 18. Mai 1848 delegiert man den Subregenten des Priesterseminars Münster als einen von 585 Abgesandten in die deutsche Nationalversammlung, die in der Frankfurter Paulskirche zusammentrat. 1857 wird er zum ersten Bischof des wiedererrichteten Bistums Osnabrück, verbunden mit der Aufgabe eines Apostolischen Provikars der Nordischen Missionen Deutschlands und Dänemarks.

Nach fast zehn Jahren seines Wirkens in Osnabrück wird Bischof Paulus Melchers am 8. Mai 1866 im Kölner Dom als Erzbischof inthronisiert. Mit der Führung des Erzbistums Köln übernahm er jetzt im deutschen Episkopat eine zentrale Rolle, folglich wählte die seit 1867 regelmäßig in Fulda stattfindende deutsche Bischofskonferenz Paulus Melchers zu ihrem Vorsitzenden.

Marias Onkel Paul war als Erzbischof von Köln gegen die »Unfehlbarkeit« des Papstes

Als im selben Jahr ein allgemeines Konzil, das im Vatikan stattfinden sollte, angekündigt wurde, waren viele Katholiken, auch die Fuldaer Bischofskonferenz, nervös geworden. Man befürchtete in diesen Kirchenkreisen eine dogmatische Definition der lehramtlichen »Unfehlbarkeit des Papstes«, die »ex cathedra«, also verbindlich verkündet, zu befolgen wäre. Deutschlands Katholiken vermuteten hinter diesen Plänen aus Rom eine weitere Zentralisierung der römisch-katholischen Kirchenleitung. Tatsächlich wurde das Dogma der »Unfehlbarkeit« des Papstes mit kompromißloser Härte einseitig und mit großer Hektik betrieben.

Um auf die in der Öffentlichkeit entstandene Unruhe zu antworten, verfaßte die deutsche Bischofskonferenz 1869 einen Hirtenbrief und ein von 14 der 20 Konferenzteilnehmer gebilligtes Schreiben an Pius IX.: »Wir müssen bekennen, daß der gegenwärtige Zeitpunkt weniger geeignet ist, die päpstliche Unfehlbarkeit durch Definition festzulegen … Man fürchtet, daß eine Rückkehr der Protestanten zur einen, heiligen, katholischen Kirche künftig aufgrund größerer Schwierigkeiten verhindert wird.« Die Mehrheit der deutschen Bischöfe hielt demnach eine Definition der »Unfehlbarkeit« weder für notwendig noch für zweckmäßig und opportun, schlicht für nicht erforderlich. Man solle um Himmels Willen dies von der Tagesordnung des Konzils absetzen. Dieses Schreiben aus Fulda, datiert auf den 4. September 1869, trägt als erste Unterschrift den Namen des Vorsitzenden der Bischofskonferenz und Erzbischofs von Köln – »Paulus«. Und dieser Paulus mußte nun das Schreiben dem Papst Pius IX. zuleiten.

Es zeigte keine Wirkung, nur, daß der Papst verärgert war. Das Vatikanische Konzil kam zustande. In Rom warnte der angereist Erzbischof Paulus vor wachsendem Zentralismus der Kirche, in der Konzilsversammlung äußert er sich zur Frage der Unfehlbarkeit nicht. Paulus schwieg; aber dieses Schweigen war auch ein stiller Protest. Einen Tag bevor auf dem Konzil über das Dogma abgestimmt wurde, verließ er mit 55 weiteren Teilnehmern das Konzil und die ewige Stadt. Er begründet diesen Schritt: »Am Abend bin ich aus Rom aufgebrochen, nachdem ich dem Präsidium erklärt habe, dem Entwurf über die Kirche nicht zustimmen zu können und daher aus Ehrfurcht vor dem Papst schon vor der morgigen Sitzung aufgrund der erhaltenen Erlaubnis abzureisen, mich aber den vom Papst approbierten Konzilsbeschlüssen gänzlich zu unterwerfen.«

Am 18. Juli 1870 wurde in Rom das neue Dogma verkündet. Nun gingen die Wellen der Empörung erst recht hoch, einmal über die Kälte der Macht der Kirchenzentrale und dann über die Haltung des Kölner Erzbischofs; er sei »umgefallen«, hieß es unter den Laien. Die Auseinandersetzung führte zu Protesten und zu Abspaltungen bei Klerus und Gläubigen – zur Altkatholischen Kirche. Jetzt mußte Erzbischof Paulus handeln. Er schritt zum Mittel der Exkommunikation, so zum Beispiel am 1. Juni 1873, als der »Kirchliche Anzeiger«

die Exkommunikation zweier Vikare, die zur »secta neoprotestantium«, wie die altkatholische Kirche tituliert wurde, übergetreten waren, publik machte. Eine solche Bekanntmachung verstieß jedoch gegen eine Verordnung der sogenannten »Maigesetze«, die es verboten, eine Verhängung von Kirchenstrafen öffentlich zu machen. Das hatte für den Erzbischof gerichtliche Folgen. Nach Blitz und Donner über dem Vatikanum war eine weitaus gefährlichere Gewitterfront aufgezogen, sie bedrohte das Vertrauensverhältnis zwischen Kirche und Staat, ja sogar die Existenz der katholischen Kirche in Deutschland. Der Blitz sollte diesmal ihre ungeschützteste Stelle treffen. Und das nicht nur einmal. Was jetzt in Gang gesetzt wurde, war ein von Reichskanzler Otto von Bismarck inszeniertes Dauergewitter. Hoffte er damit, sein eben von außen mit militärischer Gewalt neugegründetes Reich nach innen zu festigen?

Onkel Paul war von Bismarck amtsenthoben worden

Er begann die Ausschaltung seiner Gegner dort, wo Gottes Wort verkündet wird – auf der Kanzel. Mit dem 1871 verordneten »Kanzelparagraphen« durfte »ein Geistlicher, der in Ausübung seines Berufes in der Kirche oder einer anderen religiösen Versammlung Angelegenheiten des Staates in einer den öffentlichen Frieden gefährdenden Weise zum Gegenstand einer Verkündung oder Erörterung macht, mit Gefängnis oder Festungshaft bis zu zwei Jahren bestraft werden«.

Im Jahr darauf, 1872, erfolgte das Jesuitenverbot, dann 1873 die »Maigesetze« – sie griffen massiv in die Ausbildung und Anstellung der Priester ein. Bald wurde die »Aufhebung« der Disziplinargewalt des Papstes und der Bischöfe dekretiert. 1874 folgte das Gesetz über die Absetzung kirchentreuer Priester, die Schließung von Pfarrhäusern, der theologischen Lehranstalten sowie der Priesterseminare. 1875 schließlich die Sperrung aller Staatsmittel für die Kirche durch das »Brotkorbgesetz« und die Ausweisung von Ordensleuten. Diese

Kriegserklärung, die die katholische Kirche zu einem inneren Staatsfeind erklärte, war historisch nur noch mit der schlimmsten revolutionären Phase der Französischen Revolution oder mit dem Kahlschlag der Säkularisation zu vergleichen. Kurzum – der Einfluß der katholischen Kirche sollte ausgeschaltet und diese unter staatliche Kontrolle gestellt werden. Wer in diesen Zeiten als Jurist in preußische Staatsdienste treten wollte, mußte sich angesichts der Rechtsbrüche auch als Nichtkatholik durch eine Augenbinde schützen, um sich noch einen Rest von Rechtsbewußtsein zu erhalten. Ein Katholik, damals in diesem Bismarckschen System offensichtlich ein Mensch zweiter Klasse, mußte sich dreimal überlegen, ob er als Jurist in diesem System eine Berufschance sah. In Münster hat ein hervorragender und angesehener Kreisgerichtsrat wegen der scharfen Handhabung der antikirchlichen Gesetze seinen Abschied genommen.
Historische Forschungen ergaben, daß allein in den ersten vier Monaten des Jahres 1875 241 Geistliche, 136 Redakteure und 210 Laien Geld- und Haftstrafen erhielten. Dazu kamen 20 Beschlagnahmungen von Zeitungen ... Im Januar 1881 waren von insgesamt 4.627 Pfarreien in Preußen 1.125 nicht besetzt ... 296 Ordensniederlassungen mit 1.181 männlichen und 2.776 weiblichen Mitgliedern wurden ganz aufgehoben.
Die Veröffentlichung der Exkommunikation zweier der altkatholischen Kirche beigetretenen katholischen Vikare sollte den für die Publikation Verantwortlichen treffen. In diesem Fall den Kölner Erzbischof Paulus Melchers. Zynisch schrieb Bismarck in seinen »Gedanken und Erinnerungen« vom wahren Zweck dieser Aktion als »juristischem Fangapparat für widerstrebende Priester«.
Das Prozedere war durchkalkuliert: Die Kirche reagierte nicht, übte sich in der Tugend passiven Widerstands, dies forderte gerichtliche Schritte gegen die kirchlichen Amtsträger heraus, es wurden Geldstrafen verhängt; diese wurden kirchlicherseits jedoch verweigert. Beim Kölner Erzbischof lautete die festgelegte Strafe »200 Thaler Geldbuße, eventuell 2 Monate Gefängnis«. Da das Bistum derlei zu-

gestellte »Strafregister« ignorierte, stieg von Mal zu Mal die Summe der Strafgelder. Am 3. Februar 1874 wurde der Kampf gegen die Kirche verschärft. Das Haus des Erzbischofs wurde durchsucht und ein »Pfändungs-Protokoll« aufgenommen. Die gepfändeten Gegenstände wie eine Kutsche oder ein Pianino werden bereits zehn Tage später in einer »Verkaufsanzeige« als Gegenstände einer Versteigerung aufgeführt. Außerdem wird statt verweigerter Bußzahlungen erzbischöfliches Gehalt in Höhe von 3.000 Talern gepfändet. Als die Gesetzesmaschinerie, die auf Höchsttouren gefahren wurde, ins Leere lief, setzte der Polizeiapparat eine dramatische Aktion an: Am 31. März 1874, mitten in der Karwoche, erschien ein Polizeiaufgebot vor dem erzbischöflichen Sitz. Aus den Amtsräumen des Palais eilten Domkapitular und Vertraute des Erzbischofs zusammen. Der Kölner Polizeipräsident Devens betrat das Amtszimmer des Erzbischofs und erklärt ihn für verhaftet. Der Erzbischof protestiert und sagt, er werde nur der Gewalt weichen. Polizeikommissar Klose packt den Erzbischof am Arm und drängt ihn zur Türe. Erzbischof Paulus wendet sich an die Umstehenden und sagt auf lateinisch: »Beten wir füreinander und für den Sieg der Kirche.« Dann erteilt er den Segen. Vor dem Palais hat sich eine Volksmenge versammelt. Der Erzbischof wird zu einem Wagen abgeführt. Die Menschen sind betroffen, sie stimmen ein Kirchenlied an. Wegen verschiedentlicher Nichtbefolgung der »Maigesetze« wird der Erzbischof »gefänglich eingezogen«. In die Gefängnis-Akten der Neuzugänge wird verzeichnet: »Paulus Melchers Korbflechter«. Im Kölner Gefängnis »Klingelpütz« verbleibt er mehr als ein halbes Jahr, am 9. Oktober 1874 wird er entlassen. Über ein Jahr später, am 2. Dezember 1875, leitet die preußische Regierung ein Verfahren zur »Amtsenthebung« des Erzbischofs ein. Zunächst forderte ihn der zuständige Oberpräsident auf, sein Amt niederzulegen, was Paulus Melchers ablehnt. Um einer zweiten Verhaftung zuvorzukommen, flieht der Kölner Erzbischof am 13. Dezember 1875 über die holländische Grenze in ein Franziskanerkloster nach Maastricht. Am 28. Juni 1876 verkündet der neu eingerichtete

»Staatsgerichtshof für kirchliche Angelegenheiten« die Amtsenthebung des katholischen Würdenträgers. Zur Feststellung des Aufenthaltsortes leitet die preußische Justiz mehrmals Ermittlungsverfahren ein. Im »Amtsblatt der königlichen Regierung zu Cöln« vom 21. November 1877 wird Paulus Melchers steckbrieflich gesucht. Zehn lange Jahre konnte der Aufenthaltsort geheimgehalten werden.

Erzbischof von Köln Paulus Melchers

*

Der innerkirchliche Streit um die Unfehlbarkeit des Stellvertreters Gottes auf Erden, in die ein ehemaliger Pauliner verwickelt war, erregte auch die Gemüter der Schüler des Paulinums, wie den Primaner Bernhard Wuermeling, mehr noch die Folgen der »Maigesetze« für den früheren Königlich Preußischen Gerichts-Referendarius, der schließlich Erzbischof von Köln geworden war. Die Verhaftung, Inhaftierung und die Flucht des Erzbischofs Paulus ins Ausland und seine Amtsentsetzung durch die preußische Regierung waren Ereignisse von hohem Nachrichtenwert und stimmten einen Studenten oder Referendar des Rechts, der sich anschickte, einer solchen preußischen Justiz zu dienen, äußerst nachdenklich – einer Staatsgewalt, die brutal ihren Kampf gegen die Kirche verschärft und Katholiken als Staatsfeinde erklärt. Es muß Bernhard wie ein Blitz getroffen haben, als er erfuhr, daß Maria, die er umwarb, die Nichte dieses steckbrieflich gesuchten Verfemten Paulus Melchers ist.

*

Bernhard und Maria hatten sich im Herbst 1883 auf Hochzeitsreise begeben. Sie näherten sich ihrer ersten Station – Köln. Von weitem sahen sie schon die Türme des jetzt fertigen Doms. Vor sechs Jahrhunderten, am 15. August 1248 war sein Grundstein gelegt worden. 1437 erreichte der Turmbau die dritte Geschoßhöhe. 1560 wurde der Dombau eingestellt – für 250 Jahre. »Gottes ewige Baustelle« wurde sie genannt. Jahrhunderte stand ein 25 Meter hoher Holzbau auf dem 59 Meter hohen Turmstumpf. Er blieb bis 1868 dort oben stehen. Ein Baukran wurde zum Wahrzeichen Kölns. 1880, also drei Jahre zuvor, war der Kölner Dom fertiggestellt – nach 632 Jahren. Er war jetzt zum Wahrzeichen Deutschlands geworden. Zu des deutschen Reiches Ruhm, Ehre und Vollendung sollte er den Schlußstein bilden, deshalb kam der alte Kaiser Wilhelm I. zur Feier dieser Vollendung am 15. Oktober 1880 – in Abwesenheit seines Oberhirten und Hausherrn Paulus Melchers.

Zunächst steckte man den höchstrangigen katholischen Würdenträger zum Korbflechten ins Gefängnis, dann pfändete man seinen Hausrat und ließ ihn steckbrieflich suchen ... Durch Helfershelfer wurden Botschaften der Erzdiözese zugestellt. Er unterzeichnete meist mit der segnenden Initiale »+ P« und, um seinen Aufenthaltsort geheim zu halten, fügte er an: »Aus dem Orte meines Exils.« Um auch den Empfänger zur Verschwiegenheit zu verpflichten, vermerkte er: »Secreto!« Oder benutzte zur Tarnung auch die ersten 3 Buchstaben seines zweiten Vornamens »Lud.« Oft übernahmen Priester als »Geheimdelegate« riskante Aufträge. Eine derartige diskrete Information erreichte auch das Hochzeitspaar. Ein Kontakt zum Erzbischof, der von den Staatsbehörden gesucht wird, ist für einen auf diesen Staat vereidigten Staatsanwalt äußerst brisant. Eine Hochzeitsreise konnte in diesem Fall als Tarnung das Risiko mindern. Die Genehmigung für diesen vierwöchigen Urlaub erteilte die damals für den noch bis Oktober dienstausübenden Staatsanwalt zuständige Oberstaatsanwaltschaft in Hamm.

Das geheime Treffen Bernhards und Marias mit Onkel Paul in dessen Exilort

Bernhard und Maria erlebten auf ihrer Hochzeitsreise erholsame Septembertage in der Schweiz. Dennoch befiel sie eine steigende Unruhe, je näher der Tag der Rückreise rückte. Sie waren informiert über den Tag, den Ort und die Stunde des geheimen Treffens. Es sollte außerhalb der Reichweite der deutschen Behörden, also nicht auf deutschem, sondern auf belgischem Territorium stattfinden.

»Gelegentlich unserer Hochzeitsreise im Herbst 1883 sollte ich nun, auf seinen Wunsch, zuerst Gelegenheit haben, ihn persönlich kennen zu lernen. Da er sich genötigt sah, seinen gewöhnlichen Aufenthalt geheim zu halten, so teilte er uns mit, er würde am 11. Oktober 1883 gegen 11½ Uhr in Lüttich im ›Hotel de l'Europe‹ incognito in Zivilkleidung eintreffen, um uns dort zu begrüßen.
Wir richteten uns demgemäß auf unserer Rückreise darauf ein und kamen bereits am 9. Oktober von Luxemburg her, das zu besuchen er uns dringend empfohlen hatte, in Lüttich im bezeichneten Hotel an. Am 11. Oktober um die angegebene Tageszeit klopfte es an unserm Zimmer, und herein trat ein alter, hagerer Mann in sehr bescheidener, ziemlich abgetragener Zivilkleidung, in dem niemand so leicht die in seinem geistlichen Gewande so stattliche Erscheinung des Kölner Erzbischofs vermutet haben würde. Er begrüßte uns mit ansprechender Herzlichkeit und zeigte warmes Interesse für uns und die andern Familienangehörigen, nachdem er so lange Jahre von den persönlichen Beziehungen zur Familie abgeschnitten gewesen war. Auch meine Beschäftigung bei der preußischen Staatsanwaltschaft, an welche letztere ihn ja gewiß keine freundlichen Erinnerungen knüpften, gab ihm keinen Anlaß zu besonderer Zurückhaltung mir gegenüber, wenn er auch seiner Gewohnheit gemäß in seiner ›illegalen‹ Lage sich gewisser Vorsicht befleißigte. Es machte doch einen ergreifenden Eindruck, wenn man diesen ehrwürdigen Greis von über 70 Jahren in fast ärmlicher Verkleidung hier in der Fremde, die

ja für ihn wirklich ein ›Elend‹ im alten deutschen Sinne war, so in der Verborgenheit vor sich sah, wie er unverkennbar unter seiner jetzigen Lage eines gleichsam Ausgestoßenen und unter all dem, was er lediglich für die Erfüllung seiner hl. Pflichten schon hatte erdulden müssen, seelisch und auch körperlich litt. Da mochte es ihm doch immerhin eine – seltene – Freude sein, seine nächste Verwandte, die einzig lebend gebliebene Tochter seines Bruders, der ihm so nahe gestanden hatte, wieder begrüßen zu können und sie, die er seit ihrer Kindheit nicht mehr gesehen hatte, nunmehr in ihrer jungen Würde als Ehefrau zu sehen. Es kam dann die Zeit zum Mittagessen, das er auf unserm Zimmer mit uns einnahm. Dem hohen Verwandten zu Ehren hatten wir für zwei Gänge gesorgt, und aus der Hotelrechnung ist noch zu ersehen, daß es nach der Suppe zunächst Schnitzel mit Bratkartoffeln und dann Brathuhn mit Kompott gab. Ich erinnere mich auch noch, daß unser hoher Gast es sich – übrigens auch wohl angesichts meiner vollen Unfähigkeit für derartige Verrichtung – nicht nehmen ließ, das Huhn selbst zu zerlegen. Daneben finde ich noch Patisserie und Früchte, zwei Flaschen Brauneberger und 2 Cafés vermerkt, – also doch eine recht würdige Aufnahme, die wir dem hohen verwandten Verbannten bereitet haben. Im Laufe des Nachmittags nahm unser seltener Gast schon wieder Abschied.«
Zweifelsohne war Erzbischof Paulus Melchers zur Schlüsselfigur der Auseinandersetzungen zwischen dem preußischen Staat und der katholischen Kirche geworden. Die Fronten hatten sich verhärtet und schienen unveränderbar. Es war dieser »Kulturkampf«, der den jungen Juristen aufrüttelte und bei ihm den festen Willen auslöste, seine Position offen zu vertreten.
»Gestärkt aber haben jene Kulturkampfjahre auch das gesunde Mißtrauen gegen jenes Borussentum, das sich in den Gedankengängen ostelbischer Junkerart, eines auf rauhe Gewalt eingestellten Militarismus, des evangelischen Kaisertums, eines königlich preußischen bedingten Christentums und grundsätzlicher Imparität gegenüber den katholischen Staatsbürgern verkörperte.« Das war die Selbstanalyse

der politischen und religiösen Verfaßtheit dieses katholischen Staatsbürgers, der im Begriff war, aus dieser Haltung heraus Entschlüsse zu fassen; doch diese mußten erst noch reifen.

Im Juni 1884 erreicht ihn eine Mitteilung des Erzbischofs, nach Maastricht zu reisen: »dort das Kloster der Franziskaner (Minderbrüder) in der Tongern'schen Straße aufzusuchen und meinen Namen dem Pförtner, den er vorher entsprechend unterrichten werde, zu nennen, der mich dann zu ihm führen würde. Seinen Aufenthalt dürfe ich aber Niemandem mitteilen. Ich reiste demgemäß dorthin, meldete mich in dem Kloster und wurde in ein sehr bescheidenes Sprechzimmer geführt, in dem der Erzbischof dann auch bald erschien.

In demselben bescheidenen Sprechzimmer, in dem ich empfangen wurde, nahm ich mit ihm auch ein franziskanisch bescheidenes Mittagessen ein, das merklich gegen das Liebesmahl abstach, das wir ihm im vorigen Jahr in Lüttich geboten hatten. Auch das, wenn es auch nur eine äußerliche Sache war, zeigte den Unterschied zwischen den Verhältnissen, in denen der greise Verwandte jetzt sein Leben fristete, und denen, aus welchen er entstammte, und in denen seine nächsten Angehörigen lebten, wie auch denen, die seiner hohen Stellung angemessen waren. Überhaupt war der ganze Eindruck, den ich bei diesem Besuche von der traurigen Lage des vereinsamten Verfolgten erhielt, ebenso schmerzlich wie ergreifend, wie wir ihn damals in Lüttich empfunden hatten, nur noch gesteigert durch meinen persönlichen Einblick in seine Verhältnisse in Maastricht, und es war mir, der ich damals noch bei der preußischen Staatsanwaltschaft beschäftigt war, ein besonders trauriger Gedanke, ihn schon seit 7 Jahren und mit ganz ungewisser Zukunft in dieser Lage zu wissen. Andererseits war es erhebend, zu sehen, mit welchem Opfermut und welcher rückhaltlosen Ergebung in Gottes Willen der Bekenner Christi sein seelisches Leid und seine äußere Lage im Dienste der Kirche trug.«

In seine eigentliche Wohnung hat der Erzbischof im Exil seinen Gast aus Münster nicht hineingebeten. Wie ärmlich diese Klosterklause war, sollte der Besucher nicht sehen. Ein Mitarbeiter des Erzbischofs beschrieb den Ort, wo dieser »10 Jahre lang gewohnt, gebetet, gearbeitet und geduldet hat«, so: »Der Erzbischof wohnte nicht im Kloster selbst, nahm vielmehr in einem Anbau, einer Art von Schuppen, welcher im Garten lag, seine Wohnung. Der untere Teil dieses sonderbaren erzbischöflichen Palais war eben jener offene Gartenschuppen, wo Holz und Schanzen zum Verbrennen, Bohnenstangen, Schubkarren und Gartengeräte lagen; daneben befand sich ein mehr abgeschlossener Raum, das Backhaus. Über demselben stieg man eine ziemlich hohe steile, der Rückwand entbehrende Treppe hinauf; dann kam man an ein durchbrochenes hölzernes Türchen, welches kein Schloß hatte, sondern mit einer hölzernen Fallklinke versehen war.

Durch dieses Türchen gelangte man auf ein kleines Gängelchen, welches zu dem Zimmer führte, wo der Herr Erzbischof wohnte. Es war nur ein und zwar nicht sehr großes Zimmer, auf welchem auch sein Bett stand. Es war geweißt und allenfalls geeignet, einem armen Wanderer für eine Nacht ein Unterkommen zu bieten ... In einem kleinen anstoßenden Alkoven stand ein ganz einfacher Altar. Hier las er stets die Messe, bei welcher ihm zwei Franziskanerbrüder dienten. Nie las er in der Kirche, immer in diesem armseligen Raum ...«

Diesmal war Bernhard Wuermeling allein gereist. Weil seine Frau hochschwanger war, konnte sie ihren Onkel nicht in Maastricht besuchen. Nicht nur die Geburt ihrer Tochter Agnes am 20. Oktober 1884 veränderte ihre kleine private Welt. Umfeld und Zeitpunkt der Begegnung in Maastricht setzen aber einen besonderen Akzent auf die Koinzidenz der dann erfolgten Veränderungen. Dr. Bernhard Wuermeling beendete seine staatsanwaltliche Tätigkeit und schied also zum 1. Oktober 1884 aus dem preußischen Staatsdienst aus. In Münster will er sich eine neue berufliche Existenz als Rechtsanwalt aufbauen. Daß seine Lebensplanung Münster als Basis vorsah, zeigte der Kauf des Hauses Krummer Timpen 6. Ob sich sein Leben ohne die beiden Begegnungen mit dem Onkel seiner Frau auch so gefügt hätte? In dieser abgeschirmten Welt des Exils in Maastricht war Vertraulichkeit vonnöten.

In den zehn Jahren, in denen Paulus Melchers sein Oberhirtenamt wahrnehmen konnte, hatte er den Kontakt zu Klerus und Volk gepflegt. Es bedurfte eines bewußt sich zurechtgelegten Arbeitsprogramms, in dieser Zeit alle die ihm anvertrauten 800 Pfarreien persönlich zu besuchen. Die Menschen an Rhein und Ruhr kannten ihren Erzbischof. Als er verhaftet worden war, ging ein Ruck durch das Erzbistum, ja, die deutschen Katholiken standen »wie ein Mann« für ihre Bischöfe; noch 1878 waren von den zwölf preußischen Bistümern nur drei besetzt. Was sich dort ereignete, erreichte die Glaubensbrüder in der Welt. Nach Melchers Amtsentsetzung durch den preußischen Staat schickten ihm die anglikanischen Bischöfe, an der Spitze der Erzbischof von Westminster, eine Solidaritätsadresse. Zehn Jahre lebt er jetzt im Versteck im Exil, abgeschnitten von seinen 800 Gemeinden – ein erbärmlicher Dauerzustand.

Nicht der vollendete Dom zu Köln wurde zum Wahrzeichen des neuen Reiches, sondern das Schicksal des verhafteten und ausgestoßenen Erzbischofs wurde zum wahren Zeichen der inneren Verfaßtheit des neuen Kaiserreichs – ob sie Paul Melchers oder, wie ein anderer Ausgegrenzter, Wilhelm Liebknecht heißen.

Der Aufstieg des Zentrums

Im Herbst 1885 fand die Generalversammlung der Katholiken Deutschlands in Münster statt. Diese Treffen gab es seit 1848; es ging dabei um die politische Einheit des deutschen Katholizismus, um dessen Engagement in der soziale Frage und um die Gegnerschaft zu einer »kleindeutschen Lösung«; denn ohne das katholische Österreich gerieten die Katholiken in einem vom protestantischen Preußen beherrschten Deutschland zu einer Minorität.

Seit der Gründung der Zentrumspartei im Dezember 1870 waren die Generalversammlungen der deutschen Katholiken so etwas wie die

Parteitage dieses Zentrums. Seine Bezeichnung erhielt es von der Sitzplatzverteilung im Preußischen Abgeordnetenhaus – die Zentrumsfraktion saß in der Mitte des Plenums. Die Vorbereitung dieses Katholiken- oder Parteitags hatte der münsteranische Vertreter im Preußischen Abgeordnetenhaus, Freiherr Clemens von Heeremann, übernommen. Ihm stand in der gesamten Organisationsarbeit der münsteranische Rechtsanwalt Dr. Bernhard Wuermeling als Zweiter Schriftführer des Vorbereitungskomitees zur Seite. Die Schlußrede in dem großen Zeltbau auf dem Neuplatz hielt der parlamentarische Führer des Zentrums Ludwig Windthorst. Das Zentrum war als Sammlungsbewegung der Katholiken in Deutschland bei den ersten Reichstagswahlen angetreten. Es gewann auf Anhieb 57 Mandate. Im Wahlaufruf hieß es: »Manche Zeichen der Zeit ... deuten auf Angriffsversuche gegen die kirchliche Freiheit.« Daß diese kirchliche Freiheit derartig gewaltsam bedroht wurde, veranlaßte die Zentrumsführung bei den Wahlen zum Preußischen Abgeordnetenhaus zu dem Aufruf: »Die kommunalen Wahlen müssen sich zu einem Plebiszit des katholischen Volkes für seinen Glauben und seine Kirche gestalten.« Jetzt war die Zentrumspartei zum Zentrum des politischen Widerstands der Katholiken in Deutschland gegen die Kirchenpolitik des Staates geworden. Das sah Bismarck anders: Seiner Überzeugung nach war sein Staat in seinen Fundamenten von zwei internationalen Parteien, dem Zentrum und den Sozialdemokraten, bedroht.

Bei den Reichstagswahlen 1874 wurde das Zentrum mit 91 Mandaten bereits zweitstärkste, 1884 mit 99 Abgeordneten die stärkste Fraktion. Ludwig Windthorst war in die Rolle des gefährlichsten Gegners Bismarcks hineingewachsen. Das veranlaßte Bismarck zu dem bekannten Bonmot: »Mein Leben erhellen und verschönen zwei Dinge: meine Frau und Windthorst. Die eine ist für die Liebe da, der andere für den Haß!«

Windthorst sah das Zentrum als Volkspartei, nie als eine ausschließlich katholische Volkspartei. Er wurde in Ostercappeln bei Osnabrück am 17. Januar 1812 geboren, besuchte das Carolinum-Gymnasium in

Osnabrück und ließ sich nach ausgezeichnet bestandenem juristischem Examen als Rechtsanwalt in Osnabrück nieder. Doch da zum Beispiel noch bis 1833 in Osnabrück Katholiken die Mitgliedschaft im Magistrat verwehrt war, sah für den Juristen katholischer Konfession eine Laufbahn in Staatsdiensten fast aussichtslos aus. Ludwig Windthorst schaffte es. Er war der erste Katholik, der im damaligen Königreich Hannover Minister wurde, und das gleich zweimal, als Justizminister von 1851 bis 1853 und von 1862 bis 1865. Letztere Amtsperiode waren jene Jahre, in denen Paulus Melchers im Bistum Osnabrück als Bischof bestellt wurde.

An der Wiedererrichtung dieses Bistums Osnabrück 1857 hatte Windthorst entscheidend mitgewirkt, auch an einer neuen »Kirchenvorstands- und Synodalordnung für die evangelisch-lutherische Kirche des Königreichs Hannover«, die als mustergültig für andere deutsche Staaten gegolten hatte. Nach der Annexion des Königreichs Hannover durch Preußen vertrat Windthorst seit 1867 den Wahlkreis Meppen-Lingen-Bentheim im Preußischen Abgeordnetenhaus und im Norddeutschen Reichstag sowie später im Deutschen Reichstag.

Im Sommer 1885, bei den Vorbereitungen zum Katholikentag, war Paulus Melchers, wiederum als die Zielfigur preußischer Repression, in die öffentliche Diskussion geraten. Eine aufsehenerregende Entscheidung des Vatikans drohte den Kölner Primus im belgischen Exil zum »Bischofsopfer« zu machen. Auf dem Höhepunkt des Kirchenkampfes in Deutschland war in Rom Papst Pius IX. verstorben, jener Papst, dessen jederzeitige unfehlbare Autorität von Köln aus zumindest in Frage gestellt worden war. Pius IX. war über die Störung dieses seines vatikanischen Konzils verärgert gewesen. Sein Nachfolger Papst Leo XIII. konnte wenig für Melchers tun. Hätte er ihn auf den erzbischöflichen Thron in Köln wieder einsetzen sollen? Da die preußische Regierung in Melchers den Hauptexponenten des passiven Widerstands der Katholiken in Deutschland sah, hätte eine solche Entscheidung den Kampf gegen die Kirche noch weiter verschärft. Für die preußische Regierung stellte der passive Widerstand gegen gesetzliche Maßnahmen die Autorität des Staates, ja das ganze Bismarcksche System in Frage.

Für den Vatikan war das gegenseitige Hochschaukeln durch die Gegenpole eher eine verhängnisvolle hausgemachte Krise, die nicht nur die bilateralen Beziehungen zwischen Rom und Berlin tangierte, sondern das Verhältnis zwischen Kirche und Staat in einen fundamentalen Konflikt brachte, ganz wie im Mittelalter, als sich Papsttum und Kaisertum bekämpft hatten. Leo XIII. war klar, daß er einerseits den Bischof im Exil nicht fallen lassen konnte, daß er andererseits aber handeln mußte, wenn er seinen Bischof aus dem Feuer der Frontlinie herausholen wollte, um einen über ein Jahrzehnt dauernden Stellungskrieg in einen Waffenstillstand verwandeln zu können. In Abwägung dieser Interessen berief Papst Leo XIII. den selbstbewußten Erzbischof vom nicht existierenden Amtssitz Köln weg zu sich nach Rom und ernannte Paulus Melchers am 27. Juli 1885 zum Kardinal.

Bernhard Wuermeling zieht im Preußischen Abgeordnetenhaus in Berlin ein

Marias Onkel ging nach Rom und Marias Mann ging nach Berlin. Im November 1885 waren Neuwahlen zum Preußischen Abgeordnetenhaus. Der Wahlkreis Münster-Coesfeld hatte zwei Plätze zu vergeben, gewählt wurde nach dem alten Dreiklassen-Wahlsystem. Im Münsterland, dem Zentrumsland, waren das zwei sichere Kandidatenplätze, der eine wie immer besetzt vom Freiherrn Clemens von Heeremann und der andere von einem weiteren Freiherrn – Heinrich von Droste-Hülshoff. Ein wenig viel Gutsherrenart auf einen Wahlkreis, warf man ein, man müsse mit der Zeit gehen und benötige wenigstens einen Kandidaten aus bürgerlichen Kreisen. Der bisherige Mandatsträger Droste-Hülshoff unterlag in einer Zentrums-internen Kandidatenwahl dem bürgerlichen Neuling Bernhard Wuermeling. So bezogen im Januar 1886 der alte Heeremann und der neue

Wuermeling die Plätze im Preußischen Abgeordnetenhaus. Seit einem Besuch Pfingsten 1872, zu dem der Paulinum-Lehrer Dr. Kreuzer seinen Zögling mitnahm, kannte dieser die Familie Heeremann. Freiherr Clemens von Heeremann war jetzt Vizepräsident des Hohen Hauses und Bernhard Wuermeling war jüngstes Mitglied der Zentrumsfraktion. Sein Vater saß ja auch schon hier, als er in den Jahren 1859 bis 1861 den Wahlkreis Schwetz-Tuchel-Konitz vertreten hatte. Zu jener Zeit durfte er zum ersten Mal nach Berlin mitreisen – gerade einmal sechs Jahre alt.

Von den damals 61 Abgeordneten des Zentrums saßen noch zwei ehemalige Kollegen seines Vaters im Preußischen Landtag. Prompt sprachen diese ihn erfreut an. Jetzt war die Zentrumsfraktion auf 100 Abgeordnete angewachsen. Ein Fraktionsmitglied entpuppte sich als sein Pensionswirt aus der Kulmer Gymnasialzeit, einen anderen, der zu Bernhards und Marias Hochzeit aus Breslau angereist war, kannte er aus seiner Studentenzeit. Dieser war gleichzeitig Mitglied des Reichstags. Etwas, was häufig vorkam: noch 1907 hatte fast jeder Reichstags-Abgeordnete zugleich einen Sitz im Landtag. Was natürlich im Fall des Preußischen Abgeordnetenhauses besonders nützlich erschien, da seinen Mitgliedern seit langer Zeit schon Diäten erstattet wurden, im Reichstag wurde eine Aufwandsentschädigung erst 1906 ausbezahlt. 15 Mark Diäten bekam jedes Mitglied des Preußischen Abgeordnetenhauses pro Sitzungstag. Der Fraktion gehörten ein Dutzend aus dem Adel an (die nicht von den Diäten allein leben mußten), ein Drittel gehörte dem Juristenstand an (was für die Behandlung anstehender Gesetzesvorlagen durchaus vorteilhaft war).

Und dann gab es noch den Abgeordneten Metzner aus Schlesien. Als Schornsteinfeger war er ein herzeigbarer Repräsentant des Mittelstands. Auf einem Foto der Fraktion, bestehend aus 100 übereinander angeordneten Einzelbildern, findet man ihn ganz oben als krönenden Abschluß des Gruppenbilds – so als ob er »berufsgemäß«, hoch über der Mitte des Zentrums wie aus einem Schornstein nach unten grüßt. Er schaute über alles hinweg, auch wenn es um

Etikette-Fragen ging – etwa auf einem Hofball im Schloß. Da ihm dort ein Mädchen gefiel, forderte Mittelständler Metzner dieses zum Tanz auf. Er konnte ja nicht wissen, daß sie aus königlichem Haus war und daß einer solchen Prinzessin das Privileg zusteht, Hofballgäste selbst zum Tanz aufzufordern. Dieser Fauxpas des Schornsteinfegers am Kaiserhof machte Eindruck in Berlin.

Ein anderer Zentrumsmann, August Lucius aus Düsseldorf, nutzte die Sitzungen im Plenum, indem er Federzeichnungen als Charakterstudien von Bismarck oder Windthorst anfertigte. Der jüngste Zentrumsabgeordnete arbeitete sich in die Hauptvorlagen seiner ersten Session ein. Es waren Gegenstände, die mit seinem Wahlkreis zu tun hatten: die Ausarbeitung einer Kreis- und Provinzialordnung für Westfalen und die Vorlage für ein Großprojekt – den Bau eines Dortmund-Ems-Kanals. Der Vertreter aus Münster wurde folgerichtig auch in die vorbereitenden Kommissionen entsandt. Bald beschäftigte das Preußische Abgeordnetenhaus auch das Kanalprojekt, das die Nordsee mit der Ostsee verbinden sollte – der Nord-Ostsee-Kanal auch Kaiser-Wilhelm-Kanal genannt, da im Sommer 1887 der erste Spatenstich im Beisein des 90jährigen Kaiser Wilhelm I. erfolgt war. Wuermeling, der in der Landtagskommission über den preußischen Beitrag von 50 Millionen Mark mitstimmte, war deshalb zu den Feierlichkeiten in Holtenau bei Kiel eingeladen. Man bewunderte die Rüstigkeit des greisen Kaisers und wunderte sich über das Fernbleiben des Kronprinzen Friedrich Wilhelm. Man sprach in ernstem Unterton von einer Erkrankung. Diese Gerüchte lagen wie ein Schatten auf der ganzen Feierlichkeit.

Der jüngste soll dem wichtigsten Zentrumsabgeordneten behilflich sein

Der junge zielstrebige Abgeordnete aus Münster war in Berlin bereits zu Beginn der Sitzungsperiode in engem Kontakt mit einer der bedeutendsten politischen Persönlichkeiten jener Zeit – mit Ludwig

Windthorst: »Zumal da die Umstände es so fügten, daß ich alsbald sogar in häusliche Gemeinschaft mit ihm kam. Das war die im katholischen Volk ebenso warm verehrte wie von anderer Seite leidenschaftlich bekämpfte Exzellenz Windthorst, die ›Perle von Meppen‹, unser erster Vorkämpfer. Windthorst war bei meinem Eintritt in die Fraktion bereits 74 Jahre alt, mehr als drei Jahre älter als Bismarck. Bei seinem Alter und auch mit Rücksicht auf seine starke Kurzsichtigkeit war es üblich geworden, daß ein Fraktionsgenosse seine Wohnung in dem Hause nahm, in dem Windthorst wohnte, damit er ihm helfend zur Hand sein und ihn auch auf dem Wege zum Abgeordnetenhaus, den er meist zu Fuß zurücklegte, geleiten konnte. Windthorst bewohnte seit langem bei Wwe. Pilartz auf der Alten Jakobsstraße 172, 2 Treppen hoch, ein einziges bescheidenes Zimmer, das ihm als Wohn- und Schlafraum diente. Dort ist er auch 1891 gestorben. Neben diesem Zimmer war an demselben Flur ein anderes Zimmer, in dem der Fraktionsgenosse wohnte. Dieses war jetzt frei geworden, da der letzte Inhaber, der Westfale Sarrazin, aus dem Landtag ausgeschieden war. Es wurde mir nun nahe gelegt, ich möchte dieses Zimmer nehmen, um Windthorst so, je nach seinen Umständen und seinen Wünschen, zur Hand gehen zu können. Ich bezog also das Zimmer neben Windthorst und habe während der ganzen Session von 1886 neben ihm gewohnt.«

Seine ersten politischen Schritte hielt der junge Abgeordnete schriftlich fest: »Vorlesen tat ihm meist eine unverheiratete Tochter der Witwe Pilartz. Die Lebensgewohnheiten des alten Herrn liefen natürlich mit denen von mir als einem jungen Manne, der Wert darauf legte, auch gesellig, namentlich

Ludwig Windthorst

abends, bald mit diesem, bald mit jenem Fraktionsgenossen zu verkehren, nicht gleichwegig. Die Sitzungen im Abgeordnetenhaus dauerten gewöhnlich von 11–4 Uhr. Einige Stunden nach 11 Uhr, meist gegen 1 Uhr, begannen die Reichstagssitzungen, die durchweg bis gegen 6 Uhr dauerten. Die ersten Stunden der Landtagssitzung machte Windthorst regelmäßig mit, und ich begleitete ihn gewöhnlich zu Fuß zum Abgeordnetenhaus. Je nach der Lage der Tagesordnung, ging er dann von der Landtagssitzung zum Reichstag hinüber, der damals noch an der Leipziger Straße in der Nähe des Potsdamer Platzes lag. Nach der Reichstagssitzung, also gegen Abend, ging er dann meist mit einem Kreis von Zentrumsabgeordneten des Reichstages, darunter besonders dem Freiherrn von Franckenstein, dem Führer der Bayern, im Kaiserhof zum Essen, auch manchmal im Hotel de Rome, und von dort fuhr er, wenn ihn nichts Besonderes noch weiter in Anspruch nahm, zu seiner Wohnung, wo er dann abends verblieb. In der guten Jahreszeit nahm er auch wohl nachmittags nach der Sitzung an einem Konzerte im Freien in einem öffentlichen Garten, so besonders im sg. klassischen Dreieck, in dem dann gewöhnlich eine Kunstausstellung war, im Kreise von Fraktionsgenossen und dazu gehörigen Damen teil, wo er als bekannte politische Persönlichkeit die interessierte Aufmerksamkeit des Publikums erregte. An diesen Nachmittagsgelegenheiten habe ich häufiger teilgenommen. – Ich machte gewöhnlich die Landtagssitzungen bis zum Schluß mit, aß jedoch inzwischen mit Fraktionsgenossen, so besonders mit Hüffer und Brüel, in einem leicht erreichbaren Lokal, so oft bei ›Frederich‹ in der Potsdamer Straße, Mittag, wenn uns die Beratungen des Hauses nicht gerade festhielten. Soweit man nicht durch abendliche Kommissionssitzungen gebunden war, traf man sich abends nach Abrede mit Fraktionsgenossen zum Glase Bier oder Wein in einem Restaurant zu gemütlicher Unterhaltung.«
Der Windthorst-Begleiter lernt nicht nur das politische Berlin, sondern als Mitbewohner den privaten Windthorst kennen: »So lag dieser, wenn ich abends nach Hause kam, gewöhnlich längst im Bett.

Da ich unmittelbar an seinem Zimmer vorbeigehen mußte, und er sehr feinhörig war, so bemühte ich mich, möglichst leise vorbei zu schleichen. Meist aber merkte er es doch und rief mich dann öfter in sein Zimmer an sein Bett, hielt mir in seiner halb scherzhaften, halb mahnenden Art vor, warum ich wieder so spät nach Hause käme, und wünschte meist, ich sollte ihm von seinem Nachttisch von dem Verdauungsmittel, das er dort liegen hatte (Pepsin?), etwas reichen, was ich dann getreulich tat. Stets für alles, was in den Kreisen der Fraktion vor sich ging, lebhaft interessiert, um es in seinen ständig arbeitenden Gedanken zu verwerten, fragte er dann auch wohl, was es am Abend gegeben habe, und äußerte sich über Manches, was ihn gerade geistig beschäftigte. Alles das geschah im Dunkeln.«
Knarrender Dielenboden und Geflüster zwischen Untermietern: »Nachts mußte ich, manchmal erkältet und nur durch eine Tür von seinem Zimmer getrennt, mich hüten, ihn nicht durch Husten zu wecken, da er das in der Stille der Nacht leicht hörte und mich dann am nächsten Morgen ermahnte, ich leichtsinniger junger Mann solle mich vor Erkältungen in Acht nehmen.«
Auf den 17. Januar fiel Windthorsts Geburtstag, den er pflichtgetreu in Berlin verbrachte. Neben vielen andern Glückwünschen und Aufmerksamkeiten, von denen ihm die liebsten stets Gaben für seinen Kirchenbau in Hannover waren, erhielt er dann gewöhnlich von einer katholischen Konditorfirma (Pawel) in der Niederwallstraße ein Körbchen mit 100 täuschend in Schokolade und Zuckerguß nachgemachten Kiebitzeiern. Es geschah das im Gedanken an die echten 100 Kiebitzeier, die Bismarck lange Jahre hindurch zum 1. April, seinem Geburtstag, von den sg. ›Getreuen von Jever‹ (in Oldenburg) bekam. Diese seine haltbaren Kiebitzeier bewahrte Windthorst sorgfältig, um sie seiner Frau nach Hannover mitzubringen. »Mir als seinem Hausgenossen schenkte er damals einige davon für meine Frau. Eine solche Gabe von Windthorst war ihr wie mir ein seltenes und kostbares Geschenk.«

In mahnender Erinnerung an ein »Zu Kreuze-Kriechen« des Kaisers Heinrich IV. im Jahre 1077 nahm 1872 Bismarck seinen alten Kaiser Wilhelm I. ins Gebet: »Nach Canossa gehen wir nicht!« Das war zu Beginn seines kompromißlosen Kampfes gegen die Kirche. Daß dieser Kirchenkampf mit der Bezeichnung »Kulturkampf« in die Geschichte eingegangen ist, gehört zu den Meisterwerken der historischen Manipulation. Diesen Begriff warf Rudolf Virchow, Professor sowie Arzt an der Berliner Charité und Mitbegründer der Fortschrittspartei, am 17. Januar 1873 in die Debatte des Preußischen Abgeordnetenhauses. Er sah in dem politischen Ziel Bismarcks, die katholische Kirche in Deutschland unter staatliche Kontrolle zu stellen, einen Befreiungsschlag aus ultramontaner Abhängigkeit; Bismarcks Kampf gegen die katholische Kirche sei ein »Kampf für die Kultur«.

In angemessener Würdigung der kommenden Ereignisse ist es sinnvoll, ein weiteres Zitat Bismarcks voranzustellen, das aus dem Jahre 1878 stammt: »Der unfehlbare Papst ist es, der den Staat bedroht.« Er setzte hinzu, die Kirche sei ein Staat im Staate, »an dessen Spitze der Papst mit autokratischen Rechten steht, der eine geschlossene Partei zu seiner Verfügung hat, die wählt und abstimmt nach seinem Willen ... Kurzum, es gibt niemanden im preußischen Stand, der so mächtig wäre wie dieser Ausländer.« Nach dem Tod des unfehlbaren Papstes Pius IX. waren zwischen Berlin und Rom vertrauliche Kontakte aufgenommen worden, in der Hoffnung, ein »friedliebender« Leo XIII. werde die Zentrumspartei gefügiger stimmen.

Bismarck war eben dabei, sich neue Reichsfeinde zu schaffen – mit den »Sozialistengesetzen« von 1878 wollte er die Sozialdemokratie vernichten. Der Kanzler ließ gegenüber dem Vatikan durchblicken, daß eine parlamentarische Unterstützung seiner Ausnahmegesetze gegen die Sozialdemokratie durch das Zentrum den Weg zum Abbau der Kulturkampfgesetze öffnen würde. Tatsächlich hatte der Vatikan auf das Zentrum eingewirkt, die »Sozialistengesetze« zu unterstützen. Windthorst verwehrte sich in der Reichstagsdebatte am 18. Mai

1878 dagegen: »Weil sie Ausnahmegesetze sind, werden wir sie bekämpfen ... Unrecht bleibt Unrecht, auch wenn es nur gegen einen geübt wird.«

Der Vatikan reagierte gegenüber dem Zentrum mit einer gewissen Zurückhaltung. Bismarck gegenüber aber mit großzügigem Entgegenkommen in der Personalfrage an der Spitze des deutschen Episkopats durch die im Juli 1885 erfolgte Abberufung des Kölner Erzbischofs nach Rom, »bevor auch nur die Strafbarkeit des Messelesens und des Sakramentenspendens beseitigt war«, bemerkte Wuermeling. Sowohl Paulus Melchers, jetzt zum Kurienkardinal in Rom befördert, als auch Windthorst in Berlin sahen mißtrauisch auf die erneuten Kontakte zwischen dem Vatikan und der Reichskanzlei; sie waren besorgt, der Heilige Stuhl könne dem Druck und der Geschicklichkeit Bismarcks nicht gewachsen sein, der versuche, den Papst »durch im Grunde unverbindliche Erweckung politischer Hoffnungen günstig zu stimmen und andererseits das Zentrum und dessen entschiedene Politik beim Papst zu verdächtigen«, kalkuliert der Zentrumsabgeordnete ... Windthorst und dem Zentrum ging es eben um die volle staatsbürgerliche Gleichberechtigung und Religionsfreiheit. »Die katholischen Staatsbürger wollten eben nicht Staatsbürger zweiter Klasse in Preußen und Deutschland sein.«

Das Zentrum zwischen Bismarck und dem Vatikan

Die 1886 begonnene Legislaturperiode war jene gefährliche und entscheidende Phase, in der kirchenpolitische Regierungsvorlagen zum Abbau von Vorschriften der »Maigesetzgebung« angedacht wurden, denn Bismarck fühlte sich in einer Sackgasse: »Auf dem Weg über Rom suchte Bismarck also den Widerstand des katholischen Volksteils gegen die Beschränkung seiner religiösen Freiheit zu brechen«, so sah es der junge Abgeordnete Wuermeling aus Münster, der jetzt in dieser Legislaturperiode miterleben konnte, wie Bismarck ein Kabinettstück zynischer Rechtspolitik inszenierte und was hinter den

Kulissen gespielt wurde. Es waren Figuren, die nicht auf die Hauptbühne geschickt wurden. Das Stück hatte den befremdlichen Titel »Septennat 1887«. Es ging um eine Militärvorlage Bismarcks, eine Erhöhung der Heeresstärke um mehr als 40.000 Mann und darum, den dafür erforderlichen Militäretat auf einen Zeitraum von sieben Jahren (Septennat) zu genehmigen. Was das Zentrum seit 1871 bei jeder Wiedervorlage auf nur drei Jahre beschränkt sah, wollte Bismarck jetzt erzwingen: eine Ausweitung dieser Militärvorlage auf eben sieben Jahre; eine Einwirkung während dieses Zeitraums wäre dem Parlament dann freilich versagt. Bismarck wußte auch, wie er die Zustimmung seines Kontrahenten Windthorst erzwingen könne: Er wies seinen preußischen Gesandten in Rom an, den Papst anläßlich der Gratulationscour zur Weihnacht 1886 wissen zu lassen, Bismarck koppele Zugeständnisse des Staates Preußen in der kirchenpolitischen Gesetzgebung mit der Zustimmung des Zentrums zu der von der Regierung geforderten militärischen Septennat-Vorlage im Parlament.

Der Heilige Stuhl bat umgehend in seiner Note vom 3. Januar 1887 den Nuntius in Deutschland um geeignete Mitteilung an die Führung des Zentrums, den lebhaften Wunsch des Papstes zu äußern,

Karikatur: Windthorst zwischen Bismarck und Papst

»das Zentrum möge die Vorlage des militärischen Septennats in jeder ihm möglichen Weise begünstigen«. Der Verfasser dieser Note, der »Sekretär für außerkirchliche Angelegenheiten«, war persönlich als Sondergesandter des Papstes zur Gratulationscour anläßlich des 90. Geburtstags des Kaiser Wilhelm I. am 22. März 1887 nach Berlin gereist. Wiederum ersuchte der Nuntius in einer diskreten Mitteilung an die Zentrumsfraktion, der Papst wünsche, daß das Zentrum für das Septennat stimmen möge, weil dem Papst zugesichert worden sei, es sei eine vollständige Revision der »Maigesetze« beabsichtigt. Windthorst beschwor seine Fraktion, die Aufrüstungsvorlage abzulehnen, worauf Bismarck den Reichstag auflöste und Neuwahlen ausschrieb.

Wuermeling hatte diese Vorgänge aus nächster Nähe miterlebt: »Daß Windthorst, der alte Kämpe, der mit dem Zentrum so lange Zeit die schwere Last des Kampfes gegen die ›Maigesetze‹ getragen hatte, eine derartige Nichtbeachtung schmerzlich empfinden mußte, ist ohne weiteres verständlich.« ... Die Instruktionen und die Direktiven aus Rom veranlaßten die Zentrumsführung, dem Nuntius die Frage zu stellen, ob etwa beim Heiligen Stuhl die Ansicht obwalte, das fernere Bestehen des Zentrum sei nicht mehr notwendig ... Mitten in der heißen Phase des Wahlkampfs platzte die Bombe: Die Noten aus dem Vatikan waren überraschend veröffentlicht worden und sorgten für Schlagzeilen: »Der Papst gegen das Zentrum« oder »Päpstliche Note gegen Windthorst«. Karikaturen zeigten Bismarck und Leo XIII., wie sie sich »über die Köpfe der Zentrumspartei« einigten. Die Machenschaften hinter den Kulissen waren bloßgestellt und der Öffentlichkeit preisgegeben – als Pakt mit dem Teufel. Noch am Tag der Reichstagswahlen leitete Bismarck in der Funktion des preußischen Ministerpräsidenten dem Landtag die ersten Gesetzesvorlagen zu, die den Großteil der »Kulturkampf«- bzw. »Maigesetze« zurücknahmen. Was davon übrigblieb, war die staatliche Schulaufsicht, die obligatorische Zivilehe und ein gestörtes Vertrauensverhältnis der Katholiken in Deutschland zum Bismarck-Reich. Das Zentrum verweigerte auch im neuen Reichstag dem Septennat seine Zustimmung.

Windthorsts »Vorleser« Wuermeling, der ihm als Sekretär und als Begleiter zugeordnet war, bilanziert diese Zeit der politischen Zerreißprobe und das Ende des »Kulturkampfes« (1887): »Kläglich gescheitert war damit der schlaue und gefährliche Schachzug Bismarcks, das Zentrum, sogar unter Heranziehung des Heiligen Stuhls, in nicht kirchlichen Angelegenheiten sich gefügig zu machen und es vor dem deutschen Volk und der Welt als staatsbürgerlich unselbständig und von einer ›auswärtigen Macht‹ abhängig hinzustellen und es damit in seiner staatsbürgerlichen Bedeutung grundsätzlich zu erniedrigen, zu zersetzen und schließlich zu vernichten.« Die überlegene sachliche und diplomatische Meisterschaft und Schlagfertigkeit, womit der 75 Jahre alte Windthorst, von Bismarck zwischen zwei Feuer gestellt, siegte, fand über Parteigrenzen hinweg Bewunderung.

Hofbälle im Berliner Schloß

Manchmal gestattet sich der Zentrumsabgeordnete einen Einblick in das Protokoll und in den Pomp, in Glanz und Gloria des Kaiserreichs: »In jener ersten Periode, die bis 1888 lief, benutzte ich auch die Gelegenheit, einige Male Hofbälle im Schloß zu besuchen. Wenn man Karten beim Hofmarschallamt abgab, wurde man als Abgeordneter zu solchen Hofbällen eingeladen, unabhängig von seinem sonstigen Rang und Stand. Diese Hoffeste im prächtigen Weißen Saal boten ein glänzendes Bild und waren in dieser meiner ersten Landtagsperiode, besonders für einen jungen Abgeordneten aus der Provinz, auch dadurch von besonderem Interesse, als damals noch der alte Kaiser Wilhelm, die Kaiserin Augusta und viele andere, auch der alte General Moltke, lebten und teilnahmen.«

Der Gast erweist sich als scharfsinniger Beobachter des jungen Kaiserreichs: »Ich erinnere mich noch lebhaft der ehrwürdigen Greisengestalt des alten Kaisers. Die schon gebrechliche Kaiserin Augusta mit

ihren alten blassen Gesichtszügen sah ich auf einem solchen Hofball in der an den Weißen Saal sich anschließenden Galerie in einem Rollwagen. Sie war in der üblichen Hoftracht mit weit ausgeschnittenem Halse; man sagte, das sei ein Alabasterhals gewesen, was ich natürlich nicht näher prüfen konnte. Trotz ihrem offensichtlich leidenden Zustand entzog sie sich doch nicht ihrer kaiserlichen Ehrenaufgabe, die Begrüßungen und Huldigungen hochstehender Persönlichkeit, wie Gesandter u. a., in kurzen Gesprächen entgegenzunehmen; dagegen pflegte Bismarck an solchen Hoffesten in der Regel nicht teilzunehmen. Gegen Schluß des Balles wurde ein Punsch gereicht, der von den Gästen besonders geschätzt wurde.«
In diesem Weißen Saal des königlichen Schlosses fanden auch die Parlamentseröffnungen statt. Die Abgeordneten des Reichstags begaben sich dann in die Leipziger Straße Nr. 4, ein Gebäudekomplex, in dem bis 1871 die königliche Porzellanmanufaktur untergebracht war. Daneben befand sich in der Leipziger Straße Nr. 3 das »Herrenhaus«, die erste Kammer des Preußischen Abgeordnetenhauses; dessen zweite Kammer, das »Haus der Abgeordneten«, war in dem verwinkelten und düster wirkenden ehemaligen Palais des Staatskanzlers Fürst Hardenberg am Dönhoffplatz, ebenso an der Leipziger Straße gelegen, untergebracht. Angesichts dieser ungewöhnlichen Enge wirkte für den Münsteraner Abgeordneten der Blick auf das Gegenüber geradezu befreiend – es war das auf dem Dönhoffplatz für Freiherrn vom Stein errichtete Denkmal. Bismarck trat als Preußischer Ministerpräsident und deutscher Reichskanzler in beiden Häusern auf, wie auch sein Widersacher Ludwig Windthorst, der sowohl dem Preußischen Abgeordnetenhaus als auch dem Reichstag angehörte. Als Windthorst an Ostern 1886 in die Osterferien nach Osnabrück fuhr, tat er das in Begleitung seines Berliner Mitbewohners. Nach dem Besuch bei Familie Windthorst fuhr Wuermeling zu seiner jungen Familie nach Münster in das neu hergerichtete Haus Krummer Timpen 6.

Schicksalsjahr 1888

Am 23. Dezember 1886 wurde nach Agnes ein zweites Kind geboren. Es wurde auf den Namen von Marias Onkel Paul getauft. Kardinal Paulus Melchers in Rom übernahm die Patenschaft. Bernhards Familie stand vor schweren Schicksalsjahren, über die er später schrieb: »Unser Sohn war leider, vielleicht infolge eines Falles, der meiner Frau einige Monate vor dessen Geburt zugestoßen war, und des dabei erlittenen Schreckens, körperlich und, wie uns allmählich besonders schmerzlich zum Bewußtsein kam, auch geistig, zurückgeblieben. Eine Schiefstellung des einen Fußes mußte schon früh längere Jahre behandelt werden … Am 6. April 1888 wurde uns ein zweiter Sohn geboren, der den Namen Bernhard erhielt. Bald nach diesem freudigen Familienereignis traf uns der schwere Schlag, daß meine fromme, gute Frau, die treue sorgliche Mutter unserer Kinder, dahinsiechte und sechs Wochen nach der Geburt ihres letzten Kindes einer schnell verlaufenden Schwindsucht im Alter von erst 27 Jahren und im 5. Jahr unserer Ehe am Freitag vor Pfingsten, am 18. Mai 1888, erlag … Am Pfingstmontag haben wir sie auf dem neuen Zentralfriedhof vor dem Abschnittstor auf einer von mir für 100 Jahre erworbenen Erbbegräbnisstätte zur letzten Ruhe gebettet …
So stand ich nun im Alter von 34 Jahren mit drei kleinen Kindern verwitwet da. Zur Versorgung der Kinder fand sich meine Mutter bereit, zu mir zu ziehen. Sie war damals schon 62 Jahre alt, jedoch noch sehr rüstig.«
Drei Monate später, am 21. August 1888, folgte seiner Mutter der letztgeborene Sohn, der einer Kinderkrankheit erlag.

*

Im Frühjahr 1888, dem dritten Jahr der Legislaturperiode, erlebte der junge Abgeordnete die Politik des Reiches prägende Tage, als am 9. März 1888 Kaiser Wilhelm I. starb. Seine Eindrücke hielt er später fest: »Wahrhaftig ergreifend waren die Teilnahme des Volkes an diesem Tag, die Aufbahrung der Leiche im offenen Sarg im Dom mit den unaufhörlich sich vorbeibewegenden ernsten Menschenmassen und besonders auch der Leichenzug am Beisetzungstage (18. März), einem März-Wintertag von außergewöhnlich strenger Kälte, durch das Brandenburger Tor, das schwarz verhüllt war und in weithin sichtbarer Schrift den Abschiedsgruß ›Vale senex imperator‹ trug. Im Charlottenburger Schloß sah der dem baldigen Tode geweihte Kaiser Friedrich den Leichenzug vorbeiziehen, der den alten Kaiser zur letzten Ruhestätte in der Grabkapelle seiner Eltern, König Friedrich Wilhelm III. und Königin Luise, führte.« In Berlin erlag drei Monate nach dem Tod des alten Kaisers dessen 56jähriger Sohn Kaiser Friedrich einem tückischen Leiden. Ihm folgte der 29jährige Kaiser Wilhelm II., der seine Regierung mit einer glanzvollen Eröffnung des deutschen Reichstags einleitete. Dieses Dreikaiserjahr 1888 prägte sich tief in der Erinnerung des Dr. Bernhard Wuermeling ein. 1888 war ein schicksalhaftes Jahr. Um den Schmerz zu lindern, kehrte der Abgeordnete aus Münster zur Landtagsarbeit zurück. Windthorst nahm ihn beiseite und sagte: »Bei solchen Verlusten ist Arbeit das beste Mittel.«

Besuch beim Kurienkardinal in Rom

»Im Herbst 1888 nach dem frühen Tod meiner Frau und unseres jüngsten Kindes lud mich Paulus Melchers nach Rom ein.« Dieser hatte damals im Collegium Germanicum der Jesuiten in der Via S. Niccola da Tolentino im früheren Palazzo Constanzi eine geräumige Wohnung mit einer Flucht von Zimmern.
Am Tag seiner Ankunft, am 11. Oktober, traf auch der deutsche Kaiser Wilhelm II. in Rom ein. Bernhard konnte die feierliche Auffahrt des Kaisers im Vatikan zur Audienz bei Leo XIII. vom deutschen Friedhof des Campo Santo aus beobachten. Der Kardinal hatte im Collegium zwei Zimmer bereitstellen lassen. Er war inzwischen fast 76 Jahre alt und nun schon mehr als drei Jahre in Rom. Er war Mit-

glied von vier verschiedenen Kardinalskongregationen geworden. Da er erst in so hohem Alter nach Rom versetzt wurde, war er trotz längerem Unterricht nicht mehr im Stande, sich die Beherrschung der italienischen Sprache anzueignen. Das minderte eine rege Mitarbeit im Vatikan. Zudem hatte sein Augenlicht schon gelitten, was ihm das Lesen und Schreiben erschwerte. So konnte ihn bei seinem regen Geiste, seiner tatkräftigen Natur und seinem außerordentlichen Arbeitseifer seine jetzige beschränkte Wirkungsmöglichkeit im Vergleich zu seiner früheren unermüdlichen Tätigkeit als Erzbischof doch nicht voll befriedigen. »Am Morgen wohnte ich meist der stillen Messe des Kardinals in seiner Hauskapelle bei.« Dann folgte ein gemeinsames Frühstück. »Besonders hatte er es gern, daß ich um die Mittagszeit an seinem Mittagsmahl teilnahm, blieb dann noch etwas zur Unterhaltung bei ihm und benutzte darauf den Rest der Tagesstunden bis zum Dunkelwerden zu Ausgängen.«
Manchmal fuhren sie auch in einer Kutsche in dunkler Farbe mit schwarzen Pferden durch die Parks oder vor die Stadt, einmal auch zu seiner Titelkirche S. Stefano Rotondo. »Am 5. November fuhr der Kardinal mit mir zum Vatikan zur Audienz beim Papst Leo XIII. Nachdem der Kardinal zunächst allein beim Papste gewesen, wurde ich hineingerufen, wo nur der Papst und der Kardinal waren … Der Papst war jedenfalls vom Kardinal vom Tode meiner Frau und meines jüngsten Sohnes unterrichtet und sprach mir seine herzliche Teilnahme aus … Er gab mir auch seinen Segen für meine Familie, für das Zentrum und Windthorst und meinen Kollegen von Heeremann … Erfreut äußerte er sich über den für das Zentrum günstigen Ausfall der jüngsten Preußischen Wahlen.«
Tatsächlich waren diese Wahlen ein voller Erfolg für das Zentrum und den Abgeordneten des Wahlkreises Münster-Coesfeld. Statt der bisherigen dreijährigen Wahlperiode war diese auf fünf Jahre ausgeweitet worden. Inzwischen hatte Windthorsts Mitarbeiter die Alte Jakobstraße 172 verlassen; ein Nachfolger war eingezogen, um in der Nähe der »Exzellenz« zu sein. Wuermeling wechselte sein Berlin-

Quartier und zog in die Lindenstraße. Auch im Reichstag errang das Zentrum 1890 mit 108 Abgeordneten einen großen Erfolg; mit 69 Freisinnigen und 35 Sozialdemokraten hatten die Gegner Bismarcks die Mehrheit errungen, worauf dieser beim Kaiser auf eine Wahlrechtsänderung drängte. Als auch eine Verlängerung der »Sozialistengesetze« keine Mehrheit fand und demgemäß außer Kraft trat, zwang der 31jährige Kaiser Wilhelm II. den 74jährigen Reichskanzler zum Rücktritt. Am 18. März 1890 war Bismarck entlassen.

Der Tod des Zentrumspolitikers und des Kardinals

Sein härtester Widersacher Ludwig Windthorst starb nach kurzer Krankheit am 14. März 1891, nachdem er vier Tage zuvor noch im Parlament gesprochen hatte – eine von 2.209 Wortmeldungen dieses Zentrumführers allein im Reichstag. (Windthorsts Adlatus hatte auch die Stenogramme seiner Reden zu korrigieren.) Er galt als der fleißigste Parlamentarier, als gewieftester Taktierer, als streitbarster Politiker, der 20 Jahre seines Lebens dafür opferte, die »Kulturkampf«-Gesetze zu bekämpfen. Er war Bismarcks gefährlichster innenpolitischer Gegner. »Wegbereiter des demokratischen Rechtsstaates« wurde er genannt. Golo Mann, eher distanziert zur »kleinen Exzellenz« aus Meppen, bezeichnete ihn als den »genialsten Parlamentarier, den Deutschland je besaß«. Als im Bismarck-Reich politisches Bewußtsein beschädigt wurde, hatte Windthorst demokratisches Politik-Bewußtsein geschärft und Garantien für bürgerliche sowie religiöse Freiheit erkämpft. Ein Jahr vor seinem Tod verdeutlichte er in einer Rede diesen Einsatz: »Ich rechne zu diesen Garantien das Vereinsrecht, die Pressefreiheit, die geordnete Justiz und vor allem keine Ausnahmegesetze ...« Bis zu seinem Tod hatte er bei Witwe Pilartz gewohnt. Am 17. März 1891 fand in der Katholischen St. Hedwigs-Kirche in Berlin der Trauergottesdienst statt, etwa 400 Mitglieder des Reichs- und des Landtags einschließlich ihrer

Präsidenten nahmen daran teil. Vom Gotteshaus bewegte sich ein imposanter Trauerzug durch die Straßen der Hauptstadt zum Brandenburger Tor durch das Mittelportal, die »Kaiserdurchfahrt«, weiter zum Lehrter Bahnhof, von wo der Katafalk zur Grabstätte nach Hannover überführt wurde.

Am 14. Dezember 1895 starb nach kurzer Krankheit Kardinal Paulus Melchers in Rom. Im Haus der Familie Melchers in Münster hatte er in seiner Kindheit Kugelblitzen und Donnerschlägen getrotzt, er war später unverdrossen gegen die Unfehlbarkeit des Papstes und gegen die Fehlbarkeit eines preußischen Ministerpräsidenten angetreten. Die preußischen Behörden genehmigten die Überführung des toten Kardinals nach Köln. Der Oberhirte war heimgekehrt. Eine Messing-Grabplatte im Hochchor des Kölner Doms zwischen dem Chorgestühl in der Achse der Kirche erinnert an ihn. Der Mann seiner Nichte erwarb aus seinem Nachlaß zwei hohe siebenarmige silberne Leuchter, die ihm die Laien der Diözese Osnabrück 1866 bei seinem Weggang nach Köln mit auf den Weg gegeben hatten.

18. Kapitel
Im »Zentrum« des Kaiserreichs

Das schicksalhafte »Dreikaiserjahr« 1888 mit den zwei Leichenzügen in Berlin schlug auch im Familienleben in Münster durch zwei Todesfälle herbe Schicksalskerben. Der Münsteraner Boden, den der Familienvater noch eben unter seine Füße bekommen hatte und auf dem er sicher zu stehen schien, drohte, ihm weggezogen zu werden. Es war die Melchersche Lebensader, die ihm seinen Standort positionieren half. Nun war sie abgeschnitten – für den 34jährigen Vater, für die 3½jährige Tochter Agnes und für den 1½jährigen Sohn Paul, der zumindest zunächst unter den geistlichen Schutz und Schirm der Patenschaft eines römischen Kardinals gestellt war und dadurch Familienbande symbolisierte. Bernhard Wuermeling schien dort wieder angekommen zu sein, wo der Junge aus Schwetz vom fernen Westpreußen nach Münster ins fremde Westfalen geschickt wurde und die Stufen des Paulinum betrat – ziemlich wurzellos.

Wer in Münster Fuß fassen will, dem nutzen Verdienste einer parlamentarischen Ochsentour im Preußischen Abgeordnetenhaus in der Reichshauptstadt nur wenig – und einer mutterlosen Familie noch weniger. Zwar gehörte Bernhard Wuermeling noch immer (bis 1893) diesem hohen Haus in Berlin an, doch jetzt ging es um die Sicherung der Existenz vor Ort – im Krummer Timpen Nr. 6 in Münster. Er mußte hier seinen Platz erobern, sich unentbehrlich machen. Noch 1888 wird er in die Stadtverordnetenversammlung in Münster gewählt, als unbesoldetes Magistratsmitglied. Ihm wird die Zuständigkeit für die Armenverwaltung sowie für die Volksschulangelegenheiten auferlegt. Dieses Volksschulwesen war in sogenannte »Schulsozietäten« kommunal gegliedert, das heißt, jede Pfarrgemeinde hatte ihren eigenen Schulbezirk. Das Magistratsmitglied lernte den inneren Kreis der Honoratioren von Ortspfarrern und Schulrektoren kennen. Eine seiner ersten gestaltenden Maßnahmen war die Neugründung von Schulen, so etwa der Kreuzschule, die in der Nähe der Kreuzschanze errichtet wurde. Die Betreuung der Volksschulen war den Pfarrgemeinden anvertraut, erst 1906 wechselte die Trägerschaft als Kommunalschule in städtische Verantwortung.

Münster zählte vor der Jahrhundertwende an die 50.000 Einwohner. Es war dabei, weit über seine alte Stadtgrenze hinauszuwachsen, nicht etwa über alte Stadtmauern, sondern über seine alte Wallbefestigung hinaus. Als zuständiger Stadtrat für die Armenversorgung lernte Wuermeling die sozialen Zustände vor Ort kennen. Da die Wege in die Außenbereiche länger wurden und zu Fuß bewältigt werden mußten, wuchsen auch die Leerzeiten der in der Fürsorge tätigen Armenwarte. Wuermeling fiel dieser große Zeitaufwand auf und er stellte im Magistrat den Antrag auf Anschaffung von Fahrrädern. Weil ein Magistratsmitglied seine Zustimmung verweigerte, fiel der Antrag in der Stadtverordnetenversammlung durch. Wuermeling arbeitete sich in dem täglichen Allerlei durch die Ecken, Winkel und Nischen der Stadtbehörde. Wenn der Oberbürgermeister auf Dienstreise oder in Urlaub war, führte er hin und wieder die Magistratsgeschäfte. Ende 1889 wurde er Zweiter Bürgermeister. Die Tätigkeit im Preußischen Abgeordnetenhaus, wo er in einem der Landtagsausschüsse der zuständige Referent für das Kommunalabgabengesetz (das im Jahr 1893 in Kraft trat) war, sowie das damit verbundene Hin- und Herreisen rieben den Kommunalpolitiker auf. Er legte den Wert des Einsatzes seiner Doppelfunktion auf die Waagschale, verzichtete im Vorfeld der Kandidatenaufstellung zu den nächsten Neuwahlen zum Landtag auf eine Wiederwahl und entschied sich zugunsten seines Bürgermeisteramts.

Der zweite Bürgermeister von Münster umwirbt die Tochter einer Kaufmannsfamilie

Auch im privaten Bereich beschränkt er sich: Anfang der neunziger Jahre verkauft er das 1886 bezogene Haus Krummer Timpen 6 und mietet eine Wohnung am Ludgeriplatz an. Seine Mutter besorgt den Umzug in das Moseckersche Eckhaus, das genügend Platz für sie, ihren Sohn und die zwei Enkelkinder Agnes und Paul bietet. Die neue Behausung in der Südstraße am Ludgeriplatz liegt jetzt außerhalb des Promenadewalls, der die alte Stadt umringt. Ganz in der Nähe des Ludgeriplatzes fielen dem Neumieter zwei stets gut gekleidete Frauen auf. Es könnten Mutter und Tochter sein, dachte er und entschloß sich, sie »durch Anbahnung einer persönlichen Bekanntschaft näher kennenzulernen.« »Eine große Hilfe für eine diskrete Bekanntschaft, worauf ich bei meiner Stellung als Bürgermeister und bisheriger Abgeordneter für Münster Wert legte«, bot ihm ein dortiger Abgeordnetenkollege im Landtag, der auch noch mit den Damen aus der Nachbarschaft verwandt war. Die ältere war die seit 10 Jahren verwitwete 57jährige Bertha Terfloth, die Jüngere ihre 22jährige Tochter Elisabeth; sie stammten aus einer alten Kaufmannsfamilie aus Greven. »Das junge Mädchen war von kräftiger Gestalt, guter Gesundheit, anziehendem Äußeren, jugendfrischem Wesen und natürlichem Auftreten. Bei einem dieser diskreten Besuche im Haus des Abgeordnetenkollegen war dessen Tochter mit ihrer Freundin Elisabeth beim Kartenspiel. Als die beiden wiederholt ins Herrenzimmer gebeten wurden, sagte die ahnungslose Haustochter zu Elisabeth: ›Nun stört uns der olle Bürgermeister wieder.‹«
Als sich der Zweite Bürgermeister von Münster am 9. Januar 1894 mit Elisabeth Terfloth verlobte, stand er im 40. Lebensjahr. Am 7. April wurden sie in der Lambertikirche getraut. Unter den Hochzeitsgästen waren auch Elisabeths ältester Bruder Robert Terfloth sowie ihre ältere Schwester Maria, die in Hamburg mit Hugo Wirtz, dem Inhaber eines Maklergeschäfts, verheiratet war, und deren Kinder

Martha und Olga. An der Hochzeitstafel im Hotel Moormann fiel auf, daß im Gegensatz zur ersten Hochzeitstafel, bei der über ein Dutzend Geistliche am Tisch saßen, kein einziger Kleriker geladen war. In der Familie des verstorbenen Bernard Henric Florenz Terfloth aus Greven gab es eben keinen Kardinal, sondern ein »Kolonialwarengeschäft en gros und en detail« – im großen Ganzen überzeugt katholisch, im Besonderen aber liberal eingestellt. Witwe Bertha führt mit ihrem Sohn Robert das Geschäft als Großhandel weiter. Die Kinder hatten wieder eine Mutter und der Vater wieder eine Familie. So sehr hatte er diese Lebensqualität vermißt, so sehr diese sich herbeigewünscht. Am 2. März 1895 wurde Elisabeth von einer Tochter entbunden, die auf den Namen ihrer Mutter getauft wurde.

Wuermelings politisches Wirken fand über Münster hinaus Beachtung: Auf der Katholikenversammlung in Dortmund im Herbst 1896 fungierte er als Vizepräsident. Der Andrang zu diesem Katholikentag übertraf alle Erwartungen. Wegen der großen Besucherzahl mußten Doppelveranstaltungen organisiert werden. Dem Bürgermeister aus Münster übertrug man deren Durchführung und Leitung. In der vermeintlich trauten katholischen Welt Westfalens gab es auch Andersdenkende. Es waren nicht »Wiedertäufer« aus Münster, sondern Artikelschreiber aus Warendorf. Im dortigen Zeitungsblatt legte man sich gerne mit Persönlichkeiten des öffentlichen Lebens an. In diesem Herbst 1896 zielte man auf den Bürgermeister in Münster. Zur Beisetzung des Kardinal Melchers, dem Sohn und Ehrenbürger der Stadt Münster, war er mit zwei Stadträten vom Magistrat zur Teilnahme an den Beerdigungsfeierlichkeiten und zur Niederlegung eines Kranzes als Vertreter der Stadt nach Köln entsandt worden. Wie den beiden Stadträten wurden auch ihm die üblichen Reisegebühren durch die Stadtverwaltung angewiesen. Die Annahme dieser Reisegebühren wurde diesem Vertreter der Stadt jedoch verübelt mit der Begründung, daß der Kardinal der Onkel seiner verstorbenen Frau sei und der Bürgermeister als Privatperson ohnehin zu den Beisetzungsfeierlichkeiten gereist wäre. Es müssen wohlinformierte Quellen gewesen sein, die das Blatt in Warendorf versorgten. Da der Tod des Kardinals der vorliegende Anlaß war, zog er eine öffentliche Behandlung vor Gericht nicht in Betracht. »Andererseits aber empfand ich, nachdem ich fast 7 Jahre meine Kraft für die Stadt und für meine Mitbürger, zudem bei recht bescheidendem Gehalt, eingesetzt hatte, den Versuch einer Bloßstellung vor der Öffentlichkeit durch bösartige Angriffe eines solchen Skandalblatts innerlich doch so verletzend, daß es mir meine weitere Tätigkeit in dem städtischen Amt in Münster verleidete. Ich hatte auch im Laufe der Jahre meiner städtischen Tätigkeit doch eine gewisse Enge und Beschränktheit der Auffassungen in der Stadt gegenüber Forderungen, die ein zeitgemäßiger vernünftiger Fortschritt mit sich brachte, und daraus sich ergebende Schwierigkeiten empfunden, was mir, zumal im Vergleich zu dem, was ich im weiteren Rahmen parlamentarischer Arbeit kennen gelernt hatte, für eine dauernde Lebensarbeit im hiesigen städtischen Dienst wenig Befriedigung versprach.«

Zur allgemeinen Überraschung legte er im Herbst 1896 ohne Angaben irgendwelcher Gründe sein Amt als Bürgermeister nieder. Der zutiefst Getroffene macht kurzen Prozeß: Er packt seine und seiner Familie Sachen und zieht »des klimatisch ungünstigen Münster wegen« in das »von der Natur reich gesegnete, lebensfrische Gebiet des Rheingau« – nach Wiesbaden. Mitausschlaggebend für diese Ortswahl war auch die schwere Erkrankung seiner Frau nach der Geburt ihres ersten Kindes. Die behandelnden Ärzte rieten dringend zu einem Kuraufenthalt. Für Bernhard Wuermeling und seine Frau war dieser Abschied im November 1896 »eine starke Wendung auf unserem gemeinsamen Lebensweg«.

Bernhard verläßt Münster und strebt bald wieder Richtung Berlin

Die Familie zog in eine schlichte Mietvilla in der Emser Straße (Nr. 36) ein. Agnes, das älteste Kind, ging in die Schule der Englischen Fräulein, für Paul wurde eine Hauslehrerin gefunden und bald eine katholische Anstalt in Gemünden am Main. Der Familienvater mußte beruflich erneut Fuß fassen. Er ließ sich als Rechtsanwalt beim Landgericht Wiesbaden eintragen, belegt einen Kursus zur Einführung in das Bürgerliche Gesetzbuch (BGB), bevor es dann zum 1. Januar 1900 in Kraft treten sollte. Ein Professor kam eigens zu dieser Veranstaltungsreihe aus Heidelberg angereist. Obendrein erlernte er die Stenogramm-Schrift. Wenn er schon nicht in der Provinz – in Münster – ins Innere der verantwortlichen Positionen vordringen konnte oder auch nicht mehr wollte, so lieber in der Reichshauptstadt geradewegs ins Innere der Macht. Erleichtert wurde dieser Entschluß durch die Entdeckung einer ausgedehnten Wanzensiedlung, die ihre hausgemachte Mobilität durch ihr Einnisten im dunklen, schwer zugänglichen Schacht des Speiseaufzugs bewies. Zeitraubend und kostenaufwändig mußte die Villa von diesen kleinen Mitbewohnern befreit werden.

Zentrumsfreunde fühlten in den Berliner Zentralbehörden vor. Der Staatssekretär des Innern faßte nach und forderte ein Personalgutachten beim Oberpräsidenten in Westfalen an. Dieser kam zu dieser vertraulichen, amtsinternen Beurteilung: »Wenn nur die objektive Beurteilung der ihm (Dr. Wuermeling) in solcher Eigenschaft zufallenden Geschäfte in Frage stände, so würde er diese Aufgabe gewiß in vortrefflicher Weise lösen, da er mit rascher Auffassung eine scharfe Urteilskraft und einen vorzüglichen Vortrag verbindet. Es bleibt aber zu bedenken, daß er seine große Schaffenskraft gleichzeitig auch denjenigen Bestrebungen zur Verfügung zu stellen bereit sein könnte, welche jetzt offenbar darauf abzielen, das katholische Element in Berlin durch straffe Vereinsorganisation und die sonstigen bekannten Mittel zur besonderen Geltung zu bringen. In dieser Hinsicht dürften gewisse Garantien erforderlich werden.« Gemeint waren damit auch sein persönliches, soziales Engagement in der Gründungsphase des von Prälat Lorenz Werthmann (1858–1921) organisierten Aufbaus des wohltätigen Caritas-Verbands. »So wurde die verfassungsmäßige Gleichberechtigung katholischer Beamter damals in weiten maßge-

benden Kreisen aufgefaßt«, konstatierte der Bewerber – und der Staatssekretär: Dieser könne sich ja einarbeiten und bewähren …
Dr. Bernhard Wuermeling, ehemaliger Zweiter Bürgermeister und Abgeordneter des Preußischen Landtags a. D. erhält schließlich das Angebot, als »Hilfsarbeiter« im Reichsversicherungsamt zum 1. August 1898 unter der Bedingung einer dreimonatigen Probezeit in Berlin seinen Dienst anzutreten. Das Papier in Händen, berät er sich mit seiner Frau. Sie beschließen, sofort die Koffer zu packen und nach Berlin zu reisen. Dort mieten sie sich eine Etagenwohnung für eine jährliche Miete von 3.300 Mark (ohne Nebenkosten) in der Hardenbergstraße 20 in der Nähe des Bahnhof Zoo. Da er in die Unfallabteilung des Reichsversicherungsamts eingewiesen wurde, mußte er zuerst einmal die Pflichtlektüre des Handbuches der Unfallversicherung durchackern – das waren 1.000 Seiten, die er in zwei Monaten bewältigte. Da er die Probezeit offensichtlich bestanden hatte und um eine Einarbeitung in das Fachgebiet bemüht war, erfolgte die Ernennung zum Regierungsrat. Diese hätte zum 1. Oktober vollzogen werden müssen. Da für ein solches kaiserliches Patent die persönliche Unterschrift des Kaisers notwendig war, dieser aber nicht in Berlin, sondern auf einer längeren Reise nach Jerusalem weilte, verzögerte sich die Ausstellung des Patents bis Christi Geburt an Weihnachten 1898. Der Eindruck des »Hilfsarbeiters« von diesem Berliner Sommer: »Ich erinnere mich noch lebhaft des geregelten Eindrucks, den der gerade vorher eingetretene Tod des Altreichskanzlers Fürsten Bismarck, des Schöpfers des neuen Reiches, der unter so tragischen Umständen aus seinem Amte hatte scheiden müssen, in weitesten Kreisen und auch auf mich machte.«

Der lange, steinige Weg eines »Hilfsarbeiters«

Nach einem Jahr bemühte sich der Regierungsrat, »in die Abteilung für Invalidenversicherung hinüberzukommen, um auch mit diesem anderen Zweig der Arbeiterversicherung vertraut zu werden und da-

Bernhard Wuermeling 1905 mit dem Kronenorden III. Klasse

mit meine Aussichten auf Aufstieg zu verbessern«. Wieder mußte er sich mühsam in ein neues Spezialgebiet einarbeiten. Es war ein langer, steiniger Weg durch die Institutionen in die Nähe der Machtzentrale: Am 6. Juli 1901 wird er als Geheimer Regierungsrat und vortragender Rat in das Reichsamt des Innern berufen. »Im Reichsamt des Innern (unter der Hand kurz ›Radi‹ genannt) wurde ich zunächst auf den Gebieten der Krankenversicherung, Statistik, Gewerbeaufsicht u.a. beschäftigt.« Auf dem üblichen Aufstiegsweg wurde er im Jahr 1904 zum Geheimen Oberregierungsrat und Ende Juni 1914 zum Wirklichen Geheimen Oberregierungsrat im Rang der Räte I. Klasse ernannt. Im Jahre 1908 wird er nebenamtlich auch Mitglied der Kaiserlichen Disziplinarkammer für die Schutzgebiete und später Mitglied des darüber stehenden Disziplinarhofs für die Schutzgebiete, schließlich auch noch Reichskommissar für die neu geschaffene Deutsche Volksversicherung.

An Kaisers Geburtstag gab es ein »Ordensfest«: An diesem höfischen Ritual durfte er, wenn die jährliche Ausschüttung des Ordenssegens auch dann und wann auf ihn niederrieselte, teilnehmen. Eine preußische Ordensleiter für eine ordentliche Beamtentour: Auf den Roten Adlerorden IV. Klasse folgte 1905 der Kronenorden III. Klasse, dem wiederum 1907 der Rote Adlerorden III. Klasse mit Schleife folgte und folgerichtig also 1910 der Kronenorden II. Klasse. Während man also in der Ministerialbürokratie sich aufwärts bewegte, zählte man bei Hofe Klassen absteigend. Die Krönung war 1913 der

Rote Adlerorden II. Klasse. Bald aber verschwanden die zivilen Orden zugunsten militärischer Auszeichnungen. Zum Ordensfest erhielt man eine Einladung. Beamte hatten in der vorgeschriebenen Staatsuniform zu erscheinen. Von einem Hofbeamten wurde dem Bedachten in einem besonderen Raum das Ordensabzeichen ausgehändigt. Nachdem man den Orden angelegt hatte, wurde man je nach Ordensklasse in Gruppen zusammengestellt und zur Vorstellung dem Kaiserpaar zugeführt, das von Prinzen und Hofstaat umgeben war. Die Ordensritter wurden dann der Reihe nach laut aufgerufen, traten einzeln vor und verbeugten sich vor dem stehenden Kaiserpaar. Dann folgte in der Schloßkapelle ein Festgottesdienst, begleitet von den Klängen eines Posaunenchors. Daraufhin ging es zur Festtafel im Weißen Saal und den angrenzenden Räumen. »Im Weißen Saal saßen an langen Tafeln das Kaiserpaar, die Fürstlichkeiten, der Hofstaat, die Minister und andere hohe Persönlichkeiten, denen sich noch in diesem Hauptsaal selbst und weiter in den Nebensälen die neuen Ordensinhaber nach den Klassen ihrer Orden anschlossen. So rückte man bei diesen Ordensfesten mit einem höheren Orden immer näher zum Weißen Saal und schließlich in diesen Saal selbst hinein, was mir dann auch bei der oder den Ordensklassen II. Güte blühte.« Nach Aufhebung der Tafel verteilte man sich in Anwesenheit des Kaisers zwanglos in den Räumen.

In des Wirklichen Geheimen Oberregierungsrats Versicherungsverlauf ging es treppauf, aber auch treppab. »Ein Grund, den man nicht aussprechen mochte«, kommentierte dieser. Doch dieser Grund beleuchtet die Beweggründe der Reichsinnenpolitik: Ohne sein Zutun war Wuermeling das frei gewordene Personalreferat im Reichsversicherungsamt anvertraut worden. Nachdem Insider des Berliner Personaltableau-Proporz herausfanden, daß damit der neuernannte Präsident des Reichsversicherungsamts und der Personalreferent für das Reichsversicherungsamt im Reichsamt des Innern Katholiken waren, befürchtete man die Gefahr einer katholischen Einflußnahme in der Personalpolitik und sah Handlungsbedarf. Im Januar 1909 wurde Wuermeling zu seiner schwer erkrankten, inzwischen über 80jährigen Mutter gerufen und nahm hierzu einige Tage Urlaub. Als eine Besserung abzusehen war, eilte er von Münster zu seinem Arbeitsplatz zurück und fand dort auf seinem Schreibtisch eine dienstliche Verfügung vor, wonach ihm ohne Angabe irgendwelcher Gründe das Personalreferat für das Reichsversicherungsamt entzogen war. »Die Rücksichtslosigkeit in der Sache wie in der Form empörte mich als Beamten wie als Katholiken ... Ich überlegte ernstlich, ob ich dieses Verfahren nicht mit einem Abschiedsgesuch beantworten sollte.« Doch er nahm Abstand davon: »Dabei gedachte ich zugleich meiner Wiesbadener Jahre, in denen ich ohne eine befriedigende Berufstätigkeit gewesen war.«

Erst ein Wechsel im Reichskanzleramt, der auch einen Personalwechsel im Reichsamt des Innern zur Folge hatte, korrigierte auch diese Entscheidung in eine Wiederübernahme des Personalreferats. Nun konnte Wuermeling sich wieder seiner eigentlichen Arbeit widmen – einer jahrelangen Mitarbeit an dem umfassenden Werk der Reichsversicherungsordnung. Dieses war inzwischen zu einem Kodex von 1.805 Paragraphen angewachsen. Das Monumentalwerk faßte die Kranken-, Unfall- und die Invalidenversicherung in einem Gesetz zusammen, das am 19. Juli 1911 in Kraft trat. In seiner Eigenschaft als Referent für Unfallversicherung hatte er mehrfach an Verhandlungen mit ausländischen Regierungen über Abkommen auf diesem Fachgebiet mitzuwirken. So nahm er z.B. in Den Haag (1907) an Verhandlungen für ein Abkommen auf dem Gebiet der Arbeiterversicherung teil, ebenso 1912 in Rom oder im August 1910 wiederum in Den Haag. In diesem Internationalen Versicherungskongreß führte Raymond Poincaré die französische Delegation an; er wurde bald Ministerpräsident und daraufhin Staatspräsident Frankreichs.

Das Reichsamt des Innern war ständig an Aufgabengebieten gewachsen. Deshalb entlastete man das Ressort durch ein neues Reichswirtschaftsamt. Es war zuständig für wirtschaftliche und sozialpolitische Angelegenheiten, die zwei Unterstaatssekretären zugewiesen wurden. Die sozialpolitische Abteilung wurde wiederum in zwei Unterabteilungen getrennt, von denen die hauptsächlich mit der Arbeiterversicherung beauftragte Unterabteilung Wuermeling (mit einer damit verbundenen Beförderung zum Ministerialdirigenten) übertragen wurde. Im Juli 1918 wird er zum Direktor im Reichswirtschaftsamt ernannt.

Zurück im Preußischen Abgeordnetenhaus

Im August 1910 war eines der Mandate im Westfälischen Wahlkreis Warburg-Höxter für das Preußische Abgeordnetenhaus freigeworden. Die Führung des Zentrums stellte den ehemaligen Landtagsabgeordneten (von 1886-1893 damals Wahlkreis Münster-Coesfeld) erneut auf. »Innerlich befriedigend war mir bei dem Mandat besonders, daß ich dadurch wieder in praktische und daneben auch gesellige Fühlung mit meinen politischen Gesinnungsgenossen kam. Das war mir geradezu eine Erholung und ein wertvolles Gegengewicht gegenüber den amtlichen Kreisen, in denen ich zu arbeiten hatte.« Bei den allgemeinen Neuwahlen zum Landtag im Jahre 1913 war er ohne Gegenkandidaten wiedergewählt worden. Noch immer existierte (im Gegensatz zu den Wahlen zum Reichstag) das Dreiklassenwahlrecht bei den Wahlen zum Preußischen Abgeordnetenhaus. »Der Kampf um die Beseitigung des vorsintflutlichen Preußischen Dreiklassenwahlrechts wurde in den letzten Jahren vor der Umwälzung von 1918 immer brennender – in der Fraktion bin ich stets für eine durchgreifende Reform im Sinne des schon im Reichstag geltenden allgemeinen, gleichen, direkten und geheimen Wahlrechts eingetreten, das m. E. bei der äußerst gespannten politischen Lage nicht mehr verweigert werden konnte. Als endlich ganz kurz vor der Umwälzung ein Gesetz in diesem Sinne schließlich angenommen wurde, war es zu spät.« Das Mitglied des Preußischen Abgeordnetenhauses konnte also dort anknüpfen, wo er schon mal war, jetzt allerdings in der Doppelfunktion als hoher Beamter im Berliner Reichsdienst, dem er von 1898 bis 1919 angehörte.

Hardenbergstraße, Uhlandstraße, Fasanenstraße und ein Neubau in Steglitz

Der dreijährige Mietvertrag für die Wohnung in der Hardenbergstraße 20 war bis Oktober 1901 befristet. Der von den Folgen der ersten Entbindung noch nicht ganz erholten Ehefrau machten die Treppen

Fasanenstraße 28

zur Wohnung zu schaffen. Am 8. November 1900 gebar sie ihren ersten Sohn – Franz Josef. Bald zog die Familie in eine Erdgeschoßwohnung der Uhlandstraße. Bereits nach einem Jahr wechselte sie aus dem dunklen Parterre in eine drei Treppen hoch gelegene helle Wohnung in der Fasanenstraße 28, allerdings mit Aufzug. Die Fasanenstraße, in der sie von Herbst 1902 bis Sommer 1905 wohnten, war eine Parallelstraße zur Uhlandstraße, die beide auf die Hardenbergstraße führen. In diesem Berliner Bezirk Charlottenburg wurde am Allerseelentag 1903 Karl Borromäus geboren. »Inzwischen waren wir die Mietwohnungen und die wiederholten Umzüge sowie überhaupt das Leben in den unnatürlichen Verhältnissen der Großstadt allmählich leid geworden, und wir schauten uns nach einem Eigenheim mit Garten,

Zwei Söhne am Spieltisch

fern vom großstädtischen Trubel, um.« Auf ihrem gelegentlichen Suchen wurden sie im Frühjahr 1904 auf dem Fichteberg in Steglitz fündig, einem dünenartig hügeligen Gelände mit herrschaftlichen Villen, die meist frei in ausgedehnten Gärten lagen. Das Grundstück befand sich an der Ecke der Kaiser-Wilhelm- und der Schillerstraße. Über Steglitz schrieb einer, der das Psychogramm der Jahrhundertwende in europäischen Hauptstädten kennt (Franz Herre): »Der Vorort der Reichshauptstadt ist ein Prototyp der wilhelmischen Gesellschaftsstruktur und preußisch-deutschen Staatsordnung: Villen von hohen Ministerialbeamten und Kommerzienräten auf dem Fichteberg, Häuschen von Offizieren und Studienräten am Rauhen Berg, dazwischen bürgerliche Mietshäuser im Gründerstil.« Man erwarb also das geräumige Gelände und nach Fertigstellung des Bauplanes ging es im Herbst 1904 an den Hausbau. Im Jahr 1905 war der Einzug.

»Das Haus war, ohne irgendwelchen Luxus, geräumig und praktisch eingerichtet. Besonders schön und stimmungsvoll war die große Eingangsdiele mit ihrer Belichtung durch zusammenhängende breite Fensterflächen, die von außen her keinen Einblick gewährten. Diesen Fenstern gegenüber am andern Ende der Diele lag ein steinerner Kamin mit natürlicher Holzfeuerung. Die Diele hatte eine Decke von durchlaufenden wuchtigen Balken in braunem Holzton, die mit schlichten Randstrichen in wenigen natürlichen Grundfarben, be-

Haus in Steglitz (im Rohbau)

sonders rot und blau, abgesetzt waren. Davon hoben sich die weißverputzten Zwischenfelder wirksam ab. An der einen Längsseite der Diele lag eine breite, stilvoll ausgestattete Eichentreppe zum oberen Stockwerk. In diese geräumige Diele führten die Eingangstür vom Vorflur sowie die Türen vom Eßzimmer, Wohnzimmer und bestem Zimmer, auch die vom Vorraum der geräumigen Küche, der zugleich den Zugang zu einer drei Meter breiten Veranda und zum Garten bildete. Wie manche schöne Abende haben wir, sei es im engen Familienkreise, sei es in Gesellschaft von Freunden, in dieser Diele, meist am Kamin verlebt, wenn das wärmestrahlende Holzfeuer im Kamin lustig knisterte und als einzige Lichtquelle die um den Kamin Sitzenden magisch beleuchtete und den übrigen weiten Raum der Diele im stimmungsvollen Halbdunkel verschwimmen ließ.«

Wohn- und Eßzimmer, durch eine breite Schiebetür voneinander getrennt, gingen von der Vorderseite des Hauses bis zu der vor dem Eßzimmer liegenden Veranda durch die ganze Tiefe des Hauses in einer Gesamtlänge von 15 Metern und einer Breite von 5,25 Metern. Der Hausherr stellt den ersten Stock vor: »Im Obergeschoß lagen mein Arbeitszimmer, das große Kinderzimmer mit einem umgitterten breiten Balkon, der sich über die ganze Länge und Breite der darunter gelegenen Veranda erstreckte, sodann unser geräumiges Schlafzimmer, das Schlafzimmer der Knaben, zwei Zimmer für die Töchter und ein Fremdenzimmer – all diese Räume mit breiten und hohen Fenstern und, soweit nicht einige Bäume des Gartens Schatten gaben, lichtdurchflutet.

Das Dachgeschoß enthielt neben einem großen Boden noch Mädchenzimmer und je ein kleineres Zimmer an der Vorder- und der Rückseite des Hauses, wovon das hintere das Zimmer von Fräulein (Deixelberger) war. Der Balkon im Obergeschoß und besonders der kleine Balkon von Fräuleins Zimmer boten einen herrlichen weiten Ausblick, besonders im Abendsonnenschein. Man sah von rechts die vergoldete Kuppel des Reichstags herüber glänzen und besonders bei Sonnenlicht erstrahlen. Dann ging der Blick über Charlottenburg und die angrenzenden Vororte hin, über ganz Dahlem hinweg bis zum Kaiser-Wilhelm-Turm in der Nähe von Potsdam.«
Im Untergeschoß des Hauses waren nach vorne eine Pförtnerwohnung sowie helle Räume für Waschen und Plätten, die Zentralheizung und ein Raum zum Basteln. Und darauf war der Hausherr besonders stolz: »Die bis dahin ungewohnte Hauptsache für die Kinder war aber der große Garten mit Turngeräten, in dem sie sich frei tummeln konnten. Der Grund und Boden unseres Grundstückes war übrigens echter märkischer, dünenartiger Sand, der nur von einer dünnen Schicht besserer Erde bedeckt war, und es war wirklich auffallend, wie auf diesem armen Boden Bäume, Sträucher, Beete und Rasen genügend Nahrung finden konnten. – Eine hohe Fahnenstange mit Wimpel verstärkte den freundlichen bodenständigen Eindruck. – Diese unsere Besitzung nannten wir dann Haus ›Rote Erde‹, um auch damit im märkischen Sande gewissermaßen eine Oase heimatlich westfälischen Bodens für uns zu schaffen. – So ging den Kindern und uns in dem neuen Heim wirklich ein neues naturnahes Leben auf, und wir waren glücklich, der Großstadt entronnen zu sein, ohne im Bedarfsfall auf ihre Vorzüge verzichten zu müssen.
An dem Treppenabsatz in halber Höhe der schönen eichenen Dielentreppe war in Fortsetzung des Treppengeländers als Abschluß gegen den übrigen Dielenraum eine durchbrochene reiche Eichenschnitzerei angebracht, deren Mittelpunkt ein stattlicher, kühn aufgebäumter Lindwurm als unser Wappentier, ebenfalls in Eiche schön geschnitzt, bildete, der jedem vom Vorraum in die Diele Eintreten-

Die Diele – heute

Der Lindwurm im Treppengeländer

den in seiner wehrhaften Haltung und seiner Vollkraft ins Auge fiel. Am Kamin in der Diele war ein schmiedeeiserner gewölbter Schutzschild angebracht, der ebenfalls in der Mitte den Lindwurm des Wappens zeigte, hier jedoch in sehr schlanker, abgemagerter Form. Wir deuteten uns das scherzhaft damals so, daß der wohlgenährte Lindwurm im Treppengeländer unsere Verhältnisse vor dem Grunderwerb und Hausbau darstellte, während der abgemagerte am Kamin den infolge dieser kostspieligen Aufwendungen eingetretenen Schwund andeuten sollte.«

Die guten Jahre im Haus »Rote Erde«

In diesem »Rote Erde« benannten Haus kommen am 16. September 1905 Johann Baptist und am 1. Juli 1907 Georg, die weiteren Söhne, zur Welt. Agnes, die Tochter aus erster Ehe, besuchte nach einer Höheren Töchterschule in Charlottenburg ein klösterliches Pensionat in Dumfries in Schottland; dort holte sie nach einjährigem Aufenthalt ihr Vater ab. Danach ging sie in ein Pensionat in Berlaymont bei Brüssel. Auch Elisabeth war auf einer Höheren Töchterschule – zunächst in Berlin-Schöneberg. Weil auf dieser sogenannten »Schweringschen Töchterschule« die von ihr geschätzte Lehrerin in ein Sacré-Cœur-Pensionat nach Nimwegen (Nijmegen) wechselte, ging auch ihre Schülerin 1907 dorthin mit. Ab Herbst 1908 kehrte sie nach Berlin zurück und machte ihren Abschluß auf der Höheren Töchterschule in Steglitz. Diese Sacré-Cœur-Schwester war die älteste Tochter des mit Wuermelings befreundeten Reichsmilitärgerichtsrats Pünder. Auch die beiden Pünder-Söhne verkehrten bereits als Studenten und später als Referendare im Haus; der eine, Hermann Pünder, wurde später Staatssekretär der Reichskanzlei und blieb es unter verschiedenen Kanzlern.

Die vier Söhne im Leiterwagen

Da das Grundstück, auf das ihr Haus »Rote Erde« gebaut wurde, reichlich groß war und sich auf die Dauer als zu kostspielig erwies, verkauften Bernhard und seine Frau 1906 den an der Kaiser-Wilhelm-Straße gelegenen Teil, der bis zur Ecke Schillerstraße reichte, in zwei Tranchen, auf denen stattliche Villen errichtet wurden. Es blieb immerhin noch gut die Hälfte des ursprünglichen Grundstücks.

Im Herbst desselben Jahres kam der älteste Sohn Franz Josef an die Vorschule des humanistischen Gymnasiums in Steglitz; der nächstgeborene Karl Borromäus folgte 1909; beide traten dann dort in die Gymnasialklassen ein.

In der Steglitzer Kirche hatte die Familie, wie andere auch, ihre festen Plätze in den Bänken, während die Jungen vor dem Altar als Ministran-

Das Haus in Steglitz

ten ihren Dienst taten. Im Eifer dieser Aufgabe gründeten sie sogar einen eigenen »Missionsverein«. Für dessen Sitzungen, die in der Diele des Hauses »Rote Erde« stattfanden, stickte ihre Erzieherin eine Fahne. Weihnachten im Steglitzer Haus war stets in stimmungsvoller Erinnerung und Erwartung, wenn im Eßzimmer die Krippe und die Figuren vorsichtig aus den Kisten und Schachteln wie Schätze gehoben, aufgestellt und mit frischem Moos ausgestattet wurden. Darüber ein strahlender Weihnachtsbaum. »Die Feier selbst war im übrigen gerade wie in meinem Elternhaus, mit dem weihevollen Warten im Vorzimmer unter Absingen von Weihnachtsliedern, mit dem dreimaligen Klang der Schellen und dann das Öffnen der Tür zum Festzimmer.« Im April 1909 starb der Sohn Paul, das Patenkind des Kardinals, im Alter von 22 Jahren. So blieb Agnes als einziges Kind aus erster Ehe. Sie heiratete am 17. September 1910 in der Steglitzer Pfarrkirche den Gerichtsassessor Karl Arndts. 60 Gäste waren in das Haus »Rote Erde« geladen. Die Flügeltür zwischen Eß- und Wohnzimmer wurde geöffnet – eine lange Tafel durch das ganze Haus lud zum Hochzeitsmahl, eine weitere Tafel über die anschließende Veranda für die Jugend. Die Hochzeit verlief stimmungsvoll, die Speisen waren reichhaltig und die Weine erlesen. Wiederum in der Steglitzer Kirche feierten die älteren Söhne am 14. April 1912 zusammen ihre Heilige Erstkommunion.

Alarmglocken

Im Juli 1914 machte die ganze Familie Ferien – der Vater zeigte den zwei älteren Söhnen Westfalen und das Rheinland, die jüngeren durften zu ihrer Halbschwester Agnes nach Cleve reisen und die Mutter mit Tochter Elisabeth sollte in Arnsberg auf alle warten. »Nun traf uns fern vom Berliner Heim die Kriegserklärung.« Der Vater beschreibt, wie einschneidend diese für alle war: »Damit traten alsbald Verkehrsbeschränkungen und -erschwerungen auf den Eisenbahnen ein. Es war nun unsere nächste Aufgabe, die Familie wieder in Berlin zu sammeln. Mutter, Elisabeth und die beiden (älteren) Söhne konnten am nächsten Morgen, an dem der Zivilverkehr auf den Bahnen noch einigermaßen offen stand, noch nach Berlin befördert werden, und sie kamen dort auch noch ohne besondere Erschwernisse am Abend glücklich an. Ich selbst aber mußte sehen, zunächst so schnell wie möglich nach Cleve zu fahren, um von dort Hans und Georg abzuholen, und mit ihnen nach Berlin zu kommen. Diese Reise nach Cleve durch die aufs tiefste erregten westfälischen und rheinischen Gaue war mir eine denkwürdige Fahrt. Die eigentlichen Schwierigkeiten stellten sich erst am nächsten Tage ein, als ich morgens mit den beiden Jungen von 8 und 7 Jahren und mit deren Gepäck die lange Rückfahrt nach Berlin antrat. Es war dies der letzte Tag, an dem der sonstige regelmäßige Zugverkehr noch möglichst aufrecht erhalten und durchgeführt werden sollte; mit dem Beginn des nächsten Tages sollte für den Zivilverkehr schon der kriegsmäßige, äußerst beschränkte Fahrplan in Kraft treten. An diesem unserem Reisetag waren die Züge natürlich von Gestellungspflichtigen sowie besonders von Reisenden, die, wie wir, von auswärts ihren Wohnort noch zu erreichen suchten, aufs äußerste besetzt, sodaß man u. U. froh sein mußte, wenn überhaupt, noch im Packwagen mitzukommen, was auch uns zeitweise traf. Auch waren die regelmäßigen Strecken zum Teil zeitweilig gesperrt, sodaß man sehen mußte, auf Umwegen weiter zu kommen. Das wurde, auch bei verlängerten Umwegen, die eigentlich auf den Fahrkarten nicht vorgesehen waren, nicht beanstandet. Eine besondere Erschwernis lag darin, daß man nicht wagen durfte, sein Gepäck aufzugeben, sondern damit belastet blieb, da man bei der Unsicherheit und Unregelmäßigkeit des Verkehrs nicht darauf rechnen konnte, daß das Gepäck normal mitbefördert wurde. So war ich denn mit den beiden ziemlich gewichtigen Handkoffern der Knaben beschwert und hatte dabei, diese an der Hand, durch die sich drängenden dichten Menschenmassen auf den Bahnhöfen mich durchzuarbeiten. Vom Einhalten der fahrplanmäßigen Zeiten konnte unter den Umständen dieses letzten Tages keine Rede mehr sein, und so entschwand mir im Laufe der durch Umwege verlängerten Fahrt immer mehr die Hoffnung, daß wir an diesem Tage überhaupt noch nach Berlin kämen. Und so geschah es denn auch. Abends gegen 11 Uhr kamen wir erst in Hannover an; dort wurde verkündet, der Zug führe nicht mehr weiter nach Berlin. Wir mußten also, wohl oder übel, suchen, in Hannover so spät noch ein Nachtquartier zu finden, und dann sehen, wie wir am nächsten Tage nach Berlin weiterkommen konnten. Ein angemessenes Nachtquartier fanden wir zum Glück ohne besondere Mühe noch in einem Hotel nahe am Bahnhof, und ich war froh, die Kinder nach solcher langen anstrengenden und aufregenden Fahrt vom Morgen bis in die Nacht nun wenigstens zur Ruhe bringen zu können. Am Morgen des nächsten Tages mußte man nun sehen, eine Fahrgelegenheit nach Berlin zu finden und mitzukommen, wobei man sich natürlich in Bezug auf Schnelligkeit der Fahrt und auf eine günstige Ankunftszeit in Berlin keinen großen Hoffnungen mehr hingeben durfte. Es gelang uns dann, morgens wenigstens in einen nach Berlin bestimmten Zug hineinzukommen. In diesem Zuge sind wir dann, während man sonst von Hannover nach Berlin etwa 4 Stunden braucht, in 13 Stunden wirklich nach Berlin gekommen. Es hatte bereits ein riesiger Gegenverkehr von Militärzügen, die zum Westen strebten, eingesetzt, vor dem wir zurückstehen, und wegen dessen wir viele und lange Aufenthalte über uns ergehen lassen mußten. Es war übri-

gens ein erhebendes, mir unvergeßliches Bild, in diesen an uns vorbeifahrenden Gegenzügen die Blüte und Jugendkraft des deutschen Volkes voll Mut und Begeisterung, ja zum Teil sogar in jugendlichem Übermut, zum ernsten Kampf hinauszuziehen zu sehen. Als wir spät abends auf dem Bahnhof in Berlin ankamen, fanden wir dort noch ein letztes Auto, das uns dann glücklich nach Steglitz brachte, wo wir von den andern Familienmitgliedern, die um unser Geschick in nicht geringer Sorge gewesen waren, freudig aufgenommen wurden.
Nachdem der Weltkrieg mit seinen immer tiefer einschneidenden Wirkungen auf die ganzen Verhältnisse in Staat und Volk sich länger und länger hinzog, und die Aussichten allmählich ernster und trüber wurden, bemühten wir uns natürlich, nach Kräften, wenn nicht über die Kraft hinaus, zur Beschaffung der großen Mittel für die Kriegsführung beizutragen, so daß wir es schließlich auf Kriegsanleihezeichnungen von fast 180.000 Mark brachten (die allerdings später nach Verlust des Krieges jämmerlich zusammenschmolzen).
Nach und nach wurde durch die scharfe Rationalisierung des Bezugs an notwendigen Nahrungsmitteln, wie sie gerade in den Städten besonders streng gehandhabt wurden (Brotkarten usw.), die Ernährung, namentlich auch für unsere heranwachsenden Kinder, immer unzulänglicher. Es war traurig anzusehen, wie bei aller möglichen Fürsorge meiner Frau die Kinder unter der unzureichenden, der nötigen Nährkraft entbehrenden Beköstigung litten.
Im Jahre 1916 gelang es uns dann, unser Hausgrundstück an einen neu in das Kultusministerium versetzten, vermögenden Professor Dr. Becker, den späteren, 1933 verstorbenen Preußischen Kultusminister, ohne Schaden zu verkaufen.
Eben wegen der gedachten erschwerten Ernährungsverhältnisse entschlossen wir uns dann schweren Herzens, unsere vier Gymnasiasten in mehr ländliche, günstigere Ernährungsverhältnisse hinüber zu retten. Es gelang dann aber, zu Herbst die vier Söhne in meinem Wahlkreis in Warburg am humanistischen Gymnasium und in einem dort bestehenden, von einem Geistlichen geleiteten Konvikt unter-

zubringen, wo sie wenigstens satt werden konnten.« Dort traten die vier am 10. September 1917 an.

»So lösten wir denn unsern ganzen Hausstand auf, stellten unsern Hausrat in einem Lagerhaus für teures Geld unter, und meine Frau und ich bezogen in dem Vorort Südende in dem von Dominikanerinnen geleiteten Anna-Stift zwei Zimmer und wohnten dort in Pension, während unsere Tochter Elisabeth in Berlin in der katholischen sozialen Frauenschule Unterkunft fand. So war unser ganzes Familienleben durch die Not der Zeit aufgelöst. Das war die traurigste und schlimmste Zeit, die wir durchzumachen hatten, und der stärkste Rückschlag, gegen die guten Jahre, die wir in unserer schönen Villa ›Rote Erde‹ verlebt hatten. Ein reger Briefwechsel mit den Söhnen, die so früh das Elternhaus entbehren mußten und in dem Konvikt alle vier zusammen in zwei Zimmern wohnten, mußte ihnen und uns das Familienleben ersetzen. Die Söhne haben sich in Warburg redlich bemüht, sich ihre Eltern zu erhalten, indem sie unsere schmale Berliner Kost durch Besorgung von Lebensmitteln von der Warburger Landwirtschaft einigermaßen zu ergänzen suchten; namentlich Karl Borromäus war darin besonders eifrig und findig.«

Die Not rückt näher

Es schmerzte, die vier Söhne in die Fremde schicken zu müssen. Es wurden nicht Monate, sondern Jahre der Trennung – so lange wie der Krieg sich eben hinzog. Selbst das Papier zum Schreiben wurde knapp, deshalb schickte der Vater seinen Söhnen eng beschriebene Briefe aus Berlin nach Warburg: »Dies ist also wohl der letzte Brief, den ich von unserem lieben Fichteberg an Euch schreibe …«, heißt es in den am 4. Oktober 1917 abends an die Söhne gerichteten Zeilen. »Jedesmal, wenn ich das Gymnasium hier im Vorbeifahren sehe, denke ich daran und an Euch. Und auch oft, wenn ich über den Fichteberg gehe, oder sonntags in der Kirche … Betet also auch recht für Vater. Denn ich bin Euch doch noch recht nötig, und es wäre für

Euch und Mutter doch gut, wenn ich noch bei Euch bleiben könnte und Euch in Münster gut einrichtete. Mutter hat zwar jetzt ziemlich viel zu tun, aber es geht ihr jetzt besser. ... Wir haben uns gefreut, daß Ihr beiden Älteren auch die schöne Gegend bei Euern (Kriegsanleihe-)Werbungen kennenlernt in diesen herrlichen Herbsttagen. Ja, dieses westfälische Weserland ist sehr schön, und ich liebe es. Ihr

Die vier Söhne in Uniform

werdet nun auch zu würdigen wissen, wenn ich hier so oft den Märkischen Sand und die öden Grunewaldkiefern mit dem gräßlichen Großstadtvolk beklagte ...«

Mit dem Datum des 11. Oktober 1917 schreibt er vom St. Anna-Stift der Dominikanerinnen in Berlin-Südende, Anhaltstraße 6: »Gestern Abend war der Umzug fertig. 5 Wagen zu je 6 m und ein kleinerer Wagen. Die Sachen sind gut untergebracht schön aufgepackt, und zwar in dem Haus ganz am Eingang der Düppelstraße (in Steglitz). ... Wir hätten die Sachen besser jetzt schon nach Münster gebracht, wo sie sicher und billiger untergebracht wären. Hier gibt es ja nächstens, wenn es so weiter geht, doch vielleicht noch Revolution, und da wären unsere Sachen in Münster doch noch sicherer. Die Großstädte mit ihrer schlimmen Bevölkerung sind ein Verderb für die Länder und bringen dem Staat Unheil. Wartet mal ab, was daraus wird! Vater prophezeit mal wieder! Jedenfalls wenn es so weiter geht, mit der schwankenden Regierung und der Bewegung nach links im Volk, dann geht es nächstens drunter und drüber im Vaterland. Du, lieber Franz Josef, siehst nicht ein, warum Politik jetzt so wenig Freude macht? Wenn man sieht, wie die Sozialdemokratie immer mehr Herrin im Staate wird, und der König und die Regierung immer mehr zurückgedrängt werden, und die bürgerlichen Parteien mit den Sozialdemokraten gegen die Regierung gehen und jetzt schon wieder ein Kanzler gestürzt werden soll, trotzdem der Krieg um Leben und Tod an allen Grenzen weiter tobt, und das Volk Not leidet und es in den Großstädten immer unruhiger wird, und dann die Schuldenwirtschaft mit den riesigen Steuern später und den Zugriffen auf das Vermögen, von dessen Erträgen man leben soll, – dann sehen besonnene, nachdenkliche Vaterlandsfreunde wohl trübe in die Zukunft. Die militärischen Siege sind gewiß schön, aber um so schlimmer sieht es im Lande aus. Die guten Erfolge der Kriegsanleihen und die Siege allein machen es auch nicht.«

Es stellte sich rasch heraus, daß ein Zimmer im St. Anna-Stift für Bernhard und seine Frau zu beengend war. Sie erhielten bald ein Zimmer dazu in einem anderen Trakt des Stifts; über den Hof und durch die Gärten waren es hundert Schritt, im Winter eine weite Nachtreise durch den Schnee – zum Schlafzimmer; sie ging den Weg gegen 10 Uhr, er um Mitternacht in den an die Kapelle angelehnten Raum. In der dunklen Nacht war er eine Bastion »in der gottlosen Stadt«. Die Ernährungslage wurde kritisch: Der Mann, der beim Umzug »tischlerte«, war plötzlich auf der Straße wegen Unterernährung gestorben. Trotz aller Kriegssparsamkeit herrscht große Not an Kohle. Auf den Straßen brennen keine Laternen mehr. Kerzen werden aus Kirchen gestohlen – »die Welt ist jetzt schlimm«, räsoniert der Briefschreiber.

»25.10. abds. 11.25. heute kam ich um $1/_29$ erst aus der Sitzung. ... Nun die Weihnachtsferien. Wir wollen Euch natürlich gern nach hier kommen lassen, aber die Schwestern sagen, es fehle ihnen an Gemüse und Kartoffeln für Euch, besonders an Kartoffeln. Hier können wir wohl für Euch Brot auf Reisebrotmarken (aber weniger) und Fleisch bekommen, aber woher die Kartoffeln? Seht mal zu, ob und wie Ihr dort einen Zentner bekommen könnt und zusammen mitbringt. ... Es wäre doch schade, wenn Ihr der Kartoffeln wegen dort bleiben müßtet. – Mit dem Rauchen muß man jetzt sparen. Wenn mein Tabak zuende ist, stelle ich das Rauchen einfach ein bis zum Frieden. Die jetzigen Wucherpreise kann man nicht und will ich nicht bezahlen.«

An Allerheiligen 1917 schreibt er seinem Sohn Karl aus Berlin-Südende:

»Berlin-Südende, Allerheiligen 1917
Mein lieber Karl!
Also morgen ist Dein Geburtstag, am Sonntag Dein Namenstag Karl Borromäus. Dazu sendet Dein Vater Dir die herzlichsten Glückwünsche. Zum ersten Mal begehst Du die Tage fern vom Elternhaus. Die Brüder müssen uns bei Dir vertreten und Dir je einen schönen Geburtstags- und je einen Namenstagskuß für uns, außer ihrem eigenen geben. Das Paket, das Mutter gestern abschickte, ist hoffentlich zu Sonntag dort. ... Der Tabak ist jetzt so teuer, daß ich wohl auf neuen verzichten muß. Über 1,25 für 125 gr darf ich nicht gehen. Allerhöchstens 1,50 für 125 gr. Aber es muß richtiger Tabak, nicht Ersatz sein. Höre mal, was er kostet.
Nochmals herzliche Glückwünsche und beste Grüße an die Brüder von Deinem treuen Vater.«

Am 16. November 1917 berichtet er seinen »lieben Jungens« vom Umzug seines Arbeitsplatzes: »Mein Amtsweg ist jetzt 10 Minuten weiter, in die Luisenstraße, einer Verlängerung der Wilhelmstraße. Über die Linden hinaus und über die kalte und windige Spree. Zimmer auch wenig angenehm, zwar nach Süden, aber man sitzt gegen eine gräßliche Hausmauer. Eingerichtet war es auch noch nicht, nicht einmal ein Tintenfaß und Federn, auch keine Bücher- und Aktenschränke. Bücher und Akten liegen in den Ecken auf dem Fußboden.« Am 16. Oktober 1917 hatte wieder die Sitzungsperiode im Preußischen Abgeordnetenhaus begonnen.

Am Ende eines langen Briefs über Gott und die Welt fügt er am 28. November 1917 noch hinzu: »Eben kommt Martha (Cuno, die

nebenan wohnte), mit dem 8 Uhr-Abendblatt in mein Zimmer in Freude über die schöne Hertlingsche Rede und das Russische Friedensangebot. Das gibt doch Hoffnung, daß die Ostfront uns bald keine Last mehr macht, dann bekommen wir Truppen frei ... Hoffen wir das Beste! Was für weltbewegende Zeiten! ... Nun, liebe Jungens, haltet Euch brav! Noch drei Wochen, dann kommen die schönen Ferien und das Wiedersehn hier. Der liebe Gott schütze Euch alle! Seid herzlich gegrüßt von Eurem treuen Vater (abends 12 Uhr)
Über das Wahlrecht können wir hier näher sprechen. M.E. muß, nachdem der König das gleiche Wahlrecht mal zugegeben hat, es, wie die Dinge liegen, vom Landtag, wenigstens vom Zentrum, angenommen werden. Sonst kommt keine Ruhe ins Land, und in jetziger schlimmer Kriegszeit brauchen wir die unbedingt, wenn nicht Auflösung und schwerer innerer Kampf kommen soll.«

1918

Am 8. März 1918 schreibt der Vater seinen vier Gymnasiasten in Warburg: »Wie schwer und teuer ist jetzt alles in dieser schlimme Zeit! Nächstens haben wir keine Schuhe und Strümpfe und Kleider mehr zum Anziehen. Mein Winterüberzieher wird so schlecht, daß ich nicht mehr anständig damit gehen kann, die vorigen Herbst gemachte Hose ist schon durchgesessen. Schlechter Stoff! Man weiß kaum mehr, wie man es machen soll. Dabei vier Söhne, die wachsen und schleißen. Es muß bald zuende gehen, sonst wird die Not noch schlimmer. Ihr habt ja wohl im Lokalanzeiger gelesen über die Unsicherheit in Berlin (Diebstähle, Raub überall, Morde usw.!). Es ist alles außer Rand und Band! ...
Ich denke, Ihr benutzt diesmal den D-Zug gegen 12 Uhr mittags, der ja wohl 3. Klasse hat. Also Karmittwoch kommt Ihr schon.
Nun muß ich zum Amt. Haltet Euch brav und gesund und seid alle herzlich gegrüßt
von Eurem treuen Vater.«

Das Haus in Steglitz – heute

Die Kinder durften also Ostern in Berlin verbringen. Amt und Mandat prägen des Vaters Alltag. Am Himmelfahrtstag, dem 9. Mai 1918, berichtet er auch von Wehmut aus dem Südende: »Eben war ich auf dem Fichteberg und im Stadtgarten daneben, wo es grünte und blühte, und dachte an unsere gemeinsamen Jahre dort. Es ist doch wirklich schön da. Unser Haus mit Garten, wo wir so oft aus- und eingingen, stimmte mich so allein ganz wehmütig. Dazu der schreckliche endlose Krieg mit all seinen Sorgen und Zukunftsaussichten. Das kann schon ernst stimmen, wenn man auf unser früheres friedliches Leben auf dem Fichteberg zurückdenkt ...
Montag ist die dritte Lesung der Wahlrechtsvorlage. Wenn keine Verständigung zustande kommt, wozu jetzt noch keine Aussicht erkennbar ist, wird das gleiche Wahlrecht (in Preußen) wieder abgelehnt. $^4/_5$ vom Zentrum, darunter auch ich, haben mit der Regierung für das gleiche Wahlrecht gestimmt, etwa $^1/_5$, meist Adlige, dagegen. Nach Pfingsten kommt noch eine weitere Abstimmung darüber, und dann geht es ans Herrenhaus, und erst wenn es da abgelehnt wird, kommt anscheinend die Auflösung und Neuwahlen. – Erzberger macht schon wieder Krakehl im Reichstag, jetzt sogar gegen Hertling, wird aber wohl kein Glück damit haben. ...«
In diesem Jahr wird der älteste Sohn Franz Josef 18 Jahre alt – und der Krieg zieht sich weiter hin. Droht ihm die Einberufung in den Krieg? »Es ist doch entsetzlich mit diesen Schlachten ohne Ende.

Die großen Verluste kann man ja aus den Todesanzeigen in den Zeitungen schließen. Was soll daraus noch werden? Ein allgemeines Verbluten! Betet auch Ihr, der liebe Gott allein kann helfen!« Am St. Bonifatiustag, dem 5. Juni 1918, war es schon Mitternacht, als er mit dem Brief beginnen konnte. Erst um 10 Uhr abends kommt er jetzt gewöhnlich vom Amt zurück. »Man weiß vor all den Sitzungen und Akten nicht, wann man die Zeit dazu finden soll. Wenn nun Min. Dir. Caspar von nächster Woche an weg ist, und ich für ihn zum Reichstag muß, und der Landtag dabei tagt, und die Akten der ganzen Abteilung sich bei mir treffen, dann mag der Himmel wissen, was daraus wird. Betet nur mit, daß Vater sich dann durchschlägt und nicht in der Flut ertrinkt. Dazu kommt noch der olle große Vortrag in der Wohnungskommission des Abg. Hauses, auf den ich mich noch ernstlich vorbereiten muß. Was soll das werden!«
Die Trennung der Familie sollte nur ein vorübergehender Notbehelf bis zum Ende des Krieges sein. Dann wollte er seinen Abschied aus dem Amt nehmen und seine Familie wieder an einem Wohnort vereinigen. »Im Sommer 1918«, so erinnert sich der Familienvater in seinen Aufzeichnungen, »bemühten wir uns ernstlich, uns in Münster eine geeignete Wohnung zu sichern. Bei der damaligen großen Wohnungsnot fiel das aber sehr schwer. Um überhaupt irgendwie unterzukommen, entschlossen wir uns schließlich, wohl oder übel ein an der Ecke der Hoya- und Kampstraße gelegenes Haus (Nr. 16) gegenüber der Kreuzkirche anzukaufen, das zwar äußerlich einen ansprechenden Eindruck bot, im Innern aber wegen seiner geringen Breite, wegen der Schmalheit der Zimmer und wegen der engen Fensterflächen uns nur eine notdürftige, wenig behagliche Unterkunft schuf, dabei auch als Eckhaus eines Gartens entbehrte. Doch in jener Zeit der großen Wohnungsnot war man schon froh, überhaupt eine Unterkunft zu finden, und so stiegen wir damals allerdings gegenüber unserer Steglitzer Villa ... vom Pferd auf den Esel ...« In diesem Sommer machte der Älteste, Franz Josef, sein Kriegsabitur in Warburg. Dort war er auch gemustert worden. Er meldete sich bei

der Marine und wurde im Alter von 17 Jahren zum Kriegsdienst einberufen. Er kam im September 1918 zur Matrosendivision in Kiel. Am 10. Oktober wurde der Rekrut als »Vizeseekadett« nach Sonderburg verlegt und mit 400 Mann in der Jahn-Turnhalle zur Waldwiese einquartiert. In diesem früheren Theater lag sein Zug auf der ziemlich diebessicheren Galerie, so berichtet der Vater am 10. Oktober 1918 um 12 Uhr nachts seinen in Warburg verbliebenen drei Gymnasiasten. Und er fügt kurz vor dem Expedieren der Post, am 11. Oktober, hinzu: »Eben bekomme ich von Elisabeth die Nachricht, daß sie (nun auch) die Spanische Grippe bekommen hat. Sie ist jetzt wieder viel schlimmer aufgetreten, auch mit Lungen- und Rippenfellentzündungen und Todesfällen. Sie schreibt, sie sei gut versorgt, ich solle sie wegen Ansteckungsgefahr nicht besuchen. Betet auch für sie, daß es nicht schlimm wird. Vorläufig will ich lieber nicht hin, da ich ja doch nicht helfen kann und selbst in meinem Alter die Krankheit schlecht überstehen würde …
Also draußen soll es schlecht aussehen. Das sieht man ja schon daran, daß wir uns Wilsons Forderungen unterworfen, wenigstens als Grundlage der Friedensverhandlungen, und sogar direkt Waffenstillstand angeboten haben, was doch die Einstellung des U-Boot-Krieges einschließt, unserer letzten Hoffnung … Man hat sich und uns zu lange über den Ernst der Lage hinweggetäuscht. Wo ist die berühmte Hindenburgstellung und all das Prahlen damit geblieben! Unsere militärischen und Seeführer haben uns und sich fürchterlich getäuscht. Das durfte nicht kommen! Und nun liegt das Vaterland am Boden! …
Das Wahlrecht wird jetzt so gut wie einstimmig angenommen im Abgeordnetenhaus. Das hätte man früher billiger haben können.«

Am 25. Oktober 1918 schreibt der Vater an seinen in Sonderburg stationierten »Vizeseekadetten«: »… Morgen geht schon das Packen los und Dienstag reist Mutter schon endgültig nach Münster ab.

Das Haus steht seit 22.10. unbewohnt, und da jetzt so leicht gestohlen wird, so ist es gut, daß bald jemand hinkommt und zusieht. Mutter wird's die nächsten Wochen schwer haben. Da sie viel Not mit Nerven, Herzklopfen und Unruhe hat, schicken wir ihr Elisabeth 8 Tage dorthin zum Helfen. Leider ist noch kein Licht im Haus. Mutter tut mir deshalb recht leid, zumal bei der jetzigen schwierigen Nahrungsversorgung. Sie geht zunächst in ein Hotel oder Pension …
Heute bekam ich die telegraphische Aufforderung, morgen 3.20 Uhr mich im Schloß Bellevue dem Kaiser vorzustellen … Als Anzug ist einfach Überrock gesagt, also ohne Umstände. Eine richtige Uniform hätte ich auch gar nicht mehr gehabt und werde ich mir auch wohl nicht mehr machen lassen. Nächstes Mal schreibe ich Dir, wie es beim Kaiser war …
Also nachher zum Kaiser, dem man heute, wie Wilson will, seine Kommandogewalt beschneidet.«

Ende Oktober 1918 beim Kaiser im Schloß Bellevue

Es war üblich, daß höhere Beamte vom Ministerialdirektor nach oben nach ihrer Ernennung dem Kaiser förmlich vorgestellt wurden. Diese Sitte wurde grundsätzlich auch während der Kriegszeit aufrecht erhalten. Da der Kaiser in dieser Zeit jedoch meist von Berlin abwesend war, die kriegerischen Vorgänge und die großen politischen Fragen damals naturgemäß in den Vordergrund traten, so schoben sich diese Vorstellungen in jener Zeit einigermaßen hinaus und fanden dann für alle inzwischen Ernannten in einer gemeinsamen Audienz statt, so würdigt der Geladene diese wohl letzte Vorstellungsaudienz vor dem Zusammenbruch. Über diese Begegnung der besonderen Art im Schloß Bellevue in Berlin am Samstag, dem 24. Oktober 1918 schreibt der Familienvater an seinen in Sonderburg stationierten Sohn: »Es waren 10 Unterstaatssekretäre und Ministerialdirektoren zusammen bei ihm, wohl eine halbe Stunde lang. Es war an dem bösen Tage, als er im Reichstag in seiner Kommandogewalt beschränkt wurde. Aber er war ganz aufgeräumt und sprach mit jedem einzelnen, die wir nach der Reihe durch den neuen Kabinettschef (meinen früheren Minister Delbrück!) vorgestellt wurden. Mit jedem sprach er etwas anderes, ja nach seinem Fach. Mit zweien, die eiserne Kreuze aus dem Felde hatten, Militärisches, mit andern Wohnungswesen, Zollpolitik, Stickstoffherstellung, Schulwesen, mit mir, der ich sagte, ich hätte mit der Kriegsbeschädigten-Fürsorge zu tun, sprach er ausführlich von praktischen künstlichen Armen und von den Erblindeten, für die er auf seinem Gute Cadinen Wohnungen gebaut. Er war so lebhaft, als wenn gar nichts Schweres auf ihm lastete. Dabei stand er so männlich kräftig vor einem und sah recht wohl aus. Nun schreiben die Zeitungen sogar schon von seinem Abgang, als ob das eine ganz gewöhnliche Sache wäre.«

Am 3. November 1918 schreibt er seinem ältesten Sohn: »... In Münster wird nun in einigen Tagen ausgepackt. Hoffentlich ist nicht zu viel kaputt ... Doch schlimmer sind ja die politischen Sorgen, da wir jetzt, von allen verlassen, den Feinden allein gegenüberstehen, unseres Volkes nicht mehr sicher sind und eigentlich vor der Revolution stehen. Auch den Kaiser will man nicht mehr! Was soll aus all dem werden und wo enden wir? Es ist, als wenn das Weltende bevorstände! Hier in Berlin wird es, fürchte ich, kaum ohne Revolution abgehen, zumal wenn mal erst die Leute aus dem Felde zurückkommen. Jetzt sollen noch 600.000 Mann neu eingestellt werden, – das wird viel neue Unzufriedenheit schaffen. Heute am ersten Sonntag konnte man das alles, die Zukunft des Vaterlandes und die unserer Familie, mal recht der Vorsehung, die alles lenkt, empfehlen, auch Dich besonders, der Du jetzt so abgeschnitten bist.«

Revolution

Die Revolution beginnt nicht in Berlin, sondern in Kiel. »Jetzt sitzt der arme Junge da hinten in Sonderburg, von Allerheiligen und Allerseelen hat er nichts bemerkt ...«, bekommen die jüngeren Brüder mit Brief vom 7. November 1918 zu lesen. Und: »Morgen wird Franz Josef 18 Jahre alt.« Matrosen meuterten im Kieler Hafen gegen das Auslaufen ihrer Kriegsschiffe. Das war das Signal zur Revolte der Marinesoldaten. Ihre Schiffe liefen hinauf bis in den Sund von Sonderburg, um die »Vizeseekadetten«-Schule zu besetzen – die Ausbildungsstätte für Reserveoffiziere der Marine. Die »Vizeseekadetten« lagen bereits eine Nacht in Erwartung der Revolutionäre mit geladenem Gewehr in den Dünen. In die Kaserne zur Waldwiese waren die Meuterer bereits eingebrochen und hatten sie eingenommen. Wird die Reserve der Marine gegen die Meuterer eingesetzt, ein letztes Aufgebot in Sonderburg auf der Insel Alsen, wo sich schon Großonkel August Wuermeling 1864 im Dänischen Krieg bei der erfolgreichen Stürmung ausgezeichnet hatte? ...

Der in den Wirren verloren geglaubte Sohn hatte noch seinem Vater die wenig beruhigenden Zeilen zukommen lassen: »Lieber Vater! Du schreibst von der Gefahr der Revolution. Wenn es wirklich jetzt so weit kommen sollte, und wir dann vielleicht voneinander abgeschnitten werden, so habe keine Unruhe um mich. Ich werde treu meinem Eidschwur zum Kaiser halten, und wenn es nicht anders geht, lieber als treuer deutscher Soldat den Tod fürs Vaterland sterben, als die geschworene Treue brechen.« Tatsächlich rückten die Meuterer vor die Marineschule, da sie zu diesem Zeitpunkt kaum besetzt war, und keine Verteidigung zu erwarten war, wurde sie auch nicht beschossen. Auch hier wurden Soldatenräte gebildet. Brisant wurde die Situation bei der Rückkehr des ausgeschwärmten Marinelehrgangs von der Wacht in den Dünen. Der Marinespähtrupp wurde am Kaserneneingang von den Meuterern empfangen, den Offizieren wurden Waffen und Degen abgenommen und den »Vizeseekadetten« sagten die Aufständischen: »Ihr Jungens könnt ja nichts dafür, wir wollen Euch zu Eurer Mama schicken.« Das war der 8. November 1918 – es war Franz-Josefs 18. Geburtstag. An diesem Tag erfolgte der Abtransport der »Vizeseekadetten« aufs Festland. Zwei Eisenbahnzüge standen bereit – der eine sollte in östlicher Richtung abgehen, der andere in Richtung Rhein nach Süddeutschland.

Der Vater des Rekruten, der gerade mal kaum zwei Monate gedient hatte, erinnerte sich: »So kam Franz Josef dann (alsbald nach Ausbruch der Revolution) mit rot überzogener Kokarde noch in der Marineuniform, die damals allgemeinen Schrecken erregte und alle Tore öffnete, nach Münster und damit unerwartet schnell in die westfälische Heimat und wirklich zu Muttern …

Gerade kurz vor der Revolution hatte unsere Mutter unsern Umzug nach Westfalen gemacht, und es traf sich so ungünstig, daß Münster bei Ankunft und Verladen unseres Hausrats dort auch schon im Zeichen der Umwälzung stand. So standen unsere Möbel vor dem Hause auf der Hoyastraße offen auf der Straße, während entfesselte Haufen die Straßen durchzogen und beherrschten. Wahrlich für meine arme Frau eine traurige Lage. Aber schließlich ging alles noch gut, und der Hausrat kam unbeschädigt in das Haus hinein, und kurz vorher erschien unser Vizeseekadett im neuen Elternhaus, der Mutter gleich beim Einrichten der Wohnung helfen konnte.«

Und so erlebte der Familienvater die Tage der Umwälzung in Berlin im November 1918, als er seiner amtlichen Tätigkeit nachging: »Am Morgen des 9. November kam ich wie gewöhnlich von Südende mit der Eisenbahn nach Berlin, um zu meinem Amte zu gehen, das damals in der Luisenstraße im alten Patentamtsgebäude untergebracht war. Der ganze Vorplatz des Potsdamer Bahnhofs bot einen außergewöhnlichen Anblick, indem er von bewaffneten Truppen besetzt war, die man noch für zuverlässig hielt, und die man dort zum Schutze gegen Unruhen, die schon in der Luft lagen, von auswärts zusammengezogen hatte. Auf dem Wege zur Luisenstraße, der mich durch das Brandenburger Tor und über die Linden führte, war noch nichts Auffälliges zu bemerken. Im Amt war alles noch im regelmäßigen Betrieb, und ich ging wie gewöhnlich meinen Amtsgeschäften nach. In jener Zeit blieb ich regelmäßig über die Mittagsstunden hin auf dem Amt und trat erst nach Erledigung der Arbeiten, oft erst am Abend,

den Rückweg nach Südende an, wo mein bescheidenes Mittagessen mir zurückgestellt war. Am besagten Tage verließ ich das noch vollständig ruhige Amt schon am Nachmittag, als es noch hell war. Scheidemann hatte in den frühen Nachmittagsstunden vom Reichstagsgebäude aus die deutsche Republik ausgerufen, die Berlin schon beherrschte. Als ich unter die Linden kam, jagte gerade vom Brandenburger Tor her ein großer offener Kraftfrachtwagen über die Straße, voll besetzt mit Matrosen und andern Revolutionären, die mit Gewehren im Anschlag auf die Passanten lagen. Am Potsdamer Platz sah ich, wie einem Offizier, der sich nicht weiter wehrte, die Achselstücke von den Schultern gerissen wurden. Im übrigen ließ man Zivilisten, die sich nicht feindselig bemerklich machten, ungefährdet passieren. Am Nachmittag des nächsten oder eines der nächsten Tage kam ich auf dem Rückweg vom Amt noch einmal mit der Revolution in nähere persönliche Berührung, indem unter den Linden in der Richtung zur Staatsbibliothek ein bewaffneter Trupp von Revolutionären daher stürmte, die plötzlich anfingen, die Straße entlang scharf zu schießen, so daß den friedlichen Passanten nichts übrig blieb, als in den Häusern und Höfen Deckung zu suchen, bis die Gefahr vorbei war. In diesen ersten Tagen der allgemeinen Aufregung gingen noch wilde Gerüchte herum, daß sich in der Staatsbibliothek und andern Gebäuden noch Offiziere und andere Anhänger der alten Richtung versteckt aufhielten und von dort her die Revolutionäre beschössen. Im übrigen wurde ›meines Dienstes ewig gleichgestellte Uhr‹, abgesehen von Personalveränderungen und manchen Umstellungen in der Arbeitstätigkeit, durch gewaltsame Eingriffe der Revolution eigentlich nicht berührt.
Ich habe dem Landtag bis zur Umwälzung im Herbst 1918 angehört. Ich war damals u. a. Mitglied eines Landtagsausschusses, der noch eine Sitzung abhielt, als das Landtagsgebäude schon von den Männern der Umwälzung besetzt, der Landtag aber noch nicht förmlich aufgelöst war. Das wird wohl die letzte Sitzung eines Ausschusses dieses alten Landtags gewesen sein.« Doch das Koordinatensystem war ins Wanken geraten.

Im Dienst für Kirche und Staat wollte er wirken. Dieser Staat hatte jedoch seine katholische Weltkirche mit Marschstiefeln getreten und fundamentale Rechte und Freiheiten der Bürger mißachtet. Dieses preußische Gott-Kaisertum erniedrigte den Staatsbürger zu einem Untertan. Mit aufrechtem Gang auf dem steinigen Weg in das Innere dieses Systems vorzudringen, peinigte das Rückgrat. Mühsam war der Kampf nach oben in eine Spitzenstellung. Und als dieser Protagonist dort angelangt und sich sogar zum Kaiser vorgearbeitet hatte, war dies das Ende der Vorstellung – das System war zusammengebrochen. Jetzt saß er mutterseelenallein in dem kaiser- und gottlosen Berlin – aufgelöst das Kaiserreich, das Abgeordnetenhaus, seine Familie in alle Winde zerstreut, auch die Wohnung und die Möbel weg. Nun hofft er, auch seinen Dienst zu beenden, es ist für ihn das Ende einer Welt. Was ihm bleibt, ist das Paket, das ihm sein Sohn Karl aus Warburgs Internat schickt – Paderborner Brot, eine Büchse Marmelade sowie ein Stück Gervaiskäse und – der Blick auf das tote ewige Licht in der Kapelle, das er von seinem Schlafzimmer aus sehen kann. Jetzt ist wenige Wochen vor Weihnachten sein weiterer Verbleib in diesem Schwesternheim in Frage gestellt.

19. Kapitel
Das fürstliche Schloß in Münster und Deutschland im Ausnahmezustand

Einsam und allein hielt der Ministerialdirektor im Reichswirtschaftsamt (erst im Februar 1919 wurden die bisherigen Reichsämter in Reichsministerien umgewandelt) in Berlin die Stellung. Er verblieb in Südende – so sah er sich damals. Während seine Frau, fern in Münster, das neue Heim einrichtete, erkrankte er. Zu einem starken Luftröhrenkatarrh kam hohes Fieber, dann drohte eine Lungenentzündung. Jetzt wurde seine Frau nach Berlin herbeigerufen. Sie ließ alle sieben Sachen in der Hoyastraße stehen, eilte noch am selben Abend zum Hauptbahnhof in Münster und nahm den Nachtzug nach Berlin, der hoffnungslos überfüllt war mit vom Kriegsschauplatz zurückströmenden Soldaten. Am frühen Morgen traf sie in Berlin ein und fuhr nach Südende – an das Krankenbett ihres Mannes. Der Besuch zeigte seine Wirkung – die Gefahr ging bald vorüber, seine Frau konnte nach Münster zurückkehren, um den Hauseinzug fortzusetzen. Der Genesende versprach, zur weiteren Erholung um Urlaub einzureichen und diesen in Münster zu verbringen. Nach mehr als 20 Jahren konnte er Weihnachten in seiner westfälischen Heimat verbringen, vereint mit den aus Warburg angereisten Söhnen.

Dramatische Monate in Berlin vor dem Wegzug nach Münster

Nach Neujahr 1919 rief ihn wieder die Dienstpflicht nach Berlin. Auf der Bahnreise sah er sein Ziel klar vor Augen. Er dachte jetzt ernstlich daran, in den Ruhestand zu treten. Und so lange »heißt es zunächst aushalten im Dienst«. Der Ministerialdirektor bittet seinen

Sohn Karl im Internat, ihm Tabak aus Warburger Quellen zu beschaffen, »sonst muß man die Pfeife eben vollständig in den Ruhestand versetzen«. Am 26. Februar 1919 schreibt er seiner Frau: »Ja, die politischen und wirtschaftlichen Verhältnisse werden immer unheimlicher. Überall im Lande Streiks und Aufstand und gewaltsame Verkehrsstörungen und unmögliche Lohn- und Preisforderungen. Es wächst uns ja ganz über den Kopf und wird täglich schlimmer …«
Bereits Mitte November 1918 war aus dem Preußischen Abgeordnetenhaus das Lager des Vollzugsrats der Arbeiter- und Soldatenräte geworden. Unruhen flackern immer wieder in diesen langen Wintermonaten auf. Am 3. März 1919 berichtet er nach Münster: »Von Tag zu Tag wird es schlimmer. Man muß ernstlich befürchten, daß die Regierung den Unabhängigen nachgeben und auch noch die Arbeiter- und Soldatenträte als politische Machthaber anerkennen muß. Dann hätten wir die Klassenherrschaft des sozialistischen Arbeiterstandes. Was dann kommt, ist nicht auszudenken. Es scheint überhaupt alles zusammenzukrachen …
Eine ehrliche demokratische Politik, bei der alle Stände, auch die ›unteren‹, zu ihrem Recht kommen, das muß unsere Zukunft sein. Dazu kann uns von den bürgerlichen Parteien am besten das Zentrum helfen, aber nicht die Deutschnationalen …« Und am 9. März berichtet er über die politische und persönliche Lage in Berlin so: »… War eben noch in der Stadt wegen 8 Uhr-Abendblatt. Danach wird noch fortgesetzt gekämpft und es geht nur langsam weiter. Die Spartakisten scheinen recht stark zu sein und haben Geschütze, Flieger und alles Denkbare. Es muß ja auch sehr schwer sein, in einer dicht bewohnten Stadt, wo sie so viele Schlupfwinkel haben, sie zu vertreiben. Sie tauchen eben immer wieder auf. Hoffentlich sind die Regierungstruppen, die sich nun für das Vaterland opfern, stark genug, um durchzudringen.«
Dann naht für das in Münster und Berlin lebende Ehepaar der Tag der Silbernen Hochzeit. Ob sie beide den Tag zusammen feiern können, muß erst mit dem Behördenchef Caspar geklärt werden: »Mit

Caspar sprach ich gestern wegen einiger Wochen Urlaub, so daß 7.4. und Ostern hineinfallen. Er meinte, es würde sich wohl machen lassen, wenn nicht etwa Verhandlungen in Weimar (Nationalversammlung), zu denen ich gerade kommen müßte, einen Strich dazwischen machten. Das kann man nicht voraussagen, doch wir wollen mal zunächst damit rechnen, daß ich am 5.4., spätestens 6.4. dort eintreffe und dann also zum richtigen Tag da bin.« Der siebte April rückt näher. Doch zum Ehejubiläums-Tag kann er nicht in Münster sein, dann eben an Ostern: »Denn vom 7.4. bis Ostern zu bleiben, kann ich jetzt nicht machen. Wir haben dringliche neue Gesetze für Weimar in diesen Wochen zu machen und da kann ich jetzt, wo alles in vollem Betrieb ist, meine Abteilung nicht 3 Wochen allein lassen. Da müssen wir uns dann also mit Mutters Zustimmung mit dem kleinen Aufschub abfinden und wollen den Tag am 1., 2. oder 3. Ostertag (je nach Mutters Wunsch) um so gemütlicher begehen. Ich bin Mutter besonders dankbar, daß sie selbst nun diesen Weg vorgezogen hat. Sonst wäre ich zum 7.4. für einige Tage gekommen, hatte auch schon die Reiseerlaubnis dazu. Jetzt werde ich wahrscheinlich Karmittwoch abends hier abfahren und Gründonnerstag früh in Münster sein. Ich freue mich sehr darauf. Also auf Wiedersehen dann.«

Zum Jubiläumstag schreibt er: »Es ist wirklich recht schade, daß wir den eigentlichen Tag nicht zusammen verleben können ...« und fügt hinzu: »Die Zukunft, auch unsere wirtschaftliche, liegt ja dunkel vor uns, und unsere Lage hat sich ja wesentlich ungünstiger gestaltet oder wird dies besonders noch mehr tun. Aber das trifft ja viele, und es ist nur schade, daß ich jetzt in dem Alter bin, wo man sich keine neue Erwerbsstellung mehr schaffen kann.« Er steht im 65. Lebensjahr und dankt seiner Frau für die gemeinsam 25 Jahre. Er freut sich über den Wechsel seiner drei Söhne vom Warburgschen Internat ins Münstersche Paulinum. Karl, Hans und Georg sind in der Familie jetzt die dritte Generation, die das traditionsreiche Gymnasium besuchen. »Ich verlebte den Tag (7.4.) hier natürlich recht einsam.

Morgens Sitzung ... Übrigens ist jetzt hier täglich neues Dringliches an Gesetzen, daß ich mich freuen kann, wenn ich zu Ostern auf eine Woche wegkomme ...« Einige Zeilen weiter geht er auf Gerüchte ein, von denen Emil Terfloth, der ältere Bruder seiner Frau, gehört hat: »Von Emils ›Unterstaatssekretär‹ oder ›Oberpräsident‹ ist mir nichts bekannt. Ich erstrebe es auch nicht, noch was Neues anzufangen. Übrigens sind ja die dem Zentrum zugeteilten Unterstaatssekretariate längst durch Abgeordnete besetzt. Also darum brauche ich mir den Kopf nicht zu zerbrechen, freue mich vielmehr auf den Herbst, wo ich abgehen kann. Hoffentlich sind bis dahin die Pensionsverhältnisse gebessert. Ich sehne mich eigentlich nach ruhigem Studium nach meinem Geschmack. Philosophie, Nationalökonomie, Kunst und Literatur. Das ist mein Fall! ... «

Nach dem Silbernen Hochzeitstag in Münster holt ihn in Berlin der Alltag wieder ein; am 2. Mai lautet seine Betrachtung: »Gestern am Weltfaulenzertag war es öde und leer in der Stadt, wie bei einem Leichenfest. Das paßt ja auch gut in unsere Zeit der Trümmer und des Elends ... Deutschland ist jetzt ein verarmtes Land geworden und wir alle mit ihm ... Schlimme Zeiten für einen alten Vater, der so gern für seine Familie sorgen möchte und selbst am Ende seiner Arbeit steht ... Habe jetzt im Amt ›Erwerbslosenfürsorge‹, ›Arbeitsnachweis‹ und ›Beschaffung‹ mit allem Personal dazubekommen. Das wird zu dem andern viel Arbeit machen. Aber ich tue es gern, weil ich vielen nützen kann und man doch weiß, wofür man da ist ...«

Der Berliner Betrieb hat ihn wieder voll im Griff. Am 17. Mai 1918 schreibt er an seine »lieben Leute«: »Morgen werde ich wohl trotz Sonntag den ganzen Tag auf dem Amt sitzen müssen ... So vergeht der Tag und immer neue Akten kommen hinzu. Dazu viele Besuche bei mir und Rücksprachen und manches Unvorhergesehene, so mehrere lange Sitzungen wegen der Sozialpolitik im Friedensvertrag, alles sehr dringlich, heute stundenlang mit einem Referenten an einem langen Artikel über ›Friedensvertrag und sozialpolitische Fragen für die Arbeiter‹ für den Minister gesessen. – Heute war ich von 9 Uhr früh bis 7 Uhr abends ununterbrochen im Betrieb, die Tage vorher nicht viel weniger. Da ist man abends schon rechtschaffen müde und kann nicht mehr schreiben. Trotzdem bin ich morgens immer wieder ganz frisch und halte alles aus. Heute Abend habe ich auch noch Stimmung genug für diesen Brief. Daneben kam dann noch die Oberpräsidenten-Geschichte mit ihrem eigenartigen Gang. Es war also etwas reichlich. Wenn ich nicht schrieb, so wußte ich also nichts Näheres. Das könnt Ihr Euch doch denken. Mir war die Lage hier auch nicht angenehm, aber ich lenkte mich durch die Arbeit ab und habe mich ja überhaupt nicht dazu gedrängt. Ihr könnt Euch weiter darauf verlassen, daß ich auch ohne Anstoß durch dringende Telegramme rechtzeitig Nachricht geben, wenn etwas Neues eingetreten ist.«

Auf Regierungsebene war man sich einig, daß die Stelle des Oberpräsidenten von Westfalen an das Zentrum gehe, nachdem die Sozialdemokraten neben den Ämtern des Reichspräsidenten, des Preußischen Ministerpräsidenten und dem Innenministerium bereits drei Oberpräsidenten besetzt hatten. »Das ganze Zentrum sprach sich für mich aus, insbesondere auch die Arbeiter im Zentrum traten alle für mich ein. Ich sagte ihnen, wenn das Zentrum mich so einmütig wolle, so möchte ich nicht ablehnen, drängte mich aber gar nicht dazu, da in diesen schlimmen Zeitläuften die Sache doch recht schwierig und verantwortlich sei. Daraufhin schlug das Zentrum mich als seinen alleinigen Kandidaten vor und erklärte dabei auch meine Bereitwilligkeit, weshalb das Ministerium es wohl nicht mehr für nötig hielt, mit mir selbst zu verhandeln. Einige Tage darauf kam die Sache im Staatsministerium vor und wurde so beschlossen. Und dann kam es fertig in die Zeitungen. Also die Sache hat ihre Richtigkeit, und in einigen Tagen höre ich dann ja auch das Nähere.« Da er noch nichts in Händen hatte, hielt sich der Kandidat zurück – da half auch die telegraphische Nachfrage seiner Familie aus Münster nicht weiter. Was er noch nicht wissen konnte: Bereits zwei Tage zuvor, am 15. Mai 1919,

hatte das Preußische Ministerium auf »republikanisch-schlichtem Blatt meine Ernennung zum Oberpräsidenten von Westfalen und die Berufung in das Amt zum 1. Juli 1919« unterzeichnet. »Unter dem 10. Juni 1919 erhielt ich sodann vom Reichspräsidenten Ebert meine Entlassung aus dem Reichsdienst, mit der obligaten Anerkennung für meine ›dem Reiche geleisteten ausgezeichneten Dienste‹.«
Warum sollte er dieser Berufung nicht nähertreten? Wozu der lange steinige Weg an vorderer Front für das Zentrums kämpfen, das neben der Sozialdemokratie vom Bismarck-Reich ausgegrenzt worden war? Diese damals geschmähten »Vaterlandslosen« sollten jetzt das Vaterland retten und die Verantwortung für die neue Republik übernehmen. Was blieb, war die schmerzliche Erinnerung an die weitgehende Zurücksetzung der Katholiken und dieses einseitige Preußentum in dem Preußischen Staat. Jetzt nach der Umwälzung waren für die Zukunft noch keine Strukturen oder beruhigte, gefestigte Verhältnisse sichtbar, lediglich eine Hoffnung auf eine gedeihliche Entwicklung auf dem Boden der neuen Verhältnisse, nein, diesen Boden wollte er mit seiner Erfahrung als Mitglied einer höheren Reichsbehörde und nach seiner langen parlamentarischen Tätigkeit nicht verspielen. Er wollte seinen Einfluß gerade jetzt geltend machen – im Dienst einer arbeiterfreundlichen und demokratischen Politik. Schließlich saß die Zentrumspartei mit in der Berliner Regierung und aus ihren Reihen war der Vorschlag gekommen, den Oberpräsidenten zu stellen. Ein sozialdemokratisches Blatt hatte seine Ernennung unfreundlich aufgenommen und ihm mangelnde Volks- und Arbeiterfreundlichkeit vorgeworfen. Mit innerer Genugtuung konnte er mit Erfolg auf seine Verdienste und seinen Arbeitseinsatz gerade auf dem Gebiet eines der Mehrheit dienenden sozialen Versicherungsschutzes und auf die unermüdliche Mitarbeit in der sozialen Gesetzgebung hinweisen, auch auf seine lange Abgeordnetentätigkeit für Westfalen im Preußischen Landtag.

Der Oberpräsident zieht ins Schloß

Das Haus Ecke Hoya- und Kampstraße in Münster, eigentlich für die Jahre des Ruhestands erworben, wurde für den Oberpräsidenten lediglich ein Zwischenlager. Da in dem neuen Amt keine Altersgrenze bestand – einer seiner Vorgänger beendete seinen Dienst durch Tod mit 70 Jahren, ein anderer hatte erst mit 78 seinen Abschied genommen – benötigte er ja offensichtlich eine längerfristige Dienstwohnung. So verkaufte er das Eckhaus mit den schmalen und dunklen Zimmern zum Erwerbspreis. »So zogen wir also gegen Anfang September in unsere Dienstwohnung im nördlichen Teile des Schlosses ein. Sie war im ganzen reichlich geräumig. Zunächst im Erdgeschoß die ursprüngliche Dienstwohnung des Oberpräsidenten in Größe von 7–8 Zimmern mit Nebengelassen. Darüber im hohen Obergeschoß befanden sich die Repräsentationsräume, die zur Verfügung sowohl des Oberpräsidenten als auch des Kommandieren Generals, später Wehrkreiskommandeurs, standen. Das darüber liegende zweite Stockwerk war, bis gegen Anfang des Jahrhunderts das besondere Dienstgebäude für das Oberpräsidium gebaut war, zu Diensträumen des Oberpräsidiums benutzt worden. Nach der Verlegung der Diensträume in das neue Oberpräsidialgebäude wurden auch diese Räume zur Dienstwohnung des Oberpräsidenten geschlagen. So standen, alles in allem, mit einigen weiteren Räumen ohne die Repräsentationsräume dem Oberpräsidenten etwa 20 Räume als Dienstwohnung zur Verfügung. Die Anlage der Wohnung war recht unbequem und wenig praktisch, ohne Zentralheizung und ohne Aufzug; überhaupt fehlte jeder moderne sog. ›Komfort‹. Die Räume lagen an langgestreckten, kegelbahnartigen Korridoren, und das Erdgeschoß war von dem oberen Teil der Wohnung durch das hohe Geschoß getrennt, das die Repräsentationsräume enthielt. Um zum oberen Stockwerk der Dienstwohnung zu gelangen, mußte man vom Erdgeschoß aus etwa 60 hohe Stufen ersteigen. Die unteren Räume richteten wir zu Wohnzimmern ein, die oberen zu Schlafzimmern und für die Kinder und das Personal. Der Umfang der Dienstwohnung und die Art ihrer Anlage erschwerten die Bewirtschaftung erheblich und brachten natürlich viel Arbeit. Meine Frau mußte sich, um alles im ordentlichen Lauf zu halten, zu vier Dienstmädchen oder, wie es jetzt besser heißt, weiblichen Hausangestellten erschwingen. Dazu kam noch als Hilfe für die Heizung der vielen Kachelöfen und sonstige gröbere Dienstleistungen eine männliche Hilfe (Cloer); diesem hatten wir mit seiner Familie dafür einige obere Zimmer als Wohnung gegeben. Zur Dienstwohnung gehörte ein kleiner Geflügelhof, an dem sich ein geräumiger parkartig angelegter Garten anschloß. Von der Wohnung aus war der Zugang zum Garten jedoch wenig bequem. – Der Blick aus der Wohnung vorne auf den Neuplatz, auf dem eine stattliche Doppelallee hoher schattenspendender Bäume von der Frauenstraße her zum Schlosse führt, war schön, und noch schöner der Blick auf die Rückseite in den prächtigen Schloßgarten mit seinem herrlichen alten Baumbestand, seinem Vogelsang und seinen sommerlichen Abendkonzerten. Leider war an der ganzen Wohnung nicht der kleinste Balkon zum Sitzen in freier Luft, was bei der sonst so schönen Lage meine Frau stets tief bedauerte. Zum Baustil der beiden zu unserer Wohnung gehörigen Geschosse hätten solche Ausbauten allerdings kaum gepaßt.«

Das letzte Barockschloß des Baumeisters Schlaun

Es war ausdrücklich in die Wahlkapitulation des 19jährigen Wittelsbacher Clemens August zur Wahl zum Fürstbischof in Münster hineingeschrieben, daß er »eine beständige Residenz« in Münster zu errichten habe. Als Clemens August bald auch Kurfürst und Erzbischof von Köln wurde, interessierte er sich mehr für Jagd- und Lustschlösser wie die Augustusburg zu Brühl. Erst als über ein Jahrzehnt später das Domkapitel und die Stände von Münster an das Wahlversprechen erinnerten, beauftragte Clemens August den jungen Johann Conrad Schlaun, einen Schloßbauplan zu entwickeln, der im Jahre 1733 vorlag.

Schloß in Münster

Andere Bauschwerpunkte oder Kriege schoben dieses Schloßprojekt auf, der Kurfürst starb (1761) und Baumeister Schlaun war 1767 inzwischen im 71. Lebensjahr, als schließlich doch der Grundstein gelegt werden konnte. Schlaun hatte auf den frühen Plan zurückgegriffen, bei dem ihm nach einer Studienreise nach Rom, Paris und Würzburg das Schloß Weißenstein bei Pommersfelden, südlich von Würzburg, des Barockbaumeisters Johann Dientzenhofer Modell gestanden hatte. Und diesen Entwurf stellte er auf das Gelände der westlich der Stadt Münster gelegenen alten Zitatdelle. Als Schlaun im Alter von 78 Jahren starb, stand der Bau – einige fürstliche Zimmer konnten schon bewohnt werden, auch die schloßeigene Kapelle war bis auf das Altarbild vollendet. Dennoch zog sich die Endfertigung bis zum Jahr 1787 hin – zwei Jahre vor der Französischen Revolution. So war das Münstersche Schloß das letzte in Deutschland erbaute Barockschloß. Ausgelöst durch die Französische Revolution veränderten Umwälzungen und Kriege die politische Landkarte Mitteleuropas. Kleine Territorialstaaten wurden von Mittelmächten geschluckt und Großmächte arrondierten sich – wie Preußen, das 1802 das Fürstbistum Münster besetzte. Bis auf die Zeit der Napoleonischen Kriege, als der französische Generalgouverneur die Residenz zum Sitz seines Departements machte, blieb das Schloß zentraler Ort der preußischen Provinz Westfalen, bewohnt vom ersten Zivilgouverneur Heinrich Friedrich Karl Reichsfreiherr vom und zum Stein – dem preußischen Staatsreformer – sowie dem militärischen Oberbefehlshaber Westfalens, General Gebhard Leberecht Fürst Blücher von Wahlstatt – dem preußischen Feldmarschall. Seitdem teilten sich der Oberpräsident von Westfalen und der dort Kommandierende General das Schloß zu Münster als Dienstwohnungen.

Das Münstersche Schloß ist ein im jeweils rechten Winkel vorspringender Flügelbau mit einem aus dem Haupttrakt herausrundenden Mittelpavillon, dessen langgestreckte Halbsäulen den entsprechend konvexen Dreieckgiebel tragen. Der Sandsteinsockel und der durchgehende Kranzsims geben den nach oben strebenden Sandsteinachsen eine bodenhaftende Statik, die von einem ziegelroten Backsteinmauerwerk ausgefüllt wird. Die hohen Fenster im Erdgeschoß, die raumhohen Fensterflügel in der noblen Etage und die viereckig gestalteten, am Mittelpavillon ovalen Fenster geben dem Bau Gliederung und Gesicht. Entlang der Fensterabschlüsse des Erdgeschosses versteckt sich jeweils ein Symbol des Monatsreigens, über den Öffnungen des Hauptportals zeigen sich die vier Jahreszeiten.

Als der erste durch eine Republik berufene Oberpräsident im September 1919 die einst kurfürstliche Residenz betritt, zeigt die Allegorie dieses Monats eine Waage mit Hopfen- und Pflaumenzweigen. Im Eingangsbereich öffnet sich eine dreischiffige Halle mit Durchfahrt in den Park und eine sich teilende Treppe zum Hauptgeschoß, die sich vor dem großen ovalen Festsaal vereint und zu symmetrisch angeordneten »Appartements« im Nord- und Südflügel des Schlosses führt – vom Gardesaal zum ersten und zweiten Antichambre, dann zum Chambre d'Audience, am Chambre à coucher und Salle à manger vorbei zum Cabinet und zum Appartement d'un ministre. Die einzige nicht symmetrische Anordnung besteht darin, daß neben diesem Ministerappartement des Nordflügels, an der Stirnseite des Südflügels, eine über zwei Stockwerke hohe Kapelle liegt. Baumeister Johann Conrad Schlaun hatte ihre Fertigstellung noch erlebt. Der Kurfürst hatte sich als Wohntrakt den Nordflügel auserwählt, da er durch keine Kapelle geschmälert wurde und dafür die Küchenräume näher lagen.

Zum 29. September 1918 – zum Michaelstag – hatte der Vater aus Berlin-Südende seinen Jungens im Warburger Internat geschrieben. Er konnte nicht ahnen, welche wirkliche Bedeutung diese Zeilen ein Jahr später bekommen würden: »Am 29. 9. ist Michaelstag. Da ist in Münster die schöne Kapelle im Schloß offen und Gottesdienst darin, das einzige Mal im Jahr. Da könnt ihr nächstes Jahr auch hingehen und 1920 gehen wir zusammen hin. Dann bin ich auch schon abgegangen und wir wohnen dann zusammen. Das wird schön.«
Da das Schloß als Wohnungsbereich reserviert bleiben sollte, wurde nördlich an die Stelle des früheren Marstalls zwischen 1905 und 1907 ein langgestrecktes zweistöckiges Verwaltungsgebäude errichtet, das als Sitz des Oberpräsidenten dienen sollte. »Das Hauptfeld meiner Tätigkeit war mein Amtszimmer im Dienstgebäude des nahe gelegenen Oberpräsidiums. Dieser mein Arbeitsraum war ein großer, mit Fenstern nach West und Süd versehener Raum in der Südwestecke des Dienstgebäudes. Das Arbeitszimmer war stimmungsvoll

Arbeitsraum des Oberpräsidenten

ausgestattet mit Ölgemälden, die frühere westfälische Oberpräsidenten darstellten. Von meinem Arbeitstisch aus fiel mein Blick auf das unmittelbar gegenüber hängende große Ölgemälde des ersten Oberpräsidenten von Westfalen Freiherr vom Stein. In der weiteren Reihe hing das schlichte Bild des langjährigen zweiten Oberpräsidenten von Westfalen, des Freiherrn von Vincke, der die aus verschiedenen Gebietsteilen zusammengesetzte Provinz als solche eigentlich erst zu einem innerlich geschlossenen Ganzen gestaltet hat. Von der Seite sah auf mich herab der grimme Kulturkämpfer von Kühlwetter mit seinem dichten weißen Haarbusch und dicken Schnurrbart, der Mann, den und dessen Schreckensherrschaft ich ja noch selbst erlebt hatte …«

Oberpräsident in schwierigster Zeit

Seinem ältesten Sohn schreibt der Oberpräsident am 5. Oktober 1919 ins Semester nach Hamburg: »Der Michaelstag war hier sehr schön; der Pfarrer, mein Schulfreund Kochmeyer, ist nachher bei mir zum Kaffee.« Und am 13. Oktober 1919 beginnt er den Brief mit dem Satz: »Münster ist eine anregende Stadt«, zumal sein zweiter Sohn Karl eine Vortragsreihe über niederländische Malerei besuche und fleißig im Ruderverein trainiere … und weiter: »Wir bekommen eine Schloßwache von 15 Mann. Man richtet sie jetzt ein. Donnerstag muß ich in Arnsberg den neuen sozialdemokratischen Regierungspräsidenten einführen. Die Ernährungsschwierigkeiten und damit die politische Unruhe wachsen. Der Winter wird, im Industriebezirk besonders, ernst … Ich gehe leider in Sitzungen, Rücksprachen und Akten auf. Es ist wirklich viel. Gestern fuhren wir die ersten 22 Besuche … Wenn ich das (Dienst-)Auto nur erst hätte! Es ist in Berlin beantragt. Dann wird manches einfacher und schneller, und ich komme mehr ins Land! Sonnabend habe ich meine Vorstellung als Kurator bei der Universität.« Zwei Tage später, am 15. Oktober 1919, wird er 65 Jahre alt. Am 13. November 1919 schreibt er: »Die Not der Zeit ist

groß. Und es wird immer schlimmer und ist noch keine Aussicht auf Besserung. Das kann das Volk nicht aushalten, wir stehen vor dem Zusammenbruch. Dazu die Riesenforderungen der Entente, die uns ganz zu Grunde richten. Nächstens bekommen wir eine Kontrollkommission der Entente dauernd nach Münster, vorläufig 23 Offiziere usw. mit großen Ansprüchen an Wohnungen, Büros usw. Darum sind wir nicht mehr Herren im eigenen Hause. Es ist trostlos. Mittwoch muß ich den neuen Provinziallandtag hier mit ›Thronrede‹ eröffnen …« Jetzt mußte er sich erst mal einen neuen Anzug kaufen.
Die Wiederherstellung einer öffentlichen Ordnung war in der Zeit des Umsturzes des alten Systems, der Auflösung des Heeres, des Fehlens einer funktionierenden Polizei nicht zu leisten. »Die Regierung war bei der Durchführung des verhängten militärischen Belagerungszustandes und bei der Niederwerfung des Aufruhrs hauptsächlich auf die Hilfe von sog. Freikorps angewiesen, die zum Teil von eigenmächtigen, der neuen staatlichen Ordnung innerlich abholden Militärs des alten Heeres geführt wurden, denen es an dem nötigen Verständnis für die kranke Seele verelendeter und verhetzter Volkskreise mangelte, und die den notwendigen Kampf gegen die eigenen Volksgenossen nach Art des ihnen gewohnten Krieges gegen den auswärtigen Feind zu führen geneigt waren.«
Die Unruhe unter den Massen war besonders in den Spartakistenkämpfen in Berlin Ende 1918 und im Januar bis März 1919 zum Ausbruch gelangt, auch in der Münchener Räterepublik oder in den kommunistischen Aufständen in Mitteldeutschland, aber auch im Rheinisch-Westfälischen Industriegebiet. Streikbewegungen führten zu gewaltsamen Stillegungen von Betrieben, besonders in der Kohleförderung, deren Ausbeute die Weiterarbeit der industriellen Werke zu sichern hatte und zugleich als Zahlungsmittel für die Lebensmittelzufuhr aus dem Ausland diente, um die drohende Hungersnot zu bannen. Neben den Freikorps bildeten sich Einwohnerwehren, die einen Selbstschutz gegen terroristische Gewaltakte bilden sollten. Doch zeigten sich diese ehrenamtlichen Einwohnerwehren bei ernsten

Unruhen den Gegnern kaum gewachsen und stießen wegen ihrer Bewaffnung auf Beanstandungen bei den Siegermächten. Also war die Schaffung einer zuverlässigen Schutzpolizei erforderlich, für deren Aufbau Polizeischulen eingerichtet wurden. Für Westfalen und den unbesetzten Teil der Rheinprovinz wurde diese staatliche Sicherheitspolizei dem westfälischen Oberpräsidenten unterstellt. So wurde dieser zum Leiter einer staatlichen Polizeitruppe, die an zahlenmäßiger Stärke in etwa der Wehrmacht des Münsterschen Wehrkreiskommandos gleichkam. »Inzwischen spitzte sich infolge der fortgesetzten Wühlereien und gewaltsamen Ausschreitungen der Spartakisten die politische und wirtschaftliche Lage, insbesondere auch im Rheinisch-Westfälischen Industriegebiet immer gefährlicher zu. Eisenbahner- und Lagerarbeiterstreiks, Lähmung des Eisenbahnverkehrs und der Abfuhren und Zufuhren von Kohlen und Lebensmitteln, Werkssabotage u. ä. zeigten sich in naher drohender Aussicht, so daß der Reichspräsident sich genötigt sah, unter dem 13. Januar 1920 den Ausnahmezustand zu verhängen und die vollziehende Gewalt dem Reichswehrminister mit der Befugnis der Delegation auf einen Militärbefehlshaber zu übertragen, der sie auf dem Gebiet der Zivilverwaltung unter Mitwirkung eines Regierungskommissars ausüben sollte. Für unser Gebiet waren der Wehrkreisbefehlshaber Freiherr von Watter und der Regierungskommissar Severing die zuständigen Stellen ...
Meinerseits nahm ich angesichts der gefährlichen Entwicklung Veranlassung, unterm 20. Januar 1920 mich mit einem öffentlichen dringenden Aufruf an die ›Westfalen in Stadt und Land‹ zu wenden, in dem nachdrücklichst auf den schweren Ernst der Lage hingewiesen und zu mannhaftem Eintreten gegen den Umsturz sowie zur Ruhe, Ordnung, angespannter Arbeit aller Berufsstände und zum treuen Hochhalten des alten guten westfälischen Geistes aufgefordert wurde. In diese ohnehin gespannte Lage schlug dann wie ein Blitz am 13. März 1920 die Nachricht von einem Staatsstreich des Generallandschaftsdirektors Kapp und des Generals von Lüttwitz ein, die

sich auf die militärische Hilfe des Kapitänleutnants Ehrhardt stützten und die Reichs- und die Preußische Regierung zeitweilig lahmlegten.«
Dieser rechtsradikale Umsturzversuch in Deutschland wollte die Reichsregierung Gustav Bauer stürzen. Kapp war der Gründer der »Vaterlandspartei«. General Walther von Lüttwitz hatte sich geweigert, die von Reichswehrminister von Noske befohlene Auflösung der Marinebrigade Ehrhardt zu befolgen und ließ diese in Berlin aufmarschieren, wo sie am Brandenburger Tor von General Ludendorff begrüßt wurde. Generallandschaftsdirektor Wolfgang Kapp zog in die Reichskanzlei und proklamierte sich zum »Reichskanzler und preußischen Ministerpräsidenten«. Mit dem Freikorps, das aufgelöst werden sollte, besetzte er die strategischen Punkte der Reichshauptstadt. Die Regierung setzte sich von Berlin nach Stuttgart ab. Die Gewerkschaften riefen den Generalstreik aus, dieser löste kommunistische Aktionen aus.

Die Folgen des Berliner Kapp-Putsches für Westfalen

Das Schicksal Deutschlands stand vor einer Zerreißprobe. Die fünf Tage im März 1920 waren wie ein Labortest auf kommende Ereignisse. Gelingt es dem neuen Staatsgebilde, sich Autorität zu verschaffen? Deutschland befand sich in einem Fieber- und einem Belagerungszustand – angesichts des schweren Drucks, den die Entente-Staaten machten und einem hausgemachten Implosionspotential, das im Rheinisch-Westfälischen Industriegebiet oder in der Reichshauptstadt hochzugehen drohte. Die Situation spitzt sich in den Wochen darauf zu – nicht in Berlin, sondern im Ruhrgebiet. »Jetzt handelte es sich darum, gegenüber diesem Gewaltstreich des sg. Kapp-Putsches mit aller Entschiedenheit zur verfassungsmäßigen Regierung zu stehen und ohne Verzug offen für sie einzutreten. Ich habe deshalb, sobald die Berliner Vorgänge hier so weit bekannt geworden waren, am 14. März einen öffentlichen Aufruf an die westfälischen

Mitbürger in Stadt und Land ergehen lassen, in dem ich den Verfassungsbruch und Gewaltstreich klar als solche kennzeichnete und unzweideutig verurteilte und die Bevölkerung auf das ernsteste an ihre Pflicht erinnerte, sich offen zu den verfassungsmäßigen Gewalten in Reich und Staat zu bekennen und jedem Versuch zu gewaltsamem Umsturz mit voller Entschiedenheit entgegen zu treten. Ich möchte noch hinzufügen, daß in diesen kritischen Stunden, als die Nachrichten über die Berliner Vorgänge noch weniger erschöpfend vorlagen, bei uns im Familienkreise die Frage eines öffentlichen Aufrufs des Oberpräsidenten besprochen wurde, und dabei unser erst 16jähriger Sohn Karl mit besonderer Eindringlichkeit auf sofortige Veröffentlichung eines Aufrufes gegen den Putsch drängte. Um die volle Einigkeit der leitenden Stellen in der Provinz in der Verurteilung des Gewaltstreichs und dem Eintreten für die verfassungsmäßige Regierung sofort klar zu stellen, legte ich Wert auf Mitunterzeichnung meines Aufrufs durch den Wehrkreisbefehlshaber als den Inhaber der vollziehenden Gewalt, sowie auch durch den ihm beigegebenen Regierungskommissar Severing. Severings Zustimmung konnte ich ja ohne weiteres sicher sein, unsicher war es dagegen beim General von Watter.«

Wie verhält sich der General?

»Ich legte deshalb meinen Aufruf zunächst Severing vor, der ihn freudig aufnahm und sofort unterzeichnete. Dann begab ich mich zum General von Watter, legte auch ihm den Aufruf vor und forderte ihn zur Mitunterzeichnung auf. Er lehnte die Unterzeichnung ab, indem er sich darauf zurückzog, er wollte die Aufrechthaltung von Ruhe und Ordnung in der Provinz garantieren, und demgemäß habe er bereits Stellung genommen; zu einer weiteren Stellungnahme seinerseits sähe er sich nicht veranlaßt. So ging denn mein Aufruf allein mit meiner und Severings Unterschrift hinaus und wurde allgemein in der Provinz verbreitet.«

Carl Severing, Sozialdemokrat, gelernter Werkzeugschlosser und früherer Geschäftsführer des Metallarbeitervorstandes in Herford, war Abgeordneter des Preußischen Landtags und 1919 zum Reichs- und Staatskommissar im westfälischen Industriegebiet ernannt worden. »Die mindestens zweideutige Haltung des Militärbefehlshabers war besonders bedauerlich in ihrer Wirkung auf die ihm unterstellten militärischen Kräfte, namentlich auf die Freikorpsführer, andererseits aber auf die ohnehin aufgeregten Arbeitermassen, die ein offenes entschiedenes Eintreten gegen den Kapp-Putsch verlangten und andernfalls zu gewaltsamer Abwehr entschlossen waren. So hatte diese Haltung des Militärbefehlshabers, die, wie es nahe lag, dahin gedeutet wurde, daß er sich den Weg nach beiden Seiten hin offen halten wollte, die ohnehin gespannte Lage in der Provinz erheblich verschärft. Die schlimmen Folgen zeigten sich sogleich in der Zusammenrottung starker bewaffneter Arbeitermassen, in ernsten Kämpfen zwischen diesen und militärischen Freikorps, die mehrfach sogar zur Vernichtung der letzteren führten.«

In weiten Gebieten des Bezirks wuchsen die gut bewaffneten Arbeitertruppen zu Tausenden an. Sie standen kriegsmäßig bereit. Da ihnen die schwachen Militärkräfte und Polizeimannschaften nicht mehr gewachsen waren, zog sich das Militär aus dem Ruhrgebiet zurück. »Viehische Niedermetzelungen gefangener Angehöriger der Sicherheitspolizei (so in Essen) und andere Gewalttätigkeiten schlimmster Art (schändliche Ermordung eines Bergwerksdirektors) waren blutige Zeichen der Lage. So hatten wir zu all dem Druck der Feindesmächte und all der andern Not im Lande tatsächlich Kriegszustand im eigenen Volk.« Der neben den militärischen Befehlshaber gestellte Zivilkommissar Carl Severing beobachtete mit Augenmaß die Entwicklung vor Ort: »In den Höhepunkten des Kampfes dürften ... im Raume von Hamm bis Wesel, von Recklinghausen bis Remscheid 50.000 Arbeiter, wohl alle bewaffnet, bereit gestanden haben. Diese Massen ins Treffen gegen ebenso starke Formationen der Reichswehr geführt – das wäre ein Blutbad geworden, wie man in der Ge-

schichte deutscher Bürgerkriege wohl kaum seines gleichen gesehen hätte. Ich kannte die Einstellung so mancher Militärs, ich kannte aber auch die erbitterte Stimmung in der Arbeiterschaft. Mit der Redensart, daß ›unerbittliche Strenge, selbst Grausamkeit die größte Milde sei‹, waren schon zu oft Beschwerden über Ausschreitungen der Truppen beantwortet worden.
Und die Arbeiter hatten sich schon so fest in die Idee verrannt, im Falle einer Niederlage ihren Untergang mit der Zerstörung des Ruhrgebiets zu besiegeln, daß auch von dieser Seite das Schlimmste befürchtet werden mußte. Wer angesichts dieser Sachlage nicht alles darangesetzt hätte, durch friedliche unblutige Mittel die kämpfenden Heere auseinanderzuhalten, der hätte sich mitschuldig gemacht an den fürchterlichen Blutströmen, die sich dann über die Arbeitsstätten des Ruhrreviers ergossen hätten. Mag sein, daß die psychische Epidemie jener Tage den einen oder den andern zu der Auffassung gebracht hat, daß ein derartiger Aderlaß gar nicht einmal so schlimm sein würde. Ich aber stand nicht im Auftrage von Verrückten auf meinem Posten, sondern nach den Weisungen der Regierung und meines Gewissens.«

Stürmt die »rote Armee« Münster und das Schloß?

Die lasche zweideutige Haltung des Militärbefehlshabers, die die freiheitlich demokratische Grundordnung und die Autorität der Reichsregierung in Frage stellte, führte zu Situationen der Ohnmacht und diese wiederum erzeugte eine neue Lage: In mehreren Aufständen versuchten die Kommunisten die Revolution in Deutschland zum sowjetischen Modell zu wenden. Der Oberpräsident von Westfalen sah die Gefahr näher rücken: »Auch die Stadt Münster selbst war durch die rote Armee bedroht. Die Regierungstruppen waren ausgerückt, um gegen die Aufrührer Stellung zu nehmen. Zum Schutze des Schlosses, in dem meine Dienstwohnung sich befand, war schon länger eine starke Wache der Sicherheitspolizei in einem Raum an der

Spitze des Nordflügels untergebracht, und während der schlimmsten Zeit hatte vorn im Schloßgarten eine Hundertschaft ihr Lager aufgeschlagen; zeitweilig hatte die Sicherheitspolizei sogar Maschinengewehre im Schloß verwendungsbereit aufgestellt, was sich recht bedrohlich ausnahm. Zum Schutz gegen weiteres Vordringen der roten Armee, deren Vorposten schon bis in die Gegend von Hiltrup vorgestoßen waren, wurde eine Akademische Wehr gebildet.«
In diese Studententruppe wurden auch, obwohl es eigentlich von der Schule verboten war, Schüler der oberen Klassen des Gymnasiums aufgenommen. In den Osterferien fiel die Teilnahme weniger auf, und nach Ablauf der Ferien drückte der Schulleiter ein Auge zu. Auch der 16jährige Karl, Schüler des Paulinums, wollte seinem Vaterland in der Not helfen: »Ich sehe ihn noch, wie er in voller Uniform und Bewaffnung, sogar mit einer richtiggehenden Handgranate am Gürtel, den Stahlhelm auf dem jugendlichen Haupt, im Schloß vor uns stand; bei seinem kräftigen Wuchs und seiner strammen Haltung war er dem Eindruck nach schon ein vollwertiger Krieger. Allerdings war er noch nicht militärisch ausgebildet, und deshalb waren wir besorgt, er könnte sich in jugendlicher Unvorsicht und bei seiner Unerfahrenheit im Umgehen mit solchen gefährlichen Kriegswerkzeugen damit selbst ein Leid antun. Wir ließen es deshalb an elterlichen Ermahnungen zu vorsichtigem Umgehen mit seinen Waffen nicht fehlen.« Karl rückte beim Vormarsch der Truppen gegen die rote Armee mit aus, war im Industriegebiet eingesetzt, blieb aber vor Teilnahme an Kämpfen bewahrt.

Die Bielefelder Konferenz

Um eine Entspannung der aufs äußerste zugespitzten Lage herbeizuführen, und insbesondere um den Teil der Arbeiterschaft, der hauptsächlich in dem Gedanken an Abwehr des Kapp-Putsches in die aufrührerische Bewegung hineingerissen war, zum Einlenken zu bringen und damit deren Stoßkraft zu schwächen, berief Severing die »Vollzugsausschüsse« der wichtigsten zwanzig Städte des Rheinisch-Westfälischen Gefahrengebiets sowie die Stadtverwaltungen dieser Städte mit den Regierungspräsidenten von Düsseldorf, Arnsberg und Münster zum 23. März zu der historischen »Bielefelder Konferenz« zusammen. Auch der Oberpräsident von Westfalen reist nach Bielefeld. Mit Ausnahme der Angehörigen der Rechten waren alle politischen Parteien vom Zentrum bis zur äußersten Linken, den Kommunisten, vertreten. Auch Militärs vom Münsterschen Wehrkreiskommando und vom Kasseler Gruppenkommando waren im Laufe der Verhandlungen anwesend. Die Leitung der Verhandlungen und die Stellungnahme der Regierung lag wesentlich in den Händen der Berliner Regierungsvertreter und des Regierungskommissars Severing.

»Das Mißtrauen gegen den Militärbefehlshaber wegen seines zweideutigen Verhaltens in den ersten Tagen nach dem Kapp-Putsch und das Verlangen nach seiner Abberufung kamen auch in den Bielefelder Verhandlungen aus den Arbeiterkreisen stark zum Ausdruck. Schon vorher, am 17. März, hatte der sozialdemokratische Aktionsausschuß in Münster durch dringendes Telegramm an den Reichskanzler Bauer nach Stuttgart, wo sich die Reichsregierung damals noch aufhielt, gegen Watter Beschwerden erhoben und seine sofortige Abberufung und Ersatz durch einen sozialistischen Führer verlangt.« Die Verhandlungen zogen sich bis zum nächsten Tag hin. Erklärtes Ziel der Vertreter der beteiligten Parteien war es zur Entwirrung dieser aus dem Kapp-Putsch entstandenen Lage beizutragen. Das sog. Bielefelder Abkommen, auf das man sich einigen konnte, wurde auch von den Teilnehmern aus der kommunistischen und der unabhängig sozialistischen Partei unterzeichnet. Unter 17 Ziffern ist aufgeführt:

(7) die Auflösung aller der Verfassung nicht treu gebliebenen militärischen Formationen

(10) im Bedarfsfall Bildung von Ortswehren aus den Kreisen der republikanischen Bevölkerung.

(12) sofortige Abgabe der Waffen und Munition

Doch wer soll über die abgegebenen Waffen verfügen?

»Ich habe deshalb gleich am 25. März dem Reichskanzler telegraphisch den Punkt 12 als unannehmbar bezeichnet, wenn die Waffen bei den Gemeindebehörden verblieben, und ebenso die Punkte 9 und 10 über bestehende beliebige Aktionsausschüsse sowie Ortswehren und Ortsausschüsse, die tatsächlich zu einseitiger Arbeiterdiktatur unter Lahmlegung weiterer regierungstreuer bürgerlicher Kreise führten.«

Auch das »Bielefelder Abkommen« vermochte dem Verhängnis nicht mehr Einhalt zu gebieten: »Die rote Armee im Lande ließ sich durch das Bielefelder Abkommen nicht mehr zurückhalten. Es handelte sich jetzt nicht mehr um Abwehr des – inzwischen längst gescheiterten – Kapp-Putsches, sondern um einen Kampf zur Errichtung der Rätediktatur unter grausamem Terror und zügellosem Austoben verbrecherischer Elemente. Die militärisch organisierte und sogar mit Artillerie ausgestattete rote Front erstreckte sich von der Gegend bei Wesel, über Dorsten, Recklinghausen, bis in die Gegend von Hamm. Unter Bruch der Waffenruhe machte die rote Armee besonders bei den genannten Orten kriegsmäßige Vorstösse, die zu blutigen Kämpfen mit Regierungstruppen führten.«

Räterepublik Westfalen?

Der in Bielefeld unternommene Versuch, ohne Anwendung von Gewalt Ruhe und Ordnung wiederherzustellen, drohte zu scheitern: die rote Armee richtete sich nicht nach dem Abkommen, setzte ihren Kampf fort. Hilfeschreie aus allen Teilen der Bevölkerung auf Grund von Verbrechen und Gewalttätigkeiten, die von den roten Truppen begangen wurden, erreichten das Oberpräsidium. Noch einmal setzte die Regierung eine Frist bis zum Mittag des 30. März, ehe sie mit Waffengewalt einschreite. Die Abgabe aller Waffen der Aufständischen wurde jetzt bei den Polizeiverwaltungen und deren Weiterbeförderung per Bahn an das Wehrkreiskommando angeordnet.

»Meinerseits hatte ich auf dringendste Vorstellung weiter verfassungstreuer Bevölkerungsteile und unter Schilderung des herrschenden Terrors sowie unter Berufung auf die Nichterfüllung der gestellten Bedingungen unter dem 1. April telegraphisch die Staatsregierung dringend um sofortiges entschiedenes Einschreiten der Truppen zur Rettung der bedrängten Bevölkerung vor Plünderung und Vergewaltigung und zur Wiederherstellung des Vertrauens zur Berliner Regierung ersucht; weiteste verfassungstreue Kreise der Provinz sagten schon: Will oder kann Berlin Westfalen nicht helfen? Loslösungsbestrebungen wegen vermeintlicher schwacher Haltung der Berliner Regierung seien sonst zu befürchten, jede Stunde Aufschub verschärfe die schon beginnende Hungersnot.«
In politisch verantwortlichen Kreisen Westfalens verstärkte sich der Eindruck, daß die Reichsregierung mit Fristverlängerungen dem Druck radikaler Berliner Kreise nachgebe. Dann kam ein positives Signal von den Anstrengungen vor Ort: »Am folgenden Tage, dem 2. April, meldete ich telegraphisch die Befreiung der Stadt Recklinghausen vom Terror der roten Armee und erweiterte mein Verlangen nach entschiedenem militärischen Vorgehen auch auf das angrenzende Gebiet der 50 km Zone unter wiederholter scharfer Betonung, daß eine verzweifelte Bevölkerung unaufhörlich um sofortige Hilfe rufe.«
Doch Recklinghausen ist nur ein Stecknadelkopf auf der Landkarte des Aufruhrs. Dem Flächenbrand an der Ruhr kann nur noch der Einmarsch der Regierungstruppen Einhalt gebieten. »So hatte auch das Bielefelder Abkommen nicht zur friedlichen Beilegung der Unruhen geführt. Aber immerhin war es doch nicht ohne Wert gewesen. Grundsätzlich hatten zunächst alle daran Beteiligten sich auf den Boden der Verfassung und der rechtmäßigen Regierung gestellt, die Regierung selbst hatte in den Verhandlungen weitgehendes, nach Ansicht mancher sogar zu weitgehendes Entgegenkommen bewiesen, in den belehrbaren Kreisen der Arbeiterschaft war die Erkenntnis geweckt worden, daß es sich jetzt jedenfalls nicht mehr um einen Kampf gegen den – inzwischen längst gescheiterten – Kapp-Putsch

handele, sondern um den reinen roten Umsturz, um den Kampf um die Räterepublik.« Der fortgesetzte Terror bewog republikanisch-demokratisch gesinnte Kreise der Arbeiterschaft, sich von ihrem radikalen Flügel zu distanzieren.
Mit dem Beginn des Einmarsches der aus dem gesamten Reich gesammelten Reichstruppen ging das Militär oft mit Schärfe gegen die Arbeiterschaft vor, ohne zwischen der von Anfang an beruhigten Arbeiterschaft einerseits und den inzwischen radikalen aufrührerischen Teilen andererseits zu unterscheiden. Der kaum zu beseitigende Grund des Übels lag darin, daß es unter den in Not zusammengerafften Truppen und ihren Führern, die über die gegen ihre Kameraden durch die rote Armee verübten Grausamkeiten aufs äußerste gereizt waren, an fester Disziplin mangelte. Doch die Standgerichte, die man beim Kapp-Putsch eingeführt hatte, wurden trotz des ernsten linksradikalen Aufruhrs in Frage gestellt.
»Ich telegraphierte deshalb alsbald nach Kenntnis von der Aufhebungsverordnung an den Reichskanzler, den Reichswehrminister, den General von Seeckt und den Reichsminister des Innern, daß die Aufhebung der Standgerichte im Ruhr-Lippe-Gebiet wegen schlimmster Wirkung auf die bedrängte zuverlässige Bevölkerung, auf die Regierungstruppen sowie auf die Aufrührer z. Zt. durchaus unmöglich erscheine, indem dadurch das notwendige Vertrauen zum entschiedenen Willen der Regierung zu weiterem durchgreifenden Vorgehen aufs schwerste erschüttert werden.
In weiteren Telegrammen vom 9. und 11. April verwies ich wiederholt auf die verhängnisvolle Wirkung der gegenwärtigen Sistierung der Standgerichte, die gerade als Druckmittel für die Ablieferung der Waffen und zur Rückendeckung für den Vormarsch der Truppen notwendig seien. Zur größeren Rechtssicherung müsse aber angeordnet werden, daß wenigstens ein Mitglied des Standgerichts zum Richteramt befähigt sei; evtl. sei auch noch die Beiordnung eines richterlich befähigten Beistandes für den Angeklagten erwünscht.
Um der Waffenabgabe nach Aufhebung der Standgerichte wenigstens

einen verschärften Antrieb zu geben, hat der Reichspräsident dann unter dem 10. April für die drei bezeichneten Regierungsbezirke eine neue Anordnung erlassen, wonach alle Schußwaffen einschließlich Munition gemäß den Bestimmungen des Inhabers der vollziehenden Gewalt abzuliefern sind, daß nach Ablauf der Ablieferungsfrist vorsätzlicher und unbefugter Besitz mit Zuchthaus bis zu 15 Jahren, in schweren Fällen mit dem Tod oder lebenslänglichen Zuchthaus bestraft wird, und für die Aburteilung die außerordentlichen Kriegsgerichte zuständig sind. Die bestanden aus drei vom Inhaber der vollziehenden Gewalt zu ernennenden zum Richteramte befähigten Personen.«

Zur »Wiederherstellung geordneter Verhältnisse« bedurfte es konkreter Schritte. Die Berliner Regierung verstärkte ihre Truppen. »Am 11. April besuchte ich das inzwischen befreite Dortmund, um mich über die Lage dort zu unterrichten. Der Oberbürgermeister, noch schwer niedergeschlagen durch die Herrschaft der roten Armee in der Stadt, sowie der Landrat waren in größter Besorgnis, daß nach Abzug der Reichswehr bei der ganz ungenügenden Waffenablieferung Stadt und Land wieder schutzlos dem Terror der planmäßig weiter hetzenden Roten ausgeliefert sein würden. Gemeindepolizei und etwa neu zu bildende Ortswehren könnten dagegen nicht helfen, vielmehr nur eine starke staatliche Sicherheitspolizei. In diesem Sinne habe ich dann sofort telegraphisch an die zuständigen Stellen nach Berlin berichtet und um Einführung staatlicher Sicherheitspolizei für Dortmund Stadt und Land und Hörde Stadt und Land, sowie bis dahin um die Belassung der Reichswehr dort gebeten. Im übrigen müsse das ganze Rheinisch-Westfälische Industriegebiet planmäßig entwaffnet werden, und die Reichswehr deshalb auch über die Ruhrlinie vorrücken. – An demselben Tage war auch der Militärbefehlshaber aus Münster in Dortmund anwesend. Er hielt dort auch eine Truppenbesichtigung ab. Der Vorbeimarsch der Truppen, dem ich beiwohnte, machte einen strammen militärischen Eindruck und war gewiß geeignet, in der vom Druck der Roten befreiten Einwohnerschaft wieder ein beruhigendes Gefühl der Sicherheit unter dem Schutz der Truppen aufkommen zu lassen.«

Der Ruf nach staatlicher Sicherheitspolizei für das ganze Rheinisch-Westfälische Industriegebiet, wie sie schon in Essen, Bochum und Gelsenkirchen bestand, und nach ihrem Einsatz an Stelle der Reichswehr wurde auch in weiteren Kreisen laut. Auch Severing als Regierungskommissar hatte sich schon länger darum bemüht. In Berlin wurde an den maßgebenden Stellen das Bedürfnis nach Schaffung einer zuverlässigen starken staatlichen Sicherheitspolizei für dieses Gebiet anerkannt und die Durchführung alsbald in die Hand genommen. Mit Rücksicht auf die schlimmen Vorkommnisse bei dem militärischen Vorgehen im Industriegebiet erkannte man es auch in Berlin für besser, die weitere Befriedung des Gebietes nicht mehr dem Militär zu überlassen, sondern dazu die staatliche Sicherheitspolizei zu verwenden.

Durch den Vormarsch der Regierungstruppen waren die roten Truppen zurückgedrängt und fluteten, soweit sie sich nicht auflösten, zum großen Teil in das Gebiet südlich der Ruhr hinüber, über Hagen und das Wuppertal bis an die Grenze des besetzten Gebietes. Von

Die »Münstersche Akademische Wehr« 1920

dort aus hatten sie die Möglichkeit, über die Grenze in das besetzte Gebiet (Remscheid) überzutreten. »Es handelte sich nun darum, auch südlich der Ruhr die Ordnung und Sicherheit wieder herzustellen und insbesondere dort wie überhaupt im ganzen Industriegebiet die noch massenhaft vorhandenen Waffen zu erfassen. Hierzu wurde nunmehr die inzwischen auf die erforderliche Stärke gebrachte staatliche Sicherheitspolizei bestimmt.«
Jetzt konnte auch die »Münstersche Akademische Wehr« aus dem Felde zurückkehren: »Ich erinnere mich noch lebhaft, wie das Bataillon auf dem Neuplatz vor dem Galen'schen Hof zur Parade aufmarschiert stand, und der Militärbefehlshaber auf stolzem Roß in voller Generalsuniform vom Schloß her angesprengt kam und die Parade mit dem bekannten strammen Vorbeimarsch der siegreichen Truppen abnahm.« Auch sein Sohn Karl war vom Feld zurück.
Das pflicht- und treuwidrige Verhalten des Generals in den kritischen Tagen des Kapp-Putsches hatte zur Zuspitzung der kritischen Lage erheblich beigetragen. »Im Laufe des April war auch mit Zustimmung der Reichsregierung eine Reichstagskommission in das Industriegebiet gekommen, um sich über die Lage und die weiteren notwendigen Maßnahmen zu unterrichten. Auch diese Kommission kam zu dem Ergebnis, daß nach den ganzen Vorgängen die Abberufung des bisherigen Militärbefehlshabers eine wesentliche Beruhigung herbeiführen würde. Unter den obwaltenden Umständen sah sich dieser nun selbst veranlaßt, sein Abschiedsgesuch einzureichen. Dieses wurde ihm gegen Ende April bewilligt.«
Obgleich dieser General der neuen Republik verpflichtet war, hatte er versucht, sich den Weg zu den Staatsstreichlern offen zu halten. »Die Unzuträglichkeiten, die sich aus der Übertragung der vollziehenden Gewalt an den Militärbefehlshaber und aus der Ausschaltung der ordentlichen Behörden ergeben hatten, kamen auch in der Nationalversammlung zur Sprache und führten auch dort zu der Forderung, daß in Unruhezeiten die vollziehende Gewalt dem höchsten Zivilbeamten der Provinz übertragen werden solle. Ich selbst

hatte bereits früher in demselben Sinne nach Berlin berichtet. Übrigens hat auch Severing selbst die Berechtigung dieses Standpunkts grundsätzlich anerkannt. Damit erledigte sich die Stellung des Reichs- und Staatskommissars in der Art, wie Severing sie inne gehabt hatte, der übrigens inzwischen Preußischer Minister des Innern geworden war. Nun handelte es sich für mich als den neuen Regierungskommissar und Inhaber der vollziehenden Gewalt darum, unter Einsatz der Sicherheitspolizei die Befriedung des Gebietes südlich der Ruhr und im ganzen Bezirk die möglichst vollständige Waffenabgabe durchzuführen. Ich erinnere mich noch, daß Severing als nunmehriger Innenminister telefonisch auf Beschleunigung des Vormarsches der Sicherheitspolizei besonders drängte. Die mir dazu zur Verfügung stehende Sicherheitspolizei war im ganzen wohl auf die Stärke der militärischen Truppen des Wehrkreiskommandos gebracht worden.«

So war die Lage in Deutschland, als Kräfte der Gegenrevolution der jungen Republik im ersten Jahr ihres Bestehens den Garaus machen wollten.

20. Kapitel
Der andere Lebensplan

Schulleiter des Paulinum war Dr. Simon Peter Widmann. Seit 1908 stand er, der mit einer Arbeit über Thukydides promoviert hatte, diesem humanistischen Gymnasium vor. In seiner Eigenschaft als Kurator der Landesuniversität und auch des Staatlichen Gymnasiums Paulinum verabschiedete der Oberpräsident von Westfalen den damals Achtundsechzigjährigen Dr. Simon Peter Widmann in den Ruhestand und führte zum 1. April 1921 Julius Uppenkamp als Direktor in sein Amt ein. Das Paulinum ist das älteste deutsche Gymnasium, damals genau 1.124 Jahre alt. Es war gemäß der von Karl dem Großen erlassenen Reichsgesetze, der »admonitio generalis«, 797 von Bischof Liudger gegründet worden. Das Reichsgesetz schrieb die Einrichtung von Schulen am Sitz eines neuen Bistums vor. Dieser erste Bischof von Münster gab seiner Domkirche und Domschule den Namen des Völkerapostels Paulus. Jetzt stand Uppenkamp dieser traditionsreichen Anstalt vor und arbeitete darüber hinaus an den Schulbuchklassikern »Ars Graeca« und »Ars Latina« mit.
Am 23. Juli 1921 wird der Oberprima ein Klassenaufsatz abverlangt, es ist der dritte in diesem letzten Schuljahr. Das Thema lautet: »Mein zukünftiger Beruf.« Seine Gliederung stellt Karl so vor: »A. Einleitung: die Berufswahl B. Ausführung: Mein zukünftiger Beruf soll die Landwirtschaft sein a) die Gründe für diese Berufswahl, b) die Bedeutung der Landwirtschaft, c) die Nachteile der Landwirtschaft C. Schluß: Trotz schlechter Aussichten darf man den Mut nicht verlieren«. Seinen siebenseitigen Klassenaufsatz beendet er mit der Feststellung: »Auch hier halte ich mich an das Sprichwort: ›Wer wagt, gewinnt!‹« Mit roter Tinte fügt der Deutschlehrer

an: »Die Ausführung ist etwas nüchtern. Der Punkt 3 überzeugt nicht recht!« Nach den großen Ferien platzt Mitte Oktober 1921 der vierte Klassenaufsatz in den Schulalltag. Diesmal ist das Thema ein Zweizeiler von Matthias Claudius. Bereits in der ersten Zeile kritzelt rote Tinte die fehlerhafte Schreibweise »Mathias« an.

Der Oberpräsident öffnet den Bürgern das Schloß

Der Oberpräsident öffnete die Türflügel des fürstlichen Schlosses, so konnte Karl mit seinen Klassenkameraden dort den Nikolausabend feiern. Seinem Amtsverständnis nach sollte das Schloß den Bürgern offenstehen: »Zunächst hatten wir einmal an einem Nachmittag die sog. Spitzen der Behörden von Münster mit ihren Damen zum Kaffee mit anschließender Bowle bei uns, woran zu unserer Freude auch mein Vorgänger, Prinz Ratibor, teilnahm. Bei dem schönen Wetter saßen wir zur Bowle im Garten meiner Dienstwohnung, und ich erinnere mich noch, wie damals unerwartet unsere Hühner von ihrem Hofe aus die hohe Gesellschaft mit ihrem Besuche beehrten, was besondere Freude erregte und den Ausdruck gemütlicher Häuslichkeit erhöhte. – Ein anderes Mal luden wir die höheren Beamten der mir unmittelbar unterstellten Münsterschen Behörden zum einfachen geselligen Zusammensein ein. – Aber auch einzelne umfassendere Einladungen zum Schloß waren nicht zu umgehen. So luden wir denn auch ein oder ein anderes Mal hunderte von Personen aus meinen amtlichen Bezie-

Mittelbau des Schlosses in Münster

hungen und auch aus mir näherstehenden Bürgerkreisen zum abendlichen geselligen Zusammensein mit Tanz in die schönen Festräume des Schlosses ein; dabei wurde auch die Verwandtschaft nicht vergessen.

Der neuen Zeit gemäß waren auch Vertreter der örtlichen Presse geladen und erschienen, was gegen früher auch eine dankbar anerkannte Neuerung war. Es kam uns überhaupt darauf an, über die früheren kastenmäßigen amtlichen Kreise hinaus eine Brücke zu den Bürgerkreisen zu schlagen und damit den Gedanken des Volksstaates und der Volksgemeinschaft zu fördern. Um dem Zusammensein die kalte Form zu nehmen, war auf der Einladung der steife Frack ausdrücklich verboten. Meiner Abneigung gegen das Zigarettenrauchen von Damen, zumal in den Festsälen des Schlosses, war dadurch Rechnung getragen, daß die Bedienung angewiesen war, Damen Rauchwerk nicht anzubieten und etwaige Wünsche von Damen danach zu überhören. Zur Erweiterung der Gasträume hatte uns der Wehrkreiskommandeur von Losberg seine im andern Schloßflügel gelegenen, an die Festräume anstoßenden Wohnräume, die mit prächtigen, vielfach antiken Staatsmöbel ausgestattet waren, mit zur Verfügung gestellt, so daß die Scharen der Gäste sich auf eine ansehnliche Flucht von Festräumen verteilen konnten. Die einfache Bewirtung beschränkte sich auf Tee, Bowle, Bier, Kuchen und Butterbrote sowie Heringssalat. Immerhin brachte das bei der Masse der Gäste umständliche Vorarbeit. Unsere Tochter Elisabeth hatte dafür zur Hilfe eine Reihe von Freundinnen mobilgemacht, die in fröhlichem Wetteifer sich durch Streichen, Belegen und geschmackvolles Herrichten der vielen Hunderte von Butterbroten sowie durch Fertigstellen großer Kübel von Heringssalat nützlich machten. Ich habe den nahrhaften Massenbetrieb noch lebhaft vor Augen. – Es war damals bei solchen größeren Tanzfestlichkeiten üblich, daß gegen Ende des Festes die gesamten tanzenden Paare in langen Reihen geschlossen wie eine militärische Front Aufstellung nahmen und unter den anfeuernden Klängen der Musik den Gastgebern durch stürmischen

Anmarsch der langen Reihen ihren Dank und gewissermaßen eine Huldigung darbrachten. Dem mußten wohl oder übel auch meine liebe Frau und ich uns unterziehen; wir hatten an der Längsseite des Festsaales auf einer der dort befindlichen, etwas erhöht stehenden Polsterbänke Platz zu nehmen und das Heran- und Zurückwogen und Verbeugen der langen Reihen in freundlicher Würde entgegen zu nehmen und durch ›huldvolle‹ Verbeugung zu erwidern. Unsere bescheidene Mutter wußte auch dieser besonderen Aufgabe mit edlem Anstand gerecht zu werden. Das ganze Fest verlief bei aller Einfachheit zu allseitiger Zufriedenheit.«

Da der Oberpräsident als Staatskommissar bei Bischofswahlen und bischöflichen Weihen in Funktion treten mußte, war es für die Nachbarschaftspflege angebracht, dann und wann den Bischof und das Domkapitel auf das Schloß zu bitten. Bei den großen Prozessionen, an denen sich die katholischen Spitzen der Reichs- und Staatsbehörden beteiligten, schritten diese in Reih und Glied mit – hinter dem »Himmel« mit dem Allerheiligsten, im Anschluß an die städtischen Amtswürdenträger. Als Kurator der Landesuniversität stellte sich der Oberpräsident umgehend den Professoren und den Vertretern der Studentenschaft vor. Er öffnete das Schloßportal, den Großen Saal und das Königszimmer für 250 Gäste der Universität – Professoren, Privatdozenten und statt Vertretern von 70 Korporationen – die Mitglieder des Allgemeinen Studenten-Ausschusses (AStA). Dabei saß ein Familienmitglied am Flügel, zum Teil wurde Selbstgebackenes gereicht (die Stadt hatte dafür Mehl spendiert) und zu selbstgemachtem Kartoffel- und Heringssalat Bier ausgeschenkt. Was an Kuchenstücken übrig blieb, wurde hinterher verteilt oder als »Freßpaketchen« an die Helfershelfer verteilt.

Für die Bedürfnisse der Universität engagierte sich der Kurator besonders. So setzte er sich für deren Ausbau und für die Einrichtung der Medizinischen Fakultät ein. Trotz der in diesen Notzeiten angespannten Haushaltslage brachte er das gewaltige Bauprogramm für ein medizinisches Universitätsviertel in Gang.

Mit dem »Regierungsdampfer« unterwegs

Zum Geschäftsbereich des Oberpräsidenten gehörte auch die Aufsichtspflicht in der Verwaltung des Dortmund-Ems-Kanal. Dieses große Bauprojekt hatte er in seiner früheren Abgeordnetenzeit im Preußischen Landtag gefördert. Diese Kanal-Behörde war im Dienstgebäude des Oberpräsidiums untergebracht. Auf dem »kurzen Dienstweg« konnten also Dienstfahrten verabredet werden. Vom Hafen in Münster, der zu einem bedeutenden Waren-Umschlagplatz angewachsen war und die Hauptstadt zu einer lebensfähigen Großstadt werden ließ, ging es südwärts nach Dortmund oder nach Norden – bis Papenburg. In der Kajüte des kleinen »Regierungsdampfers« nahm man das bescheidene Mittagessen ein. Für die Dienstfahrten zu Lande stand auf Mietbasis ein Auto zur Verfügung. Die »Garage«, wo der Wagen auch gewartet wurde, befand sich in den früheren Stallungen des Oberpräsidiums. In den Automietvertrag war auch der Regierungspräsident als Benutzer eingetragen. Im Fahrtenbuch mußten die Diensteinsätze eingetragen und von der für die Fahrbereitschaft zuständigen Berliner Behörde genehmigt werden.

Im Organisationsaufbau einer preußischen Provinz waren pyramidenförmig verschiedene Ebenen verwaltungsmäßig einem Oberpräsidium zugeordnet – Städte sowie Gemeinden, Landkreise und deren Kreisausschüsse, Landräte, der Provinzial-Landtag und die drei Regierungsbezirke mit ihren Regierungspräsidenten. Der Oberpräsident war der erste politische Beamte und Vertreter des Preußischen Staates in der Provinz. Eigentlich galt hinsichtlich der Besoldungsvorschriften die Regel: Das Diensteinkommen eines Oberpräsidenten liegt über dem eines Unterstaatssekretärs der Reichsregierung. Da aber die Inflation den Sachwert abwertete, landete er vergleichsweise in der Gehaltsgruppe eines Ministerialdirektors oder eines Oberlandesgerichtspräsidenten. Als schließlich der überhöhte Mietpreis in Form von Ausgleichs- oder Notzulagen korrigiert wurde, war diese Anpassung durch die Inflation bereits überholt. Oberpräsident Bernhard Wuermeling sah sich genötigt, eigenes Vermögen anzugreifen.

Neue Unruhe im Ruhrgebiet

Im Januar 1921 nahm das Verhängnis seinen Lauf. Der Oberste Rat der Entente-Mächte bezifferte auf ihrer Pariser Konferenz die Reparationsforderungen an Deutschland auf 226 Milliarden Goldmark (zahlbar in 42 Jahresraten, also bis 1963!). Die Folge: Kaltes Entsetzen bei der Reichsregierung und in der Bevölkerung. Auf der Londoner Konferenz im März 1921 bietet das Deutsche Reich 50 Milliarden Reichsmark an. Die Entente lehnt ab. Die Verhandlungen werden abgebrochen. Die Siegermächte verordnen Sanktionsmaßnahmen: Am 8. März 1921 besetzen Truppen der Entente-Mächte Düsseldorf, Duisburg und Ruhrort, später auch Mühlheim und Oberhausen.
In seiner Eigenschaft als Regierungskommissar und Inhaber der Vollziehenden Gewalt muß der Oberpräsident von Westfalen handeln. Nachdem der letzte Ausnahmezustand erst am 17. Juni 1920 aufgehoben worden war, ergreift er erneut Notmaßnahmen für Westfalen: Auf Grund der Ermächtigung der Preußischen Regierung vom 27. März 1921 setzt er als Regierungskommissar zur »Wiederherstellung der öffentlichen Sicherheit und Ordnung« für die Regierungsbezirke Münster, Arnsberg und den unbesetzten Teil des Regierungsbezirks Düsseldorf unter dem 28. März sieben Artikel der verfassungsmäßigen Grundrechte vorübergehend außer Kraft. Ende April 1921 berät man in London erneut und bemißt die Reparationsschuld jetzt auf 132 Milliarden Reichsmark – als Ultimatum, dessen Frist am 12. Mai abläuft – bei Nichterfüllung wird die Besetzung des Ruhrgebiets angedroht. Am 11. Mai akzeptiert die deutsche Reichsregierung notgedrungen dieses Ultimatum.

Termine in Berlin

Das politische Pflaster Berlins war dem westfälischen Oberpräsidenten vertraut: Gustav Bauer war in den Jahren 1918 und 1919 als Staatssekretär im Reichsarbeitsamt sein unmittelbarer Amtschef. Der Gewerkschaftler war dann in der ersten Regierung der Deutschen Republik unter Philipp Scheidemann Reichsarbeitsminister und löste Scheidemann am 21. Juni 1919 als Reichskanzler ab. Bauers Ablösung am 26. März 1920 hing eng mit den Ereignissen nach dem Kapp-Putsch zusammen. Die Vorwürfe, er habe eine Demokratisierung der Reichswehr und der Verwaltung versäumt, wurden heftiger. Mit seinem Rücktritt übernahm er die politische Verantwortung für den Kapp-Putsch und seine Folgen. Sein Außenminister Hermann Müller wurde Bauers Nachfolger im Amt des Reichskanzlers. Damit endete vorläufig diese sozialdemokratische Ämterfolge. Am 21. Juni 1920 wurde der achtundsechzigjährige Präsident des Reichstags bzw. der Nationalversammlung Constantin Fehrenbach vierter Reichskanzler. Der Rechtsanwalt aus Freiburg gehörte der Zentrumsfraktion an. Mit ihm saß der Gast aus Münster und Zentrumskollege bei manchem Glas badischen Weins zusammen. Fehrenbachs Kanzlerschaft geriet voll in die für Deutschland schicksalhaften Diskussionen um die Pariser und Londoner Reparationsforderungen. Noch vor Ablauf des Londoner Ultimatums trat er nach fast einjähriger Regierungszeit am 4. Mai 1921 zurück. Seine Nachfolge trat das aus Freiburg gebürtige Mitglied der Zentrumsfraktion Joseph Wirth an. Bereits in den Kabinetten Müller und Fehrenbach bekleidete er das Amt des Reichsfinanzministers. Er ist der mit 41 Jahren bislang jüngste Kanzler in der Geschichte Deutschlands. Zusammen mit seinem Außenminister Walther Rathenau führte er Deutschland als gleichberechtigtes Mitglied an die internationalen Konferenztische zurück und schloß am 16. April 1922 überraschend in Rapallo einen Vertrag zwischen Deutschland und Rußland ab.

Der Oberpräsident in Westfalen wurde auch manchmal zu Kabinettssitzungen nach Berlin gerufen und saß dann abends mit den Ministern des Zentrums zusammen. Oft traf er sich auch mit Adam Stegerwald, dem Vorsitzenden der christlichen Gewerkschaften, von 1919 bis 1921 preußischer Minister für Volkswohlfahrt, 1921 auch preußischer Ministerpräsident und prominentes Mitglied der Zentrumsfraktion im Reichstag. Ein Gespräch mit Stegerwald im Reichstag endete mit einem Treppensturz.

Die Architektur der Treppen im Reichstag

Den Grundstein für dieses Reichstagsgebäude in der Nähe des Brandenburger Tors hatte Kaiser Wilhelm I. am 9. Juli 1884 gelegt. In zehn Jahren wurde dieser Bau errichtet, bis Kaiser Wilhelm II. am 5. Dezember 1894 in einem feierlichen Akt den Schlußstein setzen konnte. Das hohe Parlaments-Haus mit seiner modernen Eisen-Glas-Kuppel maß 75 Meter Höhe. Mitten im Krieg – also erst 1916 – füllte man das freie Feld unter dem Giebel mit dem Reichsadler mit großen Lettern und widmete diese Arbeitsstätte »DEM DEUTSCHEN VOLKE«, so wie es sein Architekt Paul Wallot bereits geplant hatte. »In meiner Amtszeit wäre ich beinahe Opfer eines Unfalls geworden. Bei einer Anwesenheit in Berlin war ich zu einer Rücksprache mit Stegerwald im Reichstag. Als ich nachher eine teppichbelegte Steintreppe im Innern des Reichstags hinunterging, standen vor mir auf dieser Treppe einige Personen im Gespräch, um die ich herumbiegen mußte. Dabei kam ich auf den glatten Steinstufen unversehens zu Fall und flog die letzten Stufen der Treppe hinunter und schlug mit voller Wucht mit der Stirn gegen eine scharfe Ecke der mit Marmor oder anderem harten Stein bekleideten Mauer. Der Anprall war so stark, daß ich fast bewußtlos wurde und glaubte, einen ernstlichen Schädelbruch erlitten zu haben. Ich konnte mich jedoch erheben, hatte aber in wenigen Minuten eine fast faustdicke Anschwellung an der Stirn. Zum Glück traf mich in dieser

Lage mein Freund, der Abgeordnete Burlage. Er nahm sich meiner sogleich sorglich an und führte mich zu der nächsten, wenn auch nicht besonders nahe gelegenen Unfallstation. Wenngleich ich noch einigermaßen benommen war und mich der Kopf stark schmerzte, kam ich doch glücklich über. Dort untersuchte man die Stelle und stellte fest, daß mein Schädel einen gefährlichen Schaden nicht erlitten habe. Man legte einen Verband an, die Anschwellung nahm noch zu, und ich sagte Burlage dann, ich könnte wohl ohne Hülfe zu meinem Hotel kommen, worauf ich mich dankend von ihm verabschiedete und mein Hotel auch mit Mühe erreichte und mich zu Bett legte. Weitere Geschäfte konnte ich in Berlin allerdings nicht mehr erledigen, und so fuhr ich denn am nächsten Morgen nach Münster zurück. Die Benommenheit hörte bald auf, die starke Anschwellung blieb aber wohl noch 8 Tage lang und nahm dann langsam ab. Als dauernde Folge blieb mir aber ein Eindruck der Schädeldecke an der linken Seite der Stirn, der noch heute da ist. Bei der Stärke des Anpralls habe ich meinem Schutzengel von Herzen gedankt, daß ich vor vorzeitigem Ende meiner Amtszeit und auch sonst vor ernstlicherem Schaden bewahrt geblieben bin.«

Mit der Abiturfahne zum Schloß

Auf seinen ältesten Sohn konnte der Oberpräsident stolz sein. Nach dem Jurastudium in Münster, Hamburg und Freiburg schloß er die Universität bereits im Oktober 1921 mit dem Dr. rer. pol. ab. In dieser Zeit rückte für den zweiten Sohn das Abitur näher; dieser fütterte indes die Hühner, führte Enten im Schloßpark aus; den Tanzkurs hatte Karl hinter sich, er war sportlich, betätigte sich im Ruderverein und – er sang, eher wohl des geselligen Lebensumgangs wegen, in der »Bardophonia«. Das Paulinische Gymnasium zu Münster zeichnete sich durch einen eigenen Schülergesangverein aus. 1858 war dieser »Gymnasial-Gesangverein Bardophonia« gegründet worden. In § 1 heißt es: »Zweck des Vereins ist die Pflege des mehrstimmigen

Gesanges.« Bei der 1.100-Jahrfeier 1897 unterstützten diese Barden das von Schülern aufgeführte Theaterstück die »Perser« von Aischylos; es gehörte zur Tradition des Vereins, mehrtägige Studienfahrten etwa zum Teutoburger Wald zu unternehmen oder aus dem vereinseigenen »Bullenkopp«, einem dickbäuchigen Krug, der fünf Maß Altbier faßte und »Rolf Krake« genannt wurde, zu trinken. Neuen Mitgliedern goß man das Altbier aus dem »Bullenkopp« über den Kopf. Jetzt durfte der Täufling die Hymne der »Bardophonia« mit anstimmen: »Wie ein stolzer Adler schwingt sich auf das Lied, daß es froh die Seele auf zum Himmel zieht …« Auch »der Neue«, Julius Uppenkamp – jetzt als »Oberstudiendirektor« getitelt, machte sich für den Bardenverein stark. So sang Karl mit Berni Bussmann aus der Gartenstraße, mit Heinrich Lohmann aus der Overbergstraße oder mit Karl Peters aus der Melchersstraße und setzte sich nach der Gesangsarbeit zum abendlichen »Tabakskollegium« zusammen. Bussmann wurde später als Studienassessor am Paulinum zum Protektor der »Bardophonia« bestellt.

Und, viel später, bei der 100-Jahr-Feier der »Bardophonia«, hielt Prof. Dr. jur. Hans Peters die Festansprache. Er war 1914 Abiturient des Paulinum, promovierte 1921 in Münster und habilitierte 1925 in Breslau mit einer Arbeit über kommunale Selbstverwaltung. Dort lernte er Helmuth James Graf von Moltke kennen, in dessen Widerstandsgruppe »Kreisauer Kreis« Hans Peters eng mitwirkte, wie auch der Jurist Paulus van Husen, ebenfalls Absolvent des Paulinum. Hans Peters acht Jahre jüngerer Bruder Karl, der Ende der sechziger Jahre maßgeblich die Reform des Strafrechts mitgestaltete, schickte sich jetzt mit seinem Klassenfreund Karl an, für das Abitur am Paulinum zu büffeln.

Aus der Wuermeling-Terflothschen Ehe waren jetzt drei Söhne auf dem Paulinum: Karl, Hans und Georg. Diese drei gehörten zur dritten Familiengeneration, die das Paulinum besuchten und dort das Abitur absolvieren. Ihr Vater hatte 1872 und ihr Großvater 1840 das Reifezeugnis ausgehändigt bekommen.

Der Sohn des Oberpräsidenten, Karl, geboren in Berlin-Charlottenburg, kam nach dem Besuch der humanistischen Gymnasien in Berlin-Steglitz und Warburg und viereinhalb Jahren auf dem Paulinischen Gymnasium zu Münster in das Abiturexamen. Sein Zeugnis der Reife, ausgestellt am 10. Februar 1922, listete seine Leistungen im einzelnen auf: »Sein Betragen war sehr gut, Turnen war sehr gut.« Der Rest war vom »Fleiß« über »Religion« durch die Bank durch eindeutig: »genügend« bestätigt ihm Direktor Uppenkamp mit Unterschrift und Schulstempel.

Schon bei seinem Großvater war es üblich, daß die Pauliner Abiturienten nach bestandenem Examen einen Umzug durch die Stadt veranstalteten. Auf blumengeschmückten, von Pferden gezogenen Leiterwagen ließ man sich feiern. Allen voran spielte die Gymnasialkapelle auf, die sich aus der Unterprima rekrutierte, die rot-weiß-grüne Fahne flatterte im Wind, es folgten Kutschen, einspännig, zweispännig. Ganz Münster war auf den Beinen, Hochrufe wurden laut, Mädchen warfen den Gefeierten Blumensträuße in die Wagen. Vom Domplatz ging es über den Prinzipalmarkt durch die Straßen zu den Häusern und Wohnungen der einzelnen Abiturienten. Die jungen Leute entrollten die Fahne zu den stolzen Eltern, die erwartungsvoll im Hauseingang oder am Fenster standen. So zog der Jahrgang 1922 auch zum Schloß. Karl hatte sich die Fahne des Abiturjahrgangs seines Vaters – mit der Zahl 1872 – ausgeborgt und schwenkte die fünfzig Jahre alte Erinnerung vor der Schloßfassade hoch hinauf. Das freute den Vater, doch das »genügend« im Abiturzeugnis seines Sohnes genügte ihm nicht. Der brachte Vaters Abiturfahne in die Abstellkammer des Paulinum zurück und trat, etwas weniger entschlossen als noch vor einem Jahr, in die Lebensspanne, in der einem Reifeprüfling die wichtigsten Entscheidungen seines Lebens abverlangt werden – die Berufsentscheidung und die Ausbildung zu diesem Berufsziel.

Nein, es war nicht die Landwirtschaft, an die er noch als Primaner gedacht hatte. Dabei hatte er die Führung eines großen landwirtschaftlichen Unternehmens im Sinn, wie er solche in Warburg oder im Umkreis von Münster kannte. So ist sein Entschluß zu verstehen, zwei Dinge gleichzeitig zu tun: Er macht eine kaufmännische Ausbildung, tritt knapp drei Wochen nach Erhalt des Reifezeugnisses als Volontär beim Westfälischen Bankverein in Münster am Alten Fischmarkt 13/15 ein und wird dort in der Buchhalterei und in der Effektenabteilung beschäftigt. Und: Am 27. April 1922 immatrikuliert er sich an der Westfälischen Wilhelms-Universität in der Staatswissenschaftlichen Fakultät. Der stud. rer. pol. belegt im Sommersemester 1922 Vorlesungen wie »Nationalökonomie I«, »Einführung in die Grundlagen des Geldverkehrs«, »Technik des Börsenverkehrs«. Und im Wintersemester 1922/23: »Organisation und Verwaltung des gewerblichen Großbetriebs«, »Probleme der Industriewirtschaft«. Im anschließenden Sommersemester 1923 besucht er Vorlesungen wie »Einführung in die Rechtswissenschaft«, »Deutsches und Preußisches Staatsrecht«, »Theoretische Nationalökonomie« und »Finanzwissenschaft«. Zusätzlich belegt er Seminarübungen in der französischen, englischen und spanischen Literatur. Um die Lehre an der Universität und die Lehrzeit beim Westfälischen Bankverein unter einen Hut zu bringen, muß er auf einige Vorlesungen und Übungen, die er angemeldet hatte, verzichten.

Abschied vom Amt, doch nicht vom Schloß

Fast zeitgleich mit Karls Abschied vom Paulinum endete die Amtszeit seines Vaters. Bernhard Wuermeling war der erste bürgerliche Oberpräsident von Westfalen und der erste Oberpräsident dieser preußischen Provinz in der neuen Deutschen Republik. In den Wirren ihrer ersten (entscheidenden) Jahre verteidigte er dieses krisengeschüttelte Land. »Gegen Ende 1920 kam das Preußische Gesetz über Einführung einer Altersgrenze. Danach sollten unmittelbare Staatsbeamte mit dem 1. April bzw. 1. Oktober, der auf die Vollendung ihres 65. Lebensjahres zunächst folgte, kraft Gesetzes in den

Ruhestand treten. Das Staatsministerium konnte jedoch, wenn das Interesse des Staatsdienstes die Fortführung des Amtes durch den Beamten erforderte, die Altersgrenze für ihn bis zu dem auf die Vollendung seines 68. Lebensjahres zunächst folgenden 1. April bzw. 1. Oktober hinausschieben. Gegen die Verfassungsmäßigkeit dieses Gesetzes wurden Bedenken erhoben, die zu gerichtlichen Entscheidungen führten, in denen das Gesetz für verfassungswidrig erklärt wurde. Das Reichsgericht hat jedoch in höchster Instanz im März 1922 die Verfassungsmäßigkeit des Gesetzes anerkannt. Da ich bereits am 15. Oktober 1919 65 Jahre alt geworden war, so würde nach Inkrafttreten des Gesetzes meine Amtszeit mit dem 31. März 1921 abgelaufen gewesen sein, falls sie nicht aufgrund besonderer Ermächtigung vom Staatsministerium verlängert wurde. Diese Verlängerung im Interesse des Staatsdienstes wurde mir im Januar 1921 für ein weiteres Jahr vom Staatsministerium zugesprochen. Und so blieb es denn bei dem festgesetzten Zeitpunkt meines Ausscheidens zum 1. April 1922, als ich im 68. Lebensjahre stand. Mein Nachfolger wurde dann der frühere Gewerkschafts-, sodann spätere Zentrumsparteisekretär und Preussische Landtagsabgeordnete Gronowski aus Dortmund.«
Der scheidende Oberpräsident veröffentlichte einen Abschiedsgruß an die Einwohner der Provinz und bedankte sich für die Unterstützung, die ihm während seiner Amtszeit in allen Teilen des Landes zuteil geworden war. Sein Abschiedswunsch äußerte die Hoffnung, »daß, trotz aller Not der Gegenwart, unserer lieben Heimatprovinz und unserem hartgeprüften und gerade jetzt wieder schwer bedrängten deutschen Vaterlande mit Gottes Hilfe bald eine lichtere Zukunft beschieden sein möge.« Er erhielt anerkennende Artikel in der Presse der verschiedenen politischen Richtungen einschließlich der Stimmen aus der sozialdemokratischen Partei. »Dann war ich der Pflichten und Rechte meines Amtes ledig«; jetzt durfte er sich als »freier Mann« fühlen.
Jedoch nicht ledig aller Sorgen bezüglich seines Paulinum-Abgängers: »Als großer Freund des Wassersports machte er im Herbst

1922 mit einigen Freunden eine Bootsfahrt auf dem Dortmund-Ems-Kanal und die Ems hinunter. Auf dieser Fahrt wagten sie sich trotz Abraten kundiger Schiffer auf ihrem kleinen Boot in den Dollart, wo ihr Boot der starken Strömung nicht gewachsen war und kenterte. Ihnen selbst gelang es, ihr Leben zu retten. Das – geliehene – Boot wurde jedoch stark beschädigt, und Karls Koffer mit seinem sämtlichen Reisegepäck versank in den Fluten des Dollart.

Das mit der Neubeschaffung der notwendigen Sachen und mit der Wiederherstellung des Bootes war für Karl und für uns, zumal in der damaligen Notzeit, ein fühlbarer Schlag. Karl selbst trat, um nach Kräften zum Ersatz des Schadens beizutragen, sofort zeitweilig in Beschäftigung bei den schweren Erdarbeiten am hiesigen Dortmund-Ems-Kanal, so daß wir dann mit vereinten Kräften den Schaden decken konnten. Immerhin durften wir dankbar sein, daß Karl das jugendliche Wagnis nicht mit seinem Leben hatte bezahlen müssen. Er setzte dann seine Tätigkeit beim Westfälischen Bankverein in dessen verschiedenen Abteilungen fort.«

Der Oberpräsident verläßt zwar seinen Arbeitsplatz, nicht aber seinen Wohnsitz im fürstlichen Schloß. Ihm bleibt das zweite und das dritte Stockwerk des rechten Schloßflügels. Die Dienstwohnung seines Nachfolgers beschränkte sich jetzt auf das Erdgeschoß. Das Ver-

Schloß Münster, rechter Flügel

bleiben in Teilen seiner bisherigen Dienstwohnung ersparte angesichts der Wohnungsknappheit eine schwierige Suche sowie einen Umzug. Der Familienvater mußte jetzt eine Miete bezahlen, die sich prozentual nach dem Quadratmeterpreis einer »Friedensmiete« richtete. Da jedoch auch die langen Korridore mitgezählt wurden, war der Mietpreis zu hoch angesetzt, und da die Prozentsätze stiegen, belief sich der jährliche Mietpreis auf schließlich 3.300 Reichsmark.

Auch Therese Deixelberger aus Straubing hatte im Schloß gewohnt

Mitbewohnerin war seit dem Einzug ins Schloß auch Therese Deixelberger, die langjährige Erzieherin, Lehrerin, Pflegerin der kinderreichen Familie. Sie stammte aus Niederbayern. Fräulein Deixelberger, im bayerischen Straubing als 12. und jüngstes Kind aufgewachsen, hatte seit ihrem 23. Lebensjahr in Berlin eine Anstellung in dem neuerbauten Haus »Rote Erde«, Schillerstraße 2, Steglitz, als Erzieherin von fünf Kindern in der Familie des Geheimen Rats Wuermeling angenommen. In jenem Jahr 1907 war der Jüngste, Georg, auf die Welt gekommen. Sie trug den Kleinsten in Windeln auf ihrem Arm, zog die Kinder groß, begleitete sie zu deren Erstkommunion, erlebte die erste Kriegsweihnacht, die Verknappung der Lebensmittel, die Hungersnot, mußte mitansehen, wie die vier Söhne von Berlin nach Warburg geschickt wurden – bis sie dann bei der Auflösung des Haushalts mithelfen mußte. Nach 8 ½ Jahren hier in Steglitz tat sie ein Jahr lang ihren Dienst bei einer Familie in Grunewald, um dann zu der Familie zu kommen, die sie seit langem kannte: Martha Cuno wollte sie schon früher übernehmen. Als sie dann wiederum in Hamburg frei wurde, kümmerte sich Therese Deixelberger um den Transport des in Steglitz eingelagerten Mobiliars für den nach Münster berufenen Oberpräsidenten und freute sich, im Sommer 1919 ihre Steglitzer Jungens im Schloß wiederzusehen.

Therese Deixelberger war im Hause Cuno von Januar 1918 bis zum April 1919 tätig. Sie hatte sich um ein Mädchen und drei Jungen zu kümmern. Der jüngste war jetzt fünf Jahre alt und Therese stand im 36. Lebensjahr.

»23. März 1919 Hamburg

Meine Tage sind gezählt hier. Ein neuer Lebensabschnitt steht mir bevor. Mit Bangen blicke ich in die Zukunft. Nun gehen die Sorgen wieder an. Wie habe ich's hier doch so gut. Zwar wird mir der Abschied nicht allzu schwer, seit ich weiß, daß meine Person, meine Bildung und Aufmachung doch nicht lange mehr genügt hätten, indem sie jetzt eine Erzieherin, die perfekt Englisch spricht, gedungen haben. Nun heißt es also wieder wandern. Gott, führe mich weiter, seinem Schutz empfehle ich mich.«

Am 28. September 1919 hatte sie in ihr Tagebuch geschrieben: »Nun sind wir schon vier Wochen hier im Schloß und bewohnen prächtige Räume. Es ist sehr schön hier, herrliche Ruhe und schöne Aussicht nach allen Seiten. Doch Arbeit gibt's genug.« Alles etwas mühsam, allein schon wegen der vielen Räume, Stockwerke und Treppenstufen.

Am 23. November 1919 schreibt Fräulein Deixelberger: »Was geht es mir gut hier, so ohne Sorgen bei freundlichen, lieben Menschen seiner Beschäftigung nachzugehen. Doch kalt ist es hier. Bitter kalt sind die großen Schlafräume und langen Flure. Ich habe selten so viel gefroren. Die Nahrungs- und Kleidersorgen sind groß. Die Teuerung himmelschreiend ...«

Und zu Weihnachten 1919 hatte sie ihrem Tagebuch anvertraut: »Wer hätte vor einem Jahr gedacht, daß ich in diesem Jahr Weihnachten im Schloß zu Münster verleben würde. Wie bringt einen das Leben so durcheinander ...«

Zehnmal insgesamt hatte Therese Deixelberger Weihnachten im Kreis dieser Familie verbracht. Als nach Ostern 1921 wieder ein

Umzug anstand, war sie zur Stelle – diesmal innerhalb von Hamburg, als Familie Cuno nach Aumühle zog.

Das Ruhrgebiet wird besetzt

Kaum war die durch den Kapp-Putsch hochgeputschte Krise, die zur kommunistischen Aufruhrbewegung im Ruhrgebiet geführt hatte, überstanden, da gerät das Ruhrgebiet erneut in den Brennpunkt des Geschehens. Am 9. Januar 1923 erhebt Frankreich auf einer Sitzung der Reparationskommission den Vorwurf, Deutschland vernachlässige die festgesetzten Kohlenlieferungen. Unter diesem Vorwand befiehlt Frankreich den Einmarsch von fünf Divisionen, unterstützt durch ein belgisches Generalkommando, im Ruhrgebiet, besetzt am 11. Januar 1923 Essen und darauf das gesamte Ruhrgebiet. Zwei Tage später tritt Reichskanzler Wilhelm Cuno (seit dem 22. November 1922 im Amt) vor den Reichstag und protestiert im Namen des deutschen Volks gegen diesen Rechtsbruch:
»Vorgestern, am 11. Januar 1923, drangen französische und belgische Truppen in zwei Kampfkolonnen in freies deutsches Gebiet ein. Die Truppen waren kriegsmäßig ausgerüstet. Auf dem Marktplatz in Essen fuhren Panzerwagen auf, Maschinengewehre wurden in Stellung gebracht, der Belagerungszustand verhängt, für jede Übertretung der militärischen Gesetze gerichtliche Bestrafung angedroht. Es steht fest, Recht und Vertrag sind mit dem Einmarsch der fremden Truppen ins Ruhrgebiet gebrochen worden. Gegen die Gewalt, die hiermit einem wehrlosen Volke angetan wird, erhebt die deutsche Regierung vor der ganzen Welt feierlich Protest. Sie kann sich gegen diese Gewalt nicht wehren. Sie ist aber nicht gewillt, sich dem Friedensbruch zu fügen oder gar, wie ihr angesonnen wird, bei der Durchführung der französischen Absichten mitzuwirken. Sie weist diese Zumutung zurück. Die Verantwortung für die entstehenden Folgen fällt allein auf die Regierungen, die den Einmarsch vollzogen haben. Solange der vertragswidrige Zustand, geschaffen durch den gewalt-

samen Eingriff in das Zentrum der deutschen Wirtschaft, andauert und seine tatsächlichen Folgen nicht beseitigt sind, ist Deutschland nicht in der Lage, Leistungen an diejenigen Mächte zu bewirken, die jenen Zustand herbeigeführt haben.«

Der Reichskanzler verkündete den »passiven Widerstand«. Wilhelm Cuno traf den Nerv, der Beifall der Abgeordneten im Reichstag war stark, die Zustimmung einhellig. Die französische Militärverwaltung griff hart durch. Es gab blutige Zusammenstöße, Tote. Französisches Militär besetzte Bahnstrecken, die deutschen Arbeiter verweigerten die Arbeit, Zechen wurden stillgelegt und Kohlelieferungen eingestellt. Nun erlebte in Münster der Oberpräsident im Ruhestand wieder Unruhen vor der Haustür; seine Frau Elisabeth schreibt ihrem ältesten Sohn Franz Josef: »Willy hat ja wieder schneidig gesprochen«, und fügt über ihren Zweitältesten hinzu: »Karl lernt eifrig Spanisch.«

In der Stunde der Not wird Wilhelm Cuno Reichskanzler

Wilhelm Cuno, gerade mal 50 Tage im Amt, fand mit seinem Protest gegen die Abschnürung des Ruhrgebiets – des deutschen Industriereviers – Unterstützung bei allen Parteien. Seine »Regierung der Wirtschaft« erweckte Erwartungen und Hoffnungen in der deutschen Bevölkerung. Wilhelm Cuno wird als erster von großen Teilen des Bürgertums akzeptierter Reichskanzler der Weimarer Republik geschildert. Dabei war er keineswegs der typische Repräsentant des parlamentarischen Systems – er war nie Abgeordneter, sondern ein vom Reichspräsidenten Friedrich Ebert mit der Regierungsbildung beauftragter Seiteneinsteiger. Der Mann, der als Generaldirektor der Hapag beim Wiederaufbau der deutschen Handelsflotte erste Erfolge einfuhr, sollte auch das deutsche Staatsschiff wieder flott machen. Wilhelm Cuno war bis Juli 1916 Staatsbeamter im Reichsschatzamt, dann im Reichsernährungsamt und leitete ab Dezember 1916 das »Generalreferat für kriegswirtschaftliche Fragen«. In dieser Eigenschaft hatte er mit dem Sprecher des »Kriegsausschusses der Deutschen Reedereien« Albert Ballin über eine Wiederherstellung der deutschen Handelsflotte zu verhandeln, nachdem »der dümmste Krieg, den die Weltgeschichte je gesehen hatte« (so der Generaldirektor der Hapag Albert Ballin) die deutsche Handelsflotte ruinierte. Ballin schätzte sein Gegenüber und holte ihn ins Direktorium der Hamburger Schiffahrtsgesellschaft.

Therese Deixelberger, damals Erzieherin der vier Kinder im Haushalt des Hapag-Direktors, hatte in Hamburg im Haus Isequai 16 die Stunden des Zusammenbruchs miterlebt. Aufständische Matrosen zogen durch die Stadt. Nach der Straßenseite durfte kein Fenster geöffnet werden, hatte der Hausherr angeordnet.

Therese Deixelberger blättert in ihrem Tagebuch zurück zur Zeit im Hause Cuno

Über die Tage im November 1918 konnte sie in ihrem Tagebuch festhalten:

»Hamburg, 7. November. Das Neueste! Waffenruhe an der Front! Bayern Republik, Reichskanzler abgedankt! Bei Bekannten fuhr ein rotes Auto vor und forderte alle Vorräte an Konserven und fuhr mit denselben ab. Unser Herr kam heute ganz leichenblaß nach Hause, sprach von Stellung verlieren, Haus aufgeben müssen, Geldverlusten, baldigem Auswandern nach Amerika. Die Hamburg-Amerika-Linie ist besetzt, unter Aufsicht der roten Garde. Werde wohl nach Straubing müssen und mir dort unter einfachsten Verhältnissen als Flicknäherin mein Brot verdienen müssen.

9. November: Ein Ereignis überstürzt das andere. Der Kaiser und der Kronprinz hat oder mußte abdanken, alle Fürsten fliehen. Berlin, oder vielmehr das deutsche Reich wurde als Republik ausgerufen. Überall werden Arbeiter- und Soldatenräte gebildet. Der Weltkrieg ist beendet, aber ohne Waffenstillstand, die Soldaten hüben und drü-

ben einigen sich unter der Hand, alles unter der roten Fahne. Wie wird es noch werden? Generaldirektor Ballin ist am Herzschlag gestorben. Tiefe Trauer allseits. Die Herren von der Hamburg-Amerika-Linie sitzen unten im Herrenzimmer und beraten, was nun werden soll mit dem Riesenunternehmen.

10. November: Die Waffenstillstandsbedingungen sind angekommen. Welch schreckliche, schmachvolle Forderungen! Köln, Koblenz und Mainz müssen geräumt und mit allen Fabriken und Eisenbahnen den Feinden unzerstört übergeben werden. Belgien wieder hergestellt, Elsaß-Lothringen zurückgegeben und noch viele Forderungen an Kriegsmaterial, Waggons, etc. Was sind wir für ein gottverlassenes, geschlagenes Volk!

11. November: Jedes wahren Deutschen Herz muß jetzt bluten ob der Vorgänge. Wir mußten die schrecklichen Waffenstillstandsbedingungen annehmen.

12. November: Die Direktoren (6) haben für Herrn Ballin einen Kranz für 300 Mark gekauft.
Ein Ei kostet jetzt 63 Pfennige, Flasche Öl 55 Mark.

17. November: Es ist wieder ruhiger um und in mir geworden. Ich träume jetzt oft von einem kleinen Weißwarengeschäft mit mehreren Nähmaschinen zum Anfertigen von Wäsche.

22. November: Unser Herr ist gestern abend zu den Friedenverhandlungen gereist. Die Feinde sind so häßlich und gehässig gegen uns. Elsaß-Lothringen ist von den Franzosen besetzt. Unsere Soldaten sind seit Wochen auf dem Heimmarsch oder der Heimreise. Es muß alles in gar kurzer Frist geschehen sein. Auch hier in Hamburg werden in den nächsten Tagen Hunderttausende durchkommen, die Schulen werden freigemacht und Privatquartiere bezogen. Wie traurig ist die Heimkehr, hungernd und frierend und schlecht gekleidet, mit meist nicht der besten Gesinnung und Gesittung kommen sie wieder. Gott sei Dank kommt auch unser Bruder Karl wieder.
Heute 24 Pfd. grüne Erbsen, schlechte Sorte à 5,25 M, und Feldboh-

nen zu 4,25 M das Pfund gekauft. Butter: Höchstpreis 5,68 M, Honig angeboten, Pfund zu 15 M.
Stickgarn 80 Pf rot, 1,25 M weiß. Früher 6 und 8 Pfennige.
24. 11. 18 Heute kommen die Soldaten wieder, die Stadt ist reich beflaggt. Doch es ist eine traurige, drückende Stimmung unter dem Volk. Krieg, Hungersnot, Teuerung, Krankheit und betrübte armselige Zeiten suchen uns heim. Mir ist so weh ums Herz, ich fühle mich so verlassen und unglücklich. Kein Mensch in der großen, weiten Welt, der einem nahe steht.

4. Dezember: Die Lage in Deutschland wird immer verzweifelter. Diese Schmach und Not, nicht auszudenken! Für das Besohlen und Benageln von Jungensschuhen mußten wir 19 M bezahlen. Butter und Talg 25 Mark. Breite graue Kriegsnudeln 6 M, ebenso Hafergrütze.

20. Dezember: Heute, 20. 12., einen 8-pfündigen Schweinebraten zu 112 M., also 14 M für ein Pfund Schweinefleisch.
Heute ist Herr Geheimrat zum Generaldirektor der Hamburg-Amerika-Linie ernannt worden. eine ehrenvolle, glänzende Stellung. Nun ist die Familie beisammen und feiert dieses frohe Ereignis bei Sekt und Rotwein, Schweinefleisch.

Weihnachten 1918
Welch rührselige Stimmung übermannte mich plötzlich. Tränen am Weihnachtstage! Und doch wie gut, daß sie kamen und mir mein trauriges, verlassenes Herz erleichterten. Doch war die gestrige Feier hier erst zu Hause um $1/_24$, dann um 6 Uhr bei der Großmama so schön, obgleich die Bescherung etwas mager ausgefallen war. 65 M, Geld, Buch, Briefpapier, Bilderrahmen der Kinder und ein Abonnement auf das Straubinger Tagblatt. Voriges Jahr war ich auf der Reise nach Berlin in dieser Nacht. Was wird nächstes Weihnachten sein?«

Weihnachten 1919 war dann Fräulein Deixelberger im Schloß zu Münster tätig.

Das schöne Reichskanzlerpaar

Wilhelm Cuno war mit einer auffallend schönen Frau verheiratet. Die englische Gräfin d'Abernon bezeichnete sie einmal als »one of the best looking women I have seen in Germany«. In einem 1928 erschienenen Buch »Gestalten rings um Hindenburg« werden auch die Frauen der Reichskanzler vorgestellt: »Dagegen gab Frau Cuno, die Tochter des Hamburger Salpetermaklers Wirtz, wieder größere Geselligkeit. Groß und schlank, trotz ihres weißen Haars von frischem, jugendlichem Aussehen, ist sie wohl die schönste deutsche Reichskanzlerin. Da auch ihr Gatte einer der bestaussehenden Männer ist, sagte einmal ein fremder Diplomat, als er das Reichskanzlerpaar die Treppen des Reichstags heruntergehen sah: ›Wenn man diese beiden sieht, glaubt man wirklich, daß ihnen der Hermelin eben erst von den Schultern geglitten ist.‹«

Martha Cuno, geborene Wirtz, war die älteste Tochter aus der Ehe des Hugo Wirtz mit Maria Terfloth, die im September 1878 in Greven bei Münster geheiratet hatten. Hugo Wirtz betrieb in Hamburg ein florierendes Maklergeschäft, das einen reichen Ertrag erbrachte, so daß das Ehepaar bald eine schöne Besitzung mit großem Garten im Hamburger Stadtteil Hamm-Horn, Hirtenstraße 42, erwerben konnte. Sie brauchten auch ein großes Haus: Maria und Hugo hatten sieben Kinder, das älteste, Martha, war am 8. August 1879 zur Welt gekommen.

In ihren Jugenderinnerungen schildert Marias jüngste Schwester, Elisabeth Terfloth, wie sehr sie sich auf den Besuch aus Hamburg gefreut hatte: »Besuch aus Hamburg. Meine schönste Erinnerung ist wohl der alljährliche Besuch meiner Schwester Maria mit Kindern. Allein schon, daß sie aus der Großstadt Hamburg kamen, erhöhte den Reiz. Ich durfte sie mit meiner Mutter meistens von Münster, wo sie umsteigen mußten, abholen. Damals waren noch 2 Bahnhöfe, und der Übergang, da nur kurze Zeit zum Umsteigen war, nicht so einfach. Der Bahninspektor erlaubte uns dann, direkt über die Schienen zu gehen, und ich fuhr stolz den mit Kinderwäsche voll gepackten Kinderwagen, der uns mit Koffern ausgehändigt, bezw. schleunigst herüberspediert wurde. Und wir bekamen den Anschluß immer, da auf uns gewartet wurde. Das allein war schon sehr interessant für mich. Und dann das erste Kindlein, jetzt Martha Cuno, in Greven! Die Babies wurden so ganz anders gehalten, wie die kleinen Kinder in Greven, vor allem aber weder geschaukelt noch gewiegt oder herumgefahren oder herumgetragen. Das hinderte mich aber nicht, den Wagen mit dem Kind in einem unbewachten Augenblick aus dem Garten zu holen und durch's Dorf zu fahren, über Stock und Stein, über holperiges Pflaster als stolze, $6\frac{1}{2}$jährige ›Tante‹, wirkliche, richtige Tante. Ich meinte, die anderen Kinder müßten vor Neid platzen. Aber bald vermißte man Kind und Wagen, und meiner Spur war nicht schwer zu folgen, es war wohl kaum jemand, der mich nicht gesehen hätte. Da gab es einen tüchtigen Verweis, und mit der größten Vorsicht wurde das durcheinandergeschüttelte Kind über das holperige Pflaster wieder in unseren Garten gebracht. – Als der Kinder mehrere geworden, ließ mein Vater ein kleines Zeltchen im Garten direkt am Haus machen und einen feinen Sandhaufen daneben schütten, da wir keine gedeckte Laube noch Gartenhaus hatten. Das war für mich und die Kinder ein Born neuer Freuden, da spielte man den ganzen Tag. Überhaupt war diese Sommerfrische einzig für die Kinder aus der Großstadt. Einer unserer Nachbarn war ein großer Bauer mit Pferden, Kühen, Schweinen und Hühnern. Dahin ging ich oft mit ihnen. Die dreckigen Schweine, deren Außenstall auch immer sehr dreckig war, erheiterte die Kinder immer sehr, besonders wenn sie so darin herumtobten, daß es spritzte – und dann war die Freude besonders groß, wenn im inneren reinen Stall ein dickes Schwein mit einer Reihe kleiner Ferkelchen lag, die angelegentlichst bei der Mutter tranken. – Die Kinder durften auch manchmal Eier aus den Nestern holen und auch die kleinen Kücklein füttern. Als die jetzige Frau Cuno zum ersten Mal aus der Ferne ein Huhn gackern hörte, fragte sie ganz ängstlich: Wer lacht da? Für mich war die Zeit dieses Kinderbesuches, der mich auch treu ›Tante Lisbeth‹ nannte, die schönste Zeit des Jahres, von der ich mir nichts nehmen ließ. Leider fiel sie immer in meine Schulzeit, und da lief ich sogar in der 10 Uhr-Pause nach Haus, um auch diese 15 Minuten mit den Kindern zusammen zu sein.«

Als Elisabeth Terfloth am 7. April 1894 in der Lamberti-Kirche zu Münster den Zweiten Bürgermeister Dr. Bernhard Wuermeling heiratete, waren ihre Schwester Maria und ihr Mann Hugo Wirtz zur Hochzeit angereist. Ihre Kinder Martha und Olga trugen gelbe Schärpen und streuten Blumen.

Hugo Wirtz war gut beraten, daß er Marias Bruder Albert in sein Maklergeschäft aufnahm, da er bald von einem schweren Leiden befallen wurde. Er starb am 8. Mai 1897 im Alter von erst 51 Jahren. Es war der Tag, an dem seine Tochter Martha 18 Jahre alt wurde. Elisabeths Ehemann Bernhard erinnert sich: »Martha wuchs zu einer ansprechenden Erscheinung von gewinnendem Wesen heran. Sie war bei uns, als wir 1898 nach Berlin gekommen waren, häufiger zu Besuch und lernte bei uns den damaligen Referendar Willi Cuno, der mir als Kartellbruder näher stand, kennen und dieser sie lieben. Da er jedoch noch Referendar war, bot er der vorsichtigen Mutter noch keine Gewähr für die Zukunft ihrer Tochter. ›Nein, nein. Du bekommst meine Tochter nicht. Du mußt erst mal Nadelgeld verdienen.‹ Als er nach einigen Jahren sein Examen als Gerichtsassessor bestanden hatte, setzte sich die Liebe durch, und die Mutter stellte ihre Bedenken zurück. Cuno, ein zuverlässiger, tüchtiger Beamter von gutem Äußeren und Auftreten, kam zunächst an die Zollverwaltung in Berlin, dann bald von dort zum Reichsschatzamt.« Am 26. April 1906 hatte dann schließlich doch Martha Wirtz in Hamburg ihren Dr. Wilhelm Cuno heiraten dürfen.

Jetzt, 1923, blickten die Deutschen auf diesen Hoffnungsträger – der Parteilose galt als Integrationsfigur jenseits des Parteienzanks und als Wirtschaftsführer mit besten internationalen Kontakten. Sein am 4. Juli 1920 mit der United American Lines geschlossener Kooperationsvertrag galt als Sensation: Er öffnete der einst führenden Hapag den Wiedereinstieg in das Atlantikgeschäft. Zum ersten Mal nach dem Krieg war ein deutsches Unternehmen als gleichberechtigter Wirtschaftspartner akzeptiert worden. Dieser transatlantische Vertrag war von Hapag-Delegationsleiter Wilhelm Cuno in New York mit dem UAL-Schiffsreeder Averell Harriman ausgehandelt worden. Die Geschäftspartnerschaft des »Harriman Vertrags« vertiefte sich zu einer Familien-Freundschaft. Als Martha Cuno am 13. Januar 1922 ihr fünftes Kind auf die Welt brachte, übernahm Averell Harriman die Patenschaft. Das Mädchen wurde auf den Namen Kathleen getauft – den Vornamen von Harrimans erster Frau. Der Tag, an dem Wilhelm Cuno am 13. Januar 1923 vor dem deutschen Reichstag in Sorge über die Ruhrbesetzung als Kanzler aller Deutschen sprach, war Kathleens erster Geburtstag.

Der passive Widerstand war nicht durchzuhalten: im Reich verarmte die Gesellschaft, Wirtschaftskrise, wachsende Arbeitslosigkeit und Inflation verschärften die Lage. Reichskanzler Cuno beschreibt die Atmosphäre jener Tage: »Ich habe das Gefühl, über mir stürze ein Haus ein.« Er verlor den Rückhalt bei den Reichstagsfraktionen und bei der Bevölkerung.

Am 12. August 1923 trat Reichskanzler Wilhelm Cuno zurück. Sein Nachfolger wurde Gustav Stresemann.

Wilhelm und Martha Cuno am 11. August 1923 vor dem Reichstag

Karls Welt

Vielleicht hätte Karl es so machen müssen wie Otto, Marthas jüngster Bruder. Der studierte erst einmal, machte seinen Doktor und wurde dann Pächter eines Rittergutes in Mecklenburg – Landwirtschaft war ja des Primaners Berufsziel. Oder so etwas wie das große Gut der Hovestadts in Sudmühle im Nordosten von Münster, wohin es im Juli 1922 Fräulein Therese Deixelberger zog, um sich dort der Hovestadt-Kinder anzunehmen.

Die Zeiten waren schlecht, die nächsten Jahre verhießen nichts Gutes. Auch nicht für Karl. Da war auch dieser Druck – sein drei Jahre älterer Bruder war bereits »fertig«, hatte seinen Dr. rer. pol. und bewegte sich in den Diensten des Staates. Karls Abschluß auf dem Paulinum war kein guter Start für eine festgelegte »Berufslaufbahn« – seit drei Generationen Paulinum, seit drei Generationen »ius«, im Dienst für Staat und Kirche … Nein, das war nicht Karls Welt.

Jetzt war das Ruhrgebiet, in dem er für die Republik und Freiheit noch als Schüler gekämpft hatte, wieder in den Brennpunkt Deutschlands gerückt. Es wiederholt sich alles – Hungersnot, Inflation; nur daß alles eher schlimmer wurde: drückende Reparationsforderungen, auf 50 Jahre verordnet, Putschgerüchte in Bayern, Separatisten fordern eine »Rheinische Republik«, kommunistische Aufstände in Sachsen und in Thüringen, Attentate auf Mitglieder der Reichsregierung, Einsatz der Reichswehr im Innern – das Reich

Karl im August 1923

drohte zu zerfallen, die Gesellschaft geriet ins Wanken. In solchen Zeiten sind die Zukunftsaussichten düster, eigentlich wahrlich aussichtslos. Es war das Terflothsche Blut, was in dem Neunzehnjährigen aufwallte, er wollte hinaus in die Welt, jedenfalls weit weg von Münster.

Dann eben doch nicht wie Otto auf dem Rittergut, schon eher wie Marthas ältester Bruder Paul; der trat in das väterliche Hamburger Maklergeschäft Hugo Wirtz ein. Dieser im Alter von nur 51 Jahren 1897 Verstorbene war in seinen jungen Jahren ins Ausland aufgebrochen, hatte seinen »Prinzipalen« in Le Havre und sieben arbeitsreiche Jahre lang in Liverpool gefunden, um dann in Hamburg 1877 ein Handlungsgeschäft – die Firma »Hugo Wirtz« zu gründen. Durch den aufblühenden Handel in Salpeter, Harz und Terpentinöl entwickelte sie sich gut und warf hohen Gewinn ab. Ein Jahr nach der Firmengründung gründete er eine Familie. Er hatte in Greven die Kaufmannstochter Maria Terfloth geheiratet. Nach Hugo Wirtz' Tod führte die 38jährige Witwe mit ihrem Bruder Albert das Unternehmen weiter, sie mehrte das Vermögen, vergrößerte den Wirkungsradius des Maklergeschäfts – unterstützt von ihrem Sohn Paul und dessen jüngerem Bruder Max, der am Umschlagplatz des Salpetermarktes vor Ort in Südamerika, in Valparaíso, ein glänzendes Maklergeschäft führte.

Maria Wirtz bewohnte den 1892 von Hugo Wirtz erworbenen, 4 Morgen großen Besitz Hirtenstraße 42. Nach dem Verkauf des repräsentativen Hauses im Jahre 1910 erwarb sie ein gleichwertiges Haus mit 16 Zimmern in der Agnesstraße 50. In der Familienchronik der Wirtz-Familie heißt es: »An dieses Haus knüpfen sich vor allem die Erinnerungen der erwachsenen Kinder, Schwiegerkinder und Enkel. Sie verstand es, Feste zu geben, und all ihren Kindern, Schwiegerkindern und Enkeln sind vor allem die schönen Weihnachtsfeste in dem großen Saal eine unvergeßliche Erinnerung. Infolge des Vermögensschwundes der Inflationsjahre 1919–1923 wurde das Haus 1921 verkauft.« »Meine Mutter«, so schreibt Paul in dieser

Chronik, »ging dann zunächst auf ein Jahr mit ihrer einzig unverheirateten Tochter Elisa nach Chile zu ihrem Sohn Max.«

Hamburg – das Tor zur Welt. Raus aus Westfalen! Beinahe hatte er es ja schon geschafft – vom Dortmund-Ems-Kanal zum Dollart; wenn nicht da dieser Schiffbruch gewesen wäre. Der Geruch von Meer, die Weite, Auswanderung, Schicksal, Atlantik, Übersee, Kontinente, die Welt als ganz großes Erlebnis. Die Verwandtschaft seiner eigenen Mutter hatte ja gezeigt, daß es funktionierte.

Karls Reiseplan

Für das Wintersemester 1923 auf 1924 hatte sich Karl zwar eingeschrieben, das Unterrichtsgeld und die Studiengebühr einbezahlt, doch dann muß er es sich anders überlegt haben, denn das Anmeldungsbuch des Studenten trägt auf Seite 19 über dem Stempel der Westfälischen Wilhelms-Universität den Eintrag »beurlaubt«. Nach drei Studiensemestern der Staatswissenschaften beendet er auch sein Volontariat bei dem Westfälischen Bankverein in Münster. Bereits am 5. Mai 1923 stellt ihm die Bankdirektion auf seinen Wunsch hin ein Zeugnis »zu Bewerbungszwecken« aus und fügt diesem die Anmerkung hinzu: »Der endgültige Austritt erfolgte Ende September zwecks Reisevorbereitungen nach Amerika.« Deshalb also Karls verstärktes Interesse für Sprachen. Da sein bisheriger »Person-Ausweis« mit dem Eintrag unter »Stand oder Gewerbe«: Schüler oder »Staatsangehörigkeit«: Preußen, »Wohnort«: Münster i. Westf., Schloßplatz 2 für eine Reise nach Amerika wenig half, benötigte er einen Reisepaß, der ihm am 5. Juli 1923 ausgestellt wurde.
Die Personenbeschreibung: »Beruf: Kaufmann, Geburtsort: Charlottenburg, Geburtstag: 2. 11. 03, Wohnort: Münster i. W., Gestalt: groß, Gesicht: voll, Farbe der Augen: blau, Farbe des Haares: dkl. blond«.
Über Tante Maria und Cousine Elisa hatte Karl viel von Chile und von Valparaíso gehört: Von Max Wirtz, seinem Vetter, dessen Roh-

stoffhandel mit Salpeter, und dem Kontor in der Stadt am Pazifik. Karl löcherte sie mit Fragen, alles wollte er wissen. Was er erfuhr, bestätigte ihm – das war es! Seine Entscheidung stand fest – ab nach Chile! Zum Befremden seines Vaters und zum Kummer seiner Mutter. Er wollte ausreißen, abhauen, Schloß und Münster alle sein lassen, auch seine Geschwister. Seine Halbschwester Agnes war seit 13 Jahren verheiratet, hatte zwei Söhne, der eine war elf, der andere neun Jahre alt. Karls Schwager wird bald an das Berliner Kammergericht befördert. Karls ältere Schwester Elisabeth hatte sich im Frühjahr 1923 mit einem Regierungs- und Baurat von der hiesigen Eisenbahndirektion verlobt. Die Hochzeit war auf den 8. Oktober 1923 festgelegt.

Sein älterer Bruder Franz Josef saß im Gefängnis in Koblenz: Nach seinem Referendarexamen tat er laufbahngemäß am Landratsamt Altenkirchen Dienst für den Kreisausschuß und mußte auf Anweisung des Landrats den vakanten Posten des Landbürgermeisters der Gemeinde Flammersfeld ausüben. Nun war der Kreis Altenkirchen in der Rheinprovinz nicht ganz frei von der Besatzung der Franzosen und Belgier, doch Flammersfeld gehörte jedenfalls zum Besatzungsgebiet. Wegen angeblicher Verstöße gegen die Vorschriften der Besatzungsbehörde wurde er festgenommen und ohne Nennung eines Grundes für die Festnahme nach Koblenz abgeführt und in einem dort eingerichteten französischen Gefängnis interniert. Da er seine 17jährige Freundin alleine lassen mußte, ließ er zum Zeichen seiner Treue aus der Gefängniszelle heraus in ver-

Die Eltern in Münster

443

schiedenen Zeitungen seine Verlobung veröffentlichen. Seine Auserwählte sollte an ihrer gemeinsamen Zukunft nicht zweifeln. Karls jüngerer Bruder Hans, der Ostern 1923 am Paulinum sein Abitur machte, beschloß Theologie zu studieren, arbeitete unter Tag in einer Kohlenzelle bei Hamm. Jeden Morgen um vier Uhr fuhr er zur Schicht. Im Herbst 1923 immatrikulierte er sich in Innsbruck an der Theologischen Fakultät. Der Jüngste von allen, Georg, besuchte zu der Zeit noch das Paulinum und war gerade in die Unterprima gekommen.

Am 21. Juli 1923 stellt das Chilenische Generalkonsulat in Hamburg das Einreisevisum aus, am 29. August das Britische Konsulat ein Transitvisum für Großbritannien, ebenso am selben Tag das Argentinische Generalkonsulat.
Als Karl in Hamburg die Visa einsammelte, bemerkte er eine Großbaustelle: In dem Areal, in dem das neue Kontorhaus-Viertel entstehen sollte, wurde ein bemerkenswerter Klinkerbau hochgezogen, dessen Ostspitze wie ein steil aufragender Schiffsbug aussah – das Chile-Haus. Bauherr war der Kaufmann Henry B. Sloman, der ebenso wie die Firma Hugo Wirtz Salpeterhandel mit Chile betrieb.
Karls Mutter hatte ihren Sohn bis Hamburg begleitet. Dann erhielt er den letzten Paßeintrag – den Ausreisestempel des Hamburger Hafens. Sein Vater konnte es nicht mehr ändern: »Bei der sich immer verschlechternden wirtschaftlichen Lage in Deutschland kam Karl im Laufe von 1923 zu dem kühnen Entschluß, sein Glück in Chile zu versuchen, wo sein Vetter Max Wirtz seit langen Jahren mit gutem Erfolg als Salpetermakler mit Familie ansässig war. Maria Wirtz, die Mutter von Max Wirtz, hatte Karl ihrem Sohn empfohlen; eine feste Zusage, Karl einzustellen, hatte Max Wirtz jedoch nicht gegeben. Das hielt Karl in seinem Jugenddrange jedoch nicht ab, seinen Plan auszuführen, und so fuhr er am 3. September 1923, noch nicht 20 Jahre alt, in der schlimmsten Inflationszeit, nur mit dürftigen eigenen Mitteln ausgerüstet, in Begleitung von Mutter nach Hamburg, wo er an Bord ging.«

21. Kapitel
Vom Titicaca-See ...

Um in Argentinien an Land zu gehen, benötigen Schiffspassagiere der zweiten und der dritten Klasse eine beglaubigte Berufsbescheinigung. Diese mußte sich Karl von der Polizeiverwaltung in Münster und vom Generalkonsulat Argentiniens in Hamburg ausstellen lassen. Ebenso (auf Grund des §6 Abs. 2 des Gesetzes gegen die Kapitalflucht) eine Bescheinigung des Finanzamts Münster, die ihm erlaubte, »dreißig englische Pfund persönlich mit ins Ausland zu nehmen«. So war behördlich alles geregelt, daß – so die Abmelde-Bescheinigung – der »nachstehende Kaufmann aus dem Stadtbezirk Münster i. W., Schloss, Stadtkreis Münster i. W. nach Valparaíso (Chile)« reisen konnte. Über Southampton und Liverpool erreicht er endlich Südamerika. Mit dem Transitvisum gelangt er von Buenos Aires mit dem Zug quer durch Argentinien und durch die Anden am 10. Oktober 1923 nach Valparaíso an der pazifischen Küste Chiles – der 19jährige Kaufmann Karl Wuermeling hatte sein Ziel erreicht – mit kaum mehr Geld in der Tasche sah er einer ungewissen Zukunft entgegen.

Nach Münster meldete der Neuankömmling per Schiffspost »seine glückliche Ankunft in Valparaíso«, daß er von seinem Vetter Max sogleich engagiert wurde – mit 500 Pesos Gehalt; auch daß Max ihm vieles zutraue. Er müsse nun selbst sehen, daß er sich nicht zu dämlich anstelle ...

Ankunft in Valparaíso

Der Mut des Neunzehnjährigen erinnerte den Firmenchef Max Wirtz an seinen eigenen Start in Valparaíso. Er war damals gerade Mitte Zwanzig, als er hier angekommen war, um das (nach dem Tod des Vaters) von seiner Mutter Maria und deren Bruder Albert Terfloth weitergeführte Hamburger Maklergeschäft vor Ort auszubauen und zu mehren. Ein hart umkämpfter Markt um den Rohstoff Salpeter, aber auch ein Riesengeschäft für die Exporthändler, für die Schiffahrtslinien, für die Importeure (neben England war Deutschland Hauptabnehmer) und – für den chilenischen Staat. 1917, in der Blütezeit des Geschäfts, waren 3 Millionen Tonnen exportiert worden; bei einem Ausfuhrzoll von 3,38 Peso Goldwährung auf jeden Doppelzentner war diese Rohstoffware zur Haupteinnahme des Staates geworden. Dank der Bodenschätze im Norden des Landes war Chile der Alleinlieferant von Salpeter und hatte das Monopol auf dem Weltmarkt. Dieser Grundstoff war für die Herstellung von Schießpulver, also Sprengstoff, und als Düngemittel wichtig. Und dieser Salpeterhandel wurde über die Hafenstadt Valparaíso abgewickelt. Deshalb hatten sich hier die großen Handelskontore angesiedelt; so auch »Max Wirtz & Cia. Ltda, Valparaíso«. Max hatte sich hier niedergelassen, lernte Anita Hudtwalker kennen, die Tochter einer aus Hamburg stammenden Familie. In der Mitte des Jahres 1911 heirateten die beiden und bekamen drei Kinder. Als Vetter Karl in Valparaíso auftauchte, war Anita 11, Carlota 9 und Adelita 6 Jahre alt.
Da ja auch Max' Mutter Maria und seine Schwester Elisa bei ihrem Valparaíso-Aufenthalt hier Platz gefunden hatten, war Karl im Wirtzschen Haus auf dem »Cerro Alegre«, am Ende der »Avenida Alemania« hoch über dem Ortszentrum willkommen. Sein Vetter ließ ihn zunächst die Brise dieser Stadt am Pazifischen Ozean schnuppern. Im November 1923 übernahm er ihn in sein Geschäft.

»Max Wirtz & Cia. Ltda.
Oficina: Cochrane 750 Valparaíso

Zeugnis

Herr Carl Wuermeling kam im November 1923 nach Valparaíso (Chile, Südamerika), nachdem er Deutschland mit 19 Jahren auf eigene Faust verlassen hatte. Das genügte mir, um ihn in meiner Makler- und Agenturfirma als Angestellten einzustellen.«

Der Standort aus anderer Sicht

Bei dem Arbeitseinstand am 2. November wurde sein 20. Geburtstag gefeiert und bald darauf, am 17. November, beging Max Wirtz seinen 39ten. Um dieselbe Zeit zog es den 1904 als Sohn eines Lokomotivführers geborenen Néftali Reyes Basualto in die chilenische Hauptstadt. Er schildert seine ersten Eindrücke von Santiago und seiner Umgebung: »Valparaíso liegt nahe bei Santiago. Sie sind nur durch die zottigen Berge getrennt, auf deren Gipfeln wie Obelisken große Kakteen ragen, feindselige, blühende. Außerdem trennt etwas ewig Unbestimmbares Valparaíso von Santiago. Santiago ist eine gefangene Stadt, umzingelt von ihren Mauern aus Schnee. Valparaíso dagegen öffnet seine Tore dem offenen Meer, dem Geschrei der Straßen, den Augen der Kinder.
In der zügellosesten Zeit unserer Jugend warfen wir uns auf einmal, stets bei Tagesanbruch, stets ohne geschlafen zu haben, stets ohne einen Centavo in der Tasche, in einen Wagen dritter Klasse. Wir waren Dichter oder Maler von mehr oder weniger zwanzig Jahren, ausgestattet mit der wertvollen Fracht unüberlegter Verrücktheit, die sich betätigen, die ausgreifen, ausbrechen wollte. Der Stern von Valparaíso rief uns mit seinem magnetischen Pulsschlag.«
Néftali Reyes Basualto nennt sich, als er 1923 sein erstes Buch »Morgendämmerung« veröffentlicht, Pablo Neruda. Der international agierende Kosmopolit blieb Valparaíso stets innig verbunden:

»Valparaíso ist verschwiegen, gewunden, gekrümmt. Über die Hügel ergießt sich das Bettelvolk wie eine Kaskade. Man weiß, wieviel das unermeßliche Hügelvolk verzehrt und wie es sich kleidet (auch, wieviel es nicht verzehrt und wie es sich nicht kleidet). Trocknende Wäsche beflaggt jedes Haus und die unablässige Vervielfältigung nackter Füße verrät mit ihrem Gewimmel die unauslöschliche Liebe.«

Ein halbes Jahrhundert später beschreibt Pablo Neruda in seinen Erinnerungen, was den Neuankömmling so faszinierte: »Ich habe zwischen diesen aromatischen, verletzten Hügeln gelebt. Es sind saftige Hügel, auf denen das Leben pulsiert in endlosen Ausläufern, in unergründlichen Schneckenwindungen und Krümmungen einer Trompete. In einer Spirale erwartet dich ein orangefarbenes Karussell, ein absteigender Mönch, ein kleines Mädchen, das in seiner Wassermelone versinkt, ein Wirbel von Matrosen und Frauen, eine Krambude mit verrostetem Eisenzeug, ein Miniaturzirkus, dessen Zelt nur Platz hat für den Schnauzbart des Dompteurs, eine Leiter, die zu den Wolken steigt, ein Fahrstuhl, der auffährt mit einer Ladung Zwiebeln, sieben Esel, die Wasser befördern, ein Feuerwehrwagen, der von einem Brand zurückkehrt, ein Glasschrank, der Flaschen über Leben und Tod vereint.

Doch diese Hügel haben tiefgründige Namen. Zwischen diesen Namen zu reisen, ist eine nie endende Reise, denn die Reise Valparaísos endet nicht in der Erde und nicht im Wort. Fröhlicher Hügel, Falter-Hügel, Palanco-Hügel, Hügel des Spitals. […]

Ich kann unmöglich so viele Orte besuchen. Valparaíso bedarf eines neuen Meerungeheuers, eines Achtfüßlers, der es zu durcheilen vermag. Ich nutze seine Unermeßlichkeit, seine intime Unermeßlichkeit, aber es gelingt mir nicht, seine vielfarbene Rechte zu umfassen, sein linkisches Keimen, seine Höhe und seinen Abgrund. Ich folge allein seinen Glocken, seinen Schwingungen und seinen Namen.«

Oficina Wirtz

Gekrönt von dieser Hügelkette wiesen Treppen, Aufzüge (»Ascensor«) und Straßen dieses »Paradiestals« Valparaíso, dieser eher schrägen Stadt, zum Hafen hin. In eines der vielen Kontore arbeitete sich Karl ein. Sein Chef Max Wirtz war zufrieden mit seinem jungen Vetter: »Seine Aufgabe war vor allem, den Innenbetrieb meines rund 7köpfigen Contors umzuorganisieren. Binnen kürzester Zeit hatte Herr W. bereits die ausreichenden Sprachkenntnisse (span. & engl.), und sich dermaßen in der ihm völlig neuen Materie eingearbeitet, daß ich nicht zögerte, ihm trotz seiner jungen Jahre den ganzen Innenbetrieb mit Correspondenz, Kabelverkehr, Bankwesen, Verschiffungen etc. etc. zu übertragen. Er war mir eine wertvolle zuverlässige Stütze. Während meiner teils wochenlangen Abwesenheiten leitete er später die Firma selbständig. – Nach 2 Jahren machte ich ihn dann zum Teilhaber, als welcher er mir auch für den Außendienst wertvollste Mitarbeit lieferte.«

Dank einer vom »Liceo Fiscal Paulino En Münster« und durch »El Rector y El Consejo de Professores de la Wilhelms Universität de Westfalia« bestätigten Übersetzung des Reifezeugnisses und der belegten Universitätsvorlesungen, zusätzlich beglaubigt durch das deutsche Generalkonsulat in Valparaíso, erhält Kaufmann Karl die Erlaubnis, sich an der hiesigen Staatsuniversität in der rechtswissenschaftlichen Fakultät einzuschreiben.

Karl an Bord der »Odenwald«

Einen »äußerst fleißigen Schaffer« nennt ihn Vetter Max. Tatsächlich hat er viel geschafft und viel geschaffen in der kurzen Zeit. Vielleicht zuviel, denn im Januar 1925 erkrankt er. Er fühlte sich verausgabt. Mit Max Wirtz gehört er jetzt dem »Club Viña del Mar« an, der für seine Banketts, Dinner und Bälle berühmt ist – auch für seine Regeln, es herrscht Frackzwang. Viña del Mar ist Valparaísos vornehmer Nachbarort mit etwa 35.000 Einwohnern. Vom Clubhaus blickt man auf den Palacio Castillo, den Sommersitz des chilenischen Präsidenten über dem Ufer des Pazifiks, auf das Casino, auf die Villen der Großkaufleute mit den gepflegten Gärten, überwuchert von tropischen und subtropischen Gewächsen und auf einen reizvollen Badestrand. Hinten, den Hügeln zu, das Hospital Fricke, die Pferderennbahn, das Stadion und der Golfplatz.

Erkundungsreise

Karl beschloß, das Land kennenzulernen, sich in Chile umzusehen. Er wollte wissen, wo der Rohstoff Salpeter herkommt, mit dem er weltweit handelte. Er buchte auf dem Frachtschiffdampfer der Hapag »Odenwald« eine Reise Richtung Norden, der chilenischen Küste, den Cordilleren entlang, hinauf bis zum Hafen Antofagasta. Auf der langen Fahrt war Zeit, sich beim Bordfriseur einen neuen Haarschnitt zuzulegen – über der Stirn nach hinten gebürstet, für drollige Gruppenfotos der Bordgäste, und um Bilder zu machen von Häfen und Fabriken einsamer Küstenorte. Mit an Bord hatte er eine 550 Seiten dicke Reiselektüre: »Acht Lehr- und Wanderjahre in Chile«, die ein Professor Dr. Otto Bürger verfaßt hatte und im September 1923, dem Monat und Jahr von Karls Abschied aus Deutschland, in Leipzig als Neuauflage erscheint. Er hatte es sich in der Buchhandlung Grimm & Kern in Valparaíso gekauft. Der Autor stellt Land und Leute, das Reich des Kondors und die Fauna des langgestreckten Küstenstaates vor, erzählt, was sich im Hinterland von Serena verbirgt, einer »toten Stadt«, oder über die Hafenstadt

Caldera mit ihren 2.500 Seelen, und von Antofagasta mit seinem Wahrzeichen, dem »Felsentor La Portada«.

Mit der Entdeckung des Salpetersalzes begann dort 1875 eine unglaublich wilde Zeit: Die Besetzung des Hafenortes Antofagasta führte zum Salpeterkrieg (1879–1884), in dem Chile die auf bolivianischem Gebiet liegenden Nitratlagerstätten erbeutete. Hafen und Provinz Antofagasta fielen an Chile, womit Bolivien nicht nur dieser Bodenschätze, sondern auch noch des Zugangs zum Pazifik beraubt

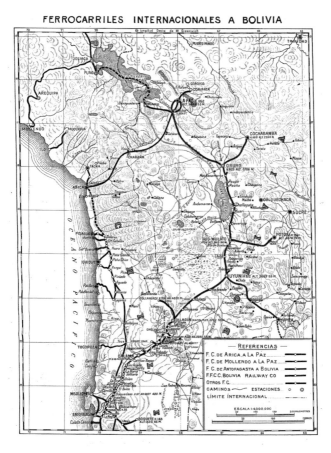

Die Reisestrecke zum Titicaca-See

wurde. In den Provinzen Atacama und Tarapaca gab es bis zu 170 Salpeterfabriken, die sogenannten Oficina, mit an die 60.000 Arbeitern. In diesen Wüstengegenden werden die oberen Gesteinsschichten weggesprengt, bis die Salpeter führende Schicht freigebrochen ist. Diese harte Masse, »Caliche« genannt, wird zertrümmert, zur Oficina transportiert und dort durch Rohre mit heißem Wasserdampf in Siedewannen geleitet, bis sich durch Auslaugen des Gesteins das Salpetersalz herauskristallisiert. Langgestreckte Fabrikschuppen, Pumpen, Rohrleitungen, Schienen, Kräne, Wellblechbaracken, Kaminschlote und Trümmerwüsten prägen die Landschaften, in denen mühsam nach Salpeter geschürft wird.

Karl hat sich in den Oficinas von Antofagasta und weiter hoch im Norden, in Chuqicamata bei Calama, umgesehen, fotografiert und die Arbeitsprozesse protokolliert, bis zur Salpeterverschiffung über die Mole der Compania Salitrera »El Loa« in Mejillones bei Antofagasta auf den Dampfer »Odenwald«. Dann benützt Karl für seine Erkundungsreise den Zug vom Pazifik weg in die Pampa. Auf der 200 Kilometer langen Strecke passiert er 14 Stationen in 11 Stunden bis Calama, der Bergbaustadt auf dem 2.200 Meter hohen Gebirgsplateau.

Auch Pablo Neruda hatte die Gegend kennengelernt: »Wer diese Ebenen betritt, wer sich diesen Sandwüsten ausliefert, glaubt den Mond zu betreten. Diese Art eines leeren Planeten birgt den großen Reichtum meines Landes, doch dafür muß man der dürren Erde und den Steinbergen den weißen Dünger und das farbige Mineral entlocken. An wenigen Stellen der Welt ist das Leben so hart und zugleich so bar jeder Annehmlichkeit. Es kostet unsägliche Mühe, Wasser dorthin zu transportieren, eine Pflanze zu ziehen, die auch nur die bescheidenste Blüte treibt, einen Hund, ein Kaninchen oder ein Schwein zu züchten […]

Viele Jahre hindurch stellten die Salpeterfirmen wahre Domänen, Herrschaftsbesitze oder Königreiche in der Pampa dar. Die Engländer, die Deutschen, alle möglichen Invasoren grenzten die Produktions-

gebiete ab und bezeichneten sie als ›oficinas‹. Sie führten eine eigene Währung ein, verboten Versammlungen, ächteten die Parteien und die Volkspresse. Das Betreten dieser Hoheitsgebiete war nur mit Sondergenehmigung möglich, die fraglos sehr wenige erhielten.«
Mit einem durch das bolivianische Konsulat in Antofagasta ausgestellten Visum übertritt Karl in Ollague in den West-Cordilleren die Grenze. Der »Ferrocarril de Antofagasta a Bolivia« fährt auf seiner 1.162 Kilometer langen Strecke über die Gran Pampa der Andenkette nach Uyuni, erreicht dann eine Höhe von 3.500 Metern in Oruro, wo die Bahnstrecke, die von Cochabamba kommt, dazustößt und nähert sich über Viacha der Metropole La Paz. Sie liegt 3.600 Meter hoch in einem weiten Talkessel. Darüber erhebt sich der eisbedeckte 6.882 Meter hohe Illimani.
In La Paz wird Karl Zeuge eines Aufmarsches der bolivianischen Ehrengarde, die auf der Avenida, unweit der Basilika an der Plaza de San Francisco, Aufstellung nimmt. Im peruanischen Generalkonsulat besorgt er sich ein Visum. Bolivien und Peru teilen sich den 80 Kilometer von La Paz liegenden höchsten Hochlandsee der Welt – den Titicaca-See, ein heiliger Ort in der Kultur der Inka. Über Juliaca erreicht Karl die alte Hauptstadt des Inkareichs Cusco und die Ruinen der oberhalb gelegenen Festung aus der Inkazeit Sacsayhuamán mit seinen bis zu fünf Meter hohen Bausteinen. Auf mathematisch genau bemessenem Mauerwerk der Inkatempel errichteten in Cusco und anderswo die spanischen Eroberer ihre Kathedralen. In Ollantaytambo fotografiert er im Garten des Dorfes das »Bad der Prinzessin«, den Heiligen Brunnen. Diese alte, ganz andere Welt vieler Geheimnisse faszinierte ihn.

Puerto Grether

Es stand in allen Zeitungen. Die Betroffenheit war zu spüren: »Vielleicht ist niemals eine Nation so tief bewegt worden, wie diesmal Bolivien aus Anlaß des Todes eines Ausländers«, war noch am

14. September 1926 in der Zeitung »El Republicano« zu lesen über einen Dr. Hans Grether, der aus Deutschland stammte und im Jahr zuvor in La Paz verstorben war: »... Grether liebte alle Menschen, je geringer (bescheidener) sie waren, desto mehr erfreuten sie sich seiner Wertschätzung. Wie oft hörten wir ihn sagen, die Wilden in unseren Wäldern im Osten seien gerechter und besser als wir, die wir unendliche Irrtümer und Grausamkeiten begehen, trotzdem wir uns für gebildet halten, und daß wir den Naturgesetzen zuwider leben, während jene diesen Gesetzen entsprechend leben.
Grether als Vorgesetzter war für seine Untergebenen ein Vater, Bruder und Freund. ... Niemals hat Grether irgend eine Arbeit getan, ohne daß er nicht mindestens einen Sohn dieses Landes hinzugezogen hätte. Er suchte von den hier bodenständigen Elementen alles zu verwenden, was irgend möglich war; er untersuchte und prüfte die Hölzer unserer Wälder und kam zu dem Ergebnis, daß wir Holzarten besitzen, die bezüglich Festigkeit und Haltbarkeit gegen Fäulnis den Stahl ersetzen könnten. Sämtliche Brücken der Eisenbahn von Santa Cruz sollten aus Holz hergestellt werden, das in unseren östlichen Wäldern wächst, wodurch sich eine bedeutende Ersparnis im Kostenvoranschlag des ganzen Werkes erzielen ließ. Grether war ein bolivianischer Patriot.«

Dr. Hans Grether

Hans Grether gehörte einer Studienkommission zur Erschließung Boliviens an. Da das Land seit dem »Salpeterkrieg« vom Zugang zum Pazifik abgeschnitten war und sowohl durch das Hochland der Anden sowie dem Hinterland des Amazonasgebiets als auch durch einen Kreis von Staatsgrenzen abgeriegelt war, wurde es für Boliviens Überleben wichtig, einen

Landesentwicklungsplan zu erstellen. Motor dieses nationalen Ausbauprogramms war dieser Dr. Hans Grether. Er arbeitete an einem Plan, von der Hochebene der Anden Verkehrswege zum Amazonas und damit zum Atlantik zu finden. Dazu gehörte die Entwicklung einer Infrastruktur, die das gebirgige Hochland mit dem tropischen Tiefland verband: ein Austausch der »Bodenschätze«, damit gemeint ist der Transport der Bodenschätze als Rohstoffe von oben nach unten und der Bodenertrag der Lebensmittel von unten nach oben. Grundstruktur einer solchen Ost-West-Ausrichtung war der Bau einer weiterführenden Eisenbahnlinie von Cochabamba nach Santa Cruz; darauf aufbauend die Schiffbarmachung der Flüsse zum Rand des Amazonasbeckens, der Ausbau zentraler Straßen, die Suche nach neuen Bodenvorkommen wie Öl oder Kupfer. Stolz sprach man vom Triumph der Technik und sah Bolivien als Keimzelle der zukünftigen Zivilisation für ganz Südamerika.

»… Sein großes moralisches Verdienst war, daß dank seiner Entsagung und seinem Aufgehen in der Arbeit selbst, die Studienkommission ihre Arbeit vollenden konnte trotz der persönlichen, politischen und finanziellen Mißhelligkeiten. Ich möchte noch erwähnen, daß er oft mit seinen privaten Mitteln aushalf, um die Kommission auf dem Lande aufrecht zu erhalten, wenn einmal Gelder fehlten, damit die Fortsetzung der Arbeiten keine Unterbrechung erleiden sollte. … Damals übernahm Grether aus eigener Initiative die Pflichten der unteren Ingenieure. Mit reduziertem und demoralisiertem Personal füllte er so jenen Mangel aus und führte in wenigen Monaten die Vermessungen zwischen Cochabamba und Sanaipato durch.« So schrieben die Zeitungen und berichten über seinen Arbeitseinsatz: »… Die natürliche Bescheidenheit im ganzen Menschen zeigte sich nicht nur, wenn es sich um Huldigungen handelte, er war auch bis in die kleinsten Kleinigkeiten so. Wenn bei den Flußarbeiten am Japavani die Sonnenzelte knapp waren und sich unter ihnen ein kleines, enges Zelt befand, das kaum dazu ausreichte, etwas Schatten zu geben, so war es sicher Grether, der sein Zelt einem Gehilfen gab und sich mit dem unzulänglichen begnügte. Weiter ist zu sagen, daß er in der Nacht darauf, als die Regen einsetzten, auf Bett und Mosquitonetz verzichtete und sich am Fuße eines Baumes einwickelte, einzig bedeckt mit seinem Poncho.«

Grether war ständig unterwegs: Durch Eis, Schnee und dann wieder Hitze – in vier Monaten auf nur einer der Expeditionen waren es 3.000 Kilometer auf Maultieren als Transportmittel. »Dieses Land ist voll von Märchen, wenn man sie sehen kann«, notierte er.

Er schritt die Trassenführung der Bahnstrecken ab, prüfte die Vor- und Nachteile der von einer solchen Bahnlinie durchlaufenen Zonen, brach sich beim Durchmessen der geplanten Trasse ein Bein, holte sich beim Erkunden des Ichilo-Flusses Sumpffieber und trieb seinen Mitarbeiterstab aus 20 Ingenieuren und Technikern und seine bis zu 100 einheimischen Hilfskräfte immer neu an, entwickelte den Plan zur Gründung einer Unternehmensgruppe zur Finanzierung des Landesentwicklungsplans. Die Regierung beauftragte ihn schließlich zur Beschaffung einer Anleihe von 30 Millionen Dollar mit der Führung von Verhandlungen in New York und in London. Nach vierjähriger Pionierarbeit konnte Dr. Hans Grether ein 20 Bände umfassendes Werk über Vermessungspläne, Routenführung, Kosten und Arbeitsablauf fertigstellen. Rastlos und ohne sich zu schonen, war er bereits vier Wochen nach seiner Auslandsreise nach La Paz gereist, um am 24. Oktober 1925 dem Nationalkongreß einen Schlußbericht vorzutragen. Stunden später starb er an Herzversagen. Die Nachricht von seinem Tod war ein Schock für das Land. Der Präsident der Republik und das Kabinett waren zum Staatsbegräbnis gekommen. Die Regierung ordnete Staatstrauer an – für einen Ausländer, für einen Deutschen, der nur vier Jahre im Land war. 45 Jahre war er alt geworden.

1908 hatte er in Deutschland den Dr. ing. mit »magna cum laude« geschafft. Auf Anfrage der kanadischen Regierung hatte er die Konstruktion und den Bau der über einen Kilometer langen Eisenbahnbrücke über den Sankt-Lorenz-Strom bei Montreal übernommen.

Nach dem Ersten Weltkrieg war er, verzweifelt über die Lage in Deutschland, auf einer fünf Wochen langen Überfahrt im Zwischendeck nach Argentinien ausgewandert. Durch einen Vortrag vor dem Verein deutscher Ingenieure in Buenos Aires war er interessierten Fachleuten aus Bolivien aufgefallen.
Ein Dampfer auf dem Ichilo-Fluß wurde nach ihm benannt, auch der Hauptplatz von Mizque im »Tal der sieben Ströme« und ebenso ein Hafenplatz des von ihm als schiffbar

Dr. Hans Grether und seine Mutter 1925 in Lörrach

nachgewiesenen Ichilo heißt seitdem Puerto Grether, westlich von Santa Cruz. Kurz vor seinem Tod hatte der 1,88 Meter große begabte Geigenspieler noch eine Beethoven-Vereinigung in Cochabamba gegründet und auf der zurückliegenden Europareise seine Mutter in Lörrach/Südbaden in der Basler Straße besucht. Dort war sein Geburtshaus.

Tafelsilber oder eine andere beschwerliche Reise zu den Nachfahren der südamerikanischen Staatengründer

Seit seiner Gründung im Jahre 1632 war Chuquisaca dank seiner Franz-Xaver-Universität das Zentrum der Bildung auf dem südamerikanischen Kontinent. Chuquisaca war die Wiege der gebildeten Schichten Südamerikas – so ein bolivianischer Historiker – »die Mutter der gebildeten Schichten, die das Gefühl der Freiheit verspürte, in geheimen Versammlungen entzündeten diese ›Helden der neuen Idee‹ von Buenos Aires aus bis in die Hauptstadt des Alto-Peru die Revolution«. Hier wird besonders auf die Brüder Juan Manuel Fortunato und José Joaquin de Lemoine verwiesen, und ganz besonders die Verdienste des José Joaquin hervorgehoben. Sie gehörten den vielen überall sich bildenden liberalen Geheimzellen an.

José Joaquin de Lemoine wurde in diesem Chuquisaca am 20. Juni 1776 – im Jahr der nordamerikanischen Unabhängigkeit – geboren. Er wurde einer der Initiatoren des Unabhängigkeitskrieges in Südamerika, der ihm Entbehrungen und zwei Verbannungen einbrachte. Immer kehrte er in seine Heimat zurück. Am 25. Mai 1809 führte er den Befreiungskampf in seiner Geburtsstadt an: Die Verschwörer versammelten sich auf dem Platz vor dem Präsidentenpalais, Don José Joaquin verhaftete den gefürchteten Repräsentanten der spanischen Krone, Pizzaro, der denselben Namen trug wie jener spanische Konquistador, der 1533 das Inkareich eroberte. Die Revolutionäre eilten zur Kathedrale, schlugen die Glocken an, eigenhändig auch gezogen von José Joaquin und seinem Bruder Juan Manuel. Die Entscheidung für den Unabhängigkeitskampf gegen das spanische Mutterland und die Unabhängigkeit eines ganzen Kontinents war an jenem Tag eingeläutet; vier Jahre, bevor Simón Bolivar zum »Libertador« (Befreier) proklamiert und zehn Jahre bevor dieser zum Präsidenten Venezuelas gewählt wurde. »Hochperu«, dessen Präsident er auch einige Monate war, wurde nach ihm »Bolivien« genannt. Dieser Kampf um die Unabhängigkeit war auch das Werk des Generals Antonio José de Sucre, dem zu Ehren die alte Stadt Chuquisaca in Sucre umbenannt und zur Hauptstadt der neuen Republik erklärt wurde. Und so hatte man José Joaquin de Lemoine – den Protagonisten der Unabhängigkeit – geschildert: »Mittelgroß, rüstig, gepflegte Manieren, vornehme Erscheinung. Sein weißes Antlitz gab ihm beinahe die Feinheit einer Frau, die Nase – die eines Adlers, große klare himmlische blaue Augen, eingerahmt von perfekten Augenbrauen, seine Lippen und einen kleinen Mund, sein Haar war durch die schweren Zeiten seines Lebens vollkommen weiß geworden; seine Stirn glänzte wie die eines geistreichen Aristokraten; eine gesunde Seele in einem schönen Körper ... So sieht das Bild eines großen

Republikaners aus, der so viel zur Freiheit Amerikas (am 25. Mai 1809) beigetragen hat.« Diese ersten Erfolge machten ihn zu einer der ersten Schlüsselfiguren im Kampf um die Unabhängigkeit. Ähnlich legendär war seine Frau Teresa Bustos Salamanca – zur Hochzeit schenkte er ihr einen ebenso fein wie streng barock anmutenden Teller aus Potosi-Silber, auf dessen Rückseite er ihre Initialen und das Hochzeitsjahr »1803« eingravieren ließ. Sie waren engste Verbündete und verstanden es immer wieder, den Geist des Aufstands neu zu entfachen. Er opferte dafür sein Vermögen und sie verkaufte ihren Schmuck für Kanonen und Pulver. Zehn Kinder brachte sie zur Welt. In der Befreiungsarmee erhielt sie den Titel eines »Oberst«.

Diese beiden sahen sich als Bürger eines Vaterlands, für das sie kämpften, »das Fieber ihres Patriotismus ließ die Seelen zittern«, hieß es. José Joaquin verschanzte sich in den Bergen, ein Kassiber an seine Frau Teresa brachte die Verfolger auf ihre Spur. Ihre Kinder wurden ihr weggenommen, sie selbst wurde verbannt und in einen Kerker eingesperrt. Der Verlust ihrer Kinder zerbrach ihr Herz. Er hatte, fern der Heimat, von Buenos Aires aus, den Befreiungskampf weitergeführt und von dort aus die Republikgründung abgewartet. Er diente der neuen Republik als Finanzminister. Auf dem Grabstein im »Pantheon berühmter Männer«, in das er später (25. Mai 1897) überführt worden war, steht zu lesen: »Hier ruht José Joaquin de Lemoine, einer der Gründer der Unabhängigkeit Süd-Amerikas, Richter, vollkommener Patriot, genialer Bürger, voll von Verdiensten, beweint von seinen Mitbürgern und seinen Kindern. 27. Juni 1856.«

Die Töchter hatten in ihrer Not Aufnahme in Klöstern, ein Sohn in einer Pfarrei, ein anderer, Eulojio, in einer caritativen Familie Aufnahme gefunden. Dieser heiratete am 20. November 1841 Ninfa Martina del Jordan. Ihre Tochter Maria Teresa de Lemoine (geboren am 11. Oktober 1843) nahm 1878 den in Hamburg geborenen Hermann Eduard John Fricke zum Mann. Er hatte sich in Cochabamba als Kaufmann niedergelassen, seine Firma unterhielt Filialbetriebe in Oruro und in Potosi. Dieser Ehe entstammt Hermann. Er kam am 16. März 1879 in dem 2.500 Meter hoch gelegenen Cochabamba zur Welt. »In unserem Haus, einem Eckhaus, befanden sich im Erdgeschoß die Geschäftsräume, im oberen Geschoß unsere privaten Wohn- und Schlafräume. Das Haus war um zwei Höfe herumgebaut; von dem vorderen Hof, der gepflastert war, führte der Aufgang zu den Wohnräumen, während der hintere, ungepflasterte Hof, der sogenannte ›patio segundo‹, als Stallung diente; vor dem oberen Geschoß lief im Innern eine Galerie, von der aus die einzelnen Räume zugänglich waren. Das war die fast bei allen Häusern des Landes übliche Bauart nach spanischem Stil. In das Haus trat man durch eine große offene Veranda; dort pflegte mein Vater bei Gewittern zu sitzen, um das schaurig-schöne Schauspiel zu beobachten und zu genießen. Diese Gewohnheit hat meine Schwester Delmira nicht angenommen; denn sie verkriecht sich bei Gewittern in eine äußerste Ecke und hält sich die Ohren zu.«

Von der Veranda hatte man den weiten Blick in den großen Garten mit Obstbäumen, hauptsächlich Pfirsichbäumen, in den Ziergarten bis zu einem Bach, der in ein Badebecken geleitet war, umrankt von einem langen Weinlaubengang. Hermann hatte sein eigenes dunkelbraunes Pony; es gab Pferde für die beiden Kutschengespanne, Kühe, Gänse, Kaninchen und manchmal zog ein Kondor seine Bahn über die Dächer des stattlichen Anwesens.

Groß war die Freude Hermanns und seiner Schwester Delmira, wenn sie zu Großmutter Ninfa durften: Sie lebte auf dem von ihrem Vater ererbten Gut »Matarami«, das sie selber verwaltete. Sie lebte getrennt von ihrem Mann Eulojio Lemoine, der frühere Kaufmann hatte sich auf ein Landgut – Champicollo – zurückgezogen. Das am nächsten gelegene Städtchen hieß Tarata, wo Großmutter Ninfa am 10. November 1821 auf die Welt kam. Die Großmutter hatte die Kleinen ins Herz geschlossen, so durften sie manchmal Wochen oder gar Monate dort bleiben. Das Gut lag zwei Tagesritte von Cochabamba entfernt. Der treue Verwalter Mali holte sie dann ab. Es ging vorbei an meterhohen Kaktuspflanzen. An einem Bach mit klarem Wasser wurde Rast gemacht, dann ging es hinauf in die Berge, man nächtigte in unvergeßlichen sternklaren Nächten vor einer Indianerhütte, überwand den Gebirgszug, um dann zu dem Gut Matarami herabzusteigen.

Als Hermann sechs Jahre alt war, wurde seine Mutter Maria Teresa krank, es war die Rede von Koliken, aber kein Arzt wußte Rat. So war die Einladung von Tante Edelmira – die Schwester seiner Mutter hatte nach Santiago de Chile geheiratet – ein Lichtblick. Dort sollte man einen berühmten Arzt zu Rate ziehen. »Es wurde beschlossen, daß meine Mutter mit Delmira und mir die Reise unternehmen sollte. Eisenbahnen gab es damals in Bolivien noch nicht, und so mußten die Pferde gesattelt werden. Der Ritt ging zuerst nach Oruro, wo mein Vater eine Zweigniederlassung seines Geschäfts hatte und wir im eigenen Haus Rast machen konnten. Oruro ist eines der trostlosesten Nester, die ich kenne, weit und breit ist kein Baum und kein Strauch zu sehen. Es verdankt seine große Bedeutung den zahlreichen, sehr ergiebigen Bergwerken in seiner Umgebung. Schon am Rande der Stadt begegnet man den wandernden Sandbergen (›morros‹), die ein ständig wehender Höhenwind, dessen helles und leises Pfeifen, bald hierhin bald dorthin führte … Die Reise ging dann weiter nach La Paz … Nach kurzem Aufenthalt ging es wieder auf die Höhe, um über den Titicacasee und dessen Hafen Puno an die Küste des Stillen Ozeans zu gelangen.

Eine solche Reise erforderte eine umfangreiche Vorbereitung, weil bei dem Fehlen von Hotels verhältnismäßig viel Gepäck mitgenommen werden mußte, nicht nur die persönlichen Sachen, sondern auch noch Proviant für mehrere Tage, Decken für Übernachtungen … Dementsprechend mußten außer den eigentlichen Reittieren, meistens Pferde, auch einige Tragtiere mitgeführt werden, wofür sich am besten die ausdauernden und ruhigen Maultiere eignen. Besondere Sorgfalt muß der Befestigung der Lasten gewidmet werden, damit sie sich nicht auf dem Marsch verschieben oder die Tiere nicht allzu sehr von der Last oder den Gurten gedrückt werden. Das alles erfordert beim Satteln Geschick, Kraft und Erfahrung, welches den Begleitern einer solchen Karawane (›arrieros‹, Treiber genannt) hinreichend zu Gebote stehen. Als Wärme- und Wetterschutz dient der ›Poncho‹.

Der Abstieg zum Ozean ging sehr schnell, wobei ein Höhenunterschied von fast 4.000 Metern zu überwinden ist ... Der Anblick des Ozeans ist natürlich beim ersten mal etwas ganz Großartiges, höchst interessant für uns Kinder ... Die Dampferfahrt bis Valparaíso bietet insofern sehr viel Abwechslung, als man dauernd in keinem allzu großen Abstand von der Küste fährt, fast alle Häfen anläuft und immer wieder Gelegenheit hat, das Aus- und Einladen von Reisenden und Gütern aller Art und den lebhaften sonstigen Hafenverkehr zu beobachten ... In Valparaíso verließen wir das Schiff ... Nachdem wir einige befreundete Familien besucht hatten, ging die Reise nach kurzem Aufenthalt weiter nach Santiago, der Landeshauptstadt. Dort wurden wir in dem Hause unseres Onkels Ramón Sotomayor Valdés und unserer Tante Edelmira auf das herzlichste aufgenommen, ebenso von unserer Base Graciela und unserem Vetter Martin ... Unser Onkel hat eine mehrbändige Geschichte Chiles geschrieben und war chilenischer Gesandter in Bolivien gewesen.«

Als Hermann Fricke diese Erinnerungsstücke in einem Bunker der Reichsbahndirektion Münster aufschrieb, war es Winter 1944: »Nun will ich auf dem Höhepunkt des Weltkrieges mit meinen Aufzeichnungen beginnen, umgeben von den Trichtern der Fliegerbomben und unter dem Brausen der Tiefflieger und Bomberverbände.« Sechsundsechzig war er, als er von seiner Kindheit in Bolivien berichtet, wie er sechsjährig mit seiner kranken Mutter über die Anden und hinunter an den Pazifik geritten war. Bei Tante Edelmira blieben sie ein ganzes Jahr. Da auch die Ärzte in Santiago seiner Mutter nicht entscheidend helfen konnte, beschloß der Vater, Südamerika zu verlassen und mit seiner Familie nach Deutschland zu ziehen, zurück in seine Geburtsstadt Hamburg. Das war im März 1887.

Mit seinen Erinnerungen an eine erlebnisreiche Kindheit war er in Deutschland aufgewachsen. Er lernte Elisabeth Wuermeling kennen, verlobte sich mit ihr und heiratete sie. Als die kirchliche Trauung am 8. Oktober 1923 in der St. Michaelkapelle im Schloß zu Münster stattfand, war Karl noch unterwegs nach Valparaíso. Der in Cochabamba geborene Ludwig Fanor Hermann Fricke schenkt seiner Frau den schweren Teller aus Potosisilber mit den eingravierten Initialen M.T.L. de F., den 1803 José Joaquin de Lemoine seiner Ehefrau Teresa geb. Bustos Salamanca – Hermanns Urgroßeltern – schon zur Hochzeit geschenkt hatte.

Die Schwiegereltern in Münster traten dem 44jährigen Regierungsbaurat in der Reichsbahndirektion einige Zimmer im Nordflügel des Schlosses ab. Da dem Ehepaar in einem Nebenraum eine eigene Küche eingerichtet wurde, lebten unter dem Schloßdach zwei getrennte Familienhaushalte. Am 9. Dezember 1925 kam im Schloß Elisabeth Maria Delmira (so hieß auch die Schwester ihres Vaters) zur Welt.

Nachdem 1923 am selben Tag mit Elisabeths Hochzeitsanzeige im Münsterschen Anzeiger auch die Verlobungsanzeige (aus dem Gefängnis) ihres Bruders Franz-Josef mit Maria im Linzer Anzeiger verkündet worden war, fand am 4. November 1925 Franz-Josefs Hochzeit statt. Bald schon wurde er ins Preußische Innenministerium nach Berlin berufen. Im selben Jahr 1925 hatte Georg, der jüngste Sohn des Oberpräsidenten (im Ruhestand), sein Abitur auf dem Paulinum bestanden.

Koinzidenz der Zeitreisen

Dreimal La Paz/Bolivien:
Aus »Alto Peru« war Bolivien geworden. Eine Silberschale im Schloß zu Münster, die von jenem José Joaquin de Lemoine stammt, dem zu Ehren Simón Bolivar, José de San Martin und Antonio José de Sucre den 25. Mai zum nationalen Tage proklamierten.

Ein Baurat der Reichsbahn, aus Bolivien stammend, der vom tragischen Schicksal eines aus Deutschland stammenden Ingenieurs erfährt, auch davon, daß von dessen ehrgeizigem Projekt einer Eisenbahnlinie von Santa Cruz nach Cochabamba mit Anschluß nach La Paz nur 50 Kilometer gebaut wurden, der Rest der Trasse als Straße benutzt wurde.

Ein junger Kaufmann aus Deutschland erkundet an Bord einer Junkers Propellermaschine vom Titicaca-See aus die Kultstätten der Inkakultur, erreicht mit der Eisenbahn Arica, die nördlichste Stadt Chiles und schippert dann auf einem Frachtdampfer den Hafenstädten am Pazifik entlang südwärts.

Mit einer 1 mal 1,50 Meter großen Inka-Decke mit den indigenen Farbstreifen aus erdschwarz, grün, violett, gelb, rot, orange und pink sowie vielen Fotos kehrt er von den Höhen der Kultur zu den Palmen am Strand von Viña del Mar und nach Valparaíso zurück.

Valparaísos Gesellschaft

Karl schmiß sich nach diesem Ausflug wieder in die Arbeit. Er wußte jetzt, wo der Rohstoff, mit dem er handelte, herstammte und wie mühsam er gewonnen wurde. Das Weltmonopol auf Salpeter war für die Wirtschaft Chiles das Hauptgeschäft und für den Staat dieses 4.000 Kilometer langen Kontinentstreifens das Rückgrat – auch für das Kontor Wirtz in Valparaíso. Max Wirtz' Schwiegereltern, die Hudtwalkers, die auch in Valparaíso wohnten, schrieben Tante Maria Wirtz nach Hamburg, Karl sei sehr tüchtig, hätte sich sehr gut eingearbeitet und sei überall beliebt. Mit Max Wirtz nahm er rege am Jour fixe des Clubs »Viña del Mar« teil und gewann viele Freunde: Carlos und Javier Bustamante, Carlos Henkel, Alfonso Luco, Carlos Camus oder auch Poldi von Raffay sowie begehrte Damen der Gesellschaft – Elisa, Pia, Clara, Vera, Silva, auch Laura, Fanny, Lucy, Isabel … Vor allem Edelmira Lemoine, die Schwester von Hermann Frickes Mutter: »Geboren in Sucre/Bolivien, stammte sie aus einer

Familie der hochgestellten historischen, bolivianischen Persönlichkeiten der sog. ›Independencia‹, der Freiheitsbewegung, nämlich des berühmten Don José Joaquin de Lemoine und seiner Ehefrau Teresa Bustos de Lemoine«, wie eine Zeitung in Santiago schreibt. »Verheiratet ist sie mit dem berühmten chilenischen Geschichtsschreiber Don Ramón Sotomayor Valdés, zur Zeit bevollmächtigter chilenischer Gesandter in Bolivien«, hieß es weiter. Sie gehört der vornehmen Gesellschaftsschicht an, ergänzt die Zeitung: »Sie ist verwandt mit verschiedenen Staatspräsidenten von Bolivien, vornehmlich mit General Ballivian, der ihr Taufpate war und sie sozusagen aus der Taufe hob.« Karl durfte oft Gast bei Tante Edelmira sein.

Edelmira Lemoine de Sotomayor

Sotomayor ist auch der Name des chilenischen Kriegshelden, der 1879 mit der Besetzung des bolivianischen Hafens Antofagasta am Pazifik den Salpeterkrieg eröffnete, der Bolivien den Rohstoff, das Land dieser Bodenschätze – die Küstenprovinz Atacama raubte. Ausgerechnet ein Nachfahre dieses Kriegshelden ist mit einer Bolivianerin verheiratet und dieser chilenische Diplomat vertritt sein Land auch noch in ihrem Mutterland Bolivien.

Der Weltmarkt

Salpeter war die wirtschaftliche Grundlage des chilenischen Staates. Die Ausbeutung dieses Rohstoffes und seine Vermarktung durch die Maklerfirmen wie Wirtz – oder Gildemeister, bei der Clubmitglied

Carlos Henkel arbeitete, machte Land und Maklerfirmen reich. In seinem 1923 veröffentlichten Buch »Acht Lehr- und Wanderjahre in Chile« schrieb Professor Otto Bürger: »Man hat bekanntlich schon seit Jahrzehnten berechnet, wie lange der Salpeter noch reichen werde. Das berühmte Menschenalter spielte bereits etwa vor 30 Jahren eine Rolle. Es ist gar nicht anzunehmen, daß eine absehbare Gefahr für die Erschöpfung der Lager vorliegt, zumal sich die ungeheure Atacamawüste ebenfalls als sehr zahlreich erwiesen hat ...« Waren es die Hudtwalkers oder die Wirtz selbst, die im Mai 1926 Maria Wirtz in Hamburg von einer »Geschäftskrise, die das Land drückt«, berichteten? Chile, diese Landbarriere der Anden zum Pazifik hin, Höhen und Tiefen ausgesetzt, verursachte eine latent existentielle Angst, wie damals, als diese sich in Valparaíso artikulierte, beim Erdbeben vom 16. August 1906; Pablo Neruda hat sie nacherlebt: »Hier trägt jeder Bürger eine Erinnerung an Erdbeben mit sich. Es ist eine lebendige Blüte des Entsetzens, die am Herzen der Stadt haftet. Jeder Bürger ist vor seiner Geburt ein Held. Denn in der Erinnerung des Hafens gibt es diese Mißlichkeit, dieses Erschaudern der Erde, die zittert und das heisere Geräusch, das aus den Tiefen steigt, als setze eine unterseeische, unterirdische Stadt ihre beerdigten Glockentürme mit doppelter Kraft in Bewegung, um den Menschen zu bedeuten, daß alles zu Ende sei.« Pablo Neruda beschreibt dieses Überlegenheitsgefühl in seinem Buch »Ich bekenne, ich habe gelebt«. Dort heißt es weiter:
»Manchmal, wenn schon Mauern und Dächer barsten in Staub und Flammen, zwischen Schreien und Verstummen, wenn schon alles endgültig still schien im Tod, trat aus dem Meer wie ein letzter Schrecken die große Woge, die riesige grüne Hand, die, hoch und bedrohlich, sich reckte wie ein Turm der Rache und alles Leben löschte, das in Reichweite war.
Manchmal beginnt es mit einer vagen Regung, welche die Schläfer weckt. Zwischen Träumen verständigt sich die Seele mit ihren tiefen Wurzeln, mit ihrem irdischen Urgrund. Immer wollte sie es wissen. Nun weiß sie es. Im großen Erdbeben gibt es keine Zuflucht, die

Götter sind fort und die eitlen Kirchen haben sich in zermahlene Erdhaufen verwandelt.
Die Angst des Menschen, der vor dem erzürnten Stier flieht, vor dem Dolch, der ihn bedroht oder vor dem Wasser, das ihn verschlingt, ist nicht die gleiche. Dies ist kosmische Angst, ein augenblickliches Ausgesetztsein, das einstürzende und zerfallende Universum. Währenddessen tönt die Erde wie dumpfer Donner mit einer nie gehörten Stimme.
Nach und nach senkt sich der Staub, den die einstürzenden Häuser aufwirbelten. Wir bleiben allein zurück mit unseren Toten und allen anderen Toten, ohne zu wissen, warum wir am Leben geblieben sind […]
Valparaíso meiner Schmerzen! … Was geschah in den Einsamkeiten des Südpazifik? Verirrter Stern oder Würmerschlacht, dessen Leuchten die Katastrophe überlebt hatte?
Nacht von Valparaíso! Ein Punkt des Planeten leuchtete auf, erlosch im leeren Universum. Es zitterten die Leuchtkäfer, und zwischen den Bergen begann ein goldenes Hufeisen zu brennen.«

Valparaíso – diese halbkreisförmige Stadt am Küstenstreifen »El Plan« staffelt sich in der vier Kilometer breiten Bucht an den Hügeln hoch. Die Häuser, die wie Schwalbennester an den Abhängen der etwa 30 Berghügel (»cerro«) kleben, waren neu hochgezogen worden – ein Amphitheater einer Weltbühne, auf deren Treppen das Stück »Welthandel« dargeboten wurde. Von seinem Haus »La Sebastiana« hoch über dem »Cerro Bellavista« an der »Avenida Alemania« blickte Neruda auf das »Paradiestal« und Valparaísos Hafen: »Valparaíso funkelte in der allumfassenden Nacht. Aus der Welt und in die Welt kamen Schiffe, wie unglaubliche Tauben herausgeputzt, duftende Barken, hungrige Fregatten, die das Kap Horn zu lange festgehalten hatte […]
Der Hafen ist ein Zankapfel zwischen dem Meer und der nachgiebigen Natur der Anden. Aber den Kampf gewann der Mensch. Hügel

und Meeresfülle machten die Stadt gleichförmig, nicht wie eine Kaserne, sondern wie der Frühling mit seiner Widersprüchlichkeit der Bemalung, seiner klingenden Tatkraft. Die Häuser wurden zu Farben: sie vereinten Amarant und Gelb, Scharlach und Kobalt, Grün und Purpur. So erfüllte Valparaíso seine Aufgabe als echter Hafen, als gestrandetes aber lebendiges Schiff, als Schiffe mit ihren Flaggen im Wind. Der Wind des großen Ozeans verdiente eine beflaggte Stadt.«

In seiner Erinnerung berichtet Pablo Neruda von seinem Aufbruch im Juni 1927, von seiner Einschiffung im Hafen von Buenos Aires auf das deutsche Schiff »Baden« und von seinem »Einzug in Europa«, zuerst Lissabon, dann Paris ...

Abschied und auf Wiedersehen

In der Firma Max Wirtz arbeitete sich Karl in eine Vertrauensstellung hinein. Oft mußte er seinen Vetter bei dessen langwierigen Geschäftsreisen vertreten. Nach zunächst auskömmlicher Vergütung verdiente er jetzt richtig Geld. Er spricht perfekt Spanisch, zeigt sich gut gekleidet, ob bei einem »dinner concert« mit »einer

Abschiedsessen des Clubs »Viña del Mar«

Gruppe distinguierter Damen unserer Gesellschaft« in den Salons des »Astur-Hotels«, wie es in der Zeitung heißt, oder bei festlichen Anlässen des »Club Viña del Mar«. Der junge Kaufmann ist jetzt nicht mehr Angestellter, sondern Teilhaber der Salpetermaklerfirma und dokumentiert seine Postanschrift »Casilla 64 Valparaíso« in schwarzen Lettern auf hellgelben Briefbögen.

Karl ist jetzt 24 Jahre alt und fast fünf Jahre lang in diesem Land – ein Mann, der sich gemacht hat in dieser Stadt. Er würde sich gern mal in der alten Heimat zeigen, dachte er, der Familie, die er mit 19 Jahren zurückgelassen hatte. Jetzt stand er auf eigenen Beinen, hatte sich eine eigene Zukunft aufgebaut, konnte sich eine Europareise leisten. Als Geschäftsmann aus Südamerika würde er sich in Münster zeigen. Sicher spielte auch Heimweh eine Rolle. Tatsächlich buchte Karl eine Schiffspassage von Buenos Aires nach Lissabon. Dieses Vorhaben blieb von den Clubmitgliedern nicht unbeachtet. 28 Freunde fanden sich in Viña del Mar zu einer »comida« ein, um »señor Don Carlos Wuermeling« an einer festlichen Tafel anläßlich seines Europatrips zu verabschieden, berichteten die Zeitungen und bildeten drei Reihen freundschaftlich blickender Herren im Frack ab. Auf einer hierfür eigens gedruckten Menukarte war »corvina Westfalia« und »Creme Munster« sowie chilenischer Weißwein und Champagner aufgeführt. Auf Karls Menukarte setzten alle Gäste ihre Unterschrift. Im August wolle er die Rückreise von Europa nach Südamerika antreten, versicherte er.

Es war ein Zug nach nirgendwo, an das Ende der Welt, Bilder aus Höhen und Tiefen, laut Werbepostkarte »through the heart of the Andes«. Ein letztes Foto von Valparaíso, weg vom Pazifik nach San Felipe, hinauf nach Los Andes, der Kopfstation des »Transandino«, durch das Juncal Tal in gottverlassene Hochtäler durch die Kordilleren; auf der Straße, die immer wieder in den Schluchten die Bahnstrecke tangiert, fuhren zwei Autos – Freunde aus Valparaíso gaben aus ihren Cabrios dem Europareisenden Geleit. Dort wo die Schotterstraße dem Schienenstrang recht nahe kommt, oberhalb von Rio Blanco, ein letzter Abschiedsgruß, ein langes Winken, fotografiert aus dem Zugfenster, bis der Transandino im Dunkel des Tunnels durch das Gipfelmassiv des »Los Libertadores« (3.832 Meter) verschwand. Dieser schuf die erste Gleisverbindung zwischen Pazifik und Atlantik. In Las Cuevas war die erste argentinische Bahnstation. Dann führten die Gleise über die natürliche Brücke bei »El Puente del Inca«, die den Rio Mendoza 26 Meter hoch überdacht, dem Mendoza-Fluß entlang Richtung Osten, hinab in die Pampa bis Buenos Aires, der ersten Millionenstadt Südamerikas.

Am Sonntag, den 25. März 1928, war Karl in Viña del Mar in die 1. Klasse des Zuges eingestiegen, am 26. März abends war er bereits in Buenos Aires. Im Zug hatte er den Freund eines Freundes getroffen, der mit demselben Schiff bis Rio de Janeiro reisen wollte. Also taten sie sich zusammen, um bis zur Abfahrzeit des Schiffes Buenos Aires zu durchstreifen. Da an jenem Morgen die Zufahrtswege so ziemlich verstopft waren, mußten sie, um überhaupt das Schiff noch zu erreichen, einen großen Umweg machen. Fünf Minuten vor dem Ablegen um 10.00 Uhr morgens erreichten sie die »Asturias«, den englischen Luxus-Schnelldampfer. Winkende Menschen am Pier, jetzt auf der Reise nach Hause »und schon gar zu bald auf der Rückreise nach Chile« …

Eine Stunde Aufenthalt in Montevideo, am 3. April in Santos vor São Paulo und am Morgen darauf zwei Stunden in Rio, bei Regen zur Copacabana, Abschiedsfrühstück im Luxushotel am Strand, Abschied von Südamerika auf Kurs nach Europa. Am Ostersonntag, den 8. April, erreicht man die Äquatorhöhe, am 15. April legt die »Asturias« im Hafen von Lissabon an, von dort zur letzten Station der transatlantischen Schiffsreise nach Cherbourg auf Cotentin vor der Seine-Bucht. Von der Höhe der Bucht ein letztes Foto aufs weite Meer mit dem Schiff, das ihn von Südamerika nach Europa brachte: »Asturias fährt weiter«, schreibt er in sein Fotoalbum. Den Aufenthalt in Paris beschließt Karl zu verlängern: Er besucht den Louvre, fotografiert den Eiffelturm, geht zum Pantheon, knipst das Grab des unbekannten Soldaten, löst eine Eintrittskarte für das Casino de Paris und für die Oper »Turandot« von Puccini. Dann folgen Ausflüge zu den Schlössern Chantilly, Fontainebleau sowie Versailles, wo er den Spiegelsaal besichtigt – den Ort der Ausrufung des Deutschen Reiches 1871 und der Unterzeichnung des Friedensvertrags nach dem Ersten Weltkrieg 1919. Am 27. April trifft er in Brüssel ein, reist weiter über Rotterdam nach Amsterdam, von wo er am 1. Mai seine Ankunft nach Münster ins Schloß telegraphiert.

22. Kapitel
... zum Titisee

»Dem Heimkehrenden innigste Willkommensgrüße« telegrafieren die Eltern zurück. »Endlich wieder zu Haus in Münster« schreibt er in sein Fotoalbum über die Eindrücke auf seiner Reise von Südamerika nach Europa. Münster hat ihn wieder. Und das sind die Bilder des »Heimkehrers«: Der Weg durch die Allee zur Schloßauffahrt, sein Vater im Gehrock, seine Mutter in langer dunkler Seidenjacke, sein Bruder Hans in der Soutane. Er sieht sein Zimmer in der Mansarde wieder, fotografiert aus dem Fenster die Auffahrt, die er gekommen war, steigt auf den Schloßturm – links unten das Nördliche Wachhaus, rechts unten das Südliche Wachhaus, über die Allee hinweg, mittig die Türme des Doms, in deren Achse der Turm der Lambertikirche und links vorne der Überwasserkirche.

Foto aus Karls Zimmer in der Schloß-Mansarde

Foto vom Schloßturm

Nächste Seite: »Im engsten Familienkreis Mai 1928« im Schloßpark mit Vater, Mutter Elisabeth, mit seiner Schwester Elisabeth und deren 3jähriger Tochter Elisabeth. Um sie auseinanderzuhalten, nannte man sie E I, E II und E III; Karl auf allen Vieren auf der Wiese des Parks, E III in Reiterpose strahlt ins Bild. Und dann kommt Hermann Fricke, E IIs Ehemann, in Cochabamba geboren. Mit ihm kann er sich spanisch unterhalten. Stolz aus seinem Stehkragen schauend präsentiert dieser sein zweites Töchterchen Marie-Theres, mit weißen Wollschühchen, in die Kamera.

Tags drauf heißt es: »Vor und hinter der Klosterpforte der Benediktinerabtei in Gerleve bei Coesfeld in Westfalen«, bei Karls jüngstem Bruder Georg, dem »frater Adalbert« in Ordenskutte, daneben im hellen modischen Zweireiher mit Stecktuch der Besucher an der Klostermauer.

Weiter geht es nach Berlin, »zu den Stammhaltern«, der Familie seines älteren Bruders, mit Sohn auf dem Schoß. Vom »modernsten Bahnhof Berlins«, dem Zentralflughafen, geht es zum 1. Start von Opel Rak 2 auf die Avus. »Von Berlin nach Hamburg« – das Foto zweier Männer auf dem Trittbrett einer Luxuskarosse sitzend »mit meinem lb. Chilefreund Poldi (von Raffay) im Mai 1928«. Beide besichtigen das spitz hochragende, inzwischen fertig erbaute »Chile-Haus«.

Auf seiner »Familienrundfahrt« macht Karl Besuch bei Cunos in Aumühle – bei Cousine Martha im großen Park des »Haus an der Sonne«.

Besuch bei Cunos in Aumühle

Nach seinem Rücktritt als Reichskanzler arbeitete Wilhelm Cuno wieder für die Hapag, war 1926 zum Vorsitzenden des Hapag-Direktoriums bestimmt worden und baute das Unternehmen im selben Jahr zur größten Reederei der Welt aus. 1927 besucht er mit seiner Frau San Francisco. Von der Handelskammer in Oakland, California, brachte er die Idee der Gründung eines »Rotary-Club« auch in Deutschland mit. Am 7. Oktober 1927 war es soweit: Im Hamburger Überseeclub wurde der erste deutsche »Rotary-Club« als Mitglied von Rotary International ins Leben gerufen. Sein erster Präsident: Wilhelm Cuno, sein Schatzmeister: Erich Warburg, verlautet die Gründungsurkunde. Noch im Februar 1928 hatten Cunos in Münster Station und im Schloß ihre Aufwartung gemacht. Martha blieb vier Tage lang zu Besuch bei ihrer Tante Elisabeth. Und jetzt in Hamburg der Besucher aus Chile: Die Schnappschüsse waren reichhaltig – Martha und die Kinderschar vor und im Cabrio, im Park mit dem Tempelchen am Teich, auf dem Tennisplatz, beim Ausreiten in den Sachsenwald und mit der 6jährigen Tochter Kathleen am Parkeingang. In Hamburg besuchte er anschließend Tante Maria Wirtz, die Schwester

Karl fotografiert Martha Cuno und ihre Kinder in Aumühle

seiner Mutter und deren ältesten Sohn Paul, Marthas Bruder. Karl wollte etwa ein Vierteljahr in Deutschland bleiben; er kaufte sich ein Motorrad, um nicht nur die »chilenische Schweiz« weit südlich von Santiago, sondern um sich die Seen, Berge und Orte der richtigen Schweiz anzusehen.

Der große Crash

Was Karl dann passierte, faßt sein Vater in nüchternen Worten zusammen: »Anfang Mai 1928 kam er mit wohl gespicktem Scheckbuch zu uns zurück und hat dann im Laufe des Sommers auf seinem Motorrad in weiten Fahrten die deutschen Gaue bis nach Österreich und in die Schweiz hinein durchstreift. Inzwischen bekam er von Chile her die Nachricht von Max Wirtz und es ergab sich auch aus sonstigen Nachrichten über die Entwicklung der wirtschaftlichen Verhältnisse in Chile, daß der wachsende Wettbewerb des künstlichen Stickstoffs sowie auch Änderungen in der Art des Vertriebes des Salpeters die Lage der chilenischen Salpeterindustrie und besonders das Maklergeschäft in Salpeter durchaus ungünstig beeinflußten, so daß eine Rückkehr nach Chile Karl dort keine guten Aussichten mehr bot. Infolgedessen sah er sich veranlaßt, von der Rückkehr nach Chile abzusehen.«

Der Schatz der Atacama-Wüste, Salpeter, war nicht mehr das Kapital Chiles, sondern Dünger wurde in den Laboren der technischen Chemie in Deutschland neu erfunden: Stickstoff wurde zu einem der Pfeiler der I.G. Farbenindustrie AG. Das Monopol der chilenischen Wirtschaft auf dem Weltmarkt sackte in sich zusammen. Die Entwicklung der Salpetersäure HNO_3 zerstörte die Salpeterförderstätten in Chile und die Logistik des damit verbundenen Welthandels. Und auch Karls Existenzgrundlage und den weiteren Lebensplan. Für einen Neubeginn in Deutschland benötigte er ein Zeugnis des Maklerbüros, das ihm Max Wirtz am 16. August 1928 ausstellte und ihm nachschickte:

»Während seiner Europa-Urlaubsreise brach die Salpeterkrise herein und das ganze Geschäft hier wurde vertrustet, so daß ich mich gezwungen sah, die Firma langsam zu liquidieren. Darum mußte ich Herrn W. empfehlen, sich in seinem eigenen Interesse anderweitig umzusehen, zumal sich die Verhältnisse hier täglich verschlechterten. – Ich bedaure sehr, daß ich mich von Herrn W. trennen mußte, denn er ist ein höchst vornehmer Character mit größter Selbständigkeit, Anpassungsfähigkeit, ein heller Kopf mit großen Anlagen und Fähigkeiten und ein äußerst fleißiger Schaffer; ich werde ihn sehr vermissen und kann ihn mit bestem Gewissen für jedweden Posten nicht dringend genug empfehlen.«
Der junge Mann, der in seiner Heimat zeigen wollte, was aus ihm geworden war, stand vor dem Nichts – fünf verlorene Jahre. Sein Vater sah es so: »Nun handelte es sich für ihn darum, sich auf eine andere Berufstätigkeit neu einzustellen, auszubilden und sich darin einzuarbeiten. Da war der Entschluß, zumal bei dem wirtschaftlichen Druck und der großen Überfüllung der Berufe, nicht leicht, zumal da Karl ein Rückhalt an einem väterlichen oder sonst verwandtschaftlichen Betriebe ja nicht zur Verfügung stand. Er entschloß sich dann für die Textilwirtschaft und insbesondere für die Baumwollfabrikation. Dazu bedurfte es allerdings gründlicher und jahrelanger anstrengender theoretischer und praktischer Einarbeitung. Herbst 1928 fing er bei einer gerade für dieses Gebiet gut empfohlenen Speditionsfirma in Bremen an und setzte dann zu Anfang 1929 bei der großen Textilfirma Niehues in Nordhorn seine Ausbildung fort.« Vom Volontär in Bremen zum Betriebsassistent in Nordhorn – Lehrjahre sind keine Herrenjahre.

Auf verlorenem Posten

Über Post und über Neuigkeiten aus Chile freut er sich. »Wie geht es Ihnen und im Office? Lassen Sie mal ab und zu darüber hören. Ich verfolge alles noch immer mit großem Interesse«, schreibt er am

4. Mai 1929 an Sanchez, seinen Arbeitskollegen bei Fa. Wirtz: »Neulich fiel mir ein, daß ich unter den mir zurückgegangenen Sachen gar nicht meinen ›Kleinen Herder‹ (Lexikon in zwei Bänden) wiedergefunden habe; steht der vielleicht noch im Office? Falls er dort nicht gebraucht wird, schicken Sie ihn mir doch bitte gelegentlich rüber.« Briefe von und an Olgita, Chabela, Rosita, Carmen oder an Carlos (Karl) Henkel bei der Fa. Gildemeister in Valparaíso (vom 5. Juli 1929): »Ich habe ja wegen meines unerwarteten Hierbleibens kaum einige nette chilenische Sachen. So benutze bitte wenigstens den spärlichen Rest meiner Habe dazu! Glaube bitte bloß nicht, ich wäre Millionär, weil ich mal ein Motorrad hatte. Das ist inzwischen auch schon verscheuert … Sobald ich es kann, schaffe ich mir einen kleinen Wagen an; aber das kann leider noch lange dauern! – Denn ganz allgemein genommen, ist die Lage hier doch ziemlich belämmert und ein Fortkommen sehr schwer. Meiner Meinung nach auf jeden Fall schwerer als drüben! Außerdem muß man hier bedeutend mehr arbeiten für weniger Geld, und von dem bißchen, was man schließlich bekommt, wird einem noch wahnsinnig viel weggesteuert. Aber immerhin, das Leben ist hier billiger als drüben; außerdem lebt man ja hier auch viel sparsamer. Aber ich rate niemandem, in eine Großstadt ohne Geld zu gehen. Denn da hat man alles vor der Nase, und hat nichts davon, weil man kein Geld hat; in Kleinstädten oder auch Südamerika kennt man diese Versuchungen gar nicht, da es diese dort einfach gar nicht gibt. – Gerade gestern hörte ich privat, daß Paul Wirtz, Hbg. zum Generalmanager der Stickstoff- und Chilesalpeter-Vereinigung gewählt werden und nach London übersiedeln soll. Bestimmt hörte ich nur kurz über ein vom chil. Finanzminister arrangiertes Abkommen zwischen Stickstoff (I.G. Farben und Chemical Trust) und Chilesalpeter. Für Paul wäre das ja eine blendende Sache! Wenn es dazu kommt. Sprich vielleicht mal vertraulich mit Max darüber und schreibe mir, was er dazu meint. Wenn man mir dort eine Stelle anböte, ginge ich, glaube ich, sofort darauf ein. Dann wären meine Chilesalpeter- und überhaupt Chile-Beziehungen

doch wenigstens wieder teilweise aufgenommen. Doch dies alles vertraulich!«

Den Sommer über bleibe er jedenfalls noch hier, schreibt er Carlos in diesem Brief: »Ganz ehrlich gesagt, würde mir das auch ein bißchen zu bunt, und ich bin hier geblieben, nicht allein, weil ich wohl einigermaßen gute Aussicht zu erhoffen wage, sondern auch aus dem Gefühl heraus, daß ich unbedingt mal einige Jahre in Deutschland sein muß, um mich an die hiesigen Verhältnisse zu gewöhnen, die ich ja nur als Junge und dann in den schlechten Kriegs- und Inflationszeiten kennen gelernt, aber nie schätzen gelernt habe.«

Carlos antwortet ihm (am 17. Oktober 1929): »Du fragst nochmal nach dem arreglo der Club-Angelegenheit. Es ist alles vollkommen erledigt und Du bist von der ›Schwarzen Liste‹ gestrichen … Die Badesaison ist wieder in vollem Gange … dann kommt Josefina Baker, na was willst Du mehr …«

Carlos konnte also die Sache mit dem Club Viña del Mar klären: Der Europareisende hatte sich nicht ordnungsgemäß abgemeldet, da er ja vorhatte, am Clubleben nach seiner Rückkehr weiter teilzuhaben. Von Münster aus hatte er sich schriftlich in aller Form für sein »Fortbleiben« entschuldigt. In einem Brief an Sanchez berichtet er über seine Lage: »Aus dem Briefkopf werden Sie ja schon gesehen haben, daß ich jetzt in Reutlingen im Schwäbischen bin. Das kam plötzlich. Binnen weniger Stunden bin ich auf bes. Wunsch meines Chefs (in spe?) von Nordhorn aufgebrochen und habe die Spinnerei-Praxis aufgehört, um noch am nächsten Tage nach Reutlingen zu fahren, wo ich jetzt schon seit 14 Tagen das staatl. Technikum für Textilindustrie besuche. Es ist allerhand zu tun; außerdem bin ich noch mit 14 Tagen Verspätung eingetroffen, so daß ich noch allerhand nachzuholen habe.«

Dann berichtet er über die Lage in Deutschland: »Hier in Deutschland ist jetzt das Volksbegehren gegen den Youngplan etc. Tagesgespräch; das wird ja einen Reinfall geben. Ich glaube nicht, daß die Kerle 2 Millionen Stimmen bekommen! Eine verdiente Blamage für diese Berufsoppositionellen.« In einem weiteren Brief fragt er über die Lage in Valparaíso: »Besonders freute mich, zu sehen, daß es Ihnen weiter gut geht, und es auch mit der Oficina nicht so schlecht bestellt ist, wie ich das damals aus Ihrem Briefe entnehmen zu müssen glaubte, wo Sie doch sogar sagten, daß Sie überhaupt kaum wüßten, ob das Kontor nicht zugemacht werden sollte. Um so mehr hat es mich dann aber gefreut, zu hören, daß es alles gar nicht so schlimm sei. Was machen Sie denn jetzt nach dem neuen Abkommen mit dem Stickstoff? Schreiben Sie doch mal gelegentlich darüber; es würde mich wahnsinnig interessieren! – Was ist übrigens aus dem Ankauf der Lautars durch Guggenheim geworden? Oficina M. W. (Max Wirtz) beteiligt? Ich möchte es Ihnen wünschen!«

Sein Freund Sanchez aus Valparaíso findet die Schwierigkeiten, in denen Deutschland steckt, nicht hausgemacht, also nicht selbstverschuldet. Schuld sei das selbstgerechte Verhalten der Siegermächte. Deutschland sollte sich – so rät Sanchez – nicht alles gefallen lassen, Deutschland solle sich wehren, notfalls bis zur letzten Konsequenz. Karl setzt sich mit Sanchez Ratschlägen auseinander: »Dann, mein lieber Sanchez, zu Ihrer Ansicht, daß Deutschland zwecks Lösung aller Schwierigkeiten wieder einen Krieg gewinnen soll. Einmal haben wir ja leider den letzten verloren. Dann halte ich es immer noch für besser, daß Deutschland die überaus schweren und drückenden Lasten des Versailler Friedens erträgt, als daß nochmals unsrerseits zum Kriege geschritten würde, auch wenn wir Aussichten auf Erfolg hätten. Für mich ist der Krieg das schrecklichste und furchtbarste Übel, das man sich überhaupt nur vorstellen kann, und das man vernünftiger Weise nie benutzt; denn jeder noch so faule Vertrag ist noch immer besser als dies entsetzliche Morden, das mit einem neuen Kriege einsetzen würde. Das ist keine persönliche Feigheit von mir; denn genau so wie jeder andere werde ich da sein, wenn der Krieg nun mal da ist. Aber dennoch kann man ihn verwerfen und hassen: Ich bin also Pazifist! Hoffentlich sinke ich nicht allzu sehr in Ihrer Achtung!«

Ein Neustart

Nach seiner praktischen Tätigkeit in der Spinnerei & Weberei der Fa. Niehues & Dütting in Nordhorn vom Januar bis Oktober 1929 belegt Karl zwei Semester an dem Staatlichen Technikum für Textilindustrie in Reutlingen von November 1929 bis Juli 1930. »Hier kann man nichts anderes tun als arbeiten. Es gibt nichts anderes als Textil, Textil, Textil.« Angesichts seiner verschiedenen Ortswechsel bleibt seine »ständige Adresse«: »Münster, Schloss«. Zuerst hatte er sich in den Textilfabriken schwergetan: 10 Arbeitsstunden bei Schichtbeginn um 7 Uhr in der Früh. Der westfälische »Dickkopf« (wie er selbst sagte) im blauen Arbeitskittel und mit von der Arbeit dreckigen Fingern will sich durchbeißen. Das Mitschreiben der Vorlesungen, das Maschinenzeichnen empfindet er als »Schufterei«, als »stupide veraltete Lehrmethode«; »der Stumpfsinn in Reutlingen« erscheint ihm zunächst als »ein Sauleben«. Karl hoffte, in London bei Paul Wirtz unterzukommen, oder in New York beim Hapag-Büro. »Willy schrieb mir dieser Tage kurz wieder, daß er mir gern behilflich wäre, aber er bedauerte, wegen meines Einwanderervisums nichts unternehmen zu können. Jedenfalls werde ich es auf jeden Fall einreichen; schaden kann das keinesfalls. Bloß sehr dumm, daß es so lange dauert, bis man es bekommt (2 Jahre!?)«, schreibt er von Reutlingen seinen Eltern.

Karl wird nervös. Er wird jetzt 27 Jahre und drückt in Reutlingen als Ältester die Schulbank. Er braucht von zu Hause drei Wollunterhosen, ist dankbar für Pumpernickel im Wäschepaket und braucht monatlich 150,– plus 50.– Mark von seinem Vater, der jetzt drei Söhne unterhalten muß. Das bedrückt ihn – diese Abhängigkeit, daß er seinem 75jährigen Vater auf der Tasche liegt. Wie es in Karl aussieht, beschreibt er in einem Brief nach Chile (am 26. Juni 1929), an eine Freundin in Valparaíso – an Cora, die geheiratet hat und der er herzlich zu diesem Schritt gratuliert und dann ausführt: »Was ich wirklich noch immer sehr bedauere, ist der Umstand, daß bei meinem neuen Berufe der Weg so leicht nicht über Chile führt, an dem ich doch noch immer mit Leib und Seele hänge. Aber da sage ich mir immer ganz verstandesmäßig, daß ich doch erst Deutscher bin und dann erst Chilene, daß ich mich also erst mal in Deutschland richtig wohlfühlen muß, und daß ich auch in Chile nie richtiger Chilene geworden wäre, auch drüben Deutscher geblieben wäre und mich hüben und drüben nie ganz wohl gefühlt hätte, mich also zwischen zwei Stühle gesetzt hätte. Das Gefühl hatte ich unbedingt, als ich vor etwa einem Jahre hier ankam: wenn ich mich auch drüben überaus wohl gefühlt habe (und Du weißt selbst, wie gern ich drüben gewesen bin!), so schielte man doch immer mit einem Auge ins Vaterland, wo meine Eltern, Geschwister und viele, liebe Freunde waren, und wo man selbst geboren war, wohin man also gehörte; als ich dann hier ankam, war ich doch wirklich tief enttäuscht, wie anders ich mir vieles vorgestellt hatte, und wie sehr ich den Konnex mit meinen besten Freunden, ja sogar mit meinen Eltern und Geschwistern verloren hatte. Im ersten Trubel merkte ich das gar nicht so sehr; aber als der erste Ansturm vorüber war, da fühlte man es um so mehr, daß man seinem eigenen Lande doch recht fremd geworden war. Das war ein Hauptgrund mit, daß ich weder nach Chile zurückkehrte, noch nach New York ging; ich wollte erstmal wieder mich in der Heimat heimisch fühlen. Und, liebe Cora, so allmählich kommt es; man merkt ab und zu und mehr und mehr, daß man wieder mehr Kontakt mit den Leuten hier bekommt, und man findet auch schon eine ganze Menge sehr netter und lieber und herzlicher Leute. Es ist ja manchmal immer noch sehr schwer und ich bin froh, daß ich mir um den Punkt Heiraten noch keine Sorgen machen brauche. Dazu braucht man, glaube ich, noch ein paar Jährchen mehr, um sich in dieser Beziehung einzuleben und zu gewöhnen. Jedenfalls danke ich Dir von Herzen für das ›ein bißchen Espiritu santo‹, das Du mir von Deiner Hochzeitsreise aus sandtest. Ich bin ja auch noch jung genug, überdies finanziell gar nicht in der Lage, an den Espiritu santo zu denken, oder ihn mir sogar zu wünschen!«

Statt seiner fahren Cunos nach Amerika, hört er aus Münster. Er fragt »wohin?« und bittet einige Zeilen zuvor um Überweisung des »Schulgeldes«. Am 11. Mai 1930 schreibt er einem Freund nach Valparaíso: »Ich habe viele Pläne, aber alles ist noch sehr unbestimmt.«

Daß beim Hin- und Herschicken der Wäschepakete auch das mahnende Wort der Mutter fällt, die Paketschnur doch so zu binden, daß sie wieder verwendet werden kann, macht klar, daß der monatliche Wechsel ein Thema ist. »Vater noch besten Dank für die Übersendung der M. 70.–. Ich war, bin und bleibe äußerst sparsam; kann jedoch mit dem besten Willen nicht verstehen, daß das immer wieder dermaßen betont werden muß, ohne anzunehmen, daß Ihr mich eben für einen Verschwender haltet, der sich nicht in die Verhältnisse schickt. Ich nehme das wenn auch schweren Herzens auf mich, weil dieser unnütz erschwerte Weg für mich der einzig gangbare ist, um weiterzukommen. Und ich bin entschlossen, ihn zu gehen. Wenn Vater dadurch die Überweisung der mtl. M. 200.– etwas erleichtert werden sollte, daß ich Dir verspreche, die mir zuviel überwiesenen Beträge von meinen ersten Verdiensten wieder abzutragen, so tue ich das gern und noch viel mehr. Bloß möchte ich darum bitten, daß wir uns doch nicht gegenseitig das Leben unnütz schwer machen; es ist so schon schwer genug. Wenn ich hier mit M. 200.– auskomme, so ist das allerhand, und verdient eher Anerkennung als Tadel dafür, daß ich mich mit so geringem Wechsel unter andere begebe, die auf einem ganz anderen Fuße leben, was ich aber nur tue, um Leute kennen zu lernen und Verbindungen anzuknüpfen, und nicht des eigenen Vergnügens willen.«

Wenn letzteres etwas scharf klinge mit irgendeiner Spitze, so sei das wirklich nicht so gemeint. Er wolle nur Klarheit.

»Vater danke ich besonders für seine tatkräftige Bereitwilligkeit, mich auch noch ein 3. Semester für die Weberei in Reutlingen halten zu wollen.« Ich hoffe bestimmt, daß ich dann endlich wieder auf eigenen Füßen stehen kann, hoffentlich auch in der Textilbranche und vorerst noch mal in Deutschland. Wenn ich mich Deinen sonstigen

Beweisen Deines guten Willens mir gegenüber und Deiner väterlichen Sorge für mich weniger empfänglich zeigte, so bitte ich das nicht so tragisch zu nehmen; denn im Grunde sind es doch nur Äußerlichkeiten, an denen wir uns stoßen, da wir doch beide für die religiösen Pflichten eines Katholiken völlig einig sind.«

Statt im »Club Viña del Mar« in der »Textilia«

In Reutlingen gab es eine »Textiltechnische Vereinigung«, die sogenannte »Textilia«, eine Art Verbindung oder Club mit eigenem Haus auf dem Gugelberg, wo man auch preiswert essen konnte. In dieser »Textilia«, in der sich Karl als »Verkehrsgast« aufnehmen ließ, verkehrten viele Fabrikantensöhne, vier von ihnen hatten ein eigenes Auto. Auf einer ihrer Autotouren durfte Karl mitfahren – eine Maientour zum Bodensee. »Die Uferlandschaft stand in wunderbarer Obstblüte.«

»Ich saß neben einem neu in ›Textilia‹ eingetretenen Wolfgang Schenz, dessen Vater in Freiburg wohnt und bei Lörrach eine Weberei von etwa 800 Webstühlen hat (also ein mittelgroßer Betrieb). Er erzählte mir bei dieser Gelegenheit, daß sein Vater (Dr. h.c.) am Do. (6. Mai) einen Vortrag über: ›Meine Werksgemeinschaft‹ halten würde, und zwar in der Techn. Hochschule in Stuttgart. Ich hatte schon immer etwas von seiner besonderen ›Werksgemeinschaft‹ gehört, aber doch nur immer Bruchstücke durch andere Fabrikanten(söhne), die recht einseitig waren, weil die sein neues Verhältnis zwischen Arbeitern und Fabrikanten hassen. Auch den Sohn ließ ich mir also ganz ausführlich alles erklären, und ich wurde immer froher, daß sich also doch das durchführen läßt, was mir bisher immer vorschwebte, d. i. in der Hauptsache Zusammenarbeit zwischen Arbeitern und Fabrikanten, und womit ich bei anderen (Niehues etc.) so wenig Gegenliebe gefunden habe. In ganz großen Zügen beruht die Sache auf folgendem: In der Firma sind die Arbeiter immer nach Leistung bezahlt worden; dadurch wurden erhöhte Leistungen, erhöhte Produktion, billigere Produktionskosten und stetige Beschäftigung erzielt. Die Arbeiter wurden es satt, sich den Sympathiestreiken der Gewerkschaften anzuschließen, da sie ja all das, worum die Gewerkschaften streiken ließen, ja längst ohne Gewerkschaften erreicht hatten. Die Folge war: eines guten Tages kommen die Arbeiter zum Herrn Schenz mit der Bitte um Werksgemeinschaft, d. h. Zusammenarbeit der Arbeiter und des Fabrikanten unter Ausschluß der Gewerkschaften und Arbeitgeberverbände. Endgültiges Resultat folgender Vertrag der ›Werksgemeinschaft‹ (gegründet 1926/27): Ad. 1: Es wird nicht gestreikt (d. i. für die Arbeiter). Ad 2. Es wird nicht ausgesperrt (das gilt dem Fabrikanten). Ad 3. Lohnverhandlungen werden nur am eigenen Tisch geführt (das bezieht sich auf die Organisationen von Arbeitern und Fabrikanten)!! Die Leute waren also aus den Gewerkschaften raus und Schenz aus dem Arb.-geber-Verband. (Dieselbe Idee schwebt schon lange Herrn Niehues vor, aber er hat nicht mehr den alten Schwung von früher, sonst hätte auch er es schon längst gemacht!) Nun konnte, wenn auch noch immer sehr erschwert durch viele Gesetze, frei von diesen jede Entwicklung hemmenden Organisationen gearbeitet werden. Der Enderfolg dieses Systems, das sich natürlich auch im technischen Betrieb durch Fabrikation von Einheitsartikeln auswirkt etc. p. p. (das kann man nicht alles ausführen!), ist jedenfalls, daß sich die Fabrik von 1919 (200 Stühle) bis heute auf 800 Stühle vergrößert hat, die Fabrik dauernd beschäftigt ist, Tag und Nacht arbeitet, der Arbeiter bei nur 48stündiger Arbeitszeit 50 mehr verdient als andere Arbeiter bei 54stündiger, die Leute zufrieden sind etc. p. p. Das ist doch tatsächlich im großen gesehen ein Idealzustand, der erstrebenswert ist. Und wenn so etwas tatsächlich bei uns in Deutschland erreicht wurde, so kann man nur unendlich froh darüber sein, besonders nachdem man schon so wahnsinnig viel Enttäuschungen in dieser Hinsicht hat erleben müssen. Und das ist es gerade, was mir so wahnsinnige Freude macht und was mich jetzt mein Ziel in der Textil wieder klarer sehen läßt.

Auch rein praktisch betrachtet für mein Weiterkommen, hat das, hoffe ich, seine sehr guten Seiten. Ich werde versuchen, bei Schenz (nach weiteren Erkundigungen natürlich, und wenn möglich, Besichtigung der Fabrik) meine praktische Zeit im August/September zu verbringen. Ich muß natürlich noch näheren Konnex mit ihm aufnehmen; kennengelernt habe ich ihn schon bei seinem Vortrag in Stuttgart, zu dem ich natürlich hingefahren bin. Aber nur kurze Zeit mit anderen Leuten. Durch H. Denk (Neffe von Schenz) kann ich es wohl arrangieren, daß ich evtl. mal mit ihm nach Freiburg und Lörrach fahre, was sehr gut ginge, da Denks ihre Fabriken auch dort unten haben, und ich die Besichtigung der Denkschen Fabrik als Vorwand benutzen könnte, um in jene Regionen kommen. Das muß man aber noch sehen! Jedenfalls bin ich erst mal wieder heidenfroh, daß ich, glaube ich, auf der richtige Fährte bin, und nicht mehr so ganz planlos in der Textil herumirre. Wolle Gott, daß auch alles schön klappt.«

Jetzt beginnt ein »wahnsinniges Arbeiten«, als ob er einen Rekord aufstellen wollte. Ohne auszusetzen wollte er sehen, wie lange er das aushält.

Vom 14. Oktober 1929 bis zum 8. August 1930 hatte Karl in dem Staatlichen Technikum für Textilindustrie die Abteilung für Spinnerei besucht und sich im Juli der Diplomprüfung unterzogen. Mit den Noten in »Höherer Mechanik und Maschinenlehre« »gut/sehr gut« und »Technologie der Spinnerei« »gut/sehr gut« erreichte er ein »Diplom Ersten Grades«. Das war ein erster Schritt, um Fuß zu fassen. Noch Anfang des Jahres hatte das ganz anders ausgesehen, als Mutter nach Reutlingen schrieb:

»Mein lieber Karl

Ich hoffe, Du bist jetzt ganz wieder im Betrieb und nimmst es nicht zu schwer. Durch die ›dreckige‹ Zeit mußt Du nun mal durch, es kommt auch wieder anders. Mußt immer nur bedenken, wie das

Schicksal Dich anfangs verwöhnt hat, und daß der Scheuersack bei Dir verspätet kommt. Kopf hoch und durchhalten und immer an die vergangene schöne Zeit dankbar denken und mit echtem Gottvertrauen der Zukunft entgegensehen. Wenn man seinen Mann stellt – seinen ganzen Mann –, das, was schwer fällt, energisch anpackt.«

Mit seinem Technikum-Kollegen Schenz war Karl die Pfingsttage in Freiburg, um einige von dessen Vater angebotene Fabrikbesichtigungen wahrzunehmen. So kam er über Basel bis nach Lörrach. Diese Reise, so berichtet er seinen Eltern, war »kolossal lohnend«. »Ich bin jetzt daran, die Sache langsam in die Wege zu leiten.« Jetzt hatte er den notwendigen Schub, »in die Prüfung zu steigen«. Noch in die Vorbereitungen zum Mündlichen erhielt Karl von seinen Eltern eine gedruckte Einladungskarte zur »Feier der Primiz ihres Sohnes Hans«.

Auf gelbem Briefpapier mit dem Briefkopf »Karl Wuermeling, Münster i. W., Schlossplatz 2«, sagt er aus Reutlingen den »Lieben« sein Kommen zur Priesterweihe zu und fügt, neben dem Hinweis, daß er bis zum Mündlichen noch viel zu schaffen habe, hinzu: »Ich hoffe, daß es in Lörrach klappen wird. Sonst bleibe ich in Norddeutschland.«

Die Eltern bitten in den Fürstensaal des Schlosses in Münster

Einen Tag nach bestandenem Examen reiste der frischgebackene Diplomingenieur nach Münster. Sein Bruder Hans hatte das Theologiestudium mit einer Doktorarbeit über Albertus Magnus abgeschlossen und wurde anschließend im Priesterseminar in Münster, dem Kollegium Borromäum, aufgenommen. Am 10. August 1930 wurde er im Dom zum Priester geweiht. Nach Hochamt und Primizsegen luden die Eltern ins Schloß ein:

»Für die weitere Feier hatte uns mein Amtsnachfolger die prächtigen Räume des sog. Fürstensaales der – im Rokokostil gehalten – mit den Ölbildern der letzten Fürstbischöfe von Münster geschmückt

ist, sowie des in feinem klassizistischen Stil gehaltenen Speisesaals im Schlosse freundlich zur Verfügung gestellt. An der festlichen Mittagstafel nahmen die anwesenden Familienmitglieder und die Freunde von Hans sowie die geistlichen Herren unserer Pfarrkirche, im ganzen etwa 30 Personen, teil. Unter ihnen waren von auswärtigen Verwandten auch die Geschwister meiner Frau, Maria Wirtz und Albert Terfloth aus Hamburg. Von der durch den ganzen Speisesaal sich hinziehenden breiten Festtafel hoben sich die großen siebenarmigen silbernen Leuchter, die, ein Geschenk der Laien der Diözese Osnabrück, wir aus dem Nachlaß des früheren dortigen Bischofs, späteren Kardinals Melchers, übernommen hatten, eindrucksvoll ab. Nach der Mittagstafel, bei der natürlich die üblichen Ansprachen nicht fehlten, hielt Hans die feierliche Vesper in unserer Pfarrkirche.
Den Schluß des Festtages bildete dann am weiteren Nachmittag eine Kaffeegesellschaft an kleinen Tischen im großen Fürstensaal, zu der neben den Gästen der Mittagstafel auch ein Kreis von weiteren Verwandten und einigen befreundeten Familien geladen war. Der prächtige Saal wie der hohe Anlaß der Feier hoben von vornherein die festliche Stimmung der Teilnehmer, und die Bilder der alten Bischöfe schauten nun wohl zum ersten Mal auf eine Primizfeier in diesem Saal hinab.«
Und auch auf Therese Deixlberger, die mit an der Festtafel saß. Seit Juli 1922 war sie bei den Hovestadts auf der Sudmühle bei Münster beschäftigt. Sie schrieb in ihr Tagebuch: »Hans Wuermelings Primiz brachte mir schöne Stunden. Wie erhebend und ergreifend war doch die erste heilige Messe in der schönen, fein geschmückten Schloßkapelle, die hl. Kommunion aus der Hand des Neupriesters, der feierliche Segen, der schöne Gesang seiner Freunde, das Ministrieren seiner älteren Brüder. Anschließend das Frühstück mit den edlen, frommen Menschen, wie schön war das alles!
Die große Primiz in der Pfarrkirche war noch feierlicher durch den Einzug, Gesang, Predigt und die feierliche Handlung. Hans sah sehr

schön, so ernst, würdig und fromm aus. Mittags wurde im Schloßspeisesaal, wo der lange Tisch prächtig mit weißen Blumen und silbernen Leuchtern geschmückt war, gegessen. Über 30 Personen nahmen an dem Festmahl teil. Herr Doktor, der Vater des Neupriesters, hielt eine sehr schöne Rede, begrüßte die Gäste, sprach von der Geburt, den Kinderjahren, der Erziehung und den Studienjahren des Primizianten, erwähnte auch zweimal meine Verdienste bei der Sache in sehr liebenswürdiger Weise. Sehr gut redete auch der Pastor der Gemeinde und zum Schluß dankte der Primiziant mit sehr schönen Worten.

Es war wunderschön, alle waren recht lieb und freundlich zu mir, besonders die Söhne des Hauses, meine früheren Zöglinge. Die feierliche, vom Primizianten schön gesungene Vesper war auch recht schön. Nachmittags versammelten sich dann gegen 60 Personen, um mit dem Neupriester und dessen Eltern und Geschwistern im herrlichen Fürstensaal den Kaffee einzunehmen, fast lauter ehrwürdige, hochwürdige und hoch achtbare Köpfe. Nur zu schnell verflogen die schönen Stunden. Nach einem gemütlichen Abendbrot im engsten Familienkreise fuhr ich um 10 Uhr abends frohgemut und dankbar gegen Gott und die Menschen wieder Sudmühle zu.«

Die Monate und Wochen, die die Familie des ehemaligen Oberpräsidenten von Westfalen im Nordflügel des Schlosses wohnen blieben, waren gezählt. Zu beschwerlich waren die vielen Treppenstufen. Es war auch einsamer um sie geworden, nachdem vor Jahren Familie Fricke nach Rheine weggezogen war. Ganze 12 Jahre hatten die Wuermelings im Schloß gewohnt, hatten Notstand, Hochzeit, Geburt und Primiz erlebt. Am 15. Januar zogen sie aus der bisherigen Dienstwohnung in eine Parterrewohnung in der Gertrudenstraße 22. Die Räumlichkeiten im 2. Stock und in der Mansarde des Nordflügels der fürstlichen Residenz standen dann erstmal lange leer.

Den Aufenthalt in Münster nutzte Karl, um den Wert des Diploms praktisch zu testen – in der Spinnerei und Weberei bei Schründer & Söhne in Greven in den Monaten August bis Mitte September 1930.

Um Kenntnisse im Weberei-Betrieb zu erwerben, besuchte er vom 17. September bis zum 29. Januar 1931 als Hospitant die Höhere Staatliche Fachschule für Textilindustrie in Münchberg, nördlich von Bayreuth.

»Der Austritt kurz vor den Abschlußprüfungen, an denen sich Herr Wuermeling sicherlich erfolgreich beteiligt hätte, erfolgte wegen Annahme einer Stellung, für die wir ihm alles Gute wünschen«, schreibt ihm der Direktor der Höheren Fachschule ins Zeugnis; denn am 2. Februar 1931 tritt Karl als technischer Angestellter in die »Mechanische Weberei Conrad's Nachfolger Lörrach« ein. Der Pfingstausflug im vorausgegangenen Jahr von Reutlingen ins Südbadische hatte sich gelohnt.

An Bord der Firma Gherzi in Zürich

Im Werksvertrag ist sein Aufgabenkreis umschrieben: »Zunächst: Erlernung des G. T. D. Systems unter Anleitung der Techniker der Firma Gherzi – Textile Development Co.« sowie: »Fortführung der betriebstechnischen Untersuchungen und entsprechende statistische Nachweise. Übertragung der theoretischen Ergebnisse in die Praxis im Einvernehmen mit der Betriebsleitung.« Die Dauer der Anstellung ist »auf unbestimmte Zeit« vorgesehen. Unter Gehalt wird aufgeführt: »RM 280.– brutto pro Monat als Anfangsgehalt.« Das ist etwas mehr als der Monatswechsel von zu Hause inclusive Sonderposten. Dieser Neuzugang kam also im Februar 1931 auf Empfehlung der Firma »The Gherzi Textile Development Co. Ltd., Zürich« nach Lörrach, um die Erfahrung des G. T. D. Systems für technische Rationalisierung als sogenannter »efficiency man« zu überwachen. Dieses Textilberatungsunternehmen war 1929 von Dr. Guiseppe L. Gherzi in Zürich gegründet worden. Der Textilingenieur hatte, ausgestattet mit Taylorschem Rüstzeug und aufgrund seiner Erfahrungen in der amerikanischen Textilindustrie, frühzeitig die Möglichkeiten der Industrieberatung in Europa erkannt. Bereits 1930 bot Gherzi der Textilbranche ein für sie konzipiertes Kostenrechnungssystem an. Für seinen international operierenden Industrieservice akquirierte der »head hunter« Gherzi Mitarbeiter für seine Zürcher Firma. Das in Zürich agierende Beratungsunternehmen des Guiseppe Gherzi führte in der Textilindustrie europaweit Rationalisierungsmaßnahmen in vor allem von der Weltwirtschaftskrise erfaßten Betrieben durch. Vom Kontor der Löwenstraße 1 in Zürich, einer Parallelstraße zur Bahnhofsstraße, steuerte Gherzi seine Mitarbeiter mit dem von ihm entwickelten G. T. D. System durch krisengeschüttelte Unternehmen, die sich profitablere Bilanzen erhofften.

Am 26. Oktober 1932 wendet sich Gherzis Mann in Lörrach an den Chef des Kontors in Zürich: »Wenn die Selbstkostenrechnung hier nicht klappt, was ich übrigens sehr bedauern würde, da ich sie noch gern hier einführen möchte –, und das sollte sich doch wohl noch dieses Jahr entscheiden –, dann tue ich es aber hier bestimmt nicht mehr weiter. Ich glaube, ich könnte Ihnen da mehr in Barcelona oder auch in Manchester nützen. Vielleicht treten Sie diesem Gedanken noch näher?«

Offensichtlich zieht es den Diplomingenieur in die Weltmetropolen oder gar ins historische Zentrum des Industriezeitalters. Ein Vierteljahr später kommt der »efficiency man« auf seine Frage zurück: »Heute wollte ich Ihnen nur etwas Persönliches mitteilen. Ich habe den Eindruck, daß es hier bei Conrads mit der kaufmännischen Reorganisation noch lange dauern wird, obwohl ich dafür mein Bestes in Ihrem Sinne getan habe. Leider kann ich mich nicht weiter darüber äußern, da ich zu Stillschweigen verpflichtet bin.«

Um die Bereitschaft des Betriebes zu reorganisatorischen Anstrengungen durch seinen Einsatz zu testen, beantragte der Beauftragte aus dem Zürcher Kontor eine Verbesserung seines Gehalts.

»Meine Bitte, mir doch endlich mehr zu zahlen, ist nach Weihnachten von Conrads abgeschlagen worden. Daraufhin bat ich um ein provisorisches Zwischenzeugnis«, berichtet Karl einem mit ihm befreundeten Gherzi-Mann, Herrn Girardelli. In diesen Januartagen

schreibt er auch an Herbert Levy, ebenfalls bei Gherzi tätig: »Ehrlich gesagt, interessiert mich hier der Betrieb gar nicht mehr. Es ist mir alles schei …(benhonig) egal.«
Mitte Januar 1933 erinnert er Herrn Gherzi an den Wunsch, sich zu verändern, eventuell als Gherzis Vertreter in England. »Lassen Sie dann bitte mal kurz hören, was Sie meinen, oder geben Sie mir bitte am besten die Möglichkeit einer persönlichen Aussprache mit Ihnen. Bis dahin werde ich nichts besonderes unternehmen, vorausgesetzt, daß es nicht später als Ende Januar wird. Ab Februar werde ich dann notfalls selbst zur Offensive übergehen müssen; denn Sie werden wohl volles Verständnis dafür haben, das ich nicht noch ein Jahr für M. 285.– brutto, das sind M. 244.– netto per Monat dasitzen werde.«
Am 23. Januar 1933 antwortet ihm Gherzi aus Zürich: »Wir hoffen gerne, daß es uns gelingt, in nächster Zeit etwas Passendes für Sie zu finden.« Tage zuvor hatte Karl seinem Bruder Hans in die Pfarrgemeinde Dülmen geschrieben:

»Lieber Hans.

Es ist Dir ja vielleicht auch bereits bekannt, daß ich mich um eine neue Stelle bemühe, da ich hier bei Conrads Nachf. keine Entwicklungsmöglichkeiten sehe. Natürlich sprach ich auch Weihnachten darüber, als ich zu Haus war, und fragte besonders danach, ob wir denn gar keine Verbindungen zu Bankkreisen besäßen. Darauf nannten mir Vater und Mutter sofort Rintelen, die Du von Leipzig her ja besonders kennst, und deshalb wende ich mich jetzt mit der Bitte an Dich, Herrn Rintelen mal auf mich aufmerksam zu machen. Ich gehe nämlich von folgendem Gesichtspunkt aus: Den größten Teil der Textilbetriebe haben heute die Banken in der Hand; damit haben sie auch bestimmenden Einfluß auf die Geschäftsführung und besonders auf Ernennung von technischen und kaufmännischen Leitern oder Direktoren. Ich kenne verschiedene Fälle, in denen solche Posten von Bankseiten besetzt wurden. Dazu muß man aber doch gewisse Verbindungen und Empfehlungen haben, die einen in die

Bankkreise einführen. Da Herr Rintelen doch Direktor der Dedi, München, ist, dachte ich, daß ich mich mit ihm mal in Verbindung setzen könnte, ob auf diesem Wege überhaupt gewisse Möglichkeiten in Frage kommen. Dann könnte ich auch näheres, besonders Zeugnisse usw. einsenden.«

Und er fügt noch eine Bitte hinzu. »Du hast erfahren, daß Hermann Denk verunglückt ist; ich bitte Dich, für ihn eine Messe lesen zu lassen, gleichfalls eine für Willy Cuno. Aber leider kann ich augenblicklich Dir gar nichts dafür schicken, da ich meine paar Kröten jetzt mehr denn je zusammenhalten muß. Drum bleiben das Ehrenschulden von mir bei Dir, die baldmöglichst beglichen werden (ca. M. 10.–?).«

Hermann Denk war im Reutlinger Lehrgang Karls enger Kommilitone, auch Mitglied der »Textilia« und arbeitete im Familienbetrieb in Brennet bei Wehr in Südbaden. Er war mit seinem Auto auf der Straße vom Feldberg ins Wiesental trotz langsamer Fahrt auf nassem Schnee in einer Steilkurve ins Rutschen gekommen, von der Fahrbahn abgeglitten, den Abhang abgestürzt und tödlich verunglückt. Das war am 8. Januar 1933. Wenige Tage zuvor, am 3. Januar, war der Vorsitzende des Hapag-Direktoriums Wilhelm Cuno in Aumühle im Alter von 56 Jahren einem Herzinfarkt erlegen. Noch vor sechs Wochen hatte Karls Mutter geschrieben: »Heute besuchten uns Cunos auf der Durchreise für ein Stündchen per Auto. Sie waren auf Großindustriellen-Besuchsfahrt. Willy sah vorzüglich aus, Martha etwas abgespannt.«

Bruder Hans hatte umgehend einen Brief an Herrn Dr. Victor von Rintelen nach München geschrieben. Dessen Frau war Hans' und Karls Cousine. Der Direktor der Deutschen Bank und Disconto-Gesellschaft, Filiale München, Lenbachplatz 2, antwortet prompt, und stellt den Kontakt zur »Dedi«, Freiburg, in Aussicht, da diese die Interessen der Bank im Wiesental vertrete. Die Spinnerei Atzenbach AG Schopfheim war zum großen Teil in die Hände der Dedi, Freiburg, geraten, deshalb steht dort zwecks einer Reorganisation eine Personalveränderung an, bei der die Bank ein gewichtiges Wort mitzureden hat.

Die Deutsche Bank hat bereits zwecks Aufstellung eines Reorganisationsplanes die Reorganisationsfirma für Textilbetriebe The Gherzi Textile Development Co. Ltd., Zürich, kontaktiert, so scheint der Bewerber dank seiner Doppeloffensive als Kandidat für einen technischen Organisator ins Visier der Akteure zu geraten. So sehr Karls Taktik dieses Vorhaben in Schwung gebracht hat, es passierte doch nichts. Er wandte sich an seine Freunde in Gherzis Kontor – an Herbert Levy, mit dem er während eines Wochenendausflugs von Reutlingen aus auf dem Kniebis seine ersten Gehversuche auf Skiern unternommen hatte, ob sie sich nicht in Basel oder in Zürich treffen könnten: »Nach Lörrach kommt allerdings nicht in Frage; denn gegenwärtig habe ich, was ja leicht verständlich ist, keine Sehnsucht nach Deutschland.«

Hitlers »Machtergreifung« am 30. Januar 1933, Reichstagsbrand Ende Februar, und das »Ermächtigungsgesetz« (»Gesetz zur Behebung der Not von Volk und Reich«) gegen Ende März mit seinen Besorgnis erregenden Folgen hielten Herbert Levy davon ab, wegen des »Atzenbach-Projekts« über die Grenze in Riehen zu kommen.

Dieser März 1933 hatte elend begonnen. Der diplomierte Textilingenieur mit den ehrgeizigen Zukunftsplänen lag flach im Bett und schrieb am zweiten des Monats »im Bett« an seine »Lieben« von Lörrach nach Münster.

»Ihr Lieben!

Ihr habt Euch doch wohl bestimmt schon gedacht: was ist denn mit Karl los, daß er gar nicht schreibt! Es war auch einiges los, bezw. ist noch heute los, allerdings ist das schlimmste überwunden. Und zwar eine fürchterliche Grippe. Das Paket habe ich am letzten Do. noch gerade aufgeben lassen können, und hoffte sogar noch, zu einem kurzen Sonntagsgruß zu kommen. Aber seitdem bin ich dann im

Bett geblieben und heute noch nicht wieder raus. Vielleicht komme ich noch nicht mal zum Wählen (übrigens mir diesmal nicht ganz unangenehm!). Zwischen Sonntag und Dienstag erreichte mein Fieber mit 39.0 bis 41.0 den Höhepunkt; jetzt ist meine Temperatur wieder ziemlich normal. Dafür bin ich aber dermaßen schlapp, daß ich mich erst jetzt wieder selbst aufrichten kann. Das Fieber ging durch Schwitzkuren ohne besondere Umstände wieder weg. Lunge fehlt auch nichts; halt eine feste Grippe! Husten tue ich jetzt noch feste, Kopfschmerzen habe ich auch noch ziemlich und mein Magen funktioniert auch noch nicht ordentlich. Hoffe aber doch Mitte der Woche soweit zu sein, daß ich 8 bis 10 Tage in irgendein kleines Schwarzwaldkaff fahren kann, um mich dort wieder zu erholen. Hoffentlich klappt das auch alles so, wie ich mir das vorstelle. Von Conrads habe ich wohl keine Schwierigkeiten zu befürchten. Aber unangenehmer ist mir die ganze Sache wegen Verzögerung meiner Stellungsuche. Was soll man machen? Das ist also mein ›Skiurlaub‹? Ich hätte ihn mir etwas anders vorgestellt.

Immerhin bin ich froh um diese Unterbrechung meiner Arbeit bei Conrads. Denn die ist mir jetzt doch ganz egal und jeder Grund recht, um mich davor zu drücken. So habe ich denn doch schon in den letzten Tagen die (himmlische) Ruhe genossen, die einem das Kranksein bringt, wenn auch in noch recht unvollkommener Weise. Und wenn ich mir vorstelle, daß es jetzt zwei Wochen lang immer nur besser werden kann, dann bin ich mit meiner Krankheit restlos zufrieden. Alles hat seine guten Seiten, selbst die Grippe!

So, liebe Leute, jetzt wißt Ihr mal wieder etwas Bescheid; das genügt für heute! Außerdem kann ich das Klappern der Maschine noch gar nicht haben und bin im übrigen wieder dermaßen müde, daß ich gleich mal wieder 2 Stunden wohlverdienter Weise schlafen kann. Also, habt jetzt keinen Schrecken mehr; es ist alles vorüber. Wenn Ihr mir schreiben wollt, schreibt mir von Euch; davon höre ich herzlich gern. Aber bitte nicht, was ich alles hätte sollen. Laßt Politik beiseite; ich teile Eure schroffen Ansichten nun mal nicht und freue mich vielmehr

über das Großreinemachen im preuß. Saustall (Ausdruck v. Frz. Jos.!) Außerdem behellligt mich bitte vorläufig nicht mit meinen Kragen für die neuen Hemden, die alle ohne die von mir so oft erbetene Verstärkung gemacht sind. Ich sinne noch über Mittel und Wege, mit welcher List und Tücke ich es doch noch fertig bringen könnte, daß die Kragen für mich so gemacht werden, wie ich sie gern hätte, und nicht wie die Näherinnen das mit ihrem westf. Dickkopf durchsetzen wollen. Wenn ich gesund bin, finde ich doch wohl noch einen Weg. Leid tut mir nur, daß Mutter immer das Zwischenglied sein muß, das alles von allen Seiten ›abkriegt‹. Jedenfalls danke ich heute nochmals für alles und bin mit den besten Grüßen
Euer Karl«

»Lohnprobleme«
Am 14. März 1933 schreibt er, es habe ihn nicht in ein Schwarzwaldkaff, sondern in die Schweiz, nach Arosa, verschlagen. Ausschlaggebend für diesen Kurort war möglicherweise, daß sich dort Mia Niehues, die Tochter des Fabrikanten aus Nordhorn, aufhielt. Er war ihr seit seiner Anstellung im dortigen Betrieb freundschaftlich verbunden: »In Arosa habe ich mich trotz der kurzen Zeit sehr gut erholt. Leider ist nur eine Woche daraus geworden, da das Geld nicht länger gereicht hat. Aber ich bin froh, daß ich nicht hier in der Gegend geblieben bin, da es hier dauernd trübes Wetter war. Dabei kann ich mich nicht erholen. Und das hatte ich nötig; denn ich war wirklich ziemlich zusammengefallen, so daß ich oft selbst einen Schreck bekam, wenn ich mich im Spiegel sah. Mein Chef und noch viele andere sagten das gleiche; jetzt ist das binnen einer Woche wieder durch die schöne Sonne und etwas Skifahren behoben. Die paar Tage Ruhe noch in Lörrach zum Übergang werden wohl den letzten Rest geben.
Ich gebe zu, daß meine Abreise letzten Dienstag nach Arosa etwas früh war, da ich mich noch recht schlapp fühlte; aber in Lörrach hätte ich nur Zeit verloren; denn als Halbkranker ist es in Lörrach nicht auszuhalten. Darum meine eilige Abfahrt. Um 2 Uhr letzten Diens-

tag traf ich in Arosa ein und um drei Uhr lag ich schon in einer sehr netten kleinen billigen Pension am See auf meinem Südbalkon in der Sonne. Das tat gut. Am nächsten Tag zeigte sich die Sonne leider wenig und habe die Gelegenheit benutzt, um Mia Niehues zu besuchen, die auch hier war. Auch in den nächsten Tagen bin ich noch öfter mit ihr zusammengewesen. Ab Donnerstag war wieder dauernd Sonne, die ich teils auf meinem Balkon, teils auf kleineren Skispaziergängen genoß, dermaßen, daß jetzt meine ganze Haut abgeht. Übrigens ist Arosa im Winter herrlich; fabelhaftes Skigelände und sehr viel Sonne. Allerdings muß ich sagen, daß ich völlig gesund nicht nach Arosa gehen würde, da dort zu viel Betrieb ist. Da ist mir ein kleines Dorf mitten in einsamer Schneelandschaft doch lieber als dieses Großstadttreiben. Aber dies Jahr blieb einem ja gar keine andere Wahl; denn unter 1.800 m hatte es kaum Schnee und in ein ganz kleines Bergnest mit weitem Anmarsch konnte ich in meinem Zustand auch nicht. Und die Hauptsache ist ja auch, daß es mir gut getan hat; nur hätte es noch eine Woche länger sein dürfen.
Wie geht es Euch? Nach Euren letzten Nachrichten zu urteilen ja ganz gut. Hoffentlich beunruhigt Euch nicht allzu sehr der heutige Zustand im Reich, der ja auch vorübergehen wird. Wirklich, es ist jammerschade, daß bei der notwendigen Säuberung dermaßen ins andere Extrem geschlagen werden muß. Man hätte die Nazis eben eher heranziehen müssen. Gott sei Dank, daß es Papen jetzt wenigstens noch fertig gebracht hat. Ohne ihn wären wir heute bestimmt noch nicht so weit und hätten das Damoklesschwert der einseitigen Naziherrschaft noch immer über uns und der Wirtschaft. Auch die Leute können nur mit Wasser kochen und sollen jetzt endlich mal zeigen, was sie können. In der einseitigen Unterdrückung der Nazis hat Brüning bestimmt schwer gefehlt. Jetzt werden eben entsprechend die anderen (Sozis und Zentrum) unterdrückt. Da muß man sich heute nicht groß drum aufregen. Hoffentlich geht es nur bald vorüber und geht der Pendel nicht alle 10 bis 20 Jahre von einem Extrem ins andere. Wir brauchen Ruhe.

Meine Bemühungen um einen neuen Posten sind nun fast 3 Wochen unfreiwilliger Weise unterbrochen worden. Ich nehme jetzt aber sofort wieder die Verbindungen auf, und hoffe, daß durch meine Krankheit keine Schwierigkeiten entstanden sind. Mal sehen, wie es steht. Ich schreibe Euch, falls irgendetwas Neues heraus ist. – Daß Mutter so rührend meines Anliegens gedenkt (9tägige Andacht usw.), danke ich Dir sehr und hoffen wir, daß es rechtzeitig Erfolg hat.
Übrigens bin ich hier auch in einer Wahlversammlung gewesen, und zwar bei Stegerwald, der hier etwa 10 Tage vor den Wahlen sprach. Er macht einen unangenehmen Eindruck (feister Politiker) und redet außerdem noch nicht einmal gut. Nur ganz selten raffte er sich mal zu einigen sachlichen Bemerkungen auf; alles andere war Phrase und Geschwätz, wie man es überall hört. Das einzige, was auf die Teilnehmer Eindruck machte, war das Tränengas, das Nazis losgelassen hatten. Das wirkte mehr, als die vielen Worte Stegerwalds. Am Schluß wurde Deutschland, Deutschland über alles gesungen. Warum denn jetzt erst?!?!«
Neben Zeitungsausschnitten zum Tod von Cuno hatte Karl die Zeitschrift »Der Arbeitgeber« Ende Januar nach Münster geschickt und empfahl den Seinen die Lektüre des Artikels »Lohnprobleme«. Es ging darin nicht um sein eigenes Lohnproblem, sondern darum, wie durch Rationalisierung eine Reallohnsteigerung erwirtschaftet werden kann. Am 28. März 1933 schreibt er: »Es freut mich, daß Du ›Lohnprobleme‹ mit Interesse gelesen hast, und selbst anerkennst, daß echte Reallohnsteigerung *nur* durch Rationalisierung zu erreichen ist. Diese Tatsache ist durchaus nicht umstritten.
Denn das *muss* jeder denkende Mensch einsehen. Umstritten sind nur die ›Ausführungsbestimmungen‹, wie ich es nennen möchte. Und über die kann der Laie nicht urteilen. Darum will ich auch gar nicht weiter auf die Frage eingehen. Mir war es bloß darum zu tun, grundlegende Irrtümer aufzuklären. Übrigens gibt es technisch übergenug Möglichkeiten, die Arbeitslosen (durch Rationalisierung) aufzunehmen in den neuen Industrien wie Auto, Radio, Flugzeug, Maschi-

nen, Häuser, Fernsehen usw.; nur fehlen dafür die Mittel, weil sie einmal während des Krieges geflissentlich vernichtet wurden, und der Rest als Reparation ins Ausland floß. Das ist aber keine Schuld der Rationalisierung oder der Technik! – Dann noch eins: Entproletarisierung des Arbeiterstandes, d. h. Erhöhung ihres Lebensstandards läßt sich eben auch *nur* durch Rationalisierung erreichen; denn wodurch anders als durch rentable Ausnutzung der Zeit wollt Ihr das erreichen? Selbst Goldregen könnte das nicht bewirken. – Es freut mich jedenfalls, daß Ihr Euch mal etwas mit diesen Fragen befaßt habt und nicht mehr so altmodische Schauermärchen glaubt, wie sie mir gegenüber noch Weihnachten geäußert wurden. Hoffentlich hat auch Hans die Artikel gelesen.

Zeugnis von Max Wirtz habe ich erhalten und lege eine Kopie bei. – Für Franz Josefs Gruß noch allerbesten Dank; ich wünsche unserm größten Nazifresser friedliche Zusammenarbeit mit ihnen. Gott sei Dank, daß ich mich nicht so umstellen muß. Aber man muß eben heute schon einige Opfer bringen, um in Amt und Würden zu bleiben.«

Bestandsaufnahme in den Monaten Januar bis März 1933

Karls Erkrankung hatte wohl auch psychosomatische Motive. 1923, als Deutschland aus den Fugen geraten war, hatte er sein Vaterland mit 19 Jahren verlassen. Er hatte den Mut, in einem Land jenseits des Äquators auf einem anderen Kontinent Fuß zu fassen. Vom »Ausreißer« wurde er schnell zum Teilhaber eines international operierenden Maklerkontors. Als er nach fünf Jahren auf Europaurlaub ging, wollte er seine Heimat wiedersehen. Er hatte es mit eigener Kraft zu etwas gebracht, als Jüngling war er fortgegangen, als gemachter Mann kam er im April 1928 zurück.

Er wollte es sich und »denen« zeigen. Mitten in seine »Aufwartungsreise« holte ihn diese Katastrophennachricht ein, daß seine berufliche Zukunft ein Ende hat, daß fünf Jahre Chile umsonst waren. Er stürzte ins Bodenlose, mußte sich klarmachen, daß er in dem Land, dem er den Rücken gekehrt hatte, einen Neuanfang beginnen mußte. Er fiel in ein Loch in einer dunklen, schlechten Zeit, die durch die Weltwirtschaftskrise die Meisten erfaßte und einen perfekten Absturz bereithielt. Dieser »Fall« war tiefste Demütigung. Politische Heilsprediger und Demagogen hatten Hochkonjunktur.

Wovor er »ausgebüchst« war – das Elternhaus –, hatte ihn wieder eingeholt. Es war ihm nichts anderes übriggeblieben, als in den Schoß der Familie zurückzukehren – ins Schloß zu Münster. Dort verbrachte er die Weihnachtsferien »bei Muttern«, ansonsten fünf lange Jahre in miefiger Untermiete irgendwo in Deutschlands Provinzstädten, er, der den Blick unter den Palmen am Strand von Viña del Mar auf den Pazifik so liebte und dort glückliche Jahre verbrachte – ein junger Kosmopolit. In diesem Deutschland kam er in den harten politischen Griff der Realität in einer aussichtslosen Zukunft. Und jetzt war er bald 30 Jahre alt ohne selbständige Stellung, ohne auf eigenen Füßen zu stehen. Jetzt wollte er alles aufholen. Das im Januar 1933 von »Conrad's Nachfolger« ausgestellte Zwischenzeugnis gab ihm bezüglich seines betrieblichen Verhaltens zufriedenstellende Noten: »Sein Verhalten zu Vorgesetzten und Untergebenen ist taktvoll angemessen. Es verrät den Menschen aus guter gesellschaftlicher Stellung mit entsprechender Allgemeinbildung und sorgfältiger Erziehung. Daß er bei sachlichen Meinungsverschiedenheiten offen und ehrlich urteilt, wenn dies seiner Überzeugung entspricht, empfinden wir als eine besonders begrüßenswerte Eigenschaft. Im übrigen ist sein Urteil im Verhältnis zu seinem Alter bemerkenswert sicher und ausgereift.«

Ausgereift? Nein, der Mann war voller Panik. Es taucht in diesen ersten drei Monaten des Jahres etwas auf, was bei ihm und bei der Masse der Deutschen so nicht erkennbar, jedoch virulent vorhanden war – eine tiefsitzende Existenzangst. Politische Wegelagerer versprachen Gedemütigten den Weg aus der Krise zum Heil – privat und politisch. Es brach auch aus jenen heraus, denen eine gewisse Reife zugesprochen wurde. Es kam überraschend und stieß die vor den Kopf, die nicht an diese »nationalsozialistische Revolution« glauben wollten und deren Führer ebenso für lächerlich wie gefährlich hielten. Der mentale Fieberverlauf eskalierte just zu dem Zeitpunkt, als es Karl ums Ganze ging und ist datierbar: dieser vermeintliche Halt in haltloser Zeit; im März 1933 schlug die innere Spannung in ein Fieber um.

Die Verhandlungen um den neuen Posten zögern sich hinaus, andererseits kann er, ohne sein Gesicht zu verlieren, die Kündigung in seinem bisherigen Betrieb nicht ewig hinausschieben, bis schließlich die Gefahr drohen würde, daß man ihm kündigt. Er hängt in der Luft, leidet unter dieser Zitterpartie, hofft inständig darauf, daß »diese Zappelei ein Ende« findet. Und dann kommt auf Geschäftspapier von Gherzi Zürich auch noch die handschriftliche Notiz von Herbert: »Im Vertrauen gesagt« (!), dreimal unterstrichen, »ich glaube nicht, daß Atzenbach was wird! Es steht faul!«
Sein bisheriger Kontakt bei der Deutschen Bank Freiburg, Herr Bassermann, ist im Urlaub. Sein Vertreter, Direktor Ernst Frankl, muß die Personalentscheidung mit Herrn Gherzi einer Klärung zuführen, dann muß ein Termin für eine Aufsichtsratssitzung gefunden werden, in der geklärt werden muß, ob überhaupt (noch) ein Technischer Leiter für die Spinnerei Atzenbach gefunden werden soll. Der Kandidat hofft auf eine endliche Entscheidung, bis dann die Deutsche Bank für den 7. April (1933), morgens, einen Gesprächstermin im Büro des Bankdirektors Frankl anberaumt ...
Nach seiner Rückkehr von Freiburg nach Lörrach teilt er unverzüglich Herrn Gherzi brieflich das Ergebnis mit: »Eben wollte ich Ihnen noch ganz kurz mitteilen, daß ich heute morgen bei der Dedi Freiburg mit Herrn Direktor Frankl wegen Atzenbach abgeschlossen habe, und zwar als technischer Organisator bei (nur) M. 450.– aber direktem Reklamationsrecht beim Aufsichtsrat ...«
Tags drauf berichtet Karl seinen Eltern aus seiner Lörracher Bleibe Wilhelmstraße 48:

»Liebe Eltern.

Vor allem Dir, liebe Mutter, wollte ich heute möglichst noch zum Sonntag mitteilen, daß also jetzt endlich alles in Ordnung gegangen ist. Osterdienstag fange ich bei der Spinnerei Atzenbach, Schopfheim, etwa eine halbe Eisenbahnstunde von Lörrach Richtung Feldberg, an als techn. und kaufm. Reorganisator der Gherzi im Auftrag der Deutschen Bank und Disk. Ges. Die Spinnerei war unter den bisherigen Direktoren sehr stark verschuldet an die Dedi, die zwecks Wiederbelebung der Firma die Gherzi holte zwecks Reorganisation. (Übrigens wieder ein typisches Beispiel für die Wichtigkeit von Rationalisierung, ohne die der Betrieb hätte geschlossen werden müssen!). Diese soll ich mit ziemlichen weitgehenden Vollmachten von Seiten der Bank und des Aufsichtsrates ohne Abhängigkeit von den heutigen Direktoren, die über kurz oder lang zurücktreten sollen, durchführen, bei mittelmäßigem Gehalt (brutto M. 450.–, d. h. netto ca. M. 350.–), und bei der Aussicht, im Bewährungsfalle die techn. und kaufm. Leitung zu erhalten, vorausgesetzt, daß der Betrieb sich überhaupt noch rentabel gestalten läßt. Mal sehen, was sich machen läßt. Leicht ist die Sache ja nicht; aber darum habe ich keine Angst davor. Auf der anderen Seite ist es für mich sehr interessant, da ich auf diese Weise die Gherzi-Spinnerei und kaufm. Reorganisation auch noch zu sehen bekomme. Das allein hätte mir genügt, um die Sache anzunehmen. Dazu noch besseres Gehalt und nicht ganz schlechte Aussichten. Leider habe ich noch nicht alles schriftlich, da ich gestern erst in Freiburg abgeschlossen habe; überhaupt ist noch sehr vieles in der Schwebe, da erst Mittwoch die entscheidende A.R.-Sitzung war, die die Sanierung und Weiterführung des Betriebes beschloß. Da sind also noch Hunderte anderer Fragen eher zu lösen als die Personalfragen.
Übrigens fange ich bereits am Osterdienstag in Schopfheim meinen Dienst an. Diesen Monat werde ich wahrscheinlich erst noch in Lörrach bleiben, und in dieser Zeit selbst sehen, wo ich mich am

besten niederlasse. Denn die Spinnerei hat 3 Betriebe; einen in Schopfheim, den anderen direkt bei Schopfheim, den dritten in Atzenbach. Da kann ich über meinen neuen Wohnsitz noch gar nichts sagen. Jedenfalls steht mir der Wagen der Firma zum Hin- und Herpendeln zwischen den Betrieben ständig zur Verfügung; mal sehen, vielleicht fällt er dann auch mal privat für mich ab.
Eben erhalte ich das Bestätigungsschreiben der Dedi Frbg. mit folgendem Inhalt: ›Wir bestätigen die heute in Anwesenheit des Herrn Rechtsanwalt Straub mit Ihnen getroffene Vereinbarung, derzufolge Sie am 18. ds. Mts. in die Dienste der Spinnerei Atzenbach A. G. Schopfheim eintreten. – Es wird in erster Linie Ihre Aufgabe sein, die Reorganisation des kaufmännischen und technischen Betriebes der Spinnerei durchzuführen. Darüber hinaus werden Sie sich auch über die sonstigen Geschäftsvorgänge bei der Sp. A. A. G. zu orientieren haben, damit Sie einen Gesamtüberblick über das Geschäft erhalten. – Ihre Bezüge etc. usw.‹ Das ist einigermaßen befriedigend, aber alles kolossal vague.«

Erleichterung bei den Eltern in Münster. Den Brief in Händen telegrafieren die ansonsten Sparsamkeit Übenden am selben Morgen um 10 Uhr 40 des 10. April 1933 zusammen mit Karls Bruder Georg nach Lörrach: »Herzlichen Glückwunsch – Eltern und Georg.« An ihn schreibt Karl am 21. April 1933: »Für Deinen lieben Osterbrief mit gleichzeitigem Glückwunsch meinen allerherzlichsten Dank; er hat mir viel Freude gemacht. Stelle Dir vor: Ostersonntag morgen lag Euer Brief auf meinem Morgentisch in Todtnauberg, wo ich mein Stammquartier aufgemacht habe. Ich kann Dir sagen, es waren ganz wunderbare Tage; herrlichster Sonnenschein. Allerdings war es dort oben noch nicht sehr frühlingsmäßig; immerhin standen die Wiesen schon voll von Blumen. Zum Teil habe ich Spaziergänge gemacht, und mich dann auch wieder schön ruhig in die Sonne gelegt, und dabei einen Spinnereirapport durchstudiert, damit ich so einigermaßen Bescheid wüßte, was die Gherzi denn eigentlich vorhat.

Vor allem möchte ich Vater sagen, daß ich mit Enzykliken des Papstes den Betrieb nicht aufrechterhalten, noch rentabel gestalten kann; erst mal müssen Ersparnisse da sein, die zu verteilen sind. Außerdem sind die Arbeiter hier so überaus vernünftig, die verzweifelte Lage des Betriebes anzuerkennen, und von sich eine Lohnherabsetzung einer Stillegung vorzuziehen. Auf Grund dessen können wir dann erstmal verkaufen, sogar die Produktion erhöhen und mehr Leute einstellen. (Diese verdammte Rationalisierung!!!!). Mit der Produktionserhöhung senken sich die fixen Unkosten, so daß dann die Löhne wieder auf das alte Niveau gelangen können.
Vorläufig habe ich im Kontor in Schopfheim zwei Zimmer, beide vorläufig als Schlafzimmer eingerichtet. Das eine davon wird aber Wohnzimmer, wobei mir das abmontierte Bett als Sofa dient. Gardinen etc. besorge ich mir bei Denks in Brennet; wenn Ihr noch besondere Wünsche habt (in mäßigen Grenzen!), dann meldet sie bitte baldigst an. Ich fahre wohl noch diesen Monat rüber; denn am 1. Mai will ich nach Schopfheim übersiedeln. Dann kann ich auch die Kissen (ohne Bezüge) gut gebrauchen und ich danke schon für ihre Anfertigung. Außerdem brauche ich Bettwäsche (2 Bettücher, Kopfkissen und -Bezug), bis ich dazu komme, mir eigene anzuschaffen.«
Seine neue Stellung schafft ein neues Selbstbewußtsein, das ihn veranlaßt, die Emanzipation, die im Alter von 19 bis 24 am Platz gewesen wäre, jetzt zehn Jahre später nachzuholen. Er wendet sich am 28. April 1933 an seine Mutter und meint seinen Vater: »Nun noch zu meinem persönlichen Brief. Liebe Mutter, glaube doch nicht, daß ich Dich falsch verstehe; ich weiß, wie Du es mit mir meinst. Darum kannst Du schreiben, was Du willst. Ich bin sogar froh darüber gewesen, daß Du mal endlich aus Deiner Passivität herausgekommen bist, und auch mal offen Deine Meinung und Ansicht geschrieben hast. Ich gebe zu, daß ich Vater gegenüber zu scharf bin und auch alles zu scharf nehme. Aber bin ich da allein Schuld daran? Solange ich immer und immer wieder belehrende Briefe von Vater erhalte, in denen ich Erziehung und Autorität wittere und wittern muß, so lange

kann ich mich nun mal nicht ändern. Wenn es Vater doch endlich mal aufgeben wollte, erzieherisch und belehrend auf mich zu wirken. Bis hierher bin ich meinen Weg gegangen, ohne in Vater einen Wegweiser gehabt zu haben, da werde ich auch wohl weiterhin so durchkommen. Von jeher bin ich überaus auf meine Selbständigkeit bedacht gewesen, und muß dieses in jeder Beziehung auch von Vater anerkannt wissen. Wenn ich andere Ansichten habe, so muß ich verlangen, daß sie nicht so von oben herab abgetan werden, sondern zum mindesten als meine Ansichten geachtet werden. Das sollte Vater ja jetzt eigentlich wirklich nicht mehr allzu schwer fallen, wo doch ein so großer Teil meiner Gedankengänge sich entweder erfüllt oder zum mindesten allgemeiner Diskussionsgegenstand geworden ist. Ich erinnere jetzt nur an Ständevertretung und Parteiunwesen. Du, liebe Mutter, glaubst Du nicht jetzt auch allmählich, daß wir in 10 Jahren bestimmt keine politischen Parteien mehr haben? – Wenn Vater sich das alles endlich einmal richtig klar machen will, und sich danach richtet, sehe ich gar keinen Grund, weshalb er sich bei einem Treffen mit mir ärgern sollte. Anderenfalls sehe ich allerdings keine Sicherheit eines reibungslosen Ablaufes. Denn ich ändere bestimmt nicht meine Ansichten, bloß weil Vater andere hat. Und daß der eigene Vater noch nicht einmal andere Ansichten von seinem eigenen Sohne vertragen kann, ist mir wirklich mehr als unverständlich. Da komme ich bei aller Rücksichtnahme einfach nicht mit!
Übrigens habe ich kein Plumeau mehr von Dir; ich brauche doch schon jahrelang keine Plumeaux mehr, da ich doch immer die eine Chiledecke über meinem Bett habe.«

Ein Treffen in Titisee?

Da die Eltern ihre Kur in Bad Tölz verbringen, erhebt sich die Frage, auf der Rückreise einen Abstecher nach Titisee zu unternehmen. Im Brief vom 9. Mai 1933 aus Schopfheim wird das erörtert: »Nun aber schnell zu Eurem Kommen. Ich brauche wohl nicht mehr zu beto-

nen, daß ich mich über Euren Besuch kolossal freuen würde. Das ist doch selbstverständlich. Wenn Ihr genau so gern kommt, wie ich mich über Euer Kommen freuen würde, dann kämt Ihr auch bestimmt; das weiß ich. Macht es Euch zu viel Mühe oder ist Euch der Besuch zu teuer, dann ist das Eure Sache, worauf ich keinen Einfluß habe, und worauf ich durchaus keinen Druck ausüben möchte. Es steht Euch völlig frei, das zu tun, was Ihr wirklich am liebsten tut.«
Karl wälzt einschlägige Kursbücher, wie die Verbindungen von Ulm nach Titisee sind, macht verbilligte »Pfingstkarten« ausfindig, und nimmt dann auf seine Weise Stellung zum letzten Brief: »Mutters Brief mit den vielen Rundbriefen erhielt ich gestern; alles hat mich sehr interessiert. Den Sammelruf der bayer. Bischöfe las ich bloß im Auszug; habt Ihr das Original? Schade nur, daß er so spät kommt; denn jetzt, nachdem die Nazis an der Macht sind, ist das kein Kunststück mehr, einem Mächtigen Gerechtigkeit anzutun.
Dann noch ein paar Anliegen, die Ihr mir auch ablehnen könnt, falls sie Euch zu weitgehend erscheinen. Könntet Ihr mir evtl. silbernes Besteck schicken? Messer, Gabel, Löffel, Teelöffel usw. etwa in 3facher Ausführung? Außerdem bitte ich um eine meiner Nachttischlampen. Wenn Ihr kleine Servietten und Tischtücher habt, könnte ich die auch gut gebrauchen. Außerdem bitte ich leihweise um Überlassung unseres Hauswappens; Ihr bekommt es etwa schon in 14 Tagen wieder; die Petschaft könnt Ihr auch mal dabeilegen. Und dann noch eins: Geschirr muß ich noch haben; am Sa. habe ich in Freiburg festgestellt, daß ich für folgende Teile rund M. 30.– brauche: Tassen, Untertassen, Teller (in 3fach. Ausführung), Milchkanne ($1/2$ l), Kaffeekanne, Teekanne, Butterschale, Aufschnittplatte, Zuckerdose, Obstteller, Eierbecher, Brettchen, dicke Milch-Schalen. Bedingung ist natürlich, daß alles vom gleichen Muster ist, möglichst uni-grün oder gelb oder sonst ein nettes modernes Muster. Was meint Ihr dazu? Oder habt Ihr etwas leihweise?«
Diese Wünsche und Angaben zeigen, daß sich Karl mit dem Zubehör einer Seßhaftigkeit befaßt. Am 26. Mai 1933 schreibt er seiner

Mutter, und drückt aus, was er noch loswerden möchte: »Jetzt sind es schon wieder fast 2 Wochen, daß Du in Tölz bist; ich möchte Dir von Herzen wünschen, daß Du Dich dort recht gut erholst und schon einen guten Teil davon hinter Dir hast. Hoffentlich kann ich mich denn auch recht bald davon überzeugen.

Und damit komme ich jetzt gleich ad rem. Ich bedaure es natürlich sehr, daß Du nicht hierher kommen kannst; aber ich weiß ja auch, daß Du allein von Dir aus sehr gern kämst, und auch schon längst mir mal einen Besuch abgestattet hättest, wenn es nach Dir ginge. Das ist ja auch schließlich ganz natürlich; denn ich muß sagen, daß ich es mir gar nicht anders vorstellen kann, wenn ich mal Kinder habe; die würde ich auch nicht 10 Jahre lang unbesucht lassen. Man hat doch schließlich so viel Interesse daran, um sich einmal in so langer Zeit mal umsehen zu wollen, unter welchen Umständen sie eigentlich ihre Tage verbringen, was für eine Bude sie haben, in welcher Gegend sie sind, wo sie essen, usw. usw., und nicht zuletzt welche Tätigkeit sie überhaupt ausüben. Ich weiß ja, liebe Mutter, daß Du dafür bestimmt das größte Interesse hast; aber nun mal auch nicht so kannst, wie Du manchmal gerade möchtest. Das merke ich ja immer an jeder Kleinigkeit, an jedem Brief, in jedem Paket und immer und immer wieder. Dafür bin ich Dir auch wirklich von Herzen dankbar, und Deine treue Hilfe während der letzten Jahre will ich Dir nie vergessen. Vor allem dadurch, daß Du später all Deine Nicht-Besuche bei mir nachholst, und Dich hier mit mir der schönen Gegend freuen kannst, in der ich hier jetzt sitze. Dann auch dadurch, daß ich schon jetzt darum bitten möchte, mir gegenüber etwas weniger spendabel zu sein. Vor allem meine ich damit Wurst- usw. Sendungen, soweit ich mir die Sachen auch hier besorgen kann. Am 1. bekomme ich nun zum ersten Male mein volles Gehalt, so daß ich die Sachen dann wirklich nicht mehr nötig habe. Allerdings ist es jetzt noch ziemlich im voraus wegdisponiert; aber auf alle Fälle werde ich für Wurst und ähnliches jetzt immer ausreichend haben. Schwarzbrot, Sülze, dicke Suppe und Wurstbrot nehme ich aber auch weiter noch recht gern

entgegen, da ich diese Sachen, die ich eben so gern habe, hier nicht bekommen kann. Ich möchte sie aber nur haben, wenn Du mir versprichst, mir die Sachen in Rechnung zu stellen, so daß ich mtl. mit Dir abrechnen kann. Das Geld kannst Du dann wieder mehr für die anderen verwenden, und damit bist Du auch sicherlich einverstanden, die anderen wohl auch. – Wegen der Wäsche muß ich ja ehrlich sagen, daß ich sie auch weiter recht gern Dir schicken möchte; denn bei Euch wird sie doch bestimmt besser behandelt und außerdem auch noch geflickt. Dafür würde ich Dir dann gern mtl. M. 5.– bis 10.– schicken, über die Du dann frei verfügen kannst. Dabei verdienen wir beide noch etwas! Du kannst Dich ja mal bei Gelegenheit dazu äußern.«
Und wieder wird das Kursbuch gewälzt: »Also das ginge wohl, wenn Ihr es einrichten könnt, in Ulm zu unterbrechen. Aber ich meine, daß diese ganze Reiserei zu einem ›neutralen‹ Ort kaum lohnt; denn da seht Ihr ja doch nicht mehr von mir, als Ihr bisher von mir zu sehen bekommen habt. Aber hierher will Vater ja nun mal nicht kommen; das ist eben das Dumme. Aber in Anbetracht dessen, daß wohl in Zukunft nur noch Treffen an neutralen Orten in Frage kommen, es sei denn, es kommt doch noch mal jemand zu mir, muß ich ja schon sagen, daß ich dann die Reise und das Übernachten auf mich nehme, auf daß man Euch überhaupt noch mal in der nächsten Zeit zu sehen bekommt.«
Seiner Halbschwester Agnes schreibt er im Mai 1933, daß es ihm »im Schwarzwald von Tag zu Tag mehr gefällt, sogar dermaßen, daß ich mir schon kaum mehr vorstellen kann, wie ich längere Zeit ohne ihn auskommen könnte«. Dann tauscht er sich über ärgerliche Einmischungen des Vaters aus, die für Agnes' Familie das Verhältnis zu Münster schwierig gestalten. »Man soll sich doch gegenseitig in Ruhe lassen«, schreibt er, und geht dann auf Agnes' Mann Karl ein: »Was macht denn Karl jetzt eigentlich? Gar keine Aussicht auf Senatspräsident? Ich möchte ihm das so von Herzen wünschen. Allerdings muß ich ja sagen, daß die Aussichten dafür von Tag zu Tag schlech-

ter werden; denn ich rechne bestimmt damit, daß noch vor Abschluß der 1. Jahreshälfte, aber spätestens vor Abschluß des Jahres, die Deutschnationalen nicht mehr in der Regierung sitzen. Die Nazis werden die anderen bestimmt noch an die Seite drücken müssen, wenn es an die Besetzungen geht. Da wird es zu Konflikten kommen und die Folgen davon sind für mich klar. Ich persönlich würde das begrüßen; denn ich bin Gegner der D. N., da sie unsozial sind. Gerade der soziale Gedanke, der so klar am 1. Mai herauskam, auf Seiten der Nazis hat mich mit ihnen kolossal versöhnt, und die gestrige Hitlerrede hat bestimmt das ihrige getan. Wenn ich jetzt noch bestätigt bekomme, daß Brüning tatsächlich die Ablehnung des Ermächtigungsgesetzes befürwortete, dann trete ich auch der N.S.D.A.P. bei, in der Hoffnung, daß das Parteienunwesen in Deutschland endlich gebrochen ist, und die Parteien nicht mehr wiederkehren!«
Karl schreibt seinen Eltern, daß er besonders nach Antritt der neuen Stellung »fürchterlich zu tun« habe. Diese Monate des Jahres 1933 sind eine Momentaufnahme des kritischen Zustands eines Landes und seiner Menschen. Die politischen Veränderungen sind Folge psychologischer Prozesse. Der Verlust des Glaubens in die Kraft demokratischer Willensbildung sucht ein Surrogat in einem neuen Selbstbewußtsein, suggeriert den Glauben, das Schicksal selbst in die Hand zu nehmen, in eine neue Zeit zu treten und damit in der Masse vermeintlich ein eigenes Profil zu schaffen.
Der politische Denkzettel für ein System von Weimar, dessen Erscheinungsformen nicht immer voll zu würdigen schwerfiel, war kein »Betriebsunfall« mehr. Die Inszenierung des »Tags von Potsdam« sollte die Deutschen propagandistisch ihre Mitte finden lassen. Durch diesen Vereinigungsakt mit preußischer Tradition sollte die nationalsozialistische Bewegung hoffähig werden. Er führte zum Verlust der Mitte.
»Wenn ich meinen Samstag für mich freihalten kann, bin ich heidenfroh. Wochentags geht es von morgens gegen 7 Uhr in einer Tour

durch bis abends 11–12 Uhr. Gott sei Dank haben wir hier gut zu schaffen und sind gegen April ein gutes Stück vorwärts gekommen. Anbei eine kleine Aufstellung darüber, die wir für die N.S.D.A.P.-Vertreter aufstellten, da sie uns einige Schwierigkeiten machen wollten bei unserer Ankurbelung. Laßt Zahlen sprechen! – Wenn wir auch hier und da Schwierigkeiten mit den Übergriffen einzelner Unterorgane haben, so bin ich mit dem gesunden Kurs der Bewegung völlig einverstanden, besonders mit den fabelhaften Richtlinien Hitlers, der mir überhaupt von Tag zu Tag mehr imponiert! Wenn Ihr nächstens mich mal aufsucht, müßt Ihr Euch bestimmt nicht darüber wundern, daß Ihr ein Bild von ihm bei mir findet. Übrigens bedauere ich es heute außerordentlich, daß ich nicht schon voriges Jahr in die N.S.D.A.P. eingetreten bin. Zum Konjunkturritter bin ich mir zu gut. Ich hätte einen viel schöneren Stand in jeder Beziehung, besonders wo ich wirklich so aus vollem Herzen dabei sein könnte. Ohne jede Einschränkung bin ich froh darüber, daß die Parteien restlos verschwunden sind, restlos froh bin ich, daß den Priestern jede politische Tätigkeit verboten ist, froh bin ich, daß wir endlich aus der Knechtschaft der Parteien befreit sind, und nur noch das leichte Joch der Disziplin zu tragen haben, froh bin ich ob des neuen Zwanges, der mir persönlich ja auch manchmal gegen den Strich geht (aber darauf kommt es ja heute Gott sei Dank nicht mehr an!), froh bin ich über die Abschaffung unserer Meinungsfreiheit, die unsere Parteien nur ganz willkürlich in ihrem Sinne verwandten und uns damit ruinierten; froh bin ich, daß endlich gehandelt und nicht mehr nur geredet wird, und froh bin ich, daß in dem letzten Jahr so viele Wünsche guter Deutscher mit gesundem Menschenverstand sich erfüllten, die uns jahrelang die Selbstsucht der Parteien und ihrer Vertreter vereitelte. Wenn sich heute die ehemaligen Parteienleute über zu wenig Freiheit aufregen, dann sollen sie daran denken, daß sie jahrzehntelang das ganze deutsche Volk durch ihre Parteiwirtschaft geknechtet hielten, und heute Gott danken sollen, daß man so milde mit diesen Rednern verfährt, die nur reden und eingebildet

sein konnten, aber uns alle damit kaputt gemacht haben. Und weiter sollen sie bedenken, daß die heutige Ordnung und Disziplin und evtl. der Zwang Wille des Volkes, der weitaus größten Mehrzahl des Volkes sind. Denn ich möchte damit rechnen, daß im Falle von Neuwahlen bestimmt ⅔ nationalsozialistisch wählen würden. Ich denke auch noch an das so oft erlebte hochnäsige Abgetanwerden, wenn man mal von dem ›eisernen Besen‹ sprach; wie nötig der tatsächlich war, hätte ich mir selbst nicht träumen lassen. Kurzum, ich kann nicht anders als ohne Einschränkung behaupten: wir stehen besser da, als vor einem Jahr! Und Gott bewahre uns vor einer Rückkehr in den alten Parteiensumpf. – Es tut mir wirklich weh, daß wir da so verschieden denken! Aber viel weher tut es mir noch, wenn Ihr heute so wenig Verständnis für *unsere* neue Zeit aufbringt. Wirklich solltet Ihr älteren Leute doch mal endlich einsehen, daß Ihr es bestimmt nicht besser gekonnt habt, und uns auch endgültig aus Eurer moralischen Bevormundung entlassen, die durchaus keinen Anspruch auf Berechtigung hat. Betrachtet doch mal endlich die Sache vorurteilsfrei und mit Liebe; dann werdet Ihr Euch auch reinen Herzens freuen können, und zwar mit uns, Euren Kindern, die ihr Schicksal nunmehr selbst in die Hand genommen haben. Ich glaube, da wäre genügend Grund zu liebevoller Stellungnahme.
Doch nun aber Schluß davon; nehmt es so, wie es gemeint ist, und laßt Euch vor allem *unsere* neue Zeit nicht durch negative Einstellung unnütz schwer werden. Das ist der Zweck der Zeilen.
Nun noch einiges Geschäftliches im Telegrammstil:
Die Überknöpflaken haben passende Knopflöcher. Saubere Bettwäsche habe ich noch für einen Monat (Sept.); hat also Zeit! Für Bestecke noch allerbesten Dank; 2 alte silb. Löffel hatte ich bereits vor Tölzer Reise erhalten. Die Kragen mit den Spiralen sind alle gut; vielleicht kann man die anderen noch entsprechend abändern. Alte Unterhosen können weggetan werden. Kauf mir notfalls noch neue.«

Margrits Foto vom Titisee

Wie bereits schon 1932 machten die beiden Herrschaften aus Münster auch 1933 eine Kur im oberbayerischen Bad Tölz. Schließlich gelang es doch, sich für ein Treffen auf einen Tag, einen Ort und eine Uhrzeit zu verabreden. Die Eltern wollten sich ja mit eigenen Augen ein Bild machen über Karls Situation. Sein Vater beschrieb die besondere Begegnung in Titisee so: »Im Juni 1933 auf der Rückreise von Bad Tölz machten Mutter und ich einen Abstecher, um Karl zu besuchen. Wir trafen uns am Titisee im Schwarzwald und fuhren am nächsten Morgen – es war der Dreifaltigkeitssonntag, der 11. Juni 1933 – von Titisee vormittags mit Auto, leider bei regnerischem Wetter, die etwa 60 Kilometer lange herrliche Strecke durch den Schwarzwald und das Wiesental über Schönau und über Atzenbach nach Schopfheim, wo Karl im Fabrikgebäude seine Junggesellenwohnung hatte. Als wir in Titisee, aus der Messe in der kleinen Dorfkapelle kommend, eben ins Auto gestiegen waren und unsere Fahrt beginnen wollten, ließ Karl das Auto plötzlich auf der Landstraße halten und stellte uns eine schlanke, jugendfrische Dame, die dort des Weges kam und an unsern Wagen herantrat, als seine gute Bekannte aus Freiburg vor, worauf wir nach kurzem oberflächlichen Gespräch, wie es solcher Anlaß mit sich bringt, unsere Fahrt fortsetzten. Am Abend desselben Tages saßen wir, von Schopfheim zurückgekehrt, in unserm Gasthaus in Titisee mit Karl zusammen. Nach dem Abendbrot bekam Karl von der jungen Dame, die in einem benachbarten Gasthof abgestiegen war, eine Bestellung, er möge doch noch etwas in ihren Gasthof herüberkommen. Karl fragte uns, ob wir nicht mitgehen möchten. Darauf verzichteten wir jedoch, indem Karl dann die junge Dame ja wohl zu uns hätte herüber bitten können, und da wir im übrigen von der langen Tagesfahrt auch müde waren. Er erzählte uns noch, sie stände jetzt in Freiburg im Staatsexamen zum Studienreferendar. Das war unsere erste kurze Bekanntschaft mit Fräulein Margrit Heidenreich.«

Nicht Chile, nicht Bolivien oder Peru am Titicaca-See, auch nicht New York oder die Südstaaten der USA, auch nicht Kanada, wie er auch mal vorhatte, nein, jetzt war Carl B. Wuermeling, wie er sich ab jetzt schrieb, endgültig im Wiesental angekommen.

23. Kapitel
Das vermessene Scharnier

Jetzt war also Carl Borromäus Wuermeling, geboren am 2. November 1903 in Berlin Charlottenburg, katholisch, im Wiesental, in Südbaden. Sein Ur-Ur-Großvater Johann Christian »Würmelin« wurde am 16. November 1765 in Haimar bei Hannover geboren und evangelisch getauft. Durch diesen Eintrag in das Haimarer Geburtsregister sind die Namen seiner Eltern verzeichnet. Der Vater hieß Johannes »Würmelin« – nichts über seinen Geburtsort. Verbürgt ist nur, daß er als Soldat in hannoverschen Diensten stand und 1774 im Alter von 34 Jahren starb. Da seine Herkunft nicht verzeichnet ist, ist anzunehmen, daß er zugewandert war, auch angesichts seines Familiennamens, der mit der im Hannoverschen unüblichen Endsilbe »lin« eher auf eine süddeutsche Herkunft deutet. Und tatsächlich finden sich in der früheren Markgrafschaft Baden-Durlach da und dort Würmelins oder Würmlins.

Der Reigen rückwärts

Wenn man in den Matrikelbüchern, die in den Kirchengemeinden südwestlich des Kaiserstuhls aufliegen, weiter zurückblättert, so begegnet man einer ganzen Ahnenreihe dieses Namens. Im Taufbuch der Pfarrgemeinde Mengen am Kaiserstuhl ist 1740 ein Johannes Würmlin aufgeführt, aber nichts über sein weiteres Leben. Das wiederum deutet darauf hin, daß er in die Fremde ging. In den Kirchenbüchern von Mengen und Tiengen sind allein fünf Geschlechterfolgen als Vorfahren aufgeführt, zunächst sein am 7. Mai 1701 zu Mengen geborener, mit Elisabeth Herrmann am 2. Dezember 1727

getrauter Vater gleichen Vornamens, also Johannes Würmlin, der am 10. Februar 1756 zu Mengen acht Tage vor seiner Ehefrau verstorben und im Kirchenbuch als »hiesiger Richter, ein Mann, der mit Recht bedauert wird«, ehrenvoll gekennzeichnet ist.
Diesem 1701 geborenen Johannes Würmlin voran geht sein Vater Michael Würmlin zu Mengen, von dem nur der 30. November 1691 als Tag seiner Trauung mit Barbara Pfistner zu Mengen sowie weitere Kinder dieses Ehepaares festzustellen waren. Der Vater dieses Michael Würmlin zu Mengen war der Müller Matthias Würmlin, der am 25. Februar 1646 zu Tiengen geboren und vor dem 30. November 1691 verstorben ist.
Die Eltern des Matthias Würmlin waren der Müller Adam Würmlin, der 1606 zu Tiengen geboren und am 28. Juli 1671 dort verstorben ist, und dessen Ehefrau Maria Jannin, geboren 1612 als Tochter von Roman Jannin und dessen Ehefrau Anna Pfistnerius, gestorben am 23. August 1673. Dieses letztgenannte Ehepaar ist getraut im Jahre 1630 und hatte 13 Kinder. Die Eltern dieses im Jahre 1606 geborenen Adam Würmlin waren Matthias Würmlin und Anna Späthin.
Wenn Adam Würmlin 1606 geboren ist, so mußte sein Vater Matthias Würmlin etwa um 1580 das Licht der Welt erblickt haben. Am Tuniberg beim Kaiserstuhl? Das Trauregister von Wolfenweiler hatte den Hinweis auf das Kirchenbuch von Mengen und dieses wiederum auf jenes in Tiengen gegeben. Dann versiegte diese Spur.
Bis sie wieder – 1512 – jenseits des Rheins in Colmar auftaucht, im zweiten Jahrzehnt jenes Jahrhunderts, in dem die althergebrachte Ordnung des Heiligen Römischen Reiches Deutscher Nation, des Kaisers und des Papstes, zu bröckeln anfing.

Die frühbürgerliche Revolution

Es begann an den Randzonen des Reiches. Der große Bauernkrieg von 1524/25 fraß sich vom Elsaß, dem Oberrhein, Oberschwaben, Tirol und Steiermark nach Franken, Thüringen und Sachsen hinein.

Das Zusammentreffen mit der Reformation, der zweiten Massenbewegung jener Zeit, verlieh dem Bauernkrieg die religiöse, ideologische und politische Stoßkraft. Der vierte Stand berief sich nicht mehr nur auf das »alte Recht«, sondern auf das Evangelium. Die im Februar 1525 verfaßten »zwölf Artikel der Bauernschaft in Schwaben« bedrohten das »weltliche Regiment«.

Das Neue der Revolution von 1525 definierte Professor Peter Blickle so: »Der Bauernkrieg stellt den Versuch dar, die Krise des Feudalismus durch eine revolutionäre Umgestaltung der gesellschaftlichen und herrschaftlichen Verhältnisse auf der Grundlage ›des Evangeliums‹ zu überwinden. Träger der Revolution ist nicht ›der Bauer‹ (er dominiert in der Regel nur in der ersten Ebene des Aufstands = Formulierung der Beschwerden/Forderungen), sondern der ›gemeine Mann‹ (= Bauer, Bürger landesherrlicher Städte, nicht-ratsfähige Bevölkerung der Reichsstädte, Bergknappen).«

»Herrschaftsverträge … sind 1525/26 im Gebiet der Kleinstaaten des Oberrheins, Oberschwabens und der Oberpfalz abgeschlossen worden, in jenen Territorien, die sich in der Regel mit der Rezeption oder der modifizierten Rezeption der Zwölf Artikel der oberschwäbischen Bauern begnügten. Ein Beispiel, an dem sich dies besonders deutlich zeigen läßt, ist der von Markgraf Ernst von Baden mit den Untertanen seiner Herrschaften Rötteln-Sausenberg und Badenweiler geschlossene Vertrag. Von ihm ist mit Sicherheit nachgewiesen, daß er später nicht zurückgenommen, sondern seine Bestimmungen integraler Bestandteil der Agrar- und Territorialstaatsverfassung des Markgräflerlandes wurden.

Die Markgräfler Bauern hatten beim sogenannten zweiten Aufstand im Schwarzwald die Zwölf Artikel ihrem Herrn als Basisforderungen vorgelegt; der nun unter der Assistenz von Straßburg, Basel, Offenburg und Breisach formulierte Vertrag erfüllte die Forderungen der Zwölf Artikel mit nur sehr geringen Einschränkungen.«

Die Interpretation göttlichen Rechts und des Evangeliums machen aus dem Bauernkrieg eine Revolution des gemeinen Mannes. »Der

Bauernkrieg scheiterte als Revolution, weil die Anliegen des gemeinen Mannes und die der Reformatoren nicht zu vereinheitlichen waren.«

Nach dem Sieg der Landesherren im Bauernkrieg nahmen die evangelischen Reichsstände den Beschluß des Reichstags zu Speyer 1526 zum Anlaß, die Religionsfrage zur Gewissensentscheidung den Reichsfürsten zu überlassen. Auch im Elsaß breitete sich die Reformation aus. Dort gab es seit 1354 einen Zusammenschluß der elsässischen Reichsstädte Haguenau, Colmar, Münster, Mühlhausen, Kaysersberg, Rosheim, Obernai, Sélestat (Schlettstadt), Turckheim und Wissembourg (Weissenburg). Dieser »Dekapolis« verpflichtete die »Zehn Städte« zum gegenseitigen Beistand. Die Reichsstädte wurden um 1525 protestantisch, während die kaiserlichen Gebiete im Elsaß katholisch blieben.

Der Augsburger Religionsfrieden 1555 bestätigte das Recht der Reichsfürsten, über die Religion ihrer Landeskinder zu entscheiden – nach dem Prinzip »Cuius regio, eius religio« (»wes das Land, des die Religion«). Andersgläubigen war es erlaubt, ohne Verlust von Besitz und Ehre auszuwandern. Das Jahr darauf (1556) führte Markgraf Karl II. von Baden-Durlach in seiner Region die evangelisch-lutherische Konfession ein und grenzte das Markgrafenland von den Habsburgischen »Vorlanden« (später ab 1753 »Provinz Vorderösterreich« benannt) ab.

Eine unglaubliche Umwälzung

Genau 100 Jahre vor Luther hatte eine weltliche Autorität an Papst und Reichsstände appelliert, dringliche kirchliche und soziale Reformen anzupacken und hierzu ein Konzil eingerufen: König Sigismund, Sohn Kaiser Karls IV., hatte 1414 zu einem Konzil nach Konstanz geladen, zu dem der Papst, Vertreter der Gegenpäpste, 29 Kardinäle und um die 1.500 geistliche und weltliche Würdenträger angereist waren. Im Konzilshaus am Bodensee machte man dem anwesenden

Papst den förmlichen Prozeß, setzte ihn ab und wählte im November 1417 einen neuen – das Schisma fand ein Ende. Auch Johannes Hus, der Refomator aus Prag, war der Einladung zur »disputatio« seiner Lehren gefolgt. Da er seine Thesen, die eklatante Mißstände in der Kirche anprangerten, nicht widerrufen wollte, machte man auch ihm den Prozeß – als Ketzer wurde er öffentlich auf einem Scheiterhaufen in Konstanz verbrannt, obwohl man ihm doch freies Geleit versprochen hatte. Aus Empörung über diesen Willkürakt brachen in Böhmen erbitterte Aufstände aus. König Sigismund wollte Kirche und Reich reformieren, dem Sittenverfall des Klerus Einhalt gebieten durch eine innere Reform der Kirche sowie durch eine Reorganisation des Reiches zugunsten der freien Reichsstädte und der Ritterschaft, was die Reichsfürsten zu verhindern wußten. Diese (nach seinem Tod) als Druck verbreitete »Reformatio Sigismundi« richtete sich gegen Unfreiheit, wollte Unrechtmäßigkeiten beseitigen und Recht wiederherstellen. Diese Reformationsschrift sehen viele als eine geistige Vorbereitung der Bauernkriege und der Forderungen des »gemeinen Mannes«.

Sigismund, deutscher und römischer König seit 1410, und Kaiser des Heiligen Römischen Reiches Deutscher Nation seit 1433, mißlang eine solche »Reformatio« von oben. Doch zwei seiner Entscheidungen blieben für Jahrhunderte richtungsweisend: Er belehnte am 8. Juli 1411 seinen treuen Anhänger, den Nürnberger Burggrafen Friedrich von Zollern, mit der Mark Brandenburg und am 18. April 1417 mit der Kurwürde – der Aufstieg des Hauses Hohenzollern war garantiert, ebenso der Aufstieg der Habsburger: Sigismund I. hatte seine Tochter Elisabeth dem Herzog von Österreich, Albrecht II., als Frau anvertraut. Dieser konnte mit der Erbin der Königreiche Böhmen und Ungarn die Hausmacht der Habsburger ausweiten, als er am 18. März 1438 einstimmig als Nachfolger seines Schwiegervaters zum König gekürt und damit über Jahrhunderte der Reigen der Kaiserfolge der Habsburger eröffnet wurde.

Große Politik und kleine Politik

Colmar war eine der Stadtrepubliken der »Dekapolis«. Wir hatten uns in dieser kleinen Stadt umgesehen und notiert, daß seit dem Jahr 1362 hier die »Würmlin« oder auch »Würmelin« in den Bürgerlisten geführt oder bei Grundstücksgeschäften in den Akten erwähnt wurden. Der erste Eintrag galt Johann Würmlins Erwerb in der Strüchelgasse, dann sah man sich bei Werlin Würmelin in die Schedelgasse bewegen, in die auch Caspar Schongauer, Goldschmied, Ratsherr und Vater des Malers und Kupferstechers Martin Schongauer, zieht, dann ging es um Haus oder Hof in der großen Korngasse und am Kornmarkt.

Die Würmelins finden in den 150 Jahren (von 1362 bis 1512) 30mal Erwähnung, oft auch in maßgebender Stellung als Schultheiß oder als 1433 Sigismund I., eben zum Kaiser gekürt, den Würmelins das Recht zum Tragen eines Wappens bestätigt und dessen Heraldik bis in alle Einzelheiten beschreiben läßt, das deren Altvordere schon bisher geführt hätten. Das Wappen des Obristmeisters von Colmar (zwischen 1419 und 1421) Werlin Würmelin und das seiner Frau Elyse aus Blienswiller befindet sich auf der Grabplatte, die im Kreuzgang des Unterlinden-Museums in Colmar steht. Das weiße Schild mit den zwei gekreuzten Stangen zum Staken von Booten schmückte auch den Adelsbrief.

Es ist anzunehmen, daß die Familie eine Lizenz zum Transport zu Wasser für Personen und Waren etwa von Colmar an der Lauch zur Ill Richtung Schlettstadt oder auf dem Rhein Richtung Straßburg besaß. Jedenfalls protestierte die Stadt Colmar gegen die den Würmelins verliehenen Privilegien. Diese Auseinandersetzung zieht sich bis zum Jahr 1512 hin, dann bricht jede Erwähnung in den Stadtbüchern plötzlich ab.

Was war passiert, daß diese Familie nach 150 Jahren Bürgerdasein in Colmar spurlos verschwindet? War es der Streit um entgangene Steuereinnahmen, Mißgunst etwa? Waren es politische Gründe?

Waren Glaubensfragen ausschlaggebend? Oder war es wirtschaftliche Not, da die Transportlizenz zwischen Stadt und Land, also den protestantischen »Dekapolis«-Städten und den Habsburger Landen zusammengebrochen war? Die Bauernkriege machten das Land unsicher.
Was hat die Würmelins bewegt, aus dem Mikrokosmos dieser Stadt am Oberrhein wegzutauchen?

Zeitgemälde I (linksrheinisch)
Vom Kreuzgang zur Kapelle des alten Dominikanerinnen-Klosters, dem jetzigen Unterlinden-Museum in Colmar – zum Kreuzweg des Kontinents, zur Botschaft vom Leiden und Heil, aufklappbar am Isenheimer Altar, ein Meisterwerk abendländischer Kunst, eine Parabel auf Vergangenheit, Gegenwart und Zukunft in einer Synopsis, sind es nur wenige Schritte und Stufen ... Im geschlossenen Zustand zeigt der große Flügelaltar die Kreuzigung Christi. Im Zyklus des Kirchenjahres, zu Weihnachten und zu Ostern, öffnet sich das Mittelbild – die Geburt Christi, auf dem linken Flügelbild sieht man Maria und den Erzengel Gabriel, das Ereignis der Verkündigung, auf dem rechten Flügel die Auferstehung. Klappt man den Altar um eine weitere Tafel auf, tritt der Betrachter von der Festtagsseite in die Werktags-Schauseite ein – in die »Versuchung des Heiligen Antonius«, der sich der auf ihn eindringenden Versuchungen in Gestalt tierischer Dämonen zu erwehren sucht. Rechts unten, auf einem im Bildrand hinterlegten Steckbrief die anklagenden Worte eines Betroffenen: »Wo warst du guter Jesus, wo warst du? Warum warst du nicht da, um meine Wunden zu heilen?« Bewegte Bilder einer »compassio« für die im Angesicht einer Zeitenwende in Bedrängnis Geratenen. Ein Zeitgemälde des Epochenschnitts.
Dieser Altarschrein stand zuvor in der Kapelle des Antoniterklosters im südelsässischen Isenheim. Der Orden der Antoniter berief sich

auf den um 251 n. Chr. in Mittelägypten geborenen Mönchsvater Antonius, der zur Kontemplation in die Wüste gezogen war. Viele suchten ihn auf, fragten ihn um Rat. Er betete mit den Leidenden und heilte Kranke. Nach diesem Heiligen benannte sich eine um 1095 gegründete Gemeinschaft, die sich der Krankenpflege widmete – um Kranke, Verstümmelte oder um die, die an der damals grassierenden Mutterkornvergiftung erkrankt waren. Der Verzehr von Mehl, dessen Getreideähren in nassen Jahren mit einer Pilzbildung befallen waren, führte zu schweren Krämpfen und zum Verfallen von Gliedmaßen. Um diese Kranken kümmerte sich in aufopfernder Weise das Antoniterkloster Isenheim. Die leidgeprüften Kranken sollten sich dem Heiligen Antonius anvertrauen. Der Präzeptor dieses Hospiz wollte den Kranken in Isenheim Trost spenden, genauso bewegend wie die wortgewaltigen Predigten seines Zeitgenossen Johann Geiler von Kaysersberg, allerdings als Bildsprache auf einem großen Altar. Der Vorsteher des Antoniterklosters hielt Umschau. Sein Blick fiel auf den Maler Mathis Gothart-Nithart. Er besprach mit diesem, was er sich vorstellte – die Themen und Szenen der Programmbilder. Das war 1510, in dem Jahr als der Prediger Johann Geiler von Kaysersberg starb.

Im Jahr 1512, in dem dessen im Straßburger Münster gehaltene Reden als Druck erschienen, begann der Maler mit seiner Arbeit auf dem im Kloster vorhandenen Hochaltar, den der Meister Nikolaus von Haguenau mit Schnitzfiguren ausgestaltet hatte. Nach vier Jahren war der Bilderzyklus vollendet. Das war 1516, dasselbe Jahr, in dem der Auftraggeber Guido Guersi starb. Den Maler des Altars nannte man später Matthias Grünewald. Der Isenheimer Altar zieht später in das Unterlinden-Museum in Colmar, in dessen Kreuzgang ein Grabstein an Werlin Würmelin erinnert.

Als der Isenheimer Altar begonnen wurde, verschwand – um im Zeitrahmen zu bleiben – im selben Jahr unbemerkt, nicht einmal eine Fußnote der Geschichte wert, der Name einer stadtbekannten Colmarer Familie – zum Zeitpunkt als sich Bauernkriege und Glaubenskriege ankündigen. Die Heimsuchungen eines Epochenschnitts führen zu einem Seitenwechsel: Mit Hilfe der im Wappen gezeigten Stakenstangen, die Mobilität symbolisieren, über den Rhein übergesetzt, wie jener dort wirkende Zeitgenosse, der Humanist »Beatus Rhenanus« (1485–1547) – 15 Kilometer zum Rhein, von dort wieder 15 Kilometer zum Tuniberg: Die Würmelins verschwinden da und tauchen dort wieder auf. Symmetrie am alemannischen Oberrhein. Hüben Kayersberg, Münster im Münstertal und Belchen im Elsaß und drüben – Kaiserstuhl, ebenfalls Münster im Münstertal und Belchen auf der badischen Seite – die Belchen, die der Gleichheit des Raumes bei Zeitgleichheit das Zeitmaß setzen: Wenn man bei Tag- und Nachtgleichheit auf dem elsässischen Ballon d'Alsace steht und den Sonnenaufgang über dem 1.414 Meter hohen Belchen im Süd-Schwarzwald anvisiert, wird man stiller Zeuge, wie Belenus, der keltische Sonnengott, beim Extremstand der Gestirne exakt den Stand des Kalenders anzeigt. Deshalb heißen seine irdischen Fixpunkte »Sonnenberge« gleich: »Belchen«. Die Sonnenstrahlen sind die Zeiger, die über das Zifferblatt der badisch-elsässischen Landschaft wandern. Auch die biologische Symmetrie nimmt die Spur auf. Selbst die vertrauten Vornamen heißen wieder Johann, Michael oder Martin …

Spiegelverkehrte Welt

Zuerst sind die Würmelins an die 200 Jahre diesseits des Rheins – in Colmar –, dann etwa 200 Jahre auf demselben Breitengrad jenseits des Rheins am Tuniberg beim Kaiserstuhl (in Mengen und Tiengen), dann kommen (aus Nordosten) die Heidenreichs dort an, wo die Würmelins schon sind, kommen ihnen von Ettenheim, dann Endingen und Teningen am Kaiserstuhl sogar ganz nahe und ziehen schließlich dicht vorbei Richtung Müllheim.
Karls und Margits Urahnen leben also 150 Jahre lang in enger geographischer Nachbarschaft, bis sich Johannes Würmelin entschließt,

Zwei Schwäne in den Rheinauen/Taubergießen

nach Norden abzuwandern. Eine Koinzidenz wird dann 200 Jahre später zur Koexistenz, als ein Wuermeling dorthin zurückkommt, wo die Heidenreichs waren – ins Markgräflerland.
Südlich der Burgruine von Rötteln, wo der »mannhafte« Georg Adolph Heidenreich sein Gedenken an seine verstorbene Frau an der Außenwand der Kirche einmeißeln ließ, dort, jenseits des Wiesenflusses, trifft Karl Wuermeling im Sommer 1932 auf dem Tennisplatz im Park des Fabrikanten Feer in Haagen bei Lörrach auf Margrit Heidenreich. Eigentlich hätten sich die beiden schon drei Jahre früher kennenlernen können, als Karl an der Textilhochschule in Reutlingen und Margrit zur gleichen Zeit an der Universität Tübingen studierte. Sein Semesterbeginn war am 14. Oktober 1929 und ihre Fahrt in das Wintersemester war am 16. Oktober 1929. Bis Anfang August 1930 wohnten sie fast ein ganzes Jahr lang nur zehn Kilometer voneinander entfernt.
Ausgerechnet im Wiesental sollten sie sich also zwei Jahre später treffen. Und ausgerechnet in Lörrach, wo die in Zürich geborene Heidenreich-Tochter bei ihren Eltern wohnte. Ausgerechnet aus diesem »ihrem« Zürich war Karl von seinem Auftraggeber Guiseppe Gherzi zum 1. Februar 1931 ins Wiesental geschickt worden. Namensähnlich mit jenem Auftraggeber Guido Guersi, der den Isenheimer Altar bemalen ließ, als Karls Urahnen die Rheinseite gewechselt hatten.

Der »Meister von Todtnauberg« liest »Vom Wesen der Wahrheit« und Margrit Heidenreich hört Heidegger zu

Am 2. November 1931 fuhr Margrit Heidenreich nach Freiburg. Dort begann ihr sechstes Semester. Neben dem fleißigen Besuch sprachwissenschaftlicher Vorlesungen und Seminare trug sich Margrit jeweils von 8 bis 9 Uhr morgens in Honeckers »Grundzüge der allgemeinen Psychologie« ein. Was der Inhaber des Lehrstuhls für christliche Philosophie Martin Honecker Montag und Dienstag sowie Donnerstag und Freitag las, schrieb die Studentin emsig mit. Professor Martin Honecker kommt bald auf »ein sehr modernes Thema heute« zu sprechen, auf die »aus der medizinischen Praxis entstandene Psycho-Analyse«: »Vertreter der Psychoanalyse ist Freud. Es entstand um ihn herum ein größerer Umkreis – die Individualpsychologie.« Beim Punkt »Bewußtes und Unbewußtes« verweist Honecker

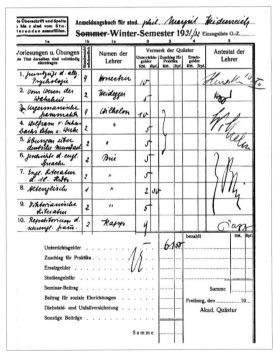

Testatbuch Universität Freiburg – Heidegger bestätigt den Besuch

auf Carl Gustav Jungs 1928 erschienenes Werk: »Beziehungen zwischen dem Ich und dem Unbewußten«.

Seit der Berufung eines neuen Lehrstuhl-Kollegen in der Philosophischen Fakultät im Jahre 1928 hatte Honecker einen schweren Stand. Der Grund war der Kollege Martin Heidegger. Auch ihn hörte Margrit. Im Wintersemester 1931/32 zweimal die Woche, was der »Meister vom Todtnauberg« handschriftlich, also eigenhändig, im Anmeldungsbuch mit »Hgger« attestierte. Fünf Reichsmark mußte Margrit Heidenreich zahlen, um »Vom Wesen der Wahrheit« zu erfahren. Um den Meister herum stets ein Schwarm von Schülern und Assistenten wie etwa Herbert Marcuse.

Zeitgemälde II (rechtsrheinisch)

Martin Heidegger nannte sich selber eine »vielspältige Natur«. Er entsprach nicht wirklich dem Bild, das sich Studenten von einem Hochschulprofessor machten. Er galt als genialisch, querköpfig, oft unverständlich, unergründlich, immer selbstgerecht, auch provinziell, dennoch aber der folgenreichste Philosoph des 20. Jahrhunderts. Sein Schüler Hans-Georg Gadamer schildert ihn als einen gebirgsbäuerlichen Mann, klein, dunkeläugig, der wie ein sonntäglich gekleideter Bauer vor seine Studenten trat, manchesmal im winterlichen Freiburg auch in einer Art Skikleidung. Er sprach »tiefdunkle Satzwolken, aus denen Blitze zuckten, die uns halb betäubt zurückließen«, so Gadamer über die Suggestion seines Meisters auf Studentinnen und Studenten. Seine ungewohnte Sprachsemantik, seine Sprechweise, die stilistische Fremdheit seiner Sprach-Philosophie machte neugierig. Dieser eigenwillige Umgang mit der Sprache, dieses Drangsalieren von Wörtern, machte bald als »Heideggerei« die Runde – ein dunkles Heidegger-Deutsch, aus dem Innern in den Hörsaal »geworfen«. Ein Exot unter den Gelehrten, der ebenso ontologisch wie polemisch argumentieren konnte.

Martin Heidegger wurde am 26. September 1889 geboren. Sein Elternhaus war gegenüber der St. Martinskirche in Meßkirch. Dort diente sein Vater als Mesner und er als Ministrant. Früh schon war er für die Priesterlaufbahn bestimmt, kirchliche Stiftungen finanzierten seinen Bildungsweg über Gymnasien in Konstanz und Freiburg, wo er anschließend Theologie und Philosophie studierte. 1911 gab er das Theologiestudium zugunsten von Mathematik, Physik und Geschichte auf. Der Doktor der Philsophie (1913) arbeitet seit 1914 an seiner Habilitation und beginnt als Privatdozent im Wintersemester 1915/16 Vorlesungen zu halten. Zum Entsetzen seiner Förderer heiratet er 1917 die Protestantin Elfriede Petri, eine Studentin der Nationalökonomie, Offizierstochter aus Sachsen.
Am 1. Januar 1919 wird er Assistent von Edmund Husserl – es ist das Jahr, in dem er mit dem »System des Katholizismus« bricht. Husserl bringt 1923 seinen Meisterschüler als außerordentlichen Professor nach Marburg, wo der Vierunddreißigjährige mit der damals 18jährigen Studentin Hannah Arendt eine intensive Beziehung aufnimmt. Da Elfriede bereits während ihrer Studienzeit in Kiel einen Skiurlaub in Todtnauberg verbracht hatte, beschloß sie – nach eigenen Plänen – ihrem Martin dort Heim und Herd zu bauen. 1923 war das Haus im Ortsteil Rütte fertig – im Grundriß 6 mal 7 Meter, 3 Räume: Wohnküche, Schlafraum und ein kleines Arbeitszimmer in 1.150 Meter Meereshöhe. In den Winterferien und im Sommer schreibt er an einem philosophischen Werk. Von seiner Studierstube geht sein Blick auf die Dächer der verstreut liegenden Bauernhöfe von Todtnauberg, über das Wiesental hinweg über die Hohe Möhr zum Berner Oberland, den Erdkreis im Blick. Hier entstand sein Hauptwerk »Sein und Zeit«. Er widmet es seinem Lehrer:

»Edmund Husserl
in Verehrung und Freundschaft zugeeignet
Todtnauberg i. bad. Schwarzwald
zum 8. April 1926«.

Die »Hütte« ist der Ort seines Seins und seiner Zeit, seine Arbeitswelt – das Holzmachen wie das Schreiben und Denken, dort wo »das Leben rein, einfach und groß vor der Seele liegt«. Denker wollte er sein, nicht nur Lehrer der Philosophie. Mit diesem Werk wurde Heidegger zum Mode-Philosophen. Mit Hilfe seines emeritierten Lehrers trat Heidegger im Herbst 1928 Husserls Nachfolge als ordentlicher Professor für Philosophie an der Albert-Ludwigs-Universität Freiburg im Breisgau an. Ein Haus in Freiburg-Zähringen hatte Elfriede bereits termingerecht bezugsfertig bereitgehalten. Am 24. Juli 1929 hält Martin Heidegger in der Aula seine Antrittsvorlesung. Er stellte schlicht die Frage: »Was ist Metaphysik?« und im anschließenden Wintersemester 1929/30 erklärte er seinen Studenten: »Die Grundbegriffe der Metaphysik«. Heideggers Schrift »Sein und Zeit« war der Durchbruch. Er war auf einem eigenständigen Denkweg, stellte die Sinnfrage nach dem Sinn des Seienden. In einer Welt des Umbruchs, des Nihilismus und der Utopie traf sein epochemachendes Werk den Nerv der Zeit, zumindest in einer philosophierenden Fakultätselite. »Unsere Stunde ist das Zeitalter des Untergangs«, sprach der Denker, und seine ihm zuhörende Studentenschaft wollte er an diesem teilhaben lassen. Kollegen aus anderen Fakultäten mutmaßten über die Töne des neuen Ordinarius, Heidegger fühle sich als geistiger Führer einer neuen Bewegung, als philosophischer Wortführer des neuen Deutschlands. Der Philosoph forderte seinen Führungsanspruch ein, er »umarmte den Zeitgeist« (so Habermas), sein Denken bekam eine nationalrevolutionäre Deutung.
Am 20. April 1933 (Hitlers Geburtstag) wird an der Freiburger Universität eine Senatssitzung einberufen. Der Rektor, der tags darauf bestellt werden sollte, stand bereits fest – Martin Heidegger. Am 1. Mai 1933 tritt der neue Rektor der Albert-Ludwigs-Universität Freiburg der NSDAP bei. Er wollte mit diesem Schritt die Welt der Gebildeten und Gelehrten für die neuen nationalpolitischen Ziele und Ideen gewinnen. Er setzt sich für die Erneuerung der deutschen Universitäten und für einen einheitlichen Aufbau einer künftigen

gesamtdeutschen Hochschulverfassung ein. Freiburg hat den ersten nationalsozialistischen Rektor. Er ist gewillt, über Freiburg hinaus, den Lehrkörper und die studentische Jugend auf die neue Politik einzuschwören. Deutschlands bedeutendster Denker will der geistigen Erneuerung vorangehen, man müsse ihm nur folgen. Wollte er den Nationalsozialismus als geistiger Vordenker instrumentalisieren? Am 4. Mai 1933 schreibt der emeritierte Vorgänger auf dem Lehrstuhl – Edmund Husserl: »Vorangegangen ist der von ihm vollzogene Abbruch des Verkehrs mit mir (und schon bald nach seiner Berufung) und in den letzten Jahren sein immer stärker zum Ausdruck kommender Antisemitismus – auch gegenüber seiner Gruppe begeisterter Schüler und in der Fakultät. Was aber die letzten Monate und Wochen brachten, das war die tiefsten Wurzeln meines Daseins angreifend.« Husserl hatte Freiburg verlassen, um im Tessin »wieder als Deutscher« und nicht als »jüdischer Intellektueller« zu leben.

Bald ließ Heidegger die seinem Werk »Sein und Zeit« vorangestellte Widmung an Husserl entfernen. Zu Beginn des darauffolgenden Wintersemesters 1933/34 wendet sich Rektor Heidegger an seine Studenten: »Die nationalsozialistische Revolution bringt die völlige Umwälzung unseres deutschen Daseins.« Das Dasein ist jetzt deutsch definiert. »Nicht Leitsätze und Ideen seien die Regeln Eueres Seins. Der Führer selbst und allein ist die heutige und künftige deutsche Wirklichkeit und ihr Gesetz. Lernet immer tiefer zu wissen: Von nun an fordert jedwedes Ding Entscheidung und alles Tun Verantwortung. Heil Hitler.«

Heidegger als Reformator des Systems? Der Hüttenmensch als Denker der »geistigen Erneuerung« des ganzen Seins? Und Hitler – lediglich als Geschäftsführer zu gebrauchen? Die Partei verlor bald das Interesse an diesem kauzigen Mann. Am 23. April 1934 legte Heidegger sein Rektoratsamt nieder. Er las jetzt über Hölderlin sowie Nietzsche und schrieb über den »Rhein« sowie über Georg Trakls symbolistische Gedichte. Seine politische Verstrickung kommentierte der große Denker Heidegger später mit den Worten: »Wer groß denkt, muß groß irren.«

Heidegger am Podest dozierend erinnerte nicht nur sprachlich an einen Auftritt im »Cabaret Voltaire« – an Hugo Ball, als »magischer Bischof«, verkleidet, vor ihm ein Notenständer, Lautgedichte im Stil des Meßgesangs in Kirchen vortragend. Der Gründer der Dada-Bewegung, Verfasser des Kultwerks »Flucht aus der Zeit«, über die experimentelle Sprachkunst des Dadaismus: »Wir haben die Plastizität des Wortes bis zu einem Punkt getrieben, an dem sie schwerlich mehr überboten werden kann. Wir erreichten dies Resultat auf Kosten des logisch gebauten, verstandesmäßigen Satzes...« Bis eben Heidegger kam.

Hugo Ball hatte von Zürich aus mit der Kunst des Dadaismus der Krisenzeit des Ersten Weltkriegs Ausdruck gegeben. Jene Endzeitstimmung erlebten zwei Soldaten. Beide gehören demselben Jahrgang 1889 an und beide haben eine frappierende Ähnlichkeit. Und beide erleben die letzten Kriegsmonate an der Westfront. Der eine befindet sich Mitte Oktober 1918 als meteorologischer Kundschafter am Westrand der Ardennen bei Sedan. Dieser Wetterbeobachter hat die Windrichtung zu messen, damit beim Einsatz der Granaten das Gift durch die Gunst des Windes in die französische Front dirigiert werden kann. Am 5. November 1918 wird er noch zum Gefreiten befördert – es ist Martin Heidegger. Weiter nordwestlich am französisch-belgischen Grenzverlauf, nördlich von Lille, bei Werwik in Flandern, gerät ein Trupp in das Trommelfeuer eines englischen Angriffs. Es ist die Nacht vom 13. auf den 14. Oktober 1918. Den deutschen Soldaten brennen die Augen, sie stolpern, erkennen nichts mehr. Um nicht verloren zu gehen, hielt sich jeder am Waffenrockzipfel des vorderen Soldaten fest und so ging es im Gänsemarsch bis zum nächsten Feldlazarett. »Es war eine Vergiftung mit deutschem Gelbkreuzgas und ich war eine Zeitlang fast erblindet«, sagte Adolf Hitler später. So hatte für die Gefreiten Adolf Hitler und Martin Heidegger der Erste Weltkrieg geendet.

(Das Ende des Zweiten Weltkriegs erlebte Martin Heidegger wieder an der Westfront. Am 23. November 1944 wurde er mit einer Volkssturm-Einheit Richtung Breisach am Rhein kommandiert. Der Trupp erreichte nicht sein Ziel. Er blieb in den weiträumigen Panzergräben bei Mengen am Tuniberg stecken. Ein Bombenangriff am 27. November 1944 zerstörte Freiburg und die Universität. Martin Heidegger nahm jetzt Urlaub. Nach dem Krieg hatte man ihm die Lehrtätigkeit untersagt. »Ihm fehlt das Wahrheitsbewußtsein«, urteilte Gutachter Karl Jaspers.)

Prüfungen

Die Lage an den Universitäten in Deutschland 1933 auf 1934 war bedrückend, besonders in Freiburg. Und dort besonders für die Studentin der Neuphilologie Margrit Heidenreich. Am 15. März 1933 wird ihr bestätigt, daß sie sich »zur Prüfung für das wissenschaftliche Lehramt an Höheren Lehranstalten gemeldet« habe und so heißt es in der Mitteilung weiter »wird zur bevorstehenden Prüfung hiermit zugelassen, unter der Voraussetzung, daß dem Ministerium bis spätestens 15. August 1933 noch die restlichen erforderlichen Nachweise vorgelegt werden«. Am 29. November 1933 wird sie aufgefordert, sich mit »Federhalter, Bleistift, Radiergummi und Papier im DIN-Format zur schriftlichen Prüfung« am 4. Dezember 1933 vormittags 8 Uhr einzufinden. »Die Prüfung wird voraussichtlich am 22. Dezember 1933 beendet sein.« Ihre Prüfung umfaßt Englisch und Französisch als erstes und zweites Hauptfach und Deutsch als Nebenfach.
Ernst wird es für Margrit Heidenreich auch privat: Am 8. Januar 1933 hatte Carl bei Margrits Eltern in Lörrach, Herrenstraße 27, seine Aufwartung gemacht. Dann fuhren sie nach Freiburg: Sie ins Wintersemester und er, um mit der Direktion der Deutschen Bank Kontakt aufzunehmen, damit diese in ihrer Eigenschaft als Mitglied des Aufsichtsrats der Spinnerei Atzenbach AG Schopfheim für seine beruf-

liche Karriere Förderliches tun möge. Als am 12. April 1933 Margrit mit Carl zum Skilaufen nach Todtnauberg, Heideggers Hütten-Daseins-Ort, fährt, hat er den beruflichen Wechsel geschafft. Nach diesem Skiurlaub schaut sie sich am 20. April 1933 seinen neuen Arbeits- und Wohnplatz, eine Junggesellenwohnung auf dem Fabrikgelände in Schopfheim, an. Während Carl zum Fabrikdirektor – er schreibt sich ja jetzt »Carl« – aufstieg, war Margrits Professor Martin Heidegger Hochschulrektor geworden. Am 14. Mai ist im Tagebuch von Margrits Mutter der kurze Eintrag zu lesen: »Herr W. zum Essen«, und am Ende dieses Wonnemonats steht unter dem 29. Mai 1933 in Margrits Tagebuch: »Nachtigall gesungen«.

Im Juni 1933 waren Margrit und Carl nach Titisee gefahren. Am 11. Juni sollte sie am Ortsausgang auf der Straße zum Feldberg stehen, bis Carl an diesem Dreifaltigkeitstag mit seinen Eltern aus der Kirche käme, um diese dann auf der Autofahrt ins Wiesental zu überraschen. Hier begann neben der Examensprüfung und der eigenen Prüfung, sich jetzt zur Ehe zu entschließen, eine dritte – die Glaubensprüfung.

Im November 1933 machte Carl auf einer Rückfahrt von Hamburg, wo er für seine Firma ein Auto gekauft hatte, in Münster einen kurzen Besuch. Bei dieser Gelegenheit sagte er seinen Eltern, sie sollten sich nicht wundern, wenn sie in nächster Zeit eine Verlobungsanzeige von ihm erhielten. Die Auserwählte sei natürlich jene junge Dame vom Titisee. Im übrigen stünde sie kurz vor dem Staatsexamen.

Und so schrieb Carls Vater später auf, wie er auf die Nachricht reagierte: »Auf unsere nähere Frage nach der Konfession sagte er, sie sei zwar noch nicht katholisch, sie hätten jedoch die Bekenntnisfrage ernstlich zusammen besprochen, und Margrit habe selbst den Wunsch, mit ihm auch im Höchsten einig zu sein. Die Sache fiel uns natürlich schwer auf die Seele, und eine anfängliche Zurückhaltung unsererseits in einer so wichtigen Frage war nur natürlich. Die Liebe zum Manne der Wahl und der Wunsch nach Einigkeit mit ihm auch im

Höchsten mochten den Gedanken zum Übertritt bei dem andern Teile wohl zunächst anregen; aber für einen wirklichen Übertritt war die Gewinnung der festen Überzeugung von der Wahrheit des katholischen Bekenntnisses notwendige Voraussetzung. Carl suchte uns in dieser Hinsicht zu beruhigen und überlegte mit uns und mit Hans die Mittel und Wege, wie und wo die Einführung Margrits in die katholischen Glaubenswahrheiten als Unterlage für ihre freie Entscheidung am besten bewirkt werden könne.«

Was Carls Mutter empfand, schrieb sie Margrit direkt:

»Münster, den 13.11.33.
Meine liebe Margrit!

So will ich Dich nur gleich nennen! Nachdem wir von Karl gehört, daß Ihr Euch schon länger einig seid, auch in dem gegenseitigen Bewußtsein, und in der festen Überzeugung, daß für eine glückliche Ehe das gleiche religiöse Bekenntnis unbedingte Voraussetzung sein muß, so begrüßen wir Deinen Entschluß, von dem Karl uns mit aller Bestimmtheit sprach, von Herzen und erbitten Gottes reichen Segen dazu. Mit dem größten Vertrauen heiße ich Dich in unserm Kreise willkommen! Recht herzlich willkommen! Ich verhehle mir dabei aber auch nicht manches Schmerzliche für Dich, besonders im Gedanken an Deine lieben Eltern und Deine Familie.
Leider mißglückte der Versuch, daß wir uns in Titisee näher kennenlernten, vollständig. Vielleicht war es besser so, daß wir ganz unvorbereitet waren. Nun haben wir in aller Ruhe, soweit das die beschränkte Zeit seines Hierseins erlaubte, mit Karl über alles gesprochen. Viel Liebes hat er uns von Dir erzählt. Ich glaube sicher, daß wir uns gut verstehen werden, und Du Dich in unserm Kreise wohl fühlen wirst. Wir hoffen, daß Karl Dich uns bald mal zuführen wird, und wir uns gegenseitig kennenlernen. Für das bevorstehende Examen unsere besten Wünsche! Wir wollen alle tüchtig den Daumen halten. Pläne können wir im Augenblick ja noch nicht machen, hoffent-

lich aber bald. In diesem Gedanken begrüße ich Dich als Karls Auserwählte und unsere Tochter, verbunden mit den innigsten Glück- und Segenswünschen für Euch, herzlich und möchte Dir schon jetzt sein
eine treubesorgte
Mutter.«

Der Schwiegervater in spe merkt an: »Alsbald kam von ihr ein so herzlicher, bestimmter und Vertrauen erweckender Brief als Antwort, daß wir sie zum Weihnachtsfeste herzlich willkommen hießen.«

Und »Mutter« reagiert: »... Für Margrit möchte ich auch noch einige Verse machen und sie in scherzhafter Form nach ihrem Studium etwas in die Prosa der Küche einführen mit Besen, Bürste, Scheuerlappen, Ata, Persil usw., die ich hinlege (provisorisch) von uns, mit einem Gutschein dabei für solche Sachen. Zum Schluß ein rosa Pantöffelchen, das die Küche als ihr Reich bezeichnet, und einen kleinen Hinweis, daß man auch ein liebenswürdiger Pantoffel sein könne. Und vielleicht, wenn ich es noch kriege, ein kleines, frohes Büchlein, das sie den Sorgen des Alltags enthebt, wenn sie mal davon bedrängt wird. Ob es gelingt ist eine andere Frage.«

Auch der Vater heißt das Paar willkommen: »Sie kamen dann beide über Cassel, wo sie den hl. Abend in Franz Josephs Familie mitfeierten, zu uns und blieben bis Sylvester bei uns.«

Statt Heidegger ein Kochbuch und Anleitungen zum Putzen

Jetzt konnte »Mutter« Elisabeth anläßlich Margrits erstem Weihnachtsfest in Münster 1933 ihren Vers darauf machen. Er beginnt mit einem Seufzer:

»Margrits Seufzer:

Habe nun, ach, Philosophie
Und vieles andere noch,
Auch Philologie
Durchaus studiert, mit heißem Bemühn.
Da steh ich nun, ich armer Tor,
Und bin so klug als wie zuvor.
Denn mit meinem Studium allein
Werd' ich nie ein gutes ›Hausmütterchen‹ sein.
Was hilft mir mein Wissen um Diderot,
Um d'Alembert und Jean-Jacques Rousseau,
Um Shakespeare und Dickens – und was – à propos –
Mach ich mit der Zeit vom alten Plato
Bis Heidegger, mit der ganzen Philosophie?
Zum guten Hausmütterchen macht sie mich nie!

Margrit beim Tennis

Mutters Antwort:

Ja, liebe Margrit, wohl hast Du da Recht.
Trotzdem, gelehrte Frauen passen nicht schlecht
In den oft auch prosaischen Ehestand hinein.
Sie müssen nur vernünftig sein,
Zur Zeit das Richtige erfassen,
Gelehrten Kram bei Seite lassen,
Wenn es heißt ›Was essen wir morgen‹?
›Was ist dafür zu besorgen‹?
Das sagt Dir kein großer Philosoph.
In solchen Fällen sind sie ›doof‹.
Doch nimmst dies Kochbuch Du zur Hand,
Wirst finden darin allerhand,
Anleitung zum Kochen, zum Braten, Verzieren,
Daß Du mit Karl kannst fein dinieren.
Und fügst Du zu Allem den Glanz und den Schimmer,
Frohe Unterhaltung – dann schmeckt's Euch immer.
Doch dieses ist es nicht allein,
Was Dir muß von Interesse sein.

… und Blick durch das Netz des Tennisschlägers

Wenn auch klein, so muß doch rein
Deine kleine Küche sein.
Geduld, Überwindung mußt aufbringen Du,
›Beseelte Hände‹ wünsch ich Dir dazu!
Da brauchst Du allerhand Sachen,
Lass Dich nur nicht bange machen:
Eine Wanne und Bürsten, Spültücher gar viel,
Zur Wäsche brauchst Soda, Sil und Persil,
Für Fußböden: Schrubber und Wischtuch brauchst Du
Und Wachs, zu glätten, den ›Mopp‹ auch dazu.
Daß Schuhcreme und Bürste gebrauchen die Schuh',
Das, angeh'nde Hausfrau, weißt sicher wohl Du.
Handfeger und Schippe, ein Besen mit Stiel
Und Spiritus, Salmiak, Terpentin und Benzin!
Zum Blankputzen: Lappen, 'ne Dose Sidol.
Um Derbes zu scheuern braucht ›Ata‹ man wohl.
So könnte noch geben gar vieles ich Dir,
Doch Schluß, sonst könnten Dich ängstigen wir.
Mußt Dir keine Sorgen machen,
Bei all der Prosa sollst Du lachen
Und singen und Dich herzlich freuen.
Und in die Küche häng' Dir den neuen
Kalender, mit Bildern gar freundlich und schön,
Es sei Dir Erfrischung, sie anzusehen.
Und kommt dann der Karl von der Arbeit nach Haus,
Siehst sicher Du gar nicht nach Küchensorgen aus. –
Doch eines rate ich Dir:
Die Küche bleibe Dein Revier,
Und lasse Dir nicht reden drein,
Da schwinge den Pantoffel Dein!
Du, lieber Karl, hab' keine Not,
Wenn sie mit dem Pantoffel droht.
Ich weiß es, sie wird sicher ein
Sehr liebendwürdiger ›Pantoffel‹ sein.«

Noch eine »unglaubliche Umwälzung«

Das war »Mutters« Auftritt. »Vater« übernahm die Dinge, die jetzt getan werden mußten: »Wir lernten Margrit nun näher kennen und schätzen, und der Weihnachtsbesuch verlief ganz harmonisch. Alles wurde im besten Einvernehmen, auch mit Hans, überlegt und, da unter den obwaltenden Umständen Margrits Rückkehr nach Lörrach aus verschiedenen Gründen nicht angebracht war, kam sie, nachdem sie Carl bei dessen Rückreise das Geleit bis Cassel gegeben hatte, bis auf weiteres zu uns zurück, um sich hier von dem ganz vorzüglichen Religionslehrer Delbeck in die katholischen Glaubenswahrheiten einführen zu lassen und sich in ruhiger Sammlung und gewissenhafter Prüfung in aller innerlichen Freiheit ihre Überzeugung zu bilden. Delbeck gewann in seiner verständnisvollen und aufgeschlossenen Art bald ihr volles Vertrauen.«

Margrits künftige Schwiegermutter war an ihrer beider Geburtstag, dem 16. Dezember, 62 Jahre alt geworden. Sie hörte schwer, war kränklich und gebrechlich, ansonsten zugänglich und liebenswürdig. Sie war nun 39 Jahre mit Bernhard verheiratet. Noch bis Mitte Januar hatte seine Familie im rechten Schloßflügel gewohnt. Jetzt feierten sie in der Gertrudenstraße 22 das zweite Weihnachtsfest. Sie nahmen den Gast aus dem Markgräflerland bei sich auf und luden Margrit zum Bleiben ein. Am Kamel und den Königen bemerkte sie, daß diese Krippenfiguren größere Räume gewohnt waren.

Margrit Heidenreich verbrachte Weihnachten im Schoß einer neuen Familie in einer katholischen Stadt in Preußen. Und »da unter den obwaltenden Umständen Margrits Rückkehr nach Lörrach aus verschiedenen Gründen nicht angebracht war«, veranlaßte das Familienoberhaupt sie zum Bleiben, so lange bis die Protestantin katholisch würde!! Eigentlich wollte sie mit Carl nur die Weihnachtstage bei dessen Eltern verbringen und sich dann bald mit ihm verloben. Und jetzt war er allein ins Markgräflerland zurückgefahren und ließ sie bei seinen Eltern im Münsterland sitzen.

Es war wohl das Verdienst von Carls in der Pfarrgemeinde Dülmen tätigem Bruder Hans, einen jungen weltoffenen und kompetenten Religionslehrer zu engagieren: Wilhelm Delbeck, im niederrheinischen Kleve geboren, war als junger Mann im Weltkrieg in Kriegsgefangenschaft geraten und wurde 1924 in Münster zum Priester geweiht. Der Fünfunddreißigjährige unterrichtete an den Handelslehranstalten in Münster. Seine geistige Kapazität erleichterte wohl Margrits erste Schritte auf dem Weg zur katholischen Kirche. Anstatt an Freiburgs Universität das Ergebnis ihres Staatsexamens abzuwarten, blieb sie ihren Kommilitonen und ihrem Zuhause in Lörrach fern und wohnte jenseits der Promenade im Kreuzviertel in der auf die Melchersstraße führenden Gertrudenstraße. Da die komfortabel angelegten Villen den gehobenen Mittelstand ansprechen sollten, siedelten sich hier Gymnasiallehrer oder Professoren der Universität an, weshalb die Gertrudenstraße auch »Professorenstraße« genannt wurde. Ein ganzes Vierteljahr verbrachte sie jetzt bei ihren künftigen Schwiegereltern. Die beiden glichen den Strukturen ihrer Stadt. Er verkörperte den preußischen eisernen Ring um Münster und sie das Innere, das Herzstück dieser westfälischen katholischen Hochburg. Margrit hilft ihr in der Küche und ihn darf sie in die Stadt begleiten. Als erstes führt er sie in den Dom, wo sie die Domuhr bestaunt. Es ist der Dreikönigstag. Tags darauf versorgt sie die Weihnachtskrippe mit dem sperrigen Kamel, häkelt Topflappen und pflegt die von Herzkrämpfen geplagte »Mutter«.

Carl hat nach seiner Rückkehr nach Schopfheim Margrits Eltern aufgesucht. Er ist am 3. Januar abends in Lörrachs Herrenstraße 27 und weiht sie in den Lauf der Dinge ein. Am Dreikönigstag ist er bereits wieder bei ihnen zu Gast. Da in Münster preußische Ordnung, gepaart mit den Gepflogenheiten eines katholischen Kirchenjahres, eigene Gesetze vorsieht, gerät Carls und Margrits Zeitplan übers Kreuz. So schickt er ihr schon mal einen Ring. Am 7. Januar um 12 Uhr steckt Margrit sich in Münsters Gertrudenstraße den Ring an. Dann wird es ernst: Am 9. Januar 1934 beginnen die Wochenstunden. Pünktlich um 3 Uhr beginnt Wilhelm Delbecks Religionsstunde. Tags darauf geht sie mit »Vater« auf den Zentralfriedhof. Es sind kalte und regnerische Tage in Münster, die nur durch die Nachmittagstermine geprägt sind. Bei einer Nichte ihrer »Mutter« kann sie sich aussprechen. An diesem Abend schreibt Margrit in ihren Notizkalender: »Heulen, heulen, heulen«.

Nein, Münster ist kein Dolder 107 ihrer Kindheit, kein Blick auf den Zürichsee und das Alpenpanorama, Münster ist ganz anders – sein Aasee gibt den Blick frei auf den Zentralfriedhof. Man spricht nicht alemannisch, die Sprache hat einen kaum zu überhörenden kommandierenden Unterton. Und jetzt schreibt *er* aus *ihrer* Heimat Kartengrüße und manchmal Briefe, auf die sie sehnlichst wartet. Dann wieder eine Karte vom Skifahren in Todtnauberg oder aus Zürich mit Grüßen von seinen Gherzi-Freunden, aus *ihrem* Zürich. Und sie sitzt in seinem Münster fest. Am 17. Januar 1934 notiert sie in ihren Taschenkalender: »Bei Delbeck, es war so gräßlich!« Am 19. Januar hält sie fest: »Bei Delbeck: Simon Petrus – Päpste.« 20. Januar: »Sehr gutes Wetter, mit Vater in der Stadt. Mutter wieder im Bett und sehr müde. Um 10 h läutet das Telefon: Carl (oh Bub, Du mein einziger Bub!)« Wieder nahm »Vater« sie mit in die Stadt – zur Kreuzschanze hinunter, am Kreuztor vorbei. Er zeigt Margrit die »Villa Terfloth«. Der Bauherr Robert Terfloth – der älteste Bruder seiner Frau – griff die Architektur des gegenüberliegenden »Buddenturm« auf und verleibte in seine Villa einen Edelturm ein. Da Robert Großhändler auch in Sachen Zucker war, hieß das mächtige Haus im Volksmund bald »Zuckervilla« und da seine Schwester Maria aus Hamburg eben zu Besuch in Münster weilte, wurde Margrit Carls Tante Maria vorgestellt. Tante Maria revanchierte sich mit einer Kaffeetischdecke. 21. Januar: »Im Dom mit Vater. Ich bin wieder froh …«

Brief von Margrits Mutter aus Lörrach, auch von Tante Marie, die 50 Mark beilegt. Sie strickt Skisocken und einen Schal für Carl; der schickt ihr eine Skifibel, dann mit »Vater« ein Spaziergang zur Promenade … 1. Februar: »Eilbrief von Carl. Geschneit und geschneit!«

2. Februar: »Um 7 Uhr im Agnesstift schlecht geworden. – Um 2 h bei Delbeck. Heißmangel, Wäsche, Pakete. Mutter wieder auf, Brief von Carl.« 4.–8. Februar: »ganz blöde Woche. Vater wollte keine *Verlobungsanzeige* wegen des konfessionellen Unterschieds.« Margrit schreibt umgehend Carl einen Brief. Nach dessen Erhalt tippt dieser noch gegen Mitternacht einen langen Brief an seine Schwägerin in Kassel, bei deren Familie er auf der Rückfahrt von Münster zu Gast war:

»Schopfheim, den 6. Febr. 1934
Liebe Maria!
Lies bitte vor allem erst mal beiliegenden Brief von Margrit, den ich heute erhielt! ... Ist das nicht mal wieder die Höhe von Taktlosigkeit von Vater? Ist das denn sein tiefer Katholizismus und sein tiefes Verständnis für die Größe von Margrits Schritt, daß er ihn mit der reinen Äußerlichkeit einer Verlobungsanzeige überhaupt in einem Atem nennen zu können glaubt? Das hat mich dermaßen empört, daß ich am liebsten sofort Verlobungsanzeigen hätte drucken lassen, aus denen hervorgeht, daß Margrit Protestant ist und ich Katholik. Aber die Freude wollte ich nun doch nicht all den anderen Spießern machen, daß wir nun auch noch diesen ganzen Blödsinn mitmachen. Das fiel also aus, weil ich eben nun mal keine herkömmlichen Verlobungsanzeigen will, aber nicht irgendwie wegen Margrits Religion, die mir allein schon aus dem Grund, daß sie Margrits Religion ist, hoch und heilig ist. – Dann könnte ich noch an Vater selbst schreiben; ich würde es auch tun, wenn nicht Mutter so krank wäre und Margrit nicht dort wäre. Ich würde es auch tun in der klaren Erkenntnis, daß dann Vater und ich sicherlich noch ganz auseinanderkommen würden; denn ich würde deutlich werden und deutlich sein müssen. Denn in diesem Falle handelt es sich nicht um mich, sondern um Margrit; und in dem Fall ist mir alles ganz egal. – Aber das geht nun mal Mutters wegen nicht, der ich gerade jetzt nicht Kummer bereiten möchte; denn ich habe nach Margrits letzten Nach-

richten allen Grund zu großer Sorge um Mutter (jetzt wieder!). Drum will ich mich diesmal noch an Dich wenden. Du stehst mit Vater bedeutend besser als ich und kannst ihm sicherlich klar machen, was er da für einen Blödsinn gemacht, und daß er den wieder gutmachen muß. Du kannst ja so tun, als ob Margrit Dir direkt ganz unglücklich darüber geschrieben hätte, weil sie mir das gar nicht hätte sagen wollen (evtl. um mir keine Sorgen zu machen!). So kannst Du vielleicht Vater noch am allerersten dazu bringen, diese Redensart wieder zurückzunehmen, und ihn vor ähnlichen Taktlosigkeiten warnen, da ich, wenn ich davon erführe, auch ähnlich werden könnte. Dir persönlich möchte ich sagen, daß ich bei der geringsten Kleinigkeit, die jetzt noch passiert, fest gewillt bin, Margrit sofort von Münster wegzuholen; sie kann dann nach Berlin oder sonstwohin, wo man ihr nicht mit ähnlichen Taktlosigkeiten kommt. Dann ist es mir auch ganz egal, ob Margrit bis Ostern katholisch ist; denn ich kann es vor meinem Gewissen auch verantworten, eine Mischehe einzugehen, die Margrit und ich besonders Mutter zuliebe vermeiden wollten. Wenn aber Vater bewußt alles kaputt machen will, so muß er es verantworten. Ich kann Margrit gut verstehen, wenn sie über solche reinen Äußerlichkeiten innerlich empört ist, wo es hier doch wirklich um mehr als eine Verlobungsanzeige geht! Liebe Maria, ich weiß, daß ich Dir hiermit kein leichtes Anliegen vorbringe, aber ich bitte Dich um Mutters und Margrits willen, und wenn ich Dir nur etwas wert bin, auch um meinetwillen, daß Du Vater ganz deutlich klar machst, daß solche Taktlosigkeiten ganz unmöglich sind, und er Margrit zeigen muß, daß er es gar nicht so gemeint hat. Ich bitte Dich daher ganz dringend, die Angelegenheit ganz ernsthaft zu behandeln, da ich sonst rücksichtslos werde, genau so wie Vater. Es ist wirklich schrecklich, kaum glaubt man, man könnte wieder etwas Luft schnappen und mitkommen, da muß natürlich wieder Vater kommen und mit seiner Taktlosigkeit alles kaputt machen wollen.

Vor allem möchte ich Dich aber noch um eins bitten: laß Margrit nichts davon wissen, daß ich Dir ihren Brief geschickt habe; das kann Margrit nicht haben, wenn ich ihre Briefe weitergebe (und sie hat auch recht damit!). Ich werde ihr kurz schreiben, daß ich mich mit Dir in Verbindung gesetzt habe, um die Sache zu bereinigen.«

Wiedertäufer

Am 9. Februar geht es bei Delbeck um die Altarsakramente. Abends schreibt Margrit an ihre Mutter und an Tante Marie in Lörrach. Am 10. Februar telefoniert sie mit Carl, der zum Skilaufen auf dem Feldberg weilte und sich im »Hebelhof« einquartiert hatte. Post aus Lörrach erreicht sie, u. a. auch von Emil Pflüger. Tags darauf ist sie in der Messe (»langweiliger Hirtenbrief«). Am 12. Februar notiert Margrit: »Es ist nicht mehr zum Aushalten. Ich bin froh, wenn ich fort bin. Bei Delbeck; Päckchen von Carl.« Bemerkenswert ist dieser Missionierungseifer des ehemaligen Oberpräsidenten von Westfalen, waren doch noch sein Großvater und Generationen davor evangelisch-lutherischen Glaubens.
Frisch herausgerissen aus der äußeren Prüfungsangst und hineingezogen in einen inneren Prüfungsdruck begann eine dreimonatige Passionszeit – nach Heideggers programmatischen Aussagen über »Sein und Zeit« jetzt die Visionen des Grünewaldschen Bildprogramms von der Zeit des »Heils« und des »Leids«, von Guersi in Auftrag gegeben, termingerecht ausklappbar – von Maria Empfängnis über Christi Geburt bis zum Tod am Kreuz am Karfreitag. Die Metamorphose aus dem Martyrium eines Gotteskindes in einer vierteljährlichen Verwahrung und Abgeschiedenheit in der Gertrudenstraße im streng katholischen und doch so preußischen Münster, ohne von dem besucht zu werden, um den es ja auch ging – um Carl, der diese Isolationszeit auch manchmal noch mit postalischem Entzug verschärfte.
Draußen in der Welt verkündeten Abbilder der Dämonen des Altarbilds lauthals eine »neue Zeit« und ein »neues Heil«. In diesen Februartagen wird die Bescheinigung der Taufe von der Evangelischen

Landeskirche des Kantons Zürich angefordert. Sie bestätigt: »Es ist in der Kirchgemeinde Neumünster, Kanton Zürich, am 29. Januar 1911 Margrit Maria Emma Helena Heidenreich getauft worden. Eltern: Ernst Friedrich Heidenreich von Manchester / Maria Emma Elisabeth geb. Fentzling / Taufzeugen: Karl Nikolaus in Müllheim / Emma Singeisen in Fahrnau, Baden / Helen Ioner in Badenweiler.«
Als Margrit diese Bescheinigung vom Pfarramt Neumünster in Zürich in Händen hielt, war es ihr weh ums Herz. Es war der Abschied von Kindheit, Jugend, Vergangenheit und bisheriger Identität. Das war noch nicht einmal die Hälfte ihrer Münsterschen Exerzitienzeit, die Wochen schleppten sich dahin. Am 8. März notierte Margrits Mutter in Lörrach in ihren Kalender knapp: »Margrit Bescheid«. Jetzt war es unumkehrbar – dieses Konvertieren.
Und es ging Schlag auf Schlag: In der Karwoche Ende März 1934 – Ablegung des katholischen Glaubensbekenntnisses und Empfang der Sakramente der katholischen Kirche. Das katholische Pfarramt St. Lamberti in Münster, Kirchherrngasse 3, bestätigt: »Margrit Heidenreich empfing die bedingte Wiedertaufe am 27. März 1934.« Hier hatte der Bürgermeister zu Münster am 7. April 1894, also jetzt vor 40 Jahren, Elisabeth Terfloth geheiratet. Und oben am Kirchenturm von Lamberti hingen einst in drei eisernen Körben die Überreste der Anführer der Wiedertäufer-Reformatoren, nachdem ihre Herrschaft über die Stadt Münster 1535 gewaltsam beendet worden war. Selbst nach dem Abbruch des baufälligen alten Turms, der aus den »Drubbel« einzustürzen drohte, stellte man die Käfige als Grabstätten ihrer Seelen am neuen Turm erneut zur Schau. Nachts leuchteten Irrlichter in den Wiedertäuferkäfigen hoch über der Stadt Münster …, hieß es.
Am Ende dieser Karwoche, noch vor dem Osterfest, kehrte Margrit am 30. März 1934 nach über einem Vierteljahr nach Lörrach heim zu ihren Eltern. Als Protestantin war sie weggereist in die Fremde, als Katholikin kam sie ins Markgräflerland zurück. So lange hatte sie sie nicht gesehen, weder ihre eigenen Eltern noch ihren Bräutigam.

Margrits Heimkehr geriet in die Turbulenzen der Nachfeiern der Hochzeit ihrer Schwester Erika, die am 24. in der Kirche von Ötlingen oberhalb von Lörrach, mit Blick auf das Dreiländereck, stattfand und die tags darauf mit allen Gästen auf der Schweigmatt über Schopfheim nachgefeiert wurde – und in den Trubel der Vorbereitungen zu ihrer eigenen Hochzeit.

Die Ziviltrauung fand zwischen 11 und 12 Uhr am 30. März auf dem Standesamt Lörrach im Beisein ihrer Eltern statt. Die »Tagespost – Volkszeitung für Wiesental, Oberrhein und das Markgräflerland« berichtet am 31. März 1934: »Atzenbach, 31. März. Wie wir hören, schließt der Direktor der hiesigen Spinnerei, Herr Würmeling, am Ostermontag mit Frl. Heidenreich aus Lörrach in unserer Kirche den Bund fürs Leben. Die Traumesse wird um 8 Uhr von dessen Bruder, dem H.H. Dr. Würmeling, gehalten werden. Wie sehr sich das Hochzeitspaar mit der Belegschaft des Werkes verbunden fühlt, geht daraus hervor, daß alle Werksangehörigen zum Ehrentag ihres Direktors eingeladen wurden. Dem Brautpaar entbieten wir auch an dieser Stelle die herzlichsten Glück- und Segenswünsche. Möge Gottes Segen sie begleiten auf ihrem gemeinsamen Lebensweg.«

Auf der letzten Seite dieser »Tagespost«-Ausgabe gibt das »Gasthaus zum Storchen« in Lörrach anläßlich ihres Pächterwechsels eine Geschäftsempfehlung bekannt. Dieser »Storchen«, früher »Ochsen«, war das Geburtshaus des 1925 in La Paz/Bolivien verstorbenen Dr. Hans Grether, dessen Ururgroßeltern Flury-Chibiger einst Johann Peter Hebel bewirtet hatten. Sein Vater war der Enkel von deren Tochter Maria Katharina Grether, geborene Flury, deren Schwester Anna Maria Flury, Hebels »Anne-Meili«, Margrits Vorfahrin war.

Auf derselben Anzeigenseite direkt darunter eine Einladung für den Ostermontag: »Zum 4 Uhr Tanz-Tee und 8.30 Uhr zum gemütlichen Tanz-Abend.« Es ist der »Hirschen« des Markus Pflüger. Das »Markgräfler Tagblatt« vom Mittwoch, den 4. April 1934 berichtet: »Atzen-

bach, 3. April. (Die erste Trauung in unserer Kirche.) Am Ostermontag fand in unserer Kirche die erste Trauung statt. Herr Direktor Würmeling und Fräulein Heidenreich-Lörrach wurden getraut. Die gesamte Arbeiterschaft war zu der Feier eingeladen; der Bruder des Bräutigam, Herr Dr. Würmeling, hielt die Traumesse. Schüler- und Männerchor umrahmten die Feier mit Liedervorträgen.«
Und die Zeile direkt darunter: »Atzenbach, 3. April. (Gutes Zeichen.) In der Spinnerei Atzenbach A.G. konnten seit Oktober 1933 bis heute 31 Neueinstellungen vorgenommen werden; sicherlich ein schönes Zeichen, das zu den besten Hoffnungen berechtigt, wenn man bedenkt, daß der ganze Betrieb vor einiger Zeit fast der vollständigen Stillegung nahe war.«

24. Kapitel
Die Gegenwart der Vergangenheit

Die Heidenreichs waren den Wuermelings schon mal ziemlich nahegekommen – in Wolfenweiler, zwischen Kaiserstuhl und Freiburg gelegen. Das Kirchenbuch der evangelischen Gemeinde verzeichnet mit Datum vom 13. März 1661 die Trauung des Georg Adolph Heidenreich (1609–1680) mit Anna Maria Spengler (1641–1717), die in der dortigen Dorfkirche stattgefunden hat. Anna Maria hieß auch Heidenreichs erste Frau, geborene Günther. Sie war drei Jahre zuvor verstorben. An sie erinnert die vom Witwer angebrachte Grabtafel an der Kirche zu Rötteln. Dasselbe Kirchenbuch von Wolfenweiler verweist einige Seiten später auf die 30 Jahre danach geschlossene Ehe von Michael Würmlin, der am 30. November 1691 Barbara Pfistner aus Mengen heiratete.

Der Enkel aus der in Wolfenweiler geschlossenen zweiten Heidenreich-Ehe war der Reichsposthalter zu Müllheim Georg Adolph (Friedrich) Heidenreich (1701–1778). Der Enkel aus der im Kirchenbuch von Wolfenweiler verzeichneten Würmlin-Ehe war jener Johannes, der von Mengen ins Hannoversche Haimar gewandert war, sich dort verheiratete, im dortigen Kirchenbuch als Würmelin geführt wird und 1774 verstarb.

Die Urväter des einen waren in der zweiten Hälfte des 17. Jahrhunderts den Urvätern der anderen recht nahe gerückt – zumindest im Kirchenbuch von Wolfenweiler. Jetzt, nach fast 250 Jahren, sollten sich die Nachfahren der Nachbarn von damals im Markgräflerland wieder beggnen – die Wuermelings und die Heidenreichs. Margrits Vater, Ernst Friedrich Heidenreich, stammte ja wie jener Georg Adolph Heidenreich aus demselben Müllheim.

Sie – Margrit Maria Emma Helena Heidenreich, jetzt 23 Jahre alt – und er, Carl Borromäus Emil Hubert Pius Wuermeling, 30 Jahre – waren in Atzenbach im Wiesental vor den Traualtar getreten und brachten für diese katholische Trauung ihren eigenen Pfarrer mit – den jüngeren Bruder des Bräutigams. Es war die erste Trauung in der neuerbauten Kirche, deren Grundsteinlegung am 9. Juli 1928 im Beisein des Erzbischofs von Freiburg Dr. Carl Fritz stattgefunden hatte. Er war im Atzenbacher Ortsteil Pfaffenberg zur Welt gekommen und mußte zum Kirchgang vom hochgelegenen Bergdorf hinunter zur alten, baufällig gewordenen Kapelle von Atzenbach. Sie stand in der Mitte des Straßendorfs, das sich entlang der Wiese schlängelt, genau an der Stelle, wo der steile Weg von der Dorfstraße nach Pfaffenberg abbog. Für die Grundsteinlegung der neuen Kirche war der große Sohn (man nannte ihn »der kleine Pfarrer aus dem Schwarzwald«) in seine Heimatgemeinde zurückgekehrt. Und weil Atzenbach mit Pfaffenberg zum Kirchspiel Zell im Wiesental gehörte, wurde Bischof Fritz zur Feier des Tages auch noch Ehrenbürger der Kleinstadt. (Nach dem Tod von Dr. Carl Fritz wurde der aus Meßkirch stammende Dr. Conrad Gröber Freiburger Erzbischof. Er förderte seinerzeit Martin Heidegger, den Sohn des Mesners an der Stadtpfarrkirche St. Martin, der jetzt hoch über dem Wiesental auf seiner Hütte in Todtnauberg »behaust« war.)
Vier Jahre nach der Fertigstellung und Einweihung der Atzenbacher Kirche gab es noch keinen Altar, dafür war kein Geld mehr da. Und ohne Altar auch keine Trauung in der tausend Seelen zählenden Gemeinde, bis man sich provisorisch des alten holzgeschnitzten Altars der inzwischen abgerissenen Dorfkapelle bediente. Jetzt, am 2. April 1934, wurde die neue Kirche jenseits des Wiesenflusses und des Dorfes, über eine Brücke erreichbar, auf einem Hügel über dem Ort thronend, in ihrem Innern noch recht karg aussehend, Stätte einer ersten Hochzeit, eine »Inbetriebnahme« der besonderen Art.

Ostermontag 1934 – Hochzeit

Statt Geschwister der Braut oder Eltern der Brautleute – die einen waren zuvor bei der standesamtlichen Trauung in Lörrach dabei, die anderen durch die herzkranke Frau des alten Oberpräsidenten an der Anreise aus Münster gehindert – vertrat der Bruder des Bräutigams die ganze Familie. Und da der Ort auch noch keinen eigenen Pfarrer hatte, traute der Priester aus Dülmen das Brautpaar. Statt einer großen Familie erschien die Betriebsfamilie; der neue Direktor der Spinnerei Atzenbach AG Schopfheim hatte die ganze Belegschaft in die Kirche eingeladen. Dennoch war aus dieser Hochzeit kein Betriebsfest geworden. Die Gäste stellten sich damals auf den Stufen des Hügels vor der Kirche und hinter dem girlandengeschmückten Wagen Marke »Wanderer« – der Bräutigam saß auf dem Trittbrett, die Braut im Wagen – für ein Gruppenbild vor dem Fotografen Gutermann auf. Margrit eröffnet mit diesem Foto ihr neues Album: »Und nun beginnt die Reis' ins Paradeis …« Auf diesem Foto sitzt auch Schwager Hans nach geleisteter »Trauarbeit« bereits abfahrbereit im Wagen. Hochzeitskleid und Anzug werden nur bis zum Mittag getragen und dann gegen sportliche Winterkleidung getauscht.
Anstelle eines Hochzeitsmahls für die Belegschaft startet die Hochzeitsreise – über den Feldberg ins Bärental zum Bahnhof von Titisee, wo der Schwager die Frischvermählten verläßt. Dann bringt Chauffeur Gräßlin die beiden im Direktionswagen über St. Blasien noch bis Waldshut. Dort besteigen sie einen Bummelzug, der sie nach Radolfzell bringt. Im Bahnhofshotel »Zum Schiff« endet der Hochzeitstag. Am nächsten Morgen geht es zunächst mit der Bahn dem Bodensee entlang bis Lindau und dann im Postbus durch das Allgäu in das nur über Oberstdorf erreichbare, zum österreichischen Vorarlberg gehörige Kleine Walsertal – in das tiefverschneite Hirschegg. Dort beginnt der Aufstieg auf Skiern zur Auenhütte, von dort über Melköde zur Schwarzwasserhütte, wo sie einkehrten und in Stockbetten übernachteten.

Von hier aus starteten sie zur ersten Tour durch Tiefschnee zum Steinmandl auf 1.984 Meter hinauf. Die zweite Tour führte zum Pellinger Köpfle und die dritte wieder über das Steinmandl zur Hornbachalm, weiter zum Starzeljoch (1.868 Meter) und zur Ochsenhofer Scharte. Lawinenabgänge begleiteten die Abfahrt zur Schwarzwasserhütte. Von dort begann – mit einem Triangel-Riß an Margrits Skihosenboden – der Abstieg ins Kleine Walsertal hinunter, wo die ersten Frühlingsblumen aus den Wiesen sprossen, Richtung Oberstdorf inklusive einer Gondelfahrt nebst Kletterpartie zum 2.224 Meter hohen Nebelhorn. Über Sonthofen und Oberstaufen ging die Hochzeitsreise zum Bodensee zurück, den sie auf dem Schiff von Lindau nach Konstanz querten. »Und dann ins Nest und Dach in Atzenbach«, wo die Girlande, die das Auto vor der Kirche geschmückt hatte, jetzt die Eingangstüre ihres neuen, gemeinsamen Zuhauses zierte.

Das Haus war als Fabrikantenvilla im Umfeld des Spinnereibetriebs gebaut und der Bauweise des stilprägenden badischen Baumeisters und Architekten Friedrich Weinbrenner nachempfunden. Ähnliche Villen gab es im Wiesental, wie die »Villa Feer« in Haagen, bis ins Schweizerische und ins Elsässische hinein. Weil aber dieses zweistöckige Haus in Atzenbach einen Turm hatte, war es von jedermann »das Schlößli« genannt worden. Die großzügige, überglaste Terrasse zum Park hin, mit Rhododendron, Magnolien, Trauerweiden und Rotbuchen, gaben dem Anwesen einen herrschaftlichen Charakter. Carl hatte Margrit die Grundrisse nach Münster geschickt, damit sie sich mit den Räumlichkeiten vertraut machen konnte – große Kellerräume mit zentraler Kohlenheizung, Waschküche und großen Vorratsräumen, Parterre fünf Zimmer mit geräumiger Küche und im 1. Stock ebenfalls fünf Zimmer mit einem schwarzweiß gekachelten Bad. Alle Räume waren mit feinem Parkett ausgestattet, zwei der Parterre-Zimmer waren mit Boiserien ausgekleidet. Carl wechselte also mehr oder weniger vom Schloß in Münster zum »Schlößli« in Atzenbach.

Am 15. April waren sie von ihrer anstrengenden Hochzeitsreise zurückgekehrt. Drei Tage zuvor hatten Margrits Eltern die ihr zugedachten »Sachen« nach Atzenbach transportieren lassen. In den zwei mit »E.F.H.« gekennzeichneten Überseekoffern, die Ernst Friedrich Heidenreich für die Übersiedlung von Manchester nach Zürich gedient hatten, war in dem einen die »Aussteuer« verstaut, zum Beispiel eine Milchkanne, Kochlöffel, Kochtöpfe, Korkenzieher, Brotkasten, Bügeleisen, Ärmelbrett, Putzeimer und darüber rot-weiß karierte Handtücher, weiße Geschirrtücher, sechs Tischtücher …
Im zweiten Überseekoffer war fein und sorgfältig in Papier verpackt das goldene »großherzogliche Service«, wie es respektvoll genannt wurde. Urgroßvater Bartlin Pflüger hatte es für den Besuch des Großherzogs anläßlich der festlichen Eröffnung der Bahnstrecke Basel – Schopfheim und für das anschließende Festmahl im »Gasthof zum Pflug« eigens anfertigen lassen. Von der Frau des »Pflug«-Wirts, Christina Rebecca, stammten ein silberner Suppenschöpflöffel und sechs silberne Gabeln. Und dann stand da noch unübersehbar ein riesiger, zweitüriger Schrank im Gang; er hatte Margrits Patenonkel Dr. Karl Nikolaus gehört, dem Müllheimer Bürgermeister und Arzt, dessen Witwe, Tante Anna, vor genau einem Jahr verstorben war. Margrit führt Carl zu diesem Schrank aus der Frick-Mühle, öffnet die linke Türe, deutet auf deren Innenseite auf ein dort angeklebtes buntes, geschlungenes Papierbändchen und läßt es Carl entziffern: »Schnell knüpfen sich der Liebe Bande, wo man beglückt, ist man im Vaterlande.«
Was sonst noch in den Zimmerfluchten herumstand? Teile von Betten aus Nußbaum, Matratzenkasten und ein in seine Bestandteile zerlegter dunkler Schrank. Die beiden Türen wiesen Holzarbeiten mit jeweils einem Kreis in der Mitte und je vier kleinen Kreisen an den Rechtecken auf – Elemente des lothringischen Stils. Im Flur lehnte ein großer schwarzgerahmter Stich, der auf dem Speicher des Schlaunschen Schlosses in Münster abgestellt war: Ein Christus am Kreuz von LeBrun, der einst in Paris den Louvre baute. Dinge, die

für die Schwiegereltern in der Gertrudenstraße zu mächtig waren. Und noch ein Stückgut kam aus Münster – der sogenannte »Melchersche Zahltisch«; im aufgeklappten Zustand ein ovaler Tisch, auf dem einst in der Kaufmannsfamilie Melchers am Zahltag die Münzstücke gezählt und gehäuft wurden. Das Innere des »Schlößli« glich statt eines gemütlichen häuslichen Bereichs eher einem Theaterfundus, bereitgestellt für ein Stück, das noch nicht geschrieben war …
Und da war auch noch das ja nur kurze zwei Stunden getragene Hochzeitskleid. Es hing an der Stelle, wohin sie es in Eile kurz vor dem Aufbruch zur Hochzeitsreise auf den Bügel gehängt hatte. Der Brautstrauß lag auf dem Fensterbrett. Er war verwelkt. Jetzt sollten auch Verwandte, Freunde und Bekannte erfahren, was im Monat April passiert war – keine formelle, sondern eine besondere Hochzeitsanzeige haben die beiden entworfen – auf dem Titelblatt eine Hochzeitskutsche, von einem Zweispänner durch eine Landschaft gezogen, als Scherenschnitt im Jugendstil, wie aus einem Märchenbuch. In der Kutsche erkennt man die Brautleute – Margrit und Carl. Öffnet man die Anzeige, also die Kutsche, ist man mit dem Paar auf

Hochzeitskutsche von der Reise zurück

einer Skitour im Kleinen Walsertal, sie in sommerlicher Hemdbluse, ihn wie eine Schneekönigin anlächelnd. Daneben der Text:

> »Wir kommen aus dem Paradeis;
> d. h. von uns'rer Hochzeitreis.
> Nun grüßen wir von Atzenbach
> aus uns'rem eig'nen Nest und Dach.
> *Carl Wuermeling und*
> *Margrit Wuermeling*
> *geb. Heidenreich*
> *April 1934*«

Adressen mußten jetzt geschrieben werden – die Kutsche sollte die Post vom »Paradeis« im Wiesental in das »Paradiestal« Valparaíso, nach Hamburg, nach Reutlingen und auch nach Lörrach bringen. Dort war in der Herrenstraße 27 Post aus Freiburg angekommen – das »Badische Ministerium des Kultus, des Unterrichts und der Justiz« habe an »Fräulein Margrit Heidenreich in Lörrach, Herrenstraße 27« geschrieben, sagt ihre Mutter am Telefon. Margrit wußte sofort Bescheid – das Zeugnis über die Prüfung für das wissenschaftliche Lehramt an Höheren Lehranstalten …
Tags darauf, am 27. April, erschienen die Jungverheirateten in der Lörracher Herrenstraße. Nervös riß Margrit das Kuvert auf. Und tatsächlich, hier stand es schwarz auf weiß: »Die Bewerberin hat die Prüfung für das wissenschaftliche Lehramt an Höheren Lehranstalten bestanden.« Beim Überfliegen der handschriftlich eingetragenen Noten wich die Begeisterung. Die Gesamtnote war »ziemlich gut« … Sie zog es vor, das Zeugnis zusammenzufalten und das beiliegende Schreiben des Kultusministeriums herumzureichen. Ihr Vater hatte dem Studium unter der Bedingung zugestimmt, daß angesichts der bekannt gewordenen schlechten Aussichten des wissenschaftlichen Lehrberufs auf Anstellung ein ganz gutes Examen erzielt werden müsse. In einer handschriftlichen Notiz, in der es um ein Ja oder

Nein zu Margrits Studium ging, hatte er am 10. Februar 1929 diese Worte einzeln unterstrichen. So hatten die wiederholten Warnungen der badischen Unterrichtsverwaltungen gelautet: »Es bleibt hiernach nur übrig, die Aufnahme von Anwärtern für das wissenschaftliche Lehramt künftig nach dem Bedarf und nach den besten Leistungen in den kommenden Staatsprüfungen und im Vorbereitungsdienst in steigendem Maße zu beschränken.«
Bei der Lektüre des mittleren Absatzes des Schreibens vom 26. April 1934 aus Karlsruhe: »Nichtarier und solche Arier, die mit Personen nichtarischer Abstammung verehelicht sind, können grundsätzlich nicht in den Vorbereitungsdienst eingewiesen werden«, hält Vater Heidenreich inne, geht dann zu seinem Schreibtisch, kommt mit der Zeitung zurück und tippt auf eine kurze Meldung, daß der Rektor der Albert-Ludwigs-Universität, Professor Martin Heidegger, am 23. April 1934 sein Amt niedergelegt hatte ... Der Mann von Todtnauberg, der als »Führerrektor« das gesamte Hochschulwesen gleichschalten wollte und sich als geistiger Führer der neuen Bewegung gesehen hatte ... Das war vier Tage zuvor gewesen.
Die Zweifel des Ernst Friedrich Heidenreich an dem Sein und an dieser Zeit waren noch größer geworden. Er war jetzt 66 Jahre alt und mußte sein Einkommen als Lagerverwalter der KBC in Lörrach verdienen. Er war für das Studium seiner Tochter Margrit aufgekommen, mußte seinen anderen drei Töchtern gegenüber rechtfertigen, warum die Jüngste studieren durfte, dazu noch Philosophie, bei Professoren wie Heidegger, den eh niemand verstand ... Und das alles für eine unsichere Kandidatin eines wissenschaftlichen Lehramts – einem Studiengang, von dem schon früh das Kultusministerium dringend abgeraten hatte, dieses Berufsziel anzustreben, und wo nur bei Bestnoten eine Übernahme in den Lehrdienst in Aussicht gestellt wurde, also kein Auskommen garantiert war. Und jetzt heiratet nach einem teuren Studium diese »Auserwählte« auch noch – einen Norddeutschen, einen Preußen, geboren in Berlin, der obendrein auch noch katholisch war, der die im Zürcher Neumünster Getaufte in Münster

ihren Glauben verraten läßt und im hinteren Wiesental auch noch katholisch heiratet ..., so dachten wohl Margrits Geschwister.

Und jetzt wohnen sie in einem »Schlößli«, schreiben von einem »Paradeis«, geben bei einem teuren Innenarchitekten in Freiburg den Entwurf und den Bau zweier Zimmer in Auftrag – ein Herrenzimmer aus Ahorn, vollmassiv mit Schreibtisch, Bücherschrank und Stühlen, und ein Schlafzimmer, vollmassiv mit zwei Ehebetten, zwei Schränken, Spiegel und Beistelltischchen aus Kirsche. Nicht in einem Möbelhaus zusammenge- und bestellt, sondern nach eigenen Vorstellungen extra für das »Schlößli« gezimmert.

Carl bei den Heidenreichs

Schwiegersohn Carl war inzwischen bei den Heidenreichs recht gut eingeführt. Unterschiedlicher als dieser Schwiegervater und dieser Schwiegersohn konnte man gar nicht sein: Der Sohn eines Landwirts aus Müllheim und der in Berlin-Charlottenburg geborene Sohn eines Zentrumspolitikers und Reichsbeamten. Ihr Altersunterschied betrug 35 Jahre. Doch irgendwie kamen sie miteinander zurecht, denn sie entdeckten auch Gemeinsamkeiten: Beide hatten sich in ihren jungen Jahren den Wind um die Nase wehen lassen – der eine in Manchester, der andere in Valparaíso; beide erlebten existenzbedrohende Abstürze: Ernst Friedrich 1919 durch den verlorenen Krieg, der zum Verlust von Haus und Vermögen führte, und Carl 1928 durch das Einbrechen der Salpeterindustrie auf dem Weltmarkt. Und beide verband ihre Arbeit in der Textilindustrie und der Standort Zürich. Der Privatier hatte im Auftrag der Schweizerischen Industrie- und Handelskammer die Produktionsbilanz und die Solvenz darniederliegender Textilunternehmen überprüft. Wo dieser also aufgehört hatte, begann der andere neu: bei Gherzi Textile Development (GTD), Guiseppe L. Gherzi in Zürich, auch dieser hatte seine ersten theoretischen und praktischen Erfahrungen in Manchester gesammelt. Von Gherzi geschickt, kümmerte sich Carl um die Reorganisation von Textilfabriken im benachbarten badischen Wiesental, das angesichts der Verkettung einer Fabrik an die andere auch »Fabriktal« genannt wurde.

Als das frisch vermählte Paar in die Herrenstraße kam, griff Ernst Friedrich nach einem großen schwarzen Bilderrahmen, von dem Carl nur die Rückseite wahrnehmen konnte. Der Schwiegervater hatte es für den Besucher bereitgestellt, er drehte es um. Es war ein in Manchester erworbenes Porträt des Sir Richard Arkwright. Dieser hatte 1769 die von ihm entwickelte Flügelspinnmaschine mit Wasserkraftantrieb patentieren lassen. Mit diesem Maschinentyp baute er die erste leistungsfähige Spinnerei auf und schuf die Basis für die weltberühmte englische Textilindustrie. Richard Arkwright hatte eigentlich etwas ganz anderes gelernt: Er betrieb einen Barbierladen und reiste als Perückenmacher im Königreich herum. Seine Rokoko-Perücken waren gefragt. In Arkwrights Spinnereibetrieben waren bald 5.000 Arbeitskräfte beschäftigt, er wurde Millionär und von König Georg III. in den Adelsstand erhoben.

Dann schleppte Elis eine lange Stoffbahn in das Wohnzimmer. Es war das Rokoko-Kleid, mit dem Margrit am 8. September 1928 auf der Bühne aufgetreten war. Es war beim Festakt gewesen, der anläßlich des 175. Firmengründungstags an den Fabrikanten Peter Koechlin erinnern sollte. Napoléon Bonaparte hatte diesen Pionier der Textilveredelung einmal als den »König der Druckstoffe« bezeichnet. Mutter und Tochter verpackten sorgfältig den Reifrock und Carl nahm den Arkwright-Stich an sich, sie verstauten beide Geschenke im Auto und fuhren im »Wanderer« nach Atzenbach ins »Schlößli« zurück.

Die neue Lebensqualität

Bei der ersten vertraglichen Vereinbarung vom 7. April 1933 hatte die Direktion der »Deutschen Bank und Disconto-Gesellschaft Filiale Freiburg« diesen Passus festgehalten: »Es wird in erster Linie Ihre

Aufgabe sein, die Reorganisation des kaufmännischen Betriebes der Spinnerei Atzenbach AG nach dem Gherzi-Plan durchzuführen.« Gegen Jahresende werden seine monatlichen Bezüge »mit Wirkung Frühjahr 1934« von 450 auf 600 Reichsmark und zum 1. Juli 1935 erneut angehoben. Bankdirektor Ernst Frankl veranlaßt den Aufsichtsrat, Carl Wuermeling zum »ordentlichen Vorstandsmitglied der Gesellschaft« zu ernennen: »Ihm obliege in der Hauptsache die technische Leitung der Unternehmungen«; angesichts »der Anciennität« des anderen für das Kaufmännische verantwortlichen Vorstandsmitglieds gälte für diesen das Prinzip eines »primus inter pares«. Die Gehaltsbezüge erhöhen sich innerhalb von vier Jahren auf das Doppelte des ersten regulären Vertrags, zusätzlich einer jährlichen Dividende und dies bei freier Wohnung, Heizung und Beleuchtung inklusive, zusätzlich der unentgeltlichen Benutzung des Firmenkraftwagens zu Privatfahrten. Auch kommt die Firma für die Instandhaltung der Gärten des »Schlößli« auf.

Weihnachten und Silvester 1934 verbringen Carl und Margrit wieder in Münster, Gertrudenstraße 22. Sie treffen dort auch Frickes und Maria Wirtz, geborene Terfloth, die älteste Schwester von Carls

Die Spinnerei und das »Schlößli« in Atzenbach

Mutter. Am Abend des letzten Besuchtages, am Neujahrstag, erzählt Margrit Carls Mutter »unser Geheimnis«. Am 5. Januar 1935 sind die beiden Neu-Atzenbacher in Schopfheim eingeladen beim Vorstandskollegen der Spinnerei Atzenbach AG Schopfheim. Dann lassen die Einladungen im Notizkalender nach, denn Margrit will sich schonen. Am 24. Juni 1935 kommt ihr erstes Kind zur Welt – ein Mädchen. Erst im Oktober sind wieder Unternehmungen verzeichnet: Stuttgart mit Theaterbesuch, Karlsruhe, Baden-Baden ... Besucher kommen nach Atzenbach – ein Freund aus Chile, der das väterliche Geschäft in Hamburg übernommen hatte, der Gherzi-Kollege Baldo Girardelli, die Vermieterin ihres Studentenzimmers in Freiburg, Frau Barbo. Dann wird im November der neue Hochaltar in der Atzenbacher Kirche geweiht. Aus Freiburg kommt stud. iur. Winfried Cuno, der Enkel Maria Terfloths, auf dem Motorrad über den Schauinsland ins Wiesental und ein Tag nach Martini ist das Vorstandsmitglied der Spinnerei Atzenbach AG Schopfheim mit Gattin »zum Gansbraten« beim Aufsichtsratvorsitzenden Direktor Ernst Frankl in Freiburg eingeladen.

Der neue Maßstab für industriellen Fortschritt im Wiesental

Es ist ein langgestreckter, in hellem Gelb verputzter Fabrikbau, sechs Stockwerke hoch, an der einen Längsseite um die 200 Fenster. Dennoch läßt das Bergtal wenig Licht in die endlosen Hallen eindringen. Die Menschen an den 35 Meter breiten Selfaktoren arbeiten unter Kunstlicht, in stickiger und schwüler Luft, durch die Baumwollreste wirbeln, bei einer für den Spinnvorgang erforderlichen Temperatur von durchschnittlich 22 Grad und bis zu 80 Prozent Luftfeuchtigkeit inmitten eines ohrenbetäubenden Lärms vom Schlagen der Maschinen. Will man dem Arbeitskollegen etwas mitteilen, muß man ihn anschreien. Die Spinnmaschinen sind ein mechanisches Wunderwerk, allein vom Alter her scheinen sie unverwüstlich, aber hochsensibel in der Spannung, unter der die Garnfäden über die Zylinder geführt werden. Ist sie zu locker, bilden sich Verknotungen im Garn, ist sie zu straff, reißt der Faden. Etwa vier Arbeiter bedienen einen Selfaktor. Der Spinner muß die ganze Maschine im Blick haben, jeden der 500 Fäden; er reguliert den Dampfantrieb, seine Kollegen, meist Frauen, knüpfen abgerissene Fäden wieder an.

In einem anderen Saal werden die aus Australien, Ägypten oder den Südstaaten stammenden Ballen gepreßter Baumwolle im »Ballenbrecher« aufgelockert, dann kommt der Inhalt in die Schlagmaschine, den »Crighton-Öffner«, die Wolle wird von Unreinheiten gesäubert, dann wird die Rohware durch den »Karden« gezogen, in schmale Streifen zerlegt und wie ein Schlauch in Behältern hochgespult. Durch Pendeltüren, die den Luftfeuchtigkeitspegel konstant halten, verläßt man den Fabriksaal mit seinem Gemisch aus Lärm, Staub, Hitze und Öl, tritt ins Freie vorbei an Kohlehalden, an der Schlossereiwerkstatt zum Kesselhaus, wo auf gekacheltem Boden ein riesiges schwarzes Monster steht – die zentrale Kraftmaschine – die Turbine, von der breite braune lederne Transmissionsriemen die Maschinensäle in Schwung halten. Über Schienen, an Güterwagen und Comptoir-Räumen vorbei verläßt man unter lauten Sirenenzeichen das Fabrikgelände, nachdem man am Ausgang seine Arbeitszeitkarte in der Stechuhr abstempelt und seine Akkord-Zeit kontrollieren läßt.

Die industrielle Gesellschaft schuf eine neue Sozialstruktur, eine arbeitsteilige Gesellschaft. Sie entwickelte sich aus der Fabrik. Diese Arbeitsteiligkeit in den Fabrikräumen wies neue Rollen zu: Arbeiter, Angestellte, Fabrikant, bzw. Direktoren, die von den im Aufsichtsrat einer Aktiengesellschaft vertretenen Kapitalgebern berufen werden. Diese Direktoren kontrollieren als Betriebsmanager nach den Erkenntnissen der wissenschaftlichen Betriebsführung die Arbeits- und Bewegungsabläufe zur höchsten Kraftverwertung. In ihrem geschäftlichen Erfolg, ihrer »efficiency«, sind sie ihren Kapitalgebern Rechenschaft schuldig. Die Fabrik war eine völlig neue Wirtschaftsstruktur: Sie band soziale Gruppen an einen zentralen Ort und sie verband sich stets mit dem nach vorne gerichteten Ausdruck »Fortschritt« und »Modernisierung«. Der Einsatz von Maschinen definiert menschliche Arbeit neu.

Das »Realwörterbuch für Kameralisten und Oekonomen«, 1786 veröffentlicht, vermerkt erstmals die sich abzeichnende neue Arbeitsweise, daß »die Waren nicht von einem Arbeiter ganz verfertigt werden, sondern durch die Hände verschiedener Arbeiter gehen, die nicht die ganze Fabrikation, sondern nur einige dazu erforderliche Arbeiten versehen, solche aber zu einer um so größeren Fertigkeit gebracht haben«. Aber nicht nur der Produktionsprozeß spezialisiert sich, sondern die Struktur der gesamten Wirtschaft. Die Industrialisierung baut auf vier konstituierenden Elementen auf – das sind Kapital, Arbeit, Leistung und Mobilität.

Bis die Weltmarktware Baumwolle per Eisenbahnfracht den Standort Schopfheim erreichen konnte, schrieb man das Jahr 1862. Durch die Erweiterung der Zugstrecke im Jahr 1876 war Zell die Endstation. Erst nach Fertigstellung der gesamten Wiesentalbahnstrecke im Jahre 1889 konnte die Ware aus Übersee ins Atzenbacher Werk angeliefert werden. Hierfür mußten in Zell die normalspurigen Güterwagen auf die Rollschemelwagen der ersten badischen Meterspurbahn aufgebockt werden. Über ein Anschlußgleis rollten die Güterwagen direkt in den Fabrikhof der Spinnerei Atzenbach. Bis dahin besorgten Pferdefuhrwerke den Transport ins hintere Wiesental. Jetzt standen die Pferdeställe der Fabrik leer.

Hundert Jahre »Spinnerei Atzenbach« – die größte in Baden

In England hatte der Bau von Textilfabriken begonnen. Manchester war die Geburtsstätte und Motor der industriellen Revolution. Dieses »cottonopolis« galt lange als Weltzentrum des Baumwollhandels. Manchester definierte die weltweite Philosophie der neuen Wirtschaftsordnung. Rohstoffbezeichnung, Maschinentyp und Arbeitsvorgänge firmierten unter englischer Terminologie.

In der Wirtschaftsgeschichte wird der Beginn der Industrialisierung in Deutschland mit dem Jahr 1835 beziffert. Und genau auf dieses Jahr 1835 geht die Gründung des Unternehmens, das sich 1855 die Firmenbezeichnung »Spinnerei Atzenbach« zulegt, zurück. Der Grundstein zum Werk Schopfheim war also am 1. April 1835 gelegt worden.
Ein Zeitvergleich: Hierzulande verband 1835 die in England gebaute »Adler« die Städte Nürnberg und Fürth – die erste deutsche Eisenbahnstrecke. Fünf Jahre zuvor verband eine erste Personendampfeisenbahn die Industriezentren Manchester und Liverpool, erst 1889 erreichte das »Todtnauerle« auf der Strecke Zell – Todtnau schließlich den Fabrikstandort Atzenbach. Im Frühjahr 1935 wurde also das Gesamtunternehmen 100 Jahre alt. In dieser Zeit war der Textilbetrieb mit 55.724 Spindeln zur größten Spinnerei nicht nur im Wiesental, sondern in ganz Baden angewachsen. 1935 wurden 1.900 Tonnen Garn produziert. Das Wiesental war die Region mit der größten Konzentration von Textilunternehmen in Baden, insgesamt nahm die Baumwollindustrie im Wiesental den ersten Platz in Baden ein.
Grund genug, anläßlich des hundertjährigen Jubiläums eine kleine Festschrift aufzulegen. Auf der ersten Seite war zu lesen: »Unseren Kunden und Lieferanten, unseren Aktionären und Mitarbeitern – gewidmet von der Direktion der Spinnerei Atzenbach A. G.« Darin heißt es: »… die Industrie hielt ihren Einzug in das mattenreiche Tal. So entstanden als erste Betriebe 1753 die Indiennedruckerei in Lörrach (Koechlin, Baumgartner & Co.) und 1755 die Bleiche in Schopfheim. Abermals 2 Jahre später trat ein weiteres Schopfheimer Werk hinzu.« Es war der 1757 hier von Johann Friedrich Gottschalk gegründete Drahtzug. Sein aus Norddeutschland stammender Vater hatte sich als Gutsverwalter um 1700 im Markgräflerland angesiedelt – im Ort Tiengen zwischen Tuniberg und Freiburg. Drei Generationen lang hatte der Schopfheimer Drahtzug Draht, Drahtgeflecht und Drahtstifte produziert, bis der Absatz nach 1830 drastisch zurückging, so daß der Enkel des Firmengründers, Ernst Friedrich Gottschalk, den Betrieb einstellte. Auf dem Firmengelände des

Gottschalkschen Drahtzuges legten am 1. April 1835 dieser Ernst Friedrich Gottschalk und sein Schwager Carl Wilhelm Grether den Grundstein für den Bau einer Baumwollspinnerei. Die Firmenbezeichnung lautete »Gottschalk & Grether«. Betriebsbeginn war im Januar 1837 mit 96 Arbeitern. Die in Schopfheim gesponnenen Garne zählten bald zu den besten Qualitäten in Deutschland und wurden mit englischen Produkten verglichen. Das ermunterte die beiden Unternehmer, ihre Betriebstätigkeit auszudehnen. So suchten Gottschalk und Grether am 23. März 1845 den Bürgermeister und die Gemeinderäte in Atzenbach auf, um diesen ihren Plan einer Betriebsgründung auch in Atzenbach vorzustellen. Nach dreijähriger Bauzeit war am 2. Januar 1849 der Atzenbacher Betrieb aufgenommen worden. Gottschalk und Grether brachten ein Drittel des Kapitals auf, die Gesamt-Kapitaleinlage betrug 700.000 Gulden; $^2/_3$ teilten Gottschalk & Grether's Consorten: Dieses Konsortium bestand aus Georg Grether, dem jüngsten Bruder des Carl Wilhelm Grether, dem Papierfabrikanten Johann Sutter aus Schopfheim, den Brüdern Franz Josef Kym aus Blansingen und Johann Urban Kym aus Möhlin im Aargau sowie Wilhelm Geigy, dem Firmenerbe seines Großvaters Johann Rudolf Geigy-Gemuseus, der in Basel eine Produktion von Farbstoffen und in Steinen eine Baumwollspinnerei und -weberei gegründet hatte. An diese Unternehmer aus der gehobenen Bürgerschicht sei deshalb erinnert, da die Namen dieses Familienverbands, ob Geschwister oder Kinder, fast 90 Jahre lang die Firmengeschichte geprägt hatten.

Erstaunlich, wie auf der 13 Seiten Text und Bild umfassenden Hundertjahre-Festschrift der »Spinnerei Atzenbach« 1935, also zwei Jahre nach Hitlers Machtübernahme und nach der Ausschaltung der Gewerkschaften durch die »Deutsche Arbeiterfront«, allein auf fast vier Seiten die Persönlichkeit des Firmengründers Ernst Friedrich Gottschalk, des großen Liberalen aus dem Markgräflerland, gewürdigt wird. Sein Porträt (ein Stich aus dem Jahr 1846) mit einem Faksimile seiner Schriftzüge mit Unterschrift eröffnet die Jubiläumsschrift:

»Jeder ist verpflichtet, nach Kräften für die Wohlfahrt der Gesamtheit zu wirken, sei es in der Ständekammer, in der Gemeinde oder unter dem Volke.« Eine Erinnerung an den demokratischen Aufbruch von 1848 in einem Jahrhundertwerk der Wirtschaftsgeschichte. Und das zu einer Zeit, in der parlamentarische Demokratie abgeschafft und politische Willensbildung durch Gleichschaltung aufgehoben worden war: »Ernst Friedrich Gottschalk war ein Mann von großen Geistesgaben und von kühnem Gedankenflug. In den Jahren 1840–1844 leitete er als Bürgermeister die Geschicke der Stadt, längere Zeit hindurch war er Abgeordneter des badischen Landtags, und auch das Frankfurter Parlament der Paulskirche zählte den glühenden Patrioten zu seinen Mitgliedern. Die Dankbarkeit der Stadt stiftete seiner sterblichen Hülle im Jahre 1851 für ewige Zeiten jene Ruhestätte des Friedhofes, deren Stein seinen Namen trägt und den seiner Gattin und seiner beiden Töchter.«

Verzwickt wie ein Börsenbericht

Verästelungen des Stammbaums einer Kapital-Gesellschaft spiegeln weitverzweigte bürgerliche Familiengeschichte(n) wider: Nach Gottschalks Tod wurden seine beiden Töchter Ernestine und Marie Gesellschafterinnen der OHG. Ernestine blieb ehelos, Maria heiratete 1857 Carl Majer aus Schopfheim. 1865 starb Maria in jungen Jahren. Sie hinterließ vier Kinder: Maria, Carl, Ernst und Alfred. Der Witwer, der sich stolz Carl Majer-Gottschalk nannte, zog sich 1885 aus der OHG zurück. Die Unternehmensaufgaben hatte er seinem Sohn Ernst übergeben, der 1889 Alice Kym heiratete.
Nachdem sich Georg Grether zum Jahresende 1854 aus der Firmenleitung zurückgezogen hatte, wurden als Geschäftsführer Wilhelm Geigy, Carl Wilhelm Grether und Johann Sutter bestimmt. Da aber Wilhelm Geigy eine kontinuierliche Präsenz am Arbeitsplatz wegen der Entfernung seines Wohnsitzes nicht möglich war, empfahl er den Sohn seines Kompagnon Wilhelm Gemuseus in der Firma

Geigy & Co., Alfred Gemuseus, als Geschäftsführer. Dieser verlegte 1855 seinen Wohnsitz von Basel nach Atzenbach.

Alfreds Engagement in Atzenbach ermuntert seinen Vater Wilhelm, als Compagnon aus der Geigy-Firma auszuscheiden und diese freigewordenen Anteile in die Spinnerei Atzenbach zu stecken. Als Wilhelm Gemuseus im Juni 1862 starb, gingen dessen Anteile auf seinen Sohn Alfred über.

Bislang hatte Carl Wilhelm Grether für das Haus Gottschalk & Grether mit neun Anteilen firmiert. Da dieser hausinterne Gesellschaftsvertrag 1873 erlischt, vertritt Carl Majer-Gottschalk seine eigenen und die Ernestine Gottschalk gehörenden Anteile in der OHG persönlich.

Nach dem Tod von Franz Josef Kym hatte für dessen minderjährigen Sohn Carl der Bruder des Verstorbenen Johann Urban Kym die Anteile vertreten. Nach seiner Volljährigkeit vertrat Johann Carl Kym selbständig neben seinem Onkel Urban seine eigenen Anteile. Am Jahresbeginn 1875 trat Johann Sutter aus der Geschäftsführung zurück, für ihn übernehmen Carl Kym neben C. W. Grether und Alfred Gemuseus seinen Aufgabenbereich.

Eine wesentliche Umschichtung der Anteile entsteht im März 1883 durch den Tod des Firmengründers Johann Sutter und drei Jahre später, im August 1886, durch den Tod des Geschäftsführers Alfred Gemuseus. In beiden Erbfolgen wird durch die Anteilsübertragung an Kinder und Enkel die Zersplitterung der Gesellschaftsmitglieder sichtbar – vor allem am Beispiel des verstorbenen Alfred Gemuseus: die Hälfte der Anteile gehen an seinen Bruder Wilhelm Gemuseus, die andere Hälfte an die zehn Kinder des Professors Dr. Schieß-Gemuseus. Dessen ältester Sohn Alfred Schieß tritt am 1. Juli 1889 im Atzenbacher Büro in die Geschäftsführung neben Carl Kym und C. W. Grether ein, der sich schon weitgehend aus der Geschäftsführung zurückgezogen hat.

Am 14. November 1890 stirbt Carl Wilhelm Grether. Seinen Mitgründer Ernst Friedrich Gottschalk hat er um 39 Jahre überlebt. Seine

12 Anteile gehen an seine Tochter Maria Elisabeth, die mit Ernst Friedrich Krafft verheiratet war. Diese überträgt ihr Erbe an ihre Kinder Anna Kym, geborene Krafft, Alfred Krafft und Carl Krafft, der jetzt neben Carl Kym und Alfred Schieß in die Gesellschaftsleitung eintrat.

Als 1898 Carl Kym starb, trat seine Tochter Alice Majer, geborene Kym, sein Erbe an und ihr Ehemann Ernst Majer-Kym den Geschäftsführungsposten, zusammen mit Alfred Schieß.

Ein weitgefächerter Familienverband, der sich mit wechselnden Protagonisten als offene Handelsgesellschaft in einem Familienbetrieb im Wiesental positioniert hatte.

So kompliziert die Bewegung der Kapitaleinlagen über die Jahrzehnte ist, um so übersichtlicher ist die Abfolge der Genealogie der Hauptprotagonisten: Es waren einmal zwei Schwestern, sie wuchsen im Wiesental auf. Die eine ist Anna Maria Flury, die Johann Peter Hebel in einem Gedicht als das »Anne-Meili« verewigte. Sie hatte den Rotgerber und Vogt in Fahrnau Johann Ulrich Krafft geheiratet.

Deren gemeinsame Tochter war Christine Rebecca Krafft. Sie wuchs in Fahrnau auf und lernte den Schopfheimer Wirt, Posthalter und Fabrikanten Bartlin Pflüger kennen. Sie heirateten 1830. Deren Tochter Maria Rebecca Pflüger heiratete 1862 den Tierarzt Georg Fentzling. Das ist die eine Geschichte.

Die andere betrifft Anna Maria Flurys Schwester Maria Katharina Flury. Sie heiratete den Lörracher Johann Georg Grether, der gleich zweimal Bürgermeister dieser Stadt war (von 1814–1820 und von 1832–1835), zeitweilig war er auch Abgeordneter im Badischen Landtag. Ihr ältester Sohn hieß Carl Wilhelm Grether. Dieser heiratete 1828 die Schwester des Schopfheimer Drahtzugfabrikanten Ernst Friedrich Gottschalk – Maria Elisabeth Gottschalk. Ihr einziges Kind, Maria Elisabeth Grether, heiratete 1851 den Textilfabrikanten Ernst Friedrich Krafft. Am 19. August 1851 hatten sie in Schopfheim Hochzeit gefeiert. Kurz darauf, am 4. September 1851, hatte ihren Onkel Ernst Friedrich Gottschalk der Tod ereilt.

Maria Elisabeth Krafft, geborene Grether, starb im Jahre 1913. Ihre Kinder stehen genealogisch gesehen auf derselben Höhe wie Elisabeth Heidenreich. Anna Kym, geborene Krafft, ist also Elis' Base.

Die Liegenschaften der Basen

Aus der Ehe von Anne-Meilis Enkelin Maria Rebecca Pflüger mit Georg Fentzling war Tochter Elisabeth hervorgegangen, die den Kaufmann Ernst Friedrich Heidenreich geheiratet hatte. Nach ihren Jahren in Manchester und Zürich waren die beiden in die Heimat zurückgekehrt.
Elis führte Tagebuch: Einen Monat nach der Hochzeit ihrer Tochter Margrit mit Carl Wuermeling schrieb sie auf: »Basentag in Schopfheim. Wir waren im Sengelwäldchen.« Im September 1934 treffen sich die Basen wieder: »Basentag, es war herrlich.« Sie trafen sich mal da mal dort im Wiesental. Am 17. März 1931 heißt es: »Beerdigung der Gotte Ernestine.« Sie war die am 25. März 1841 geborene ältere, ehelos gebliebene Tochter des Firmengründers Ernst Friedrich Gottschalk. Die Basen werden weniger. Am 1. September 1935 trug Elis in ihr Tagebuch ein: »Der letzte Basentag. 7 Basen beisamman.«
Zwei Jahre zuvor hatte Alfred Schieß die Leitung der Spinnerei Atzenbach an Carl Wuermeling abgegeben. Das Unternehmen spiegelt nicht nur Zeitgeschichte, sondern Familiengeschichte, auch die seiner jungen Frau, wider. Das dürfte Carl spätestens dann klar geworden sein, als er die vom Vorstand in Auftrag gegebene Jubiläumsschrift gedruckt vor sich sah.

Die Zersplitterung der Anteile führte zu einer geringeren Anteilnahme am Geschehen der OHG. Die persönliche Verbundenheit ihrer Gesellschaft aus den Familienverbänden heraus sank ab, schwand von Generation zu Generation. 90 Jahre nach Gründung der Spinnerei Atzenbach verband die Beteiligten kaum mehr ein Interesse am Unternehmen, eher für die Rendite, die für jeden einzelnen heraus-

Nebeneinander vereint die Familiengräber der Gesellschafter auf dem Friedhof in Schopfheim

zuziehen war. Eine persönliche Haftung war nicht mehr zu erwarten. Ende 1922 ist die OHG Spinnerei Atzenbach von einer Personen- in eine Aktiengesellschaft umgewandelt worden.

Elisabeth Heidenreich notiert am 11. Mai 1944 im Tagebuch: »Anna Kym-Krafft gestorben.« Sie hatte in der OHG unter den Vertragspartnern zuletzt elf Anteile. Auch über den Tod hinaus blieben die Eigner der OHG dennoch einander verbunden. Unter hohen Taxus-Tannen liegen die Gräber ihrer Familien nebeneinander, unter individuell angelegten Grablegen und Epitaphen, wie in einem auf ewig geschlossenen Gesellschaftsvertrag im Schatten vereint auf dem Schopfheimer Friedhof – eine geschlossene Handelsgesellschaft. Auf dem Weg zu ihnen passiert man Gottschalks umzäunte Ruhestätte, deren goldene Lettern in der Sonne aufglänzen.

Eine der Grabstätten des Familienverbands von Carl Wilhelm Grether bis Kym wurde noch einmal Ende September 1989 geöffnet – für Elisabeth Kym, sie war 1884 zur Welt gekommen und im Alter von fast 105 Jahren gestorben. Sie hatte als Kind noch Carl Wilhelm Grether und Bartlin Pflüger kennengelernt, auch Bürgermeister Hermann Fentzling. Im Ersten Weltkrieg pflegte sie im Lazarett Kriegsverwundete, in der OHG der Spinnerei Atzenbach hielt sie aus Franz Josef und Johann Urban Kyms Erbe noch 10 Anteile. Bis zum Tod ihrer Mutter 1944 besorgte sie deren Haushalt und pflegte sie. Sie vermachte ihre Häuser und Grundstücke ihrer Gemeinde, spendete großzügig an Krankenhäuser und Altersheime. Im hohen Alter begann sie zu malen. Als sie 101 Jahre alt wurde, bestieg sie ein Segelflugzeug; sie wollte ihr Schopfheim und ihr Wiesental von oben erleben. Jetzt liegt sie begraben neben ihrer Mutter Anna Kym-Krafft und ihrem Vater Johann Camill Kym, der einst im Alter von 32 Jahren verstorben war, zwei Tage vor ihrer Geburt.

Im Garten des »Schlößli«

Von 1893 bis 1933 war Alfred Schieß zunächst als Vorstandsmitglied und dann als Mitglied des Aufsichtsrats der Spinnerei Atzenbach verbunden. Er liebte den Garten des »Schlößli« – die Nußbäume, Kirschbäume, den alten Gravensteiner Apfelbaum, die Zwetschgen- und Mirabellenbäume. Er kümmerte sich persönlich um die Tiere seiner kleinen Farm – um Biber und Waschbären, pflegte die Bienenstöcke und die kleine Himbeerplantage. Hatte es im Tal stark geregnet, prüfte er persönlich den Wasserstand der Wiese, damit die Turbine keinen Schaden nahm. Wenn am Zahltag vom Werk Schopfheim nach Atzenbach telefonisch der Abgang des Geldtransports gemeldet wurde, erschien er auf dem Hof seines Werkes, um die mit zwei Pferden bespannte Kutsche, auf der auch Fabrikant Majer-Gottschalk saß, abzuwarten. Herr Schieß nahm den Geldsack in Empfang, setzte sich an den Zahltisch und gab den 500 Arbeitern ihren Lohn. Sein Sohn Hans Rudolf war an Heiligabend 1904 in das Atzenbacher »Schlößli« geboren worden. Der Garten und die Tiere waren sein Paradies, er lernte Malerei bei Ernst Ludwig Kirchner in dessen Davoser Atelier, danach studierte er am Bauhaus in Dessau bei Paul Klee und Wassily Kandinsky, lebte in Berlin, Rom, Florenz und Paris, wo er mit Jean Arp, Max Ernst und Fernand Léger befreundet war. Immer wieder kehrte er von Basel aus ins Wiesental zurück, um diese einprägsame Landschaft zu malen.

Drei Jahre nach dem Ausscheiden von Alfred Schieß aus der Spinnerei und seinem Wegzug aus Atzenbach war am 10. März 1936 seine Frau von Basel noch ins Wiesental gekommen, um die neuen »Schlößli«-Bewohner zu besuchen. Zurück in Basel, konnte sie ihrem Mann berichten, daß sein Nachfolger eben von einer sechswöchigen Reserveübung in Heilbronn sowie die Hausherrin mit ihrer Tochter von einem dreiwöchigen Münster-Aufenthalt zurückgekehrt waren und daß man in Atzenbach erneut Nachwuchs erwarte. Carl Wuermeling spreche von Neugestaltung der Arbeit, des Produktionsprozesses und der Produktionsmethoden, er sei noch eng mit der Firma Gherzi in Zürich verbunden und treffe in zehn Tagen Giuseppe Gherzi persönlich in Zürich. Überhaupt sei das Verhältnis zwischen Vorstandsmitglied und Aufsichtsrat sehr eng. Mit dem Direktorenkollegen des Betriebs feiere man gemeinsam Silvester, und der Vorsitzende des Aufsichtsrats, Ernst Frankl, lade die Wiesentäler manchmal nach Freiburg in den »Zähringer Hof« ein. Frau Schieß war aufgefallen, daß der nunmehrigen »Schlößli«-Bewohnerin, geborene Heidenreich, die Namen Grether und Krafft wohl vertraut waren, nicht aber deren hundertjährige Finanzverflechtung innerhalb der Spinnereien Atzenbach und Schopfheim. Und ihm, dem neuen Fabrikdirektor, sei gar nicht klar, daß er eigentlich in ein Unternehmen der Familie seiner Frau eingeheiratet habe. Da sie aber in keiner Weise einen Profit von derlei Kapitalanbindungen dieser verflossenen Familienbande habe, sei dies über das in der Festschrift zum Betriebsjubiläum Gesagte hinaus, nicht von Belang. Am Schluß dieser Festschrift habe man schließlich vor einem Jahr doch noch der Zukunft ihren Tribut gezollt: »Ein Jahrhundert ist im Strom der Zeit verflossen. Menschen und Verhältnisse sind anders geworden. Der Eintritt in das 2. Jahrhundert des Schopfheimer Werkes vollzieht sich in neuen Formen ... Neue Wertmaßstäbe gelten ...«

Was Alfred Schieß in Basel freute, war, daß seine Himbeerplantage geschätzt, gepflegt und letzten Sommer die Himbeeren pfundweise von der neuen Besitzerin eingemacht wurden und er selbst von der Marmelade kosten durfte.

Bei seinem Ausscheiden – es war sein 40jähriges Betriebsjubiläum – hatte die Belegschaft Direktor Schieß einen Spazierstock geschenkt, den er vor allen anderen, die bereits in seiner Hausgarderobe standen, von da an benutzte. Noch Stunden vor seinem Tod zeigte er ihn voller Stolz den Enkelkindern: »Ein liebes Geschenk von meinen Atzenbachern.« Als Alfred Schieß am 13. August 1941 in Basel stirbt, wird in der Werkzeitschrift der Betriebsgemeinschaft Schopfheim-Atzenbach-Rohmatt (wo Direktor Schieß mit einer Färberei experimentiert hatte) mit einer großen Traueranzeige seiner gedacht. »Leider erlaubten es die Verhältnisse nicht, dem Verstorbenen eine letzte Ehre durch Teilnahme an seiner Beerdigung zu erweisen. Vorstand und Gefolgschaften mußten sich mit der Übersendung eines Blumengrußes und der Absendung einer Beileidskundgabe an die Hinterbliebenen begnügen.«

*

Ostermontag, der 13. April 1936, war ein Tag, den die Kinder von Atzenbach nicht vergaßen – sie waren eingeladen, im Garten des »Schlößli« den Osterhasen zu jagen. 41 Kinder waren gekommen. »Mordsbetrieb« schrieb Margrit an diesem Tag ins Notizbuch. Was die Kinder nicht wußten: der Fabrikdirektor hatte sich als Hase verkleidet, in wilder Jagd durften sie ihn verfolgen.

Fünf Tage später kam Winfried Cuno wieder zu Besuch und blieb gleich drei Tage. Wochen später treffen sich die Atzenbacher mit ihm in Freiburg in einem Konzert des Dirigenten Furtwängler und wieder Wochen später genießt der Referendar aus Freiburg den ganzen langen Sonnwendtag im Garten des »Schlößli«. Carl ist Mitte Juni wieder in Zürich, diesmal trifft er Herbert Levy-Werner, dann muß er beruflich nach Bremen, am 2. Juli wieder und am 10. Juli erneut. Am 19. Juli 1936 kommt die zweite Tochter zur Welt.

An Carls Geburtstag, dem 2. November, kommen schlechte Nachrichten aus Münster. Tochter und Schwiegersohn Fricke telefonieren besorgt über den Zustand der Mutter. Einen Monat später, am 2. Dezember 1936, um 6 Uhr, stirbt Carls Mutter. Er fährt nach Münster, um für immer Abschied von ihr zu nehmen – beim Seelenamt und bei der Beisetzung. Ihre ältere Schwester Maria Wirtz, geborene Terfloth, war zwei Jahre zuvor gestorben.

Last Exit New York

Die enge Verbundenheit mit der Betriebsführung zeigt sich im Reigen der gegenseitigen Einladungen: Am 1. Weihnachtstag 1936 sind die Atzenbacher beim Kollegen in Schopfheim eingeladen. Am Tag nach Neujahr 1938 sind das Schopfheimer Ehepaar sowie die Frankls aus Freiburg zum Essen ins »Schlößli« gebeten. Am 5. Februar 1938 lautet Margrits Eintrag: »Blomberg, Fritsch gehen; Goering Generalfeldmarschall, abends KdF-Film in der Spinnerei.«

Am 26. März 1938 hat Carl einen Termin bei Gherzi in Zürich. Ein häufiger Besucher von Gherzis »Musketieren«, wie man die drei Cheftechniker des Zürcher Unternehmens – Herbert Levy-Werner, Guido Zuppinger und Baldo Girardelli – nennt, ist vor allem letzterer. Im Februar 1938 geht Carl mit Baldo auf dem Feldberg skilaufen. Auch Guido Zuppinger kommt öfter in die Spinnerei und zum Essen nebenan.

Eine eigenartige Koinzidenz öffentlicher und privater Ereignisse: Am 10. Mai 1938 fährt das Vorstandsmitglied der Spinnerei Atzenbach AG Schopfheim, Eugen Ott, nach Amerika. Gründe hierzu lagen auf der Hand: Vor Ort, am Platz der Baumwollbörse, die aktuellen und zukünftigen Marktverhältnisse erkunden. Der Tag seiner Rückkehr ist der 13. Juni 1938. An diesem Junitag erhielt Otts Kollege Carl Wuermeling das Parteigenossen-Abzeichen als Mitglied der NSDAP ausgehändigt. Am 17. Juli 1938 ist Ernst Frankl das letzte Mal in Atzenbach zum Essen gekommen. Auch Baldo Girardelli aus Zürich war an diesem Tag anwesend. Der Aufsichtsratsvorsitzende und

Direktor der Deutschen Bank in Freiburg wird im Herbst 1938 durch Dr. Gerhard Römer ersetzt. Dr. Ernst Frankl war gut beraten, dem Hitler-Regime den Rücken zu kehren. Er fand Aufnahme in New York.

Eine intensive Aktivität von Bankkontakten, von Mittlern wie Gherzi-Zürich in der neutralen Schweiz, eine vom Termin her verwunderliche New York-Reise des einen Direktors und der merkwürdige Zeitpunkt des Parteieintritts des anderen Direktors – diese Koinzidenz der Termine sollte den »Weggang« des Aufsichtsratsvorsitzenden flankieren.

Noch am 17. Juni 1938 hatte Dr. Viktor von Rintelen mit Frau und beiden Töchtern in Atzenbach einen Besuch gemacht. Er hatte einst Carls berufliche Laufbahn auf das richtige Gleis gesetzt, als sich der Münchener Bankdirektor an den Freiburger Bankdirektor gewandt hatte. Den beiden Rintelen-Töchtern muß es wohl gut in Atzenbachs Sommerfrische gefallen haben, denn im August kamen sie wieder und blieben 14 Tage. Sie waren entzückt vom vor 2$\frac{1}{2}$ Monaten geborenen dritten Töchterchen.

Nachdem sie sich am 26. März 1938 in Zürich getroffen hatten, kam Guiseppe L. Gherzi am 4. August 1938 ins Wiesental – ins Atzenbacher »Schlößli« zum abendlichen Besuch. Carl hatte den Gestellungsbefehl vom 20. Juli 1938 schon in der Tasche. Am 15. August mußte er zum Militär. An diesem Morgen begleiten die drei bzw. zwei Jahre alten Töchter ihre Mutter zum ersten Mal zur Heiligen Messe. Margrit notiert: »Magendrücken«.

Auf dem Heuberg ist u. a. ein 50 Kilometer langer Nachtmarsch zu absolvieren. Als Carl (am 16.9.) wieder entlassen wird, ist er Unteroffizier. Am 23. November 1938 heißt es in Margrits Kalender: »Mobilmachung um Tschechoslowakei«. 29. September: »Hitler, Chamberlain, Daladier, Mussolini in München!« 30. September: »Kein Krieg.« 2. Oktober: »In Gersbach Speck gekauft, nachmittags in Freiburg bei Römers.« 7. November: »Mondfinsternis.« 17. Dezember. »Weihnachtsfeier in der Firma.« 1. Januar 1939: »Carl ist es sehr schlecht von der Sylvesterfeier mit Girardellis.«

Man schreibt das Jahr 1939

Bald näherte sich der fünfte Hochzeitstag. Das Dorf freute sich auf diesen Ostermontag. Die »Werkzeitschrift der Betriebsgemeinschaft Spinnerei Atzenbach A. G., Schopfheim – Drei Werke – ein Wille« hielt das Geschehen vor Ort fest:

»April '39
Der Osterhase bei den Kindern unserer Gefolgschaft.
Für die Kinder unserer Gefolgschaft brachte auch dieses Jahr der Osterhase freudige Ueberraschung. Frau Wuermeling hatte am Ostermontag, zur steten frohen Erinnerung ihres Hochzeitstages, der auf den Ostermontag fiel, auch diese Ostern den Osterhasen bestellt. Ueber 100 Kinder (auch recht viele Erwachsene und Neugierige) hatten sich im grünenden Villengarten eingefunden. Alles war in froher, spannender Osterstimmung. Ein Gongschlag, ›Herr und Frau Hase‹ standen inmitten der jubelnden Kinderschar. Ein Kinderstaunen, aber schon legte sich der Bann, als Herr Hase sprach: ›Kinder, wir singen und spielen.‹ Gesagt, getan. Aus über 100 Kehlen tönte froher Kindergesang, die Spiele gingen nochmals so gut, und schon kamen die spannenden Minuten, wo das ›Versteckte‹ gesucht werden mußte. Alles wurde von den vielen Kinderhändchen durchstöbert, kein Plätzchen war, wo nicht kleine und kleinste Kinderfüßchen durchtrampelten, es war eine Freude, zuzusehen, wie sie alles fanden. Dann kam die Ueberraschung, als der Osterhase seine Gaben austeilte. Da konnte man frohstrahlende Kinderaugen sehen, stolz trugen die Kleinen ihr Lieblingsspielzeug, das der Osterhase zur weiteren Ostergabe noch austeilte, den Luftballon, durch den Ort. Diese Stunden waren so recht für die lieben Kinder vorbereitet und geschaffen. Sie sind gewiß den Kindern lange eine schöne Erinnerung,

gewiß aber auch der Veranstalterin, Frau Direktor Wuermeling, eine liebe, glückliche Gedenkstunde zu Ehren ihres Hochzeitstages.
Im Namen der Kinder, die in jenen Stunden ganz gewiß ein Dankesgefühl in ihren Kinderherzchen hatten, an dieser Stelle der Veranstalterin, sowie Herrn und Frau Hase herzlichen Dank für die so schöne Osterüberraschung.
Gewiß waren diese frohen Stunden auch für die Angehörigen der Kinder eine angenehme Abwechslung; es hat diese Veranstaltung bestimmt dazu beigetragen, während den Osterfeiertagen volksgemeinschaftlich zu wirken.«

Neben Aufsichtsratssitzungen in Freiburg, einigen Skitagen in Todtnauberg, steht nach der Hochzeitsreise im April 1934 für Ende Mai 1939 eine zweite Reise im Kalender. (Margrit ist jetzt im 5. Monat schwanger.)
»27. Nach Bregenz, dem Bodensee entlang: im ›Weißen Kreuz‹ übernachtet – 28. Bei Regen über den Arlberg St. Anton Innsbruck; in Mayrhofen übernachtet – 29. Hintertux – 30. Im offenen Schwimmbad gebadet, Regen und Schnee – 31. bis zum 4.6. in Hintertux, während Carl an einer Tagung in Innsbruck ist«.
Es handelte sich um die 4. Reichstagung der Textilindustrie. 1,4 Millionen sind in diesem Industriezweig derzeit beschäftigt; dieser weist einen Umsatz von 7,5 Milliarden Reichsmark auf. Diesmal war Innsbruck der Austragungsort dieser Fachtagung vom 1. bis 3. Juni 1939, an der neben Betriebsobleuten der Spinnerei Atzenbach A.G. Schopfheim auch die Betriebsführung teilnahm. Der Reichsbeauftragte im Reichswirtschaftsministerium Hans Kehrl stellte in seinem Referat der deutschen Textilindustrie »auf Grund des Anschlusses von Österreich, Sudetenland, Böhmen und Mähren eine schlechte Wegstrecke in Aussicht«, denn die heimische Rohstofferzeugung sei natürlich noch nicht für Großdeutschland, sondern für das Altreich berechnet und der Ausbau weiterer Werke könne sich erst in zwei bis drei Jahren auswirken … Außerdem befände man sich in schärfstem Wirt-

schaftskrieg, den die Weltgeschichte je erlebt habe; England habe sich an die Spitze dieser Welt von Feinden gestellt.

Angesichts der hohen Quote von Arbeiterfrauen in der Textilindustrie sprach auch die Reichsfrauenführerin Gertrud Scholtz-Klink: Auch der Einsatz der Frau sei in dieser geschichtlichen Epoche von größter Bedeutung. Dabei sei darauf zu achten, daß die Frau durch den Arbeitsprozeß nicht so belastet werde, daß sie als Mutter der Nation Schaden erleidet. »Denn was nützt dem deutschen Volk der Ost- und Westwall und die beste Wehrwirtschaft, wenn wir keine Mütter haben, die dem Staat die nötigen Kinder schenken.«

Auf der Schlußkundgebung am Samstag sprach auch der »Führer der Deutschen Arbeitsfront«, Reichsorganisationsleiter Dr. Robert Ley.

»3.6. Auf der Bichl Alpe – 4. Carl zurück, Abfahrt nach Zell am See – 5. Bis Villach und Wurzenpaß. An der Grenze hatten wir kein Triptik, kein Geld: nach Villach zurück – 6. Nach Atzenbach telegraphiert. Nochmal Wurzenpaß, dann staubige Straße bis Crikvenika, Ankunft $^1/_2$10 h abds. – 7. Im Meer geschwommen, in der Villa Mira gewohnt – 8. Ausflug mit Dampfer nach Rab – 9. bis 12. Crikvenika Hotel Miramare – 13. nach Fiume – Venedig (ich hätte so notwendig verschwinden müssen u. konnte es kaum mehr verhalten; endlich Möglichkeit in einem Expresso-Cafe) – 14. Venedig – 16. Venedig – Padua – Vicenza – Verona – Gardasee – Riva – Brescia – 17. Bergamo – Como – Chiasso – Zürich (Landesausstellung), um 2 h daheim«

In der zweiten Oktoberhälfte bringt Margrit einen Sohn zu Welt – in fünf Jahren ihr 4. Kind.

Neben den Besuchen aus Zürich kamen auch andere, die das »Paradeis« zu schätzen wußten: Carls Bruder, der Priester, die Familie seiner Halbschwester und seiner Schwester, natürlich ihre Eltern aus Lörrach sowie ihre Geschwister. Auch wenn der Sommer längst vorbei war, roch es im »Schlößli« nach Sommer – die Äpfel, die im Keller lagerten; das Öffnen der »Weckgläser« – Eingemachtes aus

Himbeeren, Zwetschgen, Mirabellen, Heidelbeeren, Erdbeeren, gemischt mit dem Herbstgeruch der Kartoffeln. Hier war das ganze Jahr Saison: das Schwimmen im Kanal, die Wanderungen im Herbst, das Skilaufen auf dem Feldberg oder Todtnauberg, und dann Fasnacht und bald die Jagd nach dem Osterhasen. Zwischendurch ein Konzert in Freiburg oder ein Kinobesuch.

Was hilft Heidegger mit der ganzen Philosophie? fragte einst Margrits Schwiegermutter: »Ja, liebe Margrit, ... gelehrte Frauen, müssen nur vernünftig sein, zur Zeit das Richtige erfassen, gelehrten Kram beiseite lassen, wenn es heißt ›was essen wir morgen?‹ ›was ist dafür zu besorgen?‹«

Fünf Jahre im Frieden verheiratet, vier Kinder also – und jetzt ist Krieg! Das älteste Kind ist vier Jahre alt, so alt wie Margrit auf dem Dolder in Zürich, als der Erste Weltkrieg ausgebrochen war. Jetzt hatte der Zweite Weltkrieg begonnen ...

25. Kapitel
Von der Wacht am Rhein zum stillen Don

Betriebsnachrichten

»Die Weihnachtsfeier war auf Samstag, den 23. Dezember 1939, abends 17 Uhr, festgelegt.« So konnten es die Atzenbacher Betriebsangehörigen in ihrer Werkzeitschrift »Drei Werke – ein Wille« nachlesen: »Obwohl der beim Eingang zum Werk von Jahr zu Jahr größer werdende Tannenbaum dieses Jahr nicht im hellen Lichterglanz strahlte, hatte er doch ein festliches Kleid angezogen: die Natur bedeckte ihn mit dichtem Rauhreif. Glitzernd und funkelnd stand die echte Schwarzwaldtanne da, lenkte die Aufmerksamkeit der zur Weihnachtsfeier eilenden Menschen doch auf sich, denn sie erlebte die erste Kriegsweihnacht.«

Noch rechtzeitig zum 1. Mai 1939 hatte »Betriebsführer« Wuermeling in einer Saalabteilung des Werkes Atzenbach, abgetrennt vom übrigen Betrieb, für alle drei Fabriken eine Lehrspinnerei eingeweiht. Diese der Ausbildung der neu eintretenden Jugendlichen und der Berufsschulung dienende Einrichtung der Spinnerei Atzenbach A. G. Schopfheim war die erste im ganzen Wiesental.

In jenem Frühjahr 1939 wurde in der Werkzeitschrift darauf gedrängt, »daß wir unumgänglich dazu übergehen müssen, den Deutschen Gruß auszusprechen. Viele grüßen mit ›Heil Hitler‹; für viele ist aber der Gruß ›Morge‹ oder ›Tag‹ das Tagtägliche. Es muß anders werden.« Beim Betreten und Verlassen der Fabrik soll er verwendet, aber auch nicht übertrieben »ausgesprochen« werden.

Wie überall war die »Berufsgefolgschaft« auch dieser drei Werke auf einen Willen eingestimmt worden. Betriebsangehörige hofften auf

eine erste Fahrt mit einem der seit 1934 eingesetzten KdF-Schiffe. Bis 1939 waren bereits 600.000 Urlauber an Bord gegangen, um durch nationalsozialistische Touristik »Kraft durch Freude« zu erleben. Die begehrten Freifahrten wurden auch im Atzenbacher Betrieb ausgelost. Ernst Philipp und seine Frau Mathilde waren die glücklichen Gewinner einer KdF-Kreuzfahrt rund um Italien. Ab Herbst 1939 lauteten die Artikel der Werkzeitschrift: »Du und der Krieg« oder »Die Volksgasmaske – wie setzt man sie auf?«
Als Soldaten mußten vom Werk Atzenbach jetzt schon allein 18 Betriebsangehörige in den Krieg ziehen. Bald zeigt die Werkzeitschrift die ersten Kriegstoten unter den Betriebsmitgliedern an.

Am 15. Januar 1940 muß auch Betriebsführer Wuermeling einrücken. Der Fabrikchauffeur fährt ihn bis Waldshut an die Bahn, die ihn bis Ulm bringt. Dort wird in der Grenadierkaserne übernachtet. In der Früh geht es nach Salzburg. Nach Nachtstunden in Wien in die Tschechei zum Einsatzort Gradisch/Hradiste, südwestlich der Karpaten, nahe der slowakischen Grenze: »Alles war draußen verschneit … Gradisch ist ein Ort von 5.000 Einwohnern … Die Bude ist reichlich groß, 10 Mann, so daß die Betten nebeneinander stehen können. Hier herrscht eine Hundekälte und ein fürchterlicher Wind, wie ich das nie erlebt habe, auch beim Skilaufen nicht.«

Dienst in der Kaserne

Auch der südliche Schwarzwald ist im Januar 1940 tiefverschneit. Margrits Tagebucheintrag am 28. Januar: »Seit dem 21. konnten die Kinder jeden Nachmittag Ski fahren.« Was konkret eher besagt, daß die Töchter auf Skibrettern mit Lederbindung zu stehen versuchten und sich höchstenfalls nach Erklimmen der Buckelwiese vom Kanal abwärts in den Garten treiben ließen, umgeben von geübteren, älteren Kindern des Dorfes.

An diesen Tagen beschreibt Soldat Wuermeling seinen Alltag:
»22. Januar 1940: Heute morgen hat's schon geschneit und es liegt tiefer Schnee draußen. Drum haben wir auch in einer großen Halle exerziert. Du siehst, man wird ganz allmählich an das Klima gewöhnt und geschont. Allerdings habe ich jede freie Minute Vorschriften durchzuarbeiten, damit ich wieder rein- und rauskomme. Denn beim Militär kann man nur etwas, wenn es im Schlaf geht.
24. Januar: Hier läuft das Leben allmählich schon richtig seinen Trott weiter: morgens 6 h aufstehen, anschließend Kaffee trinken auf der Bude. Dann von $^1/_28$ bis $^1/_212$ Rekruten ausbilden, ebenso nachmittags von 2 bis 6 h. Dabei wechselt Unterricht mit Dienst in der Kaserne. Abends $^1/_26$ h haben wir neue Ausbilder jedesmal 1 Std. Unterricht, zu der wir uns bes. vorbereiten müssen.«

Am 25. Januar 1940 wird gegen Typhus geimpft. Am 10. Februar schreibt Carl nach Hause: »Das war heute aber toll! Schon nachts wurde ich durch das Heulen des Windes wach und noch um $^1/_25$ Alarm/Antreten ohne Waschen etc. Um 6 h ging's dann raus zu einem Marsch. Solch einen Schneesturm habe ich noch nie erlebt. Der Schnee wurde von dem heulenden Wind vollkommen waagrecht neben die Felder und Straßen getrieben, daß wir alle binnen 5 Minuten auf der Windseite völlig weiß waren. An den Augenwimpern, an Nase und Bart bildeten sich dauernd Eiszapfen. Schlimmer konnte es eigentlich nicht kommen. Die Straße war natürlich stark verweht, stellenweise meterhoher Schnee zum Teil eisglatt – beschwerliches Marschieren.«

Am 23. Februar schreibt der Soldat: »Aussprache mit dem Hauptmann wegen Beförderungsaussichten: Jedenfalls lege ich auf den Feldwebel noch Wert. Das sollte man noch fertig bringen. Habt ihr Interesse an Käse? Man bekommt hier guten.«

Am 25. Februar eine wenig beruhigende Warnung vom Soldaten am Ostwall an die Seinen, die am Westwall beheimatet sind: »Du mußt dir unbedingt einen Platz überlegen, wohin Du im Notfall gehen willst. Ob Du weg willst oder nicht, ist völlig gleichgültig. Die Möglichkeit der Räumung besteht nun mal und man muß in dieser Zeit auf alles gefaßt sein.«

Setzen England und Frankreich jetzt in die Tat um, was sie bei Hitlers Angriff auf Polen versprochen hatten? Erfolgt ein Angriff vom Westen her? Baut sich die Kriegsfront im Westen auf – am Rhein? Wird jetzt auch das Markgräflerland, das Wiesental, zum Kriegsgebiet? – abgeschottet durch das Grenzgebiet einer neutralen Schweiz?

»7. März: Erstens kommt es anders, zweitens als man denkt: Ich bin zum Feldeinsatz eingeteilt und komme in etwa 8 bis 10 Tagen hier weg, vermutlich an den Oberrhein zu unserem Regiment. Also hat es jedenfalls keinen Sinn, daß Du herkommst. Du mußt Dich nun nicht aufregen, daß ich an die Front komme. Das ist alles halb so schlimm. Ungarisch-Hradisch weine ich keine Träne nach und bin froh, daß ich hier wegkomme.

8. März: Ich bereite so langsam meinen Abschied hier vor.

15. März: Das wird der letzte Brief aus Ungarisch-Hradiste sein. Jetzt ist schon alles feldmarschmäßig verpackt. Wir fahren heute mittag im gewöhnlichen Zug nach Wien, dann 11 h abends ab und sind um 11 h in Stuttgart. Dort müssen wir uns melden und erfahren erst unseren Zielbahnhof und wann wir weiter müssen. Mal sehen, was wird.«

Zur »Sicherheitszone« Oberrhein

Der neue Einsatzort steht fest. Der Zielbahnhof lautet Müllheim. Müllheim im Markgräflerland! Heimat der Heidenreichs. Dort verabreden sich Margrit und Carl an der Bahnstation, die rheinwärts dem Ort weit vorgelagert ist und somit militärische Sicherheitszone ist. Ein Wiedersehen nach über 2 Monaten.

Tagebucheintrag Margrit: 16./17. März: »Treffen in Müllheim. Beim Kaffeetrinken wurden wir allerdings in unserer Wiedersehensfreude stark gestört: der Streifen-Offizier schmiß uns raus, da das Bahnhofshotel zur 1. Zone gehört.«

Carl bezieht die »Wacht am Rhein«:
»9. März: Wegen der Nacht in Müllheim passiert nichts. Der Reg. Km. war sehr anständig. Jetzt liegen wir schon längst im Bunker. Das ging folgendermaßen: Am Montag meldeten wir uns also beim Wehrmeldeamt, wurden zum Reg. verwiesen und bekamen dort vom Ordonnanzoffizier erstmal einen gewaltigen Ansch …«
Der Bunker liegt nördlich von Müllheim, dem Rhein zu, auf der Höhe von Grißheim, nicht weit vom Tuniberg; jenseits des Rheins liegt Blodelsheim im Elsaß, in der Luftlinie zu Isenheim vor den Vogesen, nicht weit von Colmar – in Frankreich, dort wo der »Erbfeind« lauert …
»20. März: Mir gefällt das Bunkerleben noch recht gut. Vor allem herrscht vollkommene Ruhe. Wir haben sogar wieder Schießverbot und dann schießen die anderen auch nicht viel. Im Gegenteil, von drüben winken sie sogar häufig rüber und riefen uns heute morgen sogar zu, daß Daladier gestürzt sei. Hier glaubt niemand mehr an einen ernstlichen Krieg mit Frankreich.« Man nannte diesen Zeitabschnitt »drôle de guerre«.
»Unser Bunker liegt ganz vorn am Rhein, links und rechts natürlich weitere von uns. Auf der anderen Seite sieht man genau die feindlichen Bunker und Feldstellungen. Ab und zu läßt sich mal einer sehen, während wir uns nicht zeigen sollen. Unsere MGs sind dauernd auf die feindlichen Stellungen gerichtet und es wird scharf Wache gehalten.
21. März: Heute war wieder ein herrlicher Tag und Abend. Gerade sind wir bei schönstem Mondschein die Stellungen abgegangen. Es ist eine herrliche Ruhe und Stille hier, hoffentlich bleiben wir bloß noch den Frühling über hier.«
An diesem Tag hatte der Frühling begonnen. Drei Tage später war Ostern und am Tag drauf der 25. März – Ostermontag, der sechste Hochzeitstag und wieder kamen die Dorfkinder zum hohen, grau gestrichenen Gittertore des »Schlößli«. An ihm war ein großes Bild heruntergelassen – ein Hase mit geschultertem Gewehr, darunter

lasen die Kinder: »Bin im Krieg!« Keine Osterhasenjagd im Park, keine Osterüberraschungen ... Die Kinder gingen leer aus. Der Hase war nicht da, er war auch nicht über alle Berge, höchstens über den Zeller Blauen, den Belchen und über den Müllheimer Blauen – eben mal im Krieg.

»26. März: Hier mehren sich die Anzeichen dafür, daß das Regiment demnächst aus diesem Abschnitt herausgenommen wird. Ich würde vorläufig ganz gern hierbleiben.

27. März: Morgen fährt unser Bunkerkommandant auf Urlaub, da muß ich ihn vertreten.

31. März: Übrigens war auf unserer Abendstreife eben dauernd Feuerwerk durch Leuchtraketen von beiden Seiten, ganz nette Zugabe – außerdem sehr angenehme Beleuchtung für die stockdunklen Laufgräben.«

Dann wird das Regiment nach Müllheim verlegt. Auf Briefbögen des »Hotel zum Löwen, Müllheim/Baden«, das gut gepflegte Markgräfler Weine empfiehlt, schreibt Carl am 5. April an Margrit: »Jetzt sitzen wir hier und warten auf das Abrücken nach Auggen. Tornister bereits gepackt und verstaut. In Auggen bleiben wir erst mal 14 Tage in Ruhe, d.h. man kommt in die hinter uns liegenden Ortschaften (evtl. sogar zu Herrn Krafft?). Auf alle Fälle hat man dort wieder Betten in Privatquartier. Aber der Dienst wird wohl in weiterer Ausbildung bestehen. Das ist nicht so gemütlich wie im Bunker.«

Am 9. April treffen sich Carl und Margrit in Freiburg. Am 26. April kommt Carl auf Sonntagsurlaub nach Atzenbach.

Am 30. April schreibt er: »Heute haben wir einen ganz netten Marsch hinter uns; es ging auf den Müllheimer Exerzierplatz, dort war man den ganzen Vormittag unterwegs – fast 30 km sind's geworden. Morgen, 1. Mai, geht es auf den Blauen, aber ohne Gepäck und Gewehr.«

Pfingsten können Margrit und Carl noch einmal zusammen verbringen.

Zum Fronteinsatz quer durch Frankreich

Am 23. Mai ist er in Arzfeld in der Eifel, ein Ort nordwestlich von Bitburg: »Arzfeld (Eifel). Ja, jetzt fängt es an. Morgen geht es durch den Nordzipfel von Luxemburg nach Belgien. Die Gefangenen werden zurückgefahren, wir müssen laufen. Aber bisher geht's mir trotz allem gut. Gestern war es wirklich anstrengend: den ganzen Tag auf der Bahn (ab 21. V. um 20 h Reutlingen) und gegen 17 h kamen wir über Stuttgart, Hanau, Bonn, Koblenz endlich in Bitburg an; dann ging es sofort 40 km weiter bis hierher. Das war allerhand. Gegen 5 h langten wir hier heute morgen an. Natürlich haben wir den ganzen Vormittag geschlafen.
Von Dir habe ich lange nichts mehr gehört, aber die Feldpost erreicht uns auf dem Marsch nicht. Auch unsere Briefe werden zur Zeit bei uns nicht angenommen.
25. Mai: Zur Zeit auf Rast auf einem unserer ewigen Märsche. Die 1. Grenze haben wir längst überschritten, die 2. kommt heute dran.
27. Mai: Auf einer langen Marschrast irgendwo im Süden des 2. Landes haben wir seit langem mal wieder Feldpost erhalten. In Belgien sieht's doch anders aus als in Luxemburg! Zwar wenig zerstört, aber die verlassenen Häuser sehen grausig aus.
29. Mai: Wir liegen jetzt schon die 3. Nacht im Biwak; wir sollen über die Grenze nach Frankreich, aber die Wege und Brücken sind scheint's voll. Das Wetter ist nicht schlecht. Mit der belgischen Kapitulation ist es doch fabelhaft. Hoffentlich geht's weiter so; dann können wir bald heim. – Wir sehen fast nur deutsche Bomber, bis zu 50 Stück, ganz selten auch mal einen feindlichen Beobachter.
30. Mai: Noch immer am selben Platz, allmählich wird's ungemütlicher: Inzwischen Biwak abgebrochen und nur 5 Minuten weg in ein Ferienheim gelegt (Y.M.C.A.), etwas östlich der Maas. Der Dienst ist nach den anstrengenden Märschen im Mai – 500 km – wenig streng. Bisher haben wir an Zerstörungen nur wenig gesehen, in Luxem-

burg rein gar nichts, weil die sich nicht gewehrt haben. In Belgien sieht man ab und zu Kampfspuren wie weggeräumte Straßensperren, zerschossene Häuser, kaputte Fenster etc. Aber die Wohnungen der Geflohenen sehen z. T. toll aus, alles rausgerissen und durcheinandergeworfen, vermutlich auf Suche nach Lebensmitteln. Die Häuser der Zurückgebliebenen sind gewöhnlich ganz in Ordnung. Auf der Straße ist natürlich immer Betrieb: Infanterie, Artillerie, Nachschubkolonnen und oben die Flieger. Lange werden wir wohl auch nicht mehr hier bleiben. Vielleicht gehts schon morgen weiter nach Frankreich rein. Aber Du mußt Dir darum keine Sorgen machen. Es wird schon alles gut gehen.

3. Juni: Inzwischen sind wir gestern und heute wieder allerhand km SW marschiert und liegen jetzt wieder im Biwak am Waldrand. Der einzige Kummer ist die Verpflegung, die zur Zeit einfach völlig unzureichend ist. Am Tag nur 2 Schnitten Brot, die für morgens, abends und auf dem Marsch reichen sollen. Zu rauchen gibt es auch gar nichts mehr. – Gestern auf dem Marsch hieß es, der Führer sei von Charleville aus ganz in unserer Nähe gewesen. Leider haben wir ihn nicht zu sehen bekommen.

5. Juni: Von Dir immer noch keine Päckchen. Wenn ich es nicht so bitter notwendig bräuchte, hätte ich auch jetzt nicht mehr geschrieben darum. Heute Nachmittag war katholischer Gottesdienst, draußen ein schöner Wald! Nachher war Generalabsolution und Kommunion. Da kann man natürlich nicht mehr aufeinander böse sein, besonders nicht auf die Vaterunser hin, erst für die verwundeten Kameraden, dann für die Gefallenen und zuletzt für die Lieben daheim.

7. Juni: Trotz Beginn der neuen Offensive liegen wir noch immer in Reserve und nutzen das wunderbare Wetter in Badehose aus.

12. Juni: Auf dem Vormarsch durch zerstörte und brennende Ortschaften, aber bisher keine Schießerei bei uns. Bis auf knappes Wasser und viel Marschieren geht es gut. Wasser zum Waschen gibt es schon seit 3 Tagen nicht mehr.

15. Juni: Im Straßengraben auf Rast beim Marsch in der Champagne. Wir haben hier gestern nach einem glühend heißen Marsch von fast 50 km durch die Schlachtfelder des Weltkrieges biwakiert und sind endlich wieder in Wassernähe. Eine Woche unrasiert, ungewaschen, keine Zähne geputzt, langt einem. Die Verpflegung ist jetzt wieder einigermaßen ausreichend, d. h. daß man wöchentlich höchstens 2–3 mal richtig satt wird.
16. Juni: Im Straßengraben. Wieder auf dem Marsch! Bei glühender Sonne. Aus der trockenen Champagne sind wir Gott Dank raus, der Südrand vom Argonnenwald erreicht. Wohin es wohl weiter geht?
18. Juni: Gestern hat Frankreich kapituliert. Der Krieg ist für uns also vorläufig aus, aber das Marschieren geht weiter, zur Zeit an der Marne. Sonst gehts trotz Hitze und Durst und fehlender Päckchen von Dir gut.
20. Juni: Südlich Langres. Schwere Tage haben wir hinter uns; vorgestern 50 km, gestern 75 und heute wieder 50. Man ist regelrecht am Ende. Wir hoffen, daß nun bald Waffenstillstand kommt, so können wir unmöglich weitermachen. Man geht einfach kaputt dabei.
22. Juni: Inzwischen sind wir bereits weit südlich Dijon, wo wir heute morgen noch Parade vor dem General hatten. Total müde und kaputt, auch das noch! Gott Dank, daß wir heute nur 30 km machen brauchten; es ging einfach nicht mehr wegen der vielen Ausfälle. Es ist einfach zum Verrücktwerden. Und keine Aussichten, daß es aufhört. Die Waffenstillstandsverhandlungen ziehen sich lang hin. Bis der Brief bei Dir ist, sind wir sicher alle schon zu Tode marschiert. Das hält in dem Tempo kein Mensch aus. Seit 14 Tagen in einer Tour nur Marschieren, bei um 3–4 Std. Schlaf, z. T. sogar im freien Feld ohne Zelt. Ich hätte nie gedacht, daß man so etwas überhaupt aushalten könnte, allerdings man frage nicht wie!
28. Juni: Seit ein paar Tagen liegen wir hier in Chagny und haben Ruhe. Die Bevölkerung ist größtenteils zu Haus geblieben und darum sind die Läden auch offen und wir können uns Käse, But-

ter, Keks, Wurst, Likör, Burgunder, Sekt, fast alles, was man will, kaufen.
6. Juli: Wir sind nur 40 km von Basel, an der französisch-schweizerischen Grenze als Grenzwacht! Ganz plötzlich wurden wir auf Lkw verladen und kamen gestern Mittag neben Montbeliard (bei Belfort) in Delle an. Heute morgen gings zu Fuß noch ein paar km weiter bis an die Grenze – ein ganz kleines primitives Nest. Wir haben Ruhe, eine schöne Gegend, kein Marschieren mehr und Heimatnähe.
Hier kann ich Eier, Butter und Mehl bekommen. Die Leute von meinem Privatquartier sind jetzt recht nett. Erst waren sie sehr zugeknöpft; von ihrem Sohn beim französischen Militär haben sie keine Nachricht. Aber trotzdem fragte ich mal nach Salz und da sagten sie mir, sie hätten nur noch rotes Viehsalz. Da habe ich ihnen am nächsten Tage etwas zusammengebettelt und gegeben. Da war das Eis gebrochen. Jetzt tun sie mir alles, nur nicht ein Zimmer aufräumen und fegen. Es sind nun mal Franzosen. Ich benutze die Gelegenheit, um mein Französisch aufzufrischen.«
Dieses Ausruhen war auch bitter nötig. Die Leute waren geschunden. Kaputt von den Gewaltmärschen. Das Marschieren tat weh, die Oberschenkel der Soldaten waren aufgerieben, bluteten, eiterten: die Uniformhosen erwiesen sich als zu rauh; der Zwirn, den die Reichskleiderkammern bestellten und ausgaben, eignete sich bestenfalls zum Paradieren, nicht aber zum Marschieren. Die Fachleute der Textilindustrie waren jetzt gefragt. Aber nicht aus diesem Grund machte er sich in Belforts Umgebung seine Gedanken. Basel war nicht weit, seine Familie in Atzenbach nahe … Er war durch diesen Krieg aus allem herausgerissen … auch aus seinem Betrieb. Seit Januar 1940 wurde er hin- und hergeschoben – in die Tschechei, an den Rhein, in die Ardennen, in die Champagne, den Vogesen entgegen zum Schweizer Jura – nach Ost, dann West, dann Nordwest und nach Süden. Sieben Monate im militärischen Einsatz sind es jetzt. Die Familie bräuchte ihn und die Betriebsführung, der Aufsichtsrat? Läuft der Betrieb auch ohne ihn?

Carl im Krieg

»14. Juli: Ich habe jetzt auch den Eindruck, daß sich Herr Ott davon überzeugt hat, daß es auf die Dauer doch nicht so einfach ohne mich geht und er mich jetzt auch reklamieren wird; sonst wird es Dr. Römer tun. Wissen diese Kollegen eigentlich, was es bedeutet, Tag für Tag im Dreck zu stecken?
25. Juli: Inzwischen im neuen Quartier eingetroffen. Hier erfuhr ich denn auch, daß ich für den 30. für Urlaub vorgesehen bin; also doch noch! Liege hier in Joncherey (2 km von Delle).
26. Juli: Gott Dank, daß ich 30. 7. auf Urlaub komme. Es war heute am schwarzen Brett angeschlagen.«
Wenigstens das ... dann kann Carl vor Ort nach dem Rechten sehen.
Tatsächlich – vom 1. bis zum 18. August ist Carl im Urlaub – in Atzenbach. Erholung hat er dringend nötig. Er wird sehr schnell müde, bemerkt Margrit; bis er wieder in den Krieg ziehen muß.
»19. August: Sitze hier immer noch in Belfort und warte auf einen Lastkraftwagen nach Delle. Ach ja, wenn man so allein herumhockt, merkt man erst wie schön es bei Dir zu Haus war.«
In Delle erfährt er über Dritte, seine betriebliche Anforderung (»Reklamation«) sei in Lörrach genehmigt und käme jetzt ans Regiment.
Am 7. September berichtet er: »Ich liege zur Zeit wegen einer kleinen Muskelzerrung im Revier in Delle. Dieser Tage habe ich mir das bei einer Übung geholt. So liege ich jetzt im Bett, penne und lese und warte bis die Zerrung vorüber. Hoffentlich ist bis dahin meine Reklamation da. Ich habe gar keine Lust mehr.« Und am 11. September schreibt er diese Zeilen nach Hause: »Meine Reklamation ist heute bei der Kompanie eingetroffen, ging heute abend durch ans Regiment und morgen ans Bataillon und ich käme evtl. schon diese Woche.«

*

Wie alle Frauen, deren Männer im Krieg waren, wartete auch Margrit auf Briefe ihres Mannes. Es war eine stete bange Ungewißheit – dieses Nichtwissen des Einsatzortes, dann die Angst, wenn tagelang keine Post kam. Margrit sah in jenen Septembertagen, als Carl in Delle auf die Post, die über seine UK-Stellung entschied, wartete, den Spielfilm »Der Postmeister« mit Heinrich George und Hilde Krahl in den Hauptrollen an; die auf einer Erzählung von Alexander Puschkin basierende Geschichte war eben in den Kinos angelaufen. In ihr Notizbuch hielt sie unter dem 9. September 1940 fest: »Kino ›Der Posthalter‹«, und tags drauf: »Zwei Briefe von Carl, er liegt im Revier.« Im Unterbewußtsein dachte sie bezeichnenderweise wohl an jene vertrauten Vorfahren von Müllheim, von Lörrach oder von Schopfheim; sie ahnte, daß sich ein Postbote auch in einen Meister über Leben und Tod verwandeln könne.

*

Die Feldpost bestätigt dem in Delle stehenden Soldaten die vorläufige befristete »Unabkömmlichkeit« seines beruflichen Einsatzes: Der Betriebsführer der Spinnerei Atzenbach A.G. Schopfheim wird uk-gestellt und wegen dringlicher betrieblicher Engpässe von der Front angefordert.
Der Krieg scheint jetzt eh zu Ende zu sein. Vor einem Jahr hatte er mit dem Überfall auf Polen am 1. September 1939 begonnen. Was sich davor ereignete, war ein gefährlicher Pfad am Abgrund des Krieges – der Einmarsch in Prag am 15. März 1939 und die Zerschlagung der tschechoslowakischen Republik. Dann im Frühjahr (am 9. April) 1940 folgte die Besetzung Dänemarks und Norwegens. Ein Monat später, am 10. Mai 1940, hatte die »Westoffensive« begonnen – der Einmarsch deutscher Truppen in Holland, Belgien und Luxemburg mit dem Ziel, Frankreich zu besetzen. Am 22. Juni 1940 erfolgte der Waffenstillstand zwischen Deutschland und Frankreich. Hitlers

Drittes Reich herrschte nun über Österreich, die tschechoslowakische Republik, Polen, Dänemark, Norwegen, Holland, Belgien, Frankreich ... Und mit Hilfe des Achsenpartners Italien und dem spanischen Franco-System über fast ganz Europa. Nach einem Jahr Krieg hatte Hitler das kontinentale Europa unterworfen. In diesem Kriegsszenarium war jetzt der Sättigungsgrad erreicht. Die Sicherungsmaßnahmen, diese geographische Expansion zu halten, hatten bereits einen riskanten Pegelstand erreicht.

Carl und Margrit im Garten

Der Krieg auf dem Festland war zu Ende – lediglich die Luftwaffe flog ihre Einsätze gegen die britische Insel. Nach dem Sieg über Frankreich hatte Hitler fast alle Deutschen auf seiner Seite. »Siegen macht nun mal Spaß«, so hatte Sebastian Haffner später die damalige Stimmungslage analysiert. Hitler hatte alle Nachbarstaaten (bis auf die Schweiz) besiegt. Er hatte sein Ziel erreicht, so sahen es damals die Deutschen. Den Siegeszug hatte sich Hitler durch seinen mit Stalin am 23. August 1939 geschlossenen Nichtangriffspakt (zwischen Deutschland und der Sowjetunion) abgesichert. »Die Reserve hat Ruh«, war die allgemeine Einstellung.

Der Betriebsführer als Osterhase

Ende September 1940 kehrte der Betriebsführer an seinen Arbeitsplatz zurück. Nach dem Einsatz im Krieg bis an die physischen Grenzen begann das Einüben in die Normalität. Die Werkzeitschrift »Drei Werke – ein Wille« spiegelt den Betriebsalltag. Im Septemberheft 1940 heißt es: »Im Werk Atzenbach wurde beim Portier-

haus eine sog. ›Barriere‹ angebracht. In den einzelnen Abteilungen wurden notwendige Reparaturen und Verbesserungen vorgenommen.« In der Rubrik »Feldpostecke« wird dem Unteroffizier Carl Wuermeling zur Beförderung zum Feldwebel gratuliert. Auf Seite 3: »Im Krieg erst recht. Das Bekenntnis zum Kind.« Es beginnt mit einem Zitat Adolf Hitlers: »Ich messe den Erfolg unserer Arbeit nicht am Wachsen unserer Straßen. Ich messe ihn nicht an unseren neuen Fabriken, ich messe ihn auch nicht an unseren neuen Brücken, die wir bauen, auch nicht an den Divisionen, die wir aufstellen, sondern an der Spitze der Beurteilung des Erfolges dieser Arbeit steht das deutsche Kind, steht die deutsche Jugend.« Straßen, Fabriken, Brücken, das deutsche Kind ...
Am Montag, den 14. Oktober, fand im Gemeinschaftsraum ein Betriebsappell statt. »Betriebsführer Wuermeling sprach zur Gefolgschaft u. a.: ›Bin gesund und heil in die Heimat zurückgekehrt und wir haben unsere Arbeit wiederaufgenommen. Ich stelle somit im ersten Betriebsappell mit dankbarer Anerkennung fest, daß unsere Gefolgschaft zusammen mit ihrer Führung ihr möglichstes tat, um ihre Pflicht der Lage entsprechend voll zu erfüllen.‹« Es folgen die Überreichung des »Treudienstzeichens« für 50 Jahre Betriebszugehörigkeit, ein Aufruf zu Spenden für das Kriegswinterhilfswerk und: »Zur Feier der Goldenen Hochzeit überbrachte Betriebsführer Wuermeling dem Arbeitsinvaliden Wilhelm Vogtmann und Frau Gemahlin die besten Glückwünsche unserer drei Werke nebst einem Geschenk zur frohen Stunde ... Daß er an diesem schönen Ehrentag noch die Freude erlebte, daß ihn Betriebsführer und Betriebsobmann in seiner Wohnung aufsuchten, hätte er sich nie träumen lassen, er sagte, jetzt wisse er, daß seine Arbeit nicht umsonst war.«
Ausgabe Mai/Juni 1941 der Werkszeitschrift: »Der ›Osterhase‹ besuchte ›Front und Heimat‹. Aus den vielen Dankschreiben von unseren Kameraden im Felde erfahren wir die frohe, freudige Überraschung, die er ihnen mit dem Inhalt des Osterpäckchens machte. Diese Herzensangelegenheit wurde also vortrefflich gelöst, unsere Soldaten

waren restlos zufrieden. Und unsere Kinder vom Werk? Ja, liebe Soldaten, das solltet Ihr gesehen haben, denn auch für sie war es eine wirkliche Überraschung, als am Ostermontag ein ›Osterhase‹ feldmarschmäßig beim Eingang zur Wohnung unseres Betriebsführers unsere, eure Kinder zum ›Oster-Appell‹ antreten ließ.

Da standen sie, die kleinen Buben und Mädchen, fein ausgerichtet, als das ›Hasenpaar‹ ›ihre‹ Front abschritt, ein ›Schifferklavier‹ gab den Takt zum richtigen Schritthalten. Herr und Frau Hase (Betriebsführer Wuermeling und Frau) gaben den Kindern bekannt, daß der Osterhase auf dem Wege von den Soldaten geschwind noch den restlichen Teil seines Nestcheninhaltes an die Kinder der eingezogenen Väter und Brüder verteilen wolle. Alles, was verborgen war, wurde eingebracht; eine gewaltsame Erkundigung brachte 2 ›richtige‹ gefangene Angora-Hasen ein, die die Patrouillengänger als ihre Siegesbeute behalten durften.

Die Verteilung von lieben Sachen brachte und machte den Kindern viel Freude. Froh und lustig erklang beim Abmarsch: ›Alle Vögel sind schon da‹, und ›Muß i denn, muß i denn zum Städtele hinaus‹ … aus den Kinderkehlen. Wäre es möglich gewesen, diese Kinderstimmchen durch den Äther tragen zu lassen, um an Euren Ohren draußen an der Front widerzuhallen, gewiß hättet Ihr in Eurem nicht leichten Dienst eine helle Freude daran gehabt. Die Kinder waren sehr dankbar, man konnte dieses Dankgefühl ihren leuchtenden Gesichtern und Kinderaugen ablesen. Zur Anerkennung sei gesagt, daß trotz Kriegszeiten unser Betriebsführer alles daran setzte, in Zusammenarbeit mit seiner verehrten Frau Gemahlin unseren lieben Kleinen vom Werk den ›Osterhasen‹ zu ermöglichen, eine uralte Tradition, ein Vätererbe, das nicht aussterben soll und darf.

Für diese Aufmerksamkeit sei unserem Betriebsführer im Namen der Eltern, der Kinder selbst, besonders im Namen aber unserer feldgrauen Kameraden, die darin sehen, daß in der Heimat für ihre Kinder auch in dieser Beziehung gesorgt wird, ein herzliches Dankeswort gesagt. Die Kinder werden's ihrem ›Osterhasen‹ nicht vergessen.«

Für die »Beteiligung am Leistungskampf der deutschen Betriebe 1940/41« wurde den drei Werken zum 1. Mai 1941 eine lobende Anerkennung verliehen. Die Betriebsführung setzte die Urkunde auf die Titelseite der Juli/August-Ausgabe 1941 der Werkszeitschrift. Kurz danach mußte der mitunterzeichnende Betriebsführer wieder zum Militär. Die UK-Stellung zu Oktoberbeginn 1940 war für die Monate Mai und Juni zwecks Übungen im Raum Donaueschingen unterbrochen. Seine neue Adresse: Hindenburgkaserne. Die Werkszeitschrift: »Betriebsführer Wuermeling ist auch wieder bei den Soldaten. Wenn er diese Zeilen liest, so sollen sie ihm sagen, daß die ganze Betriebsfamilie ihm alles Gute wünscht und vielmals grüßt. Besonders unsere Jugend sagte: Herr Wuermeling kann alles; er ist Soldat, Kommandant im Betrieb und jedes Jahr ein Hase (Osterhase).«

Auf der »Kriegsstraße« nach Osten

Während zu Lande die deutsche Heeresführung die besetzten Länder immer fester im Würgegriff hielt, war Deutschland feindlichen englischen Luftangriffen preisgegeben. Britische Bomber erreichten Bremen, Hannover und Berlin; auch in jenem Spätherbst 1940, als hoher Besuch in der Reichshauptstadt weilte: Am 12. und 13. November 1940 war der sowjetische Regierungschef und Außenkommissar Molotow zu Unterredungen mit Hitler und Außenminister Ribbentrop nach Deutschland gereist. Laut deutsch-sowjetischem Nichtangriffspakt waren die beiden Mächte jetzt Interessenpartner. Dieser Besuch aus Moskau sollte der deutschen Öffentlichkeit den Glauben einflößen, durch diese Partnerschaft nach der Zeit der Blitzkriege geschützt zu sein und mit Zuversicht ihrer Zukunft entgegensehen zu können. Im Schutz dieser Partnerschaft im Osten verstärkte die deutsche Luftwaffe ihre Angriffe auf England: Ein Tag nach Molotows Berlin-Besuch wurde das Zentrum von Coventry zerstört. Im Frühjahr 1941 begann am 6. April die Wehrmacht den Balkanfeldzug und versuchte in Nordafrika England zu schlagen.

Was in der Luft und zu Wasser nicht gelang, will das deutsche Afrikakorps auf nicht-europäischem Kontinent erreichen. Dieser Bodenkrieg gleicht einem hoffnungslosen Unternehmen: Die Eroberung von Sanddünen zerstäubt mangels fester und markanter Bastionen wie die Dünung zur See. Der Afrikafeldzug ähnelt in seinem Vor- und Zurückrollen einem Seekrieg. Mitten in diese Überdehnung der Kriegsschauplätze kommt ein neuer Donnerschlag – der Rußlandfeldzug. Es ist der B-Tag, der 23. Juni, Zeit 3.15 Uhr. Es ist der deutsche Überraschungsangriff auf die Sowjetunion.

*

Betriebsführer Wuermeling konnte nach seinen Wehrübungen im Mai und Juni 1941 wieder an seinen Arbeitsplatz zurückkehren – die UK-Stellung galt weiterhin. In den Ausgaben der Werkszeitschrift der Sommermonate liest man von der Berufung betrieblicher Luftschutzwarte. In der Ausgabe November/Dezember 1941 werden die Betriebsmitglieder an der Barriere des Werks auf den Krieg im Osten eingestimmt: »An unsere Gefolgschaftler! Auf der großen Rußlandkarte stehen Fähnchen an der Siegesstraße. An der Anschlagtafel am Pförtnerhaus im Werk Atzenbach wurde dieser Tage die große Rußlandkarte angebracht, auf der der Siegeszug unserer tapferen Wehrmacht im Osten durch Stecken von Fähnchen gekennzeichnet ist. Wir machen unsere Werksangehörigen auch an dieser Stelle darauf aufmerksam und bitten, doch nicht achtlos daran vorbeigehen zu wollen. Auch allen weiteren Volksgenossen wird dieser Fingerzeig des Siegeszuges ein interessantes Bild bieten. Wer also unser Werk betritt, der halte für Augenblicke seine Schritte ein und sehe sich die ›Kriegsstraße‹ an, auf der unser Führer mit seinen Soldaten marschiert. Heil Hitler!«

Das Jahr 1942 begann mit einem Prachtwetter, aber es war mit minus 15 Grad eiskalt. Am 10. Januar erhielt Carl den Einberufungsbefehl, zum 28. Januar um 12 Uhr in Tübingen zu sein.

Schlechte Nachrichten kamen am 16. Januar aus Lörrach: Margrits

Vater, der sich in den vergangenen Wochen bereits sehr matt gefühlt hatte, erkrankte, sein Zustand verschlimmerte sich. Margrit fuhr nach Lörrach, auch die anderen Geschwister fanden sich ein. Am Nachmittag des 18. Januar 1942 verstarb er im Alter von 74 Jahren – knapp drei Wochen nach seinem 74. Geburtstag. Beerdigt wurde er am 21. Januar 1942. Margrit und Carl standen am Sarg über dem offenen Grab auf dem Schopfheimer Friedhof. Es hatte minus 22 Grad. Kerzenlicht flackerte in die Dämmerung. Carl dachte an die Beerdigung seines Vaters, der am 29. August 1937 im Alter von 83 Jahren verstorben war und seit bald fünf Jahren auf dem Zentralfriedhof in Münster ruhte.

Um den Kindern eine Freude zu machen, besuchten Carl und Margrit eine Kindertheatervorstellung: »Frau Holle« wurde aufgeführt. Frau Holle ließ es tatsächlich schneien und schneien. Den ganzen nächsten Tag mußte Carl Schnee schaufeln. Mit einem Brief wollte er sich von seinen Betriebsangehörigen verabschieden. Beim Schneeräumen dachte er sich den Text aus und mußte dann an der Schreibmaschine erkennen, daß das Weggeräumte wieder zugeschneit war. Durch tiefen Neuschnee stapfte er zum Portiergebäude der Atzenbacher Fabrik und steckte mit Reißnägeln einen Abschiedsbrief in den Aushang:

»Mein lieber Kamerad!

Jetzt kann ich's wieder sagen, denn morgen ziehe ich auch wieder zum Militär und trete wieder in Eure Reihen ein. Hoffentlich werde ich den einen oder andern mal persönlich sehen, und wenn nicht, dann höre ich vielleicht mal vom einen oder andern.
Wie ich seinerzeit in Frankreich war, habe ich in einer Illustrierten Zeitung ein Bild von unserem Wiesentäler Maler, Herrn Prof. Bühler, gesehen, das er ›Heimkehr‹ getauft hat. Das Bild hat es mir dermaßen angetan, daß ich davon unbedingt eine Wiedergabe haben wollte. Vor kurzer Zeit habe ich dieselbe nun in Postkartenform erhalten und, da sie mir so gut gefallen hat, dachte ich, sie würde auch Euch

gefallen; so sende ich Euch dieses Bild mit dem Wunsche, daß Euch eine solche Heimkehr einmal beim Frieden beschieden sein möge. Bis dahin tun wir alle unsere Pflicht für unsern Führer und unser Vaterland.

Es grüßte Euch kameradschaftlich
Euer Betriebsführer«

Als die Frauen und Männer der Frühschicht den Brief lasen, war ihr Betriebsführer bereits auf dem Weg zur »Kriegsstraße«, die auf der großen Rußlandkarte an der Anschlagtafel mit Fähnchen markiert war. Im Morgengrauen ging der Zug in Zell, über Schopfheim – die Bahngleise grenzten an den tiefverschneiten Friedhof – und Lörrach, Weil, Stuttgart nach Tübingen.

Vom Vater Rhein zum Väterchen Don – und zurück

»1. Februar 1942: Gleich bei der Meldung in Tübingen habe ich gehört, daß ich als VO eingesetzt bin. Ich sollte mittags zum Essen, wo ich mich (in Zivil) gleich beim Reg. Kommandanten meldete, scheint ein sehr netter Herr zu sein (von Langsdorff). Dort erfuhr ich auch, daß das Reg. ganz neu aufgestellt wird und Sonntag/Montag marschbereit sein soll. Die Offiziere sind z. T. Berufssoldaten oder Zöllner, auf Lehrer bin ich noch gar keine gestoßen. Am Nachmittag habe ich mich sofort einkleiden lassen (alles nagelneu, mit bestem Lederzeug) und telephonierte Dir dann abends schon in Uniform.«
Vom Truppenübungsplatz Döllersheim bei Göpfritz schreibt er am 13. Februar: »Gestern Abend war Vorstellung bei Div. Kommandaten (Generalmajor Jahr). Er begrüßte jeden Offizier des Regimentes sehr freundlich und hatte für jeden ein Wort. Mich fragte er, warum ich noch kein Offizier sei und zum Reg. Kmdt., daß man mich und die anderen Offiziersanwärter sofort einreichen soll.
15. Februar: Mein alter Oberst Wenniger vom Reg. 470, mit dem ich Frankreich mitmachte, ist Reg. Kmdt. unseres Schwesternzugs. Auch sonst sind noch einige Herren aus meiner alten Div. da. Oberst Wen-

niger begrüßte mich eben sehr freundlich und erinnerte sich gleich meiner. Was hat solch ein Mann doch für ein Gedächtnis! Vor zwei Jahren hat er mich vielleicht einmal gesehen in Müllheim. – Hier hat man jetzt Skier verteilt (aus der Skisammlung). Von der Wollsammlung haben wir in Tübingen jeder 7 Sachen erhalten.«

Zu Ostern kam der Abmarschbefehl Richtung Rußland. Am 12. April schreibt er aus Rowno: »Auf den Straßen ist lebhafter Betrieb, Soldaten, OT(Organisation Todt)-Männer, Blitzmädel usw. und nicht zuletzt die ›braune Front‹ hoch zu Roß.«

Und so beschreibt der Ehemann seine Beförderung zum Leutnant. »6. Mai: Wir liegen noch immer hier in Kiew. Abends gehen wir manchmal gemeinsam zum Essen von sehr gutem Dnjepr-Fisch. Als wir so vorgestern wieder ganz gemütlich zusammen waren, fing der Oberst plötzlich mit komischen Anspielungen an, und als ich mich dumm stellte, stand er auf und gratulierte mir zum Leutnant. Darauf wurden mir gleich die Tressen und die Schulterstücke runtergerissen und neue Offiziersschulterstücke drangemacht. Dann haben wir auf diesen ›Schmerz‹ noch ein paar Schampusgläser geleert, die der Oberst aus seiner Kiste freigab. – Anbei Aufnahmen vom Transport.

8. Mai: Sonst geht es gut. Allerdings wird es immer sehr spät, so daß ich todmüde bin.

10. Mai: Es ist schon wieder 1 h nachts geworden.

12. Mai: Heute sind wir das letzte Mal im schönen Kiew. Drum schicke ich Dir heute noch ein Päckchen zum Abschied und für die Kinder 4 Apfelsinen, für Dich eine ukrainische Puppe und eine Bluse, die mir so gut gefiel. Der Frühling zieht auch hier allmählich ein.

20. Mai: Es geht weiter vorwärts, ostwärts Kursk. Auf den Straßen ist der Dreck aufgetrocknet und schon alles voller Sand und Staub. Jedes Fahrzeug zieht fast wie in der Wüste eine lange Staubfahne nach sich. Ein Land voller Gegensätze, in allem! – Als Gepäckstroßführer, als den mich jetzt der Oberst eingesetzt hat, möchte ich keinesfalls beim Reg. bleiben.

22. Mai: Heute kam sogar der Oberst von einer Autofahrt zurück, mit einem derartig dreckigen Gesicht, daß man fast lachen mußte.«
Den Antrag auf Versetzung in rückwärtige Dienste hatte Margrit am 26. April 1942 gestellt. Die offizielle Mitteilung über die Genehmigung dieses Gesuchs erhielt sie nachgereicht:

»Wehrbezirkskommando Lörrach, Abt. II u Az. 12b/42
Lörrach, den 1. Juni 1942
Betr.: Ihr Gesuch vom 26. 4. 42.
Frau Margrid Wuermeling, Atzenbach

Laut Mitteilung der Truppe hat der Divisionskommandeur entschieden, daß Ihr Ehemann beim Einsatz als Gepäcktroßführer im Regiment Verwendung findet und somit an weniger gefährdeter Stelle eingesetzt ist.

nachrichtlich:
Fa. Spinnerei A.-G., Atzenbach.«

»7. Juni: Inzwischen bin ich auf einem Sonderkommando 150 km weiter südl. von Kursk nach Bjelgorod für etwa 14 Tage gekommen. Wir müssen für unsere Armee Transportzüge ausladen und in Marsch setzen, sehr interessant, aber Tag und Nacht Dienst. Daher auch nie Schreibpause und so kurz.
13. Juni: Gestern war hier bei uns, nicht an der Front, Großkampftag.
18. Juni: Wenn es nur nicht immer wieder regnen würde! Dadurch wird jede Bewegung unmöglich und man steckt buchstäblich im Dreck. Im Übrigen bin ich dabei, für Dich 1–2 Mädchen zu besorgen. Es ist heute die letzte Nacht in Bjelgorod gewesen.
1. Juli: Der Fahrer von meinem Wagen ist übrigens ein Berger aus Riedlichen (bei Atzenbach).
23. Juli: Ich kann auch bei Regen nicht klagen, solange ich Kradmantel, Pferd und ›Wohnwagen‹ habe. Rückschauend muß ich schon sagen, daß sich meine Versetzung zum Gepäcktroß gar nicht ungünstig ausgewirkt hat. Wenn nicht Krieg wäre, wäre es die reinste Erho-

lungsreise. Auch das Reiten klappt jetzt wieder und macht mehr und mehr Freude, seit ich jetzt ein anständiges Reitpferd habe, und sich auch mein Hinterteil eingeritten hat. Außerdem haben wir beim Gepäcktroß überhaupt noch keine Verluste gehabt, während das vorn wesentlich anders aussieht. Die Russen greifen Woronesh immer wieder an.

28. Juli: Heute morgen, nachdem ich doch gerade erst gestern Abend vom Reg. zurückgekommen bin, höre ich, daß unser Oberst, gestern nachm., gerade nachdem ich weg bin, gefallen ist. Am Abend hatten wir in seinem Bunker noch eine Flasche Rotwein getrunken und am Morgen gab er mir noch einen Brief an seine Frau mit. Schrecklich! Wir alle sind ganz erschüttert. Und beim Reg. sagten sie mir noch, daß er in seinem Wagen stehend durch den schlimmsten Hagel durch wäre und nie hätte es ihn getroffen. Er war sehr müde und abgespannt, da sie vorne sehr viel mitmachen mußten. Er sagte mir noch, er wünsche sich nur einmal ein paar Stunden Ruhe! Jetzt hat er sie für immer gefunden. Die Russen kommen immer wieder mit neuen Panzern. Sie fahren über unsere Infanteristen weg, bis sie weiter hinten so allmählich von Stukas abgeschossen werden. Ich habe mindestens 50 Stück davon gesehen in unserem kleinen Reg. Abschnitt. Von den Offizieren des Reg.stabes lebt jetzt nur noch der neue VO und ich, alle andern sind gefallen, der Reg. Adjutant ist sogar schon der dritte! – Aber die Front hält, das ist jedem klar, wenn die armen Kerle vor Müdigkeit kaum noch stehen, geschweige denn laufen und schanzen können. Herrgott, warum muß das alles sein?

9. August: Heute suchte ich das Grab von unserm Oberst von Langsdorff auf, das ganz würdig angelegt war mit einem schweren Eichenkreuz und Birkenzaun. Er liegt dort mit ca. 50 Gefallenen des Regiments.«

Den Rückweg wählt er, zusammen mit seinem Pferdeburschen, querfeldein: »quer durch Felder und Wiesen; es war herrlich, viel schöner als auf Straßen. Es gibt hier Felder mit Sonnenblumen, so groß, daß man kein Ende absieht; an einem ritten wir im Trab ¼ Std.

entlang, also fast 2–3 km. Bei Sonnenuntergang kamen wir müde, aber heil und froh in unserem Lager wieder an. Das war mein erster großer Ritt mit ca. 50 km in 6½ Std. Reitzeit. Übrigens baut man vorn schon eifrigst Bunker für den Winter, ganz tiefe Erdlöcher. Wir können leider noch nicht anfangen damit, da wir nochmals verlegt werden. Dies Jahr fängt man mit den Wintervorbereitungen etwas eher an. Z. Zt. helfen wir bei der Ernte. Überall muß alles nur Verfügbare mithelfen, Soldaten, Gefangene, Zivilisten, Frauen und Kinder. Mähmaschinen sind z. T. wieder hergestellt und laufen in Doppelschicht. In unserm Div.abschnitt allein ist genügend Frucht für 4 Divisionen für ein ganzes Jahr. Ein fruchtbares Land! Heu haben wir auch schon zusammen und wenn wir nochmal ernten können, wird es wohl auch für den Winter langen.«
In diesen russischen Sommertagen notierte der Leutnant: »Nur geht es eben immer weiter von Haus weg …«

✶

In Atzenbach wurde indes ein Schaf und ein Schwein geschlachtet, der Metzger vom Ort machte in der Waschküche des »Schlößli« auch Speck und Würste. Es war Schlachttag. Die Kinder wurden krank. »Es war zum Heulen«, schrieb Margrit in ihr Notizbuch; das eine hatte Scharlach, dann Lungenentzündung, das andere bekam eine Serumspritze, die Brüder hatten Bronchitis, die Zimmer wurden desinfiziert … An Pfingsten, als alles überstanden und es draußen wärmer war, konnten sich die Kinder im Garten über ein neugeborenes Schäfchen freuen. Im Juni erwischte es Margrit: Erkältung, zugeschwollene Augen, Fieber, Gesichtswundrose, Bettruhe … Dazwischen Briefe von der Front, Päckchen an die Front, Kirschen aussteinen, Kirschen und Beeren einmachen. Im Hühnerhof schlüpften fünf Gänschen und im Juli lag das Mutterschaf erstickt im Garten.
Am 9. Juli 1942 notiert Margrit: »Nachmittag nach Lörrach, um von Carl geschicktes Russenmädel abzuholen, 15 Jahre alt, kaum deutsch. 10. Juli: Elena todmüde, schläft bis 9 abends. Brief von Carl.

11. Juli: Morgens mit Elena nach Lörrach zum Arbeitsamt gefahren, sie kommt jetzt in den ›Ochsen‹ nach Zell.«

Carl hatte es gut gemeint, aber das arme Mädchen Elena aus Bjelgorod war keine echte Hilfe für Margrit. Die nächsten Briefe, die Margrit aus Rußland erhält, beruhigen sie kaum:

»11. August: Ich bin mal wieder am Packen und zwar für einen Kurs bei der Armee in Kursk voraussichtlich.

13. August: Meldung bei der Division. Mittags ging es von der Division zum Stab des Armeekorps; hier sind wir gut untergebracht und versorgt. Wir bleiben hier allerdings nur 2–3 Tage und kommen dann zur weiteren Unterweisung zum Armeestab nach Kursk. Es handelt sich um die Vorbereitung eines Postens bei der Division, der ganz interessant ist und mir schon passen würde und auch Dir, da er nicht gefährlich ist.

17. August: Jsapogowo bei Kursk. Hier ist alles friedensmäßig. Unterricht à la Uni, sorglos, als ob man nicht in Rußland stände, in einer Gegend, die einen eher an Deutschland erinnert. Heute nachm. konnten wir sogar noch ein Dampfbad nehmen und eben war noch gutes Kino und Wochenschau. Hinter der Front ist der Krieg doch besser auszuhalten: Je mehr man zu den höheren Stäben kommt, umso besser geht es einem. Dem armen Infanteristen vorn kann aber nichts davon gegeben werden. Das ist ein Jammer. – Der Kurs ist ein sog. Ic Lehrgang, d. h. eine Ausbildung für den Ic Posten eines Stabes, der bes. für Beobachtung des Feindes und seine Stärkenbeurteilung verantwortlich ist. Da es Ic Leute eigentlich erst ab Div. Stäben gibt, ist damit auf die Dauer evtl. eine Möglichkeit gegeben, in den Div. Stab zu kommen.

19. August: Auf alle Fälle müssen wir uns mit dem Gedanken eines zweiten Winters in Rußland befreunden. – Der Unterricht dauert von morgens bis abends 7 Uhr bei einer $1\frac{1}{2}$ stündigen Mittagspause.

20. August: Unsere schönen Tage hier mit Dach überm Kopf, Bett, weißem Tischtuch, Tellern, Bad, Kino, Theater usw. sind jetzt bald vorüber.

22. August: Samstag Abend: Der Kurs ist zu Ende – leider! Es hätte noch Wochen so weitergehen können, denn hier war man doch wenigstens ordentlich untergebracht. Der Lehrgang war größtenteils sehr interessant und hat einem bes. über Rußland Aufklärung gegeben. Ja, die Sache ist nicht so ohne und geht nicht so schnell zu Ende.
24. August: Auf der Rückfahrt zur Division bin ich mit der Bahn bis hierher gekommen und warte nun auf eine Fahrgelegenheit nach vorn. Und dabei regnet es, sodaß ich heute kaum meinen Haufen erreichen werde. Das ist scheußlich. Sonst geht es gut bis auf etwas Katerstimmung, weil man nach so schönem Quartier bei der Armee so obdachlos ist.
25. August: Gestern Abend bin ich wieder bei meinem Haufen gelandet.
26. August: Heute nachm. um 4 Uhr soll ich mich bei der Div. für einen Sonderauftrag einfinden. Sonst weiß und ahne ich nichts.
31. August: Es geht mir gut, habe aber viel zu tun, bin gestern Nacht, nach Erledigung meines Sonderauftrags, wieder bei der Div. gelandet.«

Die Werkszeitschrift im Oktober/Dezember 1942:

»Feldpost

Die Front schreibt – die Heimat antwortet!
Unser Betriebsführer Herr Leutnant Wuermeling grüßt in einem Schreiben die ganze Betriebsfamilie und verspricht uns einen größeren Bericht, sobald die Werkzeitschrift in seinen Händen ist. Wir freuen uns recht darauf, zudem es ja einige Monate her ist, daß er – besonders fürs Werk Atzenbach – etwas von sich hören ließ. Viele fragen des öfteren: Unser Betriebsführer Wuermeling schreibt gar nimmer, oder: Hat Leutnant Wuermeling noch nicht geschrieben?, so fragen die Arbeitskameraden, wenn sie beim Pförtnerhaus vorbei gehen; oder sie fragen den Betriebsobmann. Wir hoffen also, daß wir auf eine Weihnachtsbotschaft nicht so lange mehr warten brauchen; am liebsten wäre es uns, wenn Sie in einem Urlaub persönlich zu uns

sprechen könnten. Vielleicht reichts zum Weihnachts- oder Neujahrsappell! Ueber betriebliche Fragen berichtet die vorliegende Werkzeitschrift. Die ganze Betriebsgemeinschaft wünscht für die Zukunft alles Gute!«

Natürlich schrieb Leutnant Wuermeling nach Atzenbach – an Margrit; keine Zeilen, die sich für das Anschlagbrett eignen, wie am 1. September 1942: »Mein geheimnisvoller Sonderauftrag war, bei den Regimentern die Feindlage festzustellen und auf Karten einzuzeichnen. Die Div. brachte mich per Auto zum Reg. und von dort mußte ich dann selbst weitersehen. Es war wohl etwas umständlich und anstrengend, aber doch sehr interessant. Bloß gibt es stellenweise nachts Wanzen und Flöhe, von denen ich die Flöhe immer noch nicht ganz los bin. Jeden Morgen bin ich jetzt auf der Suche und habe dabei zu meinem großen Entsetzen wieder eine Laus gefangen. Aber ich hoffe, das war die einzige. Vorne sind unsere Leute völlig verlaust und verdreckt. Ihr macht Euch keine Vorstellung, was die Leute vorne alles mitmachen müssen.«

Die von der ganzen Betriebsfamilie in der Werkzeitschrift gestellte Urlaubsfrage beantwortet er schon vage gegenüber seiner eigenen Familie: »Wegen Urlaub: es wird hier im Osten jeder Mann im Winter gebraucht, da unsere ganz beschränkten Ziele für dieses Jahr nur mit größter Mühe erreicht werden. Die Russen sind einfach zu hart. Das ist allen eine schlimme Enttäuschung.«

»16. September: Wahrscheinlich komme ich sofort zur Division und zwar in dem Fach, in dem ich nun einen Monat lang ausgebildet bin, d.h. die Bearbeitung der jeweiligen Feindlage und Stärke, Spionage etc. und Truppenbetreuung; das Ganze heißt militärisch abgekürzt I c. Die Sache ist ziemlich ungefährlich.« So beugt er sich über die Feindkarten auf seinem Schreibtisch, macht Eintragungen auf die Karten an der Wand und wertet die Aussagen aus, die aus Verhören von Überläufern oder Gefangenen herausgebracht werden können. Am 8. Oktober erklärt er, warum nach Atzenbach keine Post ins »Schlößli« kam:

»Wegen Fiebers (38–39) konnte ich nicht schreiben. Draußen wird es schon kälter und der bekannte Wind wird schon eisig. Es ist Zeit, daß unsere Bunker fertig werden. An der Front ist es jetzt wieder ruhiger. Es scheint, daß der Russe alles bei Stalingrad einsetzte.« Das Fieber stieg noch an. Am 27. Oktober berichtet er, daß im Divisionsstab recht erheblich Gelbsucht grassiere. »Mal sehen, wann und ob es mich auch schnappt?«
Und dann hat sie ihn doch gepackt – die Gelbsucht. Leutnant Wuermeling wurde ins Feldlazarett abtransportiert. Am 31. Oktober schreibt er: »Die Gelbsucht soll normalerweise 4 Wochen dauern, so daß ich also bei normalem Verlauf Weihnachten zu Hause sein könnte.« Seinen 39. Geburtstag und Namenstag verbringt er im Feldlazarett. Er liest Bücher über Prinz Eugen, über den Herzog von Marlborough, über Friedrich den Großen, ärgert sich über dessen Homosexualität: »Gibt es denn auf der Welt gar keine großen Menschen, die man mit Freuden studieren kann? Ich überlege, ob ich da nicht lieber gleich auf Bismarck umsattle, aber der hat wieder den Kulturkampf auf dem Gewissen! Es sind halt alles nur Menschen! Und so darf man sich über die Fehler unserer heutigen großen Leute nicht allzu sehr wundern.«
Dann entscheidet er sich für den Arbeiterdichter Heinrich Lersch und ist verwundert, »daß so etwas noch in einer Heeresbücherei zu finden ist«. Er bekommt Diätkost verabreicht, kein Fleisch, dafür aber Milchreis und Grießbrei, fühlt sich schwach beim Aufstehen, erkundigt sich nach Bezugsscheinen für einen Wettermantel, nach der Zahl der Punkte auf der ›Reichskleiderkarte‹ für Unterjacken und Strümpfe, Uniform, Mütze und pelzgefütterten Mantel.
In diesen ersten Novembertagen ist in Rußland der Winter, ohne jeden Übergang, eingezogen. »Eines Morgens war alles schneebedeckt (und das bleibt jetzt auch so). Und nun steht uns der lange Winter bevor, der vor allem wegen des kalten Windes so gefürchtet ist.« Man benötigt Holz für den Bau eines Bunkers und holt es aus der »gänzlich kaputten und abgebrannten Riesenstadt Woronesh«. Auch Holz-

betten werden aus den Trümmern abtransportiert. Dort vorn bei Woronesh herrscht Ende November Ruhe. Teile der Division werden am 25. November von diesem Frontabschnitt abgezogen.

Und dann ging es ganz plötzlich: Am 27. November 1942 darf Leutnant Wuermeling einen Erholungsurlaub antreten. Das bedeutet: Weihnachten zu Hause im Wiesental bei Margrit und den Kindern.

Carl als Soldat bei Woronesh mit russischem Bauern im Oktober 1942

Eine anstrengende, mühsame Bahnfahrt beginnt. Sie dauert fast 10 Tage: »Wir fuhren über Kursk, Orel, Briansk, Gomel, Minsk, Bialystok im dauernden Zick-Zack hin und her, vor allem wegen der Partisanen, die im Nordabschnitt hinter der Front ja eine fürchterliche Bedeutung haben. An dieser Strecke liegen vielfach entgleiste Wagen und mit großer Mühe können die Hauptlinien freigehalten werden. Die Nebenlinien und auch einige Hauptlinien (so z.B. die Strecke Gomel – Brest) hat man längst aufgeben müssen. Dieser Kleinkrieg ist ja fast noch fürchterlicher als unser Kampf vorn.« Dann ging die Heimfahrt mit langen Wartezeiten auf Bahnsteigen bis Berlin und über München und Stuttgart nach Atzenbach – nach 110 Fahrstunden! In dieser Zeit marschierten seine Divisionskameraden in Eis und Kälte vom Abschnitt Woronesh nach Süden. »So sehr ich mich freue, diesem Marsch entgangen zu sein, so sehr tun mir die armen Kerle leid, die da marschieren müssen!«
Und dann war er heimgekehrt. Margrit beschreibt den Eindruck im Rundbrief für die Verwandten ihres Carl:

»Atzenbach 12.12.42

Ihr Lieben,

wir haben also glücklich unsern Vater für 4 Wochen hier. Es ist ein erlösendes Gefühl, mal nicht an Rußland denken zu müssen. Am letzten Samstag, also gerade heute vor 8 Tagen, kam er plötzlich ins Haus rein – wohl erwartet, aber doch nicht gerade mit dem 6 Uhr Zügle. Das war natürlich ein Hallo! Und all die schweren Pakete usw. – ein richtiger Fronturlauber. Aber sehr gutaussehend, eher dicker, trotz Gelbsucht. Bis der arme Kerl mit der Begrüßung durch war, war er ganz müde. Wir haben nun natürlich endlos zu erzählen; man kommt zu keinem Ende damit. Und wir sind noch lange nicht fertig. – Ein ganz großes Hallo brachte das ›Führerpaket‹ mit 2 Pfund Butter, einer guten langen Wurst, Zucker, Erbsen und Mehl. Außerdem schleppte Carl noch ein Mehlfaß mit.

Anfang der Woche hatte Carl viel Lauferei wegen seiner Uniform, eines neuen pelzgefütterten Mantels, Mützen etc. Wir haben zum Glück in Lörrach noch einen Schneider gefunden, der den Mantel mit Hilfe des Atzenbacher Schneiders noch vor Carls Abfahrt macht. Da war ein Stein vom Herzen. Die Gelbsucht ist bei Carl fast weg, aber nun ist er sehr erkältet und wir kämpfen mit Bädern und Tees dagegen. Nächste Woche hat er Sitzung in Freiburg, will damit eine Fahrt ins Elsaß verbinden, so daß wir diese Zeit für uns schon wieder verloren haben.«

Und Carl schreibt: »Ein Jahr ist doch eine wahnsinnig lange Zeit … Das hat Margrit wirklich ganz fabelhaft gemacht, die Kinder so ganz allein so gut durchzubringen. Sie haben sich ja auch kolossal gemacht, abgesehen von Margrit, die ja bald wieder so schlank wie ein junges Mädchen geworden ist.«

26. Kapitel
»Rheingold«

Heiligabend im Atzenbacher »Schlößli«. Es ist die vierte Kriegsweihnacht. Nach einem Jahr Soldat an der Ostfront – Heimaturlaub, Weihnachten im Kreis der Familie. Carl fügt sich in die Gepflogenheiten und nimmt sich Zeit für den Familienrundbrief, der die verlorene Zeit mit Inhalt auffüllen soll.

»Atzenbach, den 26. Dezember 1942

Meine Lieben,

Der Eilumlauf wurde leider in Atzenbach etwas unterbrochen, was durch den Umtrieb wegen Weihnachten zu erklären ist.
Heute, am zweiten Weihnachtsfeiertage, grüße ich Euch nochmals herzlichst zum Weihnachtsfest und wünsche Euch recht schöne Tage, besonders auch für das neue Jahr. Es wird schwer werden, bestimmt schwerer denn je. Aber es hilft nichts; wir müssen einfach durchhalten. Sonst ist alles aus. Unsere armen Soldaten draußen haben bei den schweren Kämpfen unheimlich viel durchzumachen, und ich bin gespannt, bei meiner Rückkehr zu meiner Division zu hören, wie es ihr ergangen ist. Ich vermute nämlich, daß sie gerade an der Donfront eingesetzt sind, wo die Russen durchgebrochen zu sein scheinen. Denn als ich auf Urlaub ging, wurde unsere Division mit einer anderen bei Woronesh herausgezogen und weiter südlich in Marsch gesetzt, bei 20 Grad Kälte und Schneesturm ohne Quartiere! Es kann also gut sein, daß sie in die Schweinerei dort hineingekommen sind. Ich bin ja froh, daß ich so diesem entgangen bin. Bis ich in 14 Tagen wieder dort eintreffe, wird sich wohl alles wieder einigermaßen eingerenkt haben.«

Es ist eine fröhliche und friedliche Weihnacht unter dem wärmenden Lichterglanz des Christbaums daheim im eigenen Nest:

»Ja, und so sitze ich hier im tiefsten Frieden mit meinen Lieben in Atzenbach, und wir vergessen soweit möglich die Zeit um uns. Und tun, als ob kein Krieg wäre. Ganz gelingt es einem ja nicht, besonders wenn ich meiner Kameraden da draußen beim Anhören des Heeresberichtes gedenke und wenn Margrit an das Urlaubsende denkt. Sie ist aber so tapfer und hat alles so schön vorbereitet, daß ich noch nie so schöne Weihnachten zu Hause gefeiert habe. Und auch für die Kindertische hat sie so ausgiebig gesorgt, daß man wirklich nicht meinen könnte, daß Krieg ist. Ich weiß wirklich nicht, wie sie das so macht.
Ja, und dann danke ich Euch allen noch bestens für die Pakete und Weihnachtsgrüße. Wir und die Kinder haben uns alle sehr darüber gefreut. Einzeln wird das Bedanken wohl Margrit besorgen; denn nachher vergesse ich etwas, dann ist es nur umso schlimmer.
Das Weihnachtszimmer hat Margrit im Wohnzimmer eingerichtet. Beim Weihnachtsbaumrichten wurde ich gerade noch geduldet, aber dann durfte ich nicht mehr hinein und hätte höchstens durchs Schlüsselloch gucken müssen. Sie hatte alles wieder fabelhaft gerichtet, und als wir dann endlich mit dem üblichen ›Ihr Kinderlein kommet‹ hereindurften, strahlte alles nur so: die Weihnachtskerzen, die Glaskugeln am Weihnachtsbaum, und vor allem die Kinder und nicht zuletzt unsere liebe Margrit, wie sie all dies Strahlen sah.«
Auch Margrits Spezialität – die Durchlegetorte – stand auf dem Gabentisch. »Die notwendigen Sachen dazu lieferte das 15 Pfund schwere Führerpaket, die Schwerarbeiterzulagen, die Osturlauber bekommen, und noch die Weihnachtszulage, die jeder Zivilist und Urlauber bekam. Es war also auch in dieser Beziehung auszuhalten, dazu hatte Margrit noch gespart, und es kam noch ein Hase, und ein Huhn fing zu legen an, so daß es eigentlich an nichts fehlte. Und trotzdem hatte Margrit noch reichlich und gut Weihnachtsgebäck

gebacken, von dem Ihr ja vermutlich auch etwas in Euern Weihnachtspaketen vorgefunden habt. Wegen dieser ausreichenden Versorgung und da ich als Gelbsüchtiger bzw. Genesender nichts Fettes essen soll, und auch wegen der Arbeit für Margrit, haben wir die Schlachterei mal erst verschoben, und sie wird dann wohl steigen, wenn ich fort bin. So kommt dann Margrit besser über den Abschiedsschmerz weg.

Die Kinder habe ich kolossal groß gefunden ... Ja, das ist ein schönes Vergnügen mit den Kindern zu spielen und rumzutollen. Das könnt Ihr Euch vorstellen. Immer sind sie ja nicht so ganz ruhig und artig, aber für die paar Tage kann mir das nichts anhaben. Aber ich staune immer, wie Margrit das schafft, und kann mir vorstellen wie glücklich sie sein muß, wenn die ganze Bande gesund und schön in ihren Betten schläft. Dann sind die Kinder doch noch immer am allerliebsten.

Im Geschäft habe ich alles immer noch recht günstig angetroffen; wir müssen heute froh sein, wenn wir unsere Abschreibungen verdienen. Und dabei bekommen wir dies Jahr auch noch 4% Dividende raus und damit fällt für uns auch noch wieder Tantieme ab. Das hätte ich gar nicht erwartet. Am 16. Dez., gerade an Margrits Geburtstag, hatten wir noch Aufsichtsratssitzung in Freiburg, die sehr angenehm für mich verlief, bes. da sich der Vorsitzende ziemlich auf meine Seite stellte, vermutlich auf Grund eines neuen A.R.-Mitgliedes, den mein Kollege zur Stärkung seiner Stellung in den A.R. hineingebracht hatte. Da mußte ich aber lachen!

So ist, bzw. verläuft der Urlaub wirklich in jeder Weise denkbar schön und harmonisch, besonders natürlich wegen der vielen Mühe, die sich Margrit gibt, um mir die Tage schön zu machen. Und wenn wir dann wieder auseinander müssen, dann können wir uns beide doch sagen, daß die Tage nicht schöner sein konnten. Und dann versteht Ihr Münsteraner vielleicht auch, warum ich nicht auch noch über Münster kommen kann. Kassel und Berlin liegen nun mal direkt am Weg. Münster kostet mir mindestens einen ganzen Tag. Seid mir

darum nicht bös! Es wäre sicher sehr nett geworden. Dafür rauche ich dann in Rußland Eure Zigarren in Gedanken an Euch! (Besten Dank dafür!)
Nun Schluß alle meine Lieben. Für das neue Jahr nochmals alles Gute und vor allem guten Mut. Den werden wir brauchen.
In alter Herzlichkeit
Euer Bruder Carl«

Am Neujahrstag ging die Familie um Viertel vor acht Uhr in die Feiertagsmesse. Zu Hause gab es anschließend Gänsebraten. Alle waren von den Aufregungen der Weihnachtstage sehr müde.

Auf der Fahrt zur Front, am 8. Januar 1943, nutzt der Leutnant die Wartezeit, um seinen Geschwistern vom Ende seines Weihnachtsurlaubs in Atzenbach zu berichten: »Ich sitze z. Zt. auf einer Station südöstl. Kursk und warte auf den Zug, der von Charkow kommend mich nun weiter südl. zum neuen Standort der Division bringen soll. Hier im Wartesaal ist es gerammelt voll von Deutschen, Ungarn und auch Italienern. Neben mir ist die Essensausgabe und dauernder Betrieb und Gestoße. Bis hiervor haben sich sogar die Rote Kreuz Schwestern gewagt, die damals beim Durchbruch der Russen Mitte Dezember beinahe von ihnen überrascht wurden. Übrigens ist hier die Lage wiederhergestellt.
Und nun noch einiges über meine Reise. Ja, es ist schon eine anstrengende und langwierige Sache. Morgen bzw. übermorgen hoffe ich bei meinem Haufen einzutreffen, dann sind es also genau 8/9 Tage! Und die ganze Zeit kein Schlaf, kein Bett, mäßiges Waschen, kein Ausziehen und was sonst so alles dazu gehört. Also am Samstag, 2.1., ging es um 16 Uhr 10 ab Zell. Da solch Sauwetter war, hat unser Omnibus die ganze Familie nach einem kurzen Abschiedskaffee nach Zell gebracht. Die Kleinen waren so selig, Omnibus zu fahren, daß sie den Abschied vom Vater darüber gar nicht bemerkten. Margrit mit den »Großen« brachte mich sogar noch nach Weil. Auch sie

waren sehr tapfer, wohl auch aus Sorge, ihren Zug nach Lörrach nicht mehr zu bekommen. Deshalb auch kein langes Gewinke, als mein Zug gerade noch vor dem ihren abfuhr.«
Über Karlsruhe ging die Reise im überfüllten Zug bis Kassel, weshalb er zum Zugfenster aussteigen mußte. Das war um 3 Uhr am frühen Sonntag morgen. In der Familie seines ältesten Bruders wurde er verpflegt. Um 7 Uhr, also vier Stunden später, fuhr er im Eilzug über Hannover zu seiner ältesten Schwester Agnes nach Berlin, von wo er kurz vor seiner Weiterfahrt im ebenso überfüllten Zug nach Warschau in Atzenbach anrief.
Am Tag des Abschieds in Weil am Rhein schrieb Margrit in ihren neuen Jahreskalender: »Bei meiner Rückkehr war ein Huhn kaputt und Carls Militärkoffer da.« Das Frachtgut hatte vor lauter Festtagen den Adressaten verfehlt.
Am 3. Januar war Margrits Eintrag: »Sehr viel Sonne. Tante Marie, Elsie und Erika da; abends noch Carl geschrieben«:

3. Jan. 43

»Mein lieber Carl – jetzt sitzt Du im Zug, der dich immer weiter wegbringt. Was hilft's? Ich danke Dir nochmals für Deinen letzten Zettel. Ich hatte halt darauf gehofft, dachte aber nachher gar nicht mehr daran, weil Du ja auch solch eine Hetze hattest. Um so größer war dann die Überraschung und Freude. Bist doch ein guter Kerl. Das Schönste für uns ist jetzt die Erinnerung. Die wird Dich begleiten und Dir helfen. Und bis wir uns wiedersehen, zehren wir halt davon. Hoffentlich verläuft Deine Fahrt gut. Ich denke so an Dich und schlafe deswegen gar nicht recht. – Es hat auch so geschneit diese Nacht hier. Ich hab' mich sehr gefreut über Deinen Berliner Anruf! Leb wohl!
In ganz herzlicher Liebe
Deine Margrit«

Der Brief erreichte ihn nicht. Er kam mit der Aufschrift: »Zurück« darunter wieder nach Atzenbach. Das »Zurück« las sich im Schriftzug wie »Zürich« …

Bialystok, 4. Januar 1943
»Meine liebe Margrit,
seit langem die erste Feldpost wieder. Was wirst Du bei dem Empfang alles denken? Und was soll ich Dir darin alles sagen? Ich hätte soooo viel, aber das hebe ich mir mal auf für ruhigere Stunden und Tage. Z. Zt. sitze ich auf dem Bahnhof, habe meinen Zug, Marschverpflegung und meinen Mantel bekommen. Geld gewechselt, nochmal gewaschen und rasiert, also wohl gerüstet für den 2. Teil meiner Reise, abgeschlossen mit dem hinter mir, mit der Heimat. Jetzt beginnt wieder Rußland und der Krieg. Die Stimmung ist allgemein gut und durchaus nicht gedrückt, auch bei mir. Anders hat es keinen Sinn. Freuen wir uns der einzig schönen Tage, die wir zusammensein durften. Habe nochmals Dank für alles Liebe, was Du mir getan und gegeben hast, trotz Deiner knappen Zeit. Sei auch Du jetzt nicht traurig, und Du bist sicherlich längst schon wieder an der Arbeit.
Grüße mir die Kinder, jedes einzeln, ganz herzlich von mir, und sage ihnen, sie sollten lieb zu Dir sein.
Alles, alles Gute wünscht Dir für immer jetzt nur noch
Dein Carl«

Am selben Tag schreibt auch Margrit: »… Wieder ein Tag näher unserem Wiedersehen. Wenn's auch noch lange geht. Du wirst nun schon wieder von Bj. weg sein. Ich denke den ganzen Tag auf Deiner langen Fahrt … Und du fährst Dich km für km in Dein anderes Leben rein und gewöhnst Dich allmählich an den neuen Zustand. Wie Du wohl alles antriffst. Ich begleite Dich so sehr in Gedanken.« Auch dieser Brief und der darin beigelegte Jahreswandkalender für 1943 erreichte Carl nicht und kam nach Atzenbach zurück. Dann ein Telegramm aus Bialystok:

»Einen letzten Gruß Dir und Kindern vor Fahrtbeginn nach Rußland
Dein Carl«

Und ein Kartengruß:

»Meine liebe Margrit!
Es ist Dienstag (5.1.) morgens neun Uhr. Wir sind in Minsk angelangt. Im Zuge ist es wieder ziemlich voll, aber stundenweise hat man doch noch lang liegen und schlafen können (ab Bialystok wieder 3. Klasse Wagen). Sonst gehts gut. Ich denke viel an Euch. Stets Dein Carl.«

Und tags darauf:

»Vor Briansk, den 6.1.43

Liebe Margrit!
Jetzt beginnt der 3. Tag im ›Läusezug‹ (ab Bialystok). Die Nacht habe ich sehr schlecht geschlafen; alle Glieder taten mir weh. Jetzt geht es aber wieder nach dem Morgenkaffee (mit einem Deiner schönen Plätzchen zum Schluß). Deine feinen Brötchen sind gestern auch zu Ende gegangen; so nimmt man jeden Tag einen neuen Abschied von daheim. Aber ein Trost ist mir, daß ich bei der Division ja noch einiges von Dir vorfinden werde. Und einmal kommen ja dann auch Deine Briefe wieder, auf die ich mich schon jetzt so freue. – Bis Bialystok war das Wetter nicht kalt, um 0 Grad herum. Jetzt haben wir aber schon ganz nette Eisblumen an den Fenstern und vielleicht minus 10 Grad. Wenn es nicht schlimmer wird! – Hier hinter der Front ist überall das gleiche Leben, man merkt von den schweren Kämpfen vorn gar nichts. Nur ab und zu kommt mal ein Truppentransport vorbei. Übrigens haben wir in unserem Zug bisher immer noch schön warm; im Übrigen hätte ich ja auch noch 3 Mäntel.
Herzlichst
Carl«

Margrit schreibt am 7. Januar 1943 an Carl: »Mit den Kindern zündete ich nochmal den Baum an und dann wünschten wir uns alle was beim Ausgehen der Lichter. Was ich mir wünschte, weißt Du ja – Dich.« Auch dieser Gruß kam »Zurück, neue Anschrift abwarten«.

»Feldpostbrief
                Kursk, den 7.1.43
Liebe Margrit!
Heute in aller Herrgottsfrühe sind wir endlich hier angelangt. Diese Nacht habe ich aber fabelhaft geschlafen. Nach Waschen, Rasieren, Frühstück usw. sitze ich bereits im Zuge nach Kasternoje, von wo es dann statt geradeaus etwas weiter südlich geht. Auf alle Fälle glaube ich, nach unserm neuen Standort, daß unsere Division noch ziemlich Ruhe hat. Gott sei Dank! Auch Du wirst froh sein! – Sonst geht es mir ganz gut bis auf einen Schnupfen. Auch habe ich gar nichts mehr zu lesen; dummerweise habe ich nur so wenig mitgenommen. Schicke mir daher nur gleich das erste Buch! Wie geht es Euch wohl? Maria wird jetzt wohl bei Euch sein? Hoffentlich sind die Kinder gesund und lieb, und Du tapfer wie bisher immer. Was macht das Wetter bei Euch? Hier war es nur in Orel fürchterlich kalt. In Kursk hat es kaum unter 0 Grad. Aber der Wind ist unangenehm. Bisher hatte ich jedenfalls bei meiner Ausrüstung noch immer schön warm. Man läuft hier noch mit Pelzmützen herum, mal sehen, ob ich auch noch eine bekomme. So nun Schluß, meine liebe Margrit, grüße die Kinder und Maria!
Stets Dein Carl«

Auf einem beiliegenden Zettel stand geschrieben: »(Nur im Heimatumlauf, nicht an Front) WA = Walujki, Alexy = Alexyewka (südl. Ostrogosh), Ross = Rossosch oder Mitrowanowka«. Diese Kürzel dienten der Tarnung der Einsatzorte.

Am nächsten Tag, am 8. Januar 1943, schrieb Carl:

»Lb. Margrit!
Von Kursk nach Kasternoje gestern ging es noch; aber nachts die Strecke südwärts war ein zweifelhaftes Vergnügen! entweder mit Platz in kalten Viehwägen oder dicht gepökelt im angewärmten Gepäckwagen, aber stehend die ganze Nacht! Auch das ging vorüber. Und einmal werde auch ich meinen Haufen wieder erreichen, vielleicht sogar noch heute abend. Im Übrigen ist hier in dieser Gegend Ruhe; es wird also alles nicht so schlimm sein. Mein Schnupfen ist auch schon bald wieder weg, dafür etwas Husten. Wann Du wohl meine Post immer bekommen hast? Ich schrieb Dir täglich ab Bialystok. Hoffentlich hast Du nicht zu lange warten müssen. euch allen viele herzliche Grüße
von Deinem Carl«

Diese Karte kam am 26. Januar in Atzenbach an. Dann noch eine Karte von Carl vom 9. Januar 1943, 9 Uhr:

»Liebe Margrit,
Seit heute morgen um 2 Uhr sitze ich schon wieder auf der Bahn, nachdem ich gestern wegen Sperrung der Strecke den ganzen Tag auf einer kleinen Station festgelegen bin. Und dabei sind es keine 50 km mehr bis zum Ziel! Allmählich wird es doch blöd! Stundenlang bleibt der Zug auf offener Strecke stehen. Wenn's so weitergeht, komme ich heute nun auch nicht mehr hin! Gott sei Dank ist es warm, allerdings etwas eng. Heute vor 8 Tagen fuhr ich nachmittags bei Euch weg! Alles Gute!
Stets Dein Carl«

Am selben 9. Januar 1943 schrieb Margrit: »Jetzt kommt es mir vor als wärst Du schon wieder eine ganze Ewigkeit fort und nicht nur eine Woche ... Wir haben es hier sehr kalt. Als wir heute nach der

8 h-Messe aus der Kirche kamen, erstrahlte der Zeller Blauen wie Gold in der aufgehenden Sonne.« Wieder erreichten Margrits Zeilen Carl nicht: »Zurück, neue Anschrift abwarten«.

Am Sonntag, den 10. Januar 1943, schreibt Carl:

»Lb. Margrit!
Nachdem ich wieder die ganze Nacht gefahren, bzw. auf der Strecke gestanden bin, habe ich hier heute Mittag endlich telephonische Verbindung mit unserer Division aufnehmen können. In einer Stunde kommt der PKW und bringt mich wohl noch heute zur Division (wenn es gut geht). Ich bin froh; das kannst Du Dir vorstellen! Auch sonst geht es mir gut. – Ihr werdet jetzt Euern So. Nachmittagskaffee abhalten; ich verzehre eben in Gedanken daran meine letzte Durchlegetorte.
Herzlich Carl«

Margrits Briefe, adressiert an Carls Feldpostnummer, gehen ins Leere.

»11. Januar 1943
Heute kam schon Dein Brief aus Kursk vom 7. an. Nun weiß ich wenigstens, daß es Dir so weit gut ging und hoffentlich hat sich auch Dein Schnupfen nicht verschlimmert. Dein Brief war mir eine große Freude und ich habe ihn auch den Kindern vorgelesen …«

Am selben Tag, dem 11. Januar 1943, 7 Uhr 20, schreibt Carl an der Front:

»Meine liebe Margrit
gestern Abend bin ich endlich bei dem Divisionsstab gelandet und bin sehr freundlich allerseits empfangen worden (bes. vom General). Habe alles wohl angetroffen.

Dies nur ganz kurz voraus, da unser Fahrer sofort (8 Uhr) auf Urlaub fährt und Dir diesen Gruß mitnehmen soll. Ich sage Dir noch näher Bescheid wegen Koffer usw. Leider nur so kurz für heute, da ich nicht wußte, daß er schon *so* rasch abfährt.
Herzlichste Grüße
Dein Carl«

Im Osten, den 11.1.43

»Meine liebe Margrit!
Es ist abends spät (ca. 23 Uhr) und ich will Dir rasch noch einen Gruß schicken. Den nimmt der Ic Olt. Boie mit auf Urlaub und schickt ihn Dir dann. So hast Du am schnellsten Post von mir. Vermutlich auch schneller als per Luftpost, da wir hier nicht mehr so günstig liegen wie bei Woronesh. Aber es ist ganz erträglich, darüber hörst Du näher in beiliegendem Rundbrief, den Du dann weitergibst, und dann hoffentlich auch mal wieder bekommst. Deshalb in diesem Briefe nur spezielle Sachen für Dich.
An erster Stelle muß ich Dir sagen, wie dankbar ich Dir bin für die so schönen Stunden, die wir zusammen sein durften. Für mich war die lange Trennung des Jahres längst aufgewogen und gibt mir Kraft und Mut, hier mit allem fertig zu werden. Wenn ich denke, wie ich damals nach dem (sicherlich auch sehr schönen) Urlaub 1941 wieder nach Frankreich zurückkehrte (so klein und mißmutig) und wie ich jetzt hier wieder eingelaufen bin trotz aller Strapazen der Reise, so verdanke ich das nur Deiner Sorgfalt und Liebe, mit der Du mich die ganzen Tage trotz Deiner vielen Arbeit umgeben hast. Und das danke ich Dir nochmals aus ganzem Herzen. Ich komme mir tatsächlich auch wie ein ganz anderer Mensch vor und will es auch bleiben, meine liebe Margrit.
Beten wir beide dafür, daß es uns vergönnt sein möge, noch eine lange friedliche Zeit unsern gemeinsamen Lebensweg gehen zu können.
Und dann noch eine Frage: Du hattest noch etwas auf dem Herzen wie wir am Schluß beisammen waren. Du fingst davon im Triebwagen

an, ohne daß ich dieser Bemerkung Beachtung schenkte. Was hattest Du mir da sagen wollen? Es tat mir so leid, daß ich darüber so hinweggegangen bin. Auch am Telephon in Berlin wolltest Du mir noch etwas sagen, auch darauf bin ich nicht eingegangen. Kannst Du mir es jetzt nochmal schreiben? Bitte, tue es doch und sei mir nicht böse um meine Ungeschicklichkeit. Auf der langen Bahnfahrt habe ich ja alles überdenken können und da kam ich eigentlich erst darauf, daß Du mir noch vielleicht etwas sagen wolltest.
Und dann schreibst Du mir auch gleich noch, was nun mit Dir ist. Du weißt ja, was ich meine. Wir wollen uns so oder so freuen, und es so hinnehmen wie es der Herrgott nun mal gewollt hat. Nicht wahr, meine liebste Margrit?
Und ich bin auch sonst über alles so froh, vor allem weil ich doch endlich mal wieder mit dem Herrgott abgerechnet habe.
Jetzt aber zu ganz andern, prosaischen Dingen! Vor allem wegen des Offizierskoffers. Ich habe mir alles nochmal gut überlegt und bin zu dem Entschluß gekommen, ihn mir ohne weiteren Inhalt durch unseren Fahrer vom Urlaub mitbringen zu lassen. Für weiteres Gepäck habe ich unmöglich Platz, im Gegenteil, bei den jetzigen primitiven Verhältnissen kann ich mein Gepäck keinesfalls vergrößern, sondern muß eher abbauen. Und so wie ich Zeit und Gelegenheit habe, werde ich Dir alles irgendwie Entbehrliche schicken. Wir liegen hier eben nicht mehr in tadelloser Winterstellung, sondern hausen unter sehr primitiven, engen, aber durchaus erträglichen und (innen) warmen Verhältnissen.
Dann noch Folgendes! Laß den Koffer sofort mit der Inschrift Leutnant Wuermeling versehen (Fabrik?) und schicke ihn sofort per Express an beiliegende Adresse: Otl. Boie, in Deutschland bis 5.II.43
Dann schicke mir doch bitte noch ein kleines Wachstuch, ca. 60 mal 50 cm, das ich jetzt, wo nicht immer mit Casino-Betrieb zu rechnen ist, als Essensunterlage (Tischtuch) benutzen möchte. Hoffentlich hast Du noch so ein gutes Stück?!
Das wären für heute alle meine Wünsche, Dir wird es mal erst wieder

langen. Wenn es auch spät ist, will ich Dir noch diesen Bogen füllen, ich bin ja so gern nicht nur in Gedanken bei Dir. Als ich hier ankam, habe ich noch einen Haufen Post vorgefunden, darunter auch noch viele von Dir vom November. Ich habe erst nur einen kleinen Teil davon lesen können und schreibe Dir daher nächstes Mal darüber. Außerdem dienen sie mir als Ersatz für die noch ausstehende Post von Dir und den andern. Dein großes Päckchen hatten sie Weihnachten hier aufgemacht und den Kuchen gegessen. So ist er doch wenigstens nicht verschimmelt!

Andererseits habe ich mich ja gerade *so* auf Dein liebes Päckchen gefreut, sodaß es mir doch eine kleine Enttäuschung war. Aber es war schon recht so. –

Ich hoffe, jetzt habe ich Dir alles erzählt, was speziell für Dich ist. Alles Übrige findest Du im Rundbrief, so daß Du erstmal über alles orientiert bist. Hoffentlich ist auch meine übrige Post vor der Reise bei Dir angekommen, so daß Du nie lange auf Post warten mußtest. Hoffentlich kommt nun auch von Dir bald mal etwas.

Und nun für heute Schluß! Hoffentlich kann ich Dir in meinen weiteren Briefen immer so frohen Mutes schreiben und treffen sie auch Dich und die Kinder immer wohl und wohlgemut an. Das wollen wir uns beiden fest für das neue Jahr wünschen.

Dein Carl

Anbei noch Urlaubermarken und meinen Entlausungsschein (zum Aufbewahren).«

Dann fügt er den Rundbrief an seine Geschwister hinzu. Darin beschreibt er die Umstände seiner Rückkehr an die Ost-Front: »Inzwischen bin ich 2 Tage wieder beim Haufen und habe mich schon ganz wieder eingelebt. Allerdings ist zum Briefschreiben wenig Zeit und Gelegenheit. Der Platz ist sehr beschränkt, die Tage nur kurz (ab 15 Uhr schon Kerzenlicht) und vor allem muß ich jetzt den Laden hier wieder übernehmen, da der leitende Offizier (Ic) jetzt auf Urlaub fährt (und mir diesen Rundbrief mitnimmt). Aber seid mir nicht böse, wenn ich Euch jetzt nur noch kurz den Fahrtbericht abschließe und Euch dann mal in einem weiteren Rundbrief schildere, wie ich hier alles angetroffen habe.

Also bis Kastornoje waren wir gekommen, das war noch unsere alte Strecke, die wir dann noch bis Satnaja weiterfuhren, von wo es nördlich zu unseren alten Stellungen ging. Jetzt ging es statt weiter östlich Richtung Süden nach Wa. Der Zug – ein Güterzug ohne Öfen – stand gerade gegenüber. Ich fand im bereits übervollen Packwagen Einlaß, der wenigstens geheizt war. Aber kein Sitzplatz, kaum ein Stehplatz, war zu bekommen, geschweige denn ein Platz zum Liegen. Und die Fahrt dauerte 12 Stunden. Aber irgendwie geht dann alles; so ging auch diese Nacht vorüber, halb hockend, halb sitzend, halb stehend, halb auf dem Lokus. Es war wenigstens nicht eiskalt, sodaß man nicht zu sehr fror. Um 9 Uhr sollte der Kurierzug von Charkow kommen und uns nach Nord/Osten bringen. Aber der Zug kam und kam nicht, bis dann endlich bekannt wurde, daß 2 Züge zusammengefahren waren. Also ging ich nachm. in die ganz ordentliche Offiziers-Unterkunft und habe mich dort hingehauen. Nachts um 2 Uhr wurde man dann geweckt und es ging endlich weiter nach Alexej. Der Zug hatte sogar 4. Kl. Personenwagen und war z. T. geheizt. Jedenfalls langten wir nach vielem Halten auf freier Strecke um 12 Uhr mittags an. Die Fahrt war noch auszuhalten, da ich noch einen Platz ergatterte. Man döst eben nur so und versucht immer wieder andere bequeme Stellungen und Lagen einzunehmen, daß einem die Knochen nicht allzu weh tun. In Al. habe ich dann mal die 1. tel. Verbindung mit unserer Division aufgenommen. Der Bahnhof war übrigens neulich durch Flieger ziemlich kaputt geschossen, sodaß man sich nur beim Bahnhofsoffizier aufhalten und den nächsten Zug abwarten konnte. Der sollte evtl. noch heute, spätestens in 3 Tagen fahren. Er fuhr aber Gott sei Dank schon um 20 Uhr, da zufällig ein italienischer Transportzug durchkam, dem dann einige Wagen für uns Urlauber angehängt wurden, natürlich Viehwagen, aber mit kleinen Öfchen wenigstens. Außerdem wurden so viele Leute reingestopft,

daß es nicht kalt wurde. Die Fahrt ging mit unendlichen Halten über eine von unsern Eisenbahnern gelegte Verbindungsstrecke von ca. 30 km auf die Linie (Moskau –) Woronesh – Rostow, auf der wir dann wieder weiter südlich fahrend in meinen jetzigen Abschnitt kamen. Wir stehen hier in der nördlichen Flanke der russischen Einbruchstelle, an der Donfront. Zur Zeit hat der Russe keine Kräfte mehr zu weiteren Nachstößen. Also ist ihm hier Gott sei Dank die Puste ausgegangen. Jedenfalls kamen wir gegen Mittag in Rossosch an, von wo ich im Laufe des Nachmittags noch von der Division mit dem Wagen abgeholt wurde, sodaß ich schließlich nach 9 Tagen Fahrt endlich meinen Haufen erreicht hatte. Da war ich aber froh, das kann ich Euch sagen. Wenn ich Euch diese Fahrt so ausführlich schilderte, so geschah das nicht, um Euch meine persönlichen Strapazen vor die Nase zu reiben, sondern um Euch an Hand dieser Reise zu zeigen, was für einen Frontsoldaten gute Tage sind. Denn jeder der armen Kerle, die mit uns fuhren, hatte es auf der Fahrt immer noch hundertmal besser, als vorn am Feind, denn von Stellungen kann man leider nicht reden. Ja, liebe Leute, Krieg führen ist so hart, daß man währenddessen auf alles verzichten muß. – Und nach dieser Moralpredigt aber endlich Schluß. Nur noch Frickes allerbesten Dank für die feinen Friedenszigarren, die mich auf der Fahrt begleiteten und dabei leider auch zu Ende gingen; ich habe sie gut brauchen können. Vielen Dank also!
Also meine Lieben, weiter alles Gute und den Mut hochhalten. Es wird schon alles wieder werden. Herzlichst, Euer Carl«

Was Margrit beim Abschiednehmen Carl sagen wollte, überschrieb sie mit den Worten:
»Nur in Ruhe lesen
Atzenbach 15.1.43
Mein lieber Carl,
dies hätte nun eigentlich der Luftpostbrief sein sollen. Wie sehr ich mich die ganze Zeit darauf gefreut hatte, kannst Du Dir kaum vor-

stellen. Es war mein ganzer Trost als du weggingst. Es war mein ganzer Trost während dieser 14 Tage, die Du nun schon fort bist und die mir schon ganz entsetzlich lang vorkommen. Ich hatte mir schon alles ausgedacht, wie ich's einteilen wollte mit der Arbeit – alles, alles, alles und jeden Abend träumte ich über den Namen, den wir *ihm* geben wollten. Ich war so sicher, daß es so sein mußte; in jedem Brief wollte ich Dir dann schreiben wie froh und glücklich ich bin, daß aus dieser glücklichen Weihnachtszeit uns eine stete Erinnerung vor Augen sein sollte. Ich wollte alles, was mühselig daran war, mit Geduld ertragen und wollte Dir, wenn Du in der Zeit hier sein solltest trotz allem nicht weniger sein. Solche Gedanken hatte ich, seit Du weg warst. *Alles* sah ich nun mit diesen erwartenden Augen an. Ach, ich hatte mich so gefreut; ich wollte es nicht wahr haben, daß es nicht so sein sollte. Aber es hilft alles nichts, auch darein werde ich mich finden müssen. Du weißt ja, wie sehr ich es gewollt hatte.
Du wirst Dich eher zurechtfinden, weil Du ja mehr Vernunftgründe hast und eben ein Mann bist. Das Einzige, woran ich mich jetzt klammere, ist die Hoffnung auf's Frühjahr, wo Du wiederkommst – nicht dafür, meine ich jetzt, sondern um Dich hier zu haben, um Dir alles sein zu können und vielleicht auch, um einen ganz herrlichen Sommer miteinander zu haben, wenn Du hier bleiben kannst, damit wir noch viel mehr ineinander wachsen. Und dann erst, wenn alles gut steht und geht natürlich, wünsche ich mir von Dir, daß wir an unserem 10. Hochzeitstag eine ganze Familie sind – wenn Du Dir dann denkst, daß manchen dann noch 4 mal solange ein gemeinsames Leben vergönnt ist, dann hätten wir noch eine herrliche Zeit miteinander.«

»18. Januar 1943:
Die Nächte sind ja kalt und bei Euch wird ein eisiger Wind sein. Ich warte so sehr auf D. ersten Brief – der von Minsk (v. 5.) kam nun auch an – aber ich warte so auf Deine erste Nachricht von dort.

22. Januar 1943:
Ich erhielt gestern Deinen Brief, den Du B. mitgegeben hast und heute den durch den Fahrer. Du kannst Dir denken, was das für mich war …
24. Januar 1943:
Am Freitag haben wir den Christbaum geräumt. Bei jedem Silberfädchen und jeder Kugel dachte ich, ob Du sie wohl gehängt hast. Ach, liebster Carl, diese Weihnachten werden wir nie vergessen …
26. Januar 1943:
Mein liebster Carl, der heutige Wehrmachtsbericht von der Räumung Woroneshs macht mich ganz verrückt. Ich sage mir nur, es hat jetzt keinen Sinn zu jammern, sondern man muß reinbeißen und wir wollen nicht verzagen.
Heute bekam ich Deine Karte, v. 8. zw. Ku und Ka geschrieben – jetzt gehts nicht mehr lang und ich bekomme auch die normale Post wieder von Dir. Aber Du hast mir treu geschrieben – ich bin so froh …«

Auch dieser Brief kam mit der Aufschrift – mit rotem Farbstift handschriftlich vermerkt – »zurück«. Diesmal mit dem Zusatz: »vermißt«.
Am 10. Januar 1943 hatte die Gegenoffensive der Russen begonnen. Es war der Tag, an dem Carl bei seiner Division angekommen war.

Am 30. Januar schreibt Margrit:
»Mein lieber Carl – schon sind es 4 Wochen seit Du weg bist, aber 1 Monat näher unserem Ziel. Aber Alles steht z. Zt. sehr schlimm – wir können nur hoffen, auf Gott vertrauen. So hoffe auch ich, daß es Dir erträglich geht und Du gesund wiederkommst. So ein Monat hat doch manche Tage, wo mancherlei passieren kann. Du wirst froh sein, wenn der Oberleutnant wieder zurück ist. Ich bin ja so gespannt, wie es Dir geht. Nach meiner Berechnung müßte ich diese Woche die normal abgesandte Post vom 13. an bekommen, wenn Du überhaupt zum Schreiben kamst. Von der Fahrt habe ich nun wohl alles erhalten und ich danke Dir vielmals dafür. Ich nehme an, daß auch Du wieder auf dem Laufenden mit m. Briefen bist.«

Am 3. Februar 1943 hofft Margrit in ihrem Brief weiter:
»Mein liebster Carl, wie lange habe ich mich nun gefreut auf das Schreiben dieses Briefes, der etwas schneller als die Anderen bei Dir sein sollte. Und nun, wo der Moment endlich gekommen ist, weiß ich kaum, was ich Dir eigentlich schreiben soll. Ich denke, daß uns Alle die milit. Lage sehr bedrückt. Du kannst Dir denken wie weh mir das Wort immer in den Ohren tut und immer wieder hole ich die Karte und kann doch von Dir selbst nichts sehen und nicht erfahren wie es Dir geht. Auch habe ich seit dem dicken Brief, den Du B. mitgabst, außer Deinen Grüßen von der Fahrt, noch gar keine Nachricht, also nichts mehr seit dem 11. und 12. Ich nehme an, daß Du wenigstens von uns wieder auf dem Laufenden bist. Es ist halt ein gräßlicher Zustand, einen Monat lang beinahe in die Luft zu schreiben, ohne Echo.

Du mußt aber nicht denken, daß ich deswegen den Kopf hängen lasse. Es bedrückt mich natürlich sehr, Dich so in Gefahr zu wissen und ich sorge mich um Dich. Du weißt aber auch, daß ich – und Du nun auch und darüber bin ich so froh, alles aus Gottes Hand nehme und mit Geduld warte.

Ich kann nichts sagen als ›behüt‹ Dich Gott‹. So schlimm ahnten wir am 2. Jan. wohl beide nicht, daß es kommen würde. Und wenn Du diesen Brief bekommst, dann haben wir ja mindestens schon den 17. II. – wie wird die Lage dann sein? Ob wir noch mit April rechnen können? Ob meine Pläne doch zu schön waren, um wahr zu werden. Hoffen wir halt weiter – und wollen wir zufrieden sein, solange wir das können.«

Und wieder am 6. Februar:
»Mein lieber Carl, wenn ich auch noch immer keine Nachricht (seit dem Brief vom 11.) von Dir habe, so bin ich doch ruhiger jetzt und ich rechne auf Gott, der doch noch alles zum Besten wenden wird. Und Du kannst sicher sein, daß ich so jeden Morgen und Abend an Dich denke. Es ist eine schwere Zeit jetzt für uns alle; aber nur mit

Mut schaffen wirs. Du sollst auch unseretwegen ruhig sein. Du weißt, daß es uns gut geht und daß wir in Liebe und Dankbarkeit an Dich denken.
Mit allen guten Wünschen denken wir an Dich – an Euch! Und dann wird alles gut gehen. Sei tausendmal ganz, ganz lieb gegrüßt von D. Margrit.
Ob Du wohl meine vorangegangenen Briefe erhalten hast? Und den von der Enttäuschung?«

Es ist der 9. Februar:
»Mein lieber Carl – nun bist Du schon einen ganzen Monat dort. Heute kam ein trügerischer Umschlag mit Deiner Schrift, der mich schon in tausend Freuden versetzte – aber es war nur eine Karte von Boie drin mit der Mitteilung, daß er meinen Brief an Dich gerade noch vor seiner Abfahrt bekam. Aber schließlich ist auch das gut. Denn es könnte ja sein, daß auch meine Post nicht zu Dir kommt – *den* Brief mußt Du aber doch kriegen oder B. gibt mir Nachricht.
Und nun leb wohl! Es ist mir so arg, daß dieser Brief mich nicht mitnehmen kann, um wenigstens nur einmal zu wissen, wie es Dir geht – und wir dürfen aus einem schönen, warmen Zimmer herausschreiben und Ihr? Alles, alles Gute! Bis Du den Brief hast, ist ja schon bald März!
In Liebe und herzlichen Gedanken grüßen wir Dich tausendmal Deine Margrit«

Es ist Mitte Februar vorüber. Am 16. schreibt sie:
»Mein lieber Carl,
wir haben beinahe Frühlingswetter. Aus dem Garten lege ich Dir einen kl. Gruß bei – wenn doch nur diese Schneeglöckchen dies Jahr den Frieden einläuten würden. Es sieht gar nicht danach aus. Mit solch sorgenvollen Gedanken erwarte ich noch immer die Radio-Nachrichten und noch immer Deine Post. Es wundert mich nur, daß die Zeit überhaupt umgeht – und Ihr? Du wirst kaum wissen, wel-

cher Tag ist und wohin mit aller Arbeit. Ich hoffe noch so, daß es Dir gut geht und daß doch endlich mal wieder Nachricht kommt.«

Jetzt ist der Februar schon fast um. Es ist der 26.:
»Mein lieber Carl,
der Schreibtisch hat sich wieder ordentlich gefüllt – ich hatte diese Tage gar keine Lust mehr, was in die Hand zu nehmen. Und wenn ich Dir jetzt schreibe, dann steht auch wieder über Allem: keine Post von Dir. Das Warten von Tag zu Tag hat allmählich eine lähmende Wirkung auf mich. Was für Vorstellungen ich mir mache, kann ich Dir gar nicht alles schreiben. Es wundert mich nur, ob Du wenigstens meine Post bekommst. Nun bist Du schon 2 Monate weg – an *so* was haben wir wohl Beide nicht gedacht! Und immer wieder sage ich mir ›was hilfts‹?
Wenn ich doch nur einmal wüßte, ob Du meine Post bekommst und wie es Dir geht! Hoffen – ja hoffen.
In Herzlichkeit grüßen wir Dich
bes. D. Margrit.«

Margrits letzter Brief vom 26.2.43 kommt »zurück« mit dem Hinweis »vermißt«

Am 27. Februar kommt ganz viel Post. Der Briefträger händigt ihr ein Bündel von Briefen aus. Sie sieht blaue Briefumschläge, erkennt ihr Briefpapier und ihre eigene Schrift, adressiert an Carl. Es sind die sieben Briefe, die Margrit zwischen dem 3. und dem 18. Januar an die Feldpost-Nummer ihres Mannes geschrieben hatte. Ihre Briefe kommen an sie zurück mit der Aufschrift: »neue Anschrift abwarten!« Noch am Vortrag hatte sie ihm geschrieben: »Wenn ich doch nur einmal wüßte, ob Du meine Post bekommst und wie es Dir geht! Hoffen – ja hoffen ...« Mit Poststempel vom 27. Februar 1943 ging ihr Brief an die Front. Am 6. März kommen wieder unzustellbare Briefe, diesmal auch Päckchen, zurück, mit der Aufschrift »vermißt«. Darunter auch der am 27. Februar in Atzenbach weggegangene Brief. Es war Margrits letzter Brief an Carl.

Eine neue Anschrift war ihr nicht mitgeteilt worden. Kein einziger Brief aus Atzenbach hat Carl an der Front erreicht. Kein einziger ihrer vielen Briefe, die sie seit ihrem Abschied an ihn geschrieben hatte. Seit Carls Brief vom 11. Januar, den er Oberleutnant Dr. Boie mitgegeben hatte, hatte sie bislang nichts mehr von ihm gehört.

Neben der am 6. März 1943 zurückgesandten Post war noch ein Feldpostbrief aus Rußland darunter – von Oberleutnant Boie, der nach seinem Heimaturlaub im westfälischen Minden am 8. Februar auf seiner Rückreise zur Ostfront Margrits Post für Carl mitgenommen hatte. Jetzt am 6. März endlich Nachricht von der Front. Beklommen öffnet Margrit den Brief. Erste Nachricht von der Ostfront:

»Im Osten, 20.2.43

Sehr geehrte Frau Wuermeling,

Voller ungewisser Erwartungen bestieg ich in Minden den Zug. Doch während der vielen längeren Aufenthalte ereilte mich eine Schreckensbotschaft nach der andern. Durch Ihr vergebliches Warten auf eine Nachricht Ihres Mannes auf alles vorbereitet – erfuhr ich erstmals in Kiew und endgültig bei der Truppe –, daß Ihr Gatte vermißt sei. Unser General und mit ihm unzählige Kameraden sind gefallen und von vielen, die sich einzeln von der Masse, oft auch in größeren Gruppen, abgesprengt, durchzuschlagen versuchten, hörte man dann nichts mehr. Stellenweise wurden deutsche Soldaten wieder befreit, die der Russe als Gefangene schon einige Tage mit sich führte, um sie bei geeignetem Zeitpunkt zurückzuführen. Ltn Wuer-

meling befand sich am 19. Januar zum letzten Male bei den bis hierher durchgekommenen Soldaten. Er wollte bei Saprino seinen Mercedes-Kraftwagen nachführen mit dem Ziel auf Podgornoja 150 km süd-süd.-östl. Woronesh. Die Truppe hier wurde in ein Gefecht verwickelt und man weiß nichts mehr von derselben in Erfahrung zu bringen. Ich werde alle Möglichkeiten ausnützen, Ihnen, wenn doch noch irgend möglich – eine klare Auskunft zu besorgen, soweit es nach dieser weiten Orts- und Zeitverschiebung überhaupt jemals möglich ist; denn nichts ist schwerer zu ertragen als eine schwankende Ungewißheit. Möge es mir gelingen, Ihnen eine Klarheit zu verschaffen – und wenn sie auch hart ist – die eindeutige Rückschlüsse auf sein Geschick zuläßt. (Ich schreibe dann unaufgefordert) – Sollten Sie andere Wünsche haben, so stehe ich stets Ihnen zur Seite, um einen kleinen Dank abzutragen, den ich der kameradschaftlichen Hilfe Ihres Gatten schulde. Wie oft habe ich mich gerne an ihn gewandt! Noch mehr aber hat er darüber hinaus unaufgefordert mich als den Jüngeren auf das fürsorglichste beraten.
Wie oft aber auch haben wir die Bilder seiner Lieben beschaut und seine strahlende Freude überkam mich sehnsuchtsvoll, gleiches Glück einmal zu genießen. (Mein Vater fiel 1914 und ein Stiefvater entfremdete mir das Elternhaus. Drum ließ ich mir auch so brennend gerne erzählen, was ich daheim nicht verspürte.)
Möge es wiederkehren dieses Glück! Das wünsche ich von ganzem Herzen. – Doch möchte ich vermeiden, schon jetzt Schlüsse zu ziehen, die in Ihnen eine größere Hoffnung erwecken als zu erwarten. Demgegenüber mußten sich viele Gruppen aus Munitionsmangel ergeben und der Russe behandelte diese Menschen erträglich.
Ich biete Ihnen nun nochmals meine Hilfe an und verabschiede mich mit dem innigsten Wunsche beim Abschied,
Auf Wiedersehen!
Ihr Boie
PS. Sachen von Ihrem Mann sind nicht vorhanden. Alles in Russenhand gefallen! Der Offizierskoffer ist zwar vorhanden, aber ich sende

ihn nicht zurück, z. Zt. gänzlich unmöglich. Das Wachstuch folgt nach Aufhebung der Paketsperre.«

Am nächsten Morgen, am 7. März 1943, läßt Margrit für ihren vermißten Mann in der Atzenbacher Kirche, in der sie geheiratet hatten, eine hl. Messe lesen. Margrit erhält einen Hinweis auf einen Angehörigen des Divisionsstabs, dem dieselbe Feldpostnummer wie ihrem Mann zugeteilt ist. Durch ihn erhält sie die zweite Nachricht von der Ostfront:

»Olt. Bleier
24622   7.4.43

Sehr verehrte Frau Wuermeling!

für Ihren Brief vom 28.3. herzlichen Dank. Ich will versuchen, Ihren Fragen, die Sie verständlicherweise sehr beschäftigen, möglichst gerecht zu werden. Zuerst muß ich Ihnen leider mitteilen, daß ich alles, was ich über Ihren Mann erfuhr, aus Augenzeugenberichten entnehmen mußte; denn ich selbst war während der Schlacht in der zweiten Januarhälfte im Heimaturlaub. Als ich wieder zur Division zurückkam, war ich zunächst beauftragt worden, die Verluste der Division in den Januarkämpfen festzustellen, und soweit möglich, die näheren Umstände des Verlustes zu klären.

Die Division wurde am 15. Januar von überlegenen Feindkräften angegriffen und war dadurch gezwungen, die Abwehr beweglich zu führen. Lt. Wuermeling war während dieser Zeit stellvertretender Leiter der Abteilung Ic und hielt als solcher seine Leute beisammen. Er hielt sich bis zum 15. Jan. bei der Führungsabteilung des Divisionsstabes auf.

Da Ihr Mann Angehöriger des Divisionsstabes war, konnte ich erschöpfend zusammentragen, was von ihm bekannt war. Olt. von Rosenstiel, der erste Generalstabsoffizier der Division, konnte Genaueres berichten. Darnach wurden vier Marschgruppen aufgestellt, die im Abstand von einigen Kilometern nebeneinander marschierten. Ihr Mann hat sich der linken Marschgruppe angeschlossen. Bei ihm waren die Schreiber der Abteilung Ic, die auch vermißt sind. Ich habe keine Anhaltspunkte, aus welchem Grunde er sich dieser Marschgruppe angeschlossen hat.

Der Herr General ist am 21. Januar gefallen.

Über das Schicksal der Marschgruppe, die sich größtenteils aus Angehörigen einer andern Division zusammensetzte, ist im Einzelnen nichts bekannt.

Die Russen haben Gefangene gemacht. Es besteht natürlich die Möglichkeit, daß Ihr Mann in Gefangenschaft geriet.

Ihre Frage, ob Ihr Mann auf einem anderen Wege hätte davonkommen können, ist schwer zu beantworten. Alle Soldaten, die aus der Schlacht gekommen sind, haben es als Glück empfunden, ihr Leben gerettet zu haben. Jeder war überall gefährdet, wie es der Krieg eben mit sich bringt.

Der Wagen, in dem Ihr Mann fuhr, mußte infolge der hohen Schneewehen stehen bleiben.

Vom Divisionsstab sind außer Ihrem Mann noch 7 Offiziere und Beamte im Offiziersrang vermißt, u. a. der Divisionsintendant Hans Gabbe, der Ia Maß, der Kriegsgerichtsrat.

Das Radio Ihres Mannes mußte mit dem gesamten Inventar des Gepäcktrosses vernichtet werden.

Das Schicksal Ihres Mannes ist umso tragischer, als er eigens als Vater von fünf Kindern von der kämpfenden Truppe weg zum Divisionsstab versetzt wurde. Ich hatte längere Zeit mit ihm in der Abteilung Ic zusammengearbeitet und habe ihn während dieser Zeit als hervorragenden und nimmermüden Mitarbeiter, mehr noch aber als älteren und abgeklärten Kameraden kennen und schätzen gelernt, von dem ich – ich gestehe es offen – viel angenommen habe. Vor allem war es seine Lebenserfahrung und seine äußerst pflichtbewußte Einstellung zu den ihm übertragenen Aufgaben, die mir als dem Jüngeren oft als Beispiel dienten. Ich finde keinen Weg mehr, auf dem ich mehr über den Verbleib Ihres Mannes erkunden könnte. Die damaligen Verhältnisse waren eben viel zu verwirrt und ungünstig, als daß eine endgültige Klärung möglich wäre.

Ich hoffe, sehr verehrte Frau Wuermeling, Ihnen mit obigen Angaben einigermaßen dienlich zu sein und grüße
mit vorzüglicher Hochachtung
R. Bleier«

Sechs Jahre später, im Januar 1949, eine dritte Nachricht über jene Januartage 1943 am Don. Ein Münchener Rechtsanwalt traf in Olpe/Westfalen den Rechtsanwalt Harry Terrahe, Carls Klassenkamerad im Paulinum zu Münster.

»Josef Thora
München, den 7. Jan. 1949
Brucknerstraße 20

Sehr geehrte Frau Wuermeling,

Von Herrn Rechtsanwalt Terrahe, den ich bei meinem Aufenthalt in meiner Heimat zufällig traf, erfuhr ich, daß Sie von Ihrem Herrn Gemahl immer noch keine Nachricht haben. Herr Rechtsanwalt Terrahe bat mich, Ihnen doch einen kurzen Bericht über die letzten Tage, die ich mit Ihrem Herrn Gemahl zusammen verlebte, zu machen. Ich tue es gern, weil ich Ihren Herrn Gemahl in dem halben Jahre, wo ich mit ihm zusammen war, wegen seiner persönlichen Einstellung sehr schätzen lernte.

Als Ihr Herr Gemahl gegen Weihnachten 1942/43 aus seinem Urlaub zurückkehrte, kam er schon in die Rückzugsbewegungen der 387. Div. hinein. Ich erinnere mich noch genau, wie er die letzten Aufnahmen Ihrer Kinder zeigte und wie sich unser Divisionsgeneral Jahr dafür interessierte und anordnete, Herrn Oberleutnant Wuermeling so sehr zu schonen, wie es nur ginge. Leider war das bei den Ereignissen der nachfolgenden Tage aber nicht möglich. Etwa am 15. Januar 1943 ging die Front am Don im Zusammenhang mit der Stalingrad-Affäre zurück. Die Russen hatten einen großen Kessel gemacht. In diesen Kessel war auch die Division, in der Ihr Mann und ich waren, eingeschlossen. Ihr Mann und ich hatten gemeinsam einen PKW V 170, in dem auch noch ein Schreiber und ein Fahrer unserer Division mitfuhren. Mit diesem PKW fuhren wir 2 oder 3 Tage in einer großen Rückzugskolonne. Da wir wegen der Einkesselung die Hauptstraßen nicht befahren konnten, kamen wir wegen des tiefen Schnees auf den Nebenstraßen nur schlecht voran. So legten wir in der letzten Nacht, die ich mit Ihrem Mann zusammen war, nur 10 km zurück. Als es dann Tag wurde, eröffnete ich Ihrem Mann, daß es so keinen Zweck habe. Ich sagte ihm, daß ich in ein nahegelegenes Dorf gehen wolle, um mich dort bei den Zivilrussen genau zu erkundigen, wie weit die Front noch fort sei. Ich war russischer Dolmetscher und unterstand damals Ihrem Mann, der Ic der 387. Division war. In dem Dorfe erfuhr ich, daß die Russen von der Straße, auf der wir uns so langsam fortbewegten, noch etwa 6 km entfernt waren, so daß wir also jeden Augenblick mit einem Überfall rechnen mußten. Wir waren zu diesem Zeitpunkt keine geschlossene Kampftruppe mehr, sondern jeder schlug sich mehr oder weniger auf eigene Faust zurück. Im Ganzen waren in diesem Kessel etwa 40.000 bis 50.000 Menschen, die alle wild durcheinander liefen. Ich eröffnete das Ergebnis meiner Erkundigungen im Dorfe gleich Ihrem Herrn Gemahl und versuchte, ihm die Gefahr klar zu machen und ihn zu überreden, doch unsern Wagen mit all unserer Habe zurückzulassen und zu Fuß weiterzumarschieren. Zu Fuß konnten wir wenigstens dreimal so viel zurücklegen wie mit dem Auto. Ihr Mann war aber nicht dazu zu bewegen. Er glaubte es nicht verantworten zu können, den Wagen einfach stehen zu lassen. Vielleicht hat er mir auch nicht ganz geglaubt und die drohende Gefahr für nicht so ernst genommen. Ich verabschiedete mich dann von Ihrem Herrn Gemahl, es dürfte so nachmittags zwischen 4 und 5 Uhr gewesen sein. Den Tag kann ich nicht mehr genau sagen, aber es dürfte zwischen dem 25. und 30. Januar gewesen sein. Wir befanden uns damals etwa

20–30 km vom Don entfernt. Die nächste größere Stadt war Rossosch. Ich marschierte dann in der Kolonne zu Fuß weiter zu einem Treffpunkt für unsere Division und die Nachbardivisionen, der, so weit ich mich erinnere, Podgornje hieß. Ich erkundigte mich dann nach Ihrem Manne und fragte bei Kameraden aus dem Divisionsstabe, ob sie ihn nicht gesehen hätten. Ich habe von niemandem mehr etwas über ihn gehört. Ich möchte mit Sicherheit annehmen, daß Ihr Mann an diesem Abend in Gefangenschaft gekommen ist. Der Wagen stand, als ich von ihm wegging, wieder fest und unser Chauffeur arbeitete an ihm herum. Ich nehme an, daß sie bei dieser Arbeit von den Russen überrascht wurden. Ich kann mir nicht denken, daß die Soldaten noch irgendwie Widerstand geleistet haben, so daß es noch zu einem Kampfe gekommen wäre. Ich glaube vielmehr sicher, daß sie sich kampflos übergeben haben. Umso mehr wundere ich mich, daß Sie bis heute keine Nachricht von Ihrem Herrn Gemahl aus russischer Kriegsgefangenschaft erhalten haben. Den Namen des Chauffeurs, der den Wagen fuhr, habe ich leider vergessen. Der Schreiber, der noch mit Ihrem Manne im Wagen zurückblieb, war ein Forstmeister Fröhlich aus München, dessen nähere Adresse ich bis heute noch nicht in Erfahrung bringen konnte.

Das wäre eigentlich alles, was mir von den letzten Stunden, die ich mit Ihrem Manne zusammen verlebte, noch in Erinnerung ist. Wir waren noch etwa 14 Tage lang eingekesselt und haben ungeheure Verluste gehabt. Der Divisionsgeneral, der Ihren Mann so sehr schätzte, nahm sich aus Verzweiflung über die Unordnung seiner Truppe selbst das Leben.

Wir sind in der Januar- und Februarhälfte über 300 km kreuz und quer durch die Schneelandschaften gelaufen – ein wüster aufgelöster Kriegshaufen von über 3.000 Mann – und wurden immer wieder von russischen Panzern von allen Seiten überfallen. Wir haben in dieser Zeit so Vieles und Furchtbares erlebt, daß die Erinnerung an bestimmte Einzelheiten immer mehr verschwunden ist. Ich muß zudem gestehen, daß ich mich innerlich von diesen Erlebnissen abge-

wandt habe, weil sie so furchtbar waren, daß mich diese Erinnerung innerlich immer wieder ganz erschüttert. Wenn Sie noch irgendwelche Fragen haben, bitte ich Sie, mich anzuschreiben. Soweit es mir möglich ist, werde ich sie beantworten. Ich stehe Ihnen jederzeit zur Verfügung.
Mit freundlichen Grüßen
Ihr Jos. Thora«

»der Nibelungen nôt« – der Weg und das Schicksal der »Rheingold«-Division

Am Vorabend des Frankreichfeldzuges hatte Schütze Wuermeling noch im Bunker vor Müllheim »Wacht am Rhein« gehalten, im Frankreichfeldzug marschierte er von den Ardennen bis ins Burgund. Dann hatte die Reserve Ruh, bis er sich also am 28. Januar 1942 in Tübingen einstellen mußte. Neu eingekleidet ging es zum Truppenübungsplatz Döllersheim bei Gopfritz, 40 Kilometer nördlich von dem zwischen Linz und Wien gelegenen Krems an der Donau. In dieser »Österreichisch-Sibirien« genannten Gegend war er zwei Monate stationiert. Genau in dieser Zeit wurde auf diesem Truppenübungsplatz Döllersheim die 387. Infanterie-Division aufgestellt. Gleich zu Beginn war er dem Divisionskommandanten Generalmajor Arno Jahr, Jahrgang 1890, vorgestellt worden.
Die neue Division nannte sich »Rheingold«. Diese Bezeichnung war Richard Wagners »Der Ring des Nibelungen – ein Bühnenfestspiel für drei Tage und einen Vorabend« entnommen.
»Das Rheingold« eröffnet den Nibelungenzyklus. Den Prosatext bis zur Partiturreinschrift hatte Richard Wagner um 1852 in Zürich niedergeschrieben: Drei Wasserjungfrauen hüten einen sagenhaften Schatz – den in den Tiefen des Rheins versenkten Nibelungenschatz – pures Gold. Wer dieses Gold raubt und daraus einen Ring schmiedet, der erwirkt mit diesem Besitz, dem Symbol für Macht, die totalitäre Weltmacht.

Diesem Vorspiel folgen am Ersten Tag: »Die Walküre«, am Zweiten Tag: »Siegfried« und am Dritten Tag: »Götterdämmerung«. Ein »Trauermarsch« rekapituliert die dramatischen Ereignisse.

*

»Uns ist in alten maeren/
wunders vil geseit/
von heleden lobebaeren/
von grôzer arebeit/
von freude und hôch gezîten/
von weinen unde klagen …«

Der Zug der Burgunder beginnt am Rhein bei Worms, führt durch Süddeutschland über Passau, wo später um 1200 eine über 2.000 Strophen umfassende Niederschrift des »Nibelungenlieds« entsteht, weiter der Donau entlang, an Pöchlarn, Krems vorbei übers Tullner Feld, die Donau-Auen bis Wien, Richtung Osten. Diese rheinische Burgundersage – »der Nibelungen nôt« – endet in einem Gemetzel am Hof des Hunnenkönigs.

*

Die Division »Rheingold«, die auf dem Truppenübungsplatz Döllersheim, nördlich von Krems, aufgestellt wurde, bestand vor allem aus badischen und württembergischen Einheiten. So trifft Soldat Wuermeling auf Oberst Wenniger, der ihn noch von seinem Einsatz in Müllheim vor zwei Jahren wiedererkennt.
Von Döllersheim im Grenzland zur Tschechoslowakei ging in der Woche nach Ostern, am 8. April 1942, der Truppentransport über Oberschlesien, Radom, Deblin, Lukow, Biala, Kovel, Luck, am 12. April in Rowno, von wo man in 14 Tagen nach 500 Kilometer Marsch Ende April Kiew und den Dnjepr erreicht. Von Mitte Mai – nach wiederum 500 Kilometer Marsch – gelangt die Division Anfang Juni bis nach Charkow. Dann bewegt sich

»Rheingold« bis Kursk (»Kursker Offensive«) und beginnt Vorstöße Richtung Woronesh. Der Nordflügel der Heeresgruppe Süd erreicht den Don. Die 387. Division nimmt Woronesh ein. Über den Don wird in der ersten Juliwoche ein Brückenkopf geschlagen. Die 6. Armee erreicht am 28. Juli den Don westlich von Stalingrad. Damit ist die 1. Operationsphase der deutschen Sommeroffensive scheinbar erfolgreich abgeschlossen.

Doch schon am 23. Juli 1942 setzten nordwestlich von Woronesh russische Vorstöße ein: Die 387. Division erleidet am 28. Juli große Verluste. Am 19. August beginnt die 6. Armee den Angriff auf Stalingrad. Am 15. September erfolgt eine sowjetische Offensive in Richtung Woronesh, am 19. November bei Stalingrad. Teile der 6. Armee werden zwischen Wolga und Don eingeschlossen. Von August bis Dezember ist die 387. Division bei Woronesh in Abwehrkämpfe verwickelt. Sie beginnt sich Ende November vom Frontabschnitt Woronesh zurückzuziehen.

Zu jener Zeit erhält Leutnant Wuermeling, der in der zweiten Oktoberhälfte und im November wegen Gelbsuchterkrankung im Feldlazarett lag, Heimaturlaub. Ab dem 27. November geht es westwärts vom Don zum Rhein. Ganze zehn Tage brauchte er, um ins Wiesental nach Atzenbach zu kommen.

Nach drei Wochen Urlaub, den Lichterglanz des Weihnachtszimmers gewärtig, begann am 2. Januar seine Rückfahrt von Weil am Rhein zur Ostfront – über Berlin, Warschau, Bialystok, wieder über Minsk, Gomel, rauf nach Briansk und Orel, dann runter nach Kursk, die alte Strecke hin zur Front zu seiner 387. »Rheingold«-Division. Da wo der Rückkehrer sie wähnte, war sie nicht mehr. Der Weg nach Woronesh war versperrt. Die sowjetische Armee hatte die zerstörte, abgebrannte Stadt wieder zurückerobert. Durch den Heimaturlaub war er dem Marsch seiner Division in Eis und Kälte von Woronesh Richtung Süden entgangen. In Kasternoje wurde der Truppentransport südöstlich hinunter nach Valujki umgeleitet, weiter nach Nordosten Richtung Alexej; mit viel Glück schaffte er in einem Viehwagen den Zugtransport südöstlich bis Rossosch. Nach diesen Irrfahrten war Leutnant Wuermeling – neun Tage unterwegs – am Abend des 10. Januar 1943 bei seiner »Rheingold«-Division angekommen.

*

In diesen Januarwochen 1943 entschied sich nicht nur das Schicksal der »Rheingold«-Division am Don, sondern das Schicksal der gesamten Ostfront und damit – der Zweite Weltkrieg.
Im Norden durchbricht am 18. Januar 1943 die Rote Armee den Blockadering um Leningrad. Im Süden kapituliert die eingekesselte 6. Armee in Stalingrad. In der Mitte der gesamten Front ist am 12. Januar 1943 die sowjetische Großoffensive am oberen Don mit voller Wucht entbrannt.

*

Der Soldat aus Atzenbach war genau am Tag seiner Rückkehr an die Ostfront in den Sog jener Schlüsseloperationen geraten, die den Krieg entschieden – mitten in die Katastrophe hinein. Dem eben auf Heimaturlaub fahrenden Kameraden Oberleutnant Boie konnte er die Briefnachricht mitgeben: »Bin angekommen.« Dieser Brief vom 11./12. Januar 1943 kam am 21. Januar in Atzenbach an. Das war Carls letzter Brief. Es war der Tag, an dem alle fünf Kinder gegen Keuchhusten geimpft werden mußten und an dem sich die Älteste beim Schlittenfahren verletzt hatte.

Pfarrer Dietrich Schmidt war von der Aufstellung der 387. Infanterie Division bis zu ihrer Auflösung Mai/Juni 1944 als Divisionspfarrer eingesetzt und Augenzeuge jener Tage: »Unsere Div. wurde im Dez. 1942/Anf. Jan. 1943 zum Entsatz der eingeschlossenen Kameraden in Stalingrad in Marsch gesetzt. 12.–14. Jan. 1943 durchbrach der Russe mit starken Kräften unsere Linien im großen Donbogen. Die dadurch notwendige Rücknahme ging in einen ungeordneten Rückzug über – wir mußten die Waffen liegenlassen und nach einem

18tägigen Marsch durch tiefen Schnee konnten wir Anf. Februar 1943 bei Bjelgorod die deutschen Auffanglinien erreichen. Bei diesem Zurückfluten wird 50% der gesamten Division in russ. Hände gefallen sein, dabei auch der größte Teil des Div.Stabes.«

Ein Leutnant (Hans Ostertag) der 387. Division berichtet: »Während der Winterschlacht 1942/43 war die Division im großen Donbogen, Gebiet Rossosch, längs der Bahnlinie Catrogosk – Rossosch – Millerovo – Woroschilowgrad eingesetzt. Nachdem am 14.1.43 die Rückzugsbewegungen begonnen hatten, geriet im Verlaufe verschiedener Einkesselungen das Gros der Division nachgewiesenermaßen in russische Gefangenschaft.«

Der Suchdienst des Deutschen Roten Kreuzes analysiert die militärische Lage zu Beginn des Jahres 1943 noch rückblickend nüchtern (am 3. August 1979): »Anfang 1943 verlief die Front der deutschen Heeresgruppe ›B‹ aus dem Raum Liwny, 120 Kilometer nordostwärts Kursk, bis an den Don, den sie 30 Kilometer nördlich von Woronesh erreichte. Von da aus folgte sie dem Strom nach Südosten. Nachdem Ende November 1942 die Truppen der Roten Armee den ostwärtigen Teil des Donbogens zurückerobert und in Stalingrad die deutsche 6. Armee eingeschlossen hatten, zeichnete sich auch in den Räumen Woronesh und Kantemirowka der nahe Beginn einer sowjetischen Offensive ab.

Die deutsche 387. Infanterie-Division war nach der Einschließung Stalingrads aus der Woroneshfront herausgenommen und nach Kalatsch in Marsch gesetzt worden. Währenddessen besetzte der Gegner weitere Teile des großen Donbogens. Die Division wurde daraufhin in die Don-Front zwischen ungarische und italienische Verbände eingeschoben. Ihre Stellungen lagen Anfang Januar 1943 bei Mitrofanowka und Michailowka, etwa 35 Kilometer südostwärts von Rossosch. Am 15. Januar traten zwischen Liwny und Kantemirowka drei sowjetische Armeegruppen zu der erwarteten Offensive an. Einen Tag später, als der Gegner Michailowka erreicht hatte, begann auch für die 387. Infanterie-Division die Abwehrschlacht.

Zwei Tage lang konnte sie unter hohen eigenen Verlusten das Vordringen der feindlichen Truppen aufhalten; dann fiel am 17. Januar Rossosch. Die sowjetische Offensive führte innerhalb weniger Tage zur Einschließung von zehn deutschen und verbündeten Divisionen westlich von Woronesh sowie von fünf Divisionen im Raum Ostrogoshsk und von acht Divisionen im Gebiet von Rossosch. Der größte Teil der 387. Infanterie-Division wurde bei Popowka und Podgornoje, 15 bis 25 Kilometer nördlich von Rossosch, aufgerieben. Restlichen Einheiten der Division gelang es, auszubrechen und über Olchowatka, Sheljakino, Nikitowka und Nikolajewka an den Oskol-Fluß zurückzugehen. Hier verteidigen sie sich Ende Januar bei den Städten Nowo Oskol, Wolokonowka und Waluiki in einer notdürftig eingerichteten Auffangstellung. Zurückkehrende Urlauber sowie Soldaten, die sich dienstlich im rückwärtigen Armeegebiet aufhielten, wurden in Kupiansk eingesetzt. Am 4. Februar führten die sowjetischen Streitkräfte ihre Offensive fort und drängten die deutschen Truppen bis in den Raum westlich von Charkow zurück.

Seit diesen Kämpfen werden zahlreiche Soldaten der 387. Infanterie-Division vermißt. Viele von ihnen sind gefallen, andere gerieten in sowjetische Gefangenschaft.«

In seinem Brief vom 8. Januar 1943 schrieb Carl, daß »unser« am 1. Dezember 1942 zum Generalleutnant beförderter Arno Jahr das Ritterkreuz verliehen bekommen habe. Der General hatte den Rückkehrer am Abend des 10. Januar 1943 »besonders freundlich« empfangen. Der Leutnant zeigte dem Divisionsgeneral die letzten Bilder seiner Kinder. Der General zeigte sich sehr interessiert und ordnete an, Leutnant Wuermeling »so sehr zu schonen, wie es nur ginge«, wie Rechtsanwalt Thora später bezeugte. Ende Januar, eingekesselt und nach ungeheuren Verlusten, nahm er sich aus Verzweiflung über die hoffnungslose Lage seiner Truppe das Leben. »Gefallen bei Podgornoje« heißt es in offiziellen Dokumentationen über »Das Deutsche Heer«. In den Kämpfen im großen Donbogen bei Rossosch wurde die Division bis auf wenige Reste vernichtet. Der General, der seit der Aufstellung seiner 387. Division im österreichischen Döllersheim, nördlich von Krems, im Januar bis März 1942 – diese befehligte, entschied sich, das Schicksal der Mehrheit seiner Kameraden zu teilen. »Rheingold« hatte sie alle in den Tod gerissen. Ein Fluch lag auf dem Namen »Rheingold«. Am Ende der »Siegerstraße« herrschte der »Nibelungen nôt«. Am stillen Don, auf tiefverschneiten Nebenstraßen zwischen Saprino, 20–30 Kilometer vom großen Strom entfernt, nördlich von Rossosch, 150 Kilometer süd-südöstlich von Woronesh, mit dem Zielort Podgornoje, verlieren sich Carls Spuren in der russischen Schneewüste.

Da wäre aber noch etwas nachzutragen: Im Sommer des Jahres 1943 traf ein Brief in Atzenbach ein – von einem Angehörigen der Waffen-SS:

»Heidelberg-Schlierbach, den 18. Aug. 43
Sehr geehrte, gnädige Frau,

als unser SS-7b im Januar ds. Js. von Frankreich nach dem Osten befohlen wurde, um im Südabschnitt der Ostfront den Kameraden des Heeres zu Hilfe zu kommen und die äußerst bedrohlich gewordene Lage zu meistern, fand ich am 6. Februar ds. Js. bei einem Gegenstoß in der Gegend von Weliki-Burluk etwa 80 Kilometer ostwärts Charkow bei einem Russen die anliegende Brieftasche mit Inhalt Ihres Herrn Gemahls. Ich versuchte aus dem Russen herauszubringen, wann, wo und bei welcher Gelegenheit er die Mappe an sich genommen hat und was ihm vom Verbleib des Eigentümers, also Ihres werten Gatten, bekannt ist, aber leider ließ sich infolge der Sturheit dieses Bolschewiken nichts feststellen. Ich machte daraufhin mit dem Kerle, ebenso wie mit den übrigen bei dieser Gelegenheit gefangen genommenen 11 Russen, kurzen Prozeß und erschoß sie. Die übrigen Bolschewiken (etwa 180 Mann), die uns überraschend angriffen, sind schon vorher bei dem von uns mit Panzerunterstützung vorgetragenen Gegenstoß restlos gefallen.

Sie dürfen also die Gewißheit haben, daß der Russe, welcher die Briefmappe Ihres Herrn Gemahls sich angeeignet hatte, heute nicht mehr am Leben ist. Ihren werten Gatten kannte ich persönlich nicht und weiß auch über sein Schicksal nichts zu berichten, sodaß ich Ihnen Weiteres nicht schreiben kann. Es ist ja auch möglich, daß die Briefmappe sich bei den Sachen vom Troß befand und daß auf diese Weise die Brieftasche in die Hände des Russen kam. Sie selbst werden ja über den Einsatz Ihres Herrn Gemahls im Osten im Bilde sein. Da es mich interessiert, ob Ihr Gatte noch am Leben ist oder wann und wo er den Heldentod fürs Vaterland sterben mußte, wäre ich Ihnen für eine entsprechende kurze Mitteilung sehr dankbar.

Wenn ich Ihnen erst heute schreibe und die Unterlagen zusende, so deshalb, weil ich selbst recht schwer verwundet wurde und erst jetzt wieder einigermaßen schreiben kann.

Es grüßt Sie bestens

Heil Hitler!

F. R.«

Als an jenem 6. Februar der SS-Mann die russischen Soldaten erschoß, hatte Margrit besorgt an Carl geschrieben: »Ich vertraue auf Gott, der doch noch alles zum Besten wenden wird.« »Hoffen – ja hoffen«, endete ihr letzter Brief, den sie ihm schrieb.

Als Dank an die beiden literarischen Wegbegleiter durch das Buch – zwei Zitate

Auch *Pablo Neruda*, geboren 1904 in Chile, Literatur-Nobelpreisträger von 1971, hoffte und bangte damals für die Seinen. Er schrieb: »Ich wurde geboren, um Stalingrad zu besingen:

Neuer Liebesgesang an Stalingrad
Ich schrieb über die Zeit und über das Wasser,
ich beschrieb die Trauer und ihr maulbeerfarbenes Metall,
ich schrieb über den Himmel und über den Apfel,
jetzt schreibe ich über Stalingrad.

Die Braut bewahrte mit ihrem Taschentuch einst
den Blitzstrahl auf meiner zärtlichen Liebe,
jetzt ist mein Herz auf der Erde,
im Rauch und im Licht von Stalingrad.

Ich berührte mit meinen Händen das Hemd
der blauen und geschlagenen Dämmerung:
nun berühre ich das Morgendämmern des Lebens,
das aufgeht mit der Sonne von Stalingrad. […]

Meine Stimme hielt inne mit deinen großen Toten,
zermalmt an deinen eigenen Mauern,
meine Stimme tönte wie Glocke und Wind,
da ich dich sterben sah, Stalingrad. […]

Die Ehrenzeichen, die deine Toten der Erde
an die durchbohrte Brust der Erde
geheftet haben, und das Erschaudern
des Todes und des Lebens, Stalingrad. […]

Ehre dir, für das, was herbeiträgt die Luft,
was besingen man muß, und fürs Gesungene,
Ehre für deine Mütter und deine Söhne
und deine Enkel, Stalingrad. […]«

Pablo Neruda blickte vom »Cerro Bellavista« auf das »paradiesische Tal« – auf Valparaíso hinab. Sein Haus »La Sebastiana« lag an der »Avenida Alemania«, die wie ein Band die Hügel über dem Welthafen »bekränzt« und als Kranz auf alemannische Spuren verweist ...

Johann Peter Hebel, geboren 1760 in Basel, veröffentlichte die »Erzählungen des Rheinländischen Hausfreundes«. Seine Geschichten wie »Der Schneider in Pensa« oder Gedichte wie »Morgenstern« verbreiteten sich bis nach Rußland – von Tolstoi und Tschechow bewundert. Im Radius ist das südliche Stalingrad und das östliche Pensa etwa gleich weit von Woronesh entfernt.

Der Schneider in Pensa

Ein rechtschaffener Kalendermacher, zum Beispiel der Hausfreund, hat von Gott dem Herrn einen vornehmen und freudigen Beruf empfangen, nämlich daß er die Wege aufdecke, auf welchen die ewige Vorsehung für die Hilfe sorgt, noch ehe die Not da ist, und daß er kundmache das Lob vortrefflicher Menschen, sie mögen doch auch stecken, fast wo sie wollen.
Der Schneider in Pensa, was ist das für ein Männlein! Sechsundzwanzig Gesellen auf dem Brett, jahraus, jahrein für halb Rußland Arbeit genug, und doch kein Geld, aber ein froher, heiterer Sinn, ein Gemüt treu und köstlich wie Gold und mitten in Asien deutsches Blut rheinländischer Hausfreundschaft.
Im Jahr 1812, als Rußland nimmer Straßen genug hatte für die Kriegsgefangenen an der Beresina oder in Wilna, ging eine auch durch Pensa, welches für sich schon mehr als einhundert Tagereisen weit von Lahr oder Pforzheim entfernt ist, und wo die beste deutsche oder englische Uhr, wer eine hat, nimmer recht geht, sondern ein paar Stunden zu spät. In Pensa ist der Sitz des ersten russischen Statthalters in Asien, wenn man von Europa aus hereinkommt. Also wurden dort die Kriegsgefangenen abgegeben und übernommen und alsdann weiter abgeführt in das tiefe, fremde Asien hinein, wo

die Christenheit ein Ende hat und niemand mehr das Vaterunser kennt, wenns nicht einer gleichsam als fremde Ware aus Europa mitbringt. Also kamen eines Tages mit Franzosen meliert auch sechzehn rheinländische Herren Leser, badische Offiziere, die damals unter den Fahnen Napoleons gedient hatten, über die Schlachtfelder und Brandstätten von Europa ermattet, krank, mit erfrorenen Gliedmaßen und schlecht geheilten Wunden, ohne Geld, ohne Kleidung, ohne Trost in Pensa an und fanden in diesem unheimlichen Land kein Ohr mehr, das ihre Sprache verstand, kein Herz mehr, das sich über ihre Leiden erbarmte. Als aber einer den andern mit trostloser Miene anblickte: ›Was wird aus uns werden?‹ oder ›Wann wird der Tod unserm Elend ein Ende machen, und wer wird den letzten begraben?‹, da vernahmen sie mitten durch das russische und kosakische Kauderwelsch wie ein Evangelium vom Himmel unvermutet eine Stimme: ›Sind keine Deutschen da?‹, und es stand vor ihnen auf zwei nicht ganz gleichen Füßen eine liebe, freundliche Gestalt. Das war der Schneider von Pensa, Franz Anton Egetmeier, gebürtig aus Bretten im Neckarkreis, Großherzogtum Baden. Hat er nicht im Jahr 1779 das Handwerk gelernt in Mannheim? Hernach ging er auf die Wanderschaft nach Nürnberg, hernach ein wenig nach Petersburg hinein. Ein Pfälzer Schneider schlagt sieben- bis achtmal hundert Stunden Wegs nicht hoch an, wenns ihn inwendig treibt. In Petersburg aber ließ er sich unter ein russisches Kavallerieregiment als Regimentsschneider engagieren und ritt mit ihnen in die fremde russische Welt hinein, wo alles anderst ist, nach Pensa, ...
– er mußte zum zweiten Mal fragen, denn das erste Mal konnten sie vor Staunen und Ungewißheit nicht antworten, sondern das süße deutsche Wort in Asien verklang in ihren Ohren wie ein Harfenton –, und als er hörte: ›Deutsche genug‹, und von jedem erfragte, woher er sei – er wär mit Mecklenburgern oder Kursachsen auch zufrieden gewesen, aber einer sagte: ›Von Mannheim am Rheinstrom‹, als wenn der Schneider nicht vor ihm gewußt hätte, wo Mannheim liegt, der andere sagte: ›Von Bruchsal‹, der dritte: ›Von Heidelberg‹, der vierte: ›Von Gochsheim‹; da zog es wie ein warmes auflösendes Tauwetter

durch den ganzen Schneider hindurch. ›Und ich bin von Bretten im Neckarkreis, Großherzogtum Baden.‹ Jetzt führte der gute Mensch seine teuern Landsleute im Triumph in seine Wohnung und bewirtete sie mit einem erquicklichen Mahl, wie in der Geschwindigkeit es aufzutreiben war. ...
In wenig Tagen waren alle neu oder anständig ausstaffiert. Ein guter Mensch, auch wenn er in Nöten ist, mißbraucht niemals fremde Gutmütigkeit; deswegen sagten zu ihm die rheinländischen Hausfreunde: ›Herr Landsmann, verrechnet Euch nicht. Ein Kriegsgefangener bringt keine Münzen mit. So wissen wir auch nicht, wie wir Euch für Eure großen Auslagen werden schadlos halten können, und wann.‹ Darauf erwiderte der Schneider: ›Ich finde hinlängliche Entschädigung in dem Gefühl, Ihnen helfen zu können. Benutzen Sie alles, was ich habe! Sehen Sie mein Haus und meinen Garten als den Ihrigen an!‹ ...
Kam eine frohe Nachricht vom Vorrücken und dem Siege der Hohen Alliierten in Deutschland an, der Schneider war der erste, der sie wußte. ... Denn als endlich die Stunde der Erlösung schlug, gesellte sich zur Freude ohne Maß der bittere Schmerz der Trennung und zu dem bitteren Schmerz die Not. Denn es fehlte an allem, was zur Notdurft und zur Vorsorge auf eine so lange Reise in den Schrecknissen des russischen Winters und einer unwirtbaren Gegend nötig war, und ob auch auf den Mann, solange sie durch Rußland zu reisen hatten, täglich dreizehn Kreuzer verabreicht wurden, so reichte doch das wenige nirgends hin. ...
Nichtsdestoweniger brachte er auf andere Art noch einige hundert Rubel für sie zusammen und nötigte sie, was er hatte von kostbarem russischem Pelzwerk, mitzunehmen, um es unterwegs zu verkaufen, wenn sie Geldes bedürftig wären oder einem ein Unglück widerführe. Den Abschied will der Hausfreund nicht beschreiben. Keiner, der dabei war, vermag es. Sie schieden unter tausend Segenswünschen und Tränen des Dankes und der Liebe, und der Schneider gestand, daß dieses für ihn der schmerzlichste Tag seines Lebens sei. Die Reisenden aber sprachen unterwegs unaufhörlich und noch immer von

ihrem Vater in Pensa, und als sie in Bialystok in Polen wohlbehalten ankamen und Geld antrafen, schickten sie ihm dankbar das vorgeschossene Reisegeld zurück.«

Carl kehrte nie heim. Nur seine Brieftasche mit den Fotos seiner Familie. Er war 39, sie 32, die Kinder waren 7, 6, 4, 3 und 1. Ostern 1943 wäre ihr 9. Hochzeitstag gewesen. Was blieb, war das Prinzip Hoffnung – ein »unverhofftes Wiedersehen« gab es auch nicht – weder in Falun, noch in Pensa, nicht in Saprino, auch nie in Atzenbach.

Post Scriptum

Südbaden wurde französische Besatzungszone. Im Mai 1945 zogen französische Offiziere in das beschlagnahmte »Schlößli«. Der Wohnraum wurde enger. Später wurden Flüchtlinge aus Danzig einquartiert. Aus Chile kam dann und wann ein Päckchen – Kleider und Dosen aus Valparaíso. Auch Onkel Alfred Fentzling aus Sacramento schickte Hilfspakete. Die Kinder wunderten sich über das Format des »american football«, bis sie eines Tages im Jahr 1948 wieder ein Paket aus Sacramento auspacken durften und einen Gegenstand ähnlichen Formats auspackten. Es war Onkel Alfreds Urne.

1955 hockten Mutter und Kinder am Radio. Die Namen der Spätheimkehrer, die nach Adenauers Moskaureise im Lager Friedland eintrafen, wurden durchgegeben. Bei der Durchsage der unter »W« erfaßten Namen war Carl W. nicht dabei.

Nach dem Schultag ging ich oft zu Tante Marie, die bei uns wohnte. Sie erzählte mir von früher und ich hörte ihr gerne zu. Eines Tages bedankte sie sich bei mir für mein Interesse, was mich ein wenig verwunderte. Am nächsten Tag war sie tot. Auf der Bundesstraße war sie vor dem »Schlößli« von einem Auto erfaßt worden. Die Erzählungen, die Worte der Tante, die noch in Postkutschen gefahren war, klangen wie Originalton 19. Jahrhundert.

Ihre Schwester Elis, meine Großmutter, die 1871 in Schopfheim geboren war, in Freiburg heiratete, deren Hochzeitsreise in Manchester endete, deren weitere Lebensstationen Zürich, Müllheim und Lörrach waren, starb im Februar 1961 – mitten in meinen Abiturprüfungen.

In Lörrachs zentraler Lage mußte der renommierte Gasthof »Hirschen« einem Kaufhaus weichen. 1964 wurde er abgerissen. Eine 250 Jahre alte Tradition war zu Ende.

1989 erfolgte der Abriß der »Spinnerei Atzenbach«, in der seit der Revolutionszeit 1948/49 gearbeitet wurde. Die Spinnmaschinen wurden nach Karachi verfrachtet.

Der Abriß des »Pflugs« 1993 markierte nicht nur in Schopfheim das Ende einer Epoche.

Margrit starb im März 1998.

»Und wemme nootno gar
zweitusig zehlt, isch alles
z'semme g'keit …«,

so sah es weiland Johann Peter Hebel in seinem apokalyptisch anmutenden Gedicht »Die Vergänglichkeit«.

Ein Jahr nach Hebels Tod starb Bartlin Pflüger, der für seinen Sohn Markus den »Hirschen« erworben hatte. Das Todesjahr seines Vaters und den Umbaubeginn dokumentierte er auf dem Sockel des großen Brunnens, den er auf dem Vorplatz errichten ließ, mit der Jahreszahl »1827«. Noch heute steht der Brunnen auf seinem Platz und plätschert in Lörrachs Zentrum.

»Hörsch nit, wie's Wasser ruuscht,
und siehsch am Himmel obe Stern an Stern?
Me meint, vo alle rühr si kein, und doch,
ruckt alles witers, alles chunnt und goht« …

Der alte Brunnen vom Jahr 1827,
der vor dem »Hirschen« stand

Nachweise

Museum am Burghof, Lörrach: S. 55, 135, 136, 147, 454, 457.
Museum der Stadt Schopfheim: S. 74.
Texte von Pablo Neruda: aus Pablo Neruda, »Das lyrische Werk«, hrsg. von Karsten Garscha, © Luchterhand Literaturverlag, München, in der Verlagsgruppe Random House GmbH.
Texte von Peter Blickle: aus »Thesen zum Thema: der ›Bauernkrieg‹ als Revolution des ›gemeinen Mannes‹« und »Die politische Entmündigung des Bauern. Kritik und Revision einer These«, in: Historische Zeitschrift, hrsg. v. Theodor Schieder u. Lothar Gall, unter Mitwirkung v. E. Boshof, Beiheft 4, Oldenbourg Verlag, München 1975.

Digitalisierung und Bearbeitung der Bildvorlagen: Tyroller, Grafische Dienstleistung, München.

Farbkarte auf den Vorsatzblättern:
Ausschnitte aus »Alsatia Landgraviatus, cum Suntgoia et Brisgoia,
Ger. Mercatore, Autore, 1642«.
Wo Ger. Mercatore 1642 die Ortsnamen in seine kolorierten Landschaften
im Elsaß und in Baden als ›autore‹ hinsetzte, dort beginnen die Figuren des
Buchautors zu leben, in »Schopfn« (Schopfheim) oder »z Mullen« (Müllheim)
und anderswo. Die Karte führt von Basel (mit dem Wiesental) dem Oberrhein
entlang bis zur Achse Colmar, Breisach, Freiburg und die hintere Karte anschließend rheinabwärts bis Straßburg.

© 2014 Klöpfer und Meyer, Tübingen.
Alle Rechte vorbehalten.
ISBN 978-3-86351-079-4

Lektorat: Petra Wägenbaur, Tübingen.
Umschlaggestaltung Christiane Hemmerich
Konzeption und Gestaltung, Tübingen.
Herstellung: Horst Schmid, Mössingen.
Satz und Bildbearbeitung: CompArt, Mössingen.
Druck und Einband: Pustet, Regensburg.

Mehr über das Verlagsprogramm von Klöpfer & Meyer
finden Sie unter: *www.kloepfer-meyer.de*

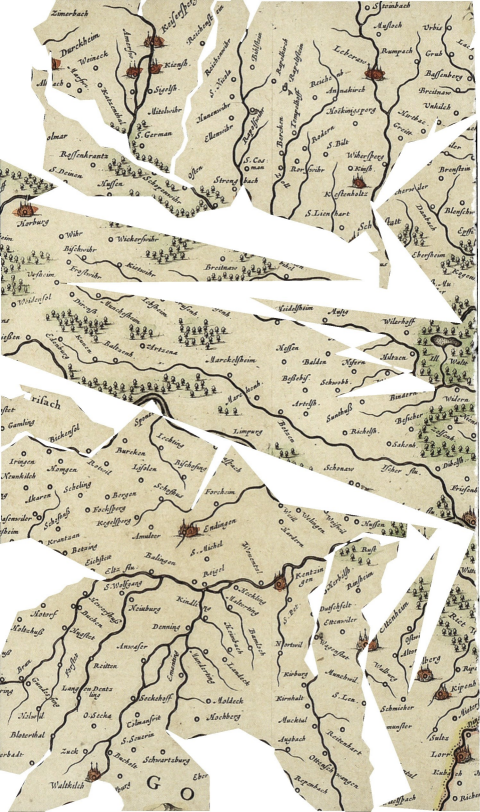